Das Kind und sein Verfahrensbeistand

Studien zum deutschen und internationalen Familien- und Erbrecht

Herausgegeben von Martin Lipp, Christoph Benicke, Marina Wellenhofer, Bettina Heiderhoff und Barbara Veit

Band 36

Lisa Wietkamp

Das Kind und sein Verfahrensbeistand

Eine Untersuchung des Rechtsverhältnisses zwischen Kind und Verfahrensbeistand im kindschaftsrechtlichen Verfahren aus einer verfassungs-, verfahrens- und zivilrechtlichen Perspektive

PETER LANG
Berlin · Bruxelles · Chennai · Lausanne · New York · Oxford

Bibliografische Information der Deutschen Nationalbibliothek
Die Deutsche Nationalbibliothek verzeichnet diese Publikation
in der Deutschen Nationalbibliografie; detaillierte bibliografische
Daten sind im Internet über http://dnb.d-nb.de abrufbar.

Zugl.: Münster (Westf.), Univ., Diss. der Rechtswissenschaftlichen Fakultät, 2025

DE-6
ISSN 1864-497X
ISBN 978-3-631-94264-2 (Print)
ISBN 978-3-631-94289-5 (ePDF)
ISBN 978-3-631-94290-1 (ePUB)
DOI 10.3726/b23178

Verlegt durch Peter Lang GmbH, Berlin, Deutschland

info@peterlang.com

www.peterlang.com

Kontakt zur Verordnung über die allgemeine Produktsicherheit (GPSR):
gpsr@peterlang.com

Meinen Eltern

Inhaltsverzeichnis

A. Einleitung

In den letzten Jahren hat sich das Verständnis für die Beteiligung von Kindern in familiengerichtlichen Verfahren erheblich gewandelt. Während der Fokus früher überwiegend auf dem präventiven Schutz des Kindes lag, der eine weitgehende Isolation vom Verfahren zur Folge hatte, hat sich inzwischen ein emanzipatorischer Ansatz etabliert. Dieser neue Ansatz zielt darauf ab, den wachsenden Selbstbestimmungsmöglichkeiten der Kinder Rechnung zu tragen und ihnen eine aktive Stimme im Verfahren zu verleihen.[1] Diese Entwicklung zeigt sich auch in der Praxis, in der immer häufiger Kinder Wege suchen, sich stärker am Verfahren zu beteiligten und sich dabei auch gegen die Interessenvertretung durch den Verfahrensbeistand[2] wehren.[3]

Diese Arbeit untersucht, ob die zunehmenden Selbstbestimmungsmöglichkeiten des Kindes auch in der Ausgestaltung der Verfahrensbeistandschaft ausreichend berücksichtigt werden. Dafür wird die Verfahrensbeistandschaft aus der Perspektive der Rechtsposition des Kindes analysiert. Zentral ist die Frage, inwieweit das Kind in die Bestellung und die Aufgabenwahrnehmung des Verfahrensbeistands einbezogen werden muss. Diese Thematik wird sowohl aus verfassungs- als auch aus verfahrensrechtlicher Sicht beleuchtet.

1 Dazu auch *Coester-Waltjen*, FS Dose, S. 65, 68.

2 In der vorliegenden Arbeit wird sich für die Personenbezeichnungen an den gesetzlichen Begriffen orientiert, sodass lediglich die männliche Bezeichnung verwendet wird. Die männliche Form gilt in allen Fällen, in denen dies nicht explizit ausgeschlossen wird, für alle Geschlechter.

3 So beispielsweise *OLG Schleswig*, Beschluss v. 08.11.2018 – 8 WF 170/18, FamRZ 2019, 1700.

Bei näherer Betrachtung zeigt sich, dass die Ausgestaltung der Verfahrensbeistandschaft häufig nicht auf die Wahrnehmung der Interessen älterer und verfahrensfähiger Kinder zugeschnitten ist, was zu spezifischen Rechtsproblemen führt, die im Rahmen dieser Arbeit thematisiert werden sollen. Ein besonderes Konfliktpotential tritt auf, wenn der Verfahrensbeistand seinen Aufgaben nicht gerecht wird. Daher wird ein kritischer Blick auf die Verfahrensbeistandschaft geworfen, um Missbrauchsgefahren sowie Chancen zur Verbesserung der Interessenvertretung des Kindes aufzuzeigen. Dafür wird sich hier auch der Frage gewidmet, ob auch eine Haftung des Verfahrensbeistands gegenüber dem Kind zu einer besseren Interessenvertretung beitragen kann und wie eine solche ausgestaltet sein sollte. Es ist jedoch wichtig zu betonen, dass dies nicht zu einer generellen Verdächtigung aller Verfahrensbeistände führen soll. Diese Analyse soll vielmehr zur Stärkung der Verfahrensbeistandschaft und der Interessenvertretung des Kindes beitragen.

Die Forschung zu Verfahrensbeiständen fokussiert sich häufig auf deren Verhältnis zum Gericht und zu den Eltern als gesetzlichen Vertretern,[4] während das Verhältnis zum Kind bislang unzureichend beleuchtet wurde.[5] Diese Lücke ist umso relevanter, da der Gesetzgeber in der letzten Legislaturperiode am 24. Juli 2024 einen Referentenentwurf zur Verbesserung des Schutzes von gewaltbetroffenen Personen im familiengerichtlichen Verfahren, zur Stärkung des Verfahrensbeistands und zur Anpassung sonstiger Verfahrensvorschriften vorgelegt hat.[6] Auf sich daraus ergebende Änderungen wird hier an geeigneter Stelle hingewiesen. In Bezug auf die Neuregelung der Vergütung und der Aufgaben des Verfahrensbeistands,

---

4 *Ahlert*, Der Verfahrensbeistand nach § 158 FamFG, 2010; *Rösler*, Die Verfahrensbeistandschaft, 2014; *Güssow*, Die Beteiligung und Vertretung des Kindes in Kindschaftssachen, 2022.

5 Bei *Ahlert* nimmt das verfahrensrechtliche Verhältnis von Verfahrensbeistand und Kind zwei Seiten in Anspruch, vgl. *Ahlert*, Der Verfahrensbeistand nach § 158 FamFG, 2010, S. 116–117; auch bei *Rösler* wird das Verhältnis zwar an verschiedenen Stellen kurz angesprochen, eine verfahrensrechtliche Betrachtung als konkurrierende Beteiligte findet jedoch nur zwischen Kind und Eltern statt, vgl. *Rösler*, Die Verfahrensbeistandschaft, 2014, S. 126–129.

6 *Bundesministerium der Justiz*, Entwurf eines Gesetzes zur Verbesserung des Schutzes von gewaltbetroffenen Personen im familiengerichtlichen Verfahren, zur Stärkung des Verfahrensbeistands und zur Anpassung sonstiger Verfahrensvorschriften, 24.07.2024.

welche mit geringfügigen Abweichungen zum angesprochenen Referentenentwurf durch das Kosten- und Betreuervergütungsrechtsänderungsgesetz 2025 (KostBRÄG 2025) bereits umgesetzt wurden,[7] ist auch eine erste inhaltliche Würdigung erfolgt.

Durch die Analyse der Verfahrensbeistandschaft und der damit verbundenen Herausforderungen soll ein Beitrag zur Weiterentwicklung der rechtlichen Rahmenbedingungen und der praktischen Umsetzung der Interessenvertretung von Kindern in familiengerichtlichen Verfahren geleistet werden.

I. Begriffsbestimmung und Gang der Untersuchung

Diese Arbeit soll eine ganzheitliche Betrachtung des Verhältnisses von Verfahrensbeistand und Kind in Kindschaftssachen aus der Perspektive des Kindes liefern. Dabei wird für die Untersuchung in Übereinstimmung mit dem Wortlaut der §§ 158–158c FamFG im Folgenden auch einheitlich vom Kind gesprochen werden, wobei damit jeder Minderjährige ab Geburt bis zum Erreichen des 18. Lebensjahres gemeint ist. Die Kindschaftssache wird dabei in Übereinstimmung mit § 151 FamFG definiert und erfasst daher alle dort genannten Verfahren.

Der Arbeit vorangestellt ist (II.) eine Übersicht über die Änderungen, die durch das Gesetz zur Bekämpfung sexualisierter Gewalt gegen Kinder Eingang in die §§ 158–158c FamFG gefunden haben.[8] Auf dieses wird in der Untersuchung ein Schwerpunkt gelegt, sodass es sich lohnt, zu Beginn das Gesetzgebungsverfahren näher zu betrachten, um insbesondere die gesetzgeberischen Wertungen hinter den Änderungen nachzuvollziehen, auf die im Verlauf der Untersuchung an verschiedenen Stellen näher eingegangen werden.

Diese Untersuchung befasst sich mit den Vorschriften der §§ 158–158c FamFG in der Fassung des Gesetzes zur Bekämpfung sexualisierter Gewalt gegen Kinder.[9] Die Änderungen, die sich durch das KostBRÄG 2025 zum

---

7 Kosten- und Betreuervergütungsrechtsänderungsgesetz 2025 vom 07.04.2025, BGBl. I Nr. 109, in Kraft getreten am 11.04.2025.

8 Gesetz zur Bekämpfung sexualisierter Gewalt gegen Kinder vom 22.06.2021, BGBl. Teil I Nr. 33.

9 Gesetz zur Bekämpfung sexualisierter Gewalt gegen Kinder vom 22.06.2021, BGBl. Teil I Nr. 33.

11. April 2025 ergeben haben, konnten noch nicht umfassend Berücksichtigung finden, weil die Gesetzesänderung zum Zeitpunkt der Einreichung der Arbeit nicht erfolgt oder absehbar waren. Auf einzelne Änderungen im Vergütungsrecht und bei der Aufgabenbeschreibung des Verfahrensbeistands wurde jedoch bereits an entsprechender Stelle eingegangen.

Soweit sich aus dieser Reform Änderungen der §§ 158–158c FamFG ergeben haben, wurden diese Vorschriften mit dem Zusatz „a.F." gekennzeichnet.

Für die Untersuchung des Rechtsverhältnisses zwischen Verfahrensbeistand und Kind wird im ersten Abschnitt (B. I.) zunächst das verfassungsrechtliche Verhältnis näher beleuchtet. Ein erster Fokus liegt dabei auf der Frage, welche Rolle der Verfahrensbeistand bei der Verwirklichung der Grundrechtsposition des Kindes im Verfahren spielt. Dafür wird in einem ersten Schritt geprüft, ob die Nichtbestellung eines Verfahrensbeistands oder die Bestellung eines untätigen Verfahrensbeistands einen Eingriff in Rechte des Kindes darstellt. Daran schließt sich die Frage an, ob der Verfahrensbeistand der ihm zukommenden Schutzpflicht gerecht wird. Schließlich wird der Frage nachgegangen, ob die Bestellung als solche und einzelne, dem Verfahrensbeistand zuerkannte Rechte und Aufgaben ihrerseits einen Eingriff in Grundrechte des Kindes darstellen.

Die Ergebnisse auf verfassungsrechtlicher Ebene werden dann auf verfahrensrechtlicher Ebene (B. II.) in ihrer Umsetzung kontrolliert. Dafür wird zunächst die verfahrensrechtliche Stellung von Kind und Verfahrensbeistand bestimmt, um sodann die Auswirkungen der Verfahrensfähigkeit und des Willens des Kindes für die Interessenvertretung durch den Verfahrensbeistand näher zu beleuchten. Dabei werden immer wieder Schwachstellen aufgezeigt, die eine effektive Interessenvertretung des Verfahrensbeistands verhindern können oder bei denen die Achtung der Selbstbestimmungsfähigkeit des Kindes noch nicht ausreichend erfolgt.

Die Arbeit schließt mit einer Untersuchung des zivilrechtlichen Verhältnisses von Verfahrensbeistand und Kind (B. III.). Dabei liegt ein besonderer Fokus auf der Frage der Haftung des Verfahrensbeistands für Fehler bei der Interessenwahrnehmung und der prozessualen Durchsetzung etwaiger Haftungsansprüche.

II. Die Änderungen durch das Gesetz zur Bekämpfung sexualisierter Gewalt gegen Kinder

Eine Vorstellung der Neuregelungen ist in der Literatur schon an vielen Stellen geschehen.[10] Hier sollen daher vor allem der Gang des Gesetzgebungsverfahrens nachgezeichnet und die einzelnen Änderungen nur kurz vorgestellt werden. Von Interesse ist insbesondere, welche Entwicklungen das Gesetz im Verlauf des Gesetzgebungsverfahrens genommen hat und in welchem Maße die Fachöffentlichkeit auf den Entwurf einwirken konnte.

Dabei soll sich hier auf die für die Arbeit relevanten Änderungen beschränkt werden. Die Änderungen beziehen sich dabei im Wesentlichen auf die Bereiche der Bestellung, der Aufgaben und der Aufhebung der Bestellung des Verfahrensbeistands. Auf die konkreten Änderungen und dessen Bewertung wird dann an den jeweiligen Stellen innerhalb der Arbeit näher eingegangen.

Die Neuregelung der Verfahrensbeistandschaft im Gesetz zur Bekämpfung sexualisierter Gewalt gegen Kinder nimmt dabei nur einen kleinen Teil einer insgesamt vor allem auf das Strafrecht bezogenen Gesetzesänderung ein. Anlass waren vor allem die Missbrauchsskandale der vorangegangenen Jahre und nicht zuletzt der Missbrauchsskandal von Münster, der im Juni 2020 bekannt geworden war.[11] Im Zuge dessen wurden auch immer wieder Verfehlungen der Gerichte und Behörden kritisiert,[12] weswegen neben den strafrechtlichen Änderungen auch die Änderung von familiengerichtlichen Vorschriften angestrebt wurde.[13]

1. Entwurf eines Gesetzes zur Stärkung des Kinderschutzes im familiengerichtlichen Verfahren

Einen ersten Aufschlag im Gesetzgebungsverfahren machte die Partei *BÜNDNIS 90/DIE GRÜNEN* mit ihrem Gesetzesentwurf.[14] Daneben hat auch die

---

10 Siehe nur *M. Zimmermann*, NZFam, 2020, 1001; *Menne*, NZFam, 2020, 1033; *Cirullies*, FamRB, 2021, 389; *Keuter*, ZKJ, 2021, 131; *Lack*, FamRZ, 2023, 1249; *Freitag/Jokisch*, FuR, 2022, 556.

11 BT-Drs. 19/23707, 20.

12 So wurde beispielsweise im sog. Staufener Missbrauchsfall mehrfach von einer Anhörung des Kindes oder der Bestellung eines Verfahrensbeistands abgesehen, vgl. zur Aufarbeitung, *Heilmann*, FamRZ, 2018, 1797 f.

13 BT-Drs. 19/23707, 21.

14 BT-Drs. 19/20540.

Alternative für Deutschland (AfD) einen Antrag eingereicht, der aber keine Ausführungen zum familiengerichtlichen Verfahren enthielt und daher hier nicht näher besprochen werden soll.[15]

Nach dem Entwurf des BÜNDNIS 90/DIE GRÜNEN sollte § 158 Abs. 1 FamFG n.F. folgende Sätze angefügt werden:

> Das Kind soll in die Bestellung einbezogen werden und kann einen bestellten Verfahrensbeistand ablehnen, wenn dies nachvollziehbar mit fehlendem Vertrauensverhältnis begründet ist. Das Gericht entscheidet von Amts wegen über eine Auswechslung des Verfahrensbeistandes; die Entscheidung ist nicht anfechtbar.[16]

Damit wurde sowohl ein Ablehnungsrecht des Kindes bei der Bestellung vorgeschlagen als auch die Vorgabe der „Einbeziehung" bei der Bestellung. Nicht näher beschrieben wurde, wie diese „Einbeziehung" aussehen soll. Durch den Entwurf sollte die Forderung der Kinderkommission des Deutschen Bundestages und des 23. Deutschen Familiengerichtstages 2019 aufgegriffen und ausgestaltet werden.[17]

In § 158 Abs. 2 FamFG a.F. sollte zudem „in der Regel" gestrichen werden, mit der Folge, dass § 158 Abs. 3 S. 3 FamFG a.F. entfiele.[18] Damit sollte nach dem Entwurf die Bestellung des Verfahrensbeistands in den Fällen des § 158 Abs. 2 FamFG a.F. zwingend erfolgen. Dies sollte vor allem eine fehlerhaft unterbleibende Nichtbestellung verhindern.[19]

Zudem sollte in § 158 Abs. 4 S. 1 FamFG a.F. hinter „bringen", „[...] sowie im Interesse des Kindes auf die Einhaltung der Verfahrensvorschriften durch das Gericht zu achten einschließlich beschleunigter Durchführung des Verfahrens und vollständiger Ermittlung der entscheidungserheblichen Tatsachen [...]"[20] eingefügt werden.

Der Verfahrensbeistand sollte also nach dem Entwurf auch die Einhaltung der Verfahrensvorschriften durch das Gericht überwachen und auf eine

---

15 BT-Drs. 19/20677.

16 BT-Drs. 19/20540, 4.

17 BT-Drs. 19/20540, 9; zur Kommissionsdrucksache siehe *Kinderkommission des Deutschen Bundestages*, Kommissionsdrucksache 19/04, S. 6; *Deutscher Familiengerichtstag e.V.*, in: Brühler Schriften zum Familienrecht, 146, Nr. 3.

18 BT-Drs. 19/20540, 4.

19 BT-Drs. 19/20540, 9.

20 BT-Drs. 19/20540, 4.

beschleunigte Verfahrensdurchführung hinwirken.[21] Eine solche Forderung ist unter dem Gesichtspunkt der Rollenverteilung zwischen Verfahrensbeistand und Gericht kritisch zu sehen. Auch wenn der Verfahrensbeistand die Interessen des Kindes geltend machen soll, so kann er dadurch nicht eine Art Aufsicht über die Tätigkeit des Gerichts führen. Dafür sind die Rechtsmittelinstanzen zuständig, nicht aber der Verfahrensbeistand.

§ 158 FamFG a.F. sollte schließlich ein Abs. 9 angefügt werden, der Qualifikationsanforderungen des Verfahrensbeistands vorsah.

> (9) Zum Verfahrensbeistand darf nur bestellt werden, wer erzieherisch befähigt ist, über die erforderliche Unabhängigkeit und die erforderlichen Kenntnisse, insbesondere im Kindschaftsrecht, familiengerichtlichen Verfahren, Kinder- und Jugendhilferecht sowie der Kinder- und Jugendpsychologie verfügt und regelmäßige Fortbildung nachweist. Die Aufwendungen für eine jährliche Fortbildung des Verfahrensbeistandes sind bis zu … Euro pro Jahr aus der Staatskasse zu zahlen. Das Gericht soll sich ein erweitertes Führungszeugnis vor der Bestellung eines Verfahrensbeistandes vorlegen lassen.[22]

Auch damit setzte sich der Entwurf für eine Forderung ein, die ausweislich der Begründung auch schon von der Kinderkommission und dem Deutschen Familiengerichtstag gefordert wurde.[23] Dafür sollten jährliche Fortbildung nachgewiesen werden, die für den Verfahrensbeistand kostenfrei sein sollten.[24]

2. Referentenentwurf eines Gesetzes zur Bekämpfung sexualisierter Gewalt gegen Kinder

Am 31. August 2020 wurde ein erster Entwurf vom *Ministerium der Justiz und für Verbraucherschutz* vorgelegt.[25] Dieser weist einige Parallelen zum Entwurf des *BÜNDNIS 90/DIE GRÜNEN* auf. So legen beide einen Fokus auf die stärkere Qualifikation des Verfahrensbeistands.

---

21 BT-Drs. 19/20540, 9.

22 BT-Drs. 19/20540, 4.

23 BT-Drs. 19/20540, 9; *Kinderkommission des Deutschen Bundestages*, Kommissionsdrucksache 19/04, S. 6; *Deutscher Familiengerichtstag e.V.*, in: Brühler Schriften zum Familienrecht, 146, Nr. 8.

24 BT-Drs. 19/20540, 9.

25 *Bundesministerium der Justiz und für Verbraucherschutz*, Entwurf eines Gesetzes zur Bekämpfung sexualisierter Gewalt gegen Kinder, 31.08.2020.

Inhaltlich enthielt dieser Entwurf schon die meisten Änderungen, die in der endgültigen Gesetzesfassung enthalten geblieben sind:

§ 158
Bestellung des Verfahrensbeistands

(1) Das Gericht hat dem minderjährigen Kind in Kindschaftssachen, die seine Person betreffen, einen fachlich und persönlich geeigneten Verfahrensbeistand zu bestellen, soweit dies zur Wahrnehmung seiner Interessen erforderlich ist.
(2) Die Bestellung ist in der Regel erforderlich, wenn
   1. das Interesse des Kindes zu dem seiner gesetzlichen Vertreter in erheblichem Gegensatz steht,
   2. in Verfahren nach den §§ 1666 und 1666a des Bürgerlichen Gesetzbuchs die teilweise oder vollständige Entziehung der Personensorge in Betracht kommt,
   3. eine Trennung des Kindes von der Person erfolgen soll, in deren Obhut es sich befindet,
   4. Verfahren die Herausgabe des Kindes oder eine Verbleibensanordnung zum Gegenstand haben oder
   5. der Ausschluss oder eine wesentliche Beschränkung des Umgangsrechts in Betracht kommt.

Sieht das Gericht in den genannten Fällen von der Bestellung eines Verfahrensbeistands ab, ist dies in der Endentscheidung zu begründen.
(3) Der Verfahrensbeistand ist so früh wie möglich zu bestellen.
(4) Die Bestellung endet
   1. mit ihrer Aufhebung,
   2. mit der Rechtskraft der das Verfahren abschließenden Entscheidung oder
   3. mit dem sonstigen Abschluss des Verfahrens.

(5) Die Bestellung eines Verfahrensbeistands oder deren Aufhebung sowie die Ablehnung einer derartigen Maßnahme sind nicht selbständig anfechtbar.

§ 158a
Fachliche Eignung des Verfahrensbeistands

(1) Fachlich geeignet im Sinne des § 158 Absatz 1 ist eine Person, die Grundkenntnisse auf den Gebieten des Familienrechts, insbesondere des Kindschaftsrechts, des Verfahrensrechts in Kindschaftssachen und des Kinder- und Jugendhilferechts sowie Kenntnisse der Entwicklungspsychologie des Kindes hat und über kindgerechte Gesprächstechniken verfügt.
(2) Der Verfahrensbeistand hat auf Verlangen des Gerichts die nach Absatz 1 erforderlichen Kenntnisse und Fähigkeiten nachzuweisen. Der Nachweis kann insbesondere über eine sozialpädagogische, pädagogische, juristische oder psychologische Berufsqualifikation sowie eine für die Tätigkeit als Verfahrensbeistand spezifische Zusatzqualifikation erbracht werden.

(3) Der Verfahrensbeistand hat sich regelmäßig, mindestens alle zwei Jahre, fortzubilden und dies dem Gericht auf Verlangen nachzuweisen.

§ 158b
Aufgaben und Rechtsstellung des Verfahrensbeistands

(1) Der Verfahrensbeistand hat das Interesse des Kindes festzustellen und im gerichtlichen Verfahren zur Geltung zu bringen. Er soll zu diesem Zweck auch eine schriftliche Stellungnahme erstatten. Der Verfahrensbeistand hat das Kind über Gegenstand, Ablauf und möglichen Ausgang des Verfahrens in geeigneter Weise zu informieren. Endet das Verfahren durch Endentscheidung, soll der Verfahrensbeistand den gerichtlichen Beschluss mit dem Kind erörtern.
(2) Soweit erforderlich kann das Gericht dem Verfahrensbeistand die Aufgabe übertragen, Gespräche mit den Eltern und weiteren Bezugspersonen des Kindes zu führen sowie am Zustandekommen einer einvernehmlichen Regelung über den Verfahrensgegenstand mitzuwirken. Das Gericht hat Art und Umfang der Beauftragung konkret festzulegen und die Beauftragung zu begründen.
(3) Der Verfahrensbeistand wird durch seine Bestellung als Beteiligter zum Verfahren hinzugezogen. Er kann im Interesse des Kindes Rechtsmittel einlegen. Der Verfahrensbeistand ist nicht gesetzlicher Vertreter des Kindes.

§ 158c
Vergütung; Kosten

(1) Führt der Verfahrensbeistand die Verfahrensbeistandschaft berufsmäßig, erhält er für die Wahrnehmung seiner Aufgaben in jedem Rechtszug jeweils eine einmalige Vergütung von 350 Euro. Im Fall der Übertragung von Aufgaben nach § 158b Absatz 2 erhöht sich die Vergütung auf 550 Euro. Die Vergütung deckt auch Ansprüche auf Ersatz anlässlich der Verfahrensbeistandschaft entstandener Aufwendungen sowie eine auf die Vergütung anfallende Umsatzsteuer ab.
(2) Für den Ersatz von Aufwendungen des nicht berufsmäßigen Verfahrensbeistands ist § 277 Absatz 1 entsprechend anzuwenden.
(3) Der Aufwendungsersatz und die Vergütung sind stets aus der Staatskasse zu zahlen. Im Übrigen gilt § 168 Absatz 1 entsprechend.
(4) Dem Verfahrensbeistand sind keine Kosten aufzuerlegen.[26]

Im Referentenentwurf ist erstmals eine Aufteilung des § 158 FamFG in die §§ 158–158c FamFG erfolgt. Von dieser Regelungstechnik wurde im weiteren Gesetzgebungsverfahren nicht mehr abgewichen. Dabei ergaben sich durch den Referentenentwurf keine Änderungen in Bezug auf die Fälle, in

---

[26] *Bundesministerium der Justiz und für Verbraucherschutz*, Entwurf eines Gesetzes zur Bekämpfung sexualisierter Gewalt gegen Kinder, 31.08.2020, S. 13–15.

denen nach § 158 Abs. 1 FamFG-E eine Bestellung des Verfahrensbeistands erfolgen soll. Nunmehr war lediglich schon in § 158 Abs. 1 S. 1 FamFG-E vorgesehen, dass der Verfahrensbeistand sowohl fachlich als auch persönlich geeignet sein musste, was in § 158a FamFG-E näher konkretisiert wurde. Der Referentenentwurf folgte damit einer seit langem bestehenden Forderung aus der Literatur. Während in § 158 Abs. 1 FamFG a.F. ursprünglich nur geregelt war, dass der Verfahrensbeistand „geeignet" sein musste, wurde die Eignung durch die Regelung des § 158a FamFG-E in fachlicher Hinsicht konkretisiert.[27]

Dabei sind die Forderungen sehr ähnlich zu den Qualifizierungsanforderungen des Entwurfs des *BÜNDNIS 90/DIE GRÜNEN*. Die Änderungen in § 158 Abs. 1 FamFG-E waren im Übrigen vor allem durch die Neustrukturierung bedingt, die die einzelnen Vorschriften stärker in den Fokus rücken sollten.[28]

Neu war aber, dass die Möglichkeit der Aufhebung in § 158 Abs. 4 Nr. 1 FamFG-E erstmals ausdrücklich festgelegt werden sollte, ohne dass dessen Voraussetzungen näher beschrieben waren. Auch eine solche Aufhebungsmöglichkeit sah schon der Entwurf des BÜNDNIS 90/DIE GRÜNEN vor, der allerdings stärker auf den Willen des Kindes abstellte. Dies geschah unter Streichung der vorher bestehenden Möglichkeit der Aufhebung der Bestellung nach § 158 Abs. 5 FamFG a.F., der eine Aufhebung für möglich hielt, wenn die Interessen des Kindes „von einem Rechtsanwalt oder einem anderen geeigneten Verfahrensbevollmächtigten angemessen vertreten werden". Begründet wurde diese Streichung vor allem damit, dass aufgrund der Qualifikation eine Vertretung durch einen Rechtsanwalt nur dann möglich wäre, wenn er auch über die entsprechende Zusatzqualifikation verfügen würde, sodass die bisherige Begründung für § 158 Abs. 5 FamFG-E, dass Rechtsanwälte gleich geeignet zur Interessenvertretung wären, nicht mehr eingreife.[29]

---

[27] Dazu unten, B. II. 4.

[28] So beispielsweise bei der Regelung, dass der Verfahrensbeistand möglichst früh bestellt werden soll, die in einen eigenen Absatz 3 überführt wurde, vgl. *Bundesministerium der Justiz und für Verbraucherschutz*, Entwurf eines Gesetzes zur Bekämpfung sexualisierter Gewalt gegen Kinder, 31.08.2020, S. 50.

[29] *Bundesministerium der Justiz und für Verbraucherschutz*, Entwurf eines Gesetzes zur Bekämpfung sexualisierter Gewalt gegen Kinder, 31.08.2020, S. 50.

Bei den Aufgaben des Verfahrensbeistands sollte das Aufgabenprofil durch die Änderung geschärft werden. Die wesentlichen Aufgaben waren auch schon vor der Gesetzesänderung in § 158 Abs. 4 FamFG a.F. angelegt. Neu hinzukommen sollte die Pflicht zur Erstellung einer schriftlichen Stellungnahme nach § 158b Abs. 1 S. 2 FamFG-E und die Pflicht zur Erörterung des Beschlusses mit dem Kind nach § 158b Abs. 1 S. 4 FamFG-E.[30]

Bezüglich der Vergütungsvorschriften ergaben sich keine inhaltlichen Änderungen abseits der Neustrukturierung in § 158c FamFG.[31]

Vergleicht man den Referentenentwurf des Bundesministeriums mit dem des *BÜNDNIS 90/DIE GRÜNEN*, so fällt auf, dass beide eine Professionalisierung der Verfahrensbeistandschaft anstreben. Gerade beim Entwurf des *BÜNDNIS 90/DIE GRÜNEN* ist die Position des Verfahrensbeistands aber viel stärker an das Kind gebunden, dass nicht nur in die Bestellung einbezogen werden sollte, sondern auch ein Ablehnungsrecht bzgl. des Verfahrensbeistands erhalten sollte. Solche oder ähnliche Regelungen fehlten im Referentenentwurf dagegen völlig.

3. Regierungsentwurf

Der Referentenentwurf wurde durch die Regierungsfraktion, bestehend aus der *Christlich Demokratischen Union Deutschlands (CDU)*, der *Christlich-Sozialen Union (CSU)* und der *Sozialdemokratischen Partei Deutschlands (SPD)*, mit einigen Änderungen in das Gesetzgebungsverfahren eingebracht.[32] Diese hatte schon im Koalitionsvertrag die Konkretisierung der Qualifikationsanforderungen für Verfahrensbeistände vereinbart.[33] Unterschiede zum Referentenentwurf finden sich dabei bei § 158 FamFG-E. Dieser sollte nach dem Regierungsentwurf nunmehr lauten:

> § 158 Bestellung des Verfahrensbeistands
> (1) Das Gericht hat dem minderjährigen Kind in Kindschaftssachen, die seine Person betreffen, einen fachlich und persönlich geeigneten Verfahrensbeistand

---

[30] Dazu unten, B. II. 5. a).

[31] *Bundesministerium der Justiz und für Verbraucherschutz*, Entwurf eines Gesetzes zur Bekämpfung sexualisierter Gewalt gegen Kinder, 31.08.2020, S. 53.

[32] BT-Drs. 19/23707; gleichlautend insoweit der Entwurf der Bundesregierung, vgl. BT-Drs. 19/24901, 7.

[33] *CDU/CSU/SPD*, Koalitionsvertrag zwischen CDU, CSU und SPD 19. Legislaturperiode, S. 22.

zu bestellen, soweit dies zur Wahrnehmung der Interessen des Kindes erforderlich ist. Der Verfahrensbeistand ist so früh wie möglich zu bestellen.

(2) Die Bestellung ist stets erforderlich, wenn eine der folgenden Entscheidungen in Betracht kommt:
 1. die teilweise oder vollständige Entziehung der Personensorge nach den §§ 1666 und 1666a des Bürgerlichen Gesetzbuchs,
 2. der Ausschluss des Umgangsrechts nach § 1684 des Bürgerlichen Gesetzbuchs oder
 3. eine Verbleibensanordnung nach § 1632 Absatz 4 des Bürgerlichen Gesetzbuchs.

(3) Die Bestellung ist in der Regel erforderlich, wenn
 1. das Interesse des Kindes zu dem seiner gesetzlichen Vertreter in erheblichem Gegensatz steht,
 2. eine Trennung des Kindes von der Person erfolgen soll, in deren Obhut es sich befindet,
 3. Verfahren die Herausgabe des Kindes zum Gegenstand haben oder
 4. eine wesentliche Beschränkung des Umgangsrechts in Betracht kommt.

Sieht das Gericht in den genannten Fällen von der Bestellung eines Verfahrensbeistands ab, ist dies in der Endentscheidung zu begründen.

(4) Die Bestellung endet mit der Aufhebung der Bestellung, mit Rechtskraft der das Verfahren abschließenden Entscheidung oder mit dem sonstigen Abschluss des Verfahrens.
Das Gericht hebt die Bestellung auf, wenn
 1. der Verfahrensbeistand dies beantragt und einer Entlassung keine erheblichen Gründe entgegenstehen oder
 2. die Fortführung des Amtes die Interessen des Kindes gefährden würde.

(5) Die Bestellung eines Verfahrensbeistands oder deren Aufhebung sowie die Ablehnung einer derartigen Maßnahme sind nicht selbständig anfechtbar.[34]

Die wesentliche Änderung im Vergleich zum Referentenentwurf stellte dabei die Neugliederung der Fälle der Bestellung in § 158 Abs. 1–3 FamFG-E dar. Während noch im Referentenentwurf die Bestellungsfälle durch eine Auffangnorm in § 158 Abs. 1 FamFG-E und Regelbestellungsfällen in § 158 Abs. 2 FamFG-E aufgegliedert waren, sollten nunmehr in § 158 Abs. 2 FamFG-E auch solche Fälle hinzukommen, in denen eine Bestellung stets erforderlich sei.[35] Dies sollte verhindern, dass die Bestellung des Verfahrensbeistands

---

[34] BT-Drs. 19/23707, 13.

[35] Näher zu dieser Aufteilung unten, B. II. 3. a) bb).

übersehen würden.[36] Damit näherte sich der Entwurf dem Vorschlag des *BÜNDNIS 90/DIE GRÜNEN* an, der schon einen Fokus darauf legte, durch Pflichtbestellungsfälle unterbleibende Bestellung zu verhindern.

Schließlich wurden hier im Unterschied zum Referentenentwurf auch erstmals die Voraussetzungen zur Aufhebung der Bestellung in § 158 Abs. 4 FamFG-E näher geregelt. Danach war eine Aufhebung der Bestellung auf Antrag des Verfahrensbeistands möglich, oder wenn die Fortführung des Amtes die Interessen des Kindes gefährden würde. Von diesen Voraussetzungen wurde im weiteren Gesetzgebungsverfahren nicht mehr abgewichen.[37]

4. Stellungnahmen zum Entwurf

Die Stellungnahmen zum Referenten- und Regierungsentwurf durch die beteiligten Verbände und die Literatur waren überwiegend positiv. Dabei bezogen sich auch die Stellungnahmen vor allem auf die strafrechtlichen Änderungen. Bezüglich der Änderungen der Vorschriften zur Verfahrensbeistandschaft wurde teilweise kritisiert, dass der Entwurf zwar fachliche Eignungsvoraussetzungen vorschreibe, aber die persönliche Eignung nicht näher beschreibe.[38] So wurde überwiegend gefordert, dass der Verfahrensbeistand ein erweitertes Führungszeugnis beizubringen habe.[39] Daneben

---

[36] BT-Drs. 19/23707, 53.

[37] Näher zu diesen Voraussetzungen unten, B. II. 6. a).

[38] *Keuter*, ZKJ, 2021, 131, 132; *Menne*, NZFam, 2020, 1033, 1043; *Deutscher Familiengerichtstag e.V.*, Stellungnahme zum Referentenentwurf eines Gesetzes zur Bekämpfung sexualisierter Gewalt gegen Kinder, S. 7; *Wissenschaftliche Vereinigung für Familienrecht*, Stellungnahme der Wissenschaftlichen Vereinigung für Familienrecht zu dem Referentenentwurf eines Gesetzes zur Bekämpfung sexualisierter Gewalt gegen Kinder, S. 6; *Deutsches Kinderhilfswerk e.V.*, Stellungnahme zum Referentenentwurf eines Gesetzes zur Bekämpfung sexualisierter Gewalt gegen Kinder, S. 6; *Bundeskoordinierung Spezialisierter Fachberatung gegen sexualisierte Gewalt in Kindheit und Jugend*, Stellungnahme zum Referentenentwurf des Bundeministerium der Justiz und für Verbraucherschutz, S. 29; *Berufsverband der Verfahrensbeistände – BVEB*, Stellungnahme des BVEB zum Referentenentwurf des BMJV – Entwurf eines Gesetzes zur Bekämpfung sexualisierter Gewalt gegen Kinder, S. 2.

[39] *Menne*, NZFam, 2020, 1033, 1043; *Bundeskoordinierung Spezialisierter Fachberatung gegen sexualisierte Gewalt in Kindheit und Jugend*, Stellungnahme zum Referentenentwurf des Bundeministerium der Justiz und für Verbraucherschutz, S. 29; *Deutsches Kinderhilfswerk e.V.*, Stellungnahme zum Referentenentwurf eines Gesetzes zur Bekämpfung sexualisierter Gewalt gegen Kinder, S. 6; *Wissenschaftliche Vereinigung für Familienrecht*,

wurde ein eigenes Ablehnungsrecht des Kindes vorgeschlagen, wie es auch der Entwurf des *BÜNDNIS 90/DIE GRÜNEN* vorsah.[40] *Menne* hat daneben vor allem die Aufteilung in § 158 Abs. 2, 3 FamFG-E kritisiert.[41]

Die Änderung der §§ 158–158c FamFG spielten in der Anhörung zum Regierungsentwurf nur eine untergeordnete Rolle.[42] Dabei wurde erneut die Notwendigkeit eines eigenen Ablehnungsrecht des Kindes hervorgehoben und die Forderung einer Konkretisierung der persönlichen Eignung durch Pflicht zur Beibringung eines Führungszeugnisses bekräftigt.[43] Auch eine Erweiterung der fachlichen Eignung um Kenntnisse der Psychotraumatologie und über Gewaltformen wurde vorgeschlagen.[44]

5. Beschlussempfehlung und Bericht des Ausschusses für Recht und Verbraucherschutz

Der Ausschuss hat daher die Stellungnahme zum Gesetzesentwurf und die in der Anhörung geäußerten Bedenken teilweise aufgenommen und folgende Änderungsempfehlungen vorgelegt.

Bezüglich § 158 FamFG-E wurde vorgeschlagen, die Aufteilung in § 158 Abs. 2 zu ändern. Dieser sollte nunmehr lauten:

> (2) Die Bestellung ist stets erforderlich, wenn eine der folgenden Entscheidungen in Betracht kommt:
> 1. die teilweise oder vollständige Entziehung der Personensorge nach den §§ 1666 und 1666a des Bürgerlichen Gesetzbuchs,

---

Stellungnahme der Wissenschaftlichen Vereinigung für Familienrecht zu dem Referentenentwurf eines Gesetzes zur Bekämpfung sexualisierter Gewalt gegen Kinder, S. 6; *Bundeskoordinierung Spezialisierter Fachberatung gegen sexualisierte Gewalt in Kindheit und Jugend*, Schriftliche Stellungnahme im Rahmen der Öffentlichen Anhörung des Ausschusses für Recht und Verbraucherschutz zum „Entwurf eines Gesetzes zur Bekämpfung sexualisierter Gewalt gegen Kinder", S. 7.

40 *Bundeskoordinierung Spezialisierter Fachberatung gegen sexualisierte Gewalt in Kindheit und Jugend*, Schriftliche Stellungnahme im Rahmen der Öffentlichen Anhörung des Ausschusses für Recht und Verbraucherschutz zum „Entwurf eines Gesetzes zur Bekämpfung sexualisierter Gewalt gegen Kinder", S. 7.

41 *Menne*, NZFam, 2020, 1033, 1037.

42 So wurde nur von zwei Sachverständigen überhaupt zur Verfahrensbeistandschaft Stellung genommen, vgl. *Deutscher Bundestag, 19. Wahlperiode*, Wortprotokoll der 115. Sitzung, 07.12.2020, 10, 23 f.

43 *Deutscher Bundestag, 19. Wahlperiode*, Wortprotokoll der 115. Sitzung, 07.12.2020, S. 10.

44 *Deutscher Bundestag, 19. Wahlperiode*, Wortprotokoll der 115. Sitzung, 07.12.2020, S. 24.

2. der Ausschluss des Umgangsrechts nach § 1684 des Bürgerlichen Gesetzbuchs oder
3. eine Verbleibensanordnung nach § 1632 Absatz 4 oder § 1682 des Bürgerlichen Gesetzbuchs.[45]

Eine Änderung zum Regierungsentwurf bestand hier nur in § 158 Abs. 2 Nr. 3 FamFG-E, dieser wurde um den Fall der Verbleibensanordnung nach § 1682 BGB ergänzt. Begründet wurde dies damit, dass es dabei zu einer mit § 1632 Abs. 4 BGB vergleichbaren Sorgerechtseinschränkung komme.[46] Damit wurde der Kritik von *Menne* Rechnung getragen.[47]

Im Übrigen sollte nunmehr auch die persönliche Eignung des Verfahrensbeistands geregelt werden. § 158a FamFG-E sollte daher wie folgt geändert werden:

§ 158a Eignung des Verfahrensbeistands

(1) Fachlich geeignet im Sinne des § 158 Absatz 1 ist eine Person, die Grundkenntnisse auf den Gebieten des Familienrechts, insbesondere des Kindschaftsrechts, des Verfahrensrechts in Kindschaftssachen und des Kinder- und Jugendhilferechts sowie Kenntnisse der Entwicklungspsychologie des Kindes hat und über kindgerechte Gesprächstechniken verfügt. Die nach Satz 1 erforderlichen Kenntnisse und Fähigkeiten sind auf Verlangen des Gerichts nachzuweisen. Der Nachweis kann insbesondere über eine sozialpädagogische, pädagogische, juristische oder psychologische Berufsqualifikation sowie eine für die Tätigkeit als Verfahrensbeistand spezifische Zusatzqualifikation erbracht werden. Der Verfahrensbeistand hat sich regelmäßig, mindestens alle zwei Jahre, fortzubilden und dies dem Gericht auf Verlangen nachzuweisen.

(2) Persönlich geeignet im Sinne des § 158 Absatz 1 ist eine Person, die Gewähr bietet, die Interessen des Kindes gewissenhaft, unvoreingenommen und unabhängig wahrzunehmen. Persönlich ungeeignet ist eine Person stets dann, wenn sie rechtskräftig wegen einer Straftat nach den §§ 171, 174 bis 174c, 176 bis 178, 180, 180a, 181a, 182 bis 184c, 184e bis 184g, 184i bis 184k, 201a Absatz 3, den §§ 225, 232 bis 233a, 234, 235 oder § 236 des Strafgesetzbuchs verurteilt worden ist. Zur Überprüfung der Voraussetzungen des Satzes 2 soll sich das Gericht ein erweitertes Führungszeugnis von der betreffenden Person (§ 30a des Bundeszentralregistergesetzes) vorlegen lassen oder im Einverständnis mit der betreffenden Person anderweitig Einsicht in ein bereits vorliegendes erweitertes Führungszeugnis nehmen. Ein solches darf nicht älter als drei Jahre

---

[45] BT-Drs. 19/27928, 10.

[46] BT-Drs. 19/27928, 29.

[47] Zur Kritik, *Menne*, NZFam, 2020, 1033, 1037.

> sein. Aktenkundig zu machen sind nur die Einsichtnahme in das erweiterte Führungszeugnis des bestellten Verfahrensbeistands, das Ausstellungsdatum sowie die Feststellung, dass das erweiterte Führungszeugnis keine Eintragung über eine rechtskräftige Verurteilung wegen einer in Satz 2 genannten Straftat enthält.[48]

Durch die Beschlussempfehlung wurde auf die Kritik der Literatur eingegangen. Dies beinhaltete insbesondere eine Neustrukturierung des § 158a FamFG-E, bei dem die fachlichen Qualifikationen in § 158a Abs. 1 FamFG-E zusammengefasst und die Fortbildungspflicht aus einem separaten Abs. 3 heraus mit in Abs. 1 überführt wurden. Eine Erweiterung der fachlichen Qualifikationsanforderungen ist hingegen nicht erfolgt.[49]

§ 158a Abs. 2 FamFG-E legte zudem erstmals die Voraussetzungen der persönlichen Eignung fest.[50] Diese wurde durch positive Anforderungen und die Implementation von Ausschlussgründen in § 158a Abs. 2 FamFG-E geregelt. Dabei geht es vor allem um kinderschutzrelevante Straftatbestände, die eine enge Zusammenarbeit mit Kindern ausschließen.[51] Auch die Forderung nach der Einholung eines erweiterten Führungszeugnisses wurde in § 158a Abs. 2 S. 3 FamFG-E aufgenommen.

Dagegen ist ein Ablehnungsrecht des Kindes, das im Entwurf des *BÜNDNIS 90/DIE GRÜNEN* enthalten war, nicht Teil der Beschlussempfehlung geworden. Begründet wurde dies mit möglichen, daraus folgenden Verfahrensverzögerung, welche kindeswohlschädliche Auswirkungen zur Folge haben könne. Daneben wurde vor allem die Sorge einer Instrumentalisierung durch einen Elternteil betont. Daher seien die Änderung des § 158a FamFG-E und die Möglichkeit der Aufhebung nach § 158 Abs. 4 FamFG-E nach Meinung des Ausschusses ausreichend.[52]

6. Endgültige Gesetzesfassung

Die Lesungen im Bundestag konzentrierten sich vor allem auf die strafrechtlichen Änderungen des Entwurfs. Bezüglich der Vorschriften zur

---

48 BT-Drs. 19/27928, 9 f.

49 BT-Drs. 19/27928, 29.

50 Näher dazu unten, B. II. 4. b).

51 BT-Drs. 19/27928, 30.

52 BT-Drs. 19/27928, 21 f.; näher zur Frage des Ablehnungsrechts des Kindes unten, B. II. 6. b) dd).

Verfahrensbeistandschaft finden sich kaum Äußerungen in den Protokollen.[53] Auch die Änderungsanträge der *Freien Demokratischen Partei (FDP)* und der Partei *BÜNDNIS 90/DIE GRÜNEN* bezogen sich nicht auf die §§ 158–158c FamFG.[54] Diese wurden unter Zustimmung zum Regierungsentwurf abgelehnt.[55] Auch der Bundesrat hatte keinen Einspruch gegen das Gesetz eingelegt.[56]

Das Gesetz wurde daher am 22. Juni 2021 in der Fassung verkündet, die es durch die Beschlussempfehlung des Ausschusses erhalten hat. Dieses ist überwiegend am 01. Juli 2021 in Kraft getreten, mit Ausnahme des § 158a FamFG, der erst am 01. Januar 2022 in Kraft trat.[57]

Die §§ 158–158c FamFG lauteten daher nunmehr wie folgt:

> § 158
> Bestellung des Verfahrensbeistands
> (1) Das Gericht hat dem minderjährigen Kind in Kindschaftssachen, die seine Person betreffen, einen fachlich und persönlich geeigneten Verfahrensbeistand zu bestellen, soweit dies zur Wahrnehmung der Interessen des Kindes erforderlich ist. Der Verfahrensbeistand ist so früh wie möglich zu bestellen.
> (2) Die Bestellung ist stets erforderlich, wenn eine der folgenden Entscheidungen in Betracht kommt:
> 1. die teilweise oder vollständige Entziehung der Personensorge nach den §§ 1666 und 1666a des Bürgerlichen Gesetzbuchs,
> 2. der Ausschluss des Umgangsrechts nach § 1684 des Bürgerlichen Gesetzbuchs oder
> 3. eine Verbleibensanordnung nach § 1632 Absatz 4 oder § 1682 des Bürgerlichen Gesetzbuchs.
>
> (3) Die Bestellung ist in der Regel erforderlich, wenn
> 1. das Interesse des Kindes zu dem seiner gesetzlichen Vertreter in erheblichem Gegensatz steht,
> 2. eine Trennung des Kindes von der Person erfolgen soll, in deren Obhut es sich befindet,

---

53 *Deutscher Bundestag*, Plenarprotokoll 19/187, 23550, 23551, 23565; *D. Bundestag*, Plenarprotokoll 19/218, 27492, dort fand jedoch keine inhaltliche Auseinandersetzung mit den Entwürfen statt.

54 BT-Drs. 19/27933; BT-Drs. 19/27932.

55 *Deutscher Bundestag*, Plenarprotokoll 19/218, S. 27501.

56 *Bundesrat*, Plenarprotokoll 1004, S. 176.

57 Vgl. Art. 10 Gesetz zur Bekämpfung sexualisierter Gewalt gegen Kinder vom 22.06.2021, BGBl. Teil I Nr. 33, 1818.

3. Verfahren die Herausgabe des Kindes zum Gegenstand haben oder
4. eine wesentliche Beschränkung des Umgangsrechts in Betracht kommt.
   Sieht das Gericht in den genannten Fällen von der Bestellung eines Verfahrensbeistands ab, ist dies in der Endentscheidung zu begründen.

(4) Die Bestellung endet mit der Aufhebung der Bestellung, mit Rechtskraft der das Verfahren abschließenden Entscheidung oder mit dem sonstigen Abschluss des Verfahrens. Das Gericht hebt die Bestellung auf, wenn
   1. der Verfahrensbeistand dies beantragt und einer Entlassung keine erheblichen Gründe entgegenstehen oder
   2. die Fortführung des Amtes die Interessen des Kindes gefährden würde.

(5) Die Bestellung eines Verfahrensbeistands oder deren Aufhebung sowie die Ablehnung einer derartigen Maßnahme sind nicht selbständig anfechtbar.

§ 158a
Eignung des Verfahrensbeistands

(1) Fachlich geeignet im Sinne des § 158 Absatz 1 ist eine Person, die Grundkenntnisse auf den Gebieten des Familienrechts, insbesondere des Kindschaftsrechts, des Verfahrensrechts in Kindschaftssachen und des Kinder- und Jugendhilferechts sowie Kenntnisse der Entwicklungspsychologie des Kindes hat und über kindgerechte Gesprächstechniken verfügt. Die nach Satz 1 erforderlichen Kenntnisse und Fähigkeiten sind auf Verlangen des Gerichts nachzuweisen. Der Nachweis kann insbesondere über eine sozialpädagogische, pädagogische, juristische oder psychologische Berufsqualifikation sowie eine für die Tätigkeit als Verfahrensbeistand spezifische Zusatzqualifikation erbracht werden. Der Verfahrensbeistand hat sich regelmäßig, mindestens alle zwei Jahre, fortzubilden und dies dem Gericht auf Verlangen nachzuweisen.

(2) Persönlich geeignet im Sinne des § 158 Absatz 1 ist eine Person, die Gewähr bietet, die Interessen des Kindes gewissenhaft, unvoreingenommen und unabhängig wahrzunehmen. Persönlich ungeeignet ist eine Person stets dann, wenn sie rechtskräftig wegen einer Straftat nach den §§ 171, 174 bis 174c, 176 bis 178, 180, 180a, 181a, 182 bis 184c, 184e bis 184g, 184i bis 184k, 201a Absatz 3, den §§ 225, 232 bis 233a, 234, 235 oder § 236 des Strafgesetzbuchs verurteilt worden ist. Zur Überprüfung der Voraussetzungen des Satzes 2 soll sich das Gericht ein erweitertes Führungszeugnis von der betreffenden Person (§ 30a des Bundeszentralregistergesetzes) vorlegen lassen oder im Einverständnis mit der betreffenden Person anderweitig Einsicht in ein bereits vorliegendes erweitertes Führungszeugnis nehmen. Ein solches darf nicht älter als drei Jahre sein. Aktenkundig zu machen sind nur die Einsichtnahme in das erweiterte Führungszeugnis des bestellten Verfahrensbeistands, das Ausstellungsdatum sowie die Feststellung, dass das erweiterte Führungszeugnis keine Eintragung über eine rechtskräftige Verurteilung wegen einer in Satz 2 genannten Straftat enthält.

§ 158b
Aufgaben und Rechtsstellung des Verfahrensbeistands

(1) Der Verfahrensbeistand hat das Interesse des Kindes festzustellen und im gerichtlichen Verfahren zur Geltung zu bringen. Er soll zu diesem Zweck auch eine schriftliche Stellungnahme erstatten. Der Verfahrensbeistand hat das Kind über Gegenstand, Ablauf und möglichen Ausgang des Verfahrens in geeigneter Weise zu informieren. Endet das Verfahren durch Endentscheidung, soll der Verfahrensbeistand den gerichtlichen Beschluss mit dem Kind erörtern.
(2) Soweit erforderlich kann das Gericht dem Verfahrensbeistand die Aufgabe übertragen, Gespräche mit den Eltern und weiteren Bezugspersonen des Kindes zu führen sowie am Zustandekommen einer einvernehmlichen Regelung über den Verfahrensgegenstand mitzuwirken. Das Gericht hat Art und Umfang der Beauftragung konkret festzulegen und die Beauftragung zu begründen.
(3) Der Verfahrensbeistand wird durch seine Bestellung als Beteiligter zum Verfahren hinzugezogen. Er kann im Interesse des Kindes Rechtsmittel einlegen. Der Verfahrensbeistand ist nicht gesetzlicher Vertreter des Kindes.

§ 158c
Vergütung; Kosten

(1) Führt der Verfahrensbeistand die Verfahrensbeistandschaft berufsmäßig, erhält er für die Wahrnehmung seiner Aufgaben in jedem Rechtszug jeweils eine einmalige Vergütung von 350 Euro. Im Fall der Übertragung von Aufgaben nach § 158b Absatz 2 erhöht sich die Vergütung auf 550 Euro. Die Vergütung deckt auch Ansprüche auf Ersatz anlässlich der Verfahrensbeistandschaft entstandener Aufwendungen ab.
(2) Für den Ersatz von Aufwendungen des nicht berufsmäßigen Verfahrensbeistands ist § 277 Absatz 1 entsprechend anzuwenden.
(3) Der Aufwendungsersatz und die Vergütung sind stets aus der Staatskasse zu zahlen. Im Übrigen gilt § 168 Absatz 1 entsprechend.
(4) Dem Verfahrensbeistand sind keine Kosten aufzuerlegen.

7. Zusammenfassung

Das Gesetzgebungsverfahren war zumindest in Bezug auf die Änderungen des FamFG bemerkenswert unaufgeregt und zügig. So vergingen vom ersten Referentenentwurf am 31. August 2020 bis zur Beschlussfassung in der zweiten Lesung des Bundestages am 25. März 2021 „nur“ knapp 7 Monate. Dies war wohl auch der wahrgenommenen Dringlichkeit, insbesondere der strafrechtlichen Änderungen durch den Missbrauchskomplex von Münster geschuldet.

Auffällig ist vor allem, dass alle Entwürfe und Stellungnahmen, auch die der Opposition, ähnliche Themenfelder wie der Qualifikation des Verfahrensbeistands und der Bestellungsfälle ansprachen und dabei zumindest gleichgerichtete Vorschläge unterbreitet haben. So wurden durch die Neuregelung sowohl die Fälle der Bestellung erweitert als auch das Aufgabenfeld des Verfahrensbeistands konkretisiert. Durch die Pflicht zur Erstellung einer Stellungnahme und der Erörterung der Entscheidung mit dem Kind sind zudem wichtige Bausteine zu einer gelungen Interessenvertretung hinzugekommen. Auch die Regelung der persönlichen und fachlichen Eignung und die Regelung der Aufhebung der Bestellung sichert eine qualitativ hochwertige Interessenvertretung des Kindes.

Insgesamt kann damit gesagt werden, dass die Position des Verfahrensbeistands durch die Neuregelung konkretisiert und professionalisiert wurde. Dabei zeigte sich, dass das Gesetz auch auf Vorschläge aus der Literatur und den Verbänden eingegangen ist und diese teilweise mit aufgenommen hat. Dadurch gab es in Bezug auf die Regelungen der Verfahrensbeistandschaft im Gesetzgebungsverfahren selbst von den Oppositionsparteien kaum Gegenwind.[58]

Lediglich bei der Frage der Einbeziehung des Kindes in die Entscheidung über die Bestellung bzw. Aufhebung der Bestellung waren die Einschätzungen geteilt und teils gegenläufig. Schon das Gesetzgebungsverfahren hat somit gezeigt, dass in Bezug auf die Frage der Einbindung des Kindes in das Verfahren weiterhin Diskussionsbedarf besteht.

Die Folgen dieser gesetzlichen Neuregelung für das Rechtsverhältnis von Verfahrensbeistand und Kind sollen folgend näher untersucht werden.

---

58 Beispielhaft hier der Zuspruch der Fraktion BÜNDNIS 90/DIE GRÜNEN, die bezüglich der Regelungen zur Verfahrensbeistandschaft keine Kritik im Ausschuss äußerte, BT-Drs. 19/27928, 20.

B. Rechtsverhältnis zwischen Kind und Verfahrensbeistand

I. Verfassungsrechtliches Verhältnis zwischen Verfahrensbeistand und Kind

Nach den Vorgaben des BVerfG muss durch die Hilfsperson „den Kindern die Möglichkeit eingeräumt werden, ihr eigenes Interesse, [...] in einer den Anforderungen des rechtlichen Gehörs (Art. 103 Abs. 1 GG) entsprechenden Eigenständigkeit im Verfahren geltend zu machen“[59]. Dass die Bestellung des Verfahrensbeistands die Anforderungen an die Schutzpflicht des Staates aus Art. 6 Abs. 2 S. 2, Art. 2 Abs. 1 i.V.m. Art. 103 Abs. 1 GG vollständig erfüllt, hat das BVerfG schon früh konstatiert, ohne aber eine Begründung dafür mitzuliefern, warum der Verfahrensbeistand (zum Zeitpunkt der Entscheidung noch Verfahrenspfleger nach § 50 FGG) den zuvor durch das Gericht gestellten Anforderungen an die Interessenwahrnehmung genügt.[60]

Man könnte sich somit fragen, ob spiegelbildlich nun jede fehlende Bestellung einen Eingriff in die Grundrechte des Kindes darstellt. Um dieser Frage nachzugehen, soll im Folgenden zunächst die Rechtsprechung des BVerfG zur Schutzpflicht des Staates für die Rechte des Kindes nachgezeichnet werden. Dabei wird insbesondere aufgezeigt, wie sich diese zunächst rein materielle Schutzpflicht im Verfahrensrecht etabliert hat und so schließlich einen Eingriff in die Rechte des Kindes durch die fehlende Bestellung des

59 *BVerfGE* 99, 145, 163.

60 *BVerfG*, Stattgebender Kammerbeschluss v. 18.07.2006 – 1 BvR 1465/05; *BVerfGE* 99, 145, 163.

Verfahrensbeistands begründet wurde. Diese Rechtsprechungsentwicklung wird sodann kritisch beleuchtet.

Wenn man danach einen Eingriff durch die Nichtbestellung annehmen möchte, ist in einem zweiten Schritt zu fragen, ob auch ein Eingriff durch die Bestellung eines Verfahrensbeistands, der seinen Pflichten nur unzureichend nachkommt, angenommen werden kann.[61] Problematisch könnte dabei schon die Frage des Grundrechtsverpflichteten sein.

Sodann ist von Interesse, ob mit der Bestellung des Verfahrensbeistands tatsächlich eine Hilfsperson installiert wurde, die den Anforderungen für die Erfüllung der staatlichen Schutzpflicht gerecht wird. Problematisch ist dabei weniger die Frage, ob der Verfahrensbeistand ausreichende Rechte und Befugnisse hat, um der Schutzpflicht gerecht zu werden, sondern vielmehr, ob der Verfahrensbeistand ausreichende Mittel vor allem in finanzieller Hinsicht hat, um seine Aufgaben ausreichend wahrzunehmen.

Eine letzte Perspektive auf das grundrechtliche Rechtsverhältnis wird bisher in der Literatur kaum beachtet. Dabei geht es um die Frage, ob die Bestellung oder einzelne Aufgaben für sich genommen einen Eingriff in die Grundrechte des Kindes darstellen könnten. Dabei geht es um nicht weniger als die Frage, ob der Staat zum Schutz des Kindes überhaupt in seine Rechte eingreifen darf.

Ein Grundrechtseingriff könnte man aus zwei Standpunkten heraus annehmen. Als erstes könnte man einen Eingriff in Rechte des Kindes durch die Bestellung unabhängig von der späteren, gegebenenfalls unzureichenden Tätigkeit annehmen, wenn man auf Seiten des Kindes ein Recht auf eine ausschließlich durch die Eltern erfolgende Interessenwahrnehmung anerkennen will. Diese Frage ist nicht nur aus grundrechtstheoretischer Perspektive interessant, sondern zudem für die weitere Beurteilung der verfahrensrechtlichen Anforderungen an die Einbeziehung des Kindes relevant. Nimmt man schon in der Bestellung unabhängig vom späteren Tätigwerden des Verfahrensbeistands einen Eingriff in die Rechte des Kindes an, so hat dies beispielsweise Folgen für die Frage der Notwendigkeit einer Anhörung des Kindes vor der Bestellung des Verfahrensbeistands.[62]

---

[61] Dies anmahnend auch *Eva Schumann*, in: *Dagmar Coester-Waltjen/Volker Lipp/Philipp M. Reuß et al.* (Hrsg.), Kindgerechte Verfahren – Anspruch und Wirklichkeit in Kindschaftssachen, S. 1, 9.

[62] Näher zu dieser Frage, B. II. 3. c).

Schließlich ist zu untersuchen, ob jedenfalls die Aufgaben des Verfahrensbeistands einen Eingriff in Rechte des Kindes darstellen. Dabei wird der Fokus auf einzelne Aufgaben des Verfahrensbeistands gelegt, die im Zusammenspiel mit den Rechten, die dem Kind im kindschaftsrechtlichen Verfahren zukommen, für die Grundrechtsposition des Kindes problematisch erscheinen.[63] Auch dies würde sich dann auf die Anforderungen der verfahrensrechtlichen Ausgestaltung dieser Aufgaben auswirken.

1. Grundrechtseingriff durch Nichtbestellung des Verfahrensbeistands

Als Ausgangsfall ist zunächst der Fall zu betrachten, dass einem Kind, das zu einer eigenständigen Interessenvertretung nicht in der Lage ist und dessen Rechte auch nicht durch die Eltern ausgeübt werden (können), kein Verfahrensbeistand bestellt wird. Darin könnte eine Verletzung von Art. 6 Abs. 2 S. 2 i.V.m. Art. 2 Abs. 1 GG und Art. 103 Abs. 1 GG liegen. Dafür sollen zunächst die Leitgedanken der Rechtsprechung des BVerfG zur Interessenvertretung des Kindes herausgearbeitet werden. Dabei wird insbesondere ein Fokus auf die Auslegung des Elternrechts aus Art. 6 Abs. 2 S. 1 GG durch das BVerfG gelegt. Gezeigt werden wird, wie aus dem Zusammenspiel des Elternrechts mit den Rechten des Kindes eine Schutzpflicht des Staates für die Subjektstellung des Kindes im Verfahren entwickelt wurde. Diese Argumentationslinie wird auf ihrer Überzeugungskraft hin untersucht und schließlich auf den oben genannten Fall der fehlenden Bestellung übertragen.

a) Die Rechtsprechung des BVerfG

Kann das Kind seine Interessen nicht selbst kundtun, steht diese Aufgabe in erster Linie den Eltern als gesetzliche Vertreter zu.[64] Wie das BVerfG schon früh entschieden hat, handeln die Eltern dabei aber nicht nur in Ausübung ihres Elternrechts, sondern Art. 6 Abs. 2 S. 1 GG beinhaltet

---

[63] Eine Überschreitung der Aufgaben für problematisch erachtend auch *Eva Schumann*, in: *Dagmar Coester-Waltjen/Volker Lipp/Philipp M. Reuß et al.* (Hrsg.), Kindgerechte Verfahren – Anspruch und Wirklichkeit in Kindschaftssachen, S. 1, 9.

[64] *Jestaedt*, in: *Dagmar Coester-Waltjen/Volker Lipp/Philipp M. Reuß et al.* (Hrsg.), Kindgerechte Verfahren – Anspruch und Wirklichkeit in Kindschaftssachen, S. 15, 18.

vielmehr auch eine Elternverantwortung. Das Elternrecht ist pflichtgebunden.[65] Aus diesem Grund wird es von einigen auch als echte Grundpflicht bezeichnet.[66] Danach sind die Eltern zwar in der Art und Weise frei, wie sie ihre elterlichen Rechte ausüben wollen, nicht aber in der Frage, ob sie diese überhaupt ausüben.[67] Das Recht der Eltern ist untrennbar mit ihrer Pflicht zur Pflege und Erziehung verbunden.[68] Dabei steht den Eltern jedoch eine weite Einschätzungsprärogative hinsichtlich der Frage zu, was unter Pflege und Erziehung zu verstehen ist.[69]

Daraus folgt nach der Rechtsprechung des BVerfG zudem, dass den Staat bei elterlichem Versagen nicht nur eine Eingriffslegitimation zur Sicherung des Kindeswohls aus Art. 6 Abs. 2 S. 2 GG trifft, sondern gleichzeitig auch eine Eingriffspflicht, die sich zusätzlich aus der Menschenwürdegarantie und dem Recht des Kindes auf Entfaltung seiner Persönlichkeit aus Art. 1 Abs. 1 und Art. 2 Abs. 1 GG herleitet.[70] Dabei bleibt der Staat wegen Art. 6 Abs. 2 S. 1 GG stets zunächst dazu berufen, die Eltern zur Wahrnehmung ihrer Elternverantwortung zu ermächtigen.[71]

---

65 *BVerfGE* 10, 59, 67, 76; Jestaedt bezeichnet es daher passend als „kindesnütziges Drittbestimmungs(pflicht)recht", vgl. *Jestaedt*, in: *Dagmar Coester-Waltjen/Volker Lipp/Philipp M. Reuß et al.* (Hrsg.), Kindgerechte Verfahren – Anspruch und Wirklichkeit in Kindschaftssachen, S. 15, 21.

66 Sachs/*Sachs/Mann*, 10. Aufl. (2024), Vorbemerkungen zu Abschnitt I, Rn. 58; *BVerfGE* 59, 360, 376; BeckOK GG/*Uhle*, 61. Aufl. (2025), Art. 6 GG, Rn. 48; Dreier/*Brosius-Gersdorf*, 4. Aufl. (2023), Art. 6 GG, Rn. 349; a. A. jedoch noch *BVerfGE* 24, 119; Dürig/Herzog/Scholz/*Badura*, 106. EL (Oktober 2024), 6 GG, Rn. 133.

67 Zum Begriff der Pflichtbindung BK/*Jestaedt/Reimer*, 195. EL (229. EL 2025), Art. 6 Abs. 2 und 3, Rn. 77.

68 Zum Verhältnis des Elternrechts zur Schutzpflicht des Staates, B. I. 5. b) aa).

69 Vgl. zur Einschätzungsprärogative der Eltern schon, BK/*Jestaedt/Reimer*, 195. EL (229. EL 2025), Art. 6 Abs. 2 und 3, Rn. 95; *Coester*, in: *Röthel/Heiderhoff* (Hrsg.), Mehr Kinderrechte?, S. 29, 34; *Brost*, Das Persönlichkeitsrecht von Minderjährigen, 2016, S. 51; *Hölbling*, Wie viel Staat vertragen Eltern?, 2010, S. 128.

70 Zunächst wurde dies vom *BVerfG* nur aus Art. 2 Abs. 1 GG i.V.m. Art. 1 Abs. 1 GG hergeleitet, vgl. *BVerfGE* 24, 119, 144; nunmehr einheitl. unter Heranziehung von Art. 6 Abs. 2 GG Beschluss v. 12.02.2021, FamRZ 2021, 672, 675; *BVerfG*, Beschluss v. 19.11.2021 – 1 BvR 971/21, 1 BvR 1069/21, NJW 2022, 167, Rn. 46.

71 *BVerfGE* 24, 119, 144 f.; *Hohmann-Dennhardt*, FPR, 2008, 476, 477; *Jestaedt*, in: *Dagmar Coester-Waltjen/Volker Lipp/Philipp M. Reuß et al.* (Hrsg.), Kindgerechte Verfahren – Anspruch und Wirklichkeit in Kindschaftssachen, S. 15, 30.

Diese zunächst für das materielle Recht entwickelten Grundsätze hat das BVerfG dann später auf das Verfahrensrecht übertragen.[72] Das Verfahren müsse danach so ausgestaltet sein, dass es in geeigneter und angemessener Weise der Durchsetzung der materiellen Grundrechtsposition dienen kann.[73] Insbesondere müsse der Staat es verhindern, dass das Kind nur Objekt des kindschaftsrechtlichen Verfahrens würde, da es sonst in seiner Menschenwürde verletzt sei.[74] Dies sei vor allem dann zu befürchten, wenn die Eltern als Interessenvertreter aufgrund eines Interessenkonflikts ausfielen.[75]

Der Verfahrensbeistand, der aus dieser Schutzpflicht des Staates resultiert, welche das BVerfG aus Art. 6 Abs. 2 S. 2 und Art. 2 Abs. 1 GG herleitet, diene somit zur Sicherung der grundrechtlichen Stellung des Kindes.[76]

In diese Rechtsprechungslinie fügt sich die Entscheidung des BVerfG ein, wonach die unterbleibende Bestellung eines Verfahrensbeistands (damals noch Verfahrenspfleger nach § 50 FGG) eine Verletzung der Schutzpflicht des Staates für das Kind zur Sicherung des Kindeswohls im familiengerichtlichen Verfahren darstellt und damit auch eine Verletzung des durch Art. 6 Abs. 2 und Art. 2 Abs. 1 GG geschützten Kindeswohls in Verbindung mit dem Anspruch des Kindes auf rechtliches Gehör aus Art. 103 Abs. 1 GG.[77]

b) Bewertung

Dass es ein subjektives Recht des Kindes auf Schutz seiner Interessen im familiengerichtlichen Verfahren gibt, ist konsequent und ergibt sich aus der Grundrechtsträgerschaft des Kindes. Zur Wahrnehmung dieser Grundrechte bedarf das Kind bei fehlender Einsichts und Urteilsfähigkeit der Unterstützung durch die Kindeseltern. Sind diese dazu nicht in der Lage, ist in Ausgestaltung des staatlichen Wächteramtes der Verfahrensbeistand dazu berufen. Dieser leitet somit seine Stellung unmittelbar von der Stellung der Eltern und mittelbar von der des Kindes ab.[78]

---

72 *BVerfGE* 55, 171, 182.

73 *BVerfG*, Beschluss v. 06.11.2009 – 1 BvR 1410/08, FamRZ 2010, 109.

74 *BVerfGE* 72, 121, 134.

75 *BVerfGE* 55, 171, 179.

76 *BVerfGE* 72, 121, 134.

77 *BVerfGE* 99, 145, 162 f.; zustimmend *Coester-Waltjen*, Entführung, Rückentführung und Kindeswohl, JZ 54 (1999), 459, 463.

78 So auch *Jestaedt*, in: *Dagmar Coester-Waltjen/Volker Lipp/Philipp M. Reuß u. a.* (Hrsg.), Kindgerechte Verfahren – Anspruch und Wirklichkeit in Kindschaftssachen, S. 15, 18.

Kritisch zu betrachten ist gleichwohl, ob mit der Bestellung des Verfahrensbeistands dieser Schutzpflicht vollkommen entsprochen wird.[79] Aber selbst dann, wenn die Bestellung nur teilweise die Schutzpflicht des Staates erfüllen sollte und noch eine Schutzlücke verbleiben sollte, muss das Gericht jedenfalls die ihm zur Verfügung stehenden Mittel nutzen, um seiner Schutzpflicht zumindest teilweise nachzukommen. Eine Nichtbestellung stellt daher in jedem Fall eine Verletzung der Schutzpflicht des Staates dar.

2. Grundrechtseingriff durch Bestellung eines untätigen Verfahrensbeistands

In Fortführung dieser Argumentation könnte man nun annehmen, dass dann auch die Bestellung eines untätigen Verfahrensbeistands eine Verletzung der Schutzpflicht des Staates für das Kind zur Sicherung des Kindeswohls im familiengerichtlichen Verfahren darstellt und damit eine Verletzung des durch Art. 6 Abs. 2 und Art. 2 Abs. 1 GG geschützten Kindeswohls in Verbindung mit dem Anspruch des Kindes auf rechtliches Gehör aus Art. 103 Abs. 1 GG. Die Bestellung eines untätigen Verfahrensbeistands ist jedenfalls insoweit mit der fehlenden Bestellung vergleichbar, als dass die Wahrung des Kindeswohls im Verfahren nicht durch einen Beistand gesichert ist.

Hier sind zwei Anhaltspunkte zur Annahme einer Grundrechtsverletzung denkbar. Zum einen könnte man annehmen, dass eine Grundrechtsverletzung durch den Verfahrensbeistand selbst besteht, indem er nicht oder nicht ausreichend tätig wird.

Dafür müsste er auch Grundrechtsverpflichteter sein. Eine solche Argumentation ist jedoch von vornherein abzulehnen. Der Verfahrensbeistand ist nicht Adressat der Grundrechte des Kindes. Dies folgt schon daraus, dass er vom Gericht unabhängig agiert.[80] Grundrechtsadressat ist vielmehr der Staat, der durch die Ausgestaltung des Verfahrens die Sicherung des Kindeswohls im Verfahren garantieren soll und das durch die Bestellung des

---

[79] So jedenfalls schon für den Verfahrenspfleger *BVerfG*, Beschluss v. 20.08.2003 – 1 BvR 1354/03, FamRZ 2004, 3544; kritisch dazu auch *Althammer*, in: *Coester-Waltjen/Veit/Schumann et al.* (Hrsg.), Alles zum Wohle des Kindes?, S. 207, 209; zur Frage, ob der Staat mit der Bestellung seiner Schutzpflicht nachkommt, sogleich B. I. 3.

[80] Insoweit zutreffend die Aussage von *Splitt*, „Seine Stellung ist durch eine besondere Unabhängigkeit und Autonomie gegenüber den übrigen Verfahrensbeteiligten und dem Familiengericht gekennzeichnet", *Splitt*, FamRB, 2020, 331.

Verfahrensbeistands verwirklichen soll.[81] Der Verfahrensbeistand dient zur Erfüllung der staatlichen Schutzpflicht, ihn trifft diese aber nicht selbst.

Denkbar wäre es somit, eine Grundrechtsverletzung durch das Gericht selbst anzunehmen, indem dieses einen untätigen Verfahrensbeistand bestellt hat. Eine Grundrechtsverletzung käme gleichwohl dann erst zu dem Zeitpunkt in Betracht, in dem das Gericht erkennen kann, dass der Verfahrensbeistand nicht oder nicht ausreichend tätig wird und das Gericht nicht einschreitet.[82] Dies ist zum Zeitpunkt der Bestellung dagegen noch nicht absehbar. Die Verletzung könnte dann nur in der fehlenden Aufhebung der Bestellung bestehen. Die latente Gefahr, dass der Verfahrensbeistand untätig bleiben könnte, begründet jedenfalls keinen Eingriff zum Zeitpunkt der Bestellung.[83]

Schließlich käme auch eine Grundrechtsverletzung durch den Gesetzgeber in Betracht, wenn er es versäumt hätte, durch die gesetzlichen Regelungen von vornherein die Untätigkeit bzw. nicht ausreichende Tätigkeit des Verfahrensbeistands zu verhindern. In der Tat muss der Gesetzgeber sicherstellen, dass die Institution, die zur Wahrnehmung der Interessenvertretung eingesetzt wird, effektiv ist. Die bloße Bereitstellung einer „leeren Hülle" ist nicht ausreichend, um der Grundrechtsverpflichtung gerecht zu werden.[84] Dazu kann es gehören, durch die Einführung bestimmter Pflichten, einer damit korrespondierenden Vergütung und notfalls der Implementierung einer Haftung die wirksame Interessenvertretung sicherzustellen. In der Ausgestaltung kommt dem Gesetzgeber ein weiter Spielraum zu.[85]

Jedoch kann der Gesetzgeber auch dadurch die Untätigkeit des Verfahrensbeistands vor der Bestellung nicht verhindern. Zwar träte durch die Einführung von Pflichten und daran anknüpfende Haftung des Verfahrensbeistands

---

[81] *BVerfG*, Beschluss v. 13.05.2020 – 1 BvR 663/19, FamRZ 2020, 1579, 1580; a. A. *Menne*, NZFam, 2020, 1033, 1047, der davon ausgeht, dass der Verfahrensbeistand mit einer eingeschränkten Tätigkeit die Verfahrensrechte des Kindes verletzt.

[82] So nimmt das OLG Karlsruhe beispielsweise eine Pflicht des Verfahrensbeistands an, bei fehlender Geeignetheit des Verfahrensbeistands einen neuen zu bestellen, vgl. *OLG Karlsruhe*, Beschluss v. 01.08.2013 – 5 UF 62/13, FamRZ 2014, 1136.

[83] Eine bloße Gefährdung von Grundrechtspositionen ist nicht ausreichend zur Annahme eines Eingriffs, vgl. Dreier/*Sauer*, 4. Aufl. (2023), Vorb. vor Art. 1 GG, Rn. 146.

[84] In diese Richtung auch *Rösler*, Die Verfahrensbeistandschaft, 2014, S. 209.

[85] Dazu Dürig/Herzog/Scholz/*C. Walter*, 106. EL (Oktober 2024), Art. 93 GG, Rn. 104.

bei Nichterfüllung ein gewisser Abschreckungseffekt ein,[86] dennoch kann dies eine Untätigkeit nicht ausschließen. Der Gesetzgeber kann also nur gehalten sein, bei einem untätigen oder nicht ausreichend tätigen Verfahrensbeistand Regeln vorzusehen, die dies sanktionieren, bzw. durch Aufhebungsvorschriften die Interessenvertretung durch einen geeigneten Verfahrensbeistand sicher zu stellen. Er kann die Untätigkeit oder nicht ausreichende Tätigkeit des Verfahrensbeistands aber nicht von vornherein durch gesetzliche Regeln verhindern.

Die Bestellung eines untätigen oder nur unzureichend tätigen Verfahrensbeistands stellt somit keine Verletzung der Schutzpflicht des Staates für das Kind zur Sicherung des Kindeswohls im familiengerichtlichen Verfahren dar. Dabei kann das Gericht aber dann, wenn der Verfahrensbeistand untätig bleibt oder die ihm zugewiesene Rolle überschreitet, aufgrund seiner Schutzpflicht gehalten sein, die Bestellung aufzuheben.

3. Erfüllung der Schutzpflicht durch die Bestellung

Das gerichtliche Verfahren muss zur Wahrung der Subjektstellung des Kindes so ausgestaltet sein, dass die materielle Grundrechtsposition wirkungsvoll durchgesetzt werden kann.[87] Wie das BVerfG schon vor der Neuregelung entschieden hat, wird die Bestellung des Verfahrensbeistands dem grundsätzlich gerecht.[88] Da durch die Neuregelung nur weitere kindeswohlschützende Aspekte hinzugekommen sind, dürfte das BVerfG von dieser Auffassung auch bei der jetzigen Ausgestaltung der Verfahrensbeistandschaft nicht abrücken. Dies soll deswegen auch nicht Schwerpunkt der folgenden Untersuchung sein.

Zweifel an der wirkungsvollen Durchsetzung der Grundrechtsposition durch den Verfahrensbeistand könnten jedoch aufgrund der Vergütungsregelung des Verfahrensbeistands bestehen. Seiner Aufgabe zur wirkungsvollen Durchsetzung der materiellen Grundrechtsposition des Kindes kann der Verfahrensbeistand nur dann gerecht werden, wenn er eine ausreichende Vergütung erhält. Im Umkehrschluss würde eine nicht ausreichende Vergütung

---

86 Dazu unten, B. III. 2. a) gg).

87 *BVerfG*, Beschluss v. 06.11.2009 – 1 BvR 1410/08, FamRZ 2010, 109.

88 *BVerfG*, Stattgebender Kammerbeschluss v. 18.07.2006 – 1 BvR 1465/05; *BVerfGE* 99, 145, 163.

die Erfüllung des staatlichen Wächteramtes und damit die Subjektstellung des Kindes gefährden.[89]

Ob eine ausreichende Vergütung mit der Regelung des § 158c FamFG a.F. gewährleistet war, darf sowohl aufgrund der anfallenden und steigenden Verfahrensnebenkosten als auch aufgrund der Inflation bezweifelt werden. Vor diesem Hintergrund kann die Verfassungsmäßigkeit der bisherigen Vergütungsregelung bezweifelt werden.

Diese Problematik hat nunmehr auch der Gesetzgeber erkannt und mit § 158c FamFG n.F. einige Neuerung implementiert. Es lohnt sich somit vor diesem Hintergrund, die bei der Vergütung auftretenden Problematiken besonders zu beleuchten.

Dafür wird zunächst die bisher bestehende Vergütungsregelung knapp vorgestellt, um sodann die Rechtsprechung des BVerfG und des BGH zur Verfassungsmäßigkeit des § 158c FamFG a.F. auf ihre Überzeugungskraft hin zu untersuchen und die Lösungsvorschläge der Rechtsprechung kritisch zu würdigen. Dabei wird sich zunächst mit der bisherigen Vergütungsregelung beschäftigt. Daran anschließend wird die Vorschrift des § 158c FamFG in der seit dem 11. April 2025 geltenden Fassung daraufhin beleuchtet, ob sie ausreichende Lösungsansätze für die vorgestellten Probleme bereitstellt. Dabei zeigt sich, dass die Regelungen zu Schwachstellen bei der Wahrung der Unabhängigkeit des Verfahrensbeistands führen können.

a) Die Regelung des § 158c FamFG a.F.

Die Vergütungsregelung in ihrer bisherigen Form wurde mit dem Gesetz zur Reform des Verfahrens in Familiensachen und in den Angelegenheiten der freiwilligen Gerichtsbarkeit (FGG-RG) eingeführt. Davor wurde die Tätigkeit des Verfahrensbeistands (damals Verfahrenspflegers) gemäß § 50 Abs. 5 FGG nach § 67a FGG individuell abgerechnet.[90]

§ 158c FamFG a.F. unterschied dabei zwischen einem einfachen und einem erweiterten Aufgabenkreis. Bei einer Bestellung im einfachen Aufgabenkreis erhielt der Verfahrensbeistand nach § 158c Abs. 1 S. 1 FamFG a.F. je Rechtszug

---

89 So auch *Ahlert*, Der Verfahrensbeistand nach § 158 FamFG, 2010, S. 83; zur Gewährung der Subjektstellung des Kindes durch den Verfahrensbeistand schon soeben, B. I. 1.

90 Ausführlich zur Vergütungsregelung des § 50 Abs. 5 FGG, *Ahlert*, Der Verfahrensbeistand nach § 158 FamFG, 2010, S. 147 ff.

350 Euro. Im erweiterten Aufgabenkreis erhöhte sich die Vergütung nach § 158c Abs. 1 S. 2 FamFG a.F. auf 550 Euro.

Darüber hinaus unterschied das Gesetz zwischen einem berufsmäßigen Verfahrensbeistand, für den die eben vorgestellten Regelungen galten, und dem nicht berufsmäßigen Verfahrensbeistand für den nach § 158c Abs. 2 FamFG a.F. ein Ersatz der Aufwendungen nach § 277 Abs. 1 FamFG erfolgen sollte. Eine nicht berufsmäßige Führung der Verfahrensbeistandschaft dürfte dabei in der Praxis schon aufgrund der Fort- und Ausbildungspflichten kaum vorkommen und auch der Gesetzgeber ging vom Regelfall einer berufsmäßigen Führung der Verfahrensbeistandschaft aus, sodass die Regelung des § 158c Abs. 2 FamFG a.F. nicht näher beleuchtet werden soll.[91]

b) Kritik der Literatur an der Vergütungsregelung

Nach der Gesetzesbegründung erfolgte die Einführung von Fallpauschalen zur Regelung der Vergütung vor allem im Hinblick auf einen erhofften Bürokratieabbau auf Seiten des Verfahrensbeistands, der eine Konzentration des Verfahrensbeistands auf die Interessenvertretung ermöglichen sollte.[92]

Schon im Gesetzgebungsverfahren wurde jedoch deutlich, dass in Wirklichkeit vor allem haushaltsfiskalische Gründe zu einer Einführung der Fallpauschalen geführt haben.[93] So wurden die Fallpauschalen erst kurz vor Abschluss des Gesetzgebungsverfahrens auf Bitten des Bundesrates eingeführt.[94]

Auch in der Literatur wurde bereits bei Einführung der Fallpauschalen harsche Kritik geübt. Diese betraf sowohl das Gesetzgebungsverfahren als

---

[91] So auch Prütting/Helms/*S. Hammer*, 6. Aufl. (2022), § 158c FamFG, Rn. 9; *Menne*, NZFam, 2020, 1033, 1047; aus diesem Grund wurde die Regelung auch durch die Neuregelung gestrichen, vgl. zur Begründung *Bundesministerium der Justiz*, Entwurf eines Gesetzes zur Verbesserung des Schutzes von gewaltbetroffenen Personen im familiengerichtlichen Verfahren, zur Stärkung des Verfahrensbeistands und zur Anpassung sonstiger Verfahrensvorschriften, 24.07.2024, S. 42.

[92] BT-Drs. 16/9733, 294.

[93] Ausweisliche der Gesetzgebungsmaterialien erfolgte die Pauschalisierung, „um die Belastung der Länderhaushalte infolge der Ausweitung der Bestellungspflicht in kalkulierbaren Grenzen zu halten", vgl. BT-Drs. 16/9733, 294; zum Gesetzgebungsverfahren *Rösler*, Die Verfahrensbeistandschaft, 2014, S. 210–214; *L. Bode*, ZKJ, 2009, 410 f.

[94] Vgl. die Stellungnahme des Bundesrates zum Gesetzesentwurf, BT-Drs. 16/6308, 360 Nr. 2.

solches als auch die Regelung der Vergütung in Form einer Fallpauschale.[95] So wurde beispielsweise angemahnt, dass die Fallpauschale zu schematischem Vorgehen führe, die eine sachgerechte Interessenwahrnehmung zweifelhaft erscheinen lasse.[96]

Daneben betraf die Kritik jedoch seit jeher vor allem die Höhe der Fallpauschalen, die als für eine effektive Interessenvertretung nicht ausreichend kritisiert wurde.[97] Dabei wurde bereits früh angemahnt, dass dies dazu führen könne, dass Verfahrensbeistände aus wirtschaftlichen Gründen ausscheiden, was insgesamt die Qualität der Interessenvertretung herabsetzen würde.[98]

In der Literatur wurde daher schon bei Einführung der Regelung 2009 die Vergütungsregelung für nicht mit Art. 12 Abs. 1 GG vereinbar gehalten.[99] Die Kritik an der Vergütung ist auch im Gesetzgebungsverfahren zur Neuregelung der Verfahrensbeistandschaft durch das Gesetz zur Bekämpfung sexualisierter Gewalt gegen Kinder nicht abgerissen.[100]

---

95 Deutlich *Rösler*, Die Verfahrensbeistandschaft, 2014, S. 218; *L. Bode*, ZKJ, 2009, 410, 411; *Salgo*, ZKJ, 2009, 49, 53.

96 *Koritz*, FPR, 2012, 568, 569; *Ahlert*, Der Verfahrensbeistand nach § 158 FamFG, 2010, S. 159.

97 *Ahlert*, Der Verfahrensbeistand nach § 158 FamFG, 2010, S. 160; *Trenczek*, ZKJ, 2009, 196, 199 f.; *Lack*, FamRZ, 2023, 1249, 1257; *Menne*, NZFam, 2020, 1033, 1047 f.; die Vergütung für ausreichend erachtend dagegen *Rösler*, Die Verfahrensbeistandschaft, 2014, S. 222–224.; die Kritik hat mittlerweile auch Eingang in die öffentliche Debatte gefunden, vgl. nur *Rösing*, https://www.stern.de/gesellschaft/ein-verfahrensbeistand-vertritt-kinder-vor-gericht---oft-fuer-einen-aushilfslohn-34504162.html.

98 *L. Bode*, ZKJ, 2009, 410, 412, 413; *Ahlert*, Der Verfahrensbeistand nach § 158 FamFG, 2010, S. 160 f.; *Lack*, FamRZ, 2023, 1249, 1257; *Stößer* kommt dagegen zu dem Befund, dass eine solche Abwanderung berufsmäßiger Verfahrensbeistände tatsächlich nicht stattgefunden habe, ohne dies jedoch seinerseits zu belegen, vgl. *Stößer*, FamRZ, 2013, 1967, 1969.

99 *L. Bode*, ZKJ, 2009, 410, 412; *Salgo*, ZKJ, 2009, 49, 56 f.; a. A. *Stößer*, FamRZ, 2013, 1967, 1969.

100 Vgl. nur *Deutscher Familiengerichtstag e.V.*, Stellungnahme zum Referentenentwurf eines Gesetzes zur Bekämpfung sexualisierter Gewalt gegen Kinder, S. 11; *Frauenhaus Koordinierung e.V.*, Stellungnahme von Frauenhauskoordinierung zum Referentenentwurf des Bundesministeriums der Justiz und für Verbraucherschutz – Entwurf eines Gesetzes zur Bekämpfung sexualisierter Gewalt gegen Kinder, S. 2; *Bundesarbeitsgemeinschaft der Freien Wohlfahrtspflege*, Stellungnahme der Bundesarbeitsgemeinschaft der Freien Wohlfahrtspflege (BAGFW) zum Referentenentwurf des Bundesministeriums für Justiz und Verbraucherschutz für ein Gesetz zur Bekämpfung sexualisierter Gewalt gegen Kinder, S. 12; *Berufsverband der Verfahrensbeistände – BVEB*, Stellungnahme des

c) Rechtsprechung zur Verfassungsmäßigkeit der Vergütungsregelung

Die angeführte Kritik der Literatur lässt an einer auskömmlichen Vergütung zweifeln. Die bisherige Vergütungsregelung könnte somit Art. 12 Abs. 1 GG verletzt haben.

Mit der Frage der Verfassungsmäßigkeit der Vergütung des Verfahrensbeistands hat sich das BVerfG bisher zwei Mal beschäftigt.

In der ersten Entscheidung ging es um die Vergütungsregelung des § 50 Abs. 5 FGG, bei dem eine individualisierte Vergütung nach § 67a FGG geregelt war. Diese wurde vom BVerfG als mit Art. 12 Abs. 1 GG vereinbar erklärt.[101]

Die zweite Entscheidung betraf die Vergütungsregelung in § 158 Abs. 7 FamFG a.F., die dem § 158c Abs. 1 FamFG a.F. entspricht. Es handelt sich dabei jedoch um einen Nichtannahmebeschluss, in dem lediglich die Verfassungsbeschwerde für unzulässig erklärt wurde.[102] Ausführungen zur Verfassungsmäßigkeit der Regelung hat das BVerfG hier gerade nicht unternommen, sondern lediglich die Unklarheit der Vergütung angemahnt.[103]

An einer Entscheidung des BVerfG zur Verfassungsmäßigkeit der Fallpauschale fehlt es bislang. Gleichwohl wurden mit der ersten Entscheidung des BVerfG aus dem Jahr 2004 die Grundsätze zur Prüfung der Verfassungsmäßigkeit der Vergütung am Maßstab des Art. 12 Abs. 1 GG bestimmt.

Soweit der Staat zur Wahrnehmung seiner Aufgaben Dritte beruflich in Anspruch nehme, gebiete es Art. 12 Abs. 1 GG ihn angemessen zu entschädigen. Eine Begrenzung des Vergütungsanspruchs sei nur gerechtfertigt, sofern die Begrenzung die Grenze der Zumutbarkeit nicht überschreite.[104] Dies sei der Fall, wenn er Tätigkeiten unentgeltlich erbringen müsse, um einen „den Grundrechten des Kindes gerecht werdenden verfassungsrechtlich gebotenen Standard der Kindesvertretung zu gewährleisten“[105]. Konkret

---

BVEB zum Referentenentwurf des BMJV – Entwurf eines Gesetzes zur Bekämpfung sexualisierter Gewalt gegen Kinder, S. 3.

[101] *BVerfG*, Beschluss v. 09.03.2004 – 1 BvR 455/02, FamRZ 2004, 1267.

[102] *BVerfG*, Nichtannahmebeschluss v. 09.11.2009 – 1 BvR 2146/09, FamRZ 2010, 185.

[103] Dabei bezieht es sich ausdrücklich auf die Mischkalkulation und den Ausgleich im Einzelfall, vgl. *BVerfG*, Nichtannahmebeschluss v. 09.11.2009 – 1 BvR 2146/09, FamRZ 2010, 185.

[104] *BVerfG*, Beschluss v. 09.3.2004 – 1 BvR 455/02, FamRZ 2004, 1267, 1269.

[105] *BVerfG*, Beschluss v. 09.3.2004 – 1 BvR 455/02, FamRZ 2004, 1267, 1269.

bedeutet dies, dass das BVerfG eine Unzumutbarkeit (erst) dann annimmt, wenn der Verfahrensbeistand bei der ordnungsgemäßen Ausübung seiner Tätigkeit „draufzahlt".

Der BGH hat sich demgegenüber bereits in mehreren Entscheidungen zu Einzelheiten der Vergütung geäußert.[106] Dabei nimmt der BGH immer wieder Bezug auf die vom BVerfG aufgestellten Grundsätze zur Beurteilung der Verfassungsmäßigkeit.[107] Nach Ansicht des BGH werden diese Grundsätze bei der bisherigen Vergütungspraxis jedoch eingehalten.[108] Er stützt sich dabei vor allem auf das Argument der Mischkalkulation.

Die Mischkalkulation aus aufwendigen und eher unterbezahlten Verfahren und einfachen und eher überbezahlten Verfahren ermögliche dem Verfahrensbeistand nach Meinung des BGH insgesamt eine auskömmliche Bezahlung.[109]

Entscheidungen des BGH seit Inkrafttreten der Änderungen durch das Gesetz zur Bekämpfung sexualisierter Gewalt gegen Kinder sind dagegen noch nicht ergangen.[110] Nicht eindeutig ist daher, ob der BGH auch unter der Geltung der aktuellen Gesetzeslage mit den erweiterten Aufgaben und Qualifikationspflichten auch weiterhin an dieser Einschätzung festhalten wird.

Das Argument der Mischkalkulation ist dabei aus mehreren Gründen zu kritisieren. Diese betreffen sowohl die Frage, ob die Mischkalkulation der Höhe nach zu einer auskömmlichen Vergütung führt als auch

---

106 *BGH*, Beschluss v. 15.09.2010 – XII ZB 209/10, MDR 2010, 1465; Beschluss v. 15.09.2010 – XII ZB 268/10, FamRZ 2010, 1896; Beschluss v. 17.11.2010 – XII ZB 478/10, FamRZ 2011, 199; Beschluss v. 19.01.2011 – XII ZB 400/10, FamRZ 2011, 558; Beschluss v. 19.01.2011 – XII ZB 486/10, FamRZ 2011, 467; Beschluss v. 01.08.2012 – XII ZB 456/11, FamRZ 2012, 1630; Beschluss v. 05.10.2016 – XII ZB 464/15, FamRZ 2017, 231; Beschluss v. 09.10.2013 – XII ZB 667/12, NJW 2013, 3724; Beschluss v. 27.09.2017 – XII ZB 420/16, FamRZ 2018, 48.

107 *BGH*, Beschluss v. 09.10.2013 – XII ZB 667/12, NJW 2013, 3724; Beschluss v. 15.09.2010 – XII ZB 209/10, MDR 2010, 1465 f.

108 *BGH*, Beschluss v. 27.09.2017 – XII ZB 420/16, FamRZ 2018, 48, 49; Beschluss v. 09.10.2013 – XII ZB 667/12, NJW 2013, 3724; etwas vorsichtiger Beschluss v. 15.09.2010 – XII ZB 209/10, MDR 2010, 1465 f.

109 *BGH*, Beschluss v. 27.09.2017 – XII ZB 420/16, FamRZ 2018, 48, 49; Beschluss v. 09.10.2013 – XII ZB 667/12, NJW 2013, 3724, 3725; Beschluss v. 19.01.2011 – XII ZB 486/10, FamRZ 2011, 467, 468.

110 Zu den Änderungen oben, A. II.

die grundsätzliche Annahme einer Fallpauschale als Vergütungsmodell. Dabei soll die Vergütungsregelung nur auf Verstöße gegen die Berufsfreiheit des Verfahrensbeistands aus Art. 12 Abs. 1 GG hin geprüft werden.[111] Andere, möglicherweise kollidierende Verfassungsgüter Dritter, werden dabei im Folgenden benannt, aber nicht auf einen Verfassungsverstoß hin überprüft.

d) Regelungsinstrument Fallpauschale

Zunächst kann das Regelungsinstrument der Fallpauschale ganz grundsätzlich kritisiert werden. Sie geht zum einen zulasten der Eltern in konfliktarmen Verfahren und setzt zudem beim Verfahrensbeistand Anreize für ein kindeswohlschädliches Verhalten. Die Vereinbarung einer Fallpauschale könnte daher schon aus diesem Gesichtspunkt verfassungswidrig sein.

aa) Mischkalkulation zulasten der Eltern

Die Vergütung des Verfahrensbeistands ist im Ergebnis von den Eltern zu tragen. § 158c Abs. 3 S. 1 FamFG, wonach die Vergütung aus der Staatskasse zu zahlen ist, ist insoweit missverständlich. Sie regelt nur den Kostenschuldner gegenüber dem Verfahrensbeistand. Diese Kosten sind allerdings als Auslage des Verfahrens vom jeweiligen Kostenschuldner des Verfahrens an das Gericht zu zahlen, vgl. Nr. 2013 KV FamGKG.[112] Dies sind in der Praxis zumeist die Eltern.

Die Mischkalkulation bedeutet also nichts anderes, als dass einige Eltern, gemessen am Aufwand der Interessenvertretung, einen günstigen Verfahrensbeistand erhalten, während andere die gemessen am erbrachten Aufwand hohe Vergütung zahlen müssen, um das System als Ganzes zu tragen.

Die Vergütungsregelung stellt mithin einen Eingriff in die Rechte der Eltern dar. Zur Rechtfertigung ließe sich wohl nur der Solidaritätsgedanke anführen.

Da es hier jedoch nur um die verfassungsrechtliche Übereinstimmung mit Art. 12 Abs. 1 GG geht, soll dieser Aspekt hier nicht weiterverfolgt werden. Er wäre gleichwohl bei einer Neuregelung zu berücksichtigen.

---

111 Zum möglichen Verstoß gegen Art. 3 Abs. 1 GG *L. Bode*, ZKJ, 2009, 410, 413.

112 So auch Prütting/Helms/*S. Hammer*, 6. Aufl. (2022), § 158c FamFG, Rn. 13.

bb) Anreize für kindeswohlschädliches Verhalten

Die Fallpauschalen fördern zudem ein gewinnorientiertes Denken auf Seiten des Verfahrensbeistands. Dies kann potentiell die Interessenvertretung negativ beeinflussen, weil sie den Verfahrensbeistand dazu anhält, seine Kosten so niedrig wie möglich zu halten. Er könnte somit geneigt sein, mehrmalige Treffen mit dem Kind oder – jedenfalls vor der Neuregelung – die Bestellung eines Dolmetschers zu vermeiden, um Kosten zu sparen.[113] Auch dies begründet jedoch keinen Verstoß gegen Art. 12 Abs. 1 GG, sodass es zur Begründung der Verfassungswidrigkeit nicht angeführt werden kann. Es ist gleichwohl auch bei einer Neuregelung zu berücksichtigen.

cc) Zusammenfassung

Gegen die Regelung der Vergütung durch eine Fallpauschale lassen sich keine verfassungsrechtlichen Bedenken erheben, die einen Verstoß gegen Art. 12 Abs. 1 GG begründen könnten. Sie bleibt gleichwohl aufgrund der vorgebrachten Bedenken in der Sache kritikwürdig. Eine Regelung anhand einer individualisierten Vergütung wäre aus verfassungsrechtlicher Perspektive möglich.[114]

Ein Verstoß gegen Art. 12 Abs. 1 GG könnte sich gleichwohl durch die Höhe der Fallpauschale ergeben.

e) Verfassungsmäßigkeit der Höhe der Fallpauschale

Für eine Einschätzung der Vereinbarkeit der Regelung mit Art. 12 Abs. 1 GG soll auf die Grundsätze des BVerfG zurückgegriffen werden. Dabei ist im Ergebnis entscheidend, ob die Vergütung dem Verfahrensbeistand eine Wahrnehmung der Interessen des Kindes im Verfahren nicht mehr ermöglicht und durch die Begrenzung der Vergütung die Grenze der Zumutbarkeit überschritten wird.[115] Es kommt im Ergebnis vor allem auf die Höhe der Fallpauschale an. Während diese vom BGH als im Ergebnis auskömmlich

---

[113] Diese Befürchtung teilend auch *Lack*, FamRZ, 2023, 1249, 1257; *M. Zitelmann*, in: *Salgo/Lack* (Hrsg.), Verfahrensbeistandschaft, Rn. 732; ob eine Beauftragung durch das Gericht überhaupt möglich ist, ist umstritten, vgl. dazu sogleich B. I. 3. e) dd) aaa); letzteres Argument greift nach der Neuregelung nicht mehr, da die Kosten des Dolmetschers nunmehr durch das Gericht erstattet werden können.

[114] *BVerfG*, Beschluss v. 09.03.2004 – 1 BvR 455/02, FamRZ 2004, 1267.

[115] *BVerfG*, Beschluss v. 09.03.2004 – 1 BvR 455/02, FamRZ 2004, 1267, 1269.

beurteilt wurde, könnte diese Beurteilung nunmehr anders ausfallen. Dabei kommen verschiedene Aspekte zum Tragen, die auf ihre Auswirkungen auf die Mischkalkulation hin untersucht werden sollen. Diese betreffen zum einen allgemeine wirtschaftliche Entwicklungen als auch Kostenpunkte, die gerade durch die Neuregelung der §§ 158–158c FamFG entstanden sind. Dazu gehören die gestiegene Anzahl hochstrittiger Verfahren, der inflationsbedingte Kaufkraftverlust und gestiegene Verfahrensnebenkosten. Dabei muss jedoch bedacht werden, dass die Pauschale nicht zwingend am unteren Ende der zulässigen Höhe angesiedelt ist. Daher kann durch bloß erhöhte Kosten nicht automatisch auf eine Verfassungswidrigkeit geschlossen werden.

aa) Maßstab für die Zumutbarkeit

Zur Orientierung für die Beurteilung einer Zumutbarkeit kann die Vergütung des Rechtsanwalts herangezogen werden. Auch nach Ansicht des Gesetzgebers sollte die Vergütung des Verfahrensbeistands ursprünglich an die Gebührensätze für einen in Kindschaftssachen tätigen Rechtsanwalts angelehnt werden.[116]

Deswegen sollte maximal eine Vergütung in Höhe der für den Rechtsanwalt für den Verfahrensteil anfallenden Gebühr nach § 2 Abs. 1, § 13 RVG mit einem Gebührensatz von 2,0 unter Zugrundelegung eines Streitwerts von 3 000 Euro erfolgen.[117] Dies entsprach bei Einführung der Fallpauschale einer Vergütung von ungefähr 450 Euro (brutto). Es kann mithin davon ausgegangen werden, dass ausgehend von diesem Wert die Vergütungswerte im Rahmen des § 158c FamFG a.F. für den erweiterten (550 Euro) und den einfachen (350 Euro) Aufgabenkreis angesetzt wurden.

Der Gebührensatz war bei der Begründung des Gesetzgebers dabei an die geringere Qualifikation des Verfahrensbeistands gegenüber dem Rechtsanwalt, der einen Gebührensatz von 2,5 für das gerichtliche Verfahren erhält, angepasst. Inwieweit der niedrigere Gebührensatz mit der Einführung der

---

116 BT-Drs. 16/9733, 294, dadurch sollte ein „Gleichlauf“ mit der Vergütung der Rechtsanwälte erreicht werden; so auch die Begründung im Referentenentwurf, vgl. *Bundesministerium der Justiz*, Entwurf eines Gesetzes zur Verbesserung des Schutzes von gewaltbetroffenen Personen im familiengerichtlichen Verfahren, zur Stärkung des Verfahrensbeistands und zur Anpassung sonstiger Verfahrensvorschriften, 24.07.2024, S. 41; *BGH*, Beschluss v. 15.09.2010 – XII ZB 209/10, MDR 2010, 1465.

117 Vgl. die Stellungnahme des Bundesrates zum Gesetzesentwurf, BT-Drs. 16/6308, 386.

Qualifikationsanforderungen noch tragbar ist, kann dabei an dieser Stelle zunächst unberücksichtigt bleiben.[118] Diese Rechnung kann jedenfalls als Grundlage für die Berechnung des Mindestbetrags für eine angemessene Vergütung herangezogen werden, die dem Verfahrensbeistand im Rahmen der Mischkalkulation verbleiben müsste.

Seitdem wurde sowohl der Gegenstandswert für das Kindschaftsverfahren von 3.000 Euro auf 4.000 Euro angehoben als auch der daraus resultierende Gebührenwert nach Anlage 2 zu § 13 Abs. 1 S. 3 RVG. Daraus folgt, dass der Verfahrensbeistand anstelle der ursprünglichen Gebühr von 450 Euro, nach dieser Berechnungsmethode nunmehr 661 Euro, also 211 Euro mehr, erhalten müsste. Von einem Gleichlauf kann vor diesem Hintergrund wohl nicht gesprochen werden.

Ob dieser Wert im Rahmen der Mischkalkulation erreicht wird, erscheint fraglich.

bb) Inflation

Zudem führt vor allem die Inflation zu einem Verlust der Kaufkraft, der bei der Beurteilung der Vergütung beachtet werden muss. Da seit der Einführung der Vergütungssätze bis zur jetzigen Neuregelung keine Anpassung stattgefunden hatte, schlägt die Inflation entsprechend zu Buche. Unter Berücksichtigung der Inflation sind die Vergütungssätze bei der ehemaligen Vergütung von 550 Euro real um ca. 186 Euro zurückgegangen. Rechnet man mit der früher bestehenden Grundvergütung von 350 Euro entspricht dies einem inflationsbedingten Kaufkraftverlust von knapp 90 Euro.[119] Dies ist somit bei der Beurteilung der Mischkalkulation zu berücksichtigen.

cc) Erhöhter Verfahrensaufwand je Verfahren

Gleichfalls könnte ein steigender Aufwand je Verfahren die Mischkalkulation belasten. Schon 2009 hat *Salgo* geschätzt, dass ein Verfahrensbeistand

---

[118] Nach dem Referentenentwurf des Bundesministeriums der Justiz rechtfertigen die neuen Qualifikationsanforderungen, auch beim Verfahrensbeistand einen Gebührensatz von 2,5 der Berechnung zugrunde zu legen, vgl. *Bundesministerium der Justiz*, Entwurf eines Gesetzes zur Verbesserung des Schutzes von gewaltbetroffenen Personen im familiengerichtlichen Verfahren, zur Stärkung des Verfahrensbeistands und zur Anpassung sonstiger Verfahrensvorschriften, 24.07.2024, S. 41.

[119] Stand 02.08.2024, eigene Berechnung.

im Schnitt zwischen 20 und 25 Stunden pro Fall benötigt.[120] Dies entspricht einem durchschnittlichen Stundenlohn von 22–27,5 Euro. Die Angemessenheit eines solchen Stundenlohns konnte schon 2009 angezweifelt werden, war aber jedenfalls, 15 Jahre später, evident zu niedrig, zumal sich das Aufgabenfeld des Verfahrensbeistands gegenüber der Fassung von 2009 erweitert hatte, sodass eher von einem höheren durchschnittlichen Verfahrensaufwand ausgegangen werden könnte. Diese Vermutung ist gleichwohl nicht statistisch belastbar.

Ein großer Aufwand entsteht vor allem durch hochstrittige Trennungen.[121] Belastbare statistische Daten zur Anzahl und Entwicklung hochstrittiger Trennung gibt es nicht.[122] Die Anzahl hochstrittiger Trennungen wird jedoch relativ konstant auf ca. 5–10 % geschätzt.[123] Eine höhere Belastung durch eine Steigerung des Anteils hochstrittiger Trennungen kann also nicht angenommen werden.

Darüber hinaus legt die durchschnittliche Dauer der Verfahren den Schluss einer höheren Belastung nicht nahe. Zahlen zur Dauer von Kindschaftsverfahren liegen dabei nicht vor. Vorliegend kann lediglich auf allgemeine Familiensachen zurückgegriffen werden, dessen Aussagegehalt aus diesem Grund nicht abschließend bewertet werden kann.

Während Verfahren im Jahre 2010, also kurz nach Einführung der Vergütungsregelung, im Schnitt noch 6,9 Monate dauerten,[124] lag die durchschnittliche Verfahrensdauer einer Familiensache vor dem Amtsgericht 2021 bei 6,3 Monaten.[125] Tatsächlich sind die Verfahren also sogar kürzer geworden. Dies bedeutet allerdings nicht, dass die Verfahren auch weniger komplex geworden sind. Die Verfahrensverkürzung könnte gleichfalls auf einem größeren Fokus der Verfahrensbeschleunigung beruhen.

---

[120] *Salgo*, ZKJ, 2009, 49, 55.

[121] *Dietrich/Paul*, in: *Weber/Schilling* (Hrsg.), Eskalierte Elternkonflikte, S. 13.

[122] Dies anprangernd auch *W. Hammer*, Familienrecht in Deutschland, 2022, S. 12.

[123] 5 %, *Dietrich/Paul*, in: *Weber/Schilling* (Hrsg.), Eskalierte Elternkonflikte, S. 13; 5–10 %, *Sauer-Kramer/A. Klein*, ZKM, 2020, 17, 18; dagegen wurde bei *Fichtner et al.*, Kinderschutz bei hochstrittiger Elternschaft, 2010, S. 9, in 28 % der erhobenen Stichprobe ein massiv erhöhtes Konfliktniveau festgestellt.

[124] *Statistisches Bundesamt*, Familiengerichte – Fachserie 10 Reihe 2.2 – 2010, 2011, 34 Lfd. Nr. 7.

[125] *Statistisches Bundesamt*, Familiengerichte – Fachserie 10 Reihe 2.2 – 2021, 2022, 42 Lfd. Nr. 2.

2021 lag die durchschnittliche Zahl der Termine je Verfahren in Familiensachen bei 0,8.[126] Dagegen lag dieser Wert 2010 noch bei 0,9.[127] Tatsächlich sind die Verfahren also jedenfalls, was die Anzahl der Termine angeht, nicht wesentlich beschleunigter durchgeführt worden. Aber auch der Termin ist nicht der einzige Aufwand, den der Verfahrensbeistand im Verfahren bewältigen muss. Aus den vorliegenden statistischen Daten lässt sich ein erhöhter Aufwand daher nicht ablesen.

Ein gesteigerter Aufwand könnte sich daher vor allem durch die Aufgaben des Verfahrensbeistands ergeben, die vor allem außerhalb des Termins auftreten und sich in den Statistiken nicht niederschlagen. So muss der Verfahrensbeistand nun eine schriftliche Stellungnahme verfassen, während früher eine mündliche Berichterstattung im Termin ausreichend war.[128] Zudem wurde die Pflicht zur persönlichen Kindesanhörung ausgeweitet, sodass auch dadurch ein erhöhter Aufwand durch die Teilnahme des Verfahrensbeistands entsteht.[129] Darüber hinaus wurden die Informationsaufgaben des Verfahrensbeistands gegenüber dem Kind verdeutlicht, der nach § 158b Abs. 1 FamFG auch den Beschluss mit dem Kind erörtern muss.

Somit kann von einem gesteigerten Aufwand ausgegangen werden, ohne dass dieser jedoch konkret quantifizierbar wäre.[130]

dd) Gestiegene Verfahrensnebenkosten

Einen größeren Einfluss dürften die Verfahrensnebenkosten haben, welche von der Pauschalvergütung abgedeckt sind. Dies betreffen beispielsweise Kosten für die Anmietung eines Büros, für die Korrespondenz mit dem Gericht und den anderen Beteiligten im Verfahren, aber auch Fahrtkosten, Kosten für Hilfsmittel, die für das Verfahren notwendig sind und seit der Einführung des § 158b FamFG auch Aus- und Fortbildungskosten.[131] Während die meisten Kosten

---

126 *Statistisches Bundesamt*, Familiengerichte – Fachserie 10 Reihe 2.2 – 2021, 2022, 38 Lfd. Nr. 26.

127 *Statistisches Bundesamt*, Familiengerichte – Fachserie 10 Reihe 2.2 – 2010, 2011, 30 Lfd. Nr. 26.

128 Dazu unten B. II. 5. bb).

129 So auch Dutta/Jacoby/D. Schwab/*Lack*, 4. Aufl. (2021), § 158c FamFG, Rn. 14.

130 Zu diesem Ergebnis kommt auch *Lack*, FamRZ, 2023, 1249, 1257; *Menne*, NZFam, 2020, 1033, 1047 f.

131 Eine ausführliche Auflistung findet sich bei *Lack*, FamRZ, 2023, 1249, 1256.

höchst individuell sind, sind zumindest die Kosten für bestimmte Hilfsmittel und die Aus- und Fortbildungskosten quantifizierbar. Gerade letztere Kosten bestanden unter der vorherigen Gesetzeslage noch nicht, sodass von Interesse ist, welche Kosten für die Aus- und Fortbildung des Verfahrensbeistands anfallen, die nunmehr in die Mischkalkulation mit eingestellt werden müssen.

aaa) Dolmetscherkosten

Zu den für das Verfahren notwendigen Hilfsmitteln zählten dabei bisher auch die Kosten für einen Dolmetscher.[132] Bei Kindern, die nicht die Sprache des Verfahrensbeistands sprechen, ist dieser zwingend notwendig, um eine Interessenvertretung im Verfahren zu ermöglichen. Die Kosten zur Herbeiziehung eines Dolmetschers sind in § 9 JVEG festgelegt. Danach erhält der Dolmetscher ein Honorar von 85 Euro pro Stunde. Dieser Wert wurde seit 2009 bereits zwei Mal erhöht. So hat er bei Einführung der Pauschalvergütung nach § 9 Abs. 3 JVEG a.F. noch 55 Euro erhalten,[133] ab 2013 nach § 9 Abs. 3 JVEG a.F. 70 Euro.[134]

Anhand der veröffentlichen Rechtsprechung zur Vergütung des Dolmetschers in Kindschaftsverfahren ergeben sich daraus durchschnittliche Dolmetscherkosten in Höhe von ungefähr 334 Euro.[135] Sie deckten damit einen Großteil der Vergütung ab, solange der Verfahrensbeistand die Fallpauschale nur einfach erhielt.

Nach überwiegender Meinung war die Vergütung des Dolmetschers grundsätzlich von der Fallpauschale mit abgedeckt.[136] Dies sollte auch dann

---

132 Dieses Problem hat sich durch die Neuregelung erledigt, dazu unten, B. I. 3. f) dd).

133 Gesetz zur Modernisierung des Kostenrechts vom 05.05.2004, BGBl. Teil I Nr. 21, Artikel 2.

134 Zweites Gesetz zur Modernisierung des Kostenrechts vom 29.07.2013, BGBl. Teil I Nr. 42, Artikel 7.

135 Die Kosten in den Verfahren sind sehr unterschiedlich, vgl. *OLG München*, Beschluss v. 28.10.2015 – 11 WF 1365/15, FamRZ 2016, 571: 153,20 Euro bei einer Vergütung des Verfahrensbeistands von 550 Euro; *OLG Braunschweig*, Beschluss v. 26.06.2023 – 1 WF 61/23, FamRZ 2023, 1307, 1308: 404,60 Euro bei einer Vergütung von 2.200 Euro; *OLG Hamm*, Beschluss v. 14.04.2023 – 6 WF 15/23, FamRZ 2023, 1144, 1143: 605,71 Euro bei einer Vergütung von 550 Euro; *OLG Frankfurt*, Beschluss v. 17.10.2013 – 5 WF 249/13: 334,80 Euro bei einer Vergütung von 550 Euro; *OLG Hamm*, Beschluss v. 03.04.2014 – II-6 WF 241/13, 6 WF 241/13: 170,76 Euro bei einer Vergütung von 550 Euro.

136 Sternal/*Schäder*, 21. Aufl. (2023), § 158c FamFG, Rn. 11; Staudinger/*Dürbeck* (2018), § 1684 BGB, Rn. 426.

bestehen bleiben, wenn durch diese Nebenkosten die gesamte Fallpauschale „aufgefressen" wurde.[137] Dies stellte eine übermäßige Belastung der Mischkalkulation dar, die im Ergebnis die auskömmliche Vergütung des Verfahrensbeistands gefährdete.

Umstritten war, ob eine Erstattung durch das Gericht dann erfolgen konnte, wenn die Hinzuziehung durch das Gericht gestattet war. Bei der Gestattung durch das Gericht hätten die Kosten als außergewöhnliche Auslagen übernommen werden können. Dies hätte die Last auf die Mischkalkulation zumindest in der Praxis abgemildert, da gerade Dolmetscherkosten eine erhebliche Belastung für den Verfahrensbeistand darstellten. Die Gestattung durch das Gericht war die bisher gängige Vorgehensweise der Rechtsprechung und Literatur.[138] Dadurch sollte gewährleistet werden, dass sich in Fällen, in denen ein Dolmetscher benötigt wurde, ein geeigneter und bereiter Verfahrensbeistand finden ließ.[139]

Eine solche Vorgehensweise lehnte jedoch das *OLG Hamm* ab. Die Übernahme der Kosten durch das Gericht sei schon deswegen nicht zulässig, weil die Hinzuziehung des Dolmetschers den Gesprächen des Verfahrensbeistands mit dem Kind diene und damit der Erfüllung der elementaren Aufgaben des Verfahrensbeistands, sodass § 158c FamFG a.F. insoweit eine abschließende Regelung treffe, über die sich das Gericht nicht hinwegsetzen dürfe. Damit müsse in diesem Fall der Verfahrensbeistand die Kosten tragen.[140]

Dann hätte allerdings die Gefahr bestanden, dass Kinder mit Migrationshintergrund nur eine unzureichende Interessenvertretung erhielte, weil der

---

137 *OLG Hamm*, Beschluss v. 14.04.2023 – 6 WF 15/23, FamRZ 2023, 1144, 1145; Beschluss v. 03.04.2014 – II-6 WF 241/13, 6 WF 241/13.

138 *OLG Braunschweig*, Beschluss v. 26.06.2023 – 1 WF 61/23, FamRZ 2023, 1307, 1309; *OLG Frankfurt*, Beschluss v. 17.10.2013 – 5 WF 249/13; *S. Hammer*, FamRZ, 2023, 1144; kritisch Staudinger/*Dürbeck* (2023), § 1684 BGB, Rn. 426; a. A. *OLG Hamm*, Beschluss v. 14.04.2023 – 6 WF 15/23, FamRZ 2023, 1144.

139 *OLG Braunschweig*, Beschluss v. 26.06.2023 – 1 WF 61/23, FamRZ 2023, 1307, 1309; *S. Hammer*, Anm. zu OLG Hamm, Beschl. v. 14.04.2023 – 6 WF 15/23, FamRZ, 2023, 1145.

140 *OLG Hamm*, Beschluss v. 14.04.2023 – 6 WF 15/23, FamRZ 2023, 1144, 1145; *OLG München*, Beschluss v. 28.10.2015 – 11 WF 1365/15, FamRZ 2016, 571; *Langer*, ZKJ, 2023, 445, 450.

Verfahrensbeistand geneigt gewesen sein könnte, zur Reduktion der Kosten den Dolmetscher nicht oder nur so wenig wie möglich einzusetzen.[141]

Die Argumentation kann daher, wie *Hammer* auch überzeugend aufzeigt, nicht überzeugen. Selbst wenn man davon ausginge, dass die § 158c FamFG a.F. eine abschließende Regelung darstellten,[142] über die sich das Gericht nicht hinwegsetzen durfte, so konnte bei einer gleichwohl erfolgenden Beauftragung durch das Gericht die Vergütung des Dolmetschers nicht einfach auf den Verfahrensbeistand abgewälzt werden.

Die Beauftragung des Dolmetschers durch das Gericht stellte dann vielmehr eine unrichtige Sachbehandlung i.S.d. § 20 FamGKG dar, die zu einer Niederschlagung der Kosten gegenüber den Eltern führte, also im Ergebnis aus der Staatskasse zu tragen gewesen wäre.[143] Da den Verfahrensbeistand nach § 158c Abs. 4 FamFG keine Kosten aufzuerlegen sind, war eine Verrechnung mit seiner Vergütung nicht möglich.[144] Selbst, wenn man also die Prämisse des OLG Hamm für zutreffend erachten würde, kann jedenfalls die Schlussfolgerung, die das OLG Hamm daraus zieht, nicht überzeugen.

Eine erhebliche Belastung der Vergütungskalkulation durch die Notwendigkeit der Heranziehung eines Dolmetschers hätte sich in zulässiger Weise dadurch erreichen lassen, dass die Beauftragung durch das Gericht erfolgt wäre. Unterblieb diese jedoch, wären die Kosten weiterhin vom Verfahrensbeistand zu tragen gewesen und hätten damit seine Mischkalkulation belastet.

---

141 *OLG Braunschweig*, Beschluss v. 26.06.2023 – 1 WF 61/23, FamRZ 2023, 1307, 1310; dazu auch Dutta/Jacoby/D. Schwab/*Lack*, 4. Aufl. (2021), § 158c FamFG, Rn. 17; Sternal/*Schäder*, 21. Aufl. (2023), § 158c FamFG, Rn. 11; *Keuter*, FamRZ, 2014, 1971, 1973; *Deutscher Familiengerichtstag e.V.*, Stellungnahme zum Referentenentwurf eines Gesetzes zur Bekämpfung sexualisierter Gewalt gegen Kinder, S. 11 f.; diese Befürchtung teilend auch *Bundesministerium der Justiz*, Entwurf eines Gesetzes zur Verbesserung des Schutzes von gewaltbetroffenen Personen im familiengerichtlichen Verfahren, zur Stärkung des Verfahrensbeistands und zur Anpassung sonstiger Verfahrensvorschriften, 24.07.2024, S. 43.

142 Dies liegt, wie das *OLG Braunschweig* aufzeigt, auch nicht nahe, vgl. *OLG Braunschweig*, Beschluss v. 26.06.2023 – 1 WF 61/23, FamRZ 2023, 1307, 1309.

143 *S. Hammer*, Anm. zu OLG Hamm, Beschl. v. 14.04.2023 – 6 WF 15/23, FamRZ, 2023, 1145 m.w.N; *Menne*, Anm. zu OLG Bremen, Beschl. v. 10.04.2024 – 5 UF 14/24, FamRB, 2024, 276, 278.

144 In diese Richtung auch *Keuter*, FamRZ, 2014, 1971, 1972.

Auch wenn die aufgezeigte Lösung über die Beauftragung durch das Gericht in dieser Hinsicht zwingend gewesen wäre, so stellt sie gleichwohl eine Umgehung der gesetzgeberischen Intention dar. Es kann nicht Aufgabe der Gerichte sein, durch Verstoß gegen die verfahrensrechtlichen Vorschriften und Ausnutzen einer „Lücke" einen Grundrechtsverstoß auf Seiten des Verfahrensbeistands zu vermeiden und eine ausreichende Interessenvertretung des Kindes zu gewährleisten.

Die Lösung der Rechtsprechung verminderte zudem die Planungssicherheit des Verfahrensbeistands, da er bei der Annahme der Bestellung nicht sicher wusste, ob das Gericht die Vergütung des Dolmetschers über die Beauftragung übernehmen würde.

Die aufgezeigten Probleme hätten entweder dadurch vermieden werden können, dass in einer gesetzlichen Neuregelung Dolmetscherkosten grundsätzlich von der Staatskasse zu tragen gewesen wären, oder eine derartige Erhöhung der Fallpauschale bzw. eine Abrechnung der Kosten im Einzelfall erfolgt wäre, die ein Aufzehren der Vergütung durch die Kosten verhindert hätte.[145]

bbb) Aus- und Fortbildungskosten

Die Mischkalkulation wird zudem durch die Aus- und Fortbildungskosten belastet. Seit der Neuregelung der §§ 158–158c FamFG ist in § 158a Abs. 1 FamFG eine Aus- und Fortbildung des Verfahrensbeistands zwingend vorgegeben. Danach muss der Verfahrensbeistand eine Ausbildung in verschiedenen Bereichen nachweisen und zudem die Kenntnisse alle zwei Jahre durch Fortbildungen auffrischen. Dadurch entstehen dem Verfahrensbeistand Kosten, die in der Kalkulation berücksichtigt werden müssen. Da solche vor der Neuregelung noch nicht vorgeschrieben waren, wurden sie bei der Bestimmung der Vergütungshöhe in § 158c FamFG a.F. nicht berücksichtigt. Die Kosten belasteten somit zusätzlich die Mischkalkulation, sodass sie eine Neubewertung der Verfassungsmäßigkeit dieser Regelung rechtfertigen könnten.

---

145 Nach der Forderung des Deutschen Familiengerichtstags sollten dabei dieselben Regeln wie für die Tätigkeit des Sachverständigen gelten, vgl. *Deutscher Familiengerichtstag e.V.*, 22. Deutscher Familiengerichtstag, 2017, S. 3; der Gesetzgeber hat den ersten Weg gewählt. Nach der Neuregelung können die Kosten nach § 158c Abs. 2 FamFG n.F. als besondere gerichtliche Auslagen erstattet werden, wenn die Hinzuziehung des Dolmetschers durch das Gericht gestattet wurde; näher zur Lösung durch die Neuregelung unten, B. I. 3. f).

Es gibt dabei keine staatlich zertifizierten oder von staatlicher Seite angebotenen Aus oder Fortbildungen. Der Gesetzgeber hatte hier bezüglich der Ausbildung mit einmaligen Kosten in Höhe von 2.000 Euro gerechnet, für die Fortbildung mit jährlichen Fortbildungskosten von 250 Euro.[146] Die Kosten für die erstmalige Ausbildung belaufen sich derzeit im Schnitt auf 2.053 Euro.[147] Dazu kommen Fortbildungskosten, die am privaten Markt derzeit im Schnitt 377 Euro kosten.[148] Da eine solche Fortbildung alle zwei Jahre absolviert werden muss, können daher pro Jahr ungefähr 188 Euro veranschlagt werden. Die Kosten für die Aus- und Fortbildung sind also im Rahmen der vom Gesetzgeber veranschlagten Kosten.

Dies bedeutet jedoch noch nicht, dass diese Kosten die bisherige Mischkalkulation nicht über Gebühr belasteten, gerade weil sie bei der ursprünglichen Regelung der Vergütung noch nicht berücksichtigt werden konnten, sondern nur zusätzlich in die Berechnung mit einzustellen waren.[149]

---

146 BT-Drs. 19/23707, 29.

147 Hier wurden die im Internet verfügbaren Preis einbezogen, siehe nachfolgend: *4.080 Euro*, *Der Paritätische Gesamtverband*, Zertifikatskurs Weiterbildung zum Verfahrensbeistand für Kinder und Jugendliche nach §§ 158–158c und § 167 FamFG, https://www.der-paritaetische.de/termin-detailansicht/zertifikatskurs-weiterbildung-zum-verfahrensbeistand-fuer-kinder-und-jugendliche-nach-158-158c-und-167-famfg/; *2.290 Euro*, *IKOME Dr. Barth GmbH & Co. KG*, Ausbildung Verfahrensbeistand gemäß FamFG, https://www.ikome.de/weiterbildung/verfahrensbeistand/konzept-ablauf-abschluss; *1.840 Euro*, *Weinsberger Forum*, Zertifikatskurs Verfahrensbeistand in Kindschaftssachen, https://www.weinsberger-forum.de/kinder-und-jugendhilfe/verfahrensbeistand/zertifikatskurs-verfahrensbeistand.html; *1.535 Euro*, *Weiterbildungsinstitut Verfahrensbeistandschaft*, https://www.institut-verfahrensbeistand.de/termine-anmeldung-kosten/; *2.200 Euro*, *Weiterbildungs-Akademie für Rechtspsychologie, Kindschafts und Familienrecht GbR*, https://www.wba-berlin.de/verfahrensbeistand-anwalt-des-kindes.

148 *Deutsches Anwaltsinstitut e.V.*, Vertiefungs- und Qualifizierungskurs Verfahrensbeistand in Familiensachen, https://www.anwaltsinstitut.de/fortbildungen/fortbildung/?id=fcc88607-87bc-ee11-a569-000d3a2ac6dd berechnet *495 Euro*, wobei der Kurs nur an Anwälte gerichtet ist; *395 Euro*, *KinSaFo*, Fortbildung in Kindschaftssachen für den Verfahrensbeistand, den Fachanwalt im Familienrecht und alle weiteren im Kindschaftsrecht tätigen Personen, https://kinsafo.de/; *500 Euro*, *Weiterbildungs-Akademie für Rechtspsychologie, Kindschafts- und Familienrecht GbR*, https://www.wba-berlin.de/verfahrensbeistand-anwalt-des-kindes; *119 Euro*, Hanse-Seminare, https://hanse-seminare.de/verfahrensbeistand/.

149 So auch *Freitag/Jokisch*, FuR, 2022, 556, 562.

ccc) Kosten zur Mandatierung eines Anwalts

Aber auch eine Mandatierung eines Anwaltes kann zur Interessenvertretung notwendig sein und ist dann bei der Mischkalkulation als Kostenfaktor zu berücksichtigen. Dies ist jedenfalls dann der Fall, wenn der Verfahrensbeistand Rechtsbeschwerde beim BGH einlegen will. Dann hat er nach § 10 Abs. 4 S. 1 FamFG zwingend einen beim BGH zugelassenen Anwalt zu mandatieren. Diesen muss er dann auch selbst bezahlen.[150] Lediglich die Gerichtskosten und außergerichtliche Auslagen hätte der Verfahrensbeistand nach § 158c Abs. 4 FamFG nicht zu tragen.[151]

Dieser Kostenpunkt war jedoch auch schon bei der Einführung der Fallpauschalen zu berücksichtigen, sodass dieser Kostenfaktor nur insoweit einkalkuliert werden kann, wie er seit der Einführung der Fallpauschalen gestiegen ist.

Die Kosten zur Mandatierung eines Rechtsanwaltes zur Vertretung vor dem BGH betrugen bei Einführung der Fallpauschale nach §§ 45 Abs. 1 FamGKG a.F., 13 Abs. 1 S. 3 RVG a.F., Nr. 3208, 3210, 7002, 7008 VV RVG a.F 878,46 Euro.

Die Gebühren für die Mandatierung des Rechtsanwalts betrugen bei Geltung des § 158c FamFG a.F. bereits 1.280,92 Euro, vgl. §§ 45 Abs. 1 FamGKG, 13 Abs. 1 S. 3 RVG, Nr. 3208, 3210, 7002, 7008 VV RVG. Die Gebühren zur Mandatierung überschritten damit die Pauschalvergütung des Verfahrensbeistands deutlich. Auch das RVG wurde mit dem KostRÄG geändert, wodurch sich die Kosten weiter erhöht haben.

Allein die Kosten für die Mandatierung des Rechtsanwalts hatten sich also seit der Einführung der Fallpauschale um ungefähr 400 Euro gesteigert. Diese Belastung wurde mangels Erhöhung der Pauschale nicht aufgefangen. Es ist dabei zuzugestehen, dass eine Einlegung der Rechtsbeschwerde beim BGH selten gewesen sein dürfte, somit auch die Mischkalkulation kaum belastet

---

[150] Für den Verfahrenspfleger wird dagegen angenommen, dass die Kosten als Aufwendungen über § 277 FamFG ersetzt werden, vgl. *BGH*, Beschluss v. 20.10.2021 – XII ZB 371/21, NZFam 2021, 1098, 1099, ein solcher Verweis auf § 277 FamFG fehlt für den berufsmäßigen Verfahrensbeistand in § 158c Abs. 1 FamFG; *Güssow*, Die Beteiligung und Vertretung des Kindes in Kindschaftssachen, 2022, S. 121; *Dürbeck*, ZKJ, 2019, 262.

[151] So zum wortlautgleichen § 158 Abs. 8 FamFG a.F. auch schon *Dürbeck*, ZKJ, 2019, 262, 263.

haben dürfte. Gleichwohl wäre, wie bei der damaligen Rechtsprechung zu den Dolmetscherkosten, zu befürchten gewesen, dass der Verfahrensbeistand das Risiko, diese Kosten tragen zu müssen, eher gemieden hätte. Dies dürfte sich daher ebenfalls negativ auf die Interessenvertretung des Kindes ausgewirkt haben.[152]

Der BGH verwies bezüglich der Kosten für die Mandatierung zwar auf die Möglichkeit der Beantragung von Verfahrenskostenhilfe, jedoch sollte es dabei auf die Bedürftigkeit des Kindes ankommen.[153] Diese Möglichkeit dürfte somit auch für den Verfahrensbeistand nicht immer bestanden haben.

ee) *Lösung der Rechtsprechung durch Erweiterung der Vergütungsfälle*

Auch der BGH hatte die Vergütungsproblematik erkannt. Der BGH ging dabei den Weg über eine verfassungskonforme Auslegung des § 158 Abs. 7 FamFG a.F., bei der die Vergütung im Ergebnis dadurch erhöht wurde, dass die Fälle, in denen die Vergütungspauschale anfiel, immer weiter ausgedehnt wurden.[154]

Nach der bisherigen Rechtsprechung konnten nunmehr verschiedene Ereignisse eine Vergütung anfallen lassen.

So enthält danach ein Verfahren üblicherweise mehrere Verfahrensgegenstände, beispielsweise wenn sowohl über Umgang als auch Sorge entschieden werden soll. Darüber hinaus konnte in dem Verfahren für mehrere Kinder gleichzeitig entschieden werden und für alle Kinder ein Verfahrensbeistand bestellt werden. Während dies beim Rechtsanwalt ein Verfahren darstellt, für den er einmal die Vergütung verlangen kann, erhielt der Verfahrensbeistand für jedes Kind und jeden Verfahrensgegenstand einmal die Fallpauschale.[155]

---

[152] So auch *Güssow*, Die Beteiligung und Vertretung des Kindes in Kindschaftssachen, 2022, S. 121 f.; *Dürbeck*, ZKJ, 2019, 262 f.

[153] Vgl. *BGH*, Beschluss v. 27.03.2019 – XII ZB 71/19, ZKJ 2019, 265; Beschluss v. 27.03.2019 – XII ZB 66/19, FamRZ 2019, 1077; kritisch dazu auch Prütting/Helms/*Dürbeck*, 6. Aufl. (2022), § 76 FamFG, Rn. 10a; *Dürbeck*, ZKJ, 2019, 262, 263.

[154] Vgl. nur *BGH*, Beschluss v. 27.09.2017 – XII ZB 420/16, FamRZ 2018, 48, 49; Beschluss v. 19.01.2011 – XII ZB 486/10, FamRZ 2011, 467, 468.

[155] *BGH*, Beschluss v. 01.08.2012 – XII ZB 456/11, FamRZ 2012, 1630, 1631; Beschluss v. 15.09.2010 – XII ZB 209/10, MDR 2010, 1465; dies wurde durch die Gesetzesänderung abgemildert, da nun jedenfalls bei mehreren Kindern aus demselben Haushalt die Vergütung für jedes weitere Kind angepasst wurde, näher dazu unten B. I. 3. f) cc).

Darüber hinaus löste nach Rechtsprechung des BGH ein Eilverfahren einen eigenen Vergütungsanspruch neben dem Hauptverfahren aus.[156] Dagegen fiel eine erneute Vergütung nicht an, wenn es im Beschwerdeverfahren zu einer Zurückverweisung kommt.[157]

Diese Rechtsprechungspraxis führt dazu, dass beim Verfahrensbeistand in einem Verfahren die Vergütungssätze mehrfach anfallen konnten, wodurch eine höhere Endvergütung entstand, die die vom BGH angeführte Mischkalkulation ermöglichen sollte. Somit konnte in einem Verfahren die Vergütungspauschale beispielsweise achtfach anfallen, wenn über den Umgang und die Sorge für zwei Kinder entschieden werden sollte und für beide Kinder ein Verfahrensbeistand bestellt wurde und dieser in zwei Instanzen tätig wurde.

ff) Kritik an der Rechtsprechung

Jedoch bleibt selbst mit dem mehrfachen Anfall der Vergütungspauschale die Zumutbarkeit der Vergütung fraglich. Neben den aufgezeigten Kostensteigerungen der letzten Jahre lösen mehrfache Verfahrensgegenstände oder die Betreuung mehrerer Kinder im Verfahren auch beim Verfahrensbeistand einen höheren Aufwand und höhere Kosten aus, die seinerseits von der Pauschale kompensiert werden mussten. Die Annahme, dass die Vergütung in diesen Verfahren zum großen Teil für den Ausgleich anderer aufwendigerer Verfahren genutzt werden kann, ist daher zu bezweifeln.

Die Erweiterung der Vergütungsfälle durch die Rechtsprechung ist aber, selbst wenn sie im Ergebnis zu einer auskömmlichen Vergütung geführt hätte, zu kritisieren. Allein die Notwendigkeit einer verfassungskonformen Auslegung zeigt dabei schon, dass die Rechtsprechung hier gesetzgeberische Versäumnisse ausgleichen musste. Dies machte die Vergütung jedoch im Ergebnis intransparenter und weniger verlässlich.

Spätestens mit der Neuregelung des § 158c FamFG a.F., in dem die Formulierung des § 158 Abs. 7 FamFG nicht geändert wurde, konnte einer verfassungskonformen Auslegung auch der gesetzgeberische Wille entgegengehalten werden.[158]

---

[156] *BGH*, Beschluss v. 17.11.2010 – XII ZB 478/10, FamRZ 2011, 199.

[157] *BGH*, Beschluss v. 27.09.2017 – XII ZB 420/16, FamRZ 2018, 48 f.

[158] Die verfassungskonforme Auslegung findet ihre Grenze dort, wo sie mit dem klar erkennbaren Willen des Gesetzgebers in Widerspruch treten würde, vgl. *BVerfGE* 18, 97, 111 m.w.N; Dürig/Herzog/Scholz/*C. Walter*, 106. EL (Oktober 2024), Art. 93 GG,

Die Erweiterung der Vergütungsfälle führte aber jedenfalls dazu, dass sowohl für den Verfahrensbeistand als auch für die Eltern am Anfang des Verfahrens die Höhe der Vergütung bzw. der Kosten kaum abschätzbar waren. Nicht selten kommen während eines Verfahrens weitere Regelungsgegenstände hinzu. Gerade dadurch, dass eine Bestellung nach der Rechtsprechung konkludent erfolgen kann,[159] war selbst im Verfahren nicht immer eindeutig erkennbar, wie hoch die Vergütung des Verfahrensbeistands am Ende ausfallen würde. Dies erschwerte dem Verfahrensbeistand eine langfristige Planung und setzte eine hohe Liquidität auf Seiten des Verfahrensbeistands voraus. Der Verfahrensbeistand musste in der Lage sein, eine Strecke von verfahrens- und kostenintensiven Verfahren durchzuführen und auszugleichen, bis wieder genug „einfache" Verfahren angefallen waren, um die Kosten zu decken. Dabei konnte dem Verfahrensbeistand auch nicht garantiert werden, dass überhaupt genug kostenarme Verfahren anfielen. Der BGH hat sich hier erkennbar vom Grundsatz „Geld hat man zu haben" leiten lassen. So praktisch dieser in der Theorie ist, so realitätsfern ist er in der Praxis.

Selbst wenn man eine auskömmliche Vergütung durch die Erweiterung der Vergütungsfälle annehmen wollte, so stellte diese jedoch insgesamt keinen angemessenen Weg dar, um die Vergütungslücken des Verfahrensbeistands auszugleichen.

gg) Ergebnis

Die bisher Konzeption der Vergütung durch § 158c FamFG a.F. wurde den Anforderungen des BVerfG an eine zumutbare Vergütung somit nicht gerecht und ermöglichte nicht mehr die ausreichende Wahrnehmung der Interessen des Kindes im Verfahren. Auch die Lösung der Rechtsprechung konnte dabei nicht überzeugen. Auch dort blieb fraglich, ob sie in der Höhe zu einer auskömmlichen Vergütung führte.

Die Grenze der Zumutbarkeit war dadurch überschritten, sodass die Vergütung im Ergebnis den Verfahrensbeistand in seiner Berufsfreiheit aus Art. 12 Abs. 1 GG verletzte. Damit verletzte der Staat auch seine Schutzpflicht

---

Rn. 113, wobei fraglich erscheint, ob davon hier tatsächlich schon ausgegangen werden kann.

[159] Dazu unten, B. II. 3. d) bb).

gegenüber dem Kind, durch die Verfahrensgestaltung die Rechte des Kindes im Verfahren zu sichern.

f) Die Neuregelung zum 11. April 2025

Die Kritik wurde auch vom Bundesministerium der Justiz gesehen. Dieses hatte eine Erhöhung der Pauschale bereits angekündigt.[160] Sodann wurde ein erster Referentenentwurf veröffentlicht.[161] Kurz vor dem Ende der Legislaturperiode, wurde die Änderung des § 158c FamFG, was Wortlaut als auch Begründung angeht, im Wesentlichen inhaltsgleich zum vorhergehenden Entwurf durch das Gesetz zur Neuregelung der Vormünder- und Betreuervergütung und zur Entlastung von Betreuungsgerichten und Betreuern sowie zur Änderung des Rechtsanwaltsvergütungsgesetzes und des Justizkostenrechts beschlossen. Dieses ist seit dem 11. April 2025 in Kraft.[162] Vorliegend soll eine erste Einordnung der Neuregelung vor dem Hintergrund der aufgezeigten Kritik erfolgen.

Die Neuregelung löst zwar einige der aufgezeigten Probleme, kann aber noch nicht völlig überzeugen.

aa) Ausgestaltung der Vergütungsregelung

Die Neuregelung hält dabei an der grundsätzlichen Ausgestaltung der Vergütung in Form einer Fallpauschale fest. Diese habe sich in der Praxis bewährt.[163] Dabei wird jedoch die Staffelung in einen einfachen und erweiterten Aufgabenkreis aufgegeben, was dazu führt, dass auf Vergütungsebene nach § 158c Abs. 1 S. 1 FamFG n.F. nur noch eine einheitliche Fallpauschale anfällt. Während der Wegfall der verschiedenen Aufgabenkreise zwar grundsätzlich

---

160 *Bundestag*, Plenarprotokoll 20/108, 14.06.2023, 13164 [Frage 34].

161 *Bundesministerium der Justiz*, Entwurf eines Gesetzes zur Verbesserung des Schutzes von gewaltbetroffenen Personen im familiengerichtlichen Verfahren, zur Stärkung des Verfahrensbeistands und zur Anpassung sonstiger Verfahrensvorschriften, 24.07.2024.

162 Kosten- und Betreuervergütungsrechtsänderungsgesetz 2025 vom 07.04.2025, BGBl. I Nr. 109.

163 *Bundesministerium der Justiz*, Entwurf eines Gesetzes zur Verbesserung des Schutzes von gewaltbetroffenen Personen im familiengerichtlichen Verfahren, zur Stärkung des Verfahrensbeistands und zur Anpassung sonstiger Verfahrensvorschriften, 24.07.2024, S. 40; vgl. insoweit auch die wortgleiche Begründung in BT-Drs. 20/14264, S. 69, auf die für die Begründung im Gesetzgebungsverfahren ausdrücklich verwiesen wurde, BT-Drs. 20/14768, S. 48.

zu begrüßen ist,[164] bleiben damit die gegen die Ausgestaltung als Fallpauschale entgegengebrachten Kritikpunkte weiterhin bestehen, sie verstärken sich sogar. Dies gilt insbesondere für die Belastung der Eltern als Kostenschuldner.[165] Diesen kann nicht mehr dadurch entgegengekommen werden, dass in absehbar einfachen und kurzen Verfahren eine Bestellung nur im einfachen Aufgabenkreis erfolgt, die auch eine geringere Vergütung nach sich zieht. Dadurch erhöht sich in diesen Fällen die Differenz zwischen den tatsächlich angefallenen Kosten und der zu ersetzenden Vergütung.[166]

bb) Höhe der Vergütung

Daneben sieht die Neuregelung eine generelle Erhöhung der Fallpauschale vor. Diese beträgt nunmehr unabhängig vom Bestellungsumfang nach § 158c Abs. 1 S. 1 FamFG n.F. 690 Euro. Bei der Erhöhung auf 690 Euro wurde sich dabei wieder an der Rechtsanwaltsvergütung orientiert. Aufgrund der nunmehr bestehenden Qualifikations- und

---

164 Auch in den Stellungnahmen der Verbände wurde dies einhellig begrüßt, vgl. *Deutscher Juristinnenbund e.V.*, Stellungnahme zum Entwurf eines Gesetzes zur Verbesserung des Schutzes von gewaltbetroffenen Personen im familiengerichtlichen Verfahren, zur Stärkung des Verfahrensbeistands und zur Anpassung sonstiger Verfahrensvorschriften, 06.09.2024, S. 6; *Bundesrechtsanwaltskammer*, Stellungnahme Nr. 64 zu dem Entwurf eines Gesetzes zur Verbesserung des Schutzes von gewaltbetroffenen Personen im familiengerichtlichen Verfahren, zur Stärkung des Verfahrensbeistands und zur Anpassung sonstiger Verfahrensvorschriften, August 2024, S. 5; *Bundeskoordinierung Spezialisierter Fachberatung gegen sexualisierte Gewalt in Kindheit und Jugend*, Stellungnahme der Bundeskoordinierung Spezialisierter Fachberatung gegen sexualisierte Gewalt in Kindheit und Jugend (BKSF) zum „Entwurf eines Gesetzes zur Verbesserung des Schutzes von gewaltbetroffenen Personen im familiengerichtlichen Verfahren, zur Stärkung des Verfahrensbeistands und zur Anpassung sonstiger Verfahrensvorschriften", 06.09.2024, S. 5; *Bundesforum Männer – Interessenverband für Jungen, Männer und Väter e.V.*, Stellungnahme, 07.08.2024, S. 12; *Verband binationaler Familien und Partnerschaften, iaf e.V.*, Stellungnahme des Verbandes binationaler Familien und Partnerschaften, iaf e.V. zum Referentenentwurf eines Gesetzes zur Verbesserung des Schutzes von gewaltbetroffenen Personen im familiengerichtlichen Verfahren, zur Stärkung des Verfahrensbeistands und zur Anpassung sonstiger Verfahrensvorschriften vom 24.07.2024, 04.09.2024, S. 3; dazu näher unten, B. II. 5. a) aa).

165 Dabei spricht sich *Bundesinitiative Großeltern et* al., Stellungnahme zum Referentenentwurf des BMJ vom 18. Juli 2024, 28.08.2024, S. 12 generell dafür aus, dass die Kosten durch das Jugendamt übernommen werden sollten.

166 Dazu schon oben, B. I. 3. d) aa).

Fortbildungserfordernissen soll der Berechnung dabei ein Gebührensatz von 2,5 zugrunde gelegt werden, die auch für die Vergütung des Rechtsanwalts gilt.[167] Dies ist zu begrüßen. Insbesondere zeigt die Erhöhung des Gebührensatzes die Respektierung des Berufsbilds des Verfahrensbeistands und der Bedeutung seiner Aufgabe.[168]

Die Neuregelung stellt bei der Bemessung der Höhe auf einen weiteren Aspekt ab, der vom BGH bisher nicht zur Grundlage der Beurteilung genommen wurde, aber schon hier angeklungen ist. Die Mischkalkulation muss danach in einer Höhe gewährleistet sein, die nicht nur die effektive Interessenvertretung gewährleistet, sondern gleichzeitig die Attraktivität

---

[167] *Bundesministerium der Justiz*, Entwurf eines Gesetzes zur Verbesserung des Schutzes von gewaltbetroffenen Personen im familiengerichtlichen Verfahren, zur Stärkung des Verfahrensbeistands und zur Anpassung sonstiger Verfahrensvorschriften, 24.07.2024, S. 41.

[168] Dies wird auch von den Verbänden durchgehend positiv bewertet, vgl. *Bundesrechtsanwaltskammer*, Stellungnahme Nr. 64 zu dem Entwurf eines Gesetzes zur Verbesserung des Schutzes von gewaltbetroffenen Personen im familiengerichtlichen Verfahren, zur Stärkung des Verfahrensbeistands und zur Anpassung sonstiger Verfahrensvorschriften, August 2024, S. 6; *evangelische arbeitsgemeinschaft familie*, Stellungnahme zum Referentenentwurf eines Gesetzes zum Gewaltschutz im Familienverfahrensrecht, 05.09.2024, S. 1; *Bundesinitiative Großeltern et* al., Stellungnahme zum Referentenentwurf des BMJ vom 18. Juli 2024, 28.08.2024, S. 11; *bff: Bundesverband Frauenberatungsstellen und Frauennotrufe*, Stellungnahme zu dem Referentenentwurf des Bundesministeriums der Justiz, 04.09.2024, S. 8; *Deutscher Juristinnenbund e.V.*, Stellungnahme zum Entwurf eines Gesetzes zur Verbesserung des Schutzes von gewaltbetroffenen Personen im familiengerichtlichen Verfahren, zur Stärkung des Verfahrensbeistands und zur Anpassung sonstiger Verfahrensvorschriften, 06.09.2024, S. 7, der jedoch anmahnt, dass durch die unterschiedlichen Voraussetzungen für den Anfall der Vergütung bei Verfahrensbeiständen höhere Vergütungssummen entstehen könnten, als bei der Rechtsanwaltsvergütung; dagegen hält *Bundeskoordinierung Spezialisierter Fachberatung gegen sexualisierte Gewalt in Kindheit und Jugend*, Stellungnahme der Bundeskoordinierung Spezialisierter Fachberatung gegen sexualisierte Gewalt in Kindheit und Jugend (BKSF) zum „Entwurf eines Gesetzes zur Verbesserung des Schutzes von gewaltbetroffenen Personen im familiengerichtlichen Verfahren, zur Stärkung des Verfahrensbeistands und zur Anpassung sonstiger Verfahrensvorschriften", 06.09.2024, S. 6 die Vergütung auch mit der Erhöhung noch für zu niedrig; in eine ähnliche Richtung auch *Deutscher Richterbund*, Stellungnahme des Deutschen Richterbundes zum Referentenentwurf des BMJ für ein Gesetz zur Verbesserung des Schutzes von gewaltbetroffenen Personen im familiengerichtlichen Verfahren, zur Stärkung des Verfahrensbeistands und zur Anpassung sonstiger Verfahrensvorschriften, September 2024, S. 12.

dieser Aufgabe für die Zukunft sichert.[169] Dies ist ein Aspekt, der auch seinerseits mit der effektiven Interessenvertretung in einem engen Zusammenhang steht. Nur wenn sich weiterhin genügend qualifizierte und engagierte Verfahrensbeistände finden, kann eine effektive Interessenvertretung des Kindes garantiert werden. Die Anknüpfung an die Rechtsanwaltsvergütung stellt dabei eine geeignete Richtschnur für zukünftige Änderungen dar.[170] Ob die Höhe, angesichts der aufgezeigten Preissteigerungen in den letzten Jahren ausreichend ist, darf gleichwohl bezweifelt werden.[171]

cc) Abstufung bei mehreren Kindern

Interessant ist die neue Abstufung in der Vergütung bei der Bestellung für mehrere Kinder. Ab dem zweiten Kind erhält der Verfahrensbeistand für die Vertretung 555 statt 690 Euro. Dies wurde schon länger von den Ländern gefordert.[172]

Begründet wird dies mit Synergieeffekten des Verfahrensbeistands.[173] So ergäben sich Zeitersparnisse bei den Elterngesprächen und Ersparnisse bei

---

[169] *Bundesministerium der Justiz*, Entwurf eines Gesetzes zur Verbesserung des Schutzes von gewaltbetroffenen Personen im familiengerichtlichen Verfahren, zur Stärkung des Verfahrensbeistands und zur Anpassung sonstiger Verfahrensvorschriften, 24.07.2024, S. 42.

[170] *Bundesministerium der Justiz*, Entwurf eines Gesetzes zur Verbesserung des Schutzes von gewaltbetroffenen Personen im familiengerichtlichen Verfahren, zur Stärkung des Verfahrensbeistands und zur Anpassung sonstiger Verfahrensvorschriften, 24.07.2024, S. 42; so auch die Einschätzung des Deutschen Richterbundes, vgl. *Deutscher Richterbund*, Stellungnahme des Deutschen Richterbundes zum Referentenentwurf des BMJ für ein Gesetz zur Verbesserung des Schutzes von gewaltbetroffenen Personen im familiengerichtlichen Verfahren, zur Stärkung des Verfahrensbeistands und zur Anpassung sonstiger Verfahrensvorschriften, September 2024, S. 12; ähnlich auch *Bundesrechtsanwaltskammer*, Stellungnahme Nr. 64 zu dem Entwurf eines Gesetzes zur Verbesserung des Schutzes von gewaltbetroffenen Personen im familiengerichtlichen Verfahren, zur Stärkung des Verfahrensbeistands und zur Anpassung sonstiger Verfahrensvorschriften, August 2024, S. 6.

[171] Kritisch auch *Keuter*, NZFam 2025, 484, 485.

[172] *Bundesministerium der Justiz*, Entwurf eines Gesetzes zur Verbesserung des Schutzes von gewaltbetroffenen Personen im familiengerichtlichen Verfahren, zur Stärkung des Verfahrensbeistands und zur Anpassung sonstiger Verfahrensvorschriften, 24.07.2024, S. 42.

[173] *Bundesministerium der Justiz*, Entwurf eines Gesetzes zur Verbesserung des Schutzes von gewaltbetroffenen Personen im familiengerichtlichen Verfahren, zur Stärkung des

den Fahrtkosten bzgl. der Hausbesuche und gerichtlichen Terminen.[174] Dabei erkannte aber auch der Referentenentwurf, dass diese Synergieeffekte nur eingeschränkt bestehen, weil die Kinder nicht selten an verschiedenen Orten leben und unterschiedliche bis gegenläufige Interessen haben, die der Verfahrensbeistand jeweils einzeln feststellen und erörtern muss.[175] Richtigerweise erkannte das Bundesministerium der Justiz auch, dass die Begründung des Abzugs insoweit hinkt, als dass der volle Vergütungsanspruch entstehen würde, wenn für das zweite (bzw. jedes weitere) Kind ein eigener Verfahrensbeistand bestellt wird. Dieser würde dann unstreitig die volle Pauschale von 690 Euro erhalten.[176] Die Unterscheidung kann daher im Ergebnis nicht überzeugen.[177] An dieser Stelle scheint der Entwurf vor allem der Finanzierungsbedenken der Länder entgegenkommen zu wollen. Überzeugender

Verfahrensbeistands und zur Anpassung sonstiger Verfahrensvorschriften, 24.07.2024, S. 42.

174 *Bundesministerium der Justiz*, Entwurf eines Gesetzes zur Verbesserung des Schutzes von gewaltbetroffenen Personen im familiengerichtlichen Verfahren, zur Stärkung des Verfahrensbeistands und zur Anpassung sonstiger Verfahrensvorschriften, 24.07.2024, S. 42.

175 *Bundesministerium der Justiz*, Entwurf eines Gesetzes zur Verbesserung des Schutzes von gewaltbetroffenen Personen im familiengerichtlichen Verfahren, zur Stärkung des Verfahrensbeistands und zur Anpassung sonstiger Verfahrensvorschriften, 24.07.2024, S. 42 f.

176 *Bundesministerium der Justiz*, Entwurf eines Gesetzes zur Verbesserung des Schutzes von gewaltbetroffenen Personen im familiengerichtlichen Verfahren, zur Stärkung des Verfahrensbeistands und zur Anpassung sonstiger Verfahrensvorschriften, 24.07.2024, S. 43.

177 Auch die Verbände haben auf diese Unterscheidung überwiegend kritisch reagiert, vgl. *Deutscher Richterbund*, Stellungnahme des Deutschen Richterbundes zum Referentenentwurf des BMJ für ein Gesetz zur Verbesserung des Schutzes von gewaltbetroffenen Personen im familiengerichtlichen Verfahren, zur Stärkung des Verfahrensbeistands und zur Anpassung sonstiger Verfahrensvorschriften, September 2024, S. 12; *Bundesforum Männer – Interessenverband für Jungen, Männer und Väter e.V.*, Stellungnahme, 07.08.2024, S. 13; *Bundesrechtsanwaltskammer*, Stellungnahme Nr. 64 zu dem Entwurf eines Gesetzes zur Verbesserung des Schutzes von gewaltbetroffenen Personen im familiengerichtlichen Verfahren, zur Stärkung des Verfahrensbeistands und zur Anpassung sonstiger Verfahrensvorschriften, August 2024, S. 6; die Absenkung unterstützend dagegen *Deutscher Juristinnenbund e.V.*, Stellungnahme zum Entwurf eines Gesetzes zur Verbesserung des Schutzes von gewaltbetroffenen Personen im familiengerichtlichen Verfahren, zur Stärkung des Verfahrensbeistands und zur Anpassung sonstiger Verfahrensvorschriften, 06.09.2024, S. 7.

erscheint es, dass eine Verringerung der Pauschale dann erfolgt, wenn zwei Kinder, unabhängig ob sie tatsächlich Geschwister sind, in einem Haushalt leben. Standort und Umfeld der Kinder sind wesentlich entscheidender für die Annahme von Synergieeffekten als die bloße Verwandtschaft.[178] Folgerichtig ist es daher, dass in der Neuregelung, im Gegensatz zum Entwurf, nun nicht mehr darauf abgestellt wird, ob der Verfahrensbeistand für „mehrere Geschwisterkinder einer Familie“ bestellt wird, sondern vielmehr die verringerte Pauschale nur bei „mehrere[n] in demselben Haushalt lebende[n] Kinder[n]“ Anwendung findet.[179] So wird der eben aufgezeigten Kritik Rechnung getragen und Synergieeffekte können unter dieser Regelung tatsächlich angenommen werden.

dd) Ersatz von Dolmetscherkosten

Die Erhöhung der Pauschale ist gleichwohl nicht so hoch, dass sie Belastungen durch Dolmetscherkosten ausreichend auffangen würde. Diese wird nach dem Entwurf und dem folgend der Neuregelung dadurch abgefangen, dass nunmehr die Kosten bei Beauftragung eines Dolmetschers vom Gericht übernommen werden, § 158c Abs. 2 FamFG n.F.[180] Dies ist grundsätzlich zu begrüßen.[181] Die Übernahme der Kosten setzt nach § 158c Abs. 2 FamFG

---

[178] So auch *Deutscher Richterbund*, Stellungnahme des Deutschen Richterbundes zum Referentenentwurf des BMJ für ein Gesetz zur Verbesserung des Schutzes von gewaltbetroffenen Personen im familiengerichtlichen Verfahren, zur Stärkung des Verfahrensbeistands und zur Anpassung sonstiger Verfahrensvorschriften, September 2024, S. 12; *Bundesrechtsanwaltskammer*, Stellungnahme Nr. 64 zu dem Entwurf eines Gesetzes zur Verbesserung des Schutzes von gewaltbetroffenen Personen im familiengerichtlichen Verfahren, zur Stärkung des Verfahrensbeistands und zur Anpassung sonstiger Verfahrensvorschriften, August 2024, S. 6; *Bundesrechtsanwaltskammer*, Stellungnahme Nr. 64 zu dem Entwurf eines Gesetzes zur Verbesserung des Schutzes von gewaltbetroffenen Personen im familiengerichtlichen Verfahren, zur Stärkung des Verfahrensbeistands und zur Anpassung sonstiger Verfahrensvorschriften, August 2024, S. 6.

[179] *Keuter*, NZFam 2025, 484, 485.

[180] Zur Problematik soeben, B. I. 3. e) dd) aaa).

[181] Diese Neuregelung wurde auch von den Verbänden durchgehend positiv betrachtet, vgl. *Bundesrechtsanwaltskammer*, Stellungnahme Nr. 64 zu dem Entwurf eines Gesetzes zur Verbesserung des Schutzes von gewaltbetroffenen Personen im familiengerichtlichen Verfahren, zur Stärkung des Verfahrensbeistands und zur Anpassung sonstiger Verfahrensvorschriften, August 2024, S. 6; *Verband binationaler Familien*

n.F. voraus, dass die Bestellung eines Dolmetschers durch das Gericht gem. § 158b Abs. 2 FamFG n.F. gestattet wurde. Das Gericht soll die Hinzuziehung eines Dolmetschers dann gestatten, wenn dies für die Verständigung mit dem Kind, seinen Eltern oder weiteren Bezugspersonen erforderlich ist. Problematisch könnte sein, dass die Entscheidung über die Bestellung des Dolmetschers damit letztlich beim Gericht liegt. Auch kann es sein, dass erst im Verlauf des Verfahrens die Hinzuziehung eines Dolmetschers notwendig wird, weil der Verfahrensbeistand Gespräche mit weiteren Bezugspersonen führen möchte. Die Notwendigkeit der Gestattung durch das Gericht verzögert hier die Aufgabenwahrnehmung durch den Verfahrensbeistand. Indem das Gericht über die Erforderlichkeit der Hinzuziehung entscheidet, kann es damit Gespräche mit bestimmten Bezugspersonen faktisch verhindern und so auch die Aufgabenwahrnehmung durch den Verfahrensbeistand lenken. Die Notwendigkeit einer vorherigen Gestattung droht somit die Abhängigkeit des Verfahrensbeistands vom Gericht zu verstärken.[182]

Vorzugswürdig wäre es, wenn die Kosten für die Hinzuziehung des Dolmetschers unabhängig von einer vorherigen Gestattung durch das Gericht auslagefähig wären. Die Gefahr, die durch unnötige Dolmetscherbestellung ausgeht, erscheint demgegenüber gering.

---

und Partnerschaften, iaf e.V., Stellungnahme des Verbandes binationaler Familien und Partnerschaften, iaf e.V. zum Referentenentwurf eines Gesetzes zur Verbesserung des Schutzes von gewaltbetroffenen Personen im familiengerichtlichen Verfahren, zur Stärkung des Verfahrensbeistands und zur Anpassung sonstiger Verfahrensvorschriften vom 24.07.2024, 04.09.2024, S. 3; *Deutscher Richterbund*, Stellungnahme des Deutschen Richterbundes zum Referentenentwurf des BMJ für ein Gesetz zur Verbesserung des Schutzes von gewaltbetroffenen Personen im familiengerichtlichen Verfahren, zur Stärkung des Verfahrensbeistands und zur Anpassung sonstiger Verfahrensvorschriften, September 2024, S. 12; *bff: Bundesverband Frauenberatungsstellen und Frauennotrufe*, Stellungnahme zu dem Referentenentwurf des Bundesministeriums der Justiz, 04.09.2024, S. 8; *Bundesinitiative Großeltern et* al., Stellungnahme zum Referentenentwurf des BMJ vom 18. Juli 2024, 28.08.2024, S. 12.

182 Kritisch zur Notwendigkeit eines förmlichen Beschlusses auch *Deutscher Richterbund*, Stellungnahme des Deutschen Richterbundes zum Referentenentwurf des BMJ für ein Gesetz zur Verbesserung des Schutzes von gewaltbetroffenen Personen im familiengerichtlichen Verfahren, zur Stärkung des Verfahrensbeistands und zur Anpassung sonstiger Verfahrensvorschriften, September 2024, S. 12, die sich aber vor allem dafür aussprechen, dass stattdessen eine Verfügung ausreichend sei; gegen eine eigene Ermittlungspflicht auch *Keuter*, NZFam 2025, 484, 486.

g) Zusammenfassung

Auch wenn die Aufgaben des Verfahrensbeistands die Erfüllung der Schutzpflicht ermöglichen, so wurde die Wahrnehmung dieser Aufgaben durch die bisherige, verfassungswidrige, Vergütungsregelung in § 158c FamFG a.F. gefährdet. Der Verfahrensbeistand war also aufgrund seiner Finanzierungslücke an der wirkungsvollen Durchsetzung der materiellen Grundrechtsposition des Kindes gehindert. Damit verletzte der Staat letztlich seine Schutzpflicht aus Art. 6 Abs. 2 Satz 2, Art. 2 Abs. 1 i.V.m. Art. 103 Abs. 1 GG gegenüber dem Kind. Die Verletzung der Berufsfreiheit beim Verfahrensbeistand führte damit auch zu einer Grundrechtsverletzung auf Seiten des Kindes.

Diese Finanzierungslücke wird durch die Neuregelung größtenteils abgefedert. Ein Verfassungsverstoß dürfte danach nicht mehr anzunehmen sein. Die Regelungsform der Fallpauschale bleibt aber weiter kritikwürdig. Daneben hat die Neuregelung eigene Schwächen, die hier aufgezeigt wurden.

4. Eingriff in Rechte des Kindes zum Schutz des Kindes

Geht es nunmehr vor allem um die Frage, ob die Bestellung des Verfahrensbeistands als solche in die Rechte des Kindes eingreifen kann, so stellt sich dabei ein grundsätzliches Problem, dass vorgelagert behandelt werden soll.

Betrachtet man die Bestellung des Verfahrensbeistands genauer, so stellt man fest, dass es sich dabei um einen Eingriff in Rechte des Kindes als Grundrechtsträger handelt, die dem Schutz der Rechte desselben Grundrechtsträgers dienen sollen. Dies scheint zunächst widersprüchlich, sind doch die Grundrechte in erster Linie Abwehrrechte gegen den Staat.[183]

Daher sollen zunächst abstrakte Überlegungen getroffen werden, welche dogmatischen Annahmen hinter der Funktionsweise des staatlichen Wächteramtes stehen, die es dem Staat erlauben, zum Schutz des Kindes in seine Rechte einzugreifen und damit gewissermaßen den Grundsatz von Grundrechten als Freiheitsrechten gegen den Staat auszuhebeln. Dieses abstrakte Verständnis wird dabei insbesondere mit wachsender Selbstbestimmungsfähigkeit des Kindes und deren Auswirkungen auf die Grundrechtswahrnehmung durch Eltern und Staat relevant, sodass es zunächst einmal erläutert werden soll.

---

183 Dazu auch *Münch*, FS Ipsen, S. 113, 114, der feststellt, dass dadurch eine dritte Grundrechtsdimension entstehen würde.

a) Schutzpflicht des Staates

Das BVerfG billigt einen Eingriff in Rechte des Betroffenen zu ihrem eigenen Schutz vor allem bei Personen, die in ihrer „Fähigkeit zur Selbstbestimmung [...] erheblich beeinträchtigt [sind]"[184]. Dabei geht das Grundgesetz grundsätzlich von der Selbstbestimmungsfähigkeit seiner Bürger aus, dessen Fehlen ist also die rechtfertigungsbedürftige Ausnahme.[185] Den Staat trifft dann eine allgemeine Schutz- und Beistandspflicht, die vor allem aus dem Sozialstaatsprinzip aus Art. 20 Abs. 1 GG hergeleitet wird.[186]

Bei Kindern wird dabei selten mit ihrer Selbstbestimmungsfähigkeit argumentiert, sondern vielmehr darauf abgestellt, dass zum Schutz des Kindeswohls und der Erfüllung des staatlichen Wächteramtes in ihre Rechte eingegriffen werden darf.[187] Das Kindeswohl ist somit nichts anderes als der notwendige Schutz des Kindes aufgrund der Beeinträchtigung seiner Selbstbestimmungsfähigkeit.[188] Diese Schutzpflicht ist im staatlichen Wächteramt in Art. 6 Abs. 2 S. 2 GG grundgesetzlich konkretisiert. Das staatliche Wächteramt stellt also eine Konkretisierung der staatlichen Fürsorge- und Beistandspflicht dar. Wenn danach gesagt wird, dass sich das staatliche Wächteramt aus dem Kindeswohl rechtfertigt,[189] so meint dies eigentlich nichts anderes, als dass mangels Schutz des selbstbestimmungsunfähigen Kindes durch die Eltern der Staat in diese Schutzfunktion eintreten muss.[190]

Das staatliche Wächteramt gewährt in diesem Fall also einen Schutzanspruch des Kindes aufgrund der Nichtwahrnehmung dieser Aufgabe durch die Eltern. Im Falle des Verfahrensbeistands bedeutet dies konkret den Schutz

---

184 *BVerfGE* 58, 208, 225.

185 Dreier/*Wittreck*, 3. Aufl. (2015), Art. 20 GG, Rn. 41.

186 Dreier/*Wittreck*, 3. Aufl. (2015), Art. 20 GG, Rn. 41.

187 Vgl. Münch/Kunig/*Heiderhoff*, 8. Aufl. (2025), Art. 6 GG, Rn. 153.

188 Dazu passt es auch, wenn das BVerfG feststellt, dass ein Schutz Minderjähriger vor Selbstgefährdung aufgrund ihrer mangelnden Einsichtsfähigkeit und Reife geboten ist, vgl. *BVerfG*, Beschluss v. 21.12.2011 – 1 BvR 2007/10, NJW 2012, 1062, 1064 Rn. 34.

189 So Münch/Kunig/*Heiderhoff*, 8. Aufl. (2025), Art. 6 GG, Rn. 153; *Jestaedt*, in: *Dagmar Coester-Waltjen/Volker Lipp/Philipp M. Reuß et al.* (Hrsg.), Kindgerechte Verfahren – Anspruch und Wirklichkeit in Kindschaftssachen, S. 15, 18.

190 Dieses Verständnis betonend auch *Röthel*, in: *Röthel/Heiderhoff* (Hrsg.), Mehr Kinderrechte?, S. 89, 92; *Rösler*, Die Verfahrensbeistandschaft, 2014, S. 41 f. nennt dies „präventive Bevormundung".

des Kindes vor der Nichtwahrnehmung ihrer Aufgaben im Kindschaftsverfahren durch die Eltern.[191]

Im Ergebnis ist ein Eingriff des Staates zum Schutz des Kindes nur dann rechtfertigungsfähig, wenn man das Kind als jedenfalls nicht voll zur Selbstbestimmung fähig ansieht. Dann hat der Staat auch den Minderjährigen vor eigenen Fehlentscheidungen zu schützen.[192] Zu diesem Schutz kann er in Grundrechte des Kindes eingreifen.

b) Auswirkungen der wachsenden Selbstbestimmungsfähigkeit des Kindes

Dieses abstrakte Verständnis wird insbesondere mit der wachsenden Selbstbestimmungsfähigkeit des Kindes relevant, weil es zeigt, welche Folgen die wachsende Selbstbestimmungsfähigkeit des Kindes nicht nur für das Elternrecht hat, sondern ebenso für das staatliche Wächteramt.

Die Eltern nehmen durch die Ausübung ihrer Elternverantwortung die Rechte ihrer selbstbestimmungsunfähigen Kinder wahr.[193] Mit der wachsenden Selbstbestimmungsfähigkeit des Kindes schwindet Bedürfnis und Rechtfertigung für die elterliche Wahrnehmung der Kindergrundrechte.[194]

Wenn also das Elternrecht in Folge der wachsenden Wahrnehmungsfähigkeit des Kindes schwindet, so darf auch der Staat nicht mehr zum Schutz des Kindes tätig werden. Beide leiten ihr Recht daraus ab, dass das Kind seine Grundrechte nicht selbstständig wahrnehmen kann.[195] Mithin beginnt mit der wachsenden Selbstbestimmungsfähigkeit des Kindes diese Legitimationskette zu bröckeln und sodass schließlich der Staat mit Erlangung der Grundrechtswahrnehmungsfähigkeit beim Kind die

---

[191] In diese Richtung schon *BVerfGE* 99, 145.

[192] *W. Roth*, Die Grundrechte Minderjähriger im Spannungsfeld selbständiger Grundrechtsausübung, elterlichen Erziehungsrechts und staatlicher Grundrechtsbindung, 2003, S. 143.

[193] So auch *Jestaedt*, in: *Dagmar Coester-Waltjen/Volker Lipp/Philipp M. Reuß et al.* (Hrsg.), Kindgerechte Verfahren – Anspruch und Wirklichkeit in Kindschaftssachen, S. 15, 25.

[194] *BVerfGE* 59, 360, 387; *Ahlert*, Der Verfahrensbeistand nach § 158 FamFG, 2010, S. 59; *Jestaedt*, in: *Dagmar Coester-Waltjen/Volker Lipp/Philipp M. Reuß et al.* (Hrsg.), Kindgerechte Verfahren – Anspruch und Wirklichkeit in Kindschaftssachen, S. 15, 23; Münch/Kunig/*Heiderhoff*, 8. Aufl. (2025), Art. 6 GG, Rn. 147.

[195] So auch *Jestaedt*, in: *Dagmar Coester-Waltjen/Volker Lipp/Philipp M. Reuß et al.* (Hrsg.), Kindgerechte Verfahren – Anspruch und Wirklichkeit in Kindschaftssachen, S. 15, 18.

Wahrnehmungskompetenz für das Kind verliert. Dann darf der Staat mangels Wahrnehmungsbedürfnis auch nicht mehr zum Schutz des Kindes tätig werden.[196] Entscheidend ist somit, wann das Kind diesen Grad der Selbstbestimmungsfähigkeit erlangt hat.

aa) Voraussetzungen der Selbstbestimmungsfähigkeit

Die Selbstbestimmungsfähigkeit setzt die Fähigkeit voraus, Grundrechte selbstständig wahrnehmen zu können.[197]

Diese Fähigkeit wird mit verschiedenen Begriffen bezeichnet, im Folgenden soll dabei in Übereinstimmung mit *Wapler* von Grundrechtswahrnehmung gesprochen werden.[198] Dabei ist zwischen der Wahrnehmungsfähigkeit und der Wahrnehmungsberechtigung zu unterscheiden.[199] Die Wahrnehmungsfähigkeit meint dabei die rein tatsächliche Fähigkeit, sich innerhalb eines grundrechtlich geschützten Lebensbereichs zu bewegen. Diese kann somit auch aus rein faktischen Gründen fehlen.[200] Die Wahrnehmungsberechtigung meint dagegen die rechtliche Fähigkeit, sich innerhalb des Schutzbereiches eines Grundrechts zu bewegen.[201] Um von einer Grundrechtswahrnehmung durch das Kind auszugehen, müssen sowohl die Wahrnehmungsfähigkeit als auch die Wahrnehmungsberechtigung vorliegen.

---

196 Dann fehlt es an der fehlenden Selbstbestimmungsfähigkeit, die das BVerfG als Rechtfertigung für Eingriffe in Rechte des Grundrechtsträgers heranzieht, vgl. dazu soeben, B. I. 4. a).

197 *Jestaedt*, in: *Dagmar Coester-Waltjen/Volker Lipp/Philipp M. Reuß et al.* (Hrsg.), Kindgerechte Verfahren – Anspruch und Wirklichkeit in Kindschaftssachen, S. 15, 18.

198 Zum Begriff der Grundrechtsmündigkeit und dessen Schwächen näher *Wapler*, Kinderrechte und Kindeswohl, 2015, 91 f.

199 Dazu *Wapler*, Kinderrechte und Kindeswohl, 2015, S. 92–95.

200 So *Wapler*, Kinderrechte und Kindeswohl, 2015, S. 92, die als Beispiel unter anderem die Meinungsfreiheit anführt, die dann nicht wahrgenommen werden kann, wenn keine Meinung gebildet werden können, beispielsweise bei Kleinkindern die noch nicht sprechen können; diese Fähigkeit wird von *Roth* als Grundrechtshandlungsfähigkeit bezeichnet, vgl. *W. Roth*, Die Grundrechte Minderjähriger im Spannungsfeld selbständiger Grundrechtsausübung, elterlichen Erziehungsrechts und staatlicher Grundrechtsbindung, 2003, S. 31.

201 S. *Wapler*, Kinderrechte und Kindeswohl, 2015, S. 93, die hier vor allem die Ehefähigkeit aus § 1303 BGB, die die Wahrnehmung ihres Eherechts aus Art. 6 GG einschränkt und die Einschränkung der Berufsfreiheit durch die Schulpflichtigkeit anführt.

bb) Einfachgesetzliche Konkretisierung

Fraglich ist nun, ob der Gesetzgeber dem Kind im Kindschaftsverfahren eine solche Grundrechtswahrnehmungsberechtigung zukommen lässt.

Der Gesetzgeber könnte die Wahrnehmungsberechtigung durch die Festlegung der Verfahrensfähigkeit bzw. Beschwerdefähigkeit in §§ 9, 60 FamFG in zulässiger Weise einfachgesetzlich konkretisiert haben. Die Zulässigkeit hängt dabei von der Wahrnehmungsfähigkeit ab und erfolgt durch eine Abwägung zwischen Erziehungsbedürftigkeit des Kindes auf der einen und Selbstbestimmungsfähigkeit auf der anderen Seite.[202] Dabei handelt es sich zwar um eine je nach Kind individuell festzustellende Frage, jedoch kann der Gesetzgeber aus Gründen der Rechtssicherheit und Handhabbarkeit auf typisierende Regelungen zurückgreifen.[203]

So hat sich der Gesetzgeber in verschiedenen Rechtsgebieten zu dieser Frage je nach betroffenen Grundrechten unterschiedlich geäußert. So erlangt das Kind die volle Geschäftsfähigkeit mit 18 Jahren nach §§ 2, 106 BGB, während es gemäß § 5 S. 2 RelKErzG schon mit 12 Jahren eine bedingte Religionsmündigkeit erlangt.[204] Es muss also zwischen den jeweils betroffenen Grundrechten in den verschiedenen Verfahrenssituationen unterschieden werden.

Es erscheint jedoch fraglich, ob eine solche Regelung durch §§ 9, 60 FamFG getroffen wurde. Beschränkt werden soll sich dabei auf § 9 Abs. 1 Nr. 3 FamFG und § 60 FamFG, die in Kindschaftsverfahren meist zur rechtlichen Handlungsfähigkeit des Kindes neben dem Verfahrensbeistand führen.[205]

Dagegen spricht, dass der Gesetzgeber durch diese Regelungen nicht pauschal das Kind für das Verfahren als verfahrensfähig erklärt hat, sondern jeweils nur für Teilbereiche bzw. bei § 9 Abs. 1 Nr. 3 FamFG nur, soweit es ein subjektives Recht wahrnimmt.

---

[202] *BVerfGE* 59, 360, 387.

[203] *Jestaedt*, in: *Dagmar Coester-Waltjen/Volker Lipp/Philipp M. Reuß et al.* (Hrsg.), Kindgerechte Verfahren – Anspruch und Wirklichkeit in Kindschaftssachen, S. 15, 24.

[204] Eine exemplarische Aufzählung der Fälle, in denen das deutsche Recht eine (Teil) Mündigkeit und damit auch eine Grundrechtswahrnehmung durch das Kind selbst annimmt, findet sich bei *Jestaedt*, in: *Dagmar Coester-Waltjen/Volker Lipp/Philipp M. Reuß et al.* (Hrsg.), Kindgerechte Verfahren – Anspruch und Wirklichkeit in Kindschaftssachen, S. 15, 24 Fn. 26.

[205] Ausführlich zu den Fällen, in denen ein verfahrensfähiges Kind auf einen Verfahrensbeistand treffen kann, B. II. 2. b).

Auch die Systematik spricht gegen die Annahme einer einfachgesetzlichen Konkretisierung. Während bei § 9 Abs. 1 Nr. 1, 2 der Zeitpunkt der Verfahrensfähigkeit eindeutig bestimmt werden kann, ist dieser bei §§ 9 Abs. 1 Nr. 3 FamFG wechselhaft und vom Willen des Kindes abhängig, da eine Verfahrensfähigkeit nur und erst dann besteht, wenn das Kind ein subjektives Recht wahrnimmt.[206] Dies könnte bereits gegen die Annahme einer allgemeinen Grundrechtswahrnehmungsfähigkeit sprechen.

Andererseits könnte man sagen, dass durch das Merkmal der aktiven Geltendmachung die Selbstwahrnehmungsfähigkeit über den Willen sogar eine stärkere Berücksichtigung findet als bei anderen einfachgesetzlichen Regelungen, die nur pauschal auf das Alter abstellen. Allerdings ist der Wille zur Selbstwahrnehmung nicht kongruent mit der Selbstwahrnehmungsfähigkeit. Darauf kann nicht allein abgestellt werden. Die Selbstwahrnehmungsfähigkeit dürfte jedenfalls dann gut abgebildet werden, wenn dies wie bei § 9 Abs. 1 Nr. 3 FamFG mit einer Altersspanne verbunden wird.

Es bleibt jedoch das Problem der nur punktuellen Eröffnung. Durch die Selbstwahrnehmungsberechtigung muss eine Situation geschaffen werden, in der das Kind die Grundrechte umfassend wahrnehmen kann. Dies kann bei § 9 Abs. 1 Nr. 3 FamFG und § 60 FamFG jedenfalls bezweifelt werden. Sie eröffnen nur eine verfahrensrechtliche Kompetenz, nicht jedoch eine zivilrechtliche, die zur Wahrnehmung, beispielsweise über die Mandatierung eines Rechtsanwalts notwendig sein könnte. Gleichwohl ist bei der Auslegung von § 9 Abs. 1 Nr. 3 FamFG und § 60 FamFG anerkannt, dass sie insoweit auch zivilrechtliche Handlungen ermöglichen, als dass diese zur Wahrnehmung der Interessen im Verfahren notwendig ist.[207] Dadurch wird gerade auf die Notwendigkeit der Eröffnung einer umfassenden Grundrechtswahrnehmung reagiert.

Gegen die Annahme einer echten Eröffnung der Grundrechtswahrnehmungsberechtigung durch § 9 Abs. 1 Nr. 3 FamFG spricht jedoch, dass diese nicht endgültig erfolgt. Aufgrund der besonderen Bedeutung der Grundrechtswahrnehmungsberechtigung bedarf es rechtssicherer Grenzen. Die Verfahrensfähigkeit erlischt, anders als die Geschäftsfähigkeit oder die bedingte Religionsmündigkeit, auch während des Verfahrens bei fehlendem

---

[206] Zu diesem Problem näher unten, B. II. 2. b) aa).

[207] Ausführlich dazu, B. II. 2. b) dd).

Willen des Minderjährigen wieder.[208] Anders ist dies bei § 60 FamFG. Dort ist zwar die Verfahrensfähigkeit nicht davon abhängig, dass das Kind sie wahrnimmt, gleichwohl wird in diesem Fall die Verfahrensfähigkeit nur für die Rechtsmittelinstanz erteilt und entfällt daher jedenfalls bei Rückverweisung wieder.[209]

Eine flexible Grenze ist mit dem Grundgedanken, dass dadurch die gewachsene Grundrechtswahrnehmungsfähigkeit widergespiegelt werden soll, nicht zu vereinbaren.

Im Ergebnis muss man somit sagen, dass die §§ 9 Abs. 1 Nr. 3, 60 FamFG eine Art Selbstwahrnehmungsberechtigung auf Probe darstellen, die jedoch mit keinem vollständigen Übergang der Wahrnehmungsberechtigung auf das Kind verbunden ist, aber mit einem generellen Vorrang der Wahrnehmung durch das Kind.

Bei den Eltern und damit auch beim Staat im Rahmen des Wächteramtes verbleibt die Wahrnehmungsberechtigung jedoch eingeschränkt bestehen.

Das Elternrecht ist dann allerdings nur noch in seinem Grundgerüst vorhanden, sodass auch die Legitimität der Tätigkeit des Verfahrensbeistands schwindet.

Gleichwohl führt dies dazu, dass der Verfahrensbeistand zusätzlich zur Wahrung der Subjektstellung tätig werden darf. Der dann teilweise bestehenden Wahrnehmungsberechtigung muss gleichwohl bei der Auslegung der Aufgaben und Rechte des Verfahrensbeistands Berücksichtigung finden. Ein Eingreifen neben einem verfahrensfähigen Kind bedarf danach einer besonderen Rechtfertigung durch erhöhte Gefahren, die das Kind zur Wahrnehmung seiner Rechte nicht fähig erscheinen lässt.

cc) Zusammenfassung

Die Aufgaben des Verfahrensbeistands dürfen bei Kindern, die zur Wahrnehmung ihrer Grundrechte nicht in der Lage sind, auch in Grundrechte

---

208 *BGH*, Beschluss v. 12.05.2021 – XII ZB 34/21, FamRZ 2021, 1402, 1404; *Rösler*, Die Verfahrensbeistandschaft, 2014, S. 122; Schulte-Bunert/Weinreich/*Schöpflin*, 7. Aufl. (2023), § 9 FamFG, Rn. 7; *Heiter*, FamRZ, 2009, 85, 86; kritisch *Schürmann*, in: *Coester-Waltjen/Veit/Schumann et al.* (Hrsg.), Alles zum Wohle des Kindes?, S. 231, 243; *Köhler*, ZKJ, 2018, 50, 53; *Sommer*, FPR, 2012, 375; *Schauberger*, Die Partizipation Minderjähriger im Verfahren der freiwilligen Gerichtsbarkeit, 2015, S. 62.

209 Dazu, B. II. 2. b) cc).

dieser Kinder eingreifen. Diese Kompetenz besteht jedoch dann nicht mehr, wenn das Kind die Wahrnehmungsfähigkeit und -berechtigung erlangt. §§ 9 Abs. 1 Nr. 3, 60 FamFG verleihen jedoch keine umfassende Wahrnehmungsberechtigung. Dem Kind wird vielmehr nur probeweise und für bestimmte Teilbereiche die Wahrnehmung seiner Grundrechte übertragen. Dies führt dazu, dass die Eltern und mithin auch der Staat weiterhin in die Rechte des Kindes eingreifen dürfen, soweit das Kind im Einzelfall zur Wahrnehmung nicht fähig ist.[210]

Ob die Ausgestaltung der Aufgaben und Rechte des Verfahrensbeistands gerade bei verfahrensfähigen Kindern diesen Anforderungen gerecht werden, soll daher im Folgenden näher untersucht werden.

5. Die Bestellung als Grundrechtseingriff

Bei der Bestellung stellt sich zusätzlich die Frage, ob in der Bestellung des Verfahrensbeistands ein Eingriff in das Recht des Kindes auf die Wahrnehmung seiner Interessen im Verfahren durch seine Eltern besteht. Anders gefragt: Greift der Staat in Grundrechte des Kindes ein, wenn er einen Verfahrensbeistand bestellt, obwohl das Kind nur eine Interessenvertretung[211] durch seine Eltern will. Man könnte meinen, diese Frage wäre schon deshalb unbedeutend, weil den Eltern daneben weiterhin die Interessensartikulation für das Kind rechtlich möglich bleibt.[212] Dem liegt jedoch ein Trugschluss zugrunde. Die Bestellung des Verfahrensbeistands erfolgt nach § 158 Abs. 1 FamFG stets unter der Prämisse, dass eine Interessensvertretung durch die Eltern nicht ausreichend ist. Artikulieren in einem solchen Fall die Eltern die Interessen des Kindes, schwebt über ihnen durch die Bestellung des Verfahrensbeistands der Verdacht des Interessenskonflikts. Eine Interessenwahrnehmung durch die Eltern wird damit zumindest faktisch erschwert.

---

[210] Ein ähnliches Verständnis zeigt auch Münch/Kunig/*Heiderhoff*, 8. Aufl. (2025), Art. 6 GG, Rn. 174, für medizinische Belange.

[211] Der Begriff der Interessenvertretung ist nicht gleichzusetzen mit der prozesslichen Vertretung, die dem Verfahrensbeistand sowieso nicht zusteht. Gemeint ist vielmehr die bloß tatsächliche Wahrnehmung der Interessen des Kindes unabhängig von ihren rechtlichen Wirkungen für das Kind.

[212] Der Verfahrensbeistand ist nach § 158 Abs. 3 S. 3 FamFG nicht gesetzlicher Vertreter des Kindes. Die Eltern bleiben damit weiterhin zur gerichtlichen Vertretung befugt. Vgl. dazu noch, B. II. 2. d).

Die Frage gliedert sich in zwei Teilfragen: Erstens, besteht ein Recht des Kindes auf Wahrnehmung seiner Interessen nur durch die Eltern? Und zweitens, wie verhält sich dieses Recht zur Schutzpflicht des Staates in dem Fall, für den der Verfahrensbeistand „geschaffen" wurde, nämlich wenn die Eltern aufgrund eines Interessenskonfliktes typischerweise nicht dazu in der Lage sind, die Interessen des Kindes im Verfahren geltend zu machen? Dabei stellen sich grundrechtsdogmatische Fragestellungen in Bezug auf die Auflösung des Dreieckverhältnisses zwischen den Rechten der Eltern, des Kindes und dem Wächteramt des Staates.

a) Das Recht auf Interessenvertretung durch die Eltern

Für den folgenden Fall setzt bereits das Bestehen des Rechts auf Interessenvertretung durch die Eltern voraus, dass das Kind nicht selbst zur Selbstbestimmung fähig ist und somit eine Interessenvertretung durch seine Eltern überhaupt braucht, sodass die oben benannte Prämisse für ein Eingreifen staatlichen Handelns hier gegeben ist.

Art. 6 Abs. 2 GG konstituiert, dass die Pflege und Erziehung des Kindes nicht nur das Recht der Eltern sind, sondern auch die „zuvörderst ihnen obliegende Pflicht". Daraus folgt, dass die Eltern insbesondere gegenüber dem Staat ein vorrangiges Recht zur Wahrnehmung ihrer Pflicht zur Pflege und Erziehung treffen.[213] Im Umkehrschluss bedeutet dies, dass die Kinder auch ein Recht auf Wahrnehmung dieser Pflicht durch die Eltern haben.[214]

Über die grundrechtliche Herleitung dieses Rechts besteht jedoch Uneinigkeit. Während einige eine Anknüpfung nur an Art. 6 Abs. 2 S. 1 GG bevorzugen,[215] sehen andere dieses Recht in Art. 6 Abs. 2 S. 1 i.V.m. Art. 2 Abs. 1 GG verortet.[216] Wieder andere lehnen eine Anknüpfung nur an Art. 6 Abs. 2 S. 1

---

213 Eindrücklich insoweit *W. Roth*, Die Grundrechte Minderjähriger im Spannungsfeld selbständiger Grundrechtsausübung, elterlichen Erziehungsrechts und staatlicher Grundrechtsbindung, 2003, S. 94.

214 Allgemeine Meinung vgl. nur Dreier/*Brosius-Gersdorf*, 4. Aufl. (2023), Art. 6 GG, Rn. 318; *Hölbling*, Wie viel Staat vertragen Eltern?, 2010, S. 127.

215 *BVerfGE* 121, 69, 1. Ls; BeckOK GG/*Uhle*, 61. Aufl. (2025), Art. 6 GG, 58.1; BeckOGK SGB VIII/*Lack* (2024), § 1 SGB VIII, Rn. 19.1; *Hölbling*, Wie viel Staat vertragen Eltern?, 2010, S. 127; *Hohmann-Dennhardt*, FPR, 2008, 476, 477; Sodan/*Sodan*, 4. Aufl. (2018), Art. 6 GG, Rn. 16.

216 *BVerfGE* 133, 59, 1. Ls; *Coester*, FS Salgo, S. 16; Dreier/*Brosius-Gersdorf*, 4. Aufl. (2023), Art. 6 GG, Rn. 318; Jarass/Pieroth/*Jarass*, 18. Aufl. (2024), Art. 6, Rn. 48.

GG ab. Die Fremdnützigkeit von Art. 6 Abs. 2 S. 1 GG begünstige lediglich als Rechtsreflex eine Begünstigung des Kindes, ohne dass sich daraus auch ein Grundrecht des Kindes ableiten lasse.[217] Sie leiten das Recht des Kindes auf Pflege und Erziehung durch seine Eltern aus dem allgemeinen Persönlichkeitsrecht des Kindes aus Art. 2 Abs. 1 i.V.m. Art. 1 Abs. 1 GG ab.[218] Da diese Frage nur Auswirkungen auf die Grundrechtsschranken dieses Grundrechts hat, kann eine weitere Erörterung dieses Problems an dieser Stelle entfallen.

Das Recht zur Wahrnehmung der Pflege und Erziehung durch die Eltern richtet sich dabei nicht an die Eltern, die keine Grundrechtsverpflichteten sind, sondern an den Staat.[219] Das Kind hat danach ein Recht gegenüber dem Staat, dass dieser es unterlässt, in das Verhältnis zwischen Kind und Eltern in Bezug auf seine Pflege und Erziehung einzugreifen.[220]

Die Interessenwahrnehmung im familiengerichtlichen Verfahren ist dabei Teil dieser Pflege und Erziehung, die nach Art. 6 Abs. 2 S. 1 GG zuvörderst den Eltern obliegt. Durch die Bestellung des Verfahrensbeistands wird die Aufgabe der Interessenwahrnehmung des Kindes als Bestandteil der durch § 1626 BGB und Art. 6 Abs. 2 GG geschützten elterlichen Sorge auf diesen übertragen.[221] Daher besteht in der Bestellung des Verfahrensbeistands ein

---

217 P. M. Huber/Voßkuhle/*Robbers*, 8. Aufl. (2024), Art. 6 GG, Rn. 182; mit dem Wortlaut von Art. 6 Abs. 2 GG argumentierend Jarass/Pieroth/*Jarass*, 18. Aufl. (2024), Art. 6, Rn. 48.

218 Münch/Kunig/*Heiderhoff*, 8. Aufl. (2025), Art. 6 GG, Rn. 21; BeckOGK BGB/*Amend-Traut/Bongartz* (2025), § 1626 BGB, Rn. 51.

219 Eine unmittelbare Drittwirkung zwischen Privaten wäre systemwidrig, vgl. Münch/Kunig/*Heiderhoff*, 8. Aufl. (2025), Art. 6 GG, Rn. 24, die betont, dass Art. 6 Abs. 2 einen „familiären Schutzraum gegenüber dem Staat" begründen soll; ablehnend auch *Jestaedt*, ZKJ Sonderheft (2010), 32, 34, 35; *Hölbling*, Wie viel Staat vertragen Eltern?, 2010, S. 146 f.; eine unmittelbare Geltung zwischen Kind und Eltern annehmend jedoch *BVerfGE* 121, 69; als die vorherige Entscheidung korrigierend darf insoweit *BVerfGE* 133, 59, 1. LS verstanden werden; insofern dürfte die Annahme eines Rechtes des Kindes gegenüber den Eltern mittlerweile überholt sein. In diese Richtung nur noch BeckOGK BGB/*Burghart* (2025), § 1666 BGB, Rn. 24.

220 So wird für das Elternrecht spiegelbildlich konstatiert, dass dies ein Recht der Eltern gegen den Staat auf Unterlassung staatlicher Beeinträchtigungen darstellt, vgl. *Engels*, AöR 122 (1997), 212, 235.

221 *BGH*, Beschluss v. 22.03.2017 – XII ZB 391/16, FamRZ 2017, 979, 981; Bahrenfuss/*Schlomm*, 3. Aufl. (2017), § 158 FamFG, Rn. 10; Johannsen/Henrich/Althammer/*Döll*, 7. Aufl. (2020), § 158 FamFG, Rn. 18; *Moelle*, ZKJ, 2020, 7, 8; *Menne*, FamRB, 2019, 105, 106; so noch zu § 158 FamFG a.F. Prütting/Helms/*S. Hammer*, 5. Aufl. (2020),

Eingriff in das Recht der Eltern auf vorrangige Interessenwahrnehmung für das Kind.[222]

Dies bedeutet jedoch noch nicht, dass dem Kind spiegelbildlich ein Recht auf Wahrnehmung der Interessen nur durch seine Eltern zusteht, mithin die Bestellung des Verfahrensbeistands in gleicher Weise sein Recht betrifft.

Dem Kind erwächst aus seinem Recht auf Pflege und Erziehung durch die Eltern jedenfalls kein Recht auf die bestmögliche Pflege und Erziehung.[223] Der Schutzbereich des Rechts des Kindes ist nicht spiegelbildlich zum Recht der Eltern. Vielmehr sichert dieses Recht nur die Nichtgefährdung seiner Entwicklung durch die Eltern.[224] Dies folgt schon daraus, dass die Bewertung dessen, was der Pflege und Erziehung dient, im Ermessen der Eltern steht.[225] Äußere Grenze dieses Ermessens ist das Kindeswohl. Innerhalb dieser Grenzen hat das Kind kein Recht auf staatliche Durchsetzung einer „anderen" Erziehung und Pflege.[226] Er hat vielmehr ein Recht darauf, dass innerhalb der Grenze des Kindeswohls der Staat sich nicht in die Pflege und Erziehung durch die Eltern einmischt. Dies bedeutet, dass solange keine Gefährdung des Kindeswohls vorliegt, der Staat auch nicht in die Interessenvertretung durch die Eltern eingreifen und durch eine eigene Vertretung ersetzen darf. Die Bestellung des Verfahrensbeistands betrifft somit das Recht des Kindes auf Interessenvertretung nur durch die Eltern.

b) Auflösung des Grundrechtskonflikts

Auf Seiten des Staates besteht also eine Schutzpflicht zur Sicherung des Kindeswohls aus Art. 6 Abs. 2 S. 2 GG. Gleichzeitig ist jedoch auch die

---

§ 158 FamFG, Rn. 24; kritischer nun Prütting/Helms/*S. Hammer*, 6. Aufl. (2022), § 158 FamFG, Rn. 20, der aber das Bestehen eines Eingriffs weiter nicht in Frage stellt, sondern vielmehr die Notwendigkeit einer daraus resultierenden Anhörung der Eltern.

222 Dazu auch noch, B. II. 3. c) aa) bbb).

223 *OLG Braunschweig*, Beschluss v. 22.12.2022 – 2 UF 122/22, FamRZ 2023, 533.

224 Dreier/*Brosius-Gersdorf*, 4. Aufl. (2023), Art. 6 GG, 320, 350, 361.

225 BK/*Jestaedt/Reimer*, 195. EL (229. EL 2025), Art. 6 Abs. 2 und 3, Rn. 95; *Coester*, in: *Röthel/Heiderhoff* (Hrsg.), Mehr Kinderrechte?, S. 29, 34; *Brost*, Das Persönlichkeitsrecht von Minderjährigen, 2016, S. 51.

226 *BVerfGE* 107, 104, 117; *Hölbling*, Wie viel Staat vertragen Eltern?, 2010, S. 130; *Jestaedt*, in: *Dagmar Coester-Waltjen/Volker Lipp/Philipp M. Reuß et al.* (Hrsg.), Kindgerechte Verfahren – Anspruch und Wirklichkeit in Kindschaftssachen, S. 15, 29.

Wahrung der Subjektstellung des Kindes, die sich zusätzlich aus der Menschenwürdegarantie und dem Recht auf Entfaltung seiner Persönlichkeit aus Art. 1 Abs. 1 und Art. 2 Abs. 1 GG herleitet, vom Staat zu beachten und zu schützen.[227]

Es besteht also ein Dreiecksverhältnis zwischen dem eben beschriebenen Recht des Kindes auf Pflege und Erziehung nur durch die Eltern und der Schutzpflicht des Staates zur Wahrung seiner Subjektstellung im Verfahren aus Art. 6 Abs. 2 S. 2 i.V.m. Art. 1 Abs. 1 GG i.V.m. Art. 2 Abs. 1 GG und Art. 103 Abs. 1 GG und schließlich dem Recht der Eltern auf Pflege und Erziehung des Kindes.[228] Die Rechtspositionen der Beteiligten sind dabei miteinander verwoben und bedingen sich gegenseitig.[229] Wäre das Recht des Kindes auf Pflege und Erziehung durch die Eltern unbegrenzt und unbegrenzbar, so hätte es zur Folge, dass der Staat durch Verwirklichung dieses Rechts gleichzeitig seine Schutzpflicht gegenüber dem Kind in Bezug auf eine mögliche Kindeswohlgefährdung verletzt.

Fraglich ist somit, wie sich diese beiden Rechte des Kindes – das Recht auf Interessenvertretung auf der einen Seite und die Schutzpflicht des Staates gegenüber dem Kind auf der anderen Seite – zueinander verhalten. Dabei lassen sich verschiedene Lösungsansätze diskutieren, die entweder schon das Bestehen eines Eingriffs verhindern oder dem Konflikt auf Rechtfertigungsebene begegnen.

aa) Diskussion auf Ebene des Elternrechts

Die Lösung dieses Grundrechtskonfliktes wird dabei vor allem im Verhältnis zwischen staatlicher Schutzpflicht gegenüber dem Kind und den Elternrechten diskutiert. Dabei werden im Wesentlichen zwei verschiedene Lösungsansätze diskutiert, die Lösung des Konfliktes durch Begrenzung des sachlichen Schutzbereichs und eine Lösung auf Rechtfertigungsebene. Da diese Lösungsansätze auch für die Lösung des hier beschriebenen Konfliktes herangezogen werden könnten, soll die Diskussion kurz nachgezeichnet werden.

---

[227] Zur Herleitung siehe schon, B. I. 1. a).

[228] Vgl. die Darstellung bei *Brüser*, Die Bedeutung der Grundrechte im Kindesalter für das „Elternrecht“, 2010, S. 95; *Hölbling*, Wie viel Staat vertragen Eltern?, 2010, S. 141.

[229] *Hölbling*, Wie viel Staat vertragen Eltern?, 2010, S. 141.

aaa) Tatbestandsimmanente Begrenzung des Elternrechts

Einige meinen dabei, dass das Recht der Eltern zur Pflege und Erziehung einer tatbestandsimmanenten Begrenzung durch das Kindeswohl unterliegt. Wenn die Eltern die Grundrechte des Kindes missachten, unterliege ihr Verhalten schon nicht dem Schutzbereich von Art. 6 Abs. 2 S. 1 GG.[230] Danach seien solche Maßnahmen, die dem Kindeswohl dienen, schon kein Eingriff in das Elternrecht, da der sachliche Schutzbereich des Elternrechts nur kindeswohldienliches Verhalten der Eltern umfasse.[231] Ein Konflikt zwischen Elternrecht und staatlichem Wächteramt kann so von vorneherein nicht entstehen.[232] Begründet wird diese Ansicht dabei im Wesentlichen mit der Fremdnützigkeit des Art. 6 Abs. 2 S. 1 GG.[233] Daneben spreche auch der Wortlaut des Art. 6 Abs. 2 S. 2 GG für eine tatbestandsimmanente Begrenzung.[234]

bbb) Rechtfertigungslösung

Andere wiederum sehen das Kindeswohl als Rechtfertigung für Eingriffe des Staates in die Rechte der Eltern.[235] Dies wird insbesondere damit begründet, dass eine solche Betrachtung die Grundrechtsdogmatik mit ihrer klaren Schrankendogmatik einhält.[236] Die Lösung durch Begrenzung des Schutzbereichs würde zudem zu einer Schwächung des Elternrechts führen, weil das Kindeswohl als ausfüllungsbedürftiger Begriff nicht zu einer Grenzziehung

---

230 Dreier/*Brosius-Gersdorf*, 4. Aufl. (2023), Art. 6 GG, 359, 361, 326; BK/*Jestaedt/Reimer*, 195. EL (229. EL 2025), Art. 6 Abs. 2 und 3, Rn. 76, 136.

231 Deutlich Dreier/*Brosius-Gersdorf*, 4. Aufl. (2023), Art. 6 GG, Rn. 359; Dürig/Herzog/Scholz/*Badura*, 106. EL (Oktober 2024), 6 GG, Rn. 95, 107; BK/*Jestaedt/Reimer*, 195. EL (229. EL 2025), Art. 6 Abs. 2 und 3, Rn. 71; vorsichtiger HStR VII/*Höfling*, 3. Aufl. (2009), § 155, Rn. 46–48.; *Hölbling*, Wie viel Staat vertragen Eltern?, 2010, S. 127; *Jestaedt*, in: *Dagmar Coester-Waltjen/Volker Lipp/Philipp M. Reuß et al.* (Hrsg.), Kindgerechte Verfahren – Anspruch und Wirklichkeit in Kindschaftssachen, S. 15, 25; dieses Verständnis folgt aus der liberalen Grundrechtstheorie *K. Arnold*, Die grundrechtliche Schutzbereichsbegrenzung, 2011, S. 48 f.

232 So im Ergebnis auch *Ahlert*, Der Verfahrensbeistand nach § 158 FamFG, 2010, S. 72 f.

233 Dreier/*Brosius-Gersdorf*, 4. Aufl. (2023), Art. 6 GG, Rn. 310.

234 *Wapler*, Kinderrechte und Kindeswohl, 2015, S. 126.

235 Münch/Kunig/*Heiderhoff*, 8. Aufl. (2025), Art. 6 GG, Rn. 137; Jarass/Pieroth/*Jarass*, 18. Aufl. (2024), Art. 6, Rn. 54; *Wapler*, Kinderrechte und Kindeswohl, 2015, S. 125 f.; P. M. Huber/Voßkuhle/*Robbers*, 8. Aufl. (2024), Art. 6 GG, Rn. 151.

236 Dies hervorhebend auch Münch/Kunig/*Heiderhoff*, 8. Aufl. (2025), Art. 6 GG, Rn. 137.

des Schutzbereichs geeignet sei.[237] Auch der Wortlaut des Art. 6 Abs. 2 S. 2 GG wird gegen eine Begrenzung auf Schutzbereichsebene herangeführt.[238] Andere wiederum kritisieren vor allem, dass es sich bei Art. 6 Abs. 2 GG um ein natürliches Recht der Eltern handele, womit eine Beschränkung des Schutzbereichs nicht zu vereinbaren sei.[239]

ccc) Stellungnahme

Würde man nun jegliches Verhalten der Eltern gegenüber ihrem Kind zunächst als von Art. 6 Abs. 2 S. 1 GG gedeckt ansehen und würde versuchen, dem erst auf Ebene der Schranke gerecht zu werden, so würde man damit der Besonderheit des Art. 6 Abs. 2 S. 1 GG nicht gerecht. Zurecht wird stets betont, dass es sich bei dem Elternrecht um ein *dienendes* Grundrecht handelt, das den Interessen des Kindes dient und darin seine Rechtfertigung findet.[240] Es kann mithin nicht ohne seine Bindung an das Kindeswohl betrachtet werden.[241]

Das Argument, dass eine Lösung auf Rechtfertigungsebene deswegen zu suchen sei, weil es die gängige Grundrechtsdogmatik einhält, kann jedoch nicht überzeugen. Auch die Begrenzung des Schutzbereichs entspricht der üblichen Grundrechtsdogmatik. Es gibt stets ein Verhalten, dass dem Schutzbereich in sachlicher Hinsicht unterfällt und ein Verhalten, das vom sachlichen Schutzbereich nicht mehr gedeckt ist. Jedes Grundrecht ist grundsätzlich nur für einen bestimmten Lebenssachverhalt zuständig, obgleich sich Überschneidungen ergeben können. Art. 6 Abs. 2 S. 1 GG ist anders als Art. 2 Abs. 1 GG gerade kein Auffanggrundrecht unter das jegliches Verhalten der Eltern, nur weil sie Eltern sind, subsumiert werden könnte. Eine Schutzbereichsbegrenzung ist also notwendig.

Das Problem liegt vielmehr an der Bestimmung der Grenzen des Schutzbereichs. Nimmt man das Kindeswohl als Grenze dessen, was vom Schutzbereich

---

237 Vor allem Münch/Kunig/*Heiderhoff*, 8. Aufl. (2025), Art. 6 GG, Rn. 137.

238 Jarass/Pieroth/*Jarass*, 18. Aufl. (2024), Art. 6, Rn. 54; *Wapler*, Kinderrechte und Kindeswohl, 2015, S. 125 f.

239 P. M. Huber/Voßkuhle/*Robbers*, 8. Aufl. (2024), Art. 6 GG, Rn. 151.

240 BK/*Jestaedt/Reimer*, 195. EL (229. EL 2025), Art. 6 Abs. 2 und 3, Rn. 71; *Jestaedt*, in: *Dagmar Coester-Waltjen/Volker Lipp/Philipp M. Reuß et al.* (Hrsg.), Kindgerechte Verfahren – Anspruch und Wirklichkeit in Kindschaftssachen, S. 15, 20.

241 Münch/Kunig/*Heiderhoff*, 8. Aufl. (2025), Art. 6 GG, Rn. 137.

des Art. 6 Abs. 2 S. 1 GG umfasst sein soll, so gerät man in einen Zirkelschluss. Die Bestimmung dessen, was dem Kindeswohl dient, obliegt den Eltern. Bestimmt der Staat, was vom Schutzbereich umfasst ist, damit, dass es dem Kindeswohl dient, dann greift er in dieses „Deutungsprimat" der Eltern ein.[242] Die Eltern setzen die Grenzen ihres Schutzbereichs selbst. Eine Bestimmung der äußerlichen Grenzen des Schutzbereichs wäre danach nicht möglich. Dies ist aber kein genuines Problem von Art. 6 Abs. 2 S. 1 GG. Auch bei anderen Grundrechten besteht die Gefahr, dass der Staat durch verengte Auslegung des Schutzbereichs die Grundrechte beschränkt.[243] Geboten ist somit stets eine extensive Auslegung des begrenzenden Merkmals.[244] Eine tatbestandliche Grenze des Elternrechts kann danach nur bei offensichtlich nicht kindeswohldienlichem Verhalten gezogen werden.[245]

bb) Übertragung auf den Konflikt zwischen Kind und Staat

Überträgt man diesen Streit auf den Konflikt zwischen dem Recht des Kindes auf Interessenwahrnehmung durch die Eltern und die Schutzpflicht des Staates auf Wahrung insbesondere der Subjektstellung des Kindes als Teil des Kindeswohls, zeigt sich, dass dieser Konflikt grundsätzlich sowohl auf Rechtfertigungsebene als auch durch die systematische Begrenzung des Schutzbereichs bei einer Gefahr für das Kindeswohl gelöst werden kann. Die Schutzpflicht des Staates ist das entscheidende Korrektiv für das Recht des Kindes. Man könnte zum einen sagen, dass ein Recht auf Interessenwahrnehmung durch die Eltern dann schon nicht besteht, wenn dadurch die Gefahr einer Objektifizierung des Kindes im kindschaftsrechtlichen Verfahren, also der fehlenden Wahrung seiner Subjektstellung besteht. Eine solche Gefahr besteht, wenn die Eltern aufgrund eines Interessenskonfliktes zur Wahrnehmung ihrer Aufgabe nicht in der Lage sind. Das Recht stünde

---

242 HStR VII/*Höfling*, 3. *Aufl.* (2009), § 155, Rn 48 f.; *Ahlert*, Der Verfahrensbeistand nach § 158 FamFG, 2010, S. 73 f.

243 HStR VII/*Höfling*, 3. Aufl. (2009), § 155, Rn. 46 f.; zur Notwendigkeit der restriktiven Auslegung des negativen Tatbestandsmerkmals der „Friedlichkeit" bei Art. 8 GG *BVerfGE* 73, 206, 248; dieses Grundrechtstheoretische Verständnis gründet sich auf der (klassischen) liberalen Grundrechtstheorie, vgl. dazu statt aller *K. Arnold*, Die grundrechtliche Schutzbereichsbegrenzung, 2011, S. 48 f.

244 HStR VII/*Höfling*, 3. *Aufl.* (2009), § 155, Rn. 46 f.

245 So auch HStR VII/*Höfling*, 3. *Aufl.* (2009), § 155, Rn. 49, der die Formulierung in § 1631 Abs. 2 BGB als taugliche legislative Nachzeichnung des Schutzbereichs sieht.

dann also unter dem Vorbehalt der Erfüllbarkeit dieser Aufgabe durch die Eltern. Solange diese nicht gegeben ist, bestünde nach dieser Logik kein Eingriff in das Recht des Kindes.

Auf der anderen Seite ließe sich die Bestellung auch als Eingriff qualifizieren, der durch die staatliche Schutzpflicht zur Wahrung seiner Subjektstellung gerechtfertigt wäre, wenn die Eltern zur Erfüllung ihrer Aufgabe nicht in der Lage sind.

Damit zeigt sich, dass die Beurteilung des Grundrechtskonfliktes letztlich dem Verhalten der Eltern unterliegt, nämlich der Frage, ob diese ihre Aufgabe zu Interessenvertretung wahrnehmen. Damit ist eine Begrenzung schon auf Schutzbereichsebene jedoch nicht zu vereinbaren.

Eine Schutzbereichsbegrenzung würde zudem zu einer gefährlichen Wertung führen. Würde man annehmen, dass schon eine schutzbereichsimmanente Begrenzung durch die Wahrung der Subjektstellung des Kindes anzunehmen wäre, unterläge die Frage der Gefahr für die Subjektstellung des Kindes der Einschätzung des Staates. Dieser entscheidet, wann er die Eltern als zur Wahrnehmung fähig ansieht. Führt dies zu einer Begrenzung schon des Schutzbereiches, so fehlt es damit an der Rechtfertigungsbedürftigkeit der staatlichen Maßnahmen, was folglich zu einer Schwächung des Rechts des Kindes führt.[246] Hier zeigt sich, dass die Argumentation, das gegen eine tatbestandsimmanente Begrenzung des Elternrechts vorgebracht wird, im Wesentlichen auch gegen eine Begrenzung des Rechts des Kindes greift.

Die Schutzpflicht des Staates steht zudem nicht gleichwertig neben dem Recht des Kindes auf Interessenvertretung durch die Eltern. Die Schutzpflicht greift vielmehr erst dann ein, wenn eine Interessenvertretung durch die Eltern nicht – und zwar auch nicht unter Zuhilfenahme von Unterstützung – möglich ist.[247] Es besteht also eine verfassungsrechtliche Vermutung dafür, dass eine Interessenvertretung durch die Eltern möglich. Auf eine solche besteht grundsätzlich ein Anspruch des Kindes. Die Schutzpflicht des Staates wird also erst durch die Gefährdung der Subjektstellung des Kindes als Gefahr für das Kindeswohl „ausgelöst“. Auch dies spricht dafür, eine Begrenzung erst auf Rechtfertigungsebene anzunehmen.

---

[246] In diese Richtung auch die Argumentation von Münch/Kunig/*Heiderhoff*, 8. Aufl. (2025), Art. 6 GG, Rn. 137.

[247] Dreier/*Brosius-Gersdorf*, 4. Aufl. (2023), Art. 6 GG, Rn. 402.

Da durch die Bestellung des Verfahrensbeistands die Aufgabe der Interessensvertretung nicht mehr nur den Eltern zusteht, stellt diese danach einen Eingriff in das Recht des Kindes auf Interessenvertretung durch seine Eltern da.

c) Rechtfertigung

Indem also das Recht auf Interessenvertretung durch die Eltern anerkannt wird, muss dem Staat die Möglichkeit gewährt werden, zur Erfüllung seiner Leistungs- und Beistandspflicht, die der Staat gegenüber dem Kind hat, in dessen Grundrechte einzugreifen.

Man muss wohl im Ergebnis sagen, dass ein Eingriff dann gerechtfertigt ist, wenn die Eltern nicht zur Wahrnehmung der Grundrechte fähig sind. Dabei ist nach der grundgesetzlichen Dogmatik vorrangig von einer Wahrnehmungsfähigkeit auszugehen, dessen Fehlen ist die Ausnahme.

Indem § 158 Abs. 1 FamFG die Bestellung auf die Fälle begrenzt, in denen dies zur Wahrnehmung der Interessen des Kindes erforderlich ist, setzt es voraus, dass eine Wahrnehmung weder durch das Kind selbst noch durch die Eltern möglich ist. Damit wird es der grundrechtlichen Relevanz des staatlichen Handelns für das Kind gerecht. Der Eingriff in das Recht des Kindes auf Interessenwahrnehmung durch die Eltern durch die Bestellung des Verfahrensbeistands kann daher im Ergebnis durch das staatliche Wächteramt gerechtfertigt werden. Wichtig ist, dass dieses grundrechtliche Verständnis bei der Auslegung der Erforderlichkeit berücksichtigt wird.

Problematisch könnte vor diesem Hintergrund die in § 158 Abs. 2 FamFG angeordnete Pflichtbestellung sein, die eine Differenzierung nach der Erforderlichkeit der Interessenvertretung im Einzelfall nicht erlaubt.[248]

d) Zusammenfassung

Zusammenfassend ist somit zu sagen, dass dem Kind ein Recht zur Wahrnehmung seiner Interessen ausschließlich durch die Eltern als Bestandteil seines Rechts auf Pflege und Erziehung durch die Eltern zusteht. Durch die Bestellung des Verfahrensbeistands wird in dieses Recht des Kindes eingegriffen. Dieser Eingriff ist jedoch durch die Schutzpflicht des Staates zur Wahrung der Subjektstellung des Kindes als Teil des Kindeswohls aus

---

248 Vgl. dazu, B. II. 3. a) bb).

Art. 6 Abs. 2 S. 2 i.V.m. Art. 1 Abs. 1, Art. 2 Abs. 1 und Art. 103 Abs. 1 GG gerechtfertigt, wenn die Eltern zur Interessenvertretung ihrerseits nicht in der Lage sind. Dem wird der Gesetzgeber bei der Ausgestaltung der Bestellung insoweit gerecht, als dass diese nach § 158 Abs. 1 FamFG nur erfolgen darf, soweit sie zur Interessenvertretung erforderlich ist.

6. Grundrechtseingriff durch einzelne Rechte des Verfahrensbeistands

Ein Grundrechtseingriff in Rechte des Kindes könnte sich schließlich auch durch einzelne Rechte und Aufgaben des Verfahrensbeistands ergeben. Untersucht werden soll, ob diese Rechte des Verfahrensbeistands so umfassend sind, dass sie geeignet sind, in die Rechte des Kindes einzugreifen und ob diese Eingriffe insbesondere bei älteren Kindern verfassungsrechtlich gerechtfertigt sind.[249] So können Verfahrenshandlung des Verfahrensbeistands einschneidende Konsequenzen für das Kind haben. Man denke beispielsweise an ein Rechtsmittel, das der Verfahrensbeistand einlegt oder dessen Einlegung er unterlässt und durch das er den Ausgang des Verfahrens mit beeinflusst. Dafür sollen im Folgenden verschiedene Aufgaben und Rechte des Verfahrensbeistands beleuchtet und auf mögliche Konflikte mit Grundrechten des Kindes untersucht werden.

Auch wenn das Kind seine Grundrechte nicht selbst wahrnehmen kann, so ist es doch von Beginn an Träger der Grundrechte.[250] Die Aufgaben des Verfahrensbeistands können somit auch grundsätzlich in Grundrechte des Kindes eingreifen.

a) Anwesenheitsrecht des Verfahrensbeistands

Als gefährdetes Grundrecht kommt dabei zunächst das allgemeine Persönlichkeitsrecht des Kindes aus Art. 2 Abs. 1, Art. 1 Abs. 1 GG in seiner Ausprägung als Recht auf informationelle Selbstbestimmung in Betracht.[251]

[249] Einen Eingriff pauschal ablehnend noch Musielak/Borth/*Borth/Grandel*, 6. Aufl. (2018), § 158 FamFG, Rn. 21.

[250] Allg. Meinung, statt aller *W. Roth*, Die Grundrechte Minderjähriger im Spannungsfeld selbständiger Grundrechtsausübung, elterlichen Erziehungsrechts und staatlicher Grundrechtsbindung, 2003, S. 11–18 m.w.N.

[251] Zur dogmatischen Verankerung des allgemeinen Persönlichkeitsrechts in Art. 2 Abs. 1, Art. 1 Abs. 1 GG statt aller Dürig/Herzog/Scholz/*Di Fabio*, 106. EL (Oktober 2024),

Dieses könnte durch das Anwesenheitsrecht des Verfahrensbeistands bei der Anhörung des Kindes nach § 159 Abs. 4 S. 3 FamFG gefährdet sein.

aa) Schutzbereich und Eingriff

Das allgemeine Persönlichkeitsrecht umfasst die Befugnis, selbst über die Offenbarung von Lebenssachverhalten im allgemeinen und personenbezogenen Daten im speziellen zu entscheiden.[252] Für die Definition des Begriffs der Daten kann dabei auf § 46 Abs. 1 Nr. 1 BDSG zurückgegriffen werden, wonach Daten „Informationen [sind], die sich auf eine identifizierte oder identifizierbare natürliche Person (betroffene Person) beziehen".[253] Unerheblich ist dabei, ob es sich um computergenerierte oder sonst wie automatisiert erhobene Daten handelt. Entscheidend ist vielmehr, dass durch den Staat, gleich in welcher Weise personenbezogene Daten erhoben, gesammelt oder verarbeitet werden.[254] Das informationelle Selbstbestimmungsrecht dient dazu, die Entscheidungsfreiheit des Einzelnen zu sichern.[255] Das Recht auf informationelle Selbstbestimmung beinhaltet es daher zu entscheiden, wer Kenntnis von persönlichen Lebenssachverhalten erhält.[256] Betrifft die Kindschaftssache beispielsweise die teilweise oder vollständige Entziehung der Personensorge eines Elternteils nach §§ 1666, 1666a BGB ist Aufgabe der Kindesanhörung insbesondere Informationen über eine mögliche Gefährdung des Kindeswohls zu erhalten. Dafür ist es erforderlich, dass das Kind Aussagen über Interaktionen mit dem betroffenen Elternteil macht. Man kann sich dabei leicht vorstellen, dass diese Aussagen unter Umständen auch intime Themen des Kindes betreffen können. Persönliche Lebenssachverhalte sind damit betroffen. Im Rahmen der richterlichen Anhörung beinhaltet das

---

Art. 2 Abs. 1, Rn. 127–131; in der Bestellung des Verfahrensbeistands sieht auch *Marquardt* einen Eingriff in das allgemeine Persönlichkeitsrecht, vgl. *Marquardt*, MDR, 2000, 1322, 1323, die aber irrigerweise dabei auf ein angebliches Mitnahme- und Befragungsrecht des Verfahrensbeistands abstellt, das nicht besteht.

[252] Statt aller Dreier/*Barczak*, 4. Aufl. (2023), Art. 2 Abs. 1 GG, Rn. 90.

[253] Zur Übertragbarkeit dieser Definition auf das Recht auf informationelle Selbstbestimmung Münch/Kunig/*Kunig/Kämmerer*, 8. Aufl. (2025), Art. 2 GG, Rn. 76.

[254] Münch/Kunig/*Kunig/Kämmerer*, 8. Aufl. (2025), Art. 2 GG, Rn. 75.

[255] Dürig/Herzog/Scholz/*Di Fabio*, 106. EL (Oktober 2024), Art. 2 Abs. 1, Rn. 175.

[256] Münch/Kunig/*Kunig/Kämmerer*, 8. Aufl. (2025), Art. 2 GG, Rn. 58; Erfurter Kommentar zum Arbeitsrecht/*I. Schmidt*, 25. Aufl. (2025), Art. 2 GG, Rn. 42.

Recht auf informationelle Selbstbestimmung ein „Zeugnisverweigerungsrecht gegenüber Dritten".

Nach § 159 Abs. 4 S. 2 FamFG hat der Verfahrensbeistand ein Recht auf Anwesenheit bei der Anhörung des Kindes durch den Richter. In § 159 FamFG ist aber kein Recht normiert, wonach das Kind die Anwesenheit des Verfahrensbeistands ablehnen kann. Das Kind kann nicht entscheiden, wer Kenntnis von seiner persönlichen Äußerung im Rahmen der Anhörung erhält. Das hieße, dass das Kind bei einer Anhörung, die unter Umständen einen sehr persönlichen Lebenssachverhalt betrifft, nicht darüber entscheiden kann, gegenüber wem es sich offenbart. Es bliebe dem Kind dann nur die Möglichkeit, sich gar nicht zu äußern. Darin liegt ein Eingriff in das allgemeine Persönlichkeitsrecht des Kindes.

bb) Rechtfertigung

Dieser Eingriff könnte jedoch verfassungsrechtlich gerechtfertigt sein. Dies ist dann der Fall, wenn der Eingriff einen legitimen Zweck erfüllt, er geeignet, erforderlich und angemessen ist.[257] Das staatliche Wächteramt aus Art. 6 Abs. 2 S. 2 GG stellt als Rechtsgut mit Verfassungsrang einen legitimen Zweck dar. Die Anwesenheit des Verfahrensbeistands dient auch zur Erfüllung dieses Wächteramtes. Wie oben gezeigt, darf dieses zur Rechtfertigung von Eingriffen in Rechte des Kindes angeführt werden.[258]

Das Anwesenheitsrecht des Verfahrensbeistands ist grundsätzlich ein geeignetes und erforderliches Mittel zur Erfüllung des staatlichen Wächteramtes. Fraglich erscheint, ob die Anwesenheit des Verfahrensbeistands bei entgegenstehendem Willen des Kindes ein geeignetes Mittel ist, um das staatliche Wächteramt zu verwirklichen.

Ausweislich der Gesetzesbegründung soll die Anwesenheit des Verfahrensbeistands dazu dienen, „die für ihn [das Kind] ungewohnte und möglicherweise als bedrohlich empfundene Anhörungssituation zu meistern und sich den Fragen des Gerichts zu öffnen"[259]. Die Gesetzesbegründung geht damit davon aus, dass zwischen Verfahrensbeistand und Kind stets ein Vertrauensverhältnis, und zwar schon vor der Anhörung, besteht. Diese

---

[257] Sachs/*Sachs*, 10. Aufl. (2024), Art. 20 GG, Rn. 149.

[258] Dazu schon oben, B. I. 4. a).

[259] BT-Drs. 16/9733, 294 f.

Vermutung erscheint problematisch.[260] Es erscheint unwahrscheinlich, dass das Kind sich gegenüber dem Gericht offenbaren wird, wenn eine dritte Person dabei ist, der es ggf. noch nicht vollständig vertraut. Von einem bestehenden Vertrauensverhältnis zwischen Verfahrensbeistand und Kind kann insbesondere vor dem Hintergrund der bisher noch fehlenden Durchsetzbarkeit der Kontaktaufnahme des Verfahrensbeistands zum Kind gegenüber den Eltern nicht immer ausgegangen werden.[261] Die Verwirklichung des staatlichen Wächteramtes ist in diesem Fall jedenfalls fraglich.

Eine solche Regelung wäre jedenfalls nicht angemessen. Die Offenbarung der eigenen Informationen gegenüber dem Verfahrensbeistand ist ein sehr tiefer Einschnitt in das Recht auf informationelle Selbstbestimmung. Demgegenüber wird die Aufgabenwahrnehmung des Verfahrensbeistands in diesem Fall nur geringfügig beeinträchtigt. Dies gilt umso mehr, wenn das Kind verfahrensfähig ist und daher das Wächteramt des Staates zur Rechtfertigung nur noch bedingt herangezogen werden kann. Im Ergebnis wahrt daher ein Anwesenheitsrecht des Verfahrensbeistands das informationelle Selbstbestimmungsrecht des Kindes nicht ausreichend.

Die Anwesenheit des Verfahrensbeistands verstößt somit bei entgegenstehendem Willen des Kindes gegen sein Recht auf informationelle Selbstbestimmung.

---

260 Schulte-Bunert/Weinreich/*Ziegler*, 7. Aufl. (2023), § 159 FamFG, Rn. 20.

261 Ein großes Problem ist in der Praxis, dass die Eltern dem Verfahrensbeistand den Kontakt mit dem Kind verbieten. Die Gerichte haben dann nur begrenzte Möglichkeiten, der Verfahrensbeistand gar keine, die Kontaktaufnahme zum Kind zu erzwingen, vgl. dazu *Cirullies*, FamRZ, 2023, 489, 490 f.; *Güssow*, Die Beteiligung und Vertretung des Kindes in Kindschaftssachen, 2022, S. 142–145; dieses Problem wurde vom Referentenentwurf des Bundesministeriums der Justiz angegangen, indem eine durch das Gericht durchsetzbare Pflicht zur Ermöglichung von Gesprächen durch die Eltern nach § 158d FamFG-E implementiert werden sollte, vgl. *Bundesministerium der Justiz*, Entwurf eines Gesetzes zur Verbesserung des Schutzes von gewaltbetroffenen Personen im familiengerichtlichen Verfahren, zur Stärkung des Verfahrensbeistands und zur Anpassung sonstiger Verfahrensvorschriften, 24.07.2024, S. 7, was durch den Gesetzgeber aber bisher nicht umgesetzt wurde; die Sinnhaftigkeit einer solchen Zwangsmaßnahme für den Vertrauensaufbau mit dem Kind wird dabei von den beteiligten Verbänden teilweise bezweifelt, vgl. dazu *Deutscher Juristinnenbund e.V.*, Stellungnahme zum Entwurf eines Gesetzes zur Verbesserung des Schutzes von gewaltbetroffenen Personen im familiengerichtlichen Verfahren, zur Stärkung des Verfahrensbeistands und zur Anpassung sonstiger Verfahrensvorschriften, 06.09.2024, S. 8.

b) Recht zur Einlegung von Rechtsmitteln im Interesse des Kindes

Als problematisch für die Rechte des Kindes ist zudem das Recht des Verfahrensbeistands aus § 158b Abs. 3 S. 2 FamFG anzusehen. Danach hat der Verfahrensbeistand das Recht, im Interesse des Kindes Rechtsmittel einzulegen. Der Verfahrensbeistand tritt dabei nur neben das Kind und nicht an seine Stelle. Das Kind bleibt daneben weiterhin zur Einlegung von Rechtsmitteln befugt, soweit es selbst beschwerdefähig ist.[262] Interessant ist in dieser Konstellation daher, ob auch der Verfahrensbeistand bei bestehender Beschwerdefähigkeit des Kindes noch sein Beschwerderecht ausüben kann. Dies würde dazu führen, dass selbst dann der Verfahrensbeistand über das „Ob" der Geltendmachung von Rechtsmitteln entscheidet, wenn das Kind selbst keine Rechtsmittel einlegen will. Er könnte damit im Ergebnis in den Ausgang des Verfahrens eingreifen.[263]

Nur weil ein Rechtsschutz eröffnet sein muss, ergibt sich daraus für den Betroffenen keine Pflicht, diesen Rechtsschutz auch zu nutzen.[264] Daher könnte bei einem über 14-jährigen Kind eine Konfliktlage zwischen den eigenen Rechten und denen des Verfahrensbeistands auftreten.

Wenn man also beim Verfahrensbeistand das Recht zur Einlegung von Rechtsmitteln im Interesse des Kindes auch dann zulässt, wenn das Kind selbst beschwerdefähig ist, liegt darin ein Eingriff in die allgemeine Handlungsfreiheit des Kindes aus Art. 2 Abs. 1 GG.[265] Ist das Kind noch nicht beschwerdefähig, so übt der gesetzliche Vertreter das Beschwerderecht in

---

[262] Die Beschwerdefähigkeit kann sich dabei sowohl aus § 60 FamFG, als auch aus der Verfahrensfähigkeit nach § 9 Abs. 1 Nr. 3 FamFG ergeben. Zur Vereinfachung ist wird hier nur der Begriff der Beschwerdefähigkeit verwendet.

[263] Kritisch dazu auch *J. Klein*, in: *Scheiwe/Schröer/Wapler et al.* (Hrsg.), Rechtsdurchsetzung, Implementationsdefizite und Rechtsverwirklichung in der Kinder und Jugendhilfe, S. 133, 142; wie Abramenko richtigerweise feststellt: „Niemand kann die Rechte Dritter wahrnehmen, wenn sich diese selbst mit der gerichtlichen Entscheidung abfinden" Prütting/Helms/*Abramenko*, 6. Aufl. (2022), § 59 FamFG, Rn. 6.

[264] Dies folgt aus Art. 19 Abs. 4 GG wie auch dem allgemeinen Justizgewährungsanspruch, vgl. *BVerfGE* 136, 382, 392 Rn. 32.

[265] Nach dem engen Verständnis der herrschenden Meinung umfasst Art. 19 Abs. 4 GG nicht die Judikative, sodass ein Eingriff durch diese in Art. 19 Abs. 4 GG von vorneherein ausscheidet, kritisch dazu Dreier/*Funke*, 4. Aufl. (2023), Art. 19 Abs. 4 GG, Rn. 37.

seinem Namen aus.[266] Das Recht des Verfahrensbeistands wäre dann auch unabhängig vom Beschwerderecht des gesetzlichen Vertreters.[267] Eine Konfliktlage kann in diesem Fall jedenfalls dann nur zwischen den Rechten des Verfahrensbeistands und dem elterlichen Erziehungsrecht entstehen, das aber nicht Gegenstand der Untersuchung sein soll. Untersucht werden soll lediglich der Eingriff in die Rechte des beschwerdefähigen Kindes.

Zu fragen ist also, ob das Recht des Verfahrensbeistands, neben dem verfahrensfähigen Kind Rechtsmittel einzulegen, einen nicht gerechtfertigten Eingriff in die Rechte des Kindes darstellt. Wie schon gezeigt, stellt die Einlegung von Rechtsmitteln durch den Verfahrensbeistand einen Eingriff in die allgemeine Handlungsfreiheit des Kindes dar.

Dieser Eingriff könnte jedoch verfassungsrechtlich gerechtfertigt sein. Die Bestellung des Verfahrensbeistands dient zur Erfüllung des staatlichen Wächteramtes als Rechtsgut von Verfassungsrang.[268] Das Recht des Verfahrensbeistands, Rechtsmittel im Interesse des Kindes einzulegen, ist auch zur Verwirklichung des staatlichen Wächteramtes notwendig und geeignet. Damit soll vor allem eine fehlende Interessenwahrnehmung durch die gesetzlichen Vertreter ausgeglichen werden. Dies kann auch noch dann notwendig sein, wenn das Kind grundsätzlich selbst zur Einlegung von Rechtsmitteln in der Lage wäre.

Näherer Beachtung bedarf vor allem die Frage der Angemessenheit dieses Eingriffs. Dies bedeutet, dass der Eingriff nicht außer Verhältnis zum angestrebten Zweck stehen darf.[269]

Dabei steht auf der einen Seite die allgemeine Handlungsfreiheit in der Ausprägung der eigenständigen Entscheidung über die Einlegung von Rechtsmitteln. Auf der anderen Seite der Schutz des Kindes vor ihn schädigenden Entscheidungen, mithin das Kindeswohl. Der Ausgleich der widerstreitenden Interessen könnte dabei vor allem durch die Einschränkung erreicht werden, dass die Einlegung eines Rechtsmittels nur „im Interesse des Kindes“ geschieht und damit die Einlegung in der Regel dem Kindeswohl dient oder jedenfalls dem ausdrücklichen oder mutmaßlichen

---

[266] Prütting/Helms/*Abramenko*, 6. Aufl. (2022), § 59 FamFG, Rn. 12.

[267] So *Güssow*, Die Beteiligung und Vertretung des Kindes in Kindschaftssachen, 2022, S. 119.

[268] Dazu oben, B. I. 3.

[269] Sachs/*Sachs*, 10. Aufl. (2024), Art. 20 GG, Rn. 154.

Willen des Kindes entspricht. Problematisch ist somit weniger das Bestehen eines solchen Rechts, sondern vielmehr die Art und Weise, wie und ob das Bestehen der Voraussetzung des „Interesses des Kindes“, unter der dieses Recht steht, überprüft wird.[270] Bei der einfachgesetzlichen Auslegung des „Interesses“ muss daher gewährleistet werden, dass der wachsenden Selbstbestimmungsfähigkeit ausreichend Rechnung getragen wird, um den Eingriff in die Rechte des Kindes zu rechtfertigen.[271] Dies kann auf vielfältige Weise geschehen, sodass dies bei der einfachgesetzlichen Auslegung näher betrachtet werden soll.[272] Grundsätzlich ist hier gleichwohl festzuhalten, dass das Recht zur Einlegung von Rechtsmitteln einen Eingriff darstellt, der durch die Bindung an das „Interesse“ verfassungsrechtlich gerechtfertigt werden kann.

c) Erhebung der Verfassungsbeschwerde im Wege der Prozessstandschaft

Etwas anders ist die Ausgangssituation bei der Verfassungsbeschwerde. Bei dieser kann der Verfahrensbeistand im Wege der Prozessstandschaft agieren, also im eigenen Namen Rechte des Kindes geltend machen.[273] Dies ist für andere Beteiligte im familiengerichtlichen Verfahren nicht möglich, sodass dies ein wirkliches Alleinstellungsmerkmal des Verfahrensbeistands darstellt. Darin könnte wiederum ein Eingriff in die allgemeine Handlungsfreiheit des Kindes aus Art. 2 Abs. 1 GG bestehen, weil auch hier dem Kind die Entscheidung über das „Ob“ der Rechtsmitteleinlegung verwehrt wird. Dies stellt einen tieferen Eingriff in die Rechte des Kindes dar als die Einlegung der Rechtsmittel nur im Interesse des Kindes. In diesem Fall sind aber auch die Anforderungen an die Zulässigkeit der Verfassungsbeschwerde höher, was die Verfassungsmäßigkeit des Eingriffs garantieren könnte.

---

270 Vgl. zur Prüfungsdichte des Gerichts bei der Einlegung des Rechtsmittels durch den Verfahrensbeistand, B. II. 5. a) cc) ccc); zur Kritik an der Praxis der Gerichte, B. II. 5. a) cc) ccc) (4).

271 Zur Auslegung unten, B. II. 5. a) cc) ccc).

272 Näher dazu unten, B. II. 5. a) cc).

273 *BVerfG 1. Senat 1. Kammer*, Einstweilige Anordnung v. 07.03.2022 – 1 BvR 65/22, Rn. 18; *BVerfG*, Beschluss v. 30.04.2018 – 1 BvR 393/18, FamRZ 2018, 1092; Beschluss v. 03.02.2017 – 1 BvR 2569/16, FamRZ 2017, 524, 526; Beschluss v. 05.12.2016 – 1 BvR 2569/16, FamRZ 2017, 206, 207, Rn. 38.

aa) Anforderungen an die Zulässigkeit der Verfassungsbeschwerde

So muss im Gegensatz zur Einlegung sonstiger Rechtsmittel der Verfahrensbeistand dann auch zwingend nachweisen, dass in der Person des Kindes die übrigen Voraussetzungen zur Einlegung der Verfassungsbeschwerde erfüllt sind, insbesondere, dass das Kind nach § 90 Abs. 1 BVerfGG beschwerdebefugt ist. Dabei werden an die Beschwerdebefugnis nach § 90 Abs. 1 BVerfGG höhere Anforderungen gestellt als an die Beschwer nach § 59 FamFG. Nach § 90 Abs. 1 BVerfGG muss das Kind in eigenen grundrechtlichen oder grundrechtsgleichen Rechten selbst und unmittelbar betroffen sein,[274] während nach § 59 FamFG der Begriff der Beschwer weit zu verstehen ist und darunter jedes materielle private wie auch öffentliche Recht fällt, in dem der Beschwerdeführer durch die Entscheidung beeinträchtigt wird.[275]

bb) Anforderungen an die Begründetheit der Verfassungsbeschwerde

Das BVerfG ist zudem bekanntlich „keine Superrevisionsinstanz“[276]. Das bedeutet vor allem, dass das Verfahren nicht auf jegliche materiellen wie verfahrensrechtlichen Fehler hin überprüft wird, sondern nur geprüft wird, ob die Entscheidung die Grundrechte des Antragsstellers verletzt. Daher besteht eine höhere Hürde dafür, dass das Gericht Entscheidungen trifft, die nicht dem Willen des Kindes entsprechen. In Fällen, in denen das Gericht in Grundrechte des Kindes eingegriffen hat, kann vielmehr davon ausgegangen werden, dass soweit es sich nicht um einen selbstschädigenden Willen des Kindes handelt, die Überprüfung durch das BVerfG regelmäßig dem Willen des Kindes entsprechen wird.[277] Es bestehen sowohl für die Einlegung der Verfassungsbeschwerde als auch betreffend des Risikos für den Kindeswillen widersprechende Entscheidungen, eine höhere Hürde als bei der Einlegung der sonstigen Rechtsmittel. Die Konfliktlage zwischen der allgemeinen

---

[274] St. Rspr., statt aller *BVerfGE* 1, 97, 101.

[275] Prütting/Helms/*Abramenko*, 6. Aufl. (2022), § 59 FamFG, Rn. 2, 6 f.; Zöller/*Feskorn*, 35. Aufl. (2024), § 59 FamFG, Rn. 3 f.; Bumiller/Harders/Schwamb/*Bumiller*, 13. Aufl. (2022), § 59 FamFG, Rn. 4 f.; MüKo FamFG/*A. Fischer*, 4. Aufl. (2025), § 59 FamFG, Rn. 11; Sternal/*Jokisch*, 21. Aufl. (2023), § 59 FamFG, Rn. 6.

[276] *BVerfG*, Beschluss v. 28.04.1986 – 1 BvR 386/86, NJW 1986, 2101; Beschluss v. 19.09.2006 – 2 BvR 2115/01, 2 BvR 2132/01, 2 BvR 348/03, NJW 2007, 499, Rn. 75; Nichtannahmebeschluss v. 13.06.2013 – 1 BvR 1942/12, Rn. 9.

[277] Zur Berücksichtigungsfähigkeit des selbstschädigenden Willens bei der Beurteilung des Interesses näher unten, B. II. 1. b).

Handlungsfreiheit des Kindes und den Rechten des Verfahrensbeistands besteht somit von vornherein nicht im gleichen Maße.

cc) Ergebnis

Soweit durch das Recht zur Einlegung der Verfassungsbeschwerde im Namen des Kindes überhaupt gegen den Willen des Kindes in die Rechte des Kindes eingegriffen wird, wird durch die Ausgestaltung dieses Rechts dem Kindeswohl als rechtfertigendes Verfassungsgut durch die Verfahrenshürden ausreichend Rechnung getragen.

d) Zusammenfassung

Betrachtet man die einzelnen Aufgaben und Befugnisse des Verfahrensbeistands, so konnte gezeigt werden, dass die Frage des Eingriffs nicht zuletzt auch von der Auslegung des einfachen Rechts abhängt. So ist durch die Anwesenheit des Verfahrensbeistands aus § 159 Abs. 4 S. 3 FamFG zwar der Schutzbereich des allgemeinen Persönlichkeitsrechts eröffnet, ein Eingriff liegt jedoch nicht vor, wenn man davon ausgeht, dass dem Kind eine letzte Entscheidungskompetenz über die Anwesenheit des Verfahrensbeistands zukommt.

Spannend ist zudem das Recht des Verfahrensbeistands zur Einlegung von Rechtsmitteln aus § 158b Abs. 3 S. 2 FamFG, das in die allgemeine Handlungsfreiheit des Kindes eingreift. Dieser Eingriff in die allgemeine Handlungsfreiheit des Kindes im Sinne einer Entscheidungskompetenz über die Frage des „Ob" der Rechtsmitteleinlegung ist dabei verfassungsrechtlich durch das Kindeswohl gerechtfertigt, welches in § 158 Abs. 3 S. 2 FamFG durch die Bindung der Befugnisse zur Einlegung von Rechtsmitteln an „die Interessen des Kindes" gewahrt wird.

Die Aufgaben des Verfahrensbeistands berühren damit in verschiedener Weise die Rechtssphäre des Kindes, was sowohl für die Auslegung der Normen zu den Aufgaben zu berücksichtigen ist als auch besondere verfahrensrechtliche Konsequenzen für den Schutz dieser Rechte des Kindes notwendig machen.

7. Fazit

Es hat sich gezeigt, dass die Bestellung des Verfahrensbeistands eng mit den Grundrechten des Kindes verknüpft ist. Sie dient zwar auf der einen Seite der Erfüllung der staatlichen Schutzpflicht zur Sicherung der Subjektstellung des Kindes im kindschaftsrechtlichen Verfahren, der Verfahrensbeistand war dafür aber jedenfalls bisher nicht ausreichend finanziell gewappnet. Auf der anderen Seite ist der Verfahrensbeistand seinerseits mit Rechten und Aufgaben ausgestattet, die in Grundrechtspositionen des Kindes eingreifen. Zudem stellt die Bestellung einen Eingriff in das Recht des Kindes auf Wahrnehmung seiner Interessen ausschließlich durch die Eltern dar. Die Bestellung des Verfahrensbeistands ist somit grundsätzlich rechtfertigungsbedürftig. Dies wird durch die Anknüpfung der Bestellung an die Erforderlichkeit grundsätzlich gewahrt.

Dieses enge Grundrechtsverhältnis zwischen Kind und Verfahrensbeistand sollte bei der Auslegung und Anwendung der Vorschriften zur Verfahrensbeistandschaft stets mitgedacht und beachtet werden. Die Wahrung und Achtung dieses Grundrechtsverhältnisses zwischen Verfahrensbeistand und Kind durch die verfahrensrechtliche Ausgestaltung soll daher im Folgenden geprüft werden.

II. Verfahrensrechtliches Verhältnis zwischen Verfahrensbeistand und Kind

Das Verhältnis von Kind und Verfahrensbeistand aus verfahrensrechtlicher Perspektive ist bis heute nicht eindeutig geklärt. Bis auf die Feststellung, dass der Verfahrensbeistand nicht gesetzlicher Vertreter des Kindes ist, macht das Gesetz selbst keine Ausführungen zu diesem Verhältnis.[278] Wie oben gezeigt, muss das Verfahrensrecht insbesondere der wachsenden Selbstbestimmungsfähigkeit des Kindes Rechnung tragen. Im Folgenden wird untersucht werden, ob das Verfahrensrecht den grundgesetzlichen Vorgaben gerecht wird.

Neben der Frage, wie das Verhältnis von Verfahrensbeistand und Kind zu definieren ist, stellt sich auch die Frage des Konkurrenzverhältnisses. Wessen Rechtshandlung geht vor, wenn beide dieselben Rechte geltend machen? Inwiefern kann das Kind auf die Ausübung der Aufgaben durch den Verfahrensbeistand Einfluss nehmen und inwieweit garantiert das Gesetz Grenzen der Ausübung, insbesondere, dass die Rollen und Aufgaben des

[278] *J. Klein*, in: *Scheiwe/Schröer/Wapler et al.* (Hrsg.), Rechtsdurchsetzung, Implementationsdefizite und Rechtsverwirklichung in der Kinder- und Jugendhilfe, S. 133, 142.

Verfahrensbeistands nicht überschritten werden?[279] Schließlich ist zu untersuchen, unter welchen Voraussetzungen die Bestellung des Verfahrensbeistands aufgehoben werden kann und inwiefern diesbezüglich der Wille des Kindes bei der Entscheidung des Gerichts berücksichtigt wird.

Zur Beantwortung dieser Fragen wird zunächst die Stellung von Verfahrensbeistand und Kind im Verfahren erläutert, um aufzuzeigen, in welchen Fällen ein Nebeneinander von verfahrensfähigem Kind und Verfahrensbeistand in Betracht kommen. Ausgehend davon soll das Verhältnis von Verfahrensbeistand zum verfahrensfähigen Kind näher bestimmt werden.

Das verfahrensrechtliche Verhältnis hat zudem Auswirkungen auf die Bestellung und Tätigkeit des Verfahrensbeistands. Daher werden zunächst die Neuordnung der Fälle, in denen eine Bestellung erfolgt, kritisch betrachtet, um sodann die bestehenden Regelungen zur Auswahl und Bestellung des Verfahrensbeistands daraufhin zu untersuchen, ob sie geeignet sind, die Auswahl eines geeigneten Verfahrensbeistands zu gewährleisten und welche Bedeutung dem Willen des Kindes bei der Auswahl des Verfahrensbeistands zukommt. Dabei stellt eine große Gefahr für die Interessenvertretung des Kindes das wirtschaftliche Abhängigkeitsverhältnis zwischen Verfahrensbeistand und Gericht dar, das auf der Bestellungskompetenz des Gerichts beruht.

Daraufhin werden einzelne Aufgaben des Verfahrensbeistands beleuchtet, die ein besonderes Missbrauchspotential durch den Verfahrensbeistand beinhalten. Dabei soll untersucht werden, wie dem Missbrauch durch den Verfahrensbeistand entgegengewirkt werden kann und wie sich hier eine Verfahrensfähigkeit des Kindes auf die Aufgabenwahrnehmung des Verfahrensbeistands auswirkt.

Das Kapitel schließt mit einer Betrachtung der Regeln für die Aufhebung der Bestellung des Verfahrensbeistands. Auch hier bietet die Anknüpfung an die Interessen des Kindes die Möglichkeit, dem Willen des Kindes Gehör zu verschaffen. Die genauen Voraussetzungen, unter denen eine Aufhebung aufgrund eines ablehnenden Willens des Kindes erfolgen kann, sollen daher näher bestimmt werden. Dabei muss ein Ausgleich zwischen der Notwendigkeit einer angemessenen Interessenvertretung für das Kind und der Gefahr

279 Zur Bedeutung der Einhaltung der zugewiesenen Rolle eindrücklich *Ernst*, FF, 2020, 195.

einer Instrumentalisierung einer vereinfachten Aufhebungsmöglichkeit durch die Eltern gefunden werden.

1. Interesse des Kindes

Das Interesse des Kindes stellt für die Tätigkeit des Verfahrensbeistands die maßgebliche Richtschnur dar. So ist er nur dann zu bestellen, wenn dies zur Wahrnehmung der *Interessen des Kindes* erforderlich ist, vgl. § 158 Abs. 1 S. 1 FamFG. Dies ist nach § 158 Abs. 3 Nr. 1 FamFG in der Regel dann der Fall, wenn das *Interesse des Kindes* zu seinem gesetzlichen Vertreter in erheblichem Gegensatz steht. Bei der Auswahl des Verfahrensbeistands ist dieser nur dann persönlich geeignet nach § 158a Abs. 2 FamFG, wenn er die Gewähr bietet, die *Interessen des Kindes* wahrzunehmen. Das *Interesse des Kindes* festzustellen und im gerichtlichen Verfahren zur Geltung zu bringen, ist nach § 158b Abs. 1 FamFG die Aufgabe des Verfahrensbeistands. Dafür kann er nach § 158b Abs. 3 S. 2 FamFG Rechtsmittel im *Interesse des Kindes* einlegen. Schließlich ist die Bestellung durch das Gericht nach § 158 Abs. 4 S. 1 Nr. 2 FamFG aufzuheben, wenn die Fortführung die *Interessen des Kindes* gefährden würde.

Für die Beantwortung der im Folgenden zu untersuchenden Forschungsfragen ist daher zunächst der Begriff des Interesses zu definieren. Dieser wird vom Gesetz nicht näher beschrieben oder definiert.[280]

Anerkannt ist insoweit, dass Aufgabe des Verfahrensbeistands ist, sowohl das subjektive als auch das objektive Interesse des Kindes zu vertreten.[281] Unter dem subjektiven Interesse wird der Wille des Kindes und unter dem objektiven Interesse das Wohl des Kindes verstanden.[282] Wie diese beiden Begriffe wiederum zu definieren sind und in welchem Verhältnis sie zueinander allgemein und bei der Aufgabenerfüllung des Verfahrensbeistands stehen, ist nicht immer eindeutig und soll im Folgenden näher beleuchtet werden.

---

280 *Dettenborn/E. Walter*, Familienrechtspsychologie, 2016, S. 446.

281 Allg. Meinung, vgl. nur *Dettenborn/E. Walter*, Familienrechtspsychologie, 2016, S. 446; Prütting/Helms/*S. Hammer*, 6. Aufl. (2022), § 158b FamFG, Rn. 4; Dutta/Jacoby/D. Schwab/*Lack*, 4. Aufl. (2021), § 158b FamFG, Rn. 5; zur Debatte um die Auslegung zu Beginn der Verfahrensbeistandschaft ausführlich *M. Zitelmann*, Kindeswohl und Kindeswille im Spannungsfeld von Recht und Pädagogik, 2001, S. 25–27; *Ahlert*, Der Verfahrensbeistand nach § 158 FamFG, 2010, S. 120 ff.

282 BT-Drs. 16/6308, 239; kritisch zu der Gleichsetzung vom objektiven Interesse und Kindeswohl *Oldenburger*, Kindeswohl im Recht, 2018, S. 180.

a) Kindeswohl

Das Kindeswohl ist der zentrale Begriff im kindschaftsrechtlichen Verfahren. Es ist nach Meinung des BVerfG die oberste Richtschnur der elterlichen Pflege und Erziehung.[283] Auf der anderen Seite legitimiert es staatliche Eingriffe in die Familie im Rahmen des staatlichen Wächteramts.[284] Es ist dabei nicht nur Entscheidungsmaßstab, sondern zugleich Verfahrensrichtlinie und rechtspolitischer Gestaltungsauftrag.[285]

Umso mehr erstaunt es, dass es in seiner Definition jedenfalls gesetzlich unscharf verbleibt.[286] Es handelt sich dabei um eine Generalklausel.[287] Dabei kann und soll keine eigene Definition erarbeitet werden. Dies ist an anderer Stelle schon ausführlich versucht worden.[288] Teilweise wird die Möglichkeit einer Definition gänzlich in Abrede gestellt.[289] Vielmehr soll sich hier unter Heranziehung verschiedener Definitionsversuche aus der Rechtswissenschaft und angrenzenden Fachrichtungen, der dieser Arbeit zugrunde zu legende Definition genähert werden und dadurch aufgezeigt werden, was als Teil des Kindeswohls vom Verfahrensbeistand zu ermitteln und in das Verfahren einzubringen ist.

---

283 *BVerfGE* 72, 121, 139 f.

284 vgl. §§ 1666,1666a, 1671 Abs. 2, 1684 BGB.

285 *Balloff*, Kinder vor dem Familiengericht, 2022, I, 4.1; *A. Schmidt/Westhoff*, Kindeswohl interdisziplinär, 2020, S. 26–28.

286 Kritisch zu dieser definitorischen Unschärfe *Dettenborn/E. Walter*, Familienrechtspsychologie, 2016, S. 69; *van Graf-Kesteren*, Kindgerechte Justiz, 2015, S. 13; dies ist keine neue Feststellung, vielmehr wird dies schon seit vielen Jahrzenten kritisiert. vgl. *Coester*, Das Kindeswohl als Rechtsbegriff, 1983, S. 1–3 m.w.N; das *Bundesministerium der Justiz* strebte daher in der vergangenen Legislaturperiode eine gesetzliche Konturierung an, vgl. *Bundesministerium der Justiz*, Eckpunkte des Bundesministeriums der Justiz für eine Reform des Kindschaftsrechts, 16.01.2024, S. 12.

287 *Pheiler-Cox*, jM, 2016, 310; *A. Schmidt/Westhoff*, Kindeswohl interdisziplinär, 2020, S. 25.

288 *Dettenborn*, Kindeswohl und Kindeswille, 2021; *Rassek*, Begriff und Bestimmung des Kindeswohls als Maßstab bei der Sorgerechtsregelung nach §§ 1671, 1672 BGB, 1983; *Koechel*, Kindeswohl im gerichtlichen Verfahren, 1995; *Coester*, Das Kindeswohl als Rechtsbegriff, 1983; *M. Zitelmann*, Kindeswohl und Kindeswille im Spannungsfeld von Recht und Pädagogik, 2001; siehe die Aufzählung bei *A. Schmidt/Westhoff*, Kindeswohl interdisziplinär, 2020, S. 29–33.

289 *Schone*, in: *Münder* (Hrsg.), Kindeswohl zwischen Jugendhilfe und Justiz, S. 17.

Nach *Dettenborn* wird das Kindeswohl aus familienrechtspsychologischer Sicht als

> die für die Persönlichkeitsentwicklung eines Kindes oder Jugendlichen günstige Relation zwischen seiner Bedürfnislage und seinen Lebensbedingungen verstanden. Bedürfnisse werden im Sinne von postulierten bzw. zugeschriebenen, insofern „objektiven" Entwicklungserfordernissen, also mehr im Sinne von Bedarf, verstanden [...]. Als „günstig" wird verstanden, wenn die Lebensbedingungen die Befriedigung der Bedürfnisse insoweit ermöglichen, dass die sozialen und altersgemäßen Durchschnittserwartungen an körperliche, seelische und geistige Entwicklung erfüllt werden, aber auch die individuellen Entwicklungsanforderungen eines konkreten Kindes berücksichtigen.[290]

Aus Sicht der Jugendhilfe entspricht es etwa dem Kindeswohl, wenn dadurch die Entwicklung des Kindes zu einer eigenverantwortlichen und gemeinschaftsfähigen Persönlichkeit gefördert wird.[291]

Aus der Perspektive der sozialen Arbeit ist nach *Maywald* „ein am Kindeswohl ausgerichtetes Handeln [...] dasjenige, welches die an den Grundrechten und Grundbedürfnissen von Kindern orientierte, für das Kind jeweils günstigste Handlungsalternative wählt."[292]

Es geht hier also immer darum, die objektiven Bedürfnisse des Kindes bestmöglich zu erfüllen. Dabei zeigt sich, dass die relevanten Kriterien immer situationsabhängig bestimmt werden müssen.

Daher kann ferner eine juristische Definition immer nur vor dem Hintergrund des Verfahrens erfolgen, in dem das Kindeswohl als Entscheidungsmaßstab und Verfahrensrichtlinie herangezogen werden soll.[293] Dabei sind sowohl rechtliche als auch außerrechtliche Maßstäbe von Bedeutung.[294] Die Bestimmung des Kindeswohls ist dabei stetigem Wandel unterworfen und von den aktuellen Vorstellungen in der Gesellschaft geprägt.[295] Der Begriff

---

290 *Dettenborn/E. Walter*, Familienrechtspsychologie, 2016, S. 70 f.; ähnlich auch *Rösler*, Die Verfahrensbeistandschaft, 2014, S. 37.

291 So auch *Pheiler-Cox*, jM, 2016, 310, 315.

292 *Maywald*, IzKK-Nachrichten, 2009, 16, 19.

293 *Pheiler-Cox*, jM, 2016, 310, 315.

294 *Höynck/Haug*, in: *Marthaler/Bastian/Bode et al.* (Hrsg.), Rationalitäten des Kinderschutzes, S. 25.

295 *Höynck/Haug*, in: *Marthaler/Bastian/Bode et al.* (Hrsg.), Rationalitäten des Kinderschutzes, S. 40; *Pheiler-Cox*, jM, 2016, 310, 311; *Schone*, in: *Münder* (Hrsg.), Kindeswohl zwischen Jugendhilfe und Justiz, S. 17.

lässt sich in rechtlicher Hinsicht also am ehesten anhand des Kontextes bestimmen, in dem er gebraucht wird. Im Familienrecht daher vor allem anhand der kindschaftsrechtlichen Bestimmungen und dem Grundgesetz.[296] Oberstes Ziel, dass bei der Bestimmung desjenigen, dass dem Kindeswohl dient, beachtet werden muss, ist das Erziehungsziel aus Art. 6 Abs. 2 GG, wonach das Kind sich zu einer „eigenverantwortlichen und gemeinschaftsfähigen Persönlichkeit entwickeln“[297] soll.

Aus einzelnen kindschaftsrechtlichen Vorschriften lassen sich dabei zudem weitere Kriterien extrahieren, welche jedenfalls aus rechtlicher Sicht zur Bewertung des Kindeswohls maßgeblich sein soll, wie §§ 1626, 1627, 1684, 1685 und 1697a BGB.[298]

Daraus soll nach *Zitelmann* die Kriterien der „Kontinuität und Stabilität von Erziehungsverhältnissen; die Beachtung der Bindungen des Kindes, die individuelle Förderung des Kindes, die Achtung seiner Selbstbestimmungsfähigkeit und der Umgang mit beiden Elternteilen“[299] zur Beurteilung des Kindeswohls herangezogen werden.[300]

Dem soll sich für die folgende Bearbeitung angeschlossen werden. Der Verfahrensbeistand muss also zur Bestimmung des Kindeswohls als objektives Interesse unter Berücksichtigung der Kriterien der Kontinuität und Stabilität von Erziehungsverhältnissen, die Beachtung der Bindung des Kindes, die individuelle Förderung des Kindes, die Achtung seiner Selbstbestimmungsfähigkeit und den Umgang mit beiden Elternteilen in Hinblick auf das Kind in der konkreten Situation so ausfüllen, dass ein Heranwachsen des Kindes zu einer eigenverantwortlichen und gemeinschaftsfähigen Persönlichkeit ermöglicht wird.

---

296 *Höynck/Haug*, in: *Marthaler/Bastian/Bode et al.* (Hrsg.), Rationalitäten des Kinderschutzes, S. 26.

297 *BVerfG*, Beschluss v. 27.06.2008 – 1 BvR 311/08, FamRZ 2008, 1737, 1738.

298 Ausführlich dazu *Höynck/Haug*, in: *Marthaler/Bastian/Bode et al.* (Hrsg.), Rationalitäten des Kinderschutzes, S. 26–29; *A. Schmidt/Westhoff*, Kindeswohl interdisziplinär, 2020, S. 34.

299 *M. Zitelmann*, in: *Salgo/Lack* (Hrsg.), Verfahrensbeistandschaft, Rn. 746.

300 Ähnlich auch *Coester*, Das Kindeswohl als Rechtsbegriff, 1983, S. 176–183, der vor allem Kontinuität, Stabilität der Erziehungsverhältnisse, die inneren Bindungen des Kindes und die Beziehung zu beiden Eltern als zentrale Kriterien benennt.

b) Kindeswille

Weitaus klarer als das Kindeswohl scheint dagegen die Bestimmung des Kindeswillens.

Der Kindeswille ist Ausdruck des Selbstbestimmungsrechts des Kindes.[301]

Als solcher wird der Kindeswille überwiegend als „die altersgemäß stabile und autonome Ausrichtung des Kindes auf erstrebte, persönlich bedeutsame Ziele verstanden"[302]. Er enthält also die Merkmale einer Zielorientierung, Intensität, Stabilität und Autonomie.

Eine Altersgrenze, ab der ein Wille gebildet werden kann, kann dabei nicht gezogen werden. Gleichwohl erfahren Kinder ab dem 3. Jahr in der Regel einen gewissen Sprung im Neuerwerb psychischer Kompetenzen, die Voraussetzung zur Willensbildung sind.[303] Daher kann jedenfalls ab diesem Alter von der Fähigkeit zur Bildung eines stabilen Willens ausgegangen werden.[304]

Dieser Wille des Kindes muss vom Verfahrensbeistand als subjektives Interesse erhoben und in das Verfahren eingebracht bzw. bei der Bestimmung des Interesses beachtet werden.

Probleme im Bereich des Kindeswillens ergeben sich eher bei der Frage der Beachtlichkeit des Willens. So wird in der Rechtsprechung und Literatur häufig versucht, erhöhte Anforderungen an den Willen zu stellen oder dessen Beachtlichkeit aus anderen Gründen auszuschließen.[305] Dabei zeigen schon die Diskussionen bei *Coester*, dass sich die Debatte in den letzten 40 Jahren kaum weiterentwickelt hat.[306]

Die selbst heute noch in der Rechtsprechung vertretene Annahme, dass unterhalb einer Altersgrenze von zwölf Jahren dem Willen keine Bedeutung

---

[301] *BVerfG*, Beschluss v. 17.11.2023 – 1 BvR 1076/23, FamRZ 2024, 278, 280; Beschluss v. 17.09.2016 – 1 BvR 1547/16, FamRZ 2016, 1917–1922, 1918; Beschluss v. 18.05.2009 – 1 BvR 142/09, FamRZ 2009, 1389; *Coester*, Das Kindeswohl als Rechtsbegriff, 1983, S. 269.

[302] *Dettenborn*, Kindeswohl und Kindeswille, 2021, S. 64; diese Definition übernehmend auch *Balloff*, ZKJ, 2022, 140.

[303] Vgl. die Auflistung bei *Dettenborn*, Kindeswohl und Kindeswille, 2021, S. 72 ff.

[304] *Balloff*, ZKJ, 2021, 11, 17; *Maywald*, FPR, 2010, 460, 461.

[305] Siehe die Beispiele bei *Dettenborn*, Kindeswohl und Kindeswille, 2021, S. 80 f.

[306] Auch dort geht es vor allem um die Versuche der Rechtsprechung und Literatur, die Beachtlichkeit des Willens zu untergraben, vgl. *Coester*, Das Kindeswohl als Rechtsbegriff, 1983, S. 261–266.

zugesprochen werden könnte, ist nach den aufgezeigten wissenschaftlichen Erkenntnissen nicht tragbar.[307]

Auch die Hürde, dass der Willen rational nachvollziehbar sein muss, damit er beachtlich ist, wird immer noch vertreten, kann aber nicht überzeugen.[308] Vielmehr ist eine solche Beurteilung schon deshalb nicht möglich, da nur eine subjektive Überzeugung (die des Kindes) mit einer anderen subjektiven Überzeugung (die des Gerichts) ersetzt wird.[309]

Ein besonderes Problem stellen dabei vermeintliche Beeinflussungen von Dritten dar. Teilweise wird angenommen, dass dieser „manipulierte"[310] Wille kein eigener Wille des Kindes sei und deswegen nicht bei der gerichtlichen Entscheidung berücksichtigt werden müsse.[311] Dies verkennt aber, dass durch die Manipulation beim Kind eine neue Realität entsteht. Der beeinflusste Wille wird dadurch zum wahren Willen des Kindes.[312] Er muss als solcher beachtet werden.[313]

Daher können neben den aufgezeigten familienrechtspsychologischen Kriterien keine weiteren herangezogen werden, um das Bestehen eines beachtlichen Willens zu determinieren.[314]

---

[307] So aber *OLG Brandenburg*, Beschluss v. 08.01.2018 – 10 UF 21/17, Rn. 27, der Senat versucht dabei auch gar nicht, sich auf wissenschaftliche Erkenntnisse zu stützen, sondern begründet dies mit der „Erfahrung des Senats"; eine Grenze bei etwa 11–13 Jahren ziehend auch *Burschel*, NZFam, 2015, 623; wie hier dagegen *Schäder*, FamRZ, 2019, 1120, 1121 f.; *Coester*, Das Kindeswohl als Rechtsbegriff, 1983, S. 279.

[308] So aber *OLG Saarbrücken*, Beschluss v. 25.08.2014 – 6 UF 64/14, NZFam 2015, 44; *Burschel*, NZFam, 2015, 623; wie hier dagegen *Schäder*, FamRZ, 2019, 1120, 623; *Coester*, Das Kindeswohl als Rechtsbegriff, 1983, S. 280.

[309] *Schäder*, FamRZ, 2019, 1120, 1122; passend insoweit *Coester*, Das Kindeswohl als Rechtsbegriff, 1983, S. 280, der feststellt, dass man sonst das Kind nur „an der Konkretisierung eines objektiv verstandenen Kindeswohls beteiligen [würde]".

[310] Bei *Dettenborn*, Kindeswohl und Kindeswille, 2021, S. 93, wird dieser als *induzierter* Wille benannt.

[311] So auch *OLG Brandenburg*, Beschluss v. 08.01.2018 – 10 UF 21/17, Rn. 27; Prütting/Helms/*S. Hammer*, 6. Aufl. (2022), § 158 FamFG, Rn. 48.

[312] *Dettenborn*, Kindeswohl und Kindeswille, 2021, S. 97 f.; so auch *Coester*, Das Kindeswohl als Rechtsbegriff, 1983, S. 265 f.

[313] So auch *BVerfG*, Beschluss v. 17.09.2016 – 1 BvR 1547/16, FamRZ 2016, 1917–1922, 1918; *Coester*, Das Kindeswohl als Rechtsbegriff, 1983, S. 266; *Schäder*, FamRZ, 2019, 1120, 1122.

[314] Erkennbar hat auch das BVerfG diese Kriterien zur Beurteilung des Willens herangezogen, vgl. *BVerfG*, Beschluss v. 29.11.2012 – 1 BvR 335/12, FamRZ 2013, 361, 363;

Eine Grenze der Beachtlichkeit wird jedoch von *Schäder* bei dem selbstgefährdenden Willen gezogen.[315] Eine solche Grenzziehung ist kritisch zu sehen, weil dieser gleichermaßen der paternalistische Grundgedanke zugrunde liegt, besser als das Kind einschätzen zu können, was es gefährden würde. Die Berücksichtigung kindeswohlschädlicher Folgen ist vielmehr auf der Ebene der Ermittlung des Kindesinteresses zu berücksichtigen und daher von der bloßen Feststellung des Kindeswillens zu trennen.

Vielmehr muss auch dieser als bestehender Wille grundsätzlich respektiert werden. Eine andere Frage ist es nämlich, welche Folge dieser Wille hat. Bloß weil ein Wille im Verfahren Beachtung findet, bedeutet es noch nicht, dass diesem gefolgt werden muss. Der Wille des Kindes als subjektives Interesse steht vielmehr in einer Wechselbeziehung zum Wohl des Kindes als objektives Interesse und bestimmt im Zusammenspiel das Interesse des Kindes. So ist wohl auch das BVerfG zu verstehen, wenn es konstatiert, dass der Wille des Kindes zu berücksichtigen sei, „soweit das mit seinem Wohl vereinbar ist“[316]. Schon die Beschränkung durch „soweit“ zeigt, dass es dabei nicht um die Beachtlichkeit auf erster Stufe geht, sondern vielmehr um die Frage, inwieweit dieser Wille verwirklicht werden kann. Auf erster Stufe ist ein selbstgefährdender Wille gleichermaßen zu berücksichtigen.[317]

c) Gewichtung von Kindeswille und Kindeswohl

Das Interesse des Kindes ist also die Zusammenschau von Kindeswille und Kindeswohl als subjektives und objektives Interesse. Dabei ist aber vor allem entscheidend, wie beide im Verhältnis zueinander gewichtet werden. Je nach Gewichtung kann dieselbe Situation zu einer unterschiedlichen Bestimmung dessen führen, was im Interesse des Kindes liegt. Während bei der Stellungnahme Kindeswille und Kindeswohl getrennt voneinander kundgetan werden können und dann die Bestimmung des Interesses vor allem durch das

---

Schäder, FamRZ, 2019, 1120, 1122; *AG Mainz*, Beschluss v. 09.03.2021 – 31 F 8/21, FamRZ 2021, 1711, 1712.

[315] *Schäder*, FamRZ, 2019, 1120, 1122; *AG Mainz*, Beschluss v. 09.03.2021 – 31 F 8/21, FamRZ 2021, 1711, 1712.

[316] *BVerfG*, Beschluss v. 08.03.2005, FamRZ 2005, 1057, 1058.

[317] Ähnlich auch *Ahlert*, Der Verfahrensbeistand nach § 158 FamFG, 2010, S. 63 f.

Gericht erfolgt,[318] ist die Gewichtung für den Verfahrensbeistand beispielsweise bei der Einlegung von Rechtsmitteln von Relevanz. Dort kann eine getrennte Beachtung von Wille und Wohl nicht erfolgen. Die Einlegung des Rechtsmittels hat vielmehr dann zu erfolgen, wenn sie im Interesse des Kindes liegt.[319] Es ist also hier gerade primäre Aufgabe des Verfahrensbeistands, das Interesse des Kindes gemeinsam zu bestimmen, um über die Einlegung von Rechtsmitteln zu entscheiden.

Auch wenn meist Kindeswohl und Kindeswille zumindest in ihrer Grundausrichtung gleichgerichtet sind, können diese genauso konträr zueinander sein.[320]

Dieser Kindeswille ist dann mit dem Kindeswohl zur Bestimmung des Interesses abzuwägen. Diese Abwägung kann dann ebenso dazu führen, dass ein Verhalten im Interesse des Kindes liegt, das konträr zum erklärten Willen des Kindes steht. Es gibt also keinen generellen Vorrang von Kindeswohl über Kindeswille oder einen Vorrang des Kindeswillens über dem Kindeswohl. Es gibt auch ein Kindeswohl gegen den Kindeswillen.[321] Daneben kann aber gleichzeitig die Verweigerung des Kindeswillens seinerseits dem Kindeswohl schaden.[322] Es handelt sich somit um zwei Seiten derselben Medaille. Im Rahmen der Abwägung müssen also zum einen die Gefahren betrachtet werden, die aus einer Befolgung des Kindeswillens für das Kind folgen können, genauso wie die Gefahren, die daraus erfolgen, dass dem Kindeswillen nicht gefolgt wird, wie die Herabsetzung des Selbstwertgefühls. Beide Seiten sind in die Prüfung des Interesses mit einzustellen.[323]

Entscheidend für das Ergebnis dieses Abwägungsprozesses ist, welchen Stellenwert Wohl und Wille zueinander haben.

Auch hier muss man aber davon zurückschrecken, dem Willen je nach „Qualität" eine geringere Bedeutung zu zumessen. Man könnte geneigt sein,

---

318 Eine getrennte Einbringung von Wohl und Wille befürwortend auch *Rösler*, Die Verfahrensbeistandschaft, 2014, S. 190 f.

319 Zur Bedeutung des Interesses in diesem Kontext unten, B. II. 5. a) cc).

320 Dies betonend auch *Coester-Waltjen*, FS Dose, S. 65, 70.

321 Wie hier auch *Dettenborn*, Kindeswohl und Kindeswille, 2021, S. 82.

322 So auch *BVerfG*, Beschluss v. 17.09.2016 – 1 BvR 1547/16, FamRZ 2016, 1917–1922, 1918.

323 Dazu mit einem Beispiel auch *Dettenborn*, Kindeswohl und Kindeswille, 2021, S. 84 f.; *Ahlert*, Der Verfahrensbeistand nach § 158 FamFG, 2010, S. 63 f.

einen beeinflussten oder „unvernünftigen“ Kindeswillen weniger stark in die Beurteilung einzustellen als einen unbeeinflussten und nach objektiven Maßstäben „vernünftigen“ Kindeswillen. Wie gezeigt ist aber auch dieser Wille beachtlich.[324] Eine solche Ansicht zeugt zudem von einer Grundhaltung, die dem Kindeswillen eine vermeintlich objektive Bewertung aufstülpen will. In gleicher Weise muss daher der „unvernünftige“ Wille in die Ermittlung einbezogen werden, solange das Kind zu einem eigenverantwortlichen Willen fähig ist.

Es ließe sich daher zunächst annehmen, dass Kindeswohl und Kindeswille stets gleich stark in die Bestimmung des Interesses einfließen müssen. Dies würde aber wohl der wachsenden Selbstbestimmungsfähigkeit des Kindes nicht gerecht.[325]

Mit Erlangung der Selbstbestimmungsfähigkeit erlangt das Kind die Fähigkeit, eigenverantwortliche Entscheidungen zu treffen. Damit wird gleichzeitig das Elternrecht zurückgedrängt.[326] Daraus folgt aber auch, dass das Wächteramt des Staates, zu dessen Wahrung der Verfahrensbeistand tätig wird und das seine Berechtigung seinerseits vom Elternrecht ableitet, in gleicher Weise zurückgedrängt wird.[327] Kurz gesagt: Das Kind muss mit wachsender Selbstbestimmungsfähigkeit immer mehr wie ein Erwachsener behandelt werden. Bei diesen sind Handlungen zu ihrem Wohl und entgegen ihrem Willen nur in engen Grenzen und nur soweit möglich, wie ihnen die Selbstbestimmungsfähigkeit fehlt.[328] Der Staat darf daher mit steigender Selbstbestimmungsfähigkeit des Kindes immer weniger zum Schutz des Kindes

---

[324] Dazu soeben, B. II. 1. b).

[325] *J. Klein*, in: *Scheiwe/Schröer/Wapler et al.* (Hrsg.), Rechtsdurchsetzung, Implementationsdefizite und Rechtsverwirklichung in der Kinder- und Jugendhilfe, S. 133, 133; auch *Coester-Waltjen*, FS Dose, S. 65, 70, 73 betont, dass die Verpflichtung des Verfahrensbeistands auf das Kindeswohl einen paternalistischen Charakter hat Zur Notwendigkeit der Berücksichtigung der Selbstbestimmungsfähigkeit schon oben, B. I. 4. b).

[326] *BVerfGE* 59, 360, 387; *BVerfG*, Beschluss v. 18.06.1986 – 1 BvR 857/85, FamRZ 1986, 871, 874; Jarass/Pieroth/*Jarass*, 18. Aufl. (2024), Art. 6, Rn. 51; *Jestaedt*, in: *Dagmar Coester-Waltjen/Volker Lipp/Philipp M. Reuß et al.* (Hrsg.), Kindgerechte Verfahren – Anspruch und Wirklichkeit in Kindschaftssachen, S. 15, 23.

[327] Ähnlich auch *Coester*, Das Kindeswohl als Rechtsbegriff, 1983, S. 281: „In der Sache weicht die richterliche Kompetenz zunehmend der kindlichen Bestimmung“.

[328] Dazu *Sachsen Gessaphe*, Der Betreuer als gesetzlicher Vertreter für eingeschränkt Selbstbestimmungsfähige, 1999, S. 54 f.; *Münch*, FS Ipsen, S. 113, 124.

tätig werden.[329] Damit wächst das Recht des Kindes zu „unvernünftigen" Entscheidungen, wie es in gleicher Weise Erwachsenen zusteht.[330] Dies ist ein fließender Prozess, die Selbstbestimmungsfähigkeit besteht nicht von heute auf morgen ganz und vollkommen.[331] Daran muss sich die Interessenvertretung des Kindes messen lassen.

Dem entspricht es, wenn das Kindeswohl bei der Ermittlung des Interesses mit wachsender Selbstbestimmungsfähigkeit an Bedeutung verliert. Daher ist es angemessen, dem Kindeswillen mit wachsendem Alter eine wachsende Bedeutung bei der Bestimmung des Interesses zukommen zulassen.[332] Je größer die Selbstbestimmungsfähigkeit des Kindes, desto größer die Bedeutung des Willens bei der Bestimmung des Interesses.

Dies hat zudem Folgen für die Wahrnehmung der Aufgaben des Verfahrensbeistands. Mit zunehmendem Alter des Kindes wandelt sich diese von der vornehmlichen Wahrnehmung der objektiven Interessen hin zu einer überwiegenden Unterstützung des kindlichen Willens als subjektivem Interesse.[333]

2. Die verfahrensrechtliche Stellung des Kindes

Um das Verhältnis von Verfahrensbeistand und Kind aus verfahrensrechtlicher Perspektive zu definieren, ist zunächst herauszuarbeiten, welche Stellung Kind und Verfahrensbeistand jeweils im kindschaftsrechtlichen Verfahren zukommt. Dabei ist zwischen der Beteiligten- und Verfahrensfähigkeit zu unterscheiden.

In Fällen, in denen ein Kind zwar beteiligtenfähig ist, aber nicht verfahrensfähig, handeln nach § 9 Abs. 2 FamFG seine gesetzlichen Vertreter als

---

329 Vgl. dazu auch *Coester*, Das Kindeswohl als Rechtsbegriff, 1983, S. 268.

330 *BVerfG*, Beschluss v. 21.12.2011 – 1 BvR 2007/10, NJW 2012, 1062, 1064 Rn. 33; dies gilt bei bestehender Selbstbestimmungsfähigkeit selbst beim Suizid, vgl. Sachs/*Rixen*, 10. Aufl. (2024), Art. 2 GG, Rn. 211.

331 So in Bezug auf medizinische Entscheidungen des Kindes auch Münch/Kunig/*Heiderhoff*, 8. Aufl. (2025), Art. 6 GG, Rn. 174.

332 Ähnlich zur Gewichtung von Kindeswille und Kindeswohl bei der gerichtlichen Entscheidung auch *J. Klein*, in: *Scheiwe/Schröer/Wapler et al.* (Hrsg.), Rechtsdurchsetzung, Implementationsdefizite und Rechtsverwirklichung in der Kinder- und Jugendhilfe, S. 133, 138; *Coester*, Das Kindeswohl als Rechtsbegriff, 1983, S. 281; *Ahlert*, Der Verfahrensbeistand nach § 158 FamFG, 2010, S. 62 f.

333 *J. Klein*, in: *Scheiwe/Schröer/Wapler et al.* (Hrsg.), Rechtsdurchsetzung, Implementationsdefizite und Rechtsverwirklichung in der Kinder- und Jugendhilfe, S. 133, 141

die „nach bürgerlichem Recht dazu befugten Personen“ im Verfahren. Da die gesetzlichen Vertreter in Kindschaftsverfahren aber häufig widerstreitende Interessen haben, bedarf es einer dritten Person, die die Interessen des Kindes vertritt, um dessen Subjektstellung im Verfahren zu wahren.[334] Dies ist der Standardfall, den der Gesetzgeber bei der Schaffung des Verfahrensbeistands im Blick hatte.[335] Durch die Ausdehnung der Fälle, in denen ein Verfahrensbeistand bestellt wird, und den Fällen, in denen ein Kind selbst verfahrensfähig werden kann, kommt es jedoch immer häufiger zu dem Fall, dass ein verfahrensfähiges Kind und Verfahrensbeistand aufeinandertreffen. Dieser Fall wurde bei Schaffung des Verfahrensbeistands nicht bedacht.[336] Um zu erkennen, welche Auswirkungen dieses Nebeneinander von verfahrensfähigem Kind und Verfahrensbeistand für die Rechtsstellungen beider hat, soll hier anhand der Verfahren, in denen nach § 158 Abs. 2, 3 FamFG ein Verfahrensbeistand bestellt wird, zunächst die dafür relevanten Fälle erhoben werden. Danach soll betrachtet werden, welche konkreten Folgen mit der Verfahrensfähigkeit des Kindes für dieses einhergehen, seien es Rechte, aber auch Pflichten. Anhand dessen soll schließlich geprüft werden, welche Folgen die Verfahrensfähigkeit des Kindes für die Aufgaben des Verfahrensbeistands als auch die Entscheidung des Gerichts über die Bestellung des Verfahrensbeistands und Aufhebung selbiger hat.

a) Beteiligtenstellung des Kindes

Das FamFG unterscheidet anders als andere Verfahrensordnungen zwischen Beteiligtenfähigkeit und Verfahrensfähigkeit, mit denen jeweils eigene Rechte und Pflichten im Verfahren einhergehen. Beides ist jedenfalls nur dann relevant, wenn das Kind überhaupt Beteiligter im Verfahren ist.

---

[334] *BVerfGE* 55, 171, 179; dies ist auch deshalb notwendig, weil das Verschulden der Eltern dem Kind nach § 9 Abs. 4 FamFG zugerechnet wird, sodass Fehler in der Vertretung zu Lasten des Kindes wirken, vgl. dazu auch *Schauberger*, Die Partizipation Minderjähriger im Verfahren der freiwilligen Gerichtsbarkeit, 2015, S. 41.

[335] BT-Drs. 13/4899, 129 f.

[336] So war bei der Einführung der Verfahrensbeistandschaft zunächst noch ein Antragsrecht des 14-jährigen Kindes auf Bestellung eines Verfahrensbeistands vorgesehen, vgl. BT-Drs. 16/6308, 238; dieses wurde aber mit Verweis auf die Erweiterung der Verfahrensfähigkeit und das Aufgabenprofil des Verfahrensbeistands, dass „auf die Wahrnehmung der Interessen jüngerer Kinder zugeschnitten [sei]“ wieder gestrichen, vgl. BT-Drs. 16/9733, 294.

Das Kind ist als Muss-Beteiligter dem Verfahren hinzuzuziehen. Dabei kommt sowohl eine Beteiligtenstellung kraft Antragstellung nach § 7 Abs. 1 FamFG in Betracht, meist wird sich seine Beteiligtenstellung aber aus § 7 Abs. 2 Nr. 1 FamFG ergeben, da sein Recht durch das Kindschaftsverfahren stets unmittelbar betroffen ist.[337] Die daneben bestehende Voraussetzung der Beteiligtenfähigkeit wird bei Kindern dabei stets bestehen, da dies nach § 8 Nr. 1 FamFG jede natürlich Person ist. Aus der Beteiligtenstellung erwachsen dabei schon eigene Rechte, die nicht an die Verfahrensfähigkeit geknüpft sind.[338] Diese kann das Kind also selbst dann unabhängig von seinen gesetzlichen Vertretern wahrnehmen, wenn es – wie meist – nicht verfahrensfähig ist. Dies ist insbesondere dann für die Interessenvertretung des Kindes von Bedeutung, wenn das Kind diese Rechte gegenläufig zum Verfahrensbeistand wahrnehmen kann.

Relevant könnte hier beispielsweise § 22 Abs. 1 S. 2 FamFG sein. Danach haben die übrigen Beteiligten der Antragsrücknahme eines Beteiligten nach Erlass der Endentscheidung zuzustimmen. Dabei könnte es zumindest theoretisch zu der Situation kommen, dass Kind und Verfahrensbeistand sich gegenläufig äußern. Fraglich erscheint jedoch bereits, ob das Kind überhaupt selbst die Zustimmungserklärung abgeben kann. Dabei ist nicht eindeutig, ob dies kraft Beteiligtenfähigkeit möglich ist oder ob daneben eine Verfahrensfähigkeit oder sogar Geschäftsfähigkeit des Kindes vorliegen muss. Richtigerweise handelt es sich bei der Zustimmung zur Antragsrücknahme um eine Verfahrenshandlung,[339] sodass es zur Ausübung dieses Rechts zusätzlich der Verfahrensfähigkeit bedarf. Soweit diese beim Kind nicht vorliegt, wird dieses Recht daher nach § 9 Abs. 2 FamFG durch seine gesetzlichen Vertreter ausgeübt, sodass faktisch keine Konfliktlage zwischen der Entscheidung des Verfahrensbeistands und dem Kind, sondern vielmehr dem Verfahrensbeistand

---

337 *BGHZ* 191, 48, 51; Dutta/Jacoby/D. Schwab/*Jacoby*, 4. Aufl. (2021), § 7 FamFG, Rn. 13.2; *Schauberger*, Die Partizipation Minderjähriger im Verfahren der freiwilligen Gerichtsbarkeit, 2015, S. 37; *Rösler*, Die Verfahrensbeistandschaft, 2014, S. 108.

338 Eine Aufzählung der Beteiligtenrechte findet sich bei *Schauberger*, Die Partizipation Minderjähriger im Verfahren der freiwilligen Gerichtsbarkeit, 2015, S. 40 f.; *Rösler*, Die Verfahrensbeistandschaft, 2014, S. 112.

339 Zur Zustimmung als Verfahrenshandlung nur Prütting/Helms/*Ahn-Roth*, 6. Aufl. (2022), § 22 FamFG, Rn. 14; dafür, dass bei Verfahrenshandlungen zusätzlich die Verfahrensfähigkeit von Nöten ist auch *Schauberger*, Die Partizipation Minderjähriger im Verfahren der freiwilligen Gerichtsbarkeit, 2015, S. 40.

und den gesetzlichen Vertretern entsteht, die wohl zumeist die Erklärung für das Kind gemeinsam mit ihrer eigenen Erklärung abgeben werden. Dem Kind stehen allein aufgrund seiner Beteiligtenstellung nur solche Rechte zu, die keine Verfahrenshandlung beinhalten.[340] Es kann also beispielsweise Gerichtsakten auf der Geschäftsstelle einsehen, § 13 Abs. 1 FamFG und muss wahrheitsgemäß und vollständige Erklärungen abgeben, § 27 FamFG. Eine Konfliktlage zwischen Verfahrensbeistand und dem nur beteiligtenfähigen Kind kann daher aus verfahrensrechtlicher Sicht nicht eintreten.

b) Verfahrensfähigkeit des Kindes

Da Kinder mit Ausnahme der §§ 112, 113 BGB grundsätzlich nicht geschäftsfähig sind, kommt eine Verfahrensfähigkeit nach § 9 Abs. 1 Nr. 1, 2 FamFG in Kindschaftsverfahren in der Regel nicht in Betracht. Relevant werden hier daher insbesondere § 9 Abs. 1 Nr. 3 und Nr. 4 FamFG. Auffällig ist schon zu Beginn, dass beide nur auf über 14-jährige Kinder Anwendung finden, sodass eine Verfahrensfähigkeit des Kindes in Kindschaftssachen nur bei über 14-jährigen bestehen kann. Für unter 14-jährige Kinder kann eine Konkurrenzsituation zum Verfahrensbeistand daher nicht entstehen, da für sie nach § 9 Abs. 2 FamFG ihre gesetzlichen Vertreter handeln, sodass diese – wenngleich sehr häufigen – Fälle hier schon aus diesem Grund nicht näher betrachtet werden sollen.

Anhand der in § 9 Abs. 1 Nr. 3 und Nr. 4 FamFG bestimmten Kriterien im Abgleich mit § 158 Abs. 2, 3 FamFG werden nun zunächst die relevanten Konkurrenzfälle bestimmt, also die Fälle, in denen sowohl eine Bestellung des Verfahrensbeistands erfolgt als auch eine Verfahrensfähigkeit des Kindes eintreten kann. Dafür müssen zu Beginn die Voraussetzungen des § 9 Abs. 1 Nr. 3 FamFG näher definiert werden, die zur Verfahrensfähigkeit des Kindes führen.

aa) § 9 Abs. 1 Nr. 3 FamFG

Damit das Kind nach § 9 Abs. 1 Nr. 3 FamFG verfahrensfähig sein kann, muss es zum einen das 14. Lebensjahr vollendet haben und es müsste sich

---

[340] Dazu zählt beispielsweise die persönliche Anhörung oder die Anordnung des persönlichen Erscheinens, vgl. *Schauberger*, Die Partizipation Minderjähriger im Verfahren der freiwilligen Gerichtsbarkeit, 2015, S. 41.

zum anderen um ein Verfahren handeln, dass seine Person betrifft. Ein „Betreffen“ kann dabei grundsätzlich für alle Kindschaftsverfahren angenommen werden. Vereinzelt wurde daher vertreten, dass eine Verfahrensfähigkeit automatisch in allen von § 151 FamFG erfassten Kindschaftsverfahren bestünde.[341] Ein solches Verständnis ist aber vom Wortlaut nicht gedeckt, denn neben dem Betreffen muss das Kind zudem ein ihm zustehendes Recht aktiv geltend machen.[342] Der Wille zur aktiven Teilnahme muss also zum Ausdruck gebracht werden.[343] Es muss sich dafür um subjektive Rechte des Kindes handeln. Voraussetzung für eine Verfahrensfähigkeit nach § 9 Abs. 1 Nr. 3 FamFG ist also neben dem „Betreffen“ auch, dass dem Kind überhaupt ein subjektives Recht zusteht, dass es geltend machen kann. Die Verfahrensfähigkeit besteht darüber hinaus nur, soweit das Kind die Rechte geltend macht. Nimmt es also während des Verfahrens von der Geltendmachung Abstand, verliert es damit gleich wieder die zuvor erlangte Verfahrensfähigkeit.[344] Die Verfahrensfähigkeit nach § 9 Abs. 1 Nr. 3 FamFG ist damit vom Willen des Kindes abhängig. Insofern besteht nach überwiegender Ansicht die Verfahrensfähigkeit selbst dann nicht generell, sondern nur für die jeweils geltend gemachten Rechte.[345]

Es ist also für jedes Verfahren gesondert zu prüfen, ob ein Kind in diesem Verfahren die Voraussetzungen des § 9 Abs. 1 Nr. 3 FamFG erfüllen kann und es in diesem daher zu einer Verfahrensfähigkeit des Kindes neben der Bestellung des Verfahrensbeistands kommen kann. Gerade in Bezug auf die Voraussetzung der aktiven Geltendmachung des Rechts kommt ein

---

341 In diese Richtung auch *Krumm*, NJ, 2021, 341, 342; *OLG Brandenburg*, Beschluss v. 05.08.2021 – 13 WF 81/21, NJW-RR 2021, 1522.

342 So auch *Rake*, Anm. zu OLG Hamburg, Beschl. v. 29.12.2017 – 12 WF 111/17, FamRZ, 2018, 844, 845.

343 *BGH*, Beschluss v. 12.05.2021 – XII ZB 34/21, FamRZ 2021, 1402, 1404; *Rösler*, Die Verfahrensbeistandschaft, 2014, S. 122; Schulte-Bunert/Weinreich/*Schöpflin*, 7. Aufl. (2023), § 9 FamFG, Rn. 7; *Heiter*, FamRZ, 2009, 85, 86; kritisch *Schürmann*, in: *Coester-Waltjen/Veit/Schumann et al.* (Hrsg.), Alles zum Wohle des Kindes?, S. 231, 243; *Köhler*, ZKJ, 2018, 50, 53; *Schauberger*, Die Partizipation Minderjähriger im Verfahren der freiwilligen Gerichtsbarkeit, 2015, S. 62; *Sommer*, FPR, 2012, 375.

344 Prütting/Helms/*Prütting*, 6. Aufl. (2022), § 9 FamFG, Rn. 13; Heilmann/*Köhler*, 2. Aufl. (2020), § 9 FamFG, Rn. 6; *Heiter*, FamRZ, 2009, 85, 86.

345 Prütting/Helms/*S. Hammer*, 6. Aufl. (2022), § 151 FamFG, Rn. 58; *Heiter*, FamRZ, 2009, 85, 87; a. A. *Burghart*, FamRZ, 2019, 1029.

besonderes Problem dazu, dem sich Kinder im Kindschaftsverfahren ausgesetzt sehen.

aaa) Das Problem des Informationsdefizits

Damit ein Kind ein subjektives Recht geltend machen kann und damit eine partielle Verfahrensfähigkeit erlangen kann, muss es nämlich im ersten Schritt von diesem Recht überhaupt Kenntnis haben.[346] Dies folgt nicht zuletzt aus ihrem grundrechtlich verankerten Recht auf Information aus Art. 103 Abs. 1 GG.[347] Die Notwendigkeit der Information über das Verfahren ist eine Hürde, die beim Kind stets besteht, unabhängig davon, welches subjektive Recht es geltend machen kann.[348] Kinder sind in der Regel nicht anwaltlich vertreten,[349] sodass eine Beratung des Kindes über seine Rechte im Verfahren von dritter Seite in der Regel nicht erfolgt. Das Kind ist damit maßgeblich davon abhängig, welche Informationen ihm vom Gericht, seinen Eltern, dem Verfahrensbeistand und anderen, selbst am Verfahren beteiligten Personen zur Verfügung gestellt werden.

Das Gesetz teilt die Aufgabe der Informationserteilung nach § 158b Abs. 1 FamFG zunächst dem Verfahrensbeistand zu. Daneben soll ebenso der Richter nach § 159 Abs. 4 FamFG das Kind über „Gegenstand, Ablauf und möglichen Ausgang des Verfahrens“ informieren. Diese doppelte Aufgabenzuweisung kann zum einen die Informationserteilung sicherstellen, sie kann aber auch dazu führen, dass sich Gericht und Verfahrensbeistand diesbezüglich darauf verlassen, dass die Aufgabe vom jeweils andern übernommen wird. Sie birgt also ein erstes Risiko, dass dazu führen kann, dass dem Informationsanspruch des Kindes nicht ausreichend Rechnung getragen

---

[346] Darauf hinweisend auch *Schauberger*, Die Partizipation Minderjähriger im Verfahren der freiwilligen Gerichtsbarkeit, 2015, S. 62; *Rösler*, Die Verfahrensbeistandschaft, 2014, S. 123; darauf hinweisend auch *Kannegießer*, FamRZ, 2023, 175, 177.

[347] Vgl. dazu BeckOK GG/*Radtke*, 61. Aufl. (2025), 103 GG, Rn. 8.

[348] Das ist das grundsätzliche Problem des kindlichen Informationsdefizits, dazu auch *Schürmann*, FamFR, 2009, 153, 155, der es mit dem treffenden Satz beschreibt: „Rechte wahrnehmen kann wiederum nur derjenige, der seine Rechte kennt“.

[349] Zur Möglichkeit der Bestellung eines Anwalts durch das 14jährige Kind, B. II. 2. b) dd); dies ist aber in jedem Fall auch davon abhängig, dass eine Verfahrensfähigkeit des Kindes schon besteht und das Kind von der Möglichkeit der Beiordnung des Anwalts weiß, dazu auch schon *Menne*, ZKJ, 2009, 68, 69.

wird. Eine Informationserteilung erfolgt zudem nach der gesetzgeberischen Intention erst im Verfahren selbst.[350]

Zunächst setzt die Aufgabenverteilung an den Verfahrensbeistand aber schon voraus, dass die Frage der Bestellung des Verfahrensbeistands von der Verfahrensfähigkeit des Kindes nicht beeinflusst wird. Ein Kind, das erst im Rahmen des Verfahrens Kenntnis von seinen Rechten erlangt, kann auch erst im Verlauf des Verfahrens diese geltend machen und mithin die Verfahrensfähigkeit erlangen. Schon hier zeigt sich also, dass der Gesetzgeber die Möglichkeit, dass eine Bestellung aufgrund einer von Anfang an bestehenden Verfahrensfähigkeit des Kindes obsolet sein könnte, nicht in Betracht gezogen hat.[351]

Die Aufgabe der Information über das grundsätzliche Bestehen von subjektiven Rechten, unabhängig von einem konkreten Verfahren des Kindes, kann aber ebenso wenig Aufgabe der Gerichtsbarkeit sein, dies ist vielmehr den Jugendämtern und anderen öffentlichen Stellen vorbehalten.[352] Nicht jedes Kind hat vor dem Beginn eines kindschaftsrechtlichen Verfahrens Kontakt zum Jugendamt. Leicht zugängliche Informationen über die Rechte der Kinder, beispielsweise über das Internet[353] oder die Schule, sind daher

350 Anschaulich insoweit auch der Praxisleitfaden der Bundesregierung, vgl. *Bundesministerium für Familie, Senioren, Frauen und Jugend*, Praxisleitfaden zur Anwendung kindgerechter Kriterien für das familiengerichtliche Verfahren, S. 15, der sich bezüglich der Pflicht zur Informationserteilung explizit an Richter und Verfahrensbeistände richtet.

351 Zur Frage der Erforderlichkeit der Bestellung bei Verfahrensfähigkeit des Kindes näher unten, B. II. 3. b).

352 In diese Richtung auch *Schauberger*, Die Partizipation Minderjähriger im Verfahren der freiwilligen Gerichtsbarkeit, 2015, S. 62, die aber auch eine Betrauung des Gerichts für möglich hält.

353 So beispielsweise die Website des „Kinder-Ministeriums" *Bundesministerium für Familie, Senioren, Frauen und Jugend*, Bundesministerium für Familie, Senioren, Frauen und Jugend 2023, https://www.kinder-ministerium.de/deine-rechte, die sich aber eher an jüngere Kinder richtet; ähnlich auch *Deutsches Kinderhilfswerk e.V.*, Daran soll sich deine Richterin oder dein Richter halten, https://www.dkhw.de/fileadmin/Redaktion/1_Unsere_Arbeit/1_Schwerpunkte/2_Kinderrechte/2.19_Kindgerechte_Justiz/Broschuere_Kinderrechtsbasierte_Kriterien_final.pdf; Informationen zu spezielleren Fragen erhalten Kinder auf *Deutsches Kinderhilfswerk e.V.*, das ist kindersache, https://www.kindersache.de/bereiche/kinderrechte/antworten-zu-kinderrechten.

essentiell.[354] Positiv zu beurteilen ist vor diesem Hintergrund die Gründung von Ombudsstellen in der Kinder- und Jugendhilfe, die durch das Gesetz zur Stärkung von Kindern und Jugendlichen implementiert wurden.[355] Notwendig bleibt, dass Kinder von der Existenz dieser Stellen erfahren, um dort die notwendigen Informationen erhalten zu können.

Es zeigt sich somit, dass schon auf erster Stufe die Frage, ob ein Kind Verfahrensfähigkeit erlangen kann, maßgeblich davon abhängig ist, ob und wie viele Informationen es von Dritten über seine Rechte erhält.

Dieses über der Verfahrensfähigkeit nach § 9 Abs. 1 Nr. 3 FamFG schwelende Problem sollte daher stets mitgedacht werden, wenn es um die Frage geht, in welchen Fällen ein Kind verfahrensfähig sein kann.

bbb) § 158 Abs. 2 FamFG

Zunächst sind die Fälle der „Pflichtbestellung“ nach § 158 Abs. 2 FamFG zu betrachten. Sollte das Kind in diesen Fällen verfahrensfähig sein, tritt die Konfliktlage zwischen Kind und Verfahrensbeistand zwingend auf, da die Bestellung des Verfahrensbeistands ebenso zwingend ist.[356] Entscheidend ist daher, ob in den geregelten Verfahren den über 14-jährigen Kindern subjektive Rechte zugewiesen werden.

(1) § 158 Abs. 2 Nr. 1 FamFG

Bei Bestellungen nach § 158 Abs. 2 Nr. 1 FamFG geht es auf materieller Ebene um die teilweise oder vollständige Entziehung der Personensorge in Verfahren nach §§ 1666, 1666a BGB. §§ 1666, 1666a BGB normieren, anders als beispielsweise § 1671 BGB, jedenfalls nicht ausdrücklich ein subjektives Recht des Kindes. Das Kind hat jedoch ein subjektives Recht auf Einschreiten des Staates. Dies wird allgemein aus Art. 6 Abs. 2 S. 2 GG i.V.m. Art. 2 Abs. 1, Abs. 2 S. 1 GG, dem staatlichen Wächteramt, hergeleitet.[357] Umstritten ist,

---

[354] Informationen zu der Möglichkeit von Kindern, sich selbst an das Familiengericht zu wenden, findet man nur selten, bspw. *Bundesarbeitsgemeinschaft der Landesjugendämter/ Internationale Gesellschaft für erzieherische Hilfen* (Hrsg.), Rechte haben – Recht kriegen, S. 179 ff.

[355] Gesetz zur Stärkung von Kindern und Jugendlichen vom 03.06.2021, BGBl. Teil 1 Nr. 29.

[356] Dazu, B. II. 3. aa).

[357] Zum staatlichen Wächteramt ausführlich, B. I. 1. a).

ob ein solches verfassungsrechtliches Recht zur Herleitung eines subjektiven Rechts i. S. d. § 9 Abs. 1 Nr. 3 FamFG genügt oder ob es sich bei §§ 1666, 1666a BGB um eine einfachgesetzliche Konkretisierung dieses Verfassungsrechts handelt, das ggf. seinerseits eine Verfahrensfähigkeit nach § 9 Abs. 1 Nr. 3 FamFG auszulösen vermag. Dies ist nicht nur aus rechtlicher, sondern zugleich aus praktischer Perspektive interessant.

So ist beispielsweise die Anzahl der 14 bis 17-Jährigen, bei denen eine latente oder akute Kindeswohlgefährdung im Rahmen einer Gefährdungseinschätzung nach § 8a SGB VIII festgestellt wurde, in den vergangenen 10 Jahren um 3 Prozentpunkte gestiegen, was in absoluten Zahlen fast einer Verdoppelung der Fälle gleichkommt.[358] Da es in diesen Fällen häufig zu Verfahren nach §§ 1666, 1666a BGB kommt,[359] dürfte dessen praktische Relevanz weiter gestiegen sein und auch in Zukunft weiter steigen.

Rechtlich interessant ist diese Thematik vor allem aufgrund der letzten BGH-Entscheidung zu § 1666 BGB.[360] Der BGH erkennt hier das besondere Verhältnis zwischen dem über 14-jährigen Kind und dem Verfahrensbeistand, vermag dies aber nicht überzeugend zu würdigen. Es lohnt sich aus diesem Grund, den in Literatur und Rechtsprechung lang geführten Streit um die Frage des subjektiven Rechts des Kindes in Verfahren nach §§ 1666, 1666a BGB einmal näher zu betrachten. Dieser zeichnet ein akkurates Bild davon, welches Verständnis die Literatur und Rechtsprechung und insbesondere der BGH von der Rechtsposition des Kindes im Verfahren und dessen Verhältnis zum Verfahrensbeistand hat.

(a) Subjektive Rechte im Sinne des § 9 Abs. 1 Nr. 3 FamFG

Die wohl herrschende Meinung legt § 9 Abs. 1 Nr. 3 FamFG eng aus und sieht nur subjektive Rechte bürgerlichen Rechts erfasst. Vorschriften des öffentlichen Rechts, wie Art. 6 Abs. 2 S. 2 GG i.V.m. Art. 2 Abs. 1, Abs. 2 S. 1 GG,

---

[358] Eigene Berechnung auf Grundlage von *Statistisches Bundesamt*, Verfahren zur Einschätzung der Kindeswohlgefährdung: Deutschland, Jahre, Gefährdungseinschätzung, Geschlecht, Altersgruppen (22518–0005), abrufbar unter: https://www.destatis.de/DE/Themen/Gesellschaft-Umwelt/Soziales/Kinderschutz/Tabellen/gefaehrdung-kindeswohl.html.

[359] Schlegel/Voelzke/*Kirchhof*, 3. Aufl. (2022), § 42 SGB VIII, Rn. 120; Schlegel/Voelzke/*Kößler*, 3. Aufl. (2022), § 8a SGB VIII, Rn. 47.

[360] *BGH*, Beschluss v. 12.05.2021 – XII ZB 34/21, FamRZ 2021, 1402.

würden danach zur Begründung der Verfahrensfähigkeit nicht genügen.[361] Andere sind demgegenüber der Ansicht, dass § 9 Abs. 1 Nr. 3 FamFG weit auszulegen sei und daher Ansprüche außerhalb des BGB ebenfalls eine Verfahrensfähigkeit begründen können sollen.[362]

Die Auslegung von § 9 Abs. 1 Nr. 3 FamFG spricht für ein enges Verständnis der Norm. Dabei lassen sich bei einer Auslegung sowohl Argumente für als auch gegen eine enge Auslegung des § 9 Abs. 1 Nr. 3 FamFG finden.

(aa) Wortlaut

Einer erweiternden Auslegung steht schon entscheidend der Wortlaut der Norm entgegen. In § 9 Abs. 1 Nr. 3 FamFG heißt es, dass das Kind ein ihm „nach bürgerlichem Recht zustehendes Recht" geltend machen müsse. Darunter kann sprachlich eine verfassungsrechtliche Vorschrift nicht ohne Weiteres gefasst werden.[363] *Burghart* versteht die Formulierung indes nur als formalen Verweis, der insbesondere § 1666 BGB nicht ausschließen soll.[364] Er begründet dies aber nur damit, dass ansonsten „ein weiter Kreis typischer Kindschaftssachen"[365] ausscheide. Dies mag aufgrund der aufgezeigten statistischen Erkenntnisse zutreffend sein, kann als juristisches Argument aber nicht gelten. Eine solche Auslegung gibt auch der Wortlaut der Norm nicht her. Gleich ob er keine Erwägungen enthält, die auf eine Beschränkung nur

---

[361] *BGH*, Beschluss v. 12.05.2021 – XII ZB 34/21, FamRZ 2021, 1402, 1404; Sternal/*Sternal*, 21. Aufl. (2023), § 9 FamFG, Rn. 12; Heilmann/*Köhler*, 2. Aufl. (2020), § 9 FamFG, Rn. 5; MüKo FamFG/*Pabst*, 4. Aufl. (2025), § 9 FamFG, Rn. 6b; Prütting/Helms/*Prütting*, 6. Aufl. (2022), § 9 FamFG, Rn. 13; Prütting/Helms/*Dürbeck*, 6. Aufl. (2022), § 76 FamFG, Rn. 10b; *Heiter*, FamRZ, 2009, 85, 87; *Köhler*, ZKJ, 2018, 50, 51, 53; *Rake*, FamRZ, 2018, 844, 845; *Moelle*, ZKJ, 2020, 7, 11.

[362] *Eva Schumann*, in: *Dagmar Coester-Waltjen/Volker Lipp/Philipp M. Reuß et al.* (Hrsg.), Kindgerechte Verfahren – Anspruch und Wirklichkeit in Kindschaftssachen, S. 1, 8; kritisch dazu *Moelle*, ZKJ, 2020, 7, 11; *Wache*, NZFam, 2021, 53, 55.

[363] *BGH*, Beschluss v. 12.05.2021 – XII ZB 34/21, FamRZ 2021, 1402, 1404; *Schauberger*, Die Partizipation Minderjähriger im Verfahren der freiwilligen Gerichtsbarkeit, 2015, S. 58; Sternal/*Sternal*, 21. Aufl. (2023), § 9 FamFG, Rn. 12; Heilmann/*Köhler*, 2. Aufl. (2020), § 9 FamFG, Rn. 5; MüKo FamFG/*Pabst*, 4. Aufl. (2025), § 9 FamFG, Rn. 6b; Prütting/Helms/*Dürbeck*, 6. Aufl. (2022), § 76 FamFG, Rn. 10b; Prütting/Helms/*Prütting*, 6. Aufl. (2022), § 9 FamFG, Rn. 13; *Moelle*, ZKJ, 2020, 7, 11; *Köhler*, ZKJ, 2018, 50, 51, 53; *Rake*, FamRZ, 2018, 844, 845; *Heiter*, FamRZ, 2009, 85, 87.

[364] *Burghart*, FamRZ, 2019, 1029, 1031.

[365] *Burghart*, FamRZ, 2019, 1029, 1031.

auf kindschaftsrechtliche Verfahren hindeuten,[366] so bezieht er sich doch deutlich jedenfalls nur auf die bürgerlich-rechtlichen Normen. Eine Erweiterung auf öffentlich-rechtliche Vorschriften ist mit dem Wortlaut der Norm somit nicht vereinbar. Ein Erst-Recht-Schluss, wie ihn *Wache* vorschlägt,[367] kann eine Erweiterung auf öffentlich-rechtliche Vorschriften genauso wenig begründen. Insbesondere ist nicht erkennbar, inwieweit öffentlich-rechtliche Vorschriften ein Minus zum bürgerlichen Recht darstellen sollen.

(bb) Verfassungskonforme Auslegung des § 9 Abs. 1 Nr. 3 FamFG

Schumann schlägt daher eine verfassungskonforme Auslegung vor.[368] Dadurch könne schon ohne Gesetzesänderung eine Änderung in der Anwendung des Gesetzes herbeigeführt werden.[369] Neben der Voraussetzung, dass ansonsten die Anwendung verfassungswidrig sein müsste, darf die Auslegung aber ebenso dem gesetzgeberischen Willen und dem Wortlaut der Norm nicht zuwiderlaufen.[370] Unabhängig von der Frage, ob eine solche Auslegung verfassungsmäßig geboten wäre, steht jedenfalls der Wortlaut der Norm und der in der Gesetzesbegründung dargelegte Wille einer verfassungskonformen erweiternden Auslegung entgegen. § 9 Abs. 1 Nr. 3 FamFG ist ausweislich der Gesetzesbegründung zur Wahrung der Akzessorietät zwischen materiellem Recht und Verfahrensrecht eingeführt worden.[371] Damit sollte daher nur die verfahrensrechtliche eigenständige Durchsetzbarkeit zivilrechtlicher Mitwirkungs- und Widerspruchsrechte des über 14-jährigen Kindes gesichert werden, nicht aber eine umfassende Verfahrensfähigkeit eingeräumt werden.[372]

Eine verfassungskonforme Auslegung scheidet damit aus.

---

[366] *Burghart*, FamRZ, 2019, 1029, 1034.

[367] *Wache*, NZFam, 2021, 53, 55.

[368] *Eva Schumann*, in: *Dagmar Coester-Waltjen/Volker Lipp/Philipp M. Reuß et al.* (Hrsg.), Kindgerechte Verfahren – Anspruch und Wirklichkeit in Kindschaftssachen, S. 1, 8.

[369] So auch Dürig/Herzog/Scholz/*C. Walter*, 106. EL (Oktober 2024), Art. 93 GG, Rn. 112.

[370] *BVerfGE* 54, 277, 299; *BVerfGE* 63, 131, 147 f.; *BVerfGE* 69, 1, 55.

[371] BT-Drs. 16/9733, 288.

[372] *BGH*, Beschluss v. 12.05.2021 – XII ZB 34/21, FamRZ 2021, 1402, 1404; *OLG Frankfurt*, Beschluss v. 16.12.2020 – 4 WF 188/ 20, FamRZ 2021, 773, 775; *Prütting*, JR, 2022, 412, 418; MüKo FamFG/*Pabst*, 4. Aufl. (2025), § 9 FamFG, Rn. 6b; *Köhler*, ZKJ, 2018, 50, 52; *Schael*, FamRZ, 2009, 265, 267; *Heiter*, FamRZ, 2009, 85, 86.

(cc) Systematik

Daneben lassen sich Rückschlüsse auf die Auslegung von § 9 Abs. 1 Nr. 3 FamFG zudem aus einer systematischen Auslegung der Norm ziehen.

(aaa) § 9 FamFG

Dabei spricht die systematische Auslegung innerhalb des § 9 Abs. 1 Nr. 3 FamFG selbst für eine enge Auslegung. § 9 Abs. 1 Nr. 1 FamFG formuliert den Grundsatz, dass die Verfahrensfähigkeit an die Geschäftsfähigkeit geknüpft ist. Da § 9 Abs. 1 Nr. 3 FamFG von diesem Grundsatz abweicht, ist er als Ausnahme grundsätzlich eng auszulegen.[373]

(bbb) Vergleich mit § 59 FamFG

Vergleicht man § 9 Abs. 1 Nr. 3 FamFG mit § 59 Abs. 1 FamFG, der die Beschwerdeberechtigung regelt, so fällt auf, dass letztere Vorschrift tatbestandlich nicht auf bürgerlich-rechtliche Normen beschränkt ist, sodass hier auch öffentlich-rechtliche Vorschriften zur Begründung der Beschwerdeberechtigung herangezogen werden könnten.[374] Wäre eine solche Auslegung auch in § 9 Abs. 1 Nr. 3 FamFG gewollt gewesen, hätte auf eine Formulierung wie in § 59 FamFG zurückgegriffen werden können.[375]

(ccc) Vergleich mit § 60 FamFG

Auch der Vergleich mit § 60 FamFG lässt diesen Schluss zu. Dort findet sich wie bei § 59 FamFG keine Begrenzung auf bestimmte Rechte. Das Kind kann sein Beschwerderecht vielmehr für alle „seine Person betreffenden Angelegenheiten“ selbst ausüben. Hier wird allgemein angenommen, dass eine Begrenzung auf subjektive Rechte nicht besteht und das Kind die Beschwerdeführungsbefugnis vielmehr in allen Kindschaftssachen ausüben kann.[376] Hätte

---

[373] *BGH*, Beschluss v. 12.05.2021 – XII ZB 34/21, FamRZ 2021, 1402, 1404; *Heiter*, FamRZ, 2009, 85, 86; Kemper/K. Schreiber/*K. Schreiber*, 3. Aufl. (2015), § 9 FamFG, Rn. 9.

[374] Prütting/Helms/*Abramenko*, 6. Aufl. (2022), § 59 FamFG, Rn. 2, 6 f.; Zöller/*Feskorn*, 35. Aufl. (2024), § 59 FamFG, Rn. 3 f.; Bumiller/Harders/Schwamb/*Bumiller*, 13. Aufl. (2022), § 59 FamFG, Rn. 4 f.; MüKo FamFG/*A. Fischer*, 4. Aufl. (2025), § 59 FamFG, Rn. 11; Sternal/*Jokisch*, 21. Aufl. (2023), § 59 FamFG, Rn. 6.

[375] *BGH*, Beschluss v. 12.05.2021 – XII ZB 34/21, FamRZ 2021, 1402, 1404.

[376] Prütting/Helms/*Abramenko*, 6. Aufl. (2022), § 60 FamFG, Rn. 4; MüKo FamFG/*A. Fischer*, 4. Aufl. (2025), § 60 FamFG, Rn. 3; Dutta/Jacoby/D. Schwab/*Müther*, 4. Aufl. (2021), § 60 FamFG, Rn. 7.1; Sternal/*Jokisch*, 21. Aufl. (2023), § 60 FamFG, Rn. 6.

der Gesetzgeber eine solch weite Auslegung auch für § 9 Abs. 1 Nr. 3 FamFG gewollt, hätte er eine Formulierung wie in § 60 FamFG wählen können.

Teilweise wird daneben ein Vergleich zu § 60 FamFG insoweit bemüht, als dass § 9 Abs. 1 Nr. 3 FamFG schon deswegen eng auszulegen sei, weil es sich dabei um eine erweiternde Regelung zu § 9 Abs. 1 Nr. 1 FamFG handele, während § 60 S. 3 eine zu § 60 S. 1 FamFG einschränkende Regelung sei.[377] § 60 S. 3 FamFG ist allerdings weder besonders weit noch eng auszulegen. Daraus können daher für sich genommen keine Rückschlüsse auf die Auslegung von § 9 Abs. 1 Nr. 3 FamFG gezogen werden.

Als Argument gegen eine weite Auslegung wird zudem häufig herangezogen, dass eine solche Auslegung des § 9 Abs. 1 Nr. 3 FamFG widersprüchlich zu § 60 FamFG sei. Danach könnte eine Erweiterung auf öffentlichrechtliche subjektive Rechte bei § 9 Abs. 1 Nr. 3 FamFG dazu führen, dass die Regelung des § 60 FamFG obsolet sei, weil eine Verfahrensfähigkeit sowieso immer schon nach § 9 Abs. 1 Nr. 3 FamFG bestünde.[378] Dieses Argument kann aber nicht durchgängig überzeugen. Die weite Auslegung mag in der Tat zu Doppelungen führen. Daneben muss es sich jedoch auch weiterhin zur Begründung der Verfahrensfähigkeit nach § 9 Abs. 1 Nr. 3 FamFG um ein subjektives Recht handeln, während für § 60 FamFG eine Betroffenheit „in eigenen Angelegenheiten" ausreichend ist. § 60 FamFG hat damit auch bei weiter Auslegung des § 9 Abs. 1 Nr. 3 FamFG einen weiten eigenen Anwendungsbereich und ist keinesfalls „überflüssig".[379] Selbst bei weiter Auslegung des § 9 Abs. 1 Nr. 3 FamFG blieben noch Verfahren, in denen eine Verfahrensfähigkeit des Kindes erst über § 60 FamFG geschaffen wird.

Doppelungen sind zudem im Gesetz keine Besonderheiten. So könnte genauso innerhalb des § 9 Abs. 1 FamFG eine Verfahrensfähigkeit sowohl nach § 9 Abs. 1 Nr. 2 oder Nr. 4 FamFG als auch nach § 9 Abs. 1 Nr. 3 FamFG bestehen. Ähnliche Überschneidungen gibt es wie gezeigt bei der Regelung der Beteiligtenfähigkeit.[380] So soll die Verfahrensfähigkeit bzw. Beteiligtenstellung in allen Konstellationen sichergestellt und Regelungslücken vermieden

---

377 *Prütting*, Anm. zu BGH, Beschl. v. 12.05.2021 – XII ZB 34/21, JR, 2022, 412, 418.

378 *BGH*, Beschluss v. 12.05.2021 – XII ZB 34/21, FamRZ 2021, 1402, 1404; *Moelle*, ZKJ, 2020, 7, 12; *Schael*, FamRZ, 2009, 265, 267; a. A. *Burghart*, 2019, 1029, 1032.

379 So im Ergebnis auch *Burghart*, FamRZ, 2019, 1029, 1032.

380 Dazu, B. II. 2. a).

werden.[381] Der Vergleich mit § 60 FamFG kann daher eine enge Auslegung des § 9 Abs. 1 Nr. 3 FamFG nicht überzeugend begründen.

Ein überzeugendes Argument für die weite Auslegung des § 9 Abs. 1 Nr. 3 ist vielmehr, dass es sonst in vielen Fällen zu einer aufgespaltenen Verfahrensfähigkeit des Kindes innerhalb der Instanzen kommt, wenn Kinder erst durch die Regelung des § 60 FamFG in der Beschwerdeinstanz verfahrensfähig werden.[382]

§ 9 Abs. 1 Nr. 3 FamFG ist erst spät im Gesetzgebungsverfahren eingefügt worden, sodass einige – auch der BGH – argumentieren, dass der teilweise Widerspruch zu § 60 FamFG vom Gesetzgeber bewusst hingenommen worden sei.[383] Dies ist für sich genommen aber noch kein überzeugendes Argument. Zu welchem Zeitpunkt eine Regelung ins Gesetzgebungsverfahren eingefügt wurde, sagt nichts darüber aus, wie bewusst oder gewollt der Widerspruch war. Es könnte sich vielmehr auch um ein Versehen handeln und der teilweise Widerspruch zu § 60 FamFG vom Gesetzgeber übersehen worden sein.[384] Der Vergleich mit § 60 FamFG kann daher weder eine weite noch eine enge Auslegung des § 9 Abs. 1 Nr. 3 FamFG überzeugend begründen.

(dd) Telos des § 9 Abs. 1 Nr. 3 FamFG

Auch die teleologische Auslegung des § 9 Abs. 1 Nr. 3 FamFG steht einem erweiternden Verständnis von § 9 Abs. 1 Nr. 3 FamFG nicht entgegen. Die Erhebung der Verfahrensfähigkeit zur Voraussetzung der Beteiligung

---

381 So auch *Burghart*, FamRZ, 2019, 1029, 1032.

382 So auch *Jahani*, Die Rechtsstellung minderjähriger Kinder im familiengerichtlichen Verfahren zwischen Beteiligung und Repräsentation, 2023, S. 27 f.; kritisch auch MüKo FamFG/*A. Fischer*, 4. Aufl. (2025), § 60 FamFG, Rn. 5; *OLG Schleswig*, Beschluss v. 08.11.2018 – 8 WF 170/18, FamRZ 2019, 1700, 1701 f.; *Sommer*, FPR, 2012, 375; *Lack*, Anm. zu BGH, Beschl. v. 12.05.2021 – XII ZB 34/21, NJW, 2021, 2738.

383 *BGH*, Beschluss v. 12.05.2021 – XII ZB 34/21, FamRZ 2021, 1402, 1404; zustimmend *Prütting*, Anm. zu BGH, Beschl. v. 12.05.2021 – XII ZB 34/21, JR, 2022, 412, 418; kritisch dazu *Lack*, Anm. zu BGH, Beschl. v. 12.05.2021 – XII ZB 34/21, NJW, 2021, 2738; *OLG Schleswig*, Beschluss v. 08.11.2018 – 8 WF 170/18, FamRZ 2019, 1700, 1701 f.; *Moelle*, ZKJ, 2020, 7, 12; *Splitt*, FamRZ, 2021, 1728, 1729.

384 Kritisch zum Begründungsgehalt der Gesetzgebungsbegründung auch *Burghart*, FamRZ, 2019, 1029, 1034, der darauf hinweist, dass das Verhältnis von § 9 Abs. 1 Nr. 3 FamFG zu § 60 FamFG nicht erörtert wurde.

im Verfahren dient in erster Linie dem Schutz des Beteiligten selbst.[385] § 9 Abs. 1 Nr. 3 FamFG soll dabei nach der Gesetzesbegründung einen Gleichlauf zwischen den Rechten herstellen, die dem Kind auf materieller Ebene zustehen und der Fähigkeit, diese selbst gerichtlich geltend zu machen.[386] Damit soll der im materiellen Recht zum Ausdruck kommenden wachsenden Selbstbestimmungsfähigkeit des Kindes verfahrensrechtlich zur Geltung verholfen werden. Der Gesetzgeber erkennt damit an, dass über 14-Jährige in diesen Verfahren grundsätzlich die nötige individuelle Einsichtsfähigkeit und Verstandsreife besitzen, um die Bedeutung und Tragweite ihrer verfahrensrechtlichen Erklärungen zu begreifen. Dem steht es entgegen, wenn die Verfahrensfähigkeit auf einzelne Verfahren begrenzt wird. Gleichwohl ist anzuerkennen, dass verschiedene Verfahren aufgrund ihrer Komplexität und Belastung, mit der sie einhergehen, auch unterschiedliche Anforderungen an den Grad der Selbstbestimmungsfähigkeit stellen. So stellen gerade Verfahren nach §§ 1666, 1666a BGB die für das Kind am stärksten belastenden Verfahren dar. Daher kann hier nicht leichtfertig von einer bestehenden Selbstbestimmungsfähigkeit des Kindes ausgegangen werden.

Selbst bei einer Auslegung anhand des Zwecks der Regelung ließe sich argumentieren, dass eine Verfahrensfähigkeit nach § 9 Abs. 1 Nr. 3 FamFG in diesen Verfahren nicht bestehe.

(ee) Die Argumentation des BGH

Der BGH argumentiert bei der Auslegung des § 9 Abs. 1 Nr. 3 FamFG vor allem damit, dass eine weite Auslegung des § 9 Abs. 1 Nr. 3 FamFG, der eine Verfahrensfähigkeit des Kindes in Verfahren nach §§ 1666, 1666a BGB ermöglichen würde, zur Wahrung der Subjektstellung nicht erforderlich sei.[387] Dafür führt er verschiedene verfahrensrechtliche Vorschriften an, die nach seiner Ansicht zur Wahrung der Subjektstellung ausreichend seien. Dabei verkennt er aber – wie hier aufgezeigt werden soll – die verschiedenen Schwachstellen der einzelnen Schutzinstrumente.

---

[385] Prütting/Helms/*Prütting*, 6. Aufl. (2022), § 9 FamFG, Rn. 3.

[386] BT-Drs. 16/9733, 288.

[387] *BGH*, Beschluss v. 12.05.2021 XII ZB 34/21, FamRZ 2021, 1402, 1405.

(aaa) Wahrung der Subjektstellung durch die Bestellung

Widersprüchlich ist jedenfalls die Argumentation des BGH, wenn er eine eigene Verfahrensfähigkeit des Kindes in Fällen des §§ 1666, 1666a BGB schon deswegen ablehnt, weil in diesen Fällen sowieso eine Bestellung des Verfahrensbeistands erfolgen müsse. Dieser wahre die Grundrechte des Kindes unabhängig von der Zuerkennung der Verfahrensfähigkeit.[388] Einer ähnlichen Argumentation hatte sich schon der Gesetzgeber bei Einführung des § 9 Abs. 1 Nr. 3 FamFG bedient. Damals wurde gleichzeitig der geplante § 158 Abs. 2 Nr. 1 FamFG-E gestrichen, der in der damaligen Fassung eine Bestellung des Verfahrensbeistands auf Antrag des über 14-jährigen Kindes vorsah.[389] Der Gesetzgeber hatte dabei erkennbar die Vorstellung, dass die Ausweitung der eigenen Verfahrensfähigkeit des über 14-jährigen Kindes die Unterstützung durch einen Verfahrensbeistand entbehrlich macht.[390] Der gleichen Argumentation bedient sich daher der BGH, wenn er eine Erweiterung der Verfahrensfähigkeit deswegen für nicht notwendig hält, weil ja eine Vertretung durch den Verfahrensbeistand erfolgt. Beide halten somit die eigenständige Vertretung durch das Kind mit der Vertretung durch den Verfahrensbeistand für substituierbar. Wenngleich die Verfahrensfähigkeit wie gezeigt noch nicht zu einem vollen Übergang der Wahrnehmungsberechtigung auf das Kind führt, kann eine Erweiterung der Verfahrensfähigkeit jedenfalls nicht mit der Begründung verwehrt werden, dass es dieser aufgrund der Wahrnehmung durch den Verfahrensbeistand nicht bedarf. Dies verkennt im Kern die Bedeutung der wachsenden Selbstbestimmungsfähigkeit.

Die Verfahrensfähigkeit des Kindes ist Ausdruck der wachsenden Selbstbestimmungsfähigkeit.[391] Die Wahrnehmung durch den Verfahrensbeistand ist dagegen vornehmlich Ausfluss des staatlichen Wächteramtes aus Art. 6 Abs. 2 S. 2 GG. Ist das Kind zur Wahrnehmung eigener Rechte fähig,

---

[388] *BGH*, Beschluss v. 12.05.2021 – XII ZB 34/21, FamRZ 2021, 1402, 1405; zustimmend *Zorn*, FamRZ, 2021, 1405; zustimmend aber, *Lack*, NJW, 2021, 2738; *Rake*, FamRZ, 2018, 844, 845.

[389] BT-Drs. 16/9733, 294.

[390] So auch *Schauberger*, Die Partizipation Minderjähriger im Verfahren der freiwilligen Gerichtsbarkeit, 2015, S. 51.

[391] Dazu schon oben, B. I. 4. b) bb).

verdrängt es damit sowohl das elterliche Erziehungsrecht als auch das staatliche Wächteramt.[392] Insoweit geht die Wahrnehmung durch das Kind, wie schon gezeigt, aus verfassungsrechtlicher Perspektive der Wahrnehmung durch den Verfahrensbeistand vor, weil dessen Handlung seine Legitimation im staatlichen Wächteramt und damit gerade in der fehlenden eigenen Selbstbestimmungsfähigkeit des Kindes findet.[393] Erkennt der Gesetzgeber daher die volle Grundrechtswahrnehmungsfähigkeit des Kindes an, so darf die Wahrnehmungsberechtigung dem selbstbestimmungsfähigen Kind jedenfalls nicht mit Verweis auf die Bestellung des Verfahrensbeistands als Ausprägung des staatlichen Wächteramtes abgesprochen werden. Der Staat muss sich insoweit zur Begründung der Einschränkung der Verfahrensfähigkeit an die gleichen Grenzen wie für die Einschränkung des Selbstbestimmungsrechts Erwachsener halten und kann insoweit allenfalls allgemeine Schutzpflichterwägungen anstellen, seine Begründung aber nicht auf den Verfahrensbeistand als Personifikation des staatlichen Wächteramtes stützen.[394]

Dessen Bestellung kann vielmehr nur dann zur Wahrung des staatlichen Wächteramtes erfolgen, wenn ein solches überhaupt besteht, also wenn die Wahrnehmung durch das Kind selbst mangels ausreichender Selbstbestimmungsfähigkeit aufgrund seines Alters oder der Komplexität der Sache nicht möglich oder ausreichend ist, um der allgemeinen Schutzpflicht des Staates zu genügen. Die Wahrnehmung durch das Kind ist jedenfalls entgegen der Auffassung des BGH nicht durch die Wahrnehmung durch den Verfahrensbeistand ersetzbar.[395]

---

[392] In diese Richtung auch *J. Klein*, in: *Scheiwe/Schröer/Wapler et al.* (Hrsg.), Rechtsdurchsetzung, Implementationsdefizite und Rechtsverwirklichung in der Kinder- und Jugendhilfe, S. 133, 147.

[393] Dazu schon oben B. I. 4. b) bb).

[394] Dieses Grundverständnis zeigt auch *J. Klein*, in: *Scheiwe/Schröer/Wapler et al.* (Hrsg.), Rechtsdurchsetzung, Implementationsdefizite und Rechtsverwirklichung in der Kinder- und Jugendhilfe, S. 133, 147 f.

[395] So im Ergebnis auch *Jahani*, Die Rechtsstellung minderjähriger Kinder im familiengerichtlichen Verfahren zwischen Beteiligung und Repräsentation, 2023, S. 70, die eine Beschränkung der Verfahrensfähigkeit des Kindes als nicht durch die Bestellung des Verfahrensbeistands rechtfertigbar ansieht.

(bbb) Wahrung der Subjektstellung durch § 159 FamFG

Darüber hinaus sei nach Ansicht des BGH in diesen Verfahren die Subjektstellung des Kindes durch die Anhörung nach § 159 FamFG ausreichend gewahrt.[396]

Damit verkennt der BGH schon die Aufgabe des § 159 FamFG. Sie dient aus gerichtlicher Sicht neben der Gewährung rechtlichen Gehörs vor allem der Sachaufklärung.[397] Die Anhörung soll zwar ferner die Subjektstellung des Kindes wahren, dies jedoch nur so lange, wie eine eigene Beteiligung des Kindes nicht möglich ist. Sie kann zudem nur eine Momentaufnahme leisten. Gerade in Verfahren nach §§ 1666, 1666a BGB ist die Lage dagegen häufig dynamisch. Eine einmal geäußerte Meinung des Kindes kann sich schnell wieder ändern und neue Anträge notwendig machen, genauso wie sich die Lebenssituation während des Verfahrens ändern und damit eine erneute Anhörung des Kindes notwendig machen kann.

§ 159 FamFG macht darüber hinaus keinen Unterschied zwischen Kindern unter und über 14 Jahren. Zwar war dies bei der zum Zeitpunkt der Entscheidung geltenden Fassung des § 159 Abs. 1 FamFG a.F. anders, da diese eine Anhörungspflicht des Kindes nur für über 14 Jahre alte Kinder vorsah. Diese Altersgrenze war aber nach der Rechtsprechung des BGH schon damals nur noch eine formale Vorgabe.[398] Tatsächlich anerkannt war vielmehr schon, dass eine Anhörung bei allen Kindern ausnahmslos zu erfolgen hatte.[399] Durch den pauschalen Verweis auf die Anhörung wird der BGH der wachsenden Selbstbestimmungsfähigkeit des Kindes nicht gerecht. Er hätte hier vielmehr darlegen müssen, inwieweit die eigene Verfahrensfähigkeit des Kindes aufgrund der Komplexität der Rechtssache nicht möglich ist – weil Kinder in diesem Alter und dieser Art von Verfahren nicht in der Lage sind, ihre eigenen Grundrechte wahrzunehmen, und deshalb eine Beteiligung nur über die Anhörung erfolgen kann.

---

396 *BGH*, Beschluss v. 12.05.2021 – XII ZB 34/21, FamRZ 2021, 1402, 1405.

397 *BGH*, Beschluss v. 15.06.2016 – XII ZB 419/15, NJW 2016, 2497.

398 *BGH*, Beschluss v. 31.10.2018 – XII ZB 411/18, FamRZ 2019, 115, 116; Beschluss v. 01.02.2017 – XII ZB 601/15, FamRZ 2017, 532, 533; Beschluss v. 15.06.2016 – XII ZB 419/15, NJW 2016, 2497, 2501.

399 *Krumm*, NJ, 2021, 341, 342; *Wache*, NZFam, 2021, 53, 56.

(ccc) Wahrung der Subjektstellung durch §§ 60, 164 S. 1 FamFG

Schließlich sei nach Ansicht des BGH die verfahrensrechtliche Einbindung und Berücksichtigung des Kindes durch § 60 FamFG und § 164 S. 1 FamFG gewahrt.[400] Auch dies ist nicht überzeugend. Beide Normen verschaffen dem Kind erst in der Beschwerdeinstanz eine eigene Handlungsfähigkeit durch Anordnung der Bekanntgabe des Beschlusses an das Kind und die Einräumung der Beschwerdeführungsbefugnis.[401] Auf die gesamte erste Instanz kann das Kind damit nicht einwirken. Es erhält vielmehr nur eine „Korrekturbefugnis".[402] Indem der Gesetzgeber für die zweite Instanz überhaupt eine eigene Beschwerdeführungsbefugnis eröffnet hat, erkennt er ja schon an, dass eine Vertretung seiner Interessen nur durch die Eltern und den Verfahrensbeistand in erster Instanz nicht ausreichend und korrekturbedürftig sein kann.

Damit ist das Kind in einer schwächeren Position als die übrigen Beteiligten, die schon in der ersten Instanz verfahrensfähig sind. Es läuft einer Entscheidung hinterher, anstatt sie von Beginn an mit zu beeinflussen. Nicht nur, dass das Kind gegebenenfalls an eine Entscheidung gebunden ist, an der es nicht mitgewirkt hat, wenn es die Beschwerdefrist verpasst. Ferner werden in der ersten Instanz schon wichtige Weichen gestellt, die das Kind in zweiter Instanz nicht mehr korrigieren kann. Dabei handelt es sich aber weniger um rechtliche Aspekte, sondern vielmehr um tatsächliche Begebenheiten. In rechtlicher Hinsicht wird die Beteiligung des Kindes dadurch gesichert, dass es sich um eine volle zweite Tatsacheninstanz handelt, vgl. § 68 Abs. 3 FamFG. Daneben kann das Gericht nach § 68 Abs. 5 Nr. 1 FamFG zumindest bei Verfahren nach §§ 1666, 1666a BGB nicht von der Durchführung einzelner Verfahrensschritte absehen. Gleichwohl erhält das Kind dadurch eine Instanz weniger als die übrigen Beteiligten.[403] Darüber hinaus kann die zweite Instanz für das Kind rein tatsächlich „zu spät" sein.[404] Gerade in den Verfahren nach §§ 1666, 1666a BGB handelt es sich um hochdynamische Lebenssachverhalte. Kann das Kind in diesen Verfahren erst in zweiter Instanz seine eigenen Belange effektiv einbringen, so kann es von der Entscheidung in erster Instanz

---

[400] *BGH*, Beschluss v. 12.05.2021 – XII ZB 34/21, FamRZ 2021, 1402, 1405.

[401] Näher zur Beschwerdefähigkeit des Kindes nach § 60 FamFG unten, B. II. 2. b) cc).

[402] Kritisch auch *Moelle*, ZKJ, 2020, 7, 12.

[403] *Lack*, Anm. zu BGH, Beschl. v. 12.05.2021 – XII ZB 34/21, NJW, 2021, 2738.

[404] So auch *OLG Schleswig*, Beschluss v. 08.11.2018 – 8 WF 170/18, FamRZ 2019, 1700, 1702, wonach der Beschwerderechtszug in manchen Fällen „zu spät" kommen könnte.

„überholt" werden. Eine Beschwerde hat keine aufschiebende Wirkung.[405] Das Kind wird damit – zumindest vorläufig – vor vollendete Tatsachen gestellt, die es mit der Beschwerde eben erst einmal „korrigieren" muss.

Auch wenn das Kind also über §§ 60, 164 S. 1 FamFG verfahrensrechtlich eingebunden ist, so führt dies jedenfalls nicht zu einer tatsächlich ausreichenden Wahrnehmung der Interessen des Kindes in der ersten Instanz.

(ddd) Minderjährigenschutz

Konsequent abzulehnen ist schließlich das Argument, wonach § 9 Abs. 1 Nr. 3 FamFG eng auszulegen und eine Verfahrensfähigkeit des Kindes in diesen Verfahren abzulehnen sei, weil die Verfahrensfähigkeit des Kindes dem Minderjährigenschutz sogar entgegenstehe.[406]

Indem die Verfahrensfähigkeit des Kindes erst durch dessen aktive Teilnahme ausgelöst wird, drängt die Regelung des § 9 Abs. 1 Nr. 3 FamFG dem Kind keine Verfahrensfähigkeit auf; das Kind wird nicht gegen seinen Willen auf sich allein gestellt.[407] Auch eine einmal erlangte Verfahrensfähigkeit kann das Kind durch den Verzicht der Geltendmachung wieder ablegen.[408] In diesen Fällen wird die Vertretung weiterhin durch den gesetzlichen Vertreter erfolgen, vgl. § 9 Abs. 2 FamFG. Die Einbeziehung des Kindes stärkt vielmehr seine Selbstwirksamkeit, sodass sie eine Belastung, wie gezeigt werden wird, sogar reduzieren kann.[409] Der Minderjährigenschutz ist daher kein geeignetes Argument zur Begründung einer engen Auslegung des § 9 Abs. 1 Nr. 3 FamFG.

---

405 *BVerfG*, Beschluss v. 18.11.2018 – 1 BvR 1481/18, FamRZ 2019, 534, 535; Prütting/Helms/*Abramenko*, 6. Aufl. (2022), § 64 FamFG, Rn. 20.

406 *Köhler*, ZKJ, 2018, 50, 52; *OLG München*, Beschluss v. 08.07.2019 – 26 UF 285/19, FamRZ 2019, 1706, 1707; a. A. *OLG Schleswig*, Beschluss v. 08.11.2018 – 8 WF 170/18, FamRZ 2019, 1700, 1701; *OLG Brandenburg*, Beschluss v. 05.08.2021 – 13 WF 81/21, NJW-RR 2021, 1522, 1524; kritisch zu dieser Argumentation auch *Jahani*, Die Rechtsstellung minderjähriger Kinder im familiengerichtlichen Verfahren zwischen Beteiligung und Repräsentation, 2023, S. 28 f.

407 In diese Richtung auch schon *Schürmann*, FamFR, 2009, 153, 155.

408 *Schauberger*, Die Partizipation Minderjähriger im Verfahren der freiwilligen Gerichtsbarkeit, 2015, S. 52.

409 So auch *OLG Brandenburg*, Beschluss v. 05.08.2021 – 13 WF 81/21, NJW-RR 2021, 1522, 1524; *OLG Schleswig*, Beschluss v. 08.11.2018 – 8 WF 170/18, FamRZ 2019, 1700, 1701; *Jahani*, Die Rechtsstellung minderjähriger Kinder im familiengerichtlichen Verfahren zwischen Beteiligung und Repräsentation, 2023, S. 28; zur Bedeutung der Beteiligung für das Kind ausführlich, B. II. 3. c) bb) aaa) (1).

(eee) Zusammenfassung

Problematisch ist somit weniger das Ergebnis, zu dem der BGH kommt, sondern vielmehr die Argumentationsweise, mit dem er zu diesem Ergebnis gelangt. Er verkennt, dass die Verfahrensfähigkeit des Kindes der Wahrnehmung seiner Grundrechte dient. Die Begründung dafür, dass das Kind in Verfahren nach §§ 1666, 1666a BGB nicht verfahrensfähig sein soll, kann daher nicht sein, dass die Anhörung oder Bestellung des Verfahrensbeistands ausreichend sei, im dem Sinne, dass Sie die Subjektstellung des Kindes unabhängig vom Alter des Kindes wahrt. Die dem zugrunde liegende Argumentation muss vielmehr sein, dass das Kind aufgrund der Komplexität der Verfahren noch nicht in der Lage ist, seine eigenen Grundrechte wirksam wahrzunehmen, sodass eine eigene Verfahrensfähigkeit in diesen Fällen nicht erfolgen kann. Dies verkennt der BGH in seiner Entscheidung.

(ff) Zwischenergebnis

Gleichwohl ist im Ergebnis der Auffassung des BGH zuzustimmen und § 9 Abs. 1 Nr. 3 FamFG eng auszulegen. Dabei steht eine weite Auslegung des § 9 Abs. 1 Nr. 3 FamFG entgegen der Ansicht des BGH nicht im Widerspruch zu § 60 FamFG. Eine enge Auslegung führt demgegenüber vielmehr zu einer aufgespaltenen Verfahrensfähigkeit des Kindes im Verlauf des Verfahrens und ist aus diesem Grund kritisch zu betrachten. Auch der Telos der Norm verlangt keine enge Auslegung. Eine weite Auslegung würde grundsätzlich die Subjektstellung des Kindes stärken. Selbst wenn man öffentlich-rechtliche Rechtspositionen als ausreichend erachten würde, scheitert ein solches Verständnis jedenfalls am eindeutigen Wortlaut. Eine verfassungskonforme erweiternde Auslegung des § 9 Abs. 1 Nr. 3 FamFG ist daher nicht möglich. Daneben spricht auch der Vergleich mit dem Wortlaut der §§ 59, 60 FamFG gegen eine weite Auslegung. Gleiches gilt für die Entstehungsgeschichte und Systematik der Norm. § 9 Abs. 1 Nr. 3 FamFG umfasst mithin nur bürgerlich-rechtliche subjektive Rechte des Kindes.

(b) § 1666 BGB als subjektives Recht

Damit ist nicht gesagt, dass es sich bei §§ 1666, 1666a BGB nicht gleichfalls um ein solches bürgerlich-rechtliches subjektives Recht des Kindes handelt. Dies wird jedoch von der Rechtsprechung und weiten Teilen der Literatur abgelehnt.[410] §§ 1666, 1666a BGB stelle lediglich eine durch das staatliche Wächteramt gerechtfertigte Eingriffsbefugnis des Staates dar.[411] Das subjektive Recht des Kindes folge vielmehr nur aus Art. 2 Abs. 1, 2 S. 1 i.V.m. Art. 6 Abs. 2 S. 2 GG.[412] Zudem sei §§ 1666, 1666a BGB ein für das Kind passives Verfahren, in denen dieser nur als Betroffener auftrete. Auch sei dies mit dem Wortlaut des § 9 Abs. 1 Nr. 3 FamFG nicht zu vereinen, der eine aktive Rolle des Kindes voraussetze.[413]

(aa) Subjektives Recht aus §§ 1666, 1666a BGB

Andere folgern ein subjektives Recht des Kindes dagegen direkt aus §§ 1666, 1666a BGB, sodass danach eine Verfahrensfähigkeit nach § 9 Abs. 1 Nr. 3 FamFG in diesen Verfahren zu bejahen wäre.[414] Dies ist mit dem Wortlaut der Norm aber nicht vereinbar, der eindeutig nur eine Eingriffsbefugnis des Staates einräumt.[415] Teilweise werden daher zwei Hilfskonstruktionen bemüht, um in Verfahren nach §§ 1666, 1666a BGB dennoch eine Verfahrensfähigkeit des Kindes zu konstruieren.

(bb) Subjektives Recht aus § 1626 Abs. 1 BGB

So wird von einigen angenommen, dass aus § 1626 Abs. 1 BGB ein gesetzliches Schuldverhältnis familienrechtlicher Natur zwischen Kind und den

---

410 *BGH*, Beschluss v. 12.05.2021 – XII ZB 34/21, FamRZ 2021, 1402, 1404; zustimmend *Zorn*, FamRZ, 2021, 1405; *OLG München*, Beschluss v. 08.07.2019 – 26 UF 285/19, FamRZ 2019, 1706, 1707; Beschluss v. 05.07.2019 – 26 UF 285/10, ZKJ 2020, 67, 68; Prütting/Helms/*Dürbeck*, 6. Aufl. (2022), § 76 FamFG, Rn. 10b; Heilmann/*Köhler*, 2. Aufl. (2020), § 9 FamFG, Rn. 5; Sternal/*Sternal*, 21. Aufl. (2023), § 9 FamFG, Rn. 12; Musielak/Borth/Frank/*Borth*, 7. Aufl. (2022), § 9 FamFG, Rn. 3; Staudinger/*Coester* (2020), § 1666 BGB, Rn. 257; *Dürbeck*, ZKJ, 2020, 69, 69 f.; *Köhler*, ZKJ, 2018, 50, 53; *Heiter*, FamRZ, 2009, 85, 87; *Rake*, FamRZ, 2018, 844, 845; *Moelle*, ZKJ, 2020, 7, 11.

411 *BGH*, Beschluss v. 12.05.2021 – XII ZB 34/21, FamRZ 2021, 1402, 1404; Sternal/*Jokisch*, 21. Aufl. (2023), § 60 FamFG, Rn. 7.

412 *BVerfGE* 121, 69, 93; *BGH*, Beschluss v. 12.05.2021 – XII ZB 34/21, FamRZ 2021, 1402, 1404; *Moelle*, ZKJ, 2020, 7, 11; MüKo BGB/*Volke*, 9. Aufl. (2024), § 1666 BGB, Rn. 1; *BVerfG*, Beschluss v. 03.02.2017 – 1 BvR 2569/16, FamRZ 2017, 524, 527 [Rn. 38].

413 *BGH*, Beschluss v. 12.05.2021 – XII ZB 34/21, FamRZ 2021, 1402, 1404; zustimmend *Prütting*, JR, 2022, 412, 418.

414 Für eine Anwendbarkeit in Verfahren nach § 1666 Schulte-Bunert/Weinreich/*Schöpflin*, 7. Aufl. (2023), § 9 FamFG, Rn. 7; *Burghart*, FamRZ, 2019, 1029, 1031.

415 *BGH*, Beschluss v. 12.05.2021 – XII ZB 34/21, FamRZ 2021, 1402, 1404.

sorgeberechtigten Eltern entstünde und daher ebenso Kindesschutzverfahren nach §§ 1666, 1666a BGB unter § 9 Abs. 1 Nr. 3 FamFG fielen. Begründet wird dies damit, dass den Eltern nach § 1626 Abs. 1 S. 2 BGB die Personensorge zustehe und damit den Eltern elterliche Pflichten gegenüber dem Kind zukommen, die ein gesetzliches Schuldverhältnis zwischen Kind und Eltern begründen.[416]

Das Bestehen eines gesetzlichen Schuldverhältnisses begründet aber für sich genommen kein subjektives Recht des Kindes auf den mit §§ 1666, 1666a BGB gesicherten Schutz vor der Gefährdung des Kindeswohls. § 1626 BGB richtet sich vielmehr gegen die Eltern, während §§ 1666, 1666a BGB ein Handeln des Staates bezweckt. Das Handeln des Staates erfolgt dabei gerade erst dann, wenn die Pflicht zur Sorge und Erziehung durch die Eltern aus dem gesetzlichen Schuldverhältnis verletzt wurde. Verfahren nach §§ 1666, 1666a BGB sind daher nicht vom gesetzlichen Schuldverhältnis zwischen Kind und Eltern so eng umfasst, als dass Sie zur Begründung der Verfahrensfähigkeit des Kindes herangezogen werden können.

(cc) Subjektives Recht aus § 1631 BGB

In eine ähnliche Richtung geht die Ansicht, dass dem Kind jedenfalls aus § 1631 BGB ein subjektives Recht zustünde, sodass Maßnahmen nach §§ 1666, 1666a BGB die auf § 1631 Abs. 2 BGB beruhen, unter § 9 Abs. 1 Nr. 3 FamFG fielen.[417] Dagegen spricht dabei schon die Gesetzesbegründung. Dort wurde ausdrücklich festgehalten, dass mit der Einführung des heutigen § 1631 Abs. 1 BGB kein subjektives Recht des Kindes einhergehen sollte.[418] Dies kann daher

---

416 *OLG Schleswig*, Beschluss v. 08.11.2018 – 8 WF 170/18, FamRZ 2019, 1700, 1701; Schulte-Bunert/Weinreich/*Schöpflin*, 7. Aufl. (2023), § 9 FamFG, Rn. 7; *Burghart*, FamRZ, 2019, 1029, 1031; Dutta/Jacoby/D. Schwab/*Jacoby*, 4. Aufl. (2021), § 9 FamFG, Rn. 9; BeckOGK BGB/*Burghart* (2025), § 1666 BGB, Rn. 162.1.

417 *OLG Hamburg*, Beschluss v. 02.05.2017 – 12 WF 70/17, FamRZ 2018, 105; Beschluss v. 29.12.2017 – 12 WF 111/17, FamRZ 2018, 843, 844; so noch Prütting/Helms/*Prütting*, 5. Aufl. (2020), § 9 FamFG, Rn. 14; die er aber in *Prütting*, JR, 2022, 412, Fn. 3 ausdrücklich aufgegeben hat; a. A. *Moelle*, ZKJ, 2020, 7, 11; *Coester-Waltjen*, FS Dose, S. 65, 69 die darüber hinaus auch mit der Systematik der Norm und der Grundwertung des Verhältnisses von Eltern-Kind-Staat argumentiert.

418 BT-Drs. 14/1247, 5; *Moelle*, ZKJ, 2020, 7, 11; *OLG Frankfurt*, Beschluss v. 16.12.2020 – 4 WF 188/ 20, FamRZ 2021, 773, 775.

auch nicht mittelbar zur Begründung eines subjektiven Rechts bei §§ 1666, 1666a BGB herangezogen werden.

Weder aus §§ 1666, 1666a BGB direkt noch über §§ 1626, 1631 BGB kann ein subjektives Recht des Kindes in Verfahren nach §§ 1666, 1666a BGB hergeleitet werden. In Verfahren nach §§ 1666, 1666a BGB besteht mithin kein subjektives Recht, welches das Kind nach § 9 Abs. 1 Nr. 3 FamFG geltend machen könnte.

(c) Ergebnis

Eine Verfahrensfähigkeit des Kindes nach § 9 Abs. 1 Nr. 3 BGB besteht mithin in Verfahren nach §§ 1666, 1666a BGB nicht. Ein Nebeneinander von verfahrensfähigem Kind und Verfahrensbeistand ist also in Fällen, in denen eine Bestellung des Verfahrensbeistands nach § 158 Abs. 2 Nr. 1 FamFG erfolgt, nicht denkbar.

(1) § 158 Abs. 2 Nr. 2 FamFG

In Verfahren, die den Ausschluss des Umgangsrechts nach § 1684 BGB betreffen, hat das Kind dagegen nach einhelliger Meinung ein subjektives Recht aus § 1684 Abs. 1 BGB.[419] Soweit das Kind dieses Recht geltend macht, ist es verfahrensfähig. Entscheidend ist hier der Aspekt der Geltendmachung. Will das Kind gleichfalls den Umgangsausschluss, macht es sein Recht auf Umgang gerade nicht positiv geltend, sodass es nicht verfahrensfähig ist.[420] Die Verfahrensfähigkeit des Kindes hängt hier daher maßgeblich vom Verhalten und Willen des Kindes ab. Ein Nebeneinander des verfahrensfähigen Kindes und Verfahrensbeistands ist hier also grundsätzlich denkbar.

(2) § 158 Abs. 2 Nr. 3 FamFG

Anders ist es wiederum bei Verfahren, in denen eine Bestellung des Verfahrensbeistands nach § 158 Abs. 2 Nr. 3 FamFG erfolgt. In diesen geht es in materieller Hinsicht entweder um eine Verbleibensanordnung nach § 1632 Abs. 4 BGB oder um die Verbleibensanordnung zugunsten von Bezugspersonen

---

[419] *OLG Frankfurt*, Beschluss v. 16.12.2020 – 4 WF 188/ 20, FamRZ 2021, 773, 774; *Schauberger*, Die Partizipation Minderjähriger im Verfahren der freiwilligen Gerichtsbarkeit, 2015, S. 58; Prütting/Helms/*S. Hammer*, 6. Aufl. (2022), § 156 FamFG, Rn. 51; a. A. *Schael*, FamRZ, 2009, 265, 267.

[420] So auch *Köhler*, ZKJ, 2018, 50, 52, 53.

nach § 1682 BGB. In diesen Verfahren steht dem Kind aber kein subjektives Recht zu, auf den Erlass oder Nichterlass der Verbleibensanordnung einzuwirken. Eine Verfahrensfähigkeit des Kindes nach § 9 Abs. 1 Nr. 3 FamFG kann somit dort nicht bestehen.

(3) Zwischenergebnis

In Fällen, in denen zwingend eine Bestellung des Verfahrensbeistands zu erfolgen hat, kommt ein Nebeneinander von verfahrensfähigem Kind und Verfahrensbeistand damit nur dann in Betracht, wenn eine Bestellung nach § 158 Abs. 2 Nr. 2 FamFG erfolgt. Da es in diesen Fällen um den Ausschluss des Umgangsrechts geht, dürfte es sich jedenfalls tatsächlich um eine nicht unbeträchtliche Menge an Verfahren handeln.

ccc) § 158 Abs. 3 FamFG

Etwas anders ist nun die Ausgangslage in Verfahren zur Bestellung des Verfahrensbeistands, die sich nach § 158 Abs. 3 FamFG richten. Hier „kann" die Bestellung erfolgen, es besteht mithin zumindest theoretisch ein Ermessensspielraum des Gerichts.[421] Interessant ist in der Konsequenz insbesondere die Frage, welche Folge die Verfahrensfähigkeit des Kindes für das Ermessen des Gerichts hat.

(1) § 158 Abs. 3 Nr. 1 FamFG

Nach § 158 Abs. 3 Nr. 1 FamFG kann das Gericht einen Verfahrensbeistand bestellen, wenn das Interesse des Kindes zu dem Interesse seiner gesetzlichen Vertreter in erheblichem Gegensatz steht. Hiermit sind keine konkreten Verfahren angesprochen, es handelt sich vielmehr um eine Auffangnorm. Dies kann also prinzipiell in allen Kindschaftssachen der Fall sein. Insoweit ist das Kind hingegen nur dann verfahrensfähig, wenn es seinerseits ein subjektives Recht geltend macht. Als solche kommen dabei konkret vor allem Umgangsverfahren in Betracht, in denen aber kein Ausschluss des Umgangs oder eine wesentliche Beschränkung desselben in Aussicht steht, die Bestellung also nicht schon nach §§ 158 Abs. 2 Nr. 2, 158 Abs. 3 Nr. 4 FamFG erfolgt. Dem Kind steht in solchen Umgangsverfahren ein subjektives Recht aus dem bereits angesprochenen § 1684 Abs. 1 BGB zu. Sofern es

[421] Dazu unten, B. II. 3. a) bb).

dieses geltend macht, also auf eine bestimmte Ausgestaltung des Umgangs besteht, kann in diesen Fällen ein Nebeneinander von Verfahrensbeistand und verfahrensfähigem Kind bestehen.

Gleiches gilt für Fälle der Übertragung der Alleinsorge nach § 1671 BGB. Hier steht dem Kind ein Widerspruchsrecht sowohl in den Fällen des § 1671 Abs. 1 BGB als auch in den Fällen des § 1671 Abs. 2 BGB zu. Demgemäß ist das Kind in diesen Fällen aber eben nur dann verfahrensfähig nach § 9 Abs. 1 Nr. 3 FamFG, wenn es dieses Widerspruchsrecht ausübt.[422] Es sind hier also sehr unterschiedlichen Verfahren denkbar, in denen eine Bestellung des Verfahrensbeistands nach § 158 Abs. 3 Nr. 1 FamFG erfolgt und gleichzeitig eine Verfahrensfähigkeit des Kindes nach § 9 Abs. 1 Nr. 3 FamFG bestehen kann.

(2) § 158 Abs. 3 Nr. 2 FamFG

Eine Bestellung des Verfahrensbeistands kommt nach § 158 Abs. 3 Nr. 2 FamFG ferner in Betracht, wenn es um die Trennung des Kindes von der Person geht, in dessen Obhut es sich befindet. Angesprochen sind damit Verfahren nach §§ 1671, 1696 Abs. 1 BGB also Fälle zur Übertragung des Aufenthaltsbestimmungsrechts.[423] Dabei kann eine Verfahrensfähigkeit des Kindes durch die bereits angesprochenen Widerspruchsrechte in §§ 1671 Abs. 1 S. 2 Nr. 1, 1671 Abs. 2 S. 2 Nr. 1 BGB entstehen. Voraussetzung ist gleichfalls hier, dass das Kind dieses Widerspruchsrecht aktiv ausübt. Soweit es um eine Trennung nach §§ 1666, 1666a BGB geht, richtet sich die Bestellung sowieso nach § 158 Abs. 2 Nr. 1 FamFG, sodass diese Verfahren hier nicht einschlägig sind.

Auch Fälle, in denen ein gelebtes Wechselmodell aufgehoben und nunmehr eine überwiegende Betreuung eines Elternteils angeordnet werden sollen, fallen unter diesen Bestellungstatbestand. Dies richtet sich materiell nach § 1684 BGB oder § 1671 BGB.[424] Hier kommen neben dem angesprochenen Widerspruchsrecht ebenso das Umgangsrecht des Kindes aus § 1684

---

[422] *OLG Frankfurt*, Beschluss v. 16.12.2020 – 4 WF 188/ 20, FamRZ 2021, 773, 774; *Schauberger*, Die Partizipation Minderjähriger im Verfahren der freiwilligen Gerichtsbarkeit, 2015, S. 58; vgl. auch *Köhler*, ZKJ, 2018, 50, 53.

[423] Prütting/Helms/*S. Hammer*, 6. Aufl. (2022), § 158 FamFG, Rn. 38.

[424] Durch die Aufhebung eines paritätisch gelebten Wechselmodells wird die Obhut eines Elternteils aufgehoben, vgl. Prütting/Helms/*S. Hammer*, 6. Aufl. (2022), § 158 FamFG, Rn. 38.

Abs. 1 BGB in Betracht. Soweit also das Kind diese Aufhebung anregt oder eine andere als die von einem Elternteil vorgeschlagene Verteilung wünscht, ist es nach § 9 Abs. 1 Nr. 3 FamFG verfahrensfähig.

Auch hier ist damit die Bestellung neben einem verfahrensfähigen Kind möglich.

(3) § 158 Abs. 3 Nr. 3 FamFG

§ 158 Abs. 3 Nr. 3 FamFG umfasst Verfahren, die die Herausgabe des Kindes zum Gegenstand haben. Darunter fallen vor allem Verfahren nach § 1632 Abs. 1, 3 BGB. In diesen Verfahren fehlt es an einem subjektiven Recht des Kindes, sodass eine Verfahrensfähigkeit nach § 9 Abs. 1 Nr. 3 FamFG regelmäßig nicht besteht.

(4) § 158 Abs. 3 Nr. 4 FamFG

Schließlich soll nach § 158 Abs. 3 Nr. 4 FamFG ein Verfahrensbeistand immer dann bestellt werden, wenn eine wesentliche Beschränkung des Umgangsrechts in Betracht kommt. Dies umfasst Verfahren nach §§ 1684 Abs. 4 S. 2, 1685, 1686a BGB.[425] Zwar reicht hier aus, dass eine wesentliche Beschränkung nur *in Betracht* kommt. Ob eine wesentliche Beschränkung von einem Beteiligten auch tatsächlich gefordert wird, ist unerheblich.[426] Gleichwohl wird hier eine Verfahrensfähigkeit aufgrund des Erfordernisses der Geltendmachung in § 9 Abs. 1 Nr. 3 FamFG nur dann in Betracht kommen, wenn es tatsächlich um eine wesentliche Beschränkung geht. Solange die Beschränkung nur *in Betracht* kommt, eine solche also noch nicht vom Kind angeregt wurde, fehlt es am aktiven Tätigwerden des Kindes, das für die Verfahrensfähigkeit nach § 9 Abs. 1 Nr. 3 FamFG aber zwingend erforderlich ist.

Bezüglich der Verfahren nach § 1684 Abs. 4 BGB kann zudem nicht auf das Umgangsrecht des Kindes aus § 1684 Abs. 1 BGB verwiesen werden. Bei § 1684 Abs. 4 BGB handelt es sich vielmehr um eine Eingriffsnorm zum Schutz des Wohls des Kindes. Das Kind hat darauf keinen Anspruch aus § 1684 Abs. 1 BGB.[427] § 1685 BGB verleiht zudem nur den Großeltern bzw.

---

425 Prütting/Helms/*S. Hammer*, 6. Aufl. (2022), § 158 FamFG, Rn. 40; Dutta/Jacoby/D. Schwab/*Lack*, 4. Aufl. (2021), § 158 FamFG, Rn. 44.

426 Dutta/Jacoby/D. Schwab/*Lack*, 4. Aufl. (2021), § 158 FamFG, Rn. 44.

427 *OLG Frankfurt*, Beschluss v. 16.12.2020 – 4 WF 188/ 20, FamRZ 2021, 773, 774; *Schauberger*, Die Partizipation Minderjähriger im Verfahren der freiwilligen Gerichtsbarkeit,

Geschwistern ein subjektives Recht, nicht aber dem Kind. Gleiches gilt für das Recht des leiblichen Vaters aus § 1686a BGB. Ein subjektives Recht besteht in Verfahren nach §§ 1684 Abs. 4, 1685, 1686a BGB daher nicht.[428] Ein Nebeneinander von verfahrensfähigem Kind und Verfahrensbeistand kann in diesen Verfahren somit nicht bestehen.

ddd) Zwischenergebnis

Die anfangs beschriebene Konfliktlage besteht wie gezeigt in Fällen, in denen die Bestellung nach § 158 Abs. 3 FamFG fakultativ ist, rechtlich gesehen häufiger als bei der obligatorischen Bestellung nach § 158 Abs. 2 FamFG. Sowohl bei der Bestellung nach § 158 Abs. 3 Nr. 1 FamFG als auch in Fällen des § 158 Abs. 3 Nr. 2 FamFG kann es zu einem Nebeneinander von Verfahrensbeistand und verfahrensfähigem Kind kommen. Durch die in der vergangenen Legislaturperiode angestrebte Gesetzesreform wäre die Relevanz des des § 9 Abs. 1 Nr. 3 FamFG weiter gestiegen. Dort sollen die Mitwirkungsrechte des Kindes gezielt gestärkt und ausgeweitet werden, sodass dem Kind in Zukunft in mehr Verfahren subjektive Rechte zugekommen wären, was zu einer Ausweitung der beschriebenen Konfliktlage geführt hätte.[429]

2015, S. 60; Sternal/*Sternal*, 21. Aufl. (2023), § 9 FamFG, Rn. 12; Heilmann/*Köhler*, 2. Aufl. (2020), § 9 FamFG, Rn. 5.

[428] Ein subjektives Recht des Kindes sollte durch die Reform des Kindschaftsrechts eingeführt werden, vgl. *Bundesministerium der Justiz*, Eckpunkte des Bundesministeriums der Justiz für eine Reform des Kindschaftsrechts, 16.01.2024, S. 12; zu § 1685 BGB: BT-Drs. 13/4899, 68; *Schauberger*, Die Partizipation Minderjähriger im Verfahren der freiwilligen Gerichtsbarkeit, 2015, S. 60; BeckOK BGB/*Veit*, 74. Aufl. (2025), § 1685 BGB, Rn. 22; Heilmann/*Köhler*, 2. Aufl. (2020), § 9 FamFG, Rn. 5; Staudinger/*Dürbeck* (2023), § 1685 BGB, Rn. 9 m.w.N; *Rake*, FamRZ, 2018, 844, 845; *Heiter*, FamRZ, 2009, 85, 87; *Köhler*, ZKJ, 2018, 50, 51; soweit es jedoch das über 14-jährige Geschwisterkind ist, dass ein Umgangsrecht mit dem Kind verlangt, eröffnet § 1685 Abs. 1 diesem natürlich auch ein subjektives Recht, vgl. *KG Berlin*, Beschluss v. 24.10.2016 – 19 UF 32/16, FamRZ 2017, 899, 900; a. A. *BGH*, Beschluss v. 12.05.2021 – XII ZB 34/21, FamRZ 2021, 1402, 1405; Musielak/Borth/Frank/*Borth*, 7. Aufl. (2022), § 9 FamFG, Rn. 3; Sternal/*Sternal*, 21. Aufl. (2023), § 9 FamFG, Rn. 12; Prütting/Helms/*Dürbeck*, 6. Aufl. (2022), § 76 FamFG, Rn. 10b; Thomas/Putzo/*Hüßtege*, 46. Aufl. (2025), § 9 FamFG, Rn. 6a; zu § 1686a: Erman/*Döll*, 17. Aufl. (2023), § 1686a BGB, Rn. 1; *Altrogge*, in: *Rahm/Künkel/Kemper* (Hrsg.), Handbuch Familien- und Familienverfahrensrecht, Rn. 621; *Prütting*, JR, 2022, 412, 417.

[429] Siehe dazu *Bundesministerium der Justiz*, Eckpunkte des Bundesministeriums der Justiz für eine Reform des Kindschaftsrechts, 16.01.2024, S. 12.

Die Fälle, in denen ein nach § 9 Abs. 1 Nr. 3 FamFG verfahrensfähiges Kind neben einen Verfahrensbeistand tritt, sind wie gezeigt begrenzt.[430] Darüber hinaus sind sie selbst dann vom Handeln und dem Willen des Kindes abhängig. Maßgebliches Hindernis ist dabei vor allem, dass das Kind im kindschaftsrechtlichen Verfahren gegenüber den übrigen Beteiligten ein Informationsdefizit hat.

bb) § 9 Abs. 1 Nr. 4 FamFG

Nach § 9 Abs. 1 Nr. 4 FamFG sind zudem diejenigen verfahrensfähig, die durch das FamFG oder ein anderes Gesetz als verfahrensfähig bestimmt werden. Bei Kindern ist hier insbesondere § 167 Abs. 3 FamFG relevant, der für über 14-jährige Kinder die Verfahrensfähigkeit bestimmen. Auch hier soll untersucht werden, inwieweit dies Norm zu einem Nebeneinander von Kind und Verfahrensbeistand führen. Daneben führt § 275 FamFG sogar unabhängig ihres Alters zu einer Verfahrensfähigkeit von Kindern als Betroffene in Betreuungssachen. Gleiches gilt nach § 316 FamFG in Unterbringungssachen. Außerhalb des FamFG ist insbesondere § 36 Abs. 1 S. 1 SGB I relevant, der die Handlungsfähigkeit im Sozialleistungsbereich regelt. Da in diesen Verfahren jedoch kein Verfahrensbeistand bestellt wird,[431] soll sich hier auf § 167 Abs. 3 FamFG beschränkt werden.

In Fällen der Unterbringung Minderjähriger und bei freiheitsentziehenden Maßnahmen bestimmt § 167 Abs. 3 FamFG, dass über 14-jährige Kinder verfahrensfähig sind. Interessanterweise wird hier die Verfahrensfähigkeit ausdrücklich vom Gesetz von der Geschäftsfähigkeit entkoppelt. Eine aktive Geltendmachung von eigenen Rechten ist hier, anders als bei § 9 Abs. 1 Nr. 3 FamFG zudem nicht notwendig. Eine Verfahrensfähigkeit besteht also selbst dann, wenn das Kind geschäftsunfähig ist oder sich gar nicht am Verfahren beteiligt. Es besteht also eine umfassende und unbeschränkte Verfahrensfähigkeit in diesen Verfahren. Eine Beschränkung der einzelnen, aus der Verfahrensfähigkeit folgenden Rechte kann nach allgemeiner Meinung nur unter den Voraussetzungen des § 164 S. 2 FamFG erfolgen, also wenn dadurch Nachteile für die Entwicklung, Erziehung oder Gesundheit des Kindes zu

---

[430] Kritisch dazu auch *Eva Schumann*, in: *Dagmar Coester-Waltjen/Volker Lipp/Philipp M. Reuß et al.* (Hrsg.), Kindgerechte Verfahren – Anspruch und Wirklichkeit in Kindschaftssachen, S. 1, 8; *Köhler*, ZKJ, 2018, 50, 53.

[431] In Unterbringungs- und Betreuungssachen wird dem Betroffenen ein Verfahrenspfleger bestellt, vgl. §§ 276, 317 FamFG.

befürchten sind, da sich darin ein allgemeiner kinderschützender Rechtsgedanke manifestiert habe.[432]

Der Gesetzgeber hat somit erkannt, dass aufgrund der hohen Grundrechtssensibilität der Verfahren damit auch eine erhöhte Partizipationsnotwendigkeit des Kindes besteht.[433] Eine Bestellung des Verfahrensbeistands ist in diesen Fällen nach § 167 Abs. 1 S. 3 FamFG aus diesem Grund stets erforderlich. Neben der Grundrechtssensibilität besteht in diesen Fällen, in den die gesetzlichen Vertreter die Unterbringung beantragen, typischerweise ebenso ein Interessenkonflikt zwischen gesetzlichem Vertreter und Kind.[434] Ein Nebeneinander von verfahrensfähigem Kind und Verfahrensbeistand ist damit – jedenfalls, wenn das Kind über 14 Jahre alt ist – zwingend und bewusst vom Gesetzgeber eingeführt worden.[435]

cc) § 60 FamFG

Neben § 9 FamFG, der die Verfahrensfähigkeit allgemein regelt, trifft § 60 FamFG eine besondere Regelung für das Beschwerdeverfahren, wobei die Norm nach allgemeiner Ansicht auf andere Rechtsmittelverfahren analog anzuwenden ist.[436]

Nach § 60 FamFG können Kinder ab 14 Jahren in allen Verfahren das Beschwerderecht ausüben, soweit es sich um eine ihre Person betreffende Angelegenheit handelt (S. 1) oder sie vor der Entscheidung des Gerichts angehört werden sollen (S. 2) und nicht geschäftsunfähig sind. § 60 FamFG regelt dabei nur eine Beschwerdeführungsbefugnis, er eröffnet weder ein eigenes Beschwerderecht des Kindes noch eine allgemeine Verfahrensfähigkeit in erster Instanz.[437] § 60 FamFG vermittelt daher keine eigene

---

[432] *BGH*, Beschluss v. 18.07.2012 – XII ZB 661/11, FamRZ 2012, 1556, 1558; *OLG Saarbrücken*, Beschluss v. 01.07.2020 – 6 UF 82/20, FamRZ 2021, 684, 685; Zöller/*A. Lorenz*, 34. Aufl. (2022), § 167 FamFG, Rn. 5; Prütting/Helms/*S. Hammer*, 6. Aufl. (2022), § 167 FamFG, Rn. 37.

[433] BT-Drs. 11/4528, 183; Dutta/Jacoby/D. Schwab/*Zorn/Ivanits*, 4. Aufl. (2021), § 167 FamFG, Rn. 19.

[434] Prütting/Helms/*S. Hammer*, 6. Aufl. (2022), § 167 FamFG, Rn. 22.

[435] BT-Drs. 18/11278, 19.

[436] Prütting/Helms/*Abramenko*, 6. Aufl. (2022), § 60 FamFG, Rn. 5; Sternal/*Jokisch*, 21. Aufl. (2023), § 60 FamFG, Rn. 20.

[437] *Rackl*, Das Rechtsmittelrecht nach dem FamFG, 2011, S. 96; Bumiller/Harders/Schwamb/*Bumiller*, 13. Aufl. (2022), § 60 FamFG, Rn. 1; Sternal/*Jokisch*, 21. Aufl. (2023), § 60 FamFG, Rn. 1; MüKo FamFG/*A. Fischer*, 4. Aufl. (2025), § 60 FamFG, Rn. 1.

Verfahrensführungs- oder Antragsbefugnis im erstinstanzlichen Verfahren.[438] Die Norm dient der steigenden Fähigkeit des Kindes, selbstständig und verantwortungsvoll zu handeln.[439]

Sie führt damit aber jedenfalls in der Beschwerdeinstanz zu einer vollen Verfahrensfähigkeit, da das über 14-jährige Kind alle Verfahrensrechte ausüben kann.[440] Die Beschwerdeführungsbefugnis hängt dagegen im Unterschied zu § 9bs. 1 Nr. 3 FamFG nicht davon ab, dass das Kind sein Beschwerderecht tatsächlich ausübt. Sie besteht vielmehr abstrakt und unabhängig vom Willen des Kindes und seinem konkreten Handeln. Das Kind kann sowohl den Verzicht auf die Beschwerde erklären als auch andere mit dem Beschwerdeverfahren verbundene Handlungen – wie beispielsweise die Bevollmächtigung eines Rechtsanwalts – wirksam vornehmen.[441] Das Kind ist also im Beschwerdeverfahren selbst dann voll verfahrensfähig, wenn die Beschwerde durch einen anderen Beteiligten eingelegt wurde.[442]

Vorausgesetzt wird ebenso, dass ein abstraktes Beschwerderecht besteht. Dieses besteht nach § 59 FamFG gegen alle Beschlüsse, durch die das Kind in seinen Rechten beeinträchtigt ist. § 59 FamFG ist damit, wie bereits gezeigt, weiter als die Voraussetzung des subjektiven Rechts in § 9 Abs. 1 Nr. 3 FamFG.[443] Ihr Vorliegen kann damit grundsätzlich für alle Verfahren angenommen werden, in denen eine Bestellung des Verfahrensbeistands erfolgt. Ergänzend besteht dieses Beschwerderecht aber nach § 60 S. 2 FamFG daneben unabhängig davon, ob ein Beschwerderecht nach § 59 FamFG besteht, wenn das Kind vor der Entscheidung angehört werden soll. Dies ist in allen Kindschaftssachen stets der Fall.[444]

§ 60 FamFG führt damit in der Regel dazu, dass jedenfalls im Beschwerdeverfahren ein verfahrensfähiges Kind neben einen Verfahrensbeistand tritt und dies unabhängig davon, nach welchem Fall eine Bestellung des

---

[438] Prütting/Helms/*S. Hammer*, 6. Aufl. (2022), § 151 FamFG, Rn. 58; MüKo FamFG/*A. Fischer*, 4. Aufl. (2025), § 60 FamFG, Rn. 5.

[439] So auch *Schauberger*, Die Partizipation Minderjähriger im Verfahren der freiwilligen Gerichtsbarkeit, 2015, S. 42.

[440] Zöller/*Feskorn*, 35. Aufl. (2024), § 60 FamFG, Rn. 6.

[441] Dazu sogleich.

[442] Sternal/*Jokisch*, 21. Aufl. (2023), § 60 FamFG, Rn. 18.

[443] Dazu schon, B. II. 2. b) aa) bbb) (1) (a) (cc) (ccc).

[444] Vgl. auch *Schauberger*, Die Partizipation Minderjähriger im Verfahren der freiwilligen Gerichtsbarkeit, 2015, S. 43.

Verfahrensbeistands erfolgt ist. Da es sich hierbei um eine volle zweite Tatsacheninstanz handelt, können Konflikte zwischen den Rechten des Verfahrensbeistands und denen des Kindes im gleichen Maße auftreten wie in der ersten Instanz.

Lediglich das Problem des Informationsdefizits hat der Gesetzgeber hier erkannt und durch § 164 FamFG Abhilfe geschaffen, der die Zustellung der Endentscheidung an das beschwerdebefugte Kind regelt.[445] Dadurch wird eine Information über das Beschwerderecht jedenfalls durch die Rechtsbehelfsbelehrung gewährleistet.[446]

dd) Auswirkungen der Verfahrensfähigkeit auf die Geschäftsfähigkeit

Von Interesse ist schließlich, ob und wie sich die Erlangung der Verfahrensfähigkeit auf die Geschäftsfähigkeit des Kindes auswirkt. Klar ist, dass das Kind durch die Erlangung der Verfahrensfähigkeit bzw. Beschwerdefähigkeit nicht auch die volle Geschäftsfähigkeit erlangt. Es bleibt vielmehr nach § 106 BGB beschränkt geschäftsfähig. Nichtsdestotrotz ist es zur faktischen Erlangung der Verfahrensfähigkeit nötig, dass dem Kind gewisse eigene zivilrechtliche Kompetenzen zugesprochen werden, damit er die gleiche Position erlangt wie die übrigen Verfahrensbeteiligten. Problematisch ist hier insbesondere die Vertretung durch einen Rechtsanwalt im Verfahren. Dabei ist für den Minderjährigen sowohl die Erteilung der Verfahrensvollmacht als auch der Abschluss des korrespondierenden. Rechtsanwaltsvertrags rechtlich nachteilig, sodass das Kind dafür grundsätzlich der Zustimmung seiner gesetzlichen Vertreter bedarf, § 107 Abs. 1 BGB. Dennoch geht die herrschende Meinung davon aus, dass mit der Erlangung der Verfahrensfähigkeit ebenso die Berechtigung einhergeht, einen Anwalt zu mandatieren und den Geschäftsbesorgungsvertrag mit diesem abzuschließen.[447] Dabei wird

---

445 Dazu oben, B. II. 2. b) aa) aaa).

446 MüKo FamFG/*A. Fischer*, 4. Aufl. (2025), § 60 FamFG, Rn. 6.

447 *Rösler*, Die Verfahrensbeistandschaft, 2014, S. 126; *Schauberger*, Die Partizipation Minderjähriger im Verfahren der freiwilligen Gerichtsbarkeit, 2015, S. 65 f.; Dutta/Jacoby/D. Schwab/*Jacoby*, 4. Aufl. (2021), § 9 FamFG, Rn. 7; Staudinger/*Dürbeck* (2023), § 1684 BGB, Rn. 408; Musielak/Borth/Frank/*Borth*, 7. Aufl. (2022), § 9 FamFG, Rn. 3; Prütting/Helms/*S. Hammer*, 6. Aufl. (2022), § 151 FamFG, Rn. 58a; dies gilt auch für den nicht geschäftsfähigen Betroffenen, der nach § 275 in Betreuungssachen verfahrensfähig ist, vgl. *OLG Koblenz*, Urt. v. 13.02.2014 – 6 U 747/13, FamRZ 2014, 1483; *OLG Brandenburg*, Beschluss v. 05.08.2021 – 13 WF 81/21, NJW-RR 2021, 1522; a. A.:

insbesondere mit dem Schutzzweck von §§ 9 Abs. 1, 60 FamFG argumentiert. Würde man dem Kind die Beauftragung des Rechtsanwalts nicht ohne die Zustimmung der gesetzlichen Vertreter zugestehen, so stünde das Kind im Verfahren schlechter dar als die übrigen Beteiligten. Das führt dazu, dass sowohl die Erteilung der Verfahrensvollmacht als auch der Abschluss des Geschäftsbesorgungsvertrags für das Kind ohne Beteiligung seiner gesetzlichen Vertreter möglich ist. Für die Erteilung der Verfahrensvollmacht folgt dies direkt aus der Verfahrensfähigkeit des Kindes.[448] Für den Abschluss des Geschäftsbesorgungsvertrags wird methodisch teilweise eine Analogie zu § 107 BGB bemüht, während andere von einer Teilrechtsfähigkeit analog §§ 112, 113 BGB ausgehen.[449]

Auch der Abschluss eines Verfahrensvergleiches ist damit durch ein verfahrensfähiges Kind möglich. Dessen Wirksamkeit erfordert neben der wirksamen Verfahrenshandlung den Abschluss eines zivilrechtlichen Vertrages. Als solcher müsste dieser ebenfalls an § 107 BGB scheitern. Dies würde jedoch die von der Verfahrensordnung angeordnete Handlungsbefugnis unterlaufen, sodass davon auszugehen ist, dass das Kind diesen Vertrag gleichfalls abschließen können muss.[450]

OLG Düsseldorf, Beschluss v. 13.08.2019 – 6 WF 169/19, FamRZ 2019, 2021, 2022, das annimmt, dass das Kind den Geschäftsbesorgungsvertrag nicht wirksam abschließen kann, wohl aber den Anwalt mandatieren kann; *Dürbeck*, FS Dose, S. 87, 95 f.

448 *OLG Dresden*, Beschluss v. 24.01.2014 – 22 WF 15/14, FamRZ 2014, 1042; *BGH*, Urt. v. 19.03.1993 – V ZR 36/92, Rn. 5.

449 Ausführlich zum Ganzen *Moelle*, ZKJ, 2020, 7, 10 f., die sich für eine Lösung analog §§ 112, 113 BGB ausspricht; für eine Analogie zu § 107 *OLG Bremen*, Beschluss v. 10.11.2016 – 4 WF 82/16, FamRZ 2017, 1701; für eine Teilrechtsfähigkeit, ohne dass dies stets als solche ausdrücklich benannt würde *Rösler*, Die Verfahrensbeistandschaft, 2014, S. 127; *BGH*, Beschluss v. 12.05.2021 – XII ZB 34/21, FamRZ 2021, 1402, 1403; *OLG Braunschweig*, Beschluss v. 17.05.2016 – 1 WF 105/16, InfAuslR 2016, 367, 368 spricht beispielsweise davon, dass aufgrund des Sinn und Zwecks des § 9 Abs. 1 Nr. 3 FamFG „eine beschränkte Geschäftsfähigkeit dahingehend angenommen werden [müsse]"; Sternal/*Sternal*, 21. Aufl. (2023), § 9 FamFG, Rn. 16; Schulte-Bunert/Weinreich/*Schöpflin*, 7. Aufl. (2023), § 9 FamFG, Rn. 9.

450 Dazu auch *Schauberger*, Die Partizipation Minderjähriger im Verfahren der freiwilligen Gerichtsbarkeit, 2015, S. 66, die richtigerweise darauf hinweist, dass das Kind auch eine andere Person mit der Verfahrensführung beauftragen könne, sodass auch schon dort die Gefahr der Vornahme nicht vorteilhafter Rechtshandlungen besteht, sodass der zivilrechtliche Schutz über § 107 BGB inkonsequent wäre.

Im Ergebnis kann damit festgestellt werden, dass die Verfahrensfähigkeit des Kindes zumindest insoweit auch eine gewisse Teilgeschäftsfähigkeit zur Folge hat, als dies zur Verwirklichung der verfahrensrechtlichen Stellung notwendig ist.

ee) Ergebnis

Damit ist auch das über 14-jährige Kind in Kindschaftsverfahren maßgeblich auf die Interessenvertretung durch den Verfahrensbeistand angewiesen. Eine eigene Verfahrensfähigkeit besteht daneben jedenfalls in erster Instanz nur in einigen ausgewählten Fällen. Bei §§ 60, 167 Abs. 3 FamFG ist sie unabhängig von der Kenntnis des Kindes und Geltendmachung durch das Kind.

c) Aus der Verfahrensfähigkeit folgende Rechte des Kindes

Sobald das Kind verfahrensfähig ist, hat es dieselben Rechte wie die übrigen verfahrensfähigen Beteiligten. Dies bringt ein großes Plus gegenüber den Möglichkeiten der Beteiligung durch die bloße Beteiligtenstellung mit sich.[451] Zu bedenken ist gleichwohl, dass dem Kind ab diesem Zeitpunkt ebenso alle Obliegenheiten und Pflichten eines verfahrensfähigen Beteiligten zukommen, wie die Mitwirkungspflicht und Wahrheitspflicht nach § 27 FamFG und ein persönliches Erscheinen könnte gegenüber dem Kind zudem nach § 33 FamFG angeordnet werden.[452] Die meisten dieser Pflichten treffen das Kind aber unabhängig von seiner Verfahrensfähigkeit, sondern knüpfen vielmehr nur an die bloße Beteiligtenfähigkeit des Kindes, die stets besteht.[453] Für das Kind belastende Pflichten, die sich gerade aus der Verfahrensfähigkeit ergeben, bestehen dagegen nicht.

Das Kind ist also nicht nur berechtigt, nach § 23 FamFG in Antragsverfahren einen verfahrenseinleitenden Antrag zu stellen,[454] sondern hat ferner

---

451 Dazu oben, B. II. 2. a).

452 *Heiter*, FamRZ, 2009, 85, 88.

453 Dazu schon oben, B. II. 2. a).

454 So auch *Rösler*, Die Verfahrensbeistandschaft, 2014, S. 123; *Güssow*, Die Beteiligung und Vertretung des Kindes in Kindschaftssachen, 2022, S. 44; *Jahani*, Die Rechtsstellung minderjähriger Kinder im familiengerichtlichen Verfahren zwischen Beteiligung und Repräsentation, 2023, S. 30 f.; Bumiller/Harders/Schwamb/*Bumiller*, 13. Aufl. (2022), § 60 FamFG, Rn. 4; *Burghart*, FamRZ, 2019, 1029, 1030; *Köhler*, ZKJ, 2018, 50; a. A.: *KG Berlin*, Beschluss v. 24.10.2016 – 19 UF 32/16, FamRZ 2017, 899; MüKo FamFG/*Pabst*, 4. Aufl. (2025), § 9 FamFG, Rn. 6; *Schauberger*, Die Partizipation Minderjähriger im

alle Informationsrechte, insbesondere muss es über den Verfahrensgang in Kenntnis gesetzt werden, vgl. §§ 15, 28 Abs. 1, 2, 37 Abs. 2 FamFG. Entscheidend für die Verwirklichung der Subjektstellung ist dabei vor allem, dass das Kind durch die Verfahrensfähigkeit gemäß § 27 FamFG den Verfahrensgang durch eigene Erklärungen beeinflussen kann. So kann es zur Sache vortragen, aber auch Zeugen befragen und Einwendungen gegen Sachverständigengutachten erheben.[455]

Zudem kann es schließlich entscheidend am Ausgang des Verfahrens teilhaben. So bedarf es zum Zustandekommen des Umgangsvergleichs nach § 156 FamFG beispielsweise des Einvernehmens des verfahrensfähigen Kindes.[456] Zusätzlich kann das Kind durch § 60 FamFG Rechtsmittel gegen die Entscheidung einlegen. Das Kind wird durch die Verfahrensfähigkeit also zum „vollständigen" Beteiligten im Verfahren.

d) Auswirkungen der Verfahrensfähigkeit auf die Vertretungsmacht der gesetzlichen Vertreter

Durch die Erlangung der Verfahrensfähigkeit verändert sich nicht zuletzt das Verhältnis des Kindes zu seinen gesetzlichen Vertretern. Daher stellt sich die Frage, wie sich die Verfahrensfähigkeit des Kindes auf die gesetzliche Vertretungsbefugnis der gesetzlichen Vertreter auswirkt.

Die gesetzlichen Vertreter sind im Verfahren nach § 9 Abs. 2 FamFG für die Vertretung des Kindes zuständig. Klar ist, dass die gesetzliche Vertretungsmacht als solche durch die Verfahrensfähigkeit des Kindes nicht erlischt. Die Erlangung der Verfahrensfähigkeit ist insoweit strikt von der Erlangung der Geschäftsfähigkeit zu trennen. Was dagegen erlöschen könnte, ist die gesetzliche Vertretungsbefugnis zur Vertretung im Verfahren. Diese soll den gesetzlichen Vertretern die Geltendmachung der Rechte des Kindes

---

Verfahren der freiwilligen Gerichtsbarkeit, 2015, S. 64 f.; *Schürmann*, FamFR, 2009, 153, 155, die sich insbesondere auf den Wortlaut der Norm stützen, wonach das Kind „in einem Verfahren" die Rechte geltend machen kann, woraus sie schließen, dass dies ein laufendes Verfahren voraussetze.

[455] Aufzählung aller Verfahrensrechte bei *Burghart*, FamRZ, 2019, 1029, 1030.

[456] Zwar fordert § 156 FamFG nur die Zustimmung der Beteiligten, jedoch kann die Zustimmung des Kindes, solange es noch nicht selbst verfahrensfähig ist, durch die gesetzlichen Vertreter erteilt werden, vgl. Prütting/Helms/*S. Hammer*, 6. Aufl. (2022), § 156 FamFG, Rn. 51.

im Verfahren ermöglichen. Diesen Zweck hat aber ebenso die Verfahrensfähigkeit des Kindes.[457] Wie gezeigt, braucht das Kind zur Bestellung eines Rechtsanwalts nicht die Vertretung der gesetzlichen Vertreter, sodass für ihn eine parteiliche Vertretung abseits der dazu eigentlich berufenen gesetzlichen Vertreter möglich ist.[458]

Spannend und nicht eindeutig geklärt ist die Frage, ob und wie sich die Erlangung der Verfahrensfähigkeit des Kindes auf die gesetzlichen Vertretungsbefugnisse der gesetzlichen Vertreter auswirkt. Hier könnte die wachsende Grundrechtswahrnehmung durch das Kind, die durch die implementierte Verfahrensfähigkeit zum Ausdruck gebracht wird, zu schwindenden Verfahrenskompetenzen des gesetzlichen Vertreters führen.

Relevant wird diese Frage beispielsweise in Umgangsverfahren, wo das Kind wie gezeigt nach § 1684 Abs. 1 BGB ein eigenes Recht hat und folglich nach § 9 Abs. 1 Nr. 3 FamFG verfahrensfähig ist.[459] Leicht vorstellbar ist, dass hier vom gesetzlichen Vertreter, typischerweise einem oder beiden Elternteilen, vom Kindeswillen abweichende Anträge – auch im Namen des Kindes – gestellt werden könnten.[460] Wie mit diesen gegenläufigen Verfahrenshandlungen umzugehen ist, soll im Folgenden näher beleuchtet werden.

Dabei zeigt sich, dass diese Frage nicht für alle Normen, die die Verfahrensfähigkeit des Kindes – oder seine Beschwerdeführungsbefugnis – anordnen, einheitlich beantwortet werden kann. Selbst innerhalb des § 9 Abs. 1 FamFG kann diese Frage nicht einheitlich entschieden werden. Differenziert werden muss vielmehr danach, ob die Verfahrensfähigkeit nach § 9 Abs. 1 Nr. 2, 3 oder 4 FamFG erlangt wurde oder es um die Beschwerdeführungsbefugnis nach § 60 FamFG geht.[461] Es ist für jeden Fall gesondert anhand des Schutzzwecks zu entscheiden.[462] Hier soll sich dabei auf die Fälle der Verfahrensfähigkeit nach § 9 Abs. 1 Nr. 3 FamFG und § 60 FamFG beschränkt werden, da es in den dort relevanten Fällen wie gezeigt am ehesten zu einem Nebeneinander von Verfahrensbeistand und verfahrensfähigem Kind kommen kann,

---

457 BT-Drs. 16/9733, 288 Dazu schon oben, B. II. 2. b) aa) bbb) (1) (a) (dd).

458 Dazu soeben, B. II. 2. b) dd).

459 Dazu schon oben, B. II. 2. b) aa) bbb) (2).

460 So auch Staudinger/*Dürbeck* (2023), § 1684 BGB, Rn. 79.

461 *Schauberger*, Die Partizipation Minderjähriger im Verfahren der freiwilligen Gerichtsbarkeit, 2015, S. 66; *Rösler*, Die Verfahrensbeistandschaft, 2014, S. 128.

462 So auch *Heiter*, FamRZ, 2009, 85, 88.

sodass die Betrachtung der Diskussion des Eltern-Kind-Verhältnisses auch Erkenntnisse für das Verhältnis von Verfahrensbeistand und Kind bringt.

Davon zu trennen ist die Frage, ob eine gesetzliche Vertretung in diesen Fällen überhaupt möglich ist und nicht wegen des Interessenkonfliktes von vornherein ausscheidet.[463] Die herrschende Meinung geht dabei davon aus, dass eine Vertretung durch die gesetzlichen Vertreter für nicht verfahrensfähige Kinder in Kindschaftsverfahren grundsätzlich möglich ist und der Interessenkonflikt durch die Bestellung des Verfahrensbeistands ausreichend abgemildert wird.[464] Für die folgenden Überlegungen soll daher angenommen werden, dass eine Vertretung durch die gesetzlichen Vertreter nicht schon aufgrund eines Interessenkonfliktes ausscheidet.

aa) § 60 FamFG

Jedenfalls bezüglich § 60 FamFG ist die überwiegende Ansicht, dass die Vertretungsbefugnis der gesetzlichen Vertreter durch die Beschwerdefähigkeit des Kindes nicht berührt wird.[465] Argumentiert wird hier insbesondere mit der Freiwilligkeit der Wahrnehmung des Beschwerderechts, die durch die Formulierung des § 60 FamFG eröffnet werde, wonach das Kind sein Beschwerderecht wahrnehmen „kann" aber nicht „muss". Solange das Kind dieses nicht wahrnehme, seien daher auch die gesetzlichen Vertreter dazu

---

463 Dazu ausführlich *Keuter*, NJW, 2010, 1851, der, wie andere Autoren auch, die Stellung des verfahrensfähigen Kindes explizit aus seiner Betrachtung ausklammert.

464 Die Möglichkeit des Verzichts auf den Ergänzungspflegers andeutend schon *BVerfGE* 72, 121, 135; zum Verfahrensbeistand als milderes Mittel *BGHZ* 191, 48, Rn. 18; Dutta/Jacoby/D. Schwab/*Lack*, 4. Aufl. (2021), § 158b FamFG, Rn. 31; Prütting/Helms/*S. Hammer*, 6. Aufl. (2022), § 151 FamFG, Rn. 59; Staudinger/*Dürbeck* (2023), § 1684 BGB, Rn. 79.

465 *BGH*, Beschluss v. 24.01.2018 – XII ZB 383/17, FamRZ 2018, 601; *Jahani*, Die Rechtsstellung minderjähriger Kinder im familiengerichtlichen Verfahren zwischen Beteiligung und Repräsentation, 2023, S. 62 f.; *Schauberger*, Die Partizipation Minderjähriger im Verfahren der freiwilligen Gerichtsbarkeit, 2015, S. 66; Prütting/Helms/*Abramenko*, 6. Aufl. (2022), § 60 FamFG, Rn. 8; Zöller/*Feskorn*, 35. Aufl. (2024), § 60 FamFG, Rn. 3; Sternal/*Jokisch*, 21. Aufl. (2023), § 60 FamFG, Rn. 1; Bumiller/Harders/Schwamb/*Bumiller*, 13. Aufl. (2022), § 60 FamFG, Rn. 1; MüKo FamFG/*A. Fischer*, 4. Aufl. (2025), § 60 FamFG, Rn. 12; Schulte-Bunert/Weinreich/*Schöpflin*, 7. Aufl. (2023), § 9 FamFG, Rn. 9; a. A.: BeckOGK BGB/*Burghart* (2025), § 1666 BGB, Rn. 204.1.

befugt, das Beschwerderecht im Namen des Kindes wahrzunehmen.[466] Diese Argumentation greift jedoch zu kurz. Solange das Kind das Beschwerderecht nicht wahrnimmt, besteht dennoch abstrakt das Beschwerderecht. Es erlischt nicht mit der fehlenden Wahrnehmung. Ein daneben bestehendes Recht der gesetzlichen Vertreter zur Wahrnehmung im Namen des Kindes besteht also entweder durchgängig oder gar nicht. Diese Frage wird durch Auslegung des § 60 FamFG beantwortet.

aaa) Wortlaut

Nach dem Gesetzeswortlaut kann das Kind sein Beschwerderecht „ohne Mitwirkung" des gesetzlichen Vertreters geltend machen. Dadurch wird aber nur geregelt, dass es dafür der gesetzlichen Vertretung nicht bedarf. Eine Entscheidung über das weitere Bestehen der gesetzlichen Vertretungsmacht in diesem Bereich wird dadurch nicht getroffen.

bbb) Gesetzgebungshistorie

Etwas mehr Aufschluss gibt dagegen die Gesetzesbegründung. Danach regele § 60 FamFG das Beschwerderecht des Kindes, das „unabhängig vom Willen der ihn *ansonsten* vertretenden Person" [H.d.V.][467] bestehe. Aus der ausschließenden Formulierung „ansonsten" könnte gefolgert werden, dass eben eine gesetzliche Vertretungsbefugnis nur besteht, soweit es nicht das Beschwerderecht des Kindes betrifft.

Gleichwohl sollte sich durch die Einführung des § 60 FamFG auch nichts an der bisherigen Rechtslage ändern.[468] Zur Geltung des wortgleichen § 59 FGG war anerkannt, dass die Befugnis des gesetzlichen Vertreters neben der des Kindes bestehen bleibt und von der Ausübung durch das Kind unabhängig ist.[469] Es erscheint wahrscheinlicher, dass mit der Formulierung in der Gesetzesbegründung die Vertretungsbefugnis in diesen Fällen nicht eingeschränkt werden sollte.

---

466 Prütting/Helms/*Abramenko*, 6. Aufl. (2022), § 60 FamFG, Rn. 8; *Schauberger*, Die Partizipation Minderjähriger im Verfahren der freiwilligen Gerichtsbarkeit, 2015, S. 66.

467 BT-Drs. 16/6308, 204.

468 So ausdrücklich die Gesetzesbegründung, vgl. BT-Drs. 16/6308, 204.

469 P. Jansen/Schuckmann/Sonnenfeld/*Briesemeister*, 3. Aufl. (2005), § 59 FGG, Rn. 16; *Kunz*, Zentralblatt für Jugendrecht und Jugendwohlfahrt, 1980, 630, 636.

ccc) Sinn und Zweck

Auch wird in diesem Kontext vorgebracht, dass § 60 FamFG nur dazu diene, die Handlungsfähigkeit des Kindes zu erweitern, ihm aber keine alleinige Verantwortung in Bezug auf die Wahrnehmung seines Beschwerderechts zu übertragen.[470] Dieses Argument kann dabei nur für den Fall greifen, in dem das Kind das Beschwerderecht nicht wahrnimmt, jedenfalls aber, wenn das Kind aktiv sein Beschwerderecht ausübt – sei es durch die Einlegung der Beschwerde oder durch die Erklärung eines Verzichts – wird dem Kind keine Verantwortung gegen seinen Willen übertragen. Würde man hier ebenso ein Beschwerderecht der gesetzlichen Vertreter im Namen des Kindes annehmen, so würde dies die grundsätzlich durch § 60 FamFG anerkannte Beschwerdeführungsbefugnis konterkarieren. Indem § 60 FamFG dem Kind die Beschwerdeführungsbefugnis zuerkennt, erkennt der Gesetzgeber an, dass das Kind in diesem Bereich grundsätzlich die notwendige Einsichtsfähigkeit besitzt. Diese gesetzgeberische Entscheidung darf nicht dadurch unterlaufen werden, dass die Ausübung des Beschwerderechts durch die gesetzlichen Vertreter „korrigiert" werden kann.[471]

ddd) Grundrechtliche Wertungen

Dies deckt sich mit den oben gefundenen Erkenntnissen zur verfassungsrechtlichen Selbstbestimmungsfähigkeit des Kindes. Die Beschwerdefähigkeit nach § 60 FamFG stellt zwar keine absolute Selbstwahrnehmungsberechtigung dar, gleichwohl eine „auf Probe".[472] Danach hat die Eigenwahrnehmung Vorrang vor der Fremdwahrnehmung.

eee) Die Abgrenzungsproblematik

Problematisch ist dabei jedoch die Abgrenzung, wann eine aktive Entscheidung des Kindes bezüglich der Ausübung seines Beschwerderechts vorliegt.

---

470 MüKo FamFG/*A. Fischer*, 4. Aufl. (2025), § 60 FamFG, Rn. 12.

471 Zutreffend insoweit die Erkenntnis, dass die Eltern dem Minderjährigen das Beschwerderecht nicht durch Verzicht oder Rücknahme „aus der Hand schlagen" dürfen, vgl. MüKo FamFG/*A. Fischer*, 4. Aufl. (2025), § 60 FamFG, Rn. 12; ähnlich für die Diskussion zur Verfahrensfähigkeit des Betroffenen im Betreuungsverfahren auch MüKo FamFG/*Schmidt-Recla*, 3. Aufl. (2019), § 275 FamFG, Rn. 6, der richtigerweise feststellt, dass keine „Richtigkeitskontrolle" installiert werden dürfe.

472 Dazu oben, B. I. 4. b) bb).

Gleichzeitig muss auch das Kind geschützt werden, dass sein Beschwerderecht nicht ausüben will, weil es sich dazu nicht fähig sieht. Dann müssen die gesetzlichen Vertreter weiterhin zum Schutz seiner Interessen bereitstehen können.[473] Eine Abgrenzung zwischen der Nichtwahrnehmung wegen fehlenden Willens zur Beschwerde und fehlenden Willens zur Ausübung des Beschwerderechts ist kaum möglich. So kann die Nichtwahrnehmung des Beschwerderechts selbst dann eine aktive Ausübung des Beschwerderechts sein – und wäre dann gegenüber der Ausübung durch die gesetzlichen Vertreter vorrangig zu respektieren – wenn sie sich noch nicht in einer Verzichtserklärung manifestiert hat. Eine Abgrenzung zwischen dem handlungswilligen und handlungsunwilligen und damit schutzbedürftigen Kind ist kaum möglich.

fff) Ergebnis

Es ergibt sich hier also eine schwierige Abwägung zwischen der verfassungsrechtlich gebotenen Respektierung der teilweisen Selbstbestimmungsfähigkeit des Kindes und damit seines Willens auf der einen und dem Schutz desselben auf der anderen Seite.

Einen gelungenen Kompromiss stellt somit der von der herrschenden Ansicht angenommene generelle Vorrang der Prozesshandlungen des Kindes dar.[474] Der gesetzliche Vertreter darf damit grundsätzlich neben dem Kind das Beschwerderecht in dessen Namen ausüben, gleichzeitig besteht ein strenger Vorrang der Prozesshandlung des Kindes, und zwar ohne, dass eine Bewertung dieser Handlung unter Kindeswohlgesichtspunkten erfolgen darf. Im Übrigen bleibt die Handlungsbefugnis des gesetzlichen Vertreters von der Beschwerdeführungsbefugnis des Kindes nach § 60 FamFG unberührt.

---

473 In diese Richtung ist auch die oben angesprochene Funktion der „Ausfallversicherung" gemeint, vgl. B. I. 4. b) bb).

474 *Schauberger*, Die Partizipation Minderjähriger im Verfahren der freiwilligen Gerichtsbarkeit, 2015, S. 67; Zöller/*Feskorn*, 35. Aufl. (2024), § 60 FamFG, Rn. 6; Prütting/Helms/*Abramenko*, 6. Aufl. (2022), § 60 FamFG, Rn. 8; *Heiter*, FamRZ, 2009, 85, 88; a. A. *Rösler*, Die Verfahrensbeistandschaft, 2014, S. 128, die die Prozesshandlungen wie solche unterschiedlicher Beteiligter behandeln und daher nach allgemeinen Verfahrensgrundsätzen verfahren will.

bb) § 9 Abs. 1 Nr. 3 FamFG

Besteht die Verfahrensfähigkeit des Kindes nach § 9 Abs. 1 Nr. 3 FamFG kann die obige Argumentation nicht ohne weiteres übertragen werden. Die Verfahrensfähigkeit hängt, anders als bei § 60 FamFG, von der aktiven Teilnahme des Minderjährigen ab,[475] zudem sind die Zielrichtung beider Vorschriften nicht kongruent. Während § 60 FamFG vor allem eine Kontrollmöglichkeit durch das Kind schaffen will,[476] soll § 9 Abs. 1 Nr. 3 FamFG die Durchsetzung zivilrechtlicher eigener Ansprüche des Kindes ermöglichen.[477] Dabei handelt es sich nicht selten auch um subjektive Rechte des Kindes, die im Kontrast zu den Interessen der gesetzlichen Vertreter stehen. Eine verfahrensrechtliche Vertretung durch den gesetzlichen Vertreter erscheint damit zunächst nicht in Einklang zu bringen.

Strittig ist insofern, inwieweit die nach § 9 Abs. 1 Nr. 3 FamFG erlangte Verfahrensfähigkeit die Handlungsbefugnis des gesetzlichen Vertreters berührt. Nach herrschender Meinung hat sie jedoch keine Auswirkungen. Die Verfahrensfähigkeit des Kindes stehe vielmehr neben der weiterhin bestehenden gesetzlichen Vertretungsbefugnis der Eltern.[478] Nur im Konfliktfall setzte sich dann die Erklärung des Kindes durch.[479]

Nur vereinzelt wird dagegen vertreten, dass die Vertretungsmacht der gesetzlichen Vertreter zur Vertretung im Verfahren mit Erlangung der Verfahrensfähigkeit durch das Kind generell erlösche.[480]

---

[475] Dazu schon oben, B. II. 2. b) aa).

[476] So auch Prütting/Helms/*Abramenko*, 6. Aufl. (2022), § 60 FamFG, Rn. 1.

[477] BT-Drs. 16/9733, 288; dazu schon oben, B. II. 2. b) aa).

[478] Prütting/Helms/*S. Hammer*, 6. Aufl. (2022), § 151 FamFG, Rn. 58a; für den Vormund als gesetzlichen Vertreter *BGH*, Beschluss v. 24.01.2018 – XII ZB 383/17, FamRZ 2018, 601, 3. Ls; Prütting/Helms/*Abramenko*, 6. Aufl. (2022), § 60 FamFG, Rn. 8; a. A. *Burghart*, FamRZ, 2019, 1029, 1033; Schulte-Bunert/Weinreich/*Schöpflin*, 7. Aufl. (2023), § 9 FamFG, Rn. 9.

[479] Prütting/Helms/*S. Hammer*, 6. Aufl. (2022), § 156 FamFG, Rn. 51; anders dagegen *Jahani*, Die Rechtsstellung minderjähriger Kinder im familiengerichtlichen Verfahren zwischen Beteiligung und Repräsentation, 2023, S. 63, die im Konfliktfall der Handlung den Vorzug geben will, die auf Fortführung des Verfahrens gerichtet ist, um eine Beschäftigung des Gerichts mit dem umstrittenen Gegenstand zu ermöglichen.

[480] BeckOGK BGB/*Burghart* (2025), § 1666 BGB, Rn. 163; Schulte-Bunert/Weinreich/*Schöpflin*, 7. Aufl. (2023), § 9 FamFG, Rn. 9; *Burghart*, FamRZ, 2019, 1029, 1033; in diese Richtung könnte jedoch auch *BGHZ* 191, 48, Rn. 8 verstanden werden.

aaa) Wegfall der Handlungsbefugnis

Burghart stützt sich dabei vor allem darauf, dass den gesetzlichen Vertretern die Handlungsbefugnis fehle. Aufgabe der gesetzlichen Vertretung sei es, über eine fehlende eigene Handlungsfähigkeit des Kindes hinwegzuhelfen. Da das Kind mit Erlangung der Verfahrensfähigkeit ferner die Handlungsfähigkeit erlange, sei die gesetzliche Vertretung durch die gesetzlichen Vertreter nicht mehr nötig, sodass sich die gesetzlichen Vertreter auf Ihre gesetzliche Vertretungsbefugnis nicht berufen könnten.[481] Für diese Sichtweise spricht jedenfalls, dass es der gesetzlichen Vertretung auch auf materieller Ebene nicht bedarf, weil das Kind durch die Verfahrensfähigkeit gleichfalls die notwendigen materiellen Befugnisse erlangt.[482]

bbb) Systematischer Vergleich mit § 9 Abs. 2 FamFG

Ein Nebeneinander von gesetzlichem Vertreter und verfahrensfähigem Kind widerspreche zudem der Regelung des § 9 Abs. 2 FamFG, der eine Handlungsbefugnis des gesetzlichen Vertreters gerade nur für das verfahrensunfähige Kind anordne.[483] Damit regele § 9 Abs. 2 FamFG inzident zudem, dass den Eltern die Handlungsbefugnis nur für diesen Fall zukomme und mithin nicht gelte, wenn das Kind selbst verfahrensfähig ist.

Das systematische Argument des § 9 Abs. 2 FamFG scheint auf den ersten Blick überzeugend. Es erscheint in der Tat widersprüchlich, die Handlungsbefugnis des verfahrensunfähigen Kindes dem gesetzlichen Vertreter zu übertragen, gleichzeitig aber bei einem verfahrensfähigen Kind von einer parallelen Handlungsbefugnis des gesetzlichen Vertreters auszugehen. Dies verkennt aber die Bedeutung des § 9 Abs. 2 FamFG. Würde damit nur die Vertretungsbefugnis dem gesetzlichen Vertreter übertragen, wäre die Norm vielmehr unnötig, weil die Vertretung im Prozess schon von sich aus als Teil der Sorgebefugnisse des gesetzlichen Vertreters aus § 1629 BGB bzw. § 1789 Abs. 2 S. 2 BGB ergibt und daher nicht gesondert angeordnet werden müsste.[484]

---

[481] BeckOGK BGB/*Burghart* (2025), § 1666 BGB, Rn. 163; *Burghart*, FamRZ, 2019, 1029, 1033.

[482] dazu schon oben, B. II. 2. b) dd).

[483] *Burghart*, FamRZ, 2019, 1029, 1033.

[484] Staudinger/*Lettmaier* (2020), § 1629 BGB, Rn. 23.

§ 9 Abs. 2 FamFG ist vielmehr in seinem systematischen Kontext zu sehen. Es steht im allgemeinen Teil des FamFG und regelt damit nicht nur die Vertretung von nicht verfahrensfähigen Kindern, sondern von allen nicht verfahrensfähigen Beteiligten. Dies müssen nicht zwingend nur Kinder sein, in Betracht kommen zudem nicht geschäftsfähige Erwachsene. Diese sind – außer in Betreuungssachen, vgl. § 275 Abs. 1 FamFG – nicht verfahrensfähig und müssen daher im Verfahren – soweit es sich nicht um Betreuungsverfahren i. S. d. § 271 FamFG handelt – durch ihren gesetzlichen Vertreter, den Betreuer, vertreten werden.[485]

Sind sie aber verfahrensfähig, wie etwa in Betreuungssachen, bedürfen sie selbst dann keines gesetzlichen Vertreters, wenn sie geschäftsunfähig sind.[486] Ein Nebeneinander des verfahrensfähigen Erwachsenen und einer dritten, für den Erwachsenen handlungsfähigen Person, ist schon nicht denkbar. § 9 Abs. 2 FamFG trifft somit keine Aussage für diese Gruppe.

§ 9 Abs. 2 FamFG regelt damit nur deklaratorisch die Vertretung für alle verfahrensunfähigen Beteiligten. Dies ist notwendig, weil in diesen Verfahren typischerweise die gesetzlichen Vertreter auch als Beteiligte im Verfahren auftreten. Dass die gesetzliche Vertretung dennoch möglich ist, sollte damit klargestellt werden. Eine Aussage für verfahrensfähige Beteiligte, die aber nicht geschäftsfähig sind, will das Gesetz damit demgegenüber nicht treffen. Aus § 9 Abs. 2 FamFG kann daher keine Aussage darüber abgeleitet werden, ob neben dem verfahrensfähigen Kind den Eltern eine Handlungsbefugnis zukommt.

ccc) Fehlende Vorrangregelung

Nach Meinung *Burgharts* sei ein Wegfall der Handlungsbefugnis schon deswegen zwingend, weil es an Regelungen für Konfliktfälle widersprechender Äußerungen des verfahrensfähigen Kindes und des gesetzlichen Vertreters fehle. Das Fehlen solcher Regelungen spreche daher dafür, dass eine eigene Handlungsbefugnis des gesetzlichen Vertreters neben dem verfahrensfähigen Kind vom Gesetzgeber nicht gewollt sei.[487] In der Tat wird

---

485 HK-BUR/*A. Bauer/Deinert*, 143. EL (154. EL 6.2025), § 1823 BGB, Rn. 19, 43.

486 Dem Betreuer fehlt es in diesen Fällen schon an der gesetzlichen Vertretungsmacht, vgl. HK-BUR/*A. Bauer*, 145. EL (154. EL 6.2025), § 275 FamFG, Rn. 20; Sternal/*Giers*, 21. Aufl. (2023), § 275 FamFG, Rn. 3.

487 *Burghart*, FamRZ, 2019, 1029, 1033.

hier üblicherweise ohne stichhaltige Argumente von der herrschenden Ansicht mit Verweis auf § 275 FamFG angenommen, dass im Konfliktfall die Verfahrenshandlung des Minderjährigen vorrangig sei.[488] Aus § 275 FamFG ergibt sich eine solche Vorrangregelung aber jedenfalls nicht direkt. Argumentiert wird hier vielmehr mit dem Sinn und Zweck der eigenständigen Verfahrensfähigkeit.[489] Zwar mag es zutreffend sein, dass nach dem Sinn und Zweck die Verfahrenshandlung des Kindes vorrangig sein muss, dies kann aber eine eindeutige Vorrangregelung nicht ersetzen. Hätte der Gesetzgeber wirklich nur eine weitere Verfahrensfähigkeit neben dem gesetzlichen Vertreter anordnen wollen, hätte er eine eindeutige Regelung treffen müssen. Dass eine solche fehlt, spricht eher dafür, dass dies eben nicht gewollt war. Auch an anderen Stellen kennt das Gesetz eine Doppelzuständigkeit, dort gilt üblicherweise jedoch das Prinzip der Priorität.[490] Ein solches könnte auch im Verhältnis zwischen Kind und gesetzlichen Vertreter herrschen. Die Annahme einer anderen Vorrangregelung hätte danach einer gesetzlichen Regelung bedurft.

ddd) Vergleich mit §§ 112, 113 BGB, § 52 ZPO

Es bietet sich somit hier an, einen Vergleich mit sonstigen Regelungen anzustellen, in denen das Gesetz dem Kind eine eigene eingeschränkte Handlungsbefugnis einräumt. Zu nennen wäre hier insbesondere §§ 112, 113 BGB.[491]

Bei §§ 112, 113 BGB wird überwiegend vertreten, dass die Vertretung der Eltern in den Bereichen, in denen nach §§ 112, 113 BGB eine Geschäftsfähigkeit des Kindes besteht, ruht.[492] Hier wird also die Vertretungsmacht der Eltern als „Sicherheitsnetz" nicht für nötig erachtet. Vielmehr werden

---

488 Vgl. *Schauberger*, Die Partizipation Minderjähriger im Verfahren der freiwilligen Gerichtsbarkeit, 2015, S. 67 m.w.N.

489 Prütting/Helms/*S. Hammer*, 6. Aufl. (2022), § 151 FamFG, Rn. 58a.

490 So bspw. im Sachenrecht, aber auch bei divergierenden Rechtsgeschäften von Betreuer und Betreutem, vgl. HK-BUR/*A. Bauer/Deinert*, 143. EL (154. EL 6.2025), § 1823 BGB, Rn. 40.

491 *Heiter*, FamRZ, 2009, 85, 88.

492 Zu § 112 BGB: Staudinger/*Klumpp* (2021), § 112 BGB, Rn. 30; BeckOK BGB/*Wendtland*, 74. Aufl. (2025), § 112 BGB, Rn. 8; jurisPK BGB/*Hansen*, 10. Aufl. (2023), § 112 BGB, Rn. 25; zu § 113 BGB: jurisPK BGB/*Hansen*, 10. Aufl. (2023), § 113 BGB, Rn. 17; Staudinger/*Klumpp* (2021), § 113 BGB, Rn. 26 m.w.N.

Erklärungen des gesetzlichen Vertreters als ohne Vertretungsmacht gewertet, sodass die §§ 177–179 BGB auf sie angewendet werden.[493]

Ist das Kind nach §§ 112, 113 BGB geschäftsfähig, so erlangt es dadurch die Prozessfähigkeit nach § 52 ZPO.[494] Auch bezüglich dieser Prozessfähigkeit ist in der Konsequenz daher anerkannt, dass eine gesetzliche Vertretung im Prozess neben dem prozessfähigen Kind nicht möglich ist.[495]

Ein maßgeblicher Unterschied zu §§ 9 Abs. 1 Nr. 3, 60 FamFG dürfte aber darin bestehen, dass die Geschäftsfähigkeit nach § 112 BGB nicht „von selbst" eintritt, sondern nur nach Genehmigung des Familiengerichts eintreten kann.[496] Damit ist der Anwendungsfall von vornherein stark beschränkt und dessen Reichweite der gerichtlichen Kontrolle unterworfen. Dies gilt für die Geschäftsfähigkeit nach § 113 BGB dagegen nicht. Dort bedarf es jedoch ebenso der vorherigen Einwilligung durch die gesetzlichen Vertreter, die dadurch ihre gesetzliche Vertretungsmacht „freiwillig" aufgeben. Dies rechtfertigt es auch, davon auszugehen, dass den Eltern dann im Prozess keine Vertretungskompetenz mehr zukommen soll.[497] Im Unterschied dazu erfolgt die Verfahrensfähigkeit des Kindes im FamFG ohne Mitwirkung des gesetzlichen Vertreters und die Interessen von gesetzlichen Vertreter und Kind sind typischerweise – anders als bei §§ 112, 113 BGB – nicht gleichgerichtet. Die Meinung zu §§ 112, 113 BGB oder § 52 ZPO kann daher nicht auf § 9 übertragen werden.

eee) Vergleich zur Stellung des Betreuers

Dagegen könnte sich hier ein Vergleich mit dem Betroffenen im Betreuungsverfahren anbieten. Betrachtet man dessen rechtliche Position im Verfahren, so ist diese ähnlich zu der des über 14-jährigen Kindes. Auch die Verfahrensfähigkeit des Betroffenen im Betreuungsverfahren wird durch § 275 FamFG unabhängig vom Willen des Betreuers als gesetzlichen Vertreter fingiert und ermöglicht somit ähnlich wie § 9 Abs. 1 Nr. 3 FamFG eine Verfahrensfähigkeit

---

[493] Staudinger/*Klumpp* (2021), § 113 BGB, Rn. 26.

[494] Staudinger/*Klumpp* (2021), § 113 BGB, Rn. 25.

[495] MüKo ZPO/*Hau*, 7. Aufl. (2025), § 52 ZPO, Rn. 11; Stein/Jonas/*Jacoby*, 24. Aufl. (2024), § 52 ZPO, Rn. 3.

[496] jurisPK BGB/*Hansen*, 10. Aufl. (2023), § 112 BGB, Rn. 19.

[497] Jedenfalls bzgl. § 113 ZPO ist zudem anerkannt, dass die Erhebung der Klage durch den gesetzlichen Vertreter als konkludente Rücknahme der Ermächtigung nach § 112 BGB zu sehen ist, vgl. MüKo ZPO/*Hau*, 7. Aufl. (2025), § 52 ZPO, Rn. 11.

unabhängig von der Geschäftsfähigkeit. Zwar steht dessen Betreuer ebenso wie den gesetzlichen Vertretern des Kindes die Vertretung im Verfahren zu,[498] anders als für die gesetzlichen Vertreter des Kindes ist für den Betreuer aber anerkannt, dass diese in Betreuungssachen, in denen der Betroffene selbst verfahrensfähig ist, erlischt.[499] Dabei mag man anführen, dass dies an der Eigenart des Betreuungsverfahrens liegt, in dem gerade über die Bestellung/Abbestellung des Betreuers bzw. des Umfangs seiner Bestellung entschieden wird. Betrachtet man dies jedoch genauer, so stellt man fest, dass Kindschaftsverfahren ebenso häufig das Verhältnis zwischen dem Kind und seinem gesetzlichen Vertreter zum Gegenstand haben. Hier kann es ebenso um das Sorgeverhältnis und damit letztlich um nichts anderes als das Bestehen und die Reichweite der gesetzlichen Vertretungsmacht gehen.

Auch der Vergleich mit der Position des Betreuers im Betreuungsverfahren spricht daher dafür, davon auszugehen, dass die Vertretungsbefugnis der gesetzlichen Vertreter im Falle der Verfahrensfähigkeit des Kindes ruht.

fff) Das Problem der praktischen Umsetzbarkeit

Die Anordnung eins Ruhens der Vertretungsmacht der gesetzlichen Vertreter könnte dabei vor allem praktische Probleme mit sich bringen. Wie gezeigt, ist die Verfahrensfähigkeit bei § 9 Abs. 1 Nr. 3 FamFG maßgeblich vom Willen des Kindes abhängig und kann also sowohl erst im Verlauf des Verfahrens eintreten als auch wieder erlöschen. Bei einem Ruhen der Vertretungsbefugnis bestünde damit die Gefahr, dass bei jedem Handeln des gesetzlichen Vertreters für das Kind gesondert geprüft werden müsste, ob das Kind noch verfahrensfähig ist. Dies würde sowohl dem Beschleunigungsgrundsatz entgegenstehen als auch die Gefahr eröffnen, dass der Minderjährige in Ausnahmefällen nicht vertreten wird, weil die gesetzlichen Vertreter in Annahme fehlender Vertretungsbefugnis keine Verfahrenshandlungen für das Kind abgeben. Die Geltendmachung der Rechte ist jedoch im Verfahren eindeutig zu erkennen, sodass bis zur aktiven Aufgabe der Verfahrensfähigkeit durch das Kind dieses als verfahrensfähig zu behandeln ist. Eine zeitaufwendige Prüfpflicht dürfte sich daraus in der Regel nicht ergeben.

---

[498] HK-BUR/*A. Bauer/Deinert*, 143. EL (154. EL 6.2025), § 1823 BGB, Rn. 19, 43.

[499] HK-BUR/*A. Bauer*, 145. EL (154. EL 6.2025), § 275 FamFG, Rn. 20; Sternal/*Giers*, 21. Aufl. (2023), § 275 FamFG, Rn. 3.

Zudem ist die Gefahr einer fehlenden Vertretung bei § 9 Abs. 1 Nr. 3 FamFG als gering zu bewerten, da hier eine aktive Geltendmachung erforderlich ist, mithin das Kind aktiv seine Verfahrensfähigkeit „ablegen" muss. Ein Nichthandeln durch das Kind dürfte als solches nicht ausreichend sein. Daher ist für die gesetzlichen Vertreter in der Regel gut erkennbar, ob sie zur Vertretung des Kindes berechtigt sind. Ein Zusammentreffen von Verfahrensfähigkeit bei gleichzeitiger Verfahrensunwilligkeit ist bei der Verfahrensfähigkeit nach § 9 Abs. 1 Nr. 3 FamFG nicht zu befürchten. In den Bereichen, in denen das Kind nicht (mehr) verfahrensfähig ist, lebt die Vertretungsbefugnis der gesetzlichen Vertreter dann wieder auf.

cc) Zwischenergebnis

Für das Verhältnis von verfahrensfähigem Kind zu seinen gesetzlichen Vertretern ergibt sich daher ein differenziertes Ergebnis. Während bei der Beschwerdeführungsbefugnis nach § 60 FamFG die gesetzliche Vertretungsbefugnis der gesetzlichen Vertreter daneben zwar bestehen bleibt, aber gegenüber divergierenden Verfahrenshandlungen des Kindes zurücktritt, ruht die gesetzliche Vertretungsbefugnis in Fällen des § 9 Abs. 1 Nr. 3 FamFG dagegen vollständig. Eine solch differenzierende Betrachtung könnte somit ebenso im Verhältnis von verfahrensfähigem Kind und Verfahrensbeistand angebracht sein.

e) Rechtsstellung des Verfahrensbeistands

Damit ist von Interesse, wie das Verhältnis des Kindes zum Verfahrensbeistand aus verfahrensrechtlicher Perspektive beschrieben werden kann. Dabei ist wiederum zwischen verfahrensfähigem und nicht verfahrensfähigem Kind zu unterscheiden. Daher soll in einem ersten Schritt das Verhältnis des Verfahrensbeistands zum nicht verfahrensfähigen Kind dem Versuch einer Bestimmung zugefügt werden, um in der Folge sich mit der Frage auseinanderzusetzen, wie dieses Verhältnis durch die Verfahrensfähigkeit des Kindes beeinflusst wird.

aa) Rechtsstellung des Verfahrensbeistands im Verhältnis zum Kind

Der Verfahrensbeistand nimmt im Gegensatz zu den gesetzlichen Vertretern keine gesetzliche Vertreterrolle ein, wie § 158b Abs. 3 S. 3 FamFG noch einmal ausdrücklich klarstellt. Er ist keine nach bürgerlichem Recht befugte

Person im Sinne des § 9 Abs. 2 FamFG, sodass er nicht zur Vertretung des Kindes im Verfahren befugt ist.

Gleichwohl steht der Verfahrensbeistand nicht wie eine unbeteiligte dritte Person neben dem Kind. Seine Beziehung zum Kind ist daher nicht so einfach zu beschreiben und wird vor allem durch die negative Abgrenzung in § 158b Abs. 3 S. 3 FamFG bestimmt. So hat auch der Verfahrensbeistand im Verhältnis zum Kind einige Rechte, die einer Vertreterstellung zumindest nahekommen. Er kann beispielsweise nach § 158b Abs. 3 S. 2 FamFG im Interesse des Kindes Rechtsmittel einlegen und dies nach Ansicht des BverfG im Falle der Verfassungsbeschwerde sogar im Namen des Kindes.[500] Gerade das Recht zur Einlegung von Rechtsmitteln im Interesse des Kindes zeigt die verfahrensrechtliche Verflechtung zwischen Verfahrensbeistand und Kind. Hier ist die Stellung des Verfahrensbeistands am ähnlichsten zu der eines gesetzlichen Vertreters, weil er eine für das Kind wirkende Verfahrenshandlung vornimmt und sich dabei nicht auf eine eigene Rechtsverletzung, sondern auf die Rechtsverletzung des Kindes stützt.[501] Der Verfahrensbeistand soll gerade – mit Ausnahme der Verfassungsbeschwerde und anders als die gesetzlichen Vertreter – keine Rechte für das Kind wahrnehmen, sondern nur Interessen des Kindes. Er kann damit als rechtlicher Interessenvertreter im Gegensatz zum rechtlichen Vertreter beschrieben werden.[502]

Neben dem nicht verfahrensfähigen Kind ist diese Rechtsstellung nicht begrenzt. Die Gefahr divergierender Verfahrenshandlungen besteht nicht, sodass der Verfahrensbeistand in diesen Fällen alle Rechte uneingeschränkt nutzen kann. Anders könnte dies für den Verfahrensbeistand zu beurteilen sein, der neben dem verfahrensfähigen Kind bestellt wird.

bb) Auswirkungen der Verfahrensfähigkeit des Kindes auf das Verhältnis zum Verfahrensbeistand

Für die Beurteilung, welche Auswirkungen die Verfahrensfähigkeit des Kindes auf die Rechte des Verfahrensbeistands haben, muss man dieses besondere Verhältnis beachten. Es erscheint dabei, ähnlich wie beim Verhältnis zum

---

[500] *BVerfG 1. Senat 1. Kammer*, Einstweilige Anordnung v. 07.03.2022 – 1 BvR 65/22, Rn. 18; *BVerfG*, Beschluss v. 03.02.2017 – 1 BvR 2569/16, FamRZ 2017, 524, 526; Beschluss v. 05.12.2016 – 1 BvR 2569/16, FamRZ 2017, 206, 207 Rn. 38.

[501] Näher dazu unten, B. II. 5. a) cc).

[502] „Institut sui generis“, *Rösler*, Die Verfahrensbeistandschaft, 2014, S. 203.

gesetzlichen Vertreter nicht eindeutig, wie sich die Erlangung der Verfahrensfähigkeit auf die Rechtsstellung des Verfahrensbeistands auswirkt. Die Frage, wie die Verfahrensfähigkeit das Verhältnis von Kind und Verfahrensbeistand beeinflusst, stellt sich dabei nicht nur im Konfliktfall, sondern ferner bei Aufgaben des Verfahrensbeistands, die dieser „im Interesse des Kindes" wahrnehmen soll. Dort stellt sich die Frage, wie die Auslegung dieses Merkmals zu erfolgen hat, wenn das Kind verfahrensfähig ist.[503] Dies wird hier sowohl durch Auslegung der entsprechenden gesetzlichen Vorschriften, insbesondere des § 158b FamFG, als auch durch Vergleich mit ähnlichen Rechtsfiguren und zudem durch die Berücksichtigung des grundrechtlichen Verhältnisses ermittelt.

aaa) Wortlaut

Der Wortlaut der Norm deutet dabei eher darauf hin, dass dem Verfahrensbeistand eine eigenständige Rechtsposition unabhängig vom Kind zustehen soll. So stellt § 158b Abs. 3 S. 1 FamFG klar, dass der Verfahrensbeistand Beteiligter im Verfahren ist. Ihm kommen somit alle Rechte eines verfahrensfähigen Beteiligten zu. § 158b Abs. 3 S. 3 FamFG statuiert darüber hinaus, dass der Verfahrensbeistand nicht gesetzlicher Vertreter des Kindes ist. Dies ließe darauf schließen, dass seine Rechtsposition insoweit nicht vom Kind abhängig sein soll.

In eine andere Richtung deutet nur § 158b Abs. 3 S. 2 FamFG. Danach kann der Verfahrensbeistand Rechtsmittel „im Interesse des Kindes" einlegen. Dies stellt damit die Wahrnehmung der Rechtsmittelbefugnis des Verfahrensbeistands unter die Prämisse, dass sie im Interesse des Kindes liegt. Dort erfolgt die einzige Anknüpfung an das Kind. Das Interesse des Kindes ist jedoch grundsätzlich unabhängig von der Verfahrensfähigkeit des Kindes zu sehen, sodass sich daraus keine Auswirkungen der Verfahrensfähigkeit auf die Handlungsbefugnis des Verfahrensbeistands ablesen lassen.[504]

bbb) Historie

Auch die Gesetzgebungshistorie liefert keinen Aufschluss. Auf das Verhältnis zwischen verfahrensfähigem Kind und Verfahrensbeistand wird dort nicht

503 Dazu unten, B. II. 5.

504 Zur Auslegung des Merkmals und der Bedeutung des Willens des verfahrensfähigen Kindes unten, B. II. 5. a) cc) ccc).

Bezug genommen. Einzig in den Beratungen wurde überlegt, die Bestellung des Verfahrensbeistands bei einem 14-jährigen Kind auf seinen Antrag hin zu ermöglichen.[505] Begründet wurde die Streichung damit, dass das Aufgabenprofil des Verfahrensbeistands auf die Vertretung jüngerer Kinder zugeschnitten sei.[506] Daraus lässt sich aber nicht schließen, dass eine Vertretung älterer Kinder von Gesetzes wegen nicht möglich sei oder die Verfahrensfähigkeit dadurch in irgendeiner Weise tangiert wäre. Vielmehr wurde ebenso dort darauf hingewiesen, dass eine Bestellung für ein verfahrensfähiges Kind auch aufgrund der Regelbeispiele möglich wäre.[507] Interessant ist hier der ausdrückliche Hinweis auf die Verfahrensfähigkeit nach § 9 Abs. 1 Nr. 3 FamFG. Dem Kind solle bei bestehender Verfahrensfähigkeit zur Unterstützung ein Rechtsanwalt beigeordnet werden.[508] Gemeint ist damit weniger die Frage der Kompetenz eines dennoch bestellten Verfahrensbeistands, als vielmehr die Frage der Erforderlichkeit der Unterstützung durch einen Verfahrensbeistand.[509] Es kann daher davon ausgegangen werden, dass der Gesetzgeber sich keine Gedanken über mögliche divergierende Verfahrenshandlungen von Verfahrensbeistand und verfahrensfähigem Kind gemacht hat, sodass ferner die Gesetzgebungshistorie keinen Erkenntnisgewinn bezüglich der Frage der Auswirkungen der Verfahrensfähigkeit des Kindes auf Verfahrenshandlungen des Verfahrensbeistands bringt.

ccc) Vergleich zum gesetzlichen Vertreter

Da der Verfahrensbeistand nach § 158 Abs. 3 S. 3 FamFG kein gesetzlicher Vertreter des Kindes ist, können die eben gewonnen Erkenntnisse zu den Auswirkungen der Verfahrensfähigkeit des Kindes auf die Vertretungsbefugnis der Eltern nicht direkt auf die Rechtsstellung des Verfahrensbeistands übertragen werden. Jedoch bietet sich ein Erst-Recht-Schluss an, da der Verfahrensbeistand in Erfüllung des staatlichen Wächteramtes die Position der gesetzlichen Vertreter jedenfalls insoweit übernimmt, wie diese dazu nicht in der Lage sind.[510] Sie ist daher zur Stellung des gesetzlichen Vertreters

---

505 BT-Drs. 16/6308, 40.
506 BT-Drs. 16/9733, 294.
507 BT-Drs. 16/9733, 294.
508 BT-Drs. 16/9733, 294.
509 Dazu unten, B. II. 3. b).
510 Dazu oben, B. I. 5. b) bb).

vergleichbar, wenn auch schwächer. Wenn daher bei der Stellung des gesetzlichen Vertreters gesagt wird, dass dieser neben dem beschwerdefähigen Kind weiterhin selbst beschwerdefähig bleibt, seine Vertretungsbefugnis neben dem verfahrensfähigen Kind jedoch ruht, so kann sich für den Verfahrensbeistand jedenfalls keine stärkere Stellung ergeben.

ddd) Vergleich zum Verfahrenspfleger

Erkenntnisse können zudem aus einem Vergleich zum Verfahrenspfleger gezogen werden. Dieser hat eine vergleichbare Position. Er wird nach § 276 FamFG dem Betroffenen in Betreuungssachen bestellt und soll nach § 276 Abs. 1 S. 1 die Interessen des Betroffenen im Verfahren wahrnehmen. Der Verfahrenspfleger ist nach § 276 Abs. 4 S. 3 FamFG nicht gesetzlicher Vertreter des Betroffenen und wird nach § 274 Abs. 2 FamFG als Beteiligter hinzugezogen. Der Betroffene im Betreuungsverfahren ist oftmals nicht geschäftsfähig, dies ist aber nicht zwingend. Er wäre daher nach den allgemeinen Regeln zumeist nicht verfahrensfähig. Im Gegensatz zum Kind wird beim Betroffenen im Betreuungsverfahren dieser demgegenüber immer, und zwar unabhängig von der Wahrnehmung subjektiver Rechte nach § 275 FamFG als verfahrensfähig angesehen.

Auffallend ist, dass die Aufgaben des Verfahrenspflegers gegenüber dem Verfahrensbeistand nur begrenzt geregelt sind.[511] Seine Aufgaben sind darüber hinaus stärker an den Willen des Betroffenen gebunden, wie § 276 Abs. 3 FamFG zeigt. Die Prüfung, was die objektiven Interessen des Betroffenen sind, steht dem Verfahrenspfleger – im Gegensatz zum Verfahrensbeistand – gerade nicht zu.[512]

Die Aufgaben sollen nach dem Willen des Gesetzgebers ausdrücklich an die Regelung der Aufgaben des Verfahrensbeistands anknüpfen, aber gleichfalls den Unterschieden – sprich der bestehenden Verfahrensfähigkeit des Betroffenen – Rechnung tragen.[513] Dem Verfahrenspfleger kommt danach vor allem eine Kommunikationsrolle zu.[514] Nach § 276 Abs. 3 S. 2. 2. Hs. FamFG

---

511 Eine Beschreibung der Aufgaben besteht überhaupt erst seit der Reform des Vormundschafts- und Betreuungsrechts, vgl. BT-Drs. 19/24445, 330.

512 Prütting/Helms/*Fröschle*, 6. Aufl. (2022), § 276 FamFG, Rn. 39b.

513 BT-Drs. 19/24445, 330.

514 „Doppelte Kommunikationsrolle“, vgl. Prütting/Helms/*Fröschle*, 6. Aufl. (2022), § 276 FamFG, Rn. 39a.

hat der Verfahrenspfleger „ihn bei Bedarf bei der Ausübung seiner Rechte im Verfahren zu unterstützen". Ob und unter welchen Voraussetzungen davon zudem die Ausübung von Verfahrensrechten umfasst ist, ist nicht ganz klar. Geregelt ist dies nur für den Fall der Einlegung der Beschwerde, für den §§ 303 Abs. 3 S. 3, 335 Abs. 2 FamFG ein eigenständiges Beschwerderecht anordnet. Dieses ist interessanterweise nicht daran gebunden, dass die Rechtsmitteleinlegung im Interesse des Betroffenen liegt.[515] Nach dem Willen des Gesetzgebers soll jedenfalls die Verfahrensfähigkeit des Betroffenen durch die Rechte des Verfahrenspflegers nicht berührt werden.[516]

Nach der herrschenden Meinung in der Literatur soll die Verfahrensstellung des Verfahrenspflegers daher unabhängig von der des Betroffenen sein.[517] Daraus folge, dass auch widersprechende Verfahrenshandlungen möglich und zulässig seien. Diese müssten dann wie sonstige widersprechende Handlungen mehrerer am Verfahren Beteiligter behandelt und jeweils eigenständig über sie entschieden werden.[518] Teilweise wird eine Ausnahme bei der Fähigkeit zur Einlegung von Rechtsmitteln gemacht. Dabei soll nach *Giers* bei Rechtsmitteln, die der Betroffene eingelegt hat, eine Rücknahme durch den Verfahrenspfleger nur mit Zustimmung des Betroffenen möglich sein.[519] Soweit dort davon die Rede ist, dass die Ausübung der Rechte des Verfahrenspflegers dabei aber auf die Wahrnehmung der objektiven Interessen beschränkt sei,[520] meint das wohl nicht eine tatsächliche Beschränkung seiner Handlungsmacht, sondern nur eine

---

[515] A. A.: Prütting/Helms/*Fröschle*, 6. Aufl. (2022), § 276 FamFG, Rn. 206, der verkennt, dass ein solches Erfordernis weder vom Wortlaut gedeckt ist und sich zudem aus der systematischen Betrachtung von § 335 Abs. 2 FamFG das Gegenteil ergibt.

[516] BT-Drs. 19/24445, 330.

[517] HK-BUR/*A. Bauer*, 143. EL (154. EL 6.2025), § 276 FamFG, Rn. 204; BeckOK FamFG/*Günter*, 54. Aufl. (2025), § 276 FamFG, Rn. 2; Sternal/*Giers*, 21. Aufl. (2023), § 276 FamFG, Rn. 25.

[518] HK-BUR/*A. Bauer*, 143. EL (154. EL 6.2025), § 276 FamFG, Rn. 205; *BGH*, Beschluss v. 25.06.2003 – XII ZB 169/99, NJW-RR 2003, 1369, 1370; vorsichtiger Prütting/Helms/*Fröschle*, 6. Aufl. (2022), § 276 FamFG, Rn. 39a–39c.

[519] *BGH*, Beschluss v. 25.06.2003 – XII ZB 169/99, NJW-RR 2003, 1369, 1370; Sternal/*Giers*, 21. Aufl. (2023), § 276 FamFG, Rn. 26; HK-BUR/*A. Bauer*, 143. EL (154. EL 6.2025), § 276 FamFG, Rn. 206.

[520] So vor allem BeckOK FamFG/*Günter*, 54. Aufl. (2025), § 276 FamFG, Rn. 2; *BGH*, Beschluss v. 25.06.2003 – XII ZB 169/99, NJW-RR 2003, 1369, 1370.

Beschränkung seiner Handlungsbefugnis, sprich seines rechtlichen Dürfens, nicht des rechtlichen Könnens.[521]

Die Beteiligtenrechte des Verfahrenspflegers sind nicht ausdrücklich geregelt. Nur § 303 Abs. 3 S. 3 FamFG ordnet ausdrücklich an, dass dem Verfahrenspfleger ein eigenständiges Beschwerderecht zukommt. Man könnte daraus den Schluss ziehen, dass dem Verfahrenspfleger nicht alle Verfahrensrechte zustehen, weil es sonst der besonderen Anordnung des Beschwerderechts nicht bedurft hätte. Die Regelung in § 303 Abs. 3 S. 3 FamFG wird dabei jedoch der besonderen Stellung des Verfahrenspflegers gerecht. Der besonderen Anordnung bedarf es vielmehr deshalb, weil eine eigene Betroffenheit, die ein Beschwerderecht nach § 59 FamFG begründen würde, aufgrund der Natur der Sache beim Verfahrenspfleger nicht eintreten kann. Zur Wahrnehmung seiner Aufgaben muss er mit einem eigenen Beschwerderecht ausgestattet werden, dass es ihm erlaubt, eine Beschwerde ohne eigene Betroffenheit einzulegen. Schlüsse auf die sonstigen Verfahrensrechte können daraus daher nicht geschlossen werden. Für den Verfahrenspfleger gelten also ansonsten die allgemeinen Regelungen. § 274 Abs. 2 FamFG ordnet für den Verfahrenspfleger ausdrücklich an, dass er als ein Beteiligter dem Verfahren hinzugezogen wird. Er ist daher als solcher zu behandeln. Damit muss man im Ergebnis sagen, dass ihm alle Rechte zukommen, die auch den übrigen Beteiligten zukommen.[522] Er kann damit verfahrensrechtlich vollständig unabhängig vom Betroffenen agieren und wird durch die Verfahrensfähigkeit des Betroffenen nicht in seiner Rechtsstellung berührt.

Fraglich scheint nun, welche Schlüsse aus der Stellung des Verfahrenspflegers für die Stellung des Verfahrensbeistands gezogen werden können. Man könnte geneigt sein, aufgrund der aufgezeigten Parallelen die gefundenen Ergebnisse eins zu eins auf den Verfahrensbeistand zu übertragen. Gleichwohl ist die grundrechtliche Stellung von Betroffenem und Kind nicht uneingeschränkt vergleichbar, was einer Übertragung entgegenstehen könnte.

Im Unterschied zum Kind erlangt der Betroffene durch die Fiktion einer vollständigen Verfahrensfähigkeit eine vollständige Grundrechtswahrneh-

---

[521] Dagegen die objektiven Interessen ausdrücklich nicht vom Aufgabenprofil erfasst sehend, Prütting/Helms/*Fröschle*, 6. Aufl. (2022), § 276 FamFG, Rn. 39b, der aber auch keine abstrakte Begrenzung der Befugnisse insoweit vorzunehmen scheint.

[522] Sternal/*Giers*, 21. Aufl. (2023), § 276 FamFG, Rn. 25; BeckOK FamFG/*Günter*, 54. Aufl. (2025), § 276 FamFG, Rn. 2.

mungsberechtigung unabhängig von der tatsächlichen Grundrechtswahrnehmungsfähigkeit. Er wird verfahrensrechtlich mit den anderen Beteiligten gänzlich gleichgestellt. Eine solche Gleichstellung erfolgt durch § 9 Abs. 1 Nr. 3 FamFG und § 60 FamFG jedoch wie gezeigt nicht. Vielmehr besteht selbst dann keine vollständige Grundrechtswahrnehmungsberechtigung für das Kind, wenn das Kind im Einzelfall grundrechtswahrnehmungsfähig ist.[523]

Danach hat der Betroffene eine gegenüber dem Kind stärkere grundrechtliche Stellung. Wenn daher neben dem Betroffenen dem Verfahrenspfleger eine uneingeschränkte Handlungsbefugnis zukommt, dann könnte dies jedoch erst recht für den Verfahrensbeistand in Bezug auf das Kind gelten.

Dabei muss man aber auch sehen, dass die Aufgaben des Verfahrenspflegers stark am Willen des Betroffenen orientiert sind, während der Verfahrensbeistand die Interessen des Kindes, also Wille und Wohl, zur Geltung bringen soll. Dies rechtfertigt die starke Stellung des Verfahrenspflegers neben dem Betroffenen. Die Gefahr divergierender Verfahrenshandlungen ist in diesem Verhältnis somit geringer. Bei einer uneingeschränkten Übertragung der Ergebnisse auf den Verfahrensbeistand würde dieser Unterschied unbeachtet bleiben.

eee) Auswirkungen des grundrechtlichen Verhältnisses

Die Frage, ob der Verfahrensbeistand Interessen des Kindes wahrnehmen darf, wird schließlich vor allem durch das grundrechtliche Verhältnis von Kind und Verfahrensbeistand beeinflusst.[524]

Wie gezeigt, erfolgt weder durch § 9 Abs. 1 Nr. 3 FamFG noch durch § 60 FamFG ein vollständiger Übergang der Grundrechtswahrnehmungsberechtigung auf das Kind. Eltern und Staat, mithin ferner der Verfahrensbeistand als Personifikation des staatlichen Wächteramtes, bleiben daneben zumindest eingeschränkt zur Wahrnehmung der Grundrechte des Kindes befähigt. Das Kind wird zwar formal als verfahrensfähig angesehen, aber das heißt nicht, dass es bezüglich seiner Rechte wie ein Volljähriger umfassend allein verantwortlich ist.[525] Gerade aufgrund der Fürsorgepflicht des Staates bleibt daher die Kompetenz zur Einlegung von Verfahrenshandlungen neben dem

---

523 Dazu oben, B. I. 4.b) bb).

524 Dazu schon oben, B. I. 4. b) bb).

525 Dazu oben, B. I. 4. b) bb).

verfahrensfähigen Kind bestehen. Der Verfahrensbeistand muss somit die Verfahrenshandlungen des Kindes korrigieren können, wenn diese nicht dem Interesse des Kindes entsprechen. Dies gilt insbesondere dann, wenn das Kind keine Verfahrenshandlungen vornimmt.

Der Verfahrensbeistand kann diese Kontrollfunktion jedoch auf verfahrensrechtlicher Ebene dann nicht ausüben, wenn seine Handlungsbefugnis ruht. Sie bleibt somit grundsätzlich neben dem verfahrensfähigen Kind bestehen. Gleichwohl wurde auf grundrechtlicher Ebene deutlich, dass diese Wahrnehmungskompetenz des Staates, solange das Kind seine Grundrechtswahrnehmungsberechtigung geltend macht, nur eingeschränkt besteht, mithin die Selbstwahrnehmung durch das Kind grundsätzlich vorrangig ist.[526] Dies führt auf verfahrensrechtlicher Ebene dazu, dass bei divergierenden Verfahrenshandlungen der Vorrang der Selbstwahrnehmung zu beachten ist und divergierende Verfahrenshandlungen des Verfahrensbeistands ein erhöhtes Rechtfertigungsbedürfnis trifft.

fff) Zusammenfassung

Wie gezeigt, ist das verfahrensrechtliche Verhältnis von Verfahrensbeistand und Kind komplex. Weder im Wortlaut des § 158b FamFG noch in der Entstehungsgeschichte lassen sich eindeutige Erkenntnisse für die Auswirkungen der Verfahrensfähigkeit des Kindes auf die Rechtsstellung des Verfahrensbeistands ziehen. Dagegen legt der Vergleich mit der Beziehung zwischen dem Verfahrenspfleger nach § 274 FamFG und dem Betroffenen im Betreuungsverfahren einen eher geringen Einfluss der Verfahrensfähigkeit des Kindes auf die Rechtsstellung des Verfahrensbeistands nahe. Gleichwohl zeigt die Rückschau auf das grundrechtliche Verhältnis einen starken Zusammenhang zwischen der wachsenden Selbstbestimmungsfähigkeit des Kindes und der schwindenden Wahrnehmungslegitimation des Verfahrensbeistands. Dies muss auf verfahrensrechtlicher Ebene berücksichtigt werden.

In der Ausgestaltung des Verhältnisses ist daher weder eine vollständig unabhängige Rechtsstellung des Verfahrensbeistands noch ein uneingeschränkter Vorrang kindlicher Verfahrenshandlungen angebracht. Es bietet sich somit an, eine Lösung in der Auslegung des Interesses zu suchen. Mit Erlangung

---

[526] B. I. 4. b) bb).

der Verfahrensfähigkeit des Kindes wird diese wie aufgezeigt stärker an den Willen und die Wünsche des Kindes orientiert.[527] Dies führt dazu, dass divergierende Verfahrenshandlungen nur dann zulässig sind, wenn im Einzelfall das Wohl des Kindes so sehr den Willen des Kindes überwiegt, dass trotz der höheren Gewichtung des Kindeswillens das Interesse des Kindes eine solche Verfahrenshandlung gebietet.

Zusammenfassend kann also gesagt werden, dass der Verfahrensbeistand eine eigenständige Rechtsposition neben dem Kind aufweist, und zwar unabhängig davon, ob das Kind verfahrensfähig ist. Bei der Verfahrensfähigkeit des Kindes muss durch Auslegung des Interesses die wachsende Selbstbestimmungsfähigkeit des Kindes beachtet werden.

cc) Ergebnis

Verfahrensbeistand und Kind sind auf verfahrensrechtlicher Ebene als eigenständige Beteiligte zu behandeln. Der Verfahrensbeistand ist kein rechtlicher Vertreter des Kindes, aber er hat Kompetenzen, die an das Kind gebunden sind, wie insbesondere sein Recht aus § 158b Abs. 3 S. 2 FamFG im Interesse des Kindes Rechtsmittel einzulegen. Er kann daher als rechtlicher Interessenvertreter beschrieben werden.

Diese Stellung ändert sich grundsätzlich auch nicht dadurch, dass das Kind verfahrensfähig wird. Dies hat gleichwohl jedenfalls Einfluss auf das Verhältnis von Verfahrensbeistand und Kind, als dass es die Auslegung des „Interesses“ beeinflusst, die bei Erlangung der Verfahrensfähigkeit stärker am Willen des Kindes orientiert werden muss.[528] Damit sind divergierende Verfahrenshandlungen nur im Einzelfall zulässig. Dies hat Konsequenzen bei einzelnen Aufgaben des Verfahrensbeistands, die nun näher erläutert werden sollen.

3. Die Stellung des Kindes bei der Bestellung des Verfahrensbeistands

Mit der Bestellung wird dem Kind „sein“ Verfahrensbeistand zugeteilt. Untersucht werden soll im Folgenden, welche Rolle die Belange des Kindes in der Bestellpraxis haben. Dafür werden die Vorschriften zur Bestellung

---

[527] B. II. 1. c).

[528] Dazu schon oben, B. II. 1. c).

dahingehend überprüft, ob sie geeignet sind, die Interessen des Kindes ausreichend zu berücksichtigen. Eine Gefahr für die Interessenvertretung des Kindes könnte dabei insbesondere in überflüssigen Verfahrensbeistandsbestellungen liegen, die ungerechtfertigt in die Wahrnehmungsverteilung zwischen Eltern und Kind eingreifen.[529] Dies wird ferner von der Rechtsprechung insofern anerkannt, dass die Gerichte die Vermeidung offensichtlich unnötiger Bestellungen als Ziel ausgeben und dessen Missachtung als Verfahrensverstoß bewerten.[530] Daher soll zunächst untersucht werden, ob es nach der Ausgestaltung des Gesetzes zu vermehrten unkontrollierten Verfahrensbeistandsbestellungen kommen könnte. Dafür wird beleuchtet, in welchen Fällen das Gesetz die Bestellung des Verfahrensbeistands vorsieht und welche Kontrollmechanismen für dessen Notwendigkeit und die Auswahl des Verfahrensbeistands bei der Bestellung implementiert sind. Probleme stellen sich hier insbesondere in der regelhaften Bestellung des § 158 Abs. 2, die dem Richter kein Ermessen bezüglich des „Ob“ der Bestellung ermöglicht. Dies zieht weitere Konsequenzen für die Frage von Sinn und Notwendigkeit einer Anhörung der Beteiligten vor der Bestellung mit sich.

Schließlich ist die vom Gesetzgeber vorgesehene (fehlende) Form für den Bestellbeschluss zu beleuchten, um zu untersuchen, ob sie geeignet ist, die Probleme, die mit einer überschießenden Bestellung einhergehen, zu verschärfen. Eine Gefahr für die Interessen des Kindes könnte sich hier schon aus einem möglichen Informationsdefizit des Kindes ergeben, wenn keine Bekanntgabe an selbiges erfolgen muss.

Die von der Rechtsprechung für möglich erachtete konkludente Bestellung des Verfahrensbeistands kann dabei sowohl für die finanzielle Planungssicherheit der Eltern als auch des zu bestellenden Verfahrensbeistands eine Hürde darstellen. Schließlich bietet sie zudem Risiken für die Wahrung der Interessenvertretung des Kindes.

Die Bestellung des Verfahrensbeistands erfolgt im Verfahren durch das Gericht oder den Rechtspfleger. Da die Bestellung durch das Gericht jedoch der Regelfall ist, werden die folgenden Ausführungen sich auf diese beschränken.

---

[529] Zur grundsätzlichen Eingriffsqualität der Bestellung schon oben, B. I. 5. a).

[530] Eindrückliches Beispiel für eine überflüssige Bestellung *OLG Braunschweig*, Beschluss v. 07.10.2021 – 1 WF 106/21, FamRB 2021, 491, 492.

a) Fälle der Bestellung

Die Bestellung erfolgt nach § 158 Abs. 1 FamFG nur in Kindschaftssachen, die die Person des Kindes betreffen.[531] Daneben gibt es in § 174 und § 191 FamFG weitere Fälle, in denen das Gericht die Bestellung eines Verfahrensbeistands anordnen kann. Hier sollen aber nur die Fälle betrachtet werden, die § 158 FamFG selbst vorsieht. Eine Bestellung kann sowohl im Hauptsacheverfahren als auch in Verfahren auf Erlass einer einstweiligen Anordnung erfolgen.[532] Nach § 158 Abs. 1 FamFG soll dabei eine Bestellung erfolgen, soweit dies zur Wahrnehmung der Interessen des Kindes erforderlich ist. Dies ist eine Einzelfallentscheidung, bei der sich das Gericht an den Fallgruppen der Absätze 2 und 3 orientieren kann.[533] Dabei unterscheidet das Gesetz nunmehr zwischen Fällen, in denen nach § 158 Abs. 2 FamFG die Bestellung „stets erforderlich" ist und solchen, in denen die Bestellung gemäß § 158 Abs. 3 FamFG „in der Regel erforderlich" ist.

Diese Unterscheidung ist eine der maßgeblichen Änderungen, die durch das Gesetz zur Bekämpfung sexualisierter Gewalt gegen Kinder[534] im Recht des Verfahrensbeistands eingeführt wurde.[535] Dadurch wird dem Gericht ein zuvor zumindest theoretisch verbleibendes Ermessen genommen, dass eine Beurteilung im Einzelfall ermöglicht hatte. Die Bestellung wird vielmehr zum Automatismus des Gerichts, bei dem zudem die Gefahr besteht, dass der Amtsermittlungsgrundsatz und die Rechte der übrigen Parteien nicht mehr gewahrt werden. Inhaltlich wurden durch die Änderung nur die schon vorher benannten Fälle in die bereits angesprochenen Absätze 2 und 3 aufgeteilt. Neu dazugekommen ist lediglich die ausdrückliche Nennung der Anordnung einer Verbleibensanordnung nach § 1632 Abs. 4 oder § 1682 Abs. 2 Nr. 3 BGB. Dies war bereits in der alten Fassung des § 158 Abs. 2 Nr. 4 FamFG a.F. mit enthalten, der nur pauschal die Verbleibensanordnung als Regelungsgegenstand benannte, sodass sich daraus keine neuen Fallkonstellationen ergeben, die eine Bestellung des Verfahrensbeistands notwendig machen würden.

Maßgeblich ist nun die Differenzierung in Abs. 2 und Abs. 3 zwischen „stets erforderlichen" und „regelmäßig erforderlichen" Bestellungen. Diese ist

---

[531] Auflistung aller in Betracht kommenden Kindschaftssachen bei Bork/Jacoby/D. Schwab/*Zorn*, 3. Aufl. (2018), § 158 FamFG, Rn. 3.

[532] *OLG Koblenz*, Beschluss v. 26.05.2020 – 2 UF 244/20, FamRB 2020, 436.

[533] So auch BT-Drs. 16/6308, 238.

[534] BT-Drs. 19/27928.

[535] Zum Gesetzgebungsverfahren oben, A. II.

dabei nach dem Willen des Gesetzgebers aufgrund der besonderen Grundrechtsrelevanz der dort genannten Fälle für das Kind erfolgt.[536] Dies erscheint jedoch aus mehreren Gründen fragwürdig.

Schon bei § 158 Abs. 2 FamFG a.F. war es allgemein anerkannt, dass bei Vorliegen eines der Fälle des § 158 Abs. 2 Nr. 2–5 FamFG a.F. grundsätzlich kein Ermessen mehr dahingehend besteht, ob die Bestellung erfolgt.[537] Die neue Fassung des § 158 Abs. 2 soll nun alle diese Fälle erfassen. Dabei ist überraschend, dass nicht alle Fälle des § 158 Abs. 2 FamFG a.F. in den § 158 Abs. 2 FamFG n.F. übernommen wurden, sondern nur die Nr. 2, 5 und teilweise die Fälle des § 158 Abs. 2 Nr. 4 FamFG a.F. Die Erforderlichkeit wird damit in diesen Fällen unwiderleglich vermutet. In der Tat handelt es sich hier in der Regel um besonders grundrechtsintensive Maßnahmen für das Kind. Gleichwohl haben empirische Untersuchungen gezeigt, dass es eine Vielzahl von Fällen gab, in denen bisher in der Praxis von der Bestellung eines Verfahrensbeistands abgesehen wurde, weil das Kind in der Lage war, aufgrund seiner Reife und Alters seine Interessen eigenständig wahrzunehmen.[538] Der Verfahrensbeistand ist immer nur Hilfsmittel zur Interessenwahrnehmung des Kindes. Er sollte somit auch weiterhin nur nachrangig in den Fällen bestellt werden, in denen eine direkte Interessenwahrnehmung durch das Kind selbst nicht möglich ist.[539] Andersherum könnte es dazu führen, dass in Fällen der Regelbestellung in Abs. 3 für die Bestellung eine erhöhte Begründungspflicht angenommen wird und diese damit „entwertet" werden.

aa) Pflichtbestellung nach § 158 Abs. 2 FamFG

Mit der Aussage, dass die Anordnung stets erforderlich ist, führt § 158 Abs. 2 FamFG zu einer ausnahmslosen Pflicht zur Bestellung des Verfahrensbeistands. Ein Argument dafür ist zunächst der Wortlaut des § 158 Abs. 2 FamFG, wonach die Bestellung „stets erforderlich" ist im Vergleich zum Abs. 3 FamFG, wonach die Bestellung nur „in der Regel erforderlich" ist. Dafür spricht darüber hinaus zudem die systematische Stellung des § 158

[536] So ausdrücklich BT-Drs. 19/27928, 29; so auch schon in der Begründung zum vorhergehenden Gesetzesentwurf in dem die Aufteilung in die beiden Absätze auch schon enthalten war, BT-Drs. 19/23707, 25.

[537] Prütting/Helms/*S. Hammer*, 5. Aufl. (2020), § 158 FamFG, Rn. 24.

[538] *Ekert/Heiderhoff*, Die Evaluierung der FGG-Reform, 2018, S. 102.

[539] Näher zur Abstufung der Verantwortlichkeit für die Wahrnehmung der Rechte des Kindes bei, B. I. 4. b).

Abs. 3 Satz 2 innerhalb des Absatzes 3, wonach dem Gericht bei Absehen von der Bestellung eine Begründungspflicht zukommt. Daraus folgt, dass die Notwendigkeit der Begründung nur für die Fälle des Absatzes 3 gelten soll, weil der Gesetzgeber davon ausgeht, dass ein Absehen von der Bestellung in den Fällen des Absatzes 2 schon nicht eintreten kann.[540]

Diese Pflicht zur Bestellung ist bereits systemwidrig, weil Absatz 1 eine Bestellung nur vorsieht, „soweit“ dies zur Wahrung der Interessen des Kindes erforderlich ist. Damit eröffnet Absatz 1 dem Gericht unter Berücksichtigung der Umstände des Einzelfalls die Möglichkeit, über die Bestellung nach eigenem Ermessen zu entscheiden. Nach der gängigen Regelungstechnik sollten die Absätze 2 und 3 daher nur zur Konkretisierung und Orientierung bei der vorzunehmenden Abwägung dienen. Absatz 2 statuiert dagegen eine Pflicht des Gerichts zur Bestellung des Verfahrensbeistands und hebelt damit die von Absatz 1 beabsichtigte Interessenabwägung im Einzelfall aus.[541]

bb) Unterscheidung zwischen § 158 Abs. 2, 3 FamFG

Mit den Änderungen durch das Gesetz zum Schutz von Kindern vor sexualisierter Gewalt wurden die Fälle, die vorher in § 158 Abs. 2 a.F. erfasst waren, nun in die oben beschriebenen Kategorien der Pflichtbestellung nach § 158 Abs. 2 FamFG und der Regelbestellung nach § 158 Abs. 3 FamFG aufgeteilt. Fraglich erscheint dabei, ob dem Gesetzgeber es gelungen ist, mit dieser Unterscheidung eine stringente und sinnvolle Unterscheidung zu treffen, die geeignet ist, eine Bestellung in den notwendigen Fällen zu garantieren und gleichzeitig sich an den Belangen des Kindes orientiert. Dafür sollen verschiedene Beispielsfälle beleuchtet werden, in denen bei vermeintlich ähnlichen Fallkonstellationen dennoch eine unterschiedliche Einteilung in das System vorgenommen wurde.

aaa) Differenzierung zwischen Verbleibensanordnung und Herausgabeverlangen

So ist nicht ersichtlich, warum eine Verbleibensanordnung nach § 1682 BGB oder § 1632 Absatz 4 BGB, für die nach § 158 Abs. 2 Nr. 3 FamFG stets ein Verfahrensbeistand zu bestellen ist, für das Kind grundrechtsintensiver sein

---

540 A. A. Zöller/*A. Lorenz*, 34. Aufl. (2022), § 158 FamFG, Rn. 11.

541 So auch *Cirullies*, FamRB, 2021, 389, 391; *Menne*, NZFam, 2020, 1033, 1037.

soll, als ein Herausgabeverlangen, für das nach § 158 Abs. 3 Nr. 3 FamFG nur im Regelfall eine Verfahrensbeistandsbestellung zu erfolgen hat.

Der Gesetzgeber hat sich hier erkennbar vom Elternrecht aus Art. 6 Abs. 2 GG und der Bedeutung für das Eltern-Kind-Verhältnis leiten lassen.[542] Der dahinter liegende Grundgedanke ist augenscheinlich, dass eine Trennung des Kindes von den Eltern in den Augen des Gesetzgebers stets einschneidender sei als die (Wieder) Zusammenführung mit den Eltern, was nicht zuletzt auch durch Art. 6 Abs. 3 GG gedeckt wird. Entscheidend war für den Gesetzgeber damit vielmehr der Eingriff in das Elternrecht als die Grundrechtsrelevanz dieser Fallkonstellation für das Kind.

Betrachtet man nun die Grundrechtsrelevanz beider Fallkonstellationen für das Kind, ergibt sich ein anderes Bild. Die Situation ist aus Sicht des Kindes in beiden Fallkonstellationen vielmehr sehr ähnlich, nur die Person des Antragsstellers ändert sich. Dabei muss natürlich zugestanden werden, dass im Fall des Herausgabeverlangens die Eltern als in der Regel Sorgeberechtigte die Antragssteller sind und nicht „bloß" das Gericht, die Pflegeperson oder die sonstigen Bezugspersonen wie bei der Verbleibensanordnung nach §§ 1682, 1632 Abs. 4 BGB.

Daneben darf zudem die Bedeutung der Kontinuität der Erziehungsverhältnisse für das Kind bei der Verbleibensanordnung nicht unterschätzt werden.[543] Die Verbleibensanordnung nach § 1632 Abs. 4 S. 1 BGB dient dazu, plötzliche Herausgaben zu verhindern und als flexibles Instrument die geordnete Rückführung zu ermöglichen und somit dazu das Risiko gescheiterter Rückführungen zu minimieren.[544] Damit erkennt der Gesetzgeber selbst die Bedeutung der Kontinuität der Erziehungsverhältnisse an. Insbesondere

---

542 So ausdrücklich BT-Drs. 19/27928, 29, wonach die Verbleibensanordnung ausdrücklich aufgrund ihrer Grundrechtsrelevanz für den Sorgeberechtigten mit in den Kanon des § 158 Abs. 2 aufgenommen werden sollte; dazu schon oben, A. II. 5.

543 Insgesamt zur Bedeutung der Kontinuität für das Bindungsempfinden des Kindes, vgl. *Kindler*, in: *Kindler/Helming/Meysen et al.* (Hrsg.), Handbuch Pflegekinderhilfe, S. 344, 344–354; *Dettenborn/E. Walter*, Familienrechtspsychologie, 2016, 208 f.; allgemein zu den Folgen von Abbrüchen von Heimerziehung und die Bedeutung des Kontinuitätsbedürfnisses von Kindern *M. Fritz Schwarz/Hurm*, ZKJ, 2022, 336.

544 So ist empirisch belegt, dass eine schnelle Rückführung mit einem hohen Risiko des Scheiterns verbunden ist, vgl. *Kindler et* al., in: *Kindler/Helming/Meysen et al.* (Hrsg.), Handbuch Pflegekinderhilfe, S. 614, 628; zu den Auswirkungen von häufigen Abbrüchen auf das Kind *M. Fritz Schwarz/Hurm*, ZKJ, 2022, 336.

durch die Einführung des § 1632 Abs. 4 S. 2 BGB durch das Gesetz zur Stärkung von Kindern und Jugendlichen (Kinder und Jugendstärkungsgesetz – KJSG)[545], der nun die Anordnung eines dauerhaften Verbleibs des Kindes in der Pflegefamilie ermöglicht, hat der Gesetzgeber die Belastungen, die mit einer Herausgabe des Kindes verbunden sind, geachtet.[546] Die Wichtigkeit des Kontinuitätsinteresses des Kindes wird schließlich durch Art. 20 Abs. 3 UN-KRK deutlich, der bei der Wahl der Betreuungsform eines Kindes außerhalb der Familie der erwünschten Kontinuität in der Erziehung besondere Bedeutung zumisst. Damit erkennt der Gesetzgeber an, dass aus Sicht des Kindeswohls eine Herausgabe für das Kind belastender sein kann als eine Verbleibensanordnung. Der Grundsatz, wonach die (dauerhafte) Trennung von den Eltern stets einschneidender ist als das Wiederzusammenkommen mit den Eltern, kann daher in dieser Absolutheit auch aus gesetzgeberischer Sicht nicht aufrechterhalten werden. Verbleibensanordnung und Herausgabeverlangen sind vielmehr als vergleichbar im Hinblick auf die Belange des Kindes zu betrachten. Eine Differenzierung bezüglich der Notwendigkeit der Verfahrensbeistandsbestellung rechtfertigt dies nicht.

Eine Verbleibensanordnung wird im Übrigen nur dann notwendig, wenn von der Seite der Antragsgegner die Herausgabe beantragt wird oder ein solcher Antrag ernsthaft zu befürchten ist.[547] Dies würde dazu führen, dass erst in dem Moment, in dem sich die andere Seite gegen die Herausgabe wehrt, die Bestellung des Verfahrensbeistands zwingend zu erfolgen hat. In der Praxis führt aber das Herausgabeverlangen und nicht die Verbleibensanordnung zu einer Veränderung der Lebensverhältnisse des Kindes, sodass dies unter Umständen sogar belastender für das Kind sein kann als eine Verbleibensanordnung, bei der sich für das Kind zunächst nichts ändert.[548] Die Unterscheidung zwischen der Verbleibensanordnung und der Herausgabe des Kindes ist somit inkonsequent. Die Unterscheidung

---

545 Gesetz zur Stärkung von Kindern und Jugendlichen vom 03.06.2021, BGBl. Teil 1 Nr. 29, 1444.

546 BT-Drs. 19/26107, 127.

547 Noch weitgehender sogar *OLG Celle*, Beschluss v. 25.08.2006 – 10 uf 127/06, FamRZ 2007, 659; ähnlich auch *OLG Brandenburg*, Beschluss v. 09.03.2006 – 15 WF 103/06, FamRZ 2006, 1132; MüKo BGB/*P. Huber*, 9. Aufl. (2024), § 1632 BGB, Rn. 42; Staudinger/*Salgo* (2020), § 1632 BGB, Rn. 76.

548 *BVerfGE* 75, 201, 219.

ist mithin geeignet, zu Unsicherheiten bei der Bestellung des Verfahrensbeistands zu führen.[549]

bbb) Differenzierung zwischen Ausschluss und Beschränkung des Umgangsrechts

Eine ähnliche Problematik findet sich bei der Differenzierung zwischen den Fällen, in denen ein Ausschluss des Umgangsrechts in Betracht kommt und daher die Bestellung des Verfahrensbeistands stets erforderlich sein soll, § 158 Abs. 2 Nr. 2 FamFG, und den Fällen, in denen voraussichtlich lediglich eine Beschränkung des Umgangsrecht angeordnet werden soll und daher die Bestellung des Verfahrensbeistands nur regelmäßig erforderlich sein soll, § 158 Abs. 3 S. 1 Nr. 4 FamFG. Hier hat sich der Gesetzgeber wiederum erkennbar von der Bedeutung des Elternrechts leiten lassen. Ob ein Ausschluss oder nur eine Begrenzung des Umgangsrechts in Frage kommt, wird zum Beginn des Verfahrens zumeist nicht feststehen. Dies würde bedeuten, dass die Bestellung erst im Verlauf des Verfahrens zwingend werden würde. Eine erst spätere Bestellung würde jedoch § 158 Abs. 1 S. 2 FamFG entgegenstehen, wonach die Bestellung stets so früh wie möglich erfolgen soll. Die Differenzierung ist mithin nicht sachgerecht und wenig überzeugend.[550]

ccc) Differenzierung zwischen §§ 1666, 1666a und § 1696 Abs. 2 FamFG

Schließlich unterscheidet § 158 Abs. 2 Nr. 1 zwischen der Anordnung einer Maßnahme nach den §§ 1666, 1666a BGB, bei denen stets die Bestellung eines Verfahrensbeistands zu erfolgen hat und der Abänderung einer solchen Maßnahme nach § 1696 Abs. 2 BGB, bei der die Bestellung des Verfahrensbeistands nur bei Vorliegen eines Falls nach § 158 Abs. 3 Nr. 1, Nr. 2 FamFG oder des Grundtatbestands § 158 Abs. 1 FamFG erfolgt.[551]

Bei Entscheidungen nach § 1696 Abs. 2 BGB geht es um die Aufhebung von kindesschutzrechtlichen Maßnahmen. Dies sind nach der Legaldefinition des § 1696 Abs. 2 BGB Maßnahmen nach den §§ 1666 bis 1667 oder anderen Vorschriften des Bürgerlichen Gesetzbuchs, die nur ergriffen werden dürfen,

---

[549] So auch *Menne*, NZFam, 2020, 1033, 1038.

[550] *Menne*, FamRB, 2022, 59, 61.

[551] So *S. Hammer*, FamRZ, 2022, 1581, 1583.

wenn dies zur Abwendung einer Kindeswohlgefährdung oder zum Wohl des Kindes erforderlich ist.

Dass § 1696 Abs. 2 BGB keine verpflichtende Bestellung auslöst, war schon für die Vorgängerregelung des § 158 Abs. 2 Nr. 2 FamFG a.F. anerkannt,[552] der für diese Fälle eine Regelbestellung angeordnet hat und an der sich bei der Schaffung des § 158 Abs. 2 FamFG orientiert wurde.[553] Zudem ist § 158 Abs. 2 FamFG nach dem Willen des Gesetzgebers eng auszulegen, sodass eine erweiternde Auslegung zugunsten der Einbeziehung des § 1696 Abs. 2 BGB ausscheidet.[554] *Hammer* begründet dies damit, dass § 158 Abs. 2 FamFG an der „Grundrechtssensibilität" des Kindes ausgerichtet sei.[555] Jedenfalls für § 158 Abs. 2 Nr. 3 FamFG konnte gezeigt werden, dass diese Prämisse des Gesetzgebers nicht zutrifft. Selbst wenn § 158 Abs. 2 Nr. 1 FamFG tatsächlich auf den grundrechtlichen Anspruch des Schutzes der körperlichen Integrität des Kindes aus Art. 2 Abs. 2 GG abzielt,[556] spricht dies nicht gegen die Einbeziehung von Verfahren nach § 1696 Abs. 2 BGB in den Katalog des § 158 Abs. 2 Nr. 1 FamFG. Betrachtet man die Voraussetzungen, nach denen sich die Aufhebung von Maßnahmen richtet, so sieht man, dass es auch hier vor allem um die Grundrechte des Kindes geht. Eine Maßnahme darf danach nur dann aufgehoben werden, wenn die Gefahr für das Wohl des Kindes nicht mehr besteht oder die Erforderlichkeit der Maßnahme entfallen ist.

Hammer begründet die fehlende Einbeziehung von § 1696 Abs. 2 BGB in § 158 Abs. 2 Nr. 1 FamFG mit dem Anlass der Änderung der §§ 158–158c FamFG durch das Gesetz zur Bekämpfung sexualisierter Gewalt gegen Kinder, wonach in familiengerichtlichen Verfahren die Bestellung eines Verfahrensbeistands nicht erfolgt ist und daher Verletzungen und Missbrauch des Kindes durch die Eltern möglicherweise nicht erkannt worden waren. Er meint daher, dass § 158 Abs. 2 FamFG auf Ausgangsverfahren in Kindesschutzsachen abziele und nicht auf Aufhebungsverfahren.[557]

---

[552] Vgl. Staudinger/*Peschel-Gutzeit* (2023), § 1696 BGB, Rn. 137; Prütting/Helms/*S. Hammer*, 6. Aufl. (2022), § 158 FamFG, Rn. 32.
[553] BT-Drs. 19/23707, 52.
[554] So auch *S. Hammer*, FamRZ, 2022, 1581, 1583.
[555] So *S. Hammer*, FamRZ, 2022, 1581, 1583.
[556] So *S. Hammer*, FamRZ, 2022, 1581, 1584.
[557] *S. Hammer*, FamRZ, 2022, 1581, 1584.

Zuzugestehen ist, dass die ursprüngliche Beseitigung der Kindeswohlgefährdung einen hohen Stellenwert hat. Gleichwohl muss beachtet werden, dass ohne ausreichende Beteiligung des Kindes durch Anhörung und Bestellung eines Verfahrensbeistands ebenso eine erneute Kindeswohlgefährdung durch eine zu frühe Aufhebung erfolgen könnte. Wenn nach Meinung *Hammers* Anlass der Gesetzesänderung die Befürchtung eines unzureichenden Verfahrens und dadurch unerkannten Kindeswohlgefährdung sein soll, so ergibt sich nicht, warum dies nicht gleichfalls im Verfahren betreffend die Aufhebung einer solchen Maßnahme droht. Der bloße Anlass der Gesetzgebung ist nicht geeignet, die Anwendung zu reglementieren. Zudem besteht außerdem die Gefahr, dass eine immer noch drohende Kindeswohlgefährdung übersehen wird. Es leuchtet insbesondere nicht ein, dass zwar in Verfahren nach §§ 1666, 1666a BGB stets zwingend ein Verfahrensbeistand zu bestellen ist, in Verfahren betreffend die Aufhebung der im Ausgangsverfahren getroffenen Maßnahme jedoch nicht. Es hätte vor allem aus verfahrensökonomischen Gründen große Vorteile, wenn ein Verfahrensbeistand, der im besten Fall das Kind schon im Ausgangsverfahren begleitet hat, auch das Verfahren zur Aufhebung der Maßnahme begleitet. Dieser Verfahrensbeistand kann durch einen Vergleich zum ursprünglichen Verfahren besonders gut einschätzen, ob sich aus der Sicht des Kindes die Situation nun tatsächlich verbessert hat und damit die Kindeswohlgefährdung ausgeräumt wurde, bzw. die Erforderlichkeit der Maßnahme entfallen ist.

Ebenso wie bei Maßnahmen nach § 1666, 1666a BGB bestehen daher auch bei § 1696 Abs. 3 BGB Fälle, in denen die Bestellung eines Verfahrensbeistands zwingend erscheint sowie es gleichermaßen bei beiden Maßnahmen Fälle geben mag, in denen die Bestellung eines Verfahrensbeistands nicht erforderlich wäre. Der Ausschluss der Aufhebung nach § 1696 Abs. 3 BGB kann hier jedenfalls nicht überzeugen.

ddd) Zusammenfassung der gefundenen Ergebnisse

Festzuhalten ist, dass die Neuordnung in § 158 Abs. 2 und 3 FamFG der tatsächlichen Praxis kaum entspricht und zudem teilweise systemwidrig ist, weil sie die in Absatz 1 angeordnete Abwägung aushebelt. Entgegen dem erklärten Ziel der Neuordnung richtet sich diese zudem nicht durchgängig an der Grundrechtsrelevanz für das Kind aus und ist in den gezeigten Fällen überdies inkonsequent. Die Differenzierung kann daher im Ganzen nicht überzeugen.

b) Erforderlichkeit der Bestellung bei Verfahrensfähigkeit des Kindes

Die Bestellung ist nach § 158 Abs. 1 FamFG erforderlich, soweit dies zur Wahrnehmung der Interessen des Kindes erforderlich ist. Man könnte sich daher hier die Frage stellen, ob die Bestellung auch dann noch erforderlich ist, wenn das Kind verfahrensfähig ist.

Man könnte hier dazu kommen, dass die Regelvermutung in Fällen des § 158 Abs. 3 FamFG nicht eingreifen dürfte, so wie in den nunmehr eher seltenen Fällen einer Bestellung nach § 158 Abs. 1 FamFG diese dann nicht erfolgen dürfe, wenn neben den Verfahrensbeistand ein verfahrensfähiges Kind tritt, weil die Bestellung dann nicht zur Wahrung der Interessen des Kindes erforderlich sein könnte i. S. d. § 158 Abs. 1 FamFG.[558] Probleme könnten sich hier insbesondere bei der Vereinbarkeit mit § 158 Abs. 1 S. 2 FamFG und der Rechtssicherheit ergeben, sodass eine solche enge Auslegung der Interessenvertretung im Ergebnis eher schaden als nützen würde.

Der Wortlaut der Norm differenziert bei der Bestellung nicht zwischen verfahrensfähigen und nicht verfahrensfähigen Kindern und nimmt auch sonst keine Abstufung in der Interessenwahrnehmung je nach Alter des Kindes vor. Die Erforderlichkeit der Bestellung wird also nicht von der Verfahrensfähigkeit des Kindes in irgendeiner Weise von Gesetzes wegen indiziert. Die Auslegung soll nach dem Willen des Gesetzgebers vielmehr in Orientierung der Fallgruppen in Abs. 2 und Abs. 3 erfolgen.[559] Dort sind aber nur bestimmte Fallkonstellationen aufgelistet, ein Bezug auf das Alter oder die Verfahrensfähigkeit des Kindes findet sich nicht. Danach könnte davon ausgegangen werden, dass die Verfahrensfähigkeit für die Beurteilung der Erforderlichkeit irrelevant wäre.

Gegen eine solche Auslegung könnte jedoch der Wille des Gesetzgebers angeführt werden. So war im Gesetzgebungsverfahren bei Schaffung des § 158 FamFG ursprünglich ein Antragsrecht des 14-jährigen Kindes auf

---

[558] So im österreichischen Recht, wo eine Bestellung des Verfahrensbeistands (dort Kinderbeistand) nach § 104 Abs. 1 S. 1 AußStrG ab 14 nur mit Zustimmung des Kindes erfolgt, vgl. dazu *Menne*, ZKJ, 2023, 357, 360; in diese Richtung auch *Rösler*, Die Verfahrensbeistandschaft, 2014, S. 168, die eine Erforderlichkeit der Bestellung bei verfahrensfähigen Kindern nur in Ausnahmefällen annehmen will.

[559] So zu § 158 FamFG a.F. BT-Drs. 16/6308, 238.

Bestellung des Verfahrensbeistands angedacht.[560] Dies sollte die Stellung des Kindes im Verfahren stärken.[561] Interessanter als die Begründung für dieses Antragsrecht ist dabei die Begründung der Streichung. Dort wurde vor allem auf das Aufgabenprofil des Verfahrensbeistands rekurriert, dass auf die Vertretung jüngerer Kinder zugeschnitten sei.[562] Zudem könne älteren Kindern gleichwohl ein Verfahrensbeistand bestellt werden. Nach Meinung des Rechtsausschusses sei zur Unterstützung des verfahrensfähigen Kindes vielmehr ein Rechtsanwalt beizuordnen.[563] Daraus ließe sich schließen, dass der Gesetzgeber davon ausgeht, dass eine betreuende Vertretung durch den Verfahrensbeistand bei älteren Kindern, also vor allem bei solchen, die verfahrensfähig sind, nicht erforderlich sei. *Schauberger* vermutet hinter der Streichung dagegen vor allem Kostenerwägungen, denen bei der Schaffung des § 158 FamFG auch an anderer Stelle große Bedeutung zugemessen wurde.[564] Darüber hinaus weist *Hammer* richtigerweise darauf hin, dass schon die Grundannahme, dass die Verfahrensbeistandschaft auf jüngere Kinder zugeschnitten sei, nicht zutreffe, da ältere Kinder ebenso von der unterstützenden Vertretung durch einen Verfahrensbeistand profitieren würden.[565] Das Fehlen des Antragsrechts sollte daher nicht dahingehend ausgelegt werden, dass deswegen eine Vertretung für verfahrensfähige Kinder grundsätzlich nicht erforderlich wäre.

Die enge Prüfung der Erforderlichkeit bei verfahrensfähigen Kindern könnte zudem aus dem Recht des Kindes aus Art. 12 UN-KRK heraus geboten sein. Danach hat das Kind ein Recht auf Verfahrenspartizipation. Dies kann ebenso bedeuten, dass das Kind bestimmen kann, durch wen seine Interessen im Verfahren geltend gemacht werden.[566] Ein solches Recht besteht darüber hinaus auch in Bezug auf das grundgesetzliche Recht des Kindes auf Interessenvertretung durch die Eltern.[567] Auch Art. 12 UN-KRK

---

[560] BT-Drs. 16/6308, 40.

[561] BT-Drs. 16/6308, 238.

[562] BT-Drs. 16/9733, 294.

[563] BT-Drs. 16/9733, 294.

[564] *Schauberger*, Die Partizipation Minderjähriger im Verfahren der freiwilligen Gerichtsbarkeit, 2015, S. 148 Fn. 475; *Trenczek*, ZKJ, 2009, 196, 197.

[565] Prütting/Helms/*S. Hammer*, 6. Aufl. (2022), § 158 FamFG, Rn. 14.

[566] So schon *Menne*, ZKJ, 2009, 68, 69.

[567] Dazu schon oben, B. I. 5.

differenziert dabei nicht zwischen der Verfahrensfähigkeit des Kindes oder seines Alters. Ein zwingendes Antragsrecht bzw. eine daraus resultierende Bestellung nur auf Antrag lässt sich daraus daher nicht ableiten.

Eine solche enge Auslegung verkennt zudem den Sinn und Zweck der Verfahrensfähigkeit bei Kindern aus §§ 9 und 60 FamFG. Diese sollen durch die Verfahrensfähigkeit besser ihre eigenen Interessen im Verfahren wahrnehmen können, aber nicht dazu genötigt werden. Die Wahrnehmung ihrer Interessen steht ihnen stets selbst zur freien Wahl.[568] Würde in diesen Fällen kein Verfahrensbeistand bestellt, wären sie dann für ihre Interessenvertretung dazu gezwungen, einen Rechtsanwalt zu mandatieren.[569]

Problematisch wäre zuletzt die Umsetzung einer solchen engen Auslegung. Sie würde voraussetzen, dass eine genaue Bestimmung der Verfahrensfähigkeit möglich ist. Wie gezeigt, hängt die Verfahrensfähigkeit jedoch maßgeblich vom Willen und der aktiven Geltendmachung des Rechts des Kindes ab.[570] Sie kann sich darüber hinaus zudem während des Verfahrens ändern und besteht nicht zwingend für alle Gegenstände des Verfahrens.[571] Die Verfahrensfähigkeit kann somit jedenfalls zu Beginn des Verfahrens nicht sicher bestimmt werden.

Dies zeigt insbesondere die Bestellung nach § 158 Abs. 3 Nr. 4 FamFG. Der Richter muss danach den Verfahrensbeistand bestellen, wenn eine wesentliche Beschränkung des Umgangsrechts *in Betracht* kommt, die Verfahrensfähigkeit des Kindes besteht gleichzeitig aber nur dann, wenn tatsächlich eine wesentliche Beschränkung erfolgen soll und das Kind daher sein Recht aus § 1684 Abs. 1 BGB geltend macht. Damit hinge die Bestellung von äußeren sich stetig veränderbaren Faktoren ab. Dieses Recht wird in der Regel zudem erst im Verlauf des Verfahrens geltend gemacht, sodass die Verfahrensfähigkeit erst zeitlich weit nach der Notwendigkeit einer Bestellung eintreten würde. Es würde dann zu einer großen Rechtsunsicherheit führen, wenn man die Bestellung des Verfahrensbeistands davon abhängig machen würde, dass das Kind nicht selbst verfahrensfähig ist. Dies wäre auch nur schwer mit

---

[568] Dazu schon oben, B. II. 2. b) aa).

[569] Zu den Schwierigkeiten die sich dabei für das Kind stellen schon oben, B. II. 2. b) dd).

[570] Dazu schon oben, B. II. 2. b).

[571] Dies betonend auch *Schauberger*, Die Partizipation Minderjähriger im Verfahren der freiwilligen Gerichtsbarkeit, 2015, S. 62.

dem von § 158 Abs. 1 S. 2 FamFG vorgesehenen Ziel einer möglichst frühen Bestellung des Verfahrensbeistands in Einklang zu bringen.

In Betracht käme dann nur die Aufhebung der Bestellung aufgrund der Verfahrensfähigkeit des Kindes, die aber ihrerseits zu einer großen Unsicherheit führen würde, weil dann in dem Zeitpunkt, in dem das Kind seine Verfahrensfähigkeit wieder verliert, in letzter Konsequenz erneut ein Verfahrensbeistand bestellt werden müsste. Ein solches Hin und Her von Bestellung und Aufhebung ist zu vermeiden und dient weder der effektiven Interessenvertretung des Kindes noch der Verfahrensbeschleunigung.[572]

Die Erforderlichkeit der Bestellung entfällt folglich nicht schon aufgrund der Erlangung der Verfahrensfähigkeit des Kindes.[573] Sie ist zunächst als Ergänzung zur Interessenvertretung durch das Kind selbst zu sehen.[574] Die Einhaltung dieser bloßen Ergänzungsfunktion ist dann jedoch bei der Auslegung der Reichweite und Grenzen bei den Aufgaben und Rechten des Verfahrensbeistands besonders zu beachten. Dort muss daher stets die Position des verfahrensfähigen Kindes gesondert betrachtet werden.

c) Anhörung des Kindes vor der Bestellung des Verfahrensbeistands

Nach herrschender Meinung war bisher für die Bestellung des Verfahrensbeistands eine Anhörung der Beteiligten in jedem Fall notwendig.[575] Inwieweit

---

572 Zur Frage, ob eine Aufhebung wegen der Erlangung der Verfahrensfähigkeit überhaupt möglich wäre, B. II. 6. b) dd) aaa).

573 So im Ergebnis auch *Güssow*, Die Beteiligung und Vertretung des Kindes in Kindschaftssachen, 2022, S. 89–91; *Jahani*, Die Rechtsstellung minderjähriger Kinder im familiengerichtlichen Verfahren zwischen Beteiligung und Repräsentation, 2023, S. 68 f., die die Bestellung aber unter Umständen für entbehrlich hält, wenn das Kind einen Rechtsanwalt bestellt hat.

574 Zu den Vorteilen der Bestellung auch für ältere Kinder *Menne*, ZKJ, 2023, 357, 360.

575 Soweit die Gesetzgebungsmaterialien hier den Eindruck machen, eine solche Auslegung von vornherein auszuschließen, weil danach sowohl dem Kind als auch den übrigen Beteiligten kein förmliches Mitspracherecht zukomme, vgl. BT-Drs. 19/27928, 29, so meint dies damit nicht die bloße Anhörung, sondern eine darüber hinausgehende Entscheidungsgewalt bei der Frage der Bestellung; *OLG Karlsruhe*, Beschluss v. 05.04.2018 – 16 WF 2/18, FamRZ 2019, 630; *OLG München*, Beschluss v. 13.10.2016 – 11 WF 1092/16, FamRZ 2017, 466, 467; Musielak/Borth/Frank/*Frank*, 7. Aufl. (2022), § 158 FamFG, Rn. 15; *Menne*, FamRB, 2021, 241, 242; Bork/Jacoby/D. Schwab/*Zorn*, 3. Aufl. (2018), § 158 FamFG, Rn. 30, die aber nur pauschal vom rechtlichen Gehör der Beteiligten spricht; mit einigen Einschränkungen Dutta/Jacoby/D. Schwab/*Lack*,

dabei das Kind vom Beteiligtenbegriff umfasst ist und ob dies nach der Änderung des § 158 FamFG weiterhin gilt, wird bisher, soweit ersichtlich, nur vereinzelt diskutiert.[576] Jedenfalls bei der Bestellung und Auswahl des Verfahrenspflegers, Betreuers und Vormunds ist es einhellige Meinung, dass auch die Anhörung des Kindes bzw. Mündels als betroffene Person notwendig ist.[577] Als Grundlage für eine Anhörungsverpflichtung kommen dabei verschiedene Rechtsgrundlagen in Betracht, die hier darauf untersucht werden sollen, ob sie eine Anhörungsverpflichtung des Kindes vor der Bestellung des Verfahrensbeistands auslösen können. Neben rechtlichen Argumenten spielen dabei zudem psychologische und sozialwissenschaftliche Gesichtspunkte einen besonderen Stellenwert für die Beantwortung der Frage.

aa) Anhörungsverpflichtung aus § 34 FamFG

Die persönliche Anhörung hat nach § 34 FamFG stets dann zu erfolgen, wenn dies zur Wahrung des rechtlichen Gehörs des Beteiligten erforderlich ist oder wenn dies im FamFG oder einem anderen Gesetz vorgeschrieben ist. Da das Kind unabhängig von seinem Alter in Verfahren, in denen ein Verfahrensbeistand zu bestellen ist, nach § 7 Abs. 2 Nr. 1 FamFG Beteiligter ist,[578] könnte sich daraus ebenfalls eine generelle Anhörungspflicht des Kindes zur Bestellung des Verfahrensbeistands ergeben.

---

4. Aufl. (2021), § 158 FamFG, Rn. 20; a. A. nur Prütting/Helms/*S. Hammer*, 6. Aufl. (2022), § 158 FamFG, Rn. 20; *Mayer*, jM, 2016, 272, 274 f.; *Vogel*, FPR, 2010, 43, 45.

[576] Eine solche fordert auch *Kinderkommission des Deutschen Bundestages*, Kommissionsdrucksache 19/04, S. 6; kritisch dazu lediglich Johannsen/Henrich/Althammer/*Döll*, 7. Aufl. (2020), § 158 FamFG, Rn. 18; Bumiller/Harders/Schwamb/*Bumiller*, 13. Aufl. (2022), § 159 FamFG, Rn. 4; *van Graf-Kesteren*, Kindgerechte Justiz, 2015, S. 21; auch *Krekeler*, FuR, 2021, 20, 21 geht davon aus, dass eine Anhörung des Kindes vor der Bestellung notwendig ist, ohne dies jedoch weiter zu begründen; ablehnend Dutta/Jacoby/D. Schwab/*Lack*, 4. Aufl. (2021), § 158 FamFG, Rn. 23; *Güssow*, Die Beteiligung und Vertretung des Kindes in Kindschaftssachen, 2022, S. 100.

[577] Für die Anhörung des Betroffenen vor der Bestellung eines Verfahrenspflegers in Betreuungssachen, HK-BUR/*A. Bauer*, 143. EL (154. EL 6.2025), § 276 FamFG, Rn. 28, die Anhörungsverpflichtung des Betreuten für die Bestellung des Betreuers ergibt sich jedoch aus § 278 Abs. 1 S. 1 FamFG; zur Anhörungsverpflichtung des Mündels für die Auswahl des Vormunds, Erman/*Schulte-Bunert*, 17. Aufl. (2023), § 1778 BGB, Rn. 13; jurisPK BGB/*B. Hamdan/M. Hamdan*, 10. Aufl. (2023), § 1778 BGB, Rn. 24 f.; MüKo BGB/*Lettmaier*, 9. Aufl. (2024), § 1778 BGB, Rn. 7.

[578] Zur Beteiligtenstellung des Kindes näher, B. II. 2. a).

aaa) Anhörungsverpflichtung aus § 34 Abs. 1 Nr. 2 FamFG

Eine Anhörungsverpflichtung könnte sich gemäß § 34 Abs. 1 Nr. 2 FamFG zunächst daraus ergeben, dass dies im FamFG oder einem anderen Gesetz vorgeschrieben ist. In Betracht kommen hier sowohl Normen des FamFG als auch völkerrechtliche Verträge als mit dem Bundesrecht auf einer Stufe stehenden Normen, jedenfalls soweit es sich dabei um self-executing Normen handelt. Auch diese sind Gesetze im Sinne des § 34 Abs. 1 Nr. 2 FamFG.[579]

(1) Anhörungsverpflichtung aus § 159 FamFG

Nach § 159 Abs. 1 FamFG hat das Gericht in Kindschaftssachen stets das Kind persönlich anzuhören. Infolgedessen könnte somit die Bestellung des Verfahrensbeistands als Verfahren in einer Kindschaftssache eine Anhörungspflicht des Kindes auslösen. Der Annahme der Bestellung als eigenes Verfahren begegnen dabei überzeugende Zweifel. Selbst wenn die Bestellung in der Regel in Form eines Beschlusses ergeht, so ist dies nicht vorgeschrieben.[580] Es handelt sich bloß um eine Zwischenverfügung, die innerhalb eines Verfahrens ergeht, aber für sich genommen kein Verfahren darstellt. § 159 FamFG ist daher schon nicht anwendbar.

(2) Anhörungsverpflichtung aus Art. 12 Abs. 1 UN-KRK

Eine Anhörungsverpflichtung des Kindes vor der Bestellung des Verfahrensbeistands könnte sich ferner aus Art. 12 Abs. 1 UN-KRK ergeben. Da die UN-KRK auf gleicher Ebene wie Bundesgesetze anzusiedeln ist, ist diese von den Gerichten unmittelbar anzuwenden.[581]

Art. 12 Abs. 1 UN-KRK sichert dem Kind das Recht zu, in allen es berührenden Gerichts- und Verwaltungsverfahren entweder unmittelbar oder durch einen Vertreter gehört zu werden. Gegen die Annahme eines eigenen

---

[579] Dies ergibt sich aus der unmittelbaren Anwendbarkeit und Geltung der völkerrechtlichen Verträge, vgl. *Herdegen*, Völkerrecht, 2024, § 22 Rn. 5; *Kloepfer*, Verfassungsrecht, 2011, § 34 Rn. 26.

[580] Holzer/*Menne* (2011), § 158 FamFG, Rn. 77; Prütting/Helms/*S. Hammer*, 6. Aufl. (2022), § 158 FamFG, Rn. 27; *Vogel*, FPR, 2010, 43, 45 Vgl. Dazu, B. II. 3. d).

[581] Die unmittelbare Anwendbarkeit von Art. 12 KRK ergibt sich aus deren Eigenschaft als „self-executing Norm", vgl. *Schmahl*, 2. Aufl. (2017), Einleitung, Rn. 26; Johannsen/Henrich/Althammer/*Lack*, 7. Aufl. (2020), § 1671 BGB, Rn. 7; a. A.: *Bergmann/Gutdeutsch*, FamRZ, 1999, 422, 425; *Ernst*, in: *Budzikiewicz/Heiderhoff/Klinkhammer et al.* (Hrsg.), Standards und Abgrenzungen im internationalen Familienrecht, S. 18.

Anhörungsrechts aus Art. 12 Abs. 1 UN-KRK spricht schon, dass die Bestellung nicht als Gerichts- oder Verwaltungsverfahren im Sinne der Norm eingeordnet werden kann. Dafür spricht zunächst, dass das Recht nach dem Willen der Kinderrechtskonvention in jedem Stadium des Verfahrens, das unmittelbare oder mittelbare Auswirkungen auf ein Kind hat, beachtet werden muss.[582] Daher muss dem Kind insbesondere der Ablauf des Verfahrens mitgeteilt werden, um eine sinnvolle Beteiligung am Verfahren zu ermöglichen.[583]

Die Bestellung des Verfahrensbeistands stellt zwar eine das Kind berührende Angelegenheit dar.[584] Art. 12 Abs. 1 UN-KRK findet also grundsätzlich Anwendung. Gegen die Einordnung als Verfahren spricht jedoch die Aufzählung der Verfahren in Rn. 32 des General Comments No. 12. Danach ist die Möglichkeit zur Willensäußerung des Kindes in „any judicial and administrative proceedings" zu ermöglichen.[585] Dies könnte auch Zwischenverfügungen wie die Bestellung des Verfahrensbeistands einschließen. Eine Eingrenzung ergibt sich sodann aber durch die nachfolgende Rn. 33, wonach das Recht des Kindes sich sowohl auf Verfahren bezieht, die durch das Kind selbst oder andere Beteiligte angestrengt wurden.[586] Die Bestellung des Verfahrensbeistands wird hingegen nicht durch die Beteiligten angestrengt, sondern von Amts wegen vom Gericht erlassen. Die Beteiligten können dies insoweit nur anregen. Dies ist jedoch ein allgemeines Charakteristikum des familiengerichtlichen Verfahrens und spricht für sich genommen nicht gegen die Auslegung des Bestellungsverfahrens als Verfahren im Sinne des Art. 12 Abs. 1 KRK.

In den Rn. 50–57 sind sodann zivilgerichtliche Verfahren aufgelistet, in denen das Recht des Kindes auf Gehör besonders zu berücksichtigen ist. Hierunter werden allerdings nur Hauptsacheentscheidungen gefasst, die der Beschwerde zugängig sind, wie Fragen des Unterhalts oder Sorge- und Besuchsrechtsentscheidungen des Gerichts.[587] Die Entscheidung zur Bestellung

---

[582] Dies wird ausdrücklich jedoch nur für das Strafverfahren festgesetzt, vgl.*Committee on the Rights of the Child,* General Comment No. 12, Rn. 58.

[583] *Schmahl*, 2. Aufl. (2017), Art. 12 KRK, Rn. 13.

[584] Art. 12 Abs. 1 KRK ist in seinem Geltungsbereich weit zu verstehen, so auch *Ivanits*, Die Stellung des Kindes in auf Einvernehmen zielenden gerichtlichen und aussergerichtlichen Verfahren in Kindschaftssachen, 2013, S. 47.

[585] *Committee on the Rights of the Child,* General Comment No. 12, Rn. 32.

[586] *Committee on the Rights of the Child,* General Comment No. 12, Rn. 33.

[587] *Committee on the Rights of the Child,* General Comment No. 12, Rn. 50–55.

des Verfahrensbeistands beruht auf keinem eigenständigen Verfahren. Es handelt sich lediglich um eine Zwischenverfügung, die überdies nicht selbstständig anfechtbar ist.

Darüber hinaus gibt es zudem keine Anhaltspunkte, die nahelegen, dass die Kinderrechtskonvention von einem anderen Verfahrensbegriff ausgeht als das FamFG.[588] Die Bestellung des Verfahrensbeistands stellt damit kein Verfahren im Sinne des Art. 12 Abs. 1 KRK dar. Ein Recht des Kindes zur Anhörung vor der Bestellung folgt daraus also nicht.

bbb) Anhörungsverpflichtung aus § 34 Abs. 1 Nr. 1 FamFG

Mangels Eingreifens des § 34 Abs. 1 Nr. 2 FamFG könnte schließlich nach § 34 Abs. 1 Nr. 1 FamFG eine Pflicht zur mündlichen Anhörung bestehen, weil dies zur Gewährleistung des rechtlichen Gehörs erforderlich sein könnte. Da der Begriff des rechtlichen Gehörs in § 34 Abs. 1 Nr. 1 FamFG nicht weiter konkretisiert wird, ist dabei auf die Auslegung des Art. 103 Abs. 1 GG zurückzugreifen.[589] Das Kind müsste somit zunächst einen Anspruch auf Gewährung rechtlichen Gehörs aus Art. 103 Abs. 1 GG haben und dieser dürfte nur durch die mündliche Anhörung erfüllbar sein.[590] Zu letzterem ist anzumerken, dass Kinder in der Regel mündlich besser in der Lage sind, sich verständlich zu machen, sodass eine mündliche Anhörung in diesen Fällen stets notwendig sein wird, um rechtliches Gehör zu verschaffen.[591] Art. 103 Abs. 1 GG gewährleistet dabei das Recht vor Erlass einer Entscheidung, sich zu der Sache zu äußern.[592] Entscheidend dafür, dass dem Kind ein Anspruch auf rechtliches Gehör zusteht, ist dabei, dass ihm durch die Entscheidung eine „unmittelbare Beeinträchtigung in eigenen Rechten“[593] treffen muss und die Entscheidung nicht nur „faktische Auswirkung[en]“[594] hat.

---

[588] Zur fehlenden Verfahrensqualität der Entscheidung zur Bestellung des Verfahrensbeistands schon, B. II. 3. c) aa) aaa) (1).

[589] Münch/Kunig/*Kunig/Saliger*, 8. Aufl. (2025), Art. 103 GG, Rn. 15.

[590] Dazu, dass aus Art. 103 Abs. 1 GG auch ein Recht auf mündliche Anhörung folgt, auch *Schleicher*, Rechtliches Gehör und (persönlich)mündliche Anhörung in familienrechtlichen Angelegenheiten und im Freiheitsentziehungsverfahren der freiwilligen Gerichtsbarkeit, 1988, S. 195; *Rohmann*, FPR, 2013, 464, 465.

[591] So auch Prütting/Helms/*Abramenko*, 6. Aufl. (2022), § 34 FamFG, Rn. 9.

[592] Münch/Kunig/*Kunig/Saliger*, 8. Aufl. (2025), Art. 103 GG, Rn. 16.

[593] Münch/Kunig/*Kunig/Saliger*, 8. Aufl. (2025), Art. 103 GG, Rn. 14.

[594] *BVerfG*, Beschluss v. 10.03.2014 – 1 BvR 1104/11, NZA 2014, 496, 497 Rn. 20.

Da bei der Diskussion über die Anhörungspflicht der Eltern einige Argumente vorgebracht werden, die gleichermaßen für die Anhörung des Kindes relevant sein könnten, seien diese hier zunächst beleuchtet.

Ein großer Unterschied könnte dabei allerdings bereits darin bestehen, dass die Eltern vielleicht schon deswegen angehört werden müssen, weil sie die Kostentragungspflicht für die Bestellungskosten trifft und daher ein Eingriff in die Rechtssphäre der Eltern besteht.[595] Dies kann nicht überzeugen. Wie *Mayer* insoweit richtigerweise ausführt, ergibt sich aus Sicht der Eltern kein Unterschied, ob ein Verfahrensbeistand bestellt wird oder ein Sachverständiger. Beide können den Verlauf des Verfahrens wesentlich beeinflussen und führen zu einer Kostenbelastung.[596] Den Eltern steht kein Anhörungsrecht vor der Bestellung eines Sachverständigen zu. Der Anspruch auf rechtliches Gehör schützt nicht vor jeglichem Kostenrisiko, dass ein gerichtliches Verfahren mit sich bringt.[597] Zudem wird eine Bestellung, die sich später als überflüssig oder rechtswidrig herausstellt, nicht zu einer übermäßigen Kostenbelastung der Eltern führen, da in diesen Fällen eine aus kostenrechtlicher Sicht unrichtige Sachbehandlung im Sinne des § 20 FamGKG vorliegt, die gegen die Erhebung der Kosten angebracht werden kann.[598] Daneben kann das Gericht auch nach § 81 Abs. 1 S. 2 FamFG von der Erhebung der Kosten für die Verfahrensbeistandsbestellung absehen.[599] Ein Kostenrisiko besteht

---

[595] *A. Bauer*, in: *Salgo/Lack* (Hrsg.), Verfahrensbeistandschaft, S. 112, Rn. 268; *Langer*, ZKJ, 2023, 445, 446; *Vogel*, FF, 2022, 143; *Menne*, FamRB, 2016, 388, 389; *Vogel*, FPR, 2010, 43, 45.

[596] *Mayer*, jM, 2016, 272, 274 f.

[597] In diese Richtung auch *Menne*, FamRB, 2021, 491, 492; *Viefhues*, FuR, 2021, 498, 499.

[598] *OLG München*, Beschluss v. 30.10.2014 – 11 WF 1349/14, Rn. 21; *OLG Karlsruhe*, Beschluss v. 05.04.2018 – 16 WF 2/18, FamRZ 2019, 630; *OLG Brandenburg*, Beschluss v. 01.06.2022 – 13 WF 85/22, FamRZ 2023, 551, 552; *OLG Bremen*, Beschluss v. 10.04.2024 – 5 UF 14/24, MDR 2024, 876; Prütting/Helms/*S. Hammer*, 6. Aufl. (2022), § 158 FamFG, Rn. 20; Dutta/Jacoby/D. Schwab/*Lack*, 4. Aufl. (2021), § 158c FamFG, Rn. 27.

[599] Zur Anwendbarkeit von § 20 FamGKG neben § 81 Abs. 1 S. 2 FamFG, *BGH*, Beschluss v. 07.01.2015 – XII ZB 143/14, FamRZ 2015, 570, 572 [Rn. 14 f.]; *OLG Braunschweig*, Beschluss v. 11.10.2021 – 1 WF 106/21, FamRZ 2022, 474, 475; zum Absehen nach § 81 Abs. 1 S. 2 FamFG, vgl. *OLG Frankfurt*, Beschluss v. 22.01.2021 – 4 WF 199/20, FamRZ 2021, 879; *OLG Brandenburg*, Beschluss v. 31.01.2022 – 9 WF 4/22, FamRB 2022, 223; Prütting/Helms/*S. Hammer*, 6. Aufl. (2022), § 158 FamFG, Rn. 20; Dutta/Jacoby/D. Schwab/*Lack*, 4. Aufl. (2021), § 158c FamFG, Rn. 27.

für die Eltern somit im Ergebnis nur in den Fällen, in denen es sowieso einer Bestellung des Verfahrensbeistands bedurfte. Eine Anhörung der Eltern ist allein aus Kostengründen nicht geboten.

Es geht also auch bei der Anhörung der Eltern zumindest nicht vorrangig um die Kosten. Richtigerweise besteht aber ein Eingriff in die Rechte der Eltern auf Interessenwahrnehmung der Interessen des Kindes im gerichtlichen Verfahren als Bestandteil ihrer elterlichen Sorge, der eine Anhörungsverpflichtung zur Gewährung rechtlichen Gehörs auszulösen vermag.[600] Dieser Eingriff wird dadurch vertieft, dass den Eltern, wie auch dem Kind nach § 158 Abs. 5 FamFG kein Beschwerderecht gegen die Entscheidung zusteht.[601] Eine Anhörung der Eltern ist daher zur Gewährung rechtlichen Gehörs erforderlich.

(1) Gewährung rechtlichen Gehörs in Fällen des § 158 Abs. 3 FamFG

Nach Meinung *Hammers* sei in Fällen des § 158 Abs. 3 FamFG, also in Fällen, in welchen typischerweise ein Interessenkonflikt besteht, eine Anhörung der Eltern nicht nötig, weil in diesen Fällen in der Regel von einem überwiegenden Interesse des Kindes an einer Interessenvertretung auszugehen sei.[602] Da die Fälle der Regelbestellung durch die Aufteilung in § 158 Abs. 2 und 3 FamFG reduziert wurden, würde *Hammers* Ansicht dazu führen, dass nur noch in einigen wenigen Ausnahmefällen eine Anhörung durchzuführen wäre, in denen Anhaltspunkte für eine Umkehrung der aufgestellten Regelvermutung anzunehmen wären. Er verkennt dabei, dass, wenn man der Ansicht des BGH folgt, maßgeblich für die Bestellung nicht der Wunsch des Kindes nach einer eigenen Interessenvertretung ist, sondern der Interessengegensatz zwischen den Eltern untereinander oder den Eltern und dem

---

[600] *OLG Karlsruhe*, Beschluss v. 05.04.2018 – 16 WF 2/18, FamRZ 2019, 630, 631; Musielak/Borth/Frank/*Frank*, 7. Aufl. (2022), § 158 FamFG, Rn. 15; kritisch Prütting/Helms/*S. Hammer*, 6. Aufl. (2022), § 158 FamFG, Rn. 20; Sternal/*Schäder*, 21. Aufl. (2023), § 158 FamFG, Rn. 28; jedenfalls eine Sorgerechtsbeeinträchtigung annehmend, *Güssow*, Die Beteiligung und Vertretung des Kindes in Kindschaftssachen, 2022, S. 125, die dabei jedoch vor allem auf das Recht zur Einlegung von Rechtsmitteln im Interesse des Kindes abstellt, dass der Verfahrensbeistand unabhängig vom Willen der Eltern einlegen kann; a. A. *Menne*, FamRZ, 2018, 1514.

[601] *OLG Karlsruhe*, Beschluss v. 05.04.2018 – 16 WF 2/18, FamRZ 2019, 630, 631; *OLG Frankfurt*, Beschluss v. 29.06.2016 – 2 UF 154/16, FamRZ 2017, 543, 545.

[602] Prütting/Helms/*S. Hammer*, 6. Aufl. (2022), § 158 FamFG, Rn. 20.

Kind. Dieser verhindert eine Interessenvertretung durch die Eltern selbst und rechtfertigt es damit, in die elterliche Sorge einzugreifen.[603] Der Interessengegensatz zwischen Eltern und Kind kann aber erst durch die vorherige Anhörung zumindest der Eltern ermittelt werden.[604]

Laut *Hammer* können zudem die Folgen einer unnötigen Bestellung durch die Möglichkeit des Absehens von einer Kostenerhebung nach § 81 Abs. 1 Satz 2 FamFG bzw. der Niederschlagung der Kosten § 20 Abs. 1 S. 1 FamGKG bei den Eltern ausreichend abgemildert werden.[605] Dieser pauschale Verweis auf die Möglichkeit der Nichterhebung der Kosten bzw. Niederschlagung der Kosten bei den Eltern bei unnötiger Bestellung ist dagegen unzureichend. Diese Möglichkeit kann nur nachträglich die Rechtsverletzung der Eltern im Sinne eines dulde und liquidiere anerkennen, sie achtet aber nicht das verfassungsrechtliche Recht der Eltern. Eine Anhörung der Eltern ist daher in den Fällen, in denen in der Regel eine Bestellung des Verfahrensbeistands erfolgt, notwendig.

(2) Gewährung rechtlichen Gehörs in Fällen des § 158 Abs. 2 FamFG

Anderes könnte jedoch für die Fälle des § 158 Abs. 2 FamFG gelten, in denen nun stets ein Verfahrensbeistand zu bestellen ist.

In aller Regel wird die Anhörung unnötig sein, weil sich die Notwendigkeit der Bestellung nur bestätigt. Wenn sich aber wirklich einmal herausstellen sollte, dass die Bestellung nicht nötig ist, weil das Kind schon ohne die Bestellung ausreichend in der Lage ist, seine Interessen zu vertreten, dann darf der Richter die Bestellung trotzdem nicht unterlassen. Denn sie ist ja nach § 158 Abs. 2 FamFG ausnahmslos. Jede unterbliebene Bestellung würde trotz erfolgter vorheriger Anhörung zu einer Rückverweisung in der nächsten Instanz führen gemäß § 69 Abs. 1 S. 3 FamFG.[606]

---

[603] *BGH*, Beschluss v. 18.01.2012 – XII ZB 489/11, FamRZ 2012, 436, 437; *BGHZ* 191, 48, 54 [Rn. 20].

[604] Dies gilt auch, wenn man wie *Keuter*, ZKJ, 2021, 131, 133, der Meinung ist, dass schon die Möglichkeit des Interessenkonfliktes ausreichend sei und dessen bestehen, entgegen dem Wortlaut der Norm und der ausdrückliche Festlegung in den Gesetzesmaterialien, nicht positiv festzustellen sei; vgl. BT-Drs. 16/6308, 239.

[605] Prütting/Helms/*S. Hammer*, 6. Aufl. (2022), § 158 FamFG, Rn. 20.

[606] *OLG Bamberg*, Beschluss v. 07.08.2023 – 7 WF 153/23, FamRB 2024, 57; Dutta/Jacoby/D. Schwab/*Lack*, 4. Aufl. (2021), § 158 FamFG, Rn. 46; *OLG Brandenburg*, Beschluss v. 30.01.2019 – 13 UF 1/19, FamRZ 2019, 906 f.; jedenfalls für das Hauptverfahren so

Auch haben die Eltern keine Möglichkeit, sich gegen die Auswahl der Person des Verfahrensbeistands zu wehren. Ihnen steht kein Recht auf einen bestimmten Verfahrensbeistand zu.[607] Die Entscheidung des Gerichts ist damit von vornherein determiniert und unabhängig von der Anhörung der Eltern. Die Anhörung hat schlicht keinen Einfluss mehr auf die Entscheidung des Richters.[608] Der prozessuale Fehler ist somit nicht kausal für die Entscheidung.[609] Auch eine Beschwerde gegen die Endentscheidung aufgrund einer fehlenden Anhörung würde damit gem. § 59 FamFG am fehlenden Rechtsschutzbedürfnis scheitern.

Die fehlende Anhörung der Eltern könnte lediglich mit einer Gehörsrüge nach § 44 FamFG beanstandet werden. Diese kann als Rechtsbehelf eigener Art jedoch nicht gegen die Bestellungsentscheidung als solche, sondern nur bei der Endentscheidung eingelegt werden.[610] Dabei erscheint schon fraglich, ob die dafür erforderliche potentielle Entscheidungserheblichkeit der Anhörung überhaupt angenommen werden kann.[611] Jedenfalls hat sie aber weder Devolutiv noch Suspensiveffekt, sodass ihre Auswirkung auf das Verfahren begrenzt ist.[612] Selbst wenn die Gehörsrüge erfolgreich wäre, würde das Aus-

annehmend *KG Berlin*, Beschluss v. 09.04.2014 – 17 UF 27/14, FamRZ 2014, 1790, 1791; *Langer*, ZKJ, 2023, 445, 448 f.; *Menne*, FamRB, 2022, 59; *Wierse*, JAmt, 2022, 126, 128; teilweise wird auch angenommen, dass dann schon keine Sachentscheidung getroffen wurde und mithin eine Rückverweisung nach § 69 Abs. 1 S. 2 FamFG vorgenommen, vgl. *OLG Hamm*, Beschluss v. 20.11.2017 – 9 UF 168/17, FamRZ 2018, 456, 457; *OLG Frankfurt*, Beschluss v. 08.06.2021 – 6 UF 79/21, FamRZ 2021, 1817; *OLG Rostock*, Beschluss v. 04.07.2024 – 11 UF 111/14, FamRZ 2014, 2020, da die Voraussetzungen des § 69 Abs. 1 S. 3 FamFG in jedem Fall gegeben sein dürften, hat dies nur für die Frage Relevanz, ob die Rückverweisung ohne entsprechenden Antrag erfolgen kann; zum Meinungsstand *Menne*, FamRB, 2022, 59, 60 f.

607 Dutta/Jacoby/D. Schwab/*Lack*, 4. Aufl. (2021), § 158 FamFG, Rn. 16; Prütting/Helms/*S. Hammer*, 6. Aufl. (2022), § 158 FamFG, Rn. 20.

608 Dieses Problem bleibt auch dann bestehen, wenn man mit Prütting/Helms/*S. Hammer*, 6. Aufl. (2022), § 158 FamFG, Rn. 52, der Ansicht wäre, dass die unterbliebene Bestellung eine Zurückverweisung nach nicht begründen kann, sondern es ausreiche, die Bestellung in der Beschwerdeinstanz nachzuholen.

609 Prütting/Helms/*Abramenko*, 6. Aufl. (2022), § 59 FamFG, Rn. 3.

610 So ausdrücklich für die Bestellung des Verfahrensbeistands auch Dutta/Jacoby/D. Schwab/*Bartels*, 4. Aufl. (2021), § 44 FamFG, Rn. 12.

611 Zur Voraussetzung der Entscheidungserheblichkeit, vgl. *Simon*, FamFR, 2012, 340, 342.

612 Dutta/Jacoby/D. Schwab/*Bartels*, 4. Aufl. (2021), § 44 FamFG, Rn. 1.

gangsgericht lediglich die Anhörung der Eltern nachholen, eine Aufhebung des Bestellungsbeschlusses wäre damit nicht zwingend verbunden.[613]

Eine Anhörung zur Gewährung rechtlichen Gehörs in Fällen des § 158 Abs. 2 FamFG ist nach dem Sinn und Zweck somit nicht zwingend. Die Anhörung der Eltern ist in den Fällen des § 158 Abs. 2 FamFG vielmehr aufgrund der notwendigen Anfangsermittlungen des Gerichts vorzunehmen, als dass sie für die Gehörsgewährung der Eltern von Bedeutung ist.[614]

Die Gefahr unterbleibender Anhörungen der Eltern vor der Bestellung des Verfahrensbeistands besteht daher mangels effektiver Rechtsschutzmöglichkeit bei Bestellungen in Fällen des § 158 Abs. 2 FamFG in erhöhtem Maße.[615]

(3) Übertragung der Ergebnisse auf das Kind

Das Argument der Kostenbelastung greift beim Kind von vornherein schon nicht, weil es im Kindschaftsverfahren keine Kosten trägt, vgl. § 81 Abs. 3 FamFG. Wie schon gezeigt wurde, besteht aber für das Kind in der Bestellung des Verfahrensbeistands ein Eingriff in sein Recht auf Interessenwahrnehmung durch die Eltern als Ausprägung des Rechts des Kindes auf Pflege und Erziehung durch die Eltern.[616] Ebenso besteht die Möglichkeit der „Abmilderung“ des Eingriffs durch eine Nichterhebung der Kosten naturgemäß nicht. Dieses Argument kann also genauso wenig bei der Frage der Anhörungspflicht des Kindes zum Tragen kommen. Eines Anhörungsrechts des Kindes bedarf es schon aufgrund der Pflicht des Gerichts zur Gewährung rechtlichen Gehörs. Dieses besteht dem Grunde nach sowohl bei „Regel“- als auch „Pflichtbestellungen“ nach § 158 Abs. 2 FamFG. Bei den Fällen der Pflichtbestellung könnten aber die Gründe, die schon gegen eine Anhörung der Eltern sprechen, genauso die Anhörung des Kindes obsolet machen.

---

613 *Simon*, FamFR, 2012, 340, 342.

614 So auch *Menne*, FamRB, 2021, 491, 493; *ders.*, FamRB, 2024, 276, 278, der aber nicht zwischen Anfangsermittlungen und Gehörsgewährung unterscheidet, aber in der Sache vor allem mit Gesichtspunkten argumentiert, die im Rahmen der Anfangsermittlungen zu berücksichtigen sind; für eine Anhörung auch zur Gehörsgewährung bei § 158 Abs. 2 FamFG *Langer*, ZKJ, 2023, 406, 407.

615 Dutta/Jacoby/D. Schwab/*Lack*, 4. Aufl. (2021), § 158 FamFG, Rn. 20; im Ergebnis auch Prütting/Helms/*S. Hammer*, 6. Aufl. (2022), § 158 FamFG, Rn. 20; a. A. *Menne*, FamRB, 2021, 241, 242; *ders.*, FamRB, 2021, 491, 493.

616 Siehe dazu, B. I. 5.

Das Kind hat keine über die Rechtsschutzmöglichkeit der Eltern hinausgehenden Möglichkeiten, gegen die Bestellung des Verfahrensbeistands vorzugehen. Eine fehlende Bestellung würde in Fällen des § 158 Abs. 2 FamFG immer und unabhängig vom Vorbringen des Kindes zu einer Rückverweisung führen. Nach Sinn und Zweck der Anhörung zur Gehörsgewährung besteht eine Pflicht zur Anhörung wohl, wie auch bei den Eltern, nur in Fällen des § 158 Abs. 3 FamFG.

bb) Anhörung aufgrund von Anfangsermittlungen

Allgemein von herausgestellter Bedeutung war es bisher, dass unabhängig von der Gewährung rechtlichen Gehörs der Richter vor der Bestellung des Verfahrensbeistands zur Erfüllung der ihm obliegenden Amtsermittlung aus § 26 FamFG Anfangsermittlungen durchzuführen hat.[617] Dies dient zum einen dazu, unnötige Bestellungen zu vermeiden,[618] zum anderen dazu festzustellen, ob besondere Anforderungen an die Qualifikation des Verfahrensbeistands zu stellen sind.[619] Das kann sich z.B. aus der Herkunft des Kindes oder besonderen körperlichen oder psychischen Einschränkungen ergeben. Zu untersuchen ist, ob zur Erfüllung der Amtsermittlungspflicht auch eine persönliche Anhörung des Kindes erforderlich ist.[620]

Hier gilt es abzuwägen zwischen der Belastung, die das Kind durch die Anhörungssituation erfährt, sowie der zu befürchtenden Verfahrensverzögerung und den Vorteilen, die eine möglichst frühe und direkte Beteiligung des Kindes für den Fortgang des Verfahrens und die Informationsgewinnung des Richters hat. Durch eine persönliche Anhörung bekommt der Richter einen direkten Kontakt zum Kind und kann so vermeintlich am besten die Anforderungen des Kindes für die Bestellung des Verfahrensbeistands ermitteln. Er lernt das Kind persönlich kennen und nicht nur als Aktenvorgang auf dem Papier.[621]

---

617 So schon zum Entwurf des § 50 FGG BT-Drs. 13/4899, 130 und dem Nachfolgend auch im FGG-Reformgesetz BT-Drs. 16/6308, 239; so auch MüKo FamFG/*Ulrici*, 4. Aufl. (2025), Vorbem. zu § 23 FamFG, Rn. 23.

618 So ausdrücklich BT-Drs. 13/4899, 130.

619 *Menne*, FamRB, 2016, 388, 389 f.

620 Dazu bisher nur Johannsen/Henrich/Althammer/*Döll*, 7. Aufl. (2020), § 158 FamFG, Rn. 18.

621 *KG Berlin*, Beschluss v. 26.02.2014 – 17 UF 5/14, FamRZ 2014, 1790; Prütting/Helms/*S. Hammer*, 6. Aufl. (2022), § 159 FamFG, Rn. 1.

aaa) In Fällen des § 158 Abs. 3 FamFG

Gleichwohl erscheint es angebracht, bezüglich der Fälle der Bestellung in § 158 Abs. 3 und Abs. 2 FamFG zu differenzieren. Insbesondere in Fällen der Pflichtbestellung nach § 158 Abs. 2 FamFG ist mit Hinblick auf den Ermessensspielraum des Gerichts kritisch zu prüfen, ob eine Anhörung aus Amtsermittlungsgründen zwingend zu erfolgen hat. Daher sollen hier neben rechtlichen Argumenten auch sozialwissenschaftliche Aspekte der Anhörung von Kindern beleuchtet werden, um sodann die Übertragbarkeit der Argumentation auf die Bestellung nach § 158 Abs. 2 FamFG zu untersuchen.

(1) Bedeutung der Beteiligung für das Kind

Für die Anhörung des Kindes schon vor der Bestellung des Verfahrensbeistands könnte zuvorderst ein sozialwissenschaftliches Argument sprechen.

Durch die Anhörung wird dem Kind früh die Erfahrung vermittelt, dass es als eigene Person im Verfahren von Bedeutung ist und respektiert wird.[622] Sein Selbstwertgefühl und seine Selbstwirksamkeit werden so gestärkt.[623] Aus Sicht der Kinder ist es von zentraler Bedeutung, dass sie von Beginn an über den Ablauf des Verfahrens informiert werden.[624] Schon für 8-Jährige ist die Beteiligung ein für sie zentrales Element der Fairness.[625] Studien konnten zudem zeigen, dass eine aktive Beteiligung des Kindes zu einer höheren Toleranz in Bezug auf den Ausgang des Verfahrens führt.[626]

---

622 Dies als Zweck der Kindesanhörung betonend vor allem *J. Klein*, in: *Scheiwe/Schröer/Wapler et al.* (Hrsg.), Rechtsdurchsetzung, Implementationsdefizite und Rechtsverwirklichung in der Kinder- und Jugendhilfe, S. 133, 140.

623 *Karle/Carl/Clauß*, NZFam, 2014, 875, 876; *Carl/Eschweiler*, NJW, 2005, 1681; *Kluck*, FPR, 1995, 90, 91; *Lempp*, Gerichtliche Kinder- und Jugendpsychiatrie, 1983, S. 126; *Wendl-Kempmann/Wendl*, Partnerkrisen und Scheidung, 1986, S. 230; *Maywald*, FPR, 2010, 460; *Ivanits*, Die Stellung des Kindes in auf Einvernehmen zielenden gerichtlichen und aussergerichtlichen Verfahren in Kindschaftssachen, 2013, S. 93; *Heilmann*, in: *Salgo/Lack* (Hrsg.), Verfahrensbeistandschaft, S. 1619.

624 Nach *van Graf-Kesteren*, Kindgerechte Justiz, 2015, S. 15, war der Wunsch der Kinder nach einer von Beginn an transparenten Gestaltung des Verfahrens zentral; dies legt auch die sonstige Datenlage nahe, vgl. zu einer Studienübersicht *J. Zimmermann/Bovenschen/Kindler*, JAmt, 2021, 367, 370; so auch *Schauberger*, Die Partizipation Minderjähriger im Verfahren der freiwilligen Gerichtsbarkeit, 2015, S. 45.

625 *Melton/Limber*, in: *Freeman/Veerman* (Hrsg.), The Ideologies of Children's Rights, S. 167, 180.

626 *Schweighauser/Schreiner*, in: *Carl/Clauß/Karle* (Hrsg.), Kindesanhörung im Familienrecht, S. 214 Rn. 585; dieses Ergebnis konnte auch eine australische Studie zeigen

Wird das Kind schon in die Auswahl des Verfahrensbeistands einbezogen, ist daher zu erwarten, dass es mit der Entscheidung über den Verfahrensbeistand eher zufrieden sein wird.[627] Dies bedeutet nicht, dass er zwischen mehreren Personen jemanden auswählt, sondern nur, dass ihm der Prozess der Auswahl transparent gemacht wird. Das Kind ist dann in der Lage, eine engere Bindung zu diesem Verfahrensbeistand aufzubauen. Dadurch bekommt auch der Verfahrensbeistand einen besseren Zugang zum Kind, sodass dies im Ergebnis zu einer effektiveren Vertretung führen kann.[628]

Damit hat die Beteiligung des Kindes bei der Auswahl des Verfahrensbeistands nicht nur positive Aspekte für die kindliche Entwicklung, sondern vor allem für die Verdeutlichung der Subjektstellung des Kindes im Verfahren. Argumente, die trotz dessen gegen die Anhörung des Kindes vorgebracht werden, sollen im Folgenden beleuchtet werden.

(2) Belastung des Kindes durch die Anhörungssituation

Schon gegen die Anhörung des Kindes nach § 159 FamFG wurde häufig das Argument vorgebracht, dass diese das Kind zu sehr belaste.[629] Dabei hat eine Studie gezeigt, dass die Belastung des Kindes entscheidend ist für den Erfolg der Anhörung. Danach geben weniger belastete Kinder mehr Einblicke in

---

McIntosh/Long, Children Beyond Dispute, Oktober 2006, S. 7; *Quas/Cooper/Wandrey*, in: *Bottoms/Najdowski/Goodman* (Hrsg.), Children as victims, witnesses, and offenders, S. 128, 135; darauf in Bezug auf eine Ausweitung der Verfahrensfähigkeit hinweisend auch *Coester-Waltjen*, FS Dose, S. 65, 74.

627 Dies gilt Studien zufolge auch dann, wenn die Entscheidung nicht dem Willen des Kindes entspricht, vgl. *Quas/Cooper/Wandrey*, in: *Bottoms/Najdowski/Goodman* (Hrsg.), Children as victims, witnesses, and offenders, S. 128, 135.

628 In die Richtung auch *Furthmann*, Der Schutz der Kinderseele vor Verletzungen, 2015, S. 168; Sternal/*Schäder*, 21. Aufl. (2023), § 158a FamFG, Rn. 1; *Quas/Cooper/Wandrey*, in: *Bottoms/Najdowski/Goodman* (Hrsg.), Children as victims, witnesses, and offenders, S. 128, 135.

629 So lassen sich nach *Seidenstücker/Weymann*, in: *Münder* (Hrsg.), Kindeswohl zwischen Jugendhilfe und Justiz, S. 108, 168 Hinweise dafür finden, dass die Anhörung durch Richter möglichst vermieden wird, um das Kind zu schonen; so auch die Beobachtung von *Kindler*, in: *Ernst/Lohse* (Hrsg.), Praxishandbuch Familiengerichtlicher Kinderschutz, Rn. 154; auch *Sommer*, FPR, 2012, 377 argumentiert, dass die Tragweite des Verfahrens durch die Anhörung dem Kind bewusst werden könne; exemplarisch dafür, dass eine solche Ansicht auch heute noch von Praktikern verfolgt wird, *C. Schäfer*, BerlAnwBl, 2022, 65, 66; *Schweppe*, FamRZ, 2024, 333, 339.

ihre Beziehungen.[630] Auf der anderen Seite ist die Verständigung zwischen Richter und Kind bei stark belasteten Kindern erheblich geschwächt.[631]

Eine übermäßige Belastung des Kindes durch das Gespräch mit dem Richter ist vor diesem Hintergrund allerdings nicht zu befürchten. Schon 2010 hat eine Studie von *Karle*, *Gathmann* und *Klosinski* die Belastung des Kindes durch die Anhörungssituation untersucht.[632] Dabei konnte die Befürchtung in der Literatur von der übermäßigen Belastung von Kindern durch die Anhörungssituation widerlegt werden. Danach stellt die richterliche Anhörung insgesamt keine wesentliche Belastung für Kinder dar.[633] Vielmehr kann es für das Kind entlastend sein, die Möglichkeit zu bekommen, seine Wünsche und Bedürfnisse mitzuteilen und zu erfahren, dass von ihm selbst keine Entscheidung erwartet wird.[634] Positiv zu bemerken ist hier auch die nunmehr in § 23 Abs. 3 S. 3 GVG statuierte Fortbildungspflicht der Familienrichter, die belegbare Grundkenntnisse über die Kommunikation mit dem Kind vorweisen müssen.[635] Belastungen des Kindes, wie sie einige durch die Art und Weise der Anhörung befürchten,[636] kann so Einhalt geboten werden.

Die vermeintliche Belastung des Kindes durch die Anhörungssituation ist somit kein schlagendes Argument gegen eine Anhörung des Kindes zur

---

630 *Lempp et* al., Die Anhörung des Kindes gemäß § 50b FGG, 1987, S. 140.

631 *Lempp et* al., Die Anhörung des Kindes gemäß § 50b FGG, 1987, S. 139.

632 *Karle/Gathmann/Klosinski*, Rechtstatsächliche Untersuchung zur Praxis der Kindesanhörung nach § 50b FGG, 2010.

633 *Karle/Gathmann/Klosinski*, Rechtstatsächliche Untersuchung zur Praxis der Kindesanhörung nach § 50b FGG, 2010, S. 106, 144; *Bublath/Kannegießer/Salzgeber*, NZFam, 2021, 477, 478.

634 So auch *Güssow*, Die Beteiligung und Vertretung des Kindes in Kindschaftssachen, 2022, S. 21; so auch *Ivanits*, Die Stellung des Kindes in auf Einvernehmen zielenden gerichtlichen und aussergerichtlichen Verfahren in Kindschaftssachen, 2013, S. 103; *Carl/Eschweiler*, NJW, 2005, 1681, 1682; insbesondere das Wissen, dass den Kindern keine Entscheidungskompetenz zukommt, ist für die Kinder entlastend, zur Studienlage auch *J. Zimmermann/Bovenschen/Kindler*, JAmt, 2021, 367, 370; *Heilmann*, in: *Salgo/Lack* (Hrsg.), Verfahrensbeistandschaft, S. 1619; das Gefühl der Entscheidungsverantwortung wird für viele Kinder als belastend wahrgenommen, vgl. *van Graf-Kesteren*, Kindgerechte Justiz, 2015, S. 18.

635 Kritisch zur Effektivität dieser Regelung *Wierse*, JAmt, 2022, 126, 127.

636 *BVerfG*, Beschluss v. 05.11.1980 – 1 BvR 349/80, NJW 1981, 217, 219; *Carl/Eschweiler*, NJW, 2005, 1681.

Erfüllung der Amtsermittlungsverpflichtung des Richters.[637] Vielmehr stellt eine professionell durchgeführte Anhörung keine Belastung des Kindes dar, die die Vorteile der Anhörung überwiegen würden.[638]

(3) Sinn und Zweck des § 159 Abs. 4 S. 3 FamFG

Die Anhörung des Kindes zum Zwecke der Amtsermittlung könnte jedoch der Sinn und Zweck des Anwesenheitsrechts des Verfahrensbeistands bei der Anhörungssituation in § 159 Abs. 4 S. 3 FamFG entgegenstehen. Dieses dient nicht zuletzt dazu, dem Kind in der Anhörungssituation zur Seite zur stehen und damit eine möglichst entspannte Anhörungssituation für das Kind zu schaffen und dadurch möglichst gute Kommunikation zwischen Kind und Richter zu ermöglichen.[639] Die Anwesenheit des Verfahrensbeistands setzt aber denknotwendig die vorherige Bestellung voraus.

Das Anwesenheitsrecht des Verfahrensbeistands ist aber nicht absolut. Die Anwesenheit des Verfahrensbeistands ist vielmehr dann nicht anzuordnen, wenn das Kind diese ablehnt oder dies aus Gründen der besseren Sachaufklärung geboten ist.[640] Eine für das Kind entspannte Anhörungssituation kann in solchen Fällen dann gerade wegen der Anwesenheit des Verfahrensbeistands nicht entstehen.[641] Die Anhörung des Kindes vor der Bestellung des

---

[637] Deutlich dazu auch *Ivanits*, in: *Salgo/Lack* (Hrsg.), Verfahrensbeistandschaft, S. 474, 503 Rn. 1301, die eine Belastung des Kindes eher in der Nichteinbeziehung sieht, als in der Einbeziehung.

[638] *Schauberger*, Die Partizipation Minderjähriger im Verfahren der freiwilligen Gerichtsbarkeit, 2015, S. 45; *Ivanits*, Die Stellung des Kindes in auf Einvernehmen zielenden gerichtlichen und aussergerichtlichen Verfahren in Kindschaftssachen, 2013, S. 129; *Carl/Karle*, in: *Carl/Clauß/Karle* (Hrsg.), Kindesanhörung im Familienrecht, S. 147 Rn. 412; *Bublath/Kannegießer/Salzgeber*, NZFam, 2021, 477, 478.

[639] BT-Drs. 16/9733, 294 f.; so auch *Krumm*, NJ, 2021, 341, 345; *Güssow*, Die Beteiligung und Vertretung des Kindes in Kindschaftssachen, 2022, S. 108; Dutta/Jacoby/D. Schwab/*Lack*, 4. Aufl. (2021), § 159 FamFG, Rn. 38; *I. Götz*, in: *Dagmar Coester-Waltjen/Volker Lipp/Philipp M. Reuß et al.* (Hrsg.), Kindgerechte Verfahren – Anspruch und Wirklichkeit in Kindschaftssachen, S. 53, 86; Prütting/Helms/*S. Hammer*, 6. Aufl. (2022), § 159 FamFG, Rn. 39; *Jordan*, JAmt, 2022, 130, 133.

[640] Zur Frage, ob eine Anwesenheitspflicht des Verfahrensbeistands besteht unten, B. II. 5. b).

[641] Eine möglichst positive und geschützte Gesprächssituation ist nach *Götz* Voraussetzung dafür, dass das Kind seine Wünsche und Bedürfnisse frei artikulieren kann, vgl. *I.*

Verfahrensbeistands steht dem Sinn und Zweck des § 159 Abs. 4 S. 3 FamFG somit nicht zwingend entgegen.

Ob eine Anhörung des Kindes ohne Anwesenheit des Verfahrensbeistands angezeigt ist, kann der Richter vielmehr nur dann ermitteln, wenn er vor der eigentlichen Anhörungssituation – allein – mit dem Kind spricht. Dass das Kind im Beisein des Verfahrensbeistands gegenüber dem Richter äußert, dass es die Anwesenheit des Verfahrensbeistands nicht wünscht, ist unwahrscheinlich. In einer Anhörung des Kindes schon vor der Bestellung des Verfahrensbeistands könnte eine solche Präferenz des Kindes sinnvollerweise ermittelt werden. Hierzu würde auch eine kurze Befragung zum Beginn der Anhörung in Abwesenheit des Verfahrensbeistands ausreichen, sodass eine Anhörung vor der Bestellung des Verfahrensbeistands allein aus diesem Grund nicht angezeigt erscheint.[642]

(4) Beschleunigungsgrundsatz

Man könnte nun meinen, dass eine vorherige Anhörung des Kindes das Verfahren verlängere und damit dem Beschleunigungsgebot entgegenstünde, der nach § 155 FamFG in Kindschaftsverfahren besonders zu beachten ist. Dies kann aber nicht vollends überzeugen. Das Beschleunigungsgebot erlaubt es nicht, pauschal die Prüfung der Erforderlichkeit entfallen zu lassen.[643] Es verfolgt keinen Selbstzweck, sondern muss immer dem Kindeswohl dienen.[644]

Die Anhörung ist zudem zunächst ergebnisoffen und kann gleichfalls zu dem Ergebnis führen, dass eine Bestellung nicht notwendig ist. Damit kann die Anhörung eben auch zu einer Zeiteinsparung führen. In den Regelfällen wird die Anhörung gleichwohl ergeben, dass eine Bestellung des Verfahrensbeistands erforderlich ist. Die vorherige Anhörung vor der Bestellung ist jedoch wie gezeigt selbst dann nicht vergebens, sondern liefert dem Gericht

---

Götz, in: *Dagmar Coester-Waltjen/Volker Lipp/Philipp M. Reuß et al.* (Hrsg.), Kindgerechte Verfahren – Anspruch und Wirklichkeit in Kindschaftssachen, S. 53, 66 f.

[642] Dazu, dass eine solches vorgelagertes Gespräch ohne Anwesenheit des Verfahrensbeistands möglich ist auch Prütting/Helms/*S. Hammer*, 6. Aufl. (2022), § 159 FamFG, Rn. 39.

[643] Johannsen/Henrich/Althammer/*Döll*, 7. Aufl. (2020), § 158 FamFG, Rn. 18.

[644] Zutreffend ist insoweit die Mahnung *Splitts*: „Eine schnelle, aber kindeswohlwidrige Entscheidung ist genauso wenig sachgerecht wie eine optimale, aber deutlich zu langsam getroffene Entscheidung“, s. *Splitt*, FamRZ, 2023, 376; *Strube*, NJW, 2022, 3486.

Hinweise für die Auswahl des Verfahrensbeistands und vermittelt dem Kind das Gefühl der Selbstwirksamkeit. Sie trägt so dazu bei, dass das Kind als Subjekt im Verfahren wahrgenommen wird und kann durch die Möglichkeit der Erarbeitung nachhaltiger Regelungen auf lange Sicht gesehen zu einer Arbeits- und Zeiteinsparung führen.[645] Sie kann nicht zuletzt zu einer stärkeren Bindung des Kindes zum Verfahrensbeistand führen und damit zu einer effektiveren Interessenvertretung. Dieser qualitative Mehrwert in der Vertretung sollte deswegen nicht mit Verweis auf eine Beschleunigung des Verfahrens eingebüßt werden. Sie dient ebenso wie die Beschleunigung des Verfahrens dem Kindeswohl.

(5) Zeitpunkt der Bestellung

Auch § 158 Abs. 1 S. 2 FamFG vermag einer Anhörung des Kindes vor der Bestellung nicht entgegenzustehen. Dieser schreibt vor, dass die Bestellung des Verfahrensbeistands möglichst frühzeitig zu erfolgen hat. Dies kann jedoch dann nicht erfolgen, wenn zuvor Anhörungen zur Frage der Bestellung erfolgen. Nach dem Willen des Gesetzgebers soll diesem Grundsatz eine hohe Bedeutung zukommen.[646] Die möglichst frühzeitige Bestellung dient dazu, dass das Kind Einfluss auf das Verfahren nehmen kann. Dafür soll die Bestellung ohne weitere Verzögerung erfolgen, sobald die Erforderlichkeit derselben feststeht.[647] Da die Anhörung des Kindes zudem zur Ermittlung der Erforderlichkeit dient, kann § 158 Abs. 1 S. 2 FamFG nicht als Argument gegen die Anhörung des Kindes vor der Bestellung des Verfahrensbeistands dienen.

(6) Form der Beteiligung

Eine Anhörung im Rahmen der Amtsermittlung ist zudem nicht an die strengen Vorgaben der Anhörung im Rahmen des § 159 FamFG gebunden.

---

645 Dies betonend auch *Ivanits*, Die Stellung des Kindes in auf Einvernehmen zielenden gerichtlichen und aussergerichtlichen Verfahren in Kindschaftssachen, 2013, S. 366; so hat eine australische Studie gezeigt, dass eine das Kind inkludierende Verfahrensführung zu nachhaltigeren Entscheidungen führt als eine indirekte Einbeziehung des Kindes, *McIntosh et* al., Family Court Review 46 (2008), 105, 113; *Coester-Waltjen*, FS Dose, S. 65, 74.

646 BT-Drs. 19/23707, 53.

647 BT-Drs. 16/6308, 239.

In Betracht käme hier darüber hinaus ein Telefonat oder vergleichbar kurzer informeller Kontakt mit dem Kind. Entscheidend ist, dass das Kind in die Entscheidung aktiv mit einbezogen ist. Die Form der Anhörung ist dabei offen. Diese kann insbesondere von dem zu erwartenden Erkenntnisgewinn für den Richter und das Alter des Kindes abhängig gemacht werden.

Bei einem Kleinkind, bei dem auch im Rahmen der formellen Anhörung diese nicht über eine Verhaltensbeobachtung des Richters hinausgeht und ferner der Aspekt der Selbstwirksamkeit noch nicht so entscheidend ist, wird ein Kontakt zum Kind vor der Bestellung des Verfahrensbeistands weniger Vorteile für das Verfahren ergeben. Regelmäßig wird das Gericht dann schon durch die Anhörung der Eltern und die Anträge einen Eindruck für etwaige besondere Anforderungen an die Person des Verfahrensbeistands erhalten.

(7) Eilbedürftigkeit

Eine Beteiligung des Kindes schon vor der Bestellung des Verfahrensbeistands erscheint ferner dann nicht angezeigt, wenn eine besondere Eilbedürftigkeit vorliegt oder der Verfahrensbeistand bereits in einem anderen Verfahren bestellt worden war und nun nur zu einem anderen Verfahrensgegenstand oder in einem verwandten Verfahren beispielsweise im einstweiligen Anordnungsverfahren erneut bestellt werden soll.[648] Vor allem in den letztgenannten Fällen ist die Bestellung des Beistands für das Kind vorhersehbar und es ist zudem bereits mit der Person des Beistands vertraut, sodass eine erneute Beteiligung nicht erforderlich ist.

(8) Zwischenergebnis

Für eine Anhörung des Kindes zur Erfüllung der Amtsermittlung sprechen daher wie gezeigt vor allem sozialwissenschaftliche Erkenntnisse. Die Anhörung des Kindes steigert dessen Selbstwertgefühl und Entscheidungstoleranz, was schließlich einen positiven Effekt auf die Gültigkeitsdauer der gerichtlichen Entscheidung haben kann. Daneben gibt sie dem Gericht einen direkten Einblick auf das Kind und hat dadurch positive Effekte auf die gerichtliche Entscheidung. Demgegenüber stehende Argumente gegen die

---

[648] Zur Ausnahme in Fällen der besonderen Eilbedürftigkeit unter dem Blickwinkel des § 155 Abs. 1 FamFG auch Johannsen/Henrich/Althammer/*Döll*, 7. Aufl. (2020), § 158 FamFG, Rn. 18.

Anhörung wie die befürchtete Belastung des Kindes durch die Anhörungssituation und der Beschleunigungsgrundsatzes vermögen dagegen nicht durchgreifend zu überzeugen.

bbb) In Fällen des § 158 Abs. 2 FamFG

Man könnte sich nun wiederum die Frage stellen, ob die oben genannten Argumente auch für eine Anhörung des Kindes vor der Bestellung des Verfahrensbeistands in Fällen des § 158 Abs. 2 FamFG sprechen. Die Argumente, die hier für die Anhörung des Kindes sprechen, wie insbesondere die Bedeutung der Beteiligung des Kindes für das Selbstwertgefühl des Kindes und dessen Entscheidungstoleranz, vermögen auch in Fällen des § 158 Abs. 2 FamFG überzeugen.

Für solche Anfangsermittlungen bietet gleichwohl § 158 Abs. 2 FamFG von Beginn an keinen Raum.[649] In Fällen des § 158 Abs. 2 FamFG hat das Gericht nur noch bezüglich der Frage, ob etwaige besondere Anforderungen an die Qualifikation des Verfahrensbeistands zu stellen sind, überhaupt Raum für eigene Ermittlungen. Die Anhörung des Kindes kann also schon von vornherein nicht zu einer Verkürzung des Verfahrens führen, weil die Option, dass eine Bestellung ausnahmsweise entbehrlich ist, schon von Gesetzes wegen nicht in Betracht kommt. Hier greift nun wiederum der schon oben angeführte Einwand des § 158 Abs. 1 Satz 2 FamFG, wonach die Bestellung möglichst frühzeitig zu erfolgen hat. Da hier die Frage der Erforderlichkeit positiv determiniert ist, hat danach die Bestellung unverzüglich zu erfolgen.[650]

Gleichzeitig ist zu beachten, dass der Verfahrensbeistand in seiner Aufgabenerfüllung frei ist. In der Beschwerdeinstanz können die Beteiligten deswegen nicht mit dem Einwand gehört werden, dass der Verfahrensbeistand seine Aufgaben nicht ordnungsgemäß erfüllt hätte.[651] Da die persönliche Eignung in § 158a Abs. 2 FamFG hauptsächlich negativ abgegrenzt wird und in seinen

---

[649] So vor allem *Menne*, NZFam, 2020, 1033, 1037.

[650] So auch BT-Drs. 16/6308, 239.

[651] *OLG Frankfurt*, Beschluss v. 31.10.2012 – 4 WF 167/12, FamRZ 2013, 1331, 1332; Musielak/Borth/Frank/*Frank*, 7. Aufl. (2022), § 158c FamFG, Rn. 9; *Menne*, FamRB, 2021, 146; a. A. *OLG München*, Beschluss v. 25.11.2011 – 11 WF 1577/11, BeckRS 2012, 7837; andenken ließe sich lediglich die Argumentation, dass eine Aufhebung der Bestellung wegen fehlender fachlicher und persönlicher Eignung hätte erfolgen müssen, vgl. in diese Richtung Dutta/Jacoby/D. Schwab/*Lack*, 4. Aufl. (2021), § 158b FamFG, Rn. 21.

positiven Voraussetzungen nur rudimentär geregelt ist,[652] würde wohl auch der Einwand, dass der Verfahrensbeistand die im Einzelfall erforderlichen besonderen Qualifikationen nicht erfüllt, nicht durchgreifen. Dieses Problem besteht bei Bestellungen in Fällen des § 158 Abs. 3 FamFG nicht in gleichem Maße, da zumindest die überflüssige Bestellung im Beschwerdeverfahren gerügt werden kann und dann jedenfalls zur Niederschlagung der Kosten bei den Eltern führt.[653]

In Fällen der Pflichtbestellung nach § 158 Abs. 2 FamFG ist damit zu befürchten, dass jedenfalls mangels Sanktionsmöglichkeit durch die Beschwerdeinstanz eine Anhörung zum Zwecke von Anfangsermittlung trotz der gezeigten Vorteile für das Kind regelmäßig weder beim Kind noch bei den Eltern stattfinden wird.[654]

cc) Zusammenfassung

Zusammenfassend kann festgestellt werden, dass eine Verpflichtung zur Anhörung des Kindes nur in Fällen des § 158 Abs. 3 FamFG zur Erfüllung der Anfangsermittlungen und dem Anspruch des Kindes auf rechtliches Gehör zwingend zu erfolgen hat. In Fällen des § 158 Abs. 2 FamFG können der Zweck einer Anhörung von vornherein nicht erreicht werden und auch eine fehlende Anhörung nicht gerügt werden, sodass eine Anhörung in diesen Fällen nicht zwingend ist. Gleichwohl wäre hier eine Anhörung des Kindes aufgrund der nachgewiesenen positiven Effekte auf das Kind und das Verfahren wünschenswert. Die Form der Beteiligung ist flexibel. Wichtig ist, dass das Kind beteiligt wird, nicht, wie es beteiligt wird. Auffallend ist zudem, dass durch die Einführung der Pflichtbestellung in § 158 Abs. 2 FamFG nun kein Anspruch der Eltern auf Gewährung rechtlichen Gehörs mehr besteht, da auch bei den Eltern Sinn und Zweck der Gehörsgewährung von vornherein nicht mehr erreicht werden kann. Damit kommt es in den nach der Begründung des Gesetzgebers besonders grundrechtsrelevanten Fällen zu einer geringeren Beteiligung des Kindes als Verfahrensbeteiligtem.

---

652 Zu den Anforderungen an die Person des Verfahrensbeistands, B. II. 4.

653 *Menne*, FamRB, 2016, 388, 390.

654 So jedenfalls zur Frage der Anhörung der Eltern auch Sternal/*Schäder*, 21. Aufl. (2023), § 158 FamFG, Rn. 29.

d) Form der Bestellung

Die Bestellung ist eine verfahrensleitende Maßnahme, für die das Gesetz keine besondere Form vorsieht.[655] Üblicherweise erfolgt diese als Beschluss i.S.d. § 38 FamFG, sodass sich dessen Wirksamkeit in der Folge nach § 40 FamFG richtet.[656] Maßgeblich ist hier § 40 Abs. 1 FamFG, wonach der Beschluss mit der Bekanntgabe an den Beteiligten, für den er seinem wesentlichen Inhalt nach bestimmt ist, wirksam wird. Das Kriterium der Bestimmung nach seinem wesentlichen Inhalt ist unscharf, sodass folgend eine Einordnung für den Fall der Bestellung vorgenommen werden soll.

Unabhängig von der Frage, wer der für die Wirksamkeit maßgebliche Bekanntgabeadressat ist, muss nach § 41 Abs. 1 S. 1 FamFG allen Beteiligten der Beschluss bekannt gegeben werden. Ein Informationsdefizit des Kindes kann schon dadurch bestehen, dass es von der Bestellung des Verfahrensbeistands keine Kenntnis hat. Untersucht werden soll somit auch, ob trotz der regelmäßig fehlenden Verfahrensfähigkeit des Kindes eine Bekanntgabe an das Kind selbst erfolgen muss.

Schließlich ist zu beleuchten, ob eine Bestellung konkludent erfolgen kann. Dies würde zu weiteren Problemen in Bezug auf die Beteiligung des Kindes führen, sodass dieser Frage hier nachgegangen werden soll. Bei der Diskussion werden Argumente auf Seiten des Verfahrensbeistands als auch

---

655 *OLG Nürnberg*, Beschluss v. 25.11.2014 – 7 UF 1819/13, MDR 2015, 100, 101; *OLG Frankfurt*, Beschluss v. 30.07.2020 – 8 WF 108/20, FamRZ 2021, 48, 49; Bork/Jacoby/D. Schwab/*Zorn*, 3. Aufl. (2018), § 158 FamFG, Rn. 33; Bumiller/Harders/Schwamb/*Bumiller*, 12. Aufl. (2019), § 158 FamFG, Rn. 15; Dutta/Jacoby/D. Schwab/*Lack*, 4. Aufl. (2021), § 158 FamFG, Rn. 23; Johannsen/Henrich/Althammer/*Döll*, 7. Aufl. (2020), § 158 FamFG, Rn. 20; *Stockmann*, in: *Rahm/Künkel/Kemper* (Hrsg.), Handbuch Familien und Familienverfahrensrecht, Rn. 267; MüKo FamFG/*Schumann*, 4. Aufl. (2025), § 158 FamFG, Rn. 30; Zöller/*A. Lorenz*, 34. Aufl. (2022), § 158 FamFG, Rn. 3; Sternal/*Schäder*, 21. Aufl. (2023), § 158 FamFG, Rn. 31; *Menne*, FGPrax, 2020, 224, 225; *Vogel*, FF, 2022, 143, 145; *ders.*, FPR, 2010, 43, 45; a. A. nur Haußleiter/*Eickelmann*, 2. Aufl. (2017), § 158 FamFG, Rn. 20, die für die Bestellung die Beschlussform wegen § 116 Abs. 1 FamFG als zwingend erachtet; *OLG Brandenburg*, Beschluss v. 08.08.2018 – 13 WF 125/18, FamRZ 2018, 1855, das der Meinung ist, dass die Bestellung als Beschluss oder schriftlich bzw. protokollierte Verfügung ergehen sollte, dessen Fehlen sich aber nicht auf die Wirksamkeit der Bestellung auswirke.

656 Das Gericht kann sich freiwillig der Entscheidungsform des Beschlusses bedienen, vgl. Dutta/Jacoby/D. Schwab/*Bartels*, 4. Aufl. (2021), Vorbem. vor §§ 38 bis 48, Rn. 13.

auf Seiten der übrigen Beteiligten vorgetragen, die auf ihre Tragfähigkeit hin untersucht werden.

aa) Maßgeblicher Bekanntgabeadressat

Es wird unterschiedlich beurteilt, wer der maßgebliche Adressat ist, auf den es für die Wirksamkeit der Bestellung des Verfahrensbeistands ankommt. Teilweise wird angenommen, dass die Bekanntgabe an den Verfahrensbeistand für die Wirksamkeit des Bestellungsbeschlusses maßgeblich ist.[657] Teilweise ist nur von der Bekanntgabe an „die Beteiligten" die Rede, ohne dass hinreichend deutlich wird, ob damit das Kind, das im kindschaftsrechtlichen Verfahren unstreitig Beteiligter ist, mitgemeint ist.[658] Die extensivste Auslegung geht demgegenüber davon aus, dass es zur Wirksamkeit neben der Bekanntgabe an den Verfahrensbeistand und die Eltern auch der Bekanntgabe an das Kind bedarf.[659]

aaa) Wesentlicher Inhalt der Bestellung

Um zu ermitteln, für wen ein Beschluss seinem wesentlichen Inhalt nach bestimmt ist, kann auf verschiedene Indizien zurückgegriffen werden.[660] Dabei kommt es unter anderem darauf an, wessen Rechte durch die Rechtsfolge, die der Beschluss auslöst, betroffen sind.[661] Stellt man nur darauf ab, so wäre eine Bekanntgabe an Verfahrensbeistand, Eltern und Kind nötig. Durch die Bestellung werden dem Verfahrensbeistand Rechte und Pflichten auferlegt, sodass seine Rechtssphäre in jedem Fall betroffen ist. Zudem besteht ein

---

[657] So auch Bork/Jacoby/D. Schwab/*Zorn*, 3. Aufl. (2018), § 158 FamFG, Rn. 33; Bumiller/Harders/Schwamb/*Bumiller*, 12. Aufl. (2019), § 158 FamFG, Rn. 15; MüKo FamFG/*Schumann*, 4. Aufl. (2025), § 158 FamFG, Rn. 30; Sternal/*Schäder*, 21. Aufl. (2023), § 158 FamFG, Rn. 31; *Vogel*, FF, 2022, 143, 153; *ders.*, FPR, 2010, 43, 45.

[658] So beispielsweise bei Dutta/Jacoby/D. Schwab/*Lack*, 4. Aufl. (2021), § 158 FamFG, Rn. 23; *Rösler*, Die Verfahrensbeistandschaft, 2014, S. 183.

[659] Musielak/Borth/Frank/*Frank*, 7. Aufl. (2022), § 158 FamFG, Rn. 15; *Leeb*, ZKJ, 2010, 391, 394.

[660] Ausführlich dazu Dutta/Jacoby/D. Schwab/*Bartels*, 4. Aufl. (2021), § 40 FamFG, Rn. 7–8.

[661] Dutta/Jacoby/D. Schwab/*Bartels*, 4. Aufl. (2021), § 40 FamFG, 7 f.; MüKo FamFG/*Ulrici*, 4. Aufl. (2025), § 40 FamFG, Rn. 6; Schulte-Bunert/Weinreich/*Oberheim*, 7. Aufl. (2023), § 40 FamFG, Rn. 18; hier kann auf die in § 158b FamFG genannten Pflichten abgestellt werden.

Eingriff in die Rechte der Eltern die Bestellung.[662] Gleiches gilt für das Kind, bei dem die Bestellung einen Eingriff in das Rechts auf Wahrnehmung seiner Interessen ausschließlich durch die Eltern darstellt.[663] Dann würde sich jedoch kein Unterschied zu der Bekanntgabe nach § 41 FamFG ergeben. Die Bekanntgabe nach § 40 Abs. 1 FamFG ist daher enger auszulegen und weitere Kriterien sind heranzuziehen.

Es kommt somit auf den Zweck der Entscheidung an.[664] Zu untersuchen ist, wessen Kenntnis am wichtigsten ist, um den Zweck der Entscheidung zu erfüllen. Zweck der Bestellung ist es, die Tätigkeit des Verfahrensbeistands zu ermöglichen, um eine Vertretung der Interessen des Kindes im Verfahren zu gewährleisten. Dabei wird wohl vor allem die Kenntnis des Verfahrensbeistands entscheidend sein, damit dieser mit seiner Aufgabe beginnen kann. Sowohl die Kenntnis der Eltern als auch die des Kindes über die erfolgte Bestellung ist daneben zwar wichtig, aber sollte für die Wirksamkeit des Beschlusses nicht ausschlaggebend sein. Sinn und Zweck der Unterscheidung in §§ 40, 41 FamFG ist es, eine möglichst schnelle Wirksamkeit zu ermöglichen.[665] Die Wirksamkeit eines Beschlusses sollte nicht dadurch riskiert werden, dass zu hohe Voraussetzungen an die Bekanntgabe gestellt werden. Dies erscheint insbesondere vor dem hier vorliegenden Hintergrund vorzugswürdig, dass eine Bestellung nicht zwingend der Form des Beschlusses bedarf.[666] Erfolgt die Bestellung nicht durch einen förmlichen Beschluss, so gelten für sie nicht die Wirksamkeits- und Bekanntgabevorschriften der §§ 38–48 FamFG. Damit kann an die Bekanntgabe, wenn sie in der Form des förmlichen Beschlusses erfolgt, keine erhöhten Anforderungen gestellt werden. Die Interessen der Eltern und des Kindes werden durch die nach § 41 FamFG gleichwohl notwendige Bekanntgabe ausreichend gewahrt. Für die Bekanntgabe des Beschlusses nach § 40 FamFG, der für die Wirksamkeit

---

[662] Zum Eingriff der Bestellung in das Recht der Eltern auf Rechte der Eltern auf Interessenwahrnehmung der Interessen des Kindes im gerichtlichen Verfahren als Bestandteil ihrer elterlichen Sorge schon bei, B. II. 3. c) aa) aaa).

[663] Siehe dazu, B. I. 5.

[664] MüKo FamFG/*Ulrici*, 4. Aufl. (2025), § 40 FamFG, Rn. 6.

[665] So auch Dutta/Jacoby/D. Schwab/*Bartels*, 4. Aufl. (2021), § 40 FamFG, 6 f,; Prütting/Helms/*Abramenko*, 6. Aufl. (2022), § 40 FamFG, Rn. 5; Zöller/*Feskorn*, 35. Aufl. (2024), § 40 FamFG, Rn. 3.

[666] Vgl. zur Frage der konkludenten Bestellung, B. II. 3. d) bb).

maßgeblich ist, ist danach die Bekanntgabe an den Verfahrensbeistand ausreichend.

bbb) Fehlende Verfahrensfähigkeit als Bekanntgabehindernis

Aber auch bei der Bekanntgabe nach § 41 FamFG, die auch dann noch zu erfolgen hat, ergibt sich daraus keine notwendige Bekanntgabe an das Kind selbst. Auch wenn diesem als Beteiligter nach § 41 Abs. 1 S. 1 FamFG gegenüber eine Bekanntgabe zu erfolgen hat, ist dies vom „Wie" der Bekanntgabe zu trennen. Da beim Kind die Verfahrensfähigkeit und Beteiligtenfähigkeit auseinanderfallen, kann diesem selbst gegenüber nicht ohne weiteres von einer wirksamen Bekanntgabe ausgegangen werden.

An der Verfahrensfähigkeit fehlt es beim Kind wie gezeigt häufig.[667] Wenn nicht ausnahmsweise eine Verfahrensfähigkeit nach § 9 Abs. 1 Nr. 3 FamFG besteht, wird das Kind folglich in den meisten Fällen erst im Beschwerdeverfahren nach § 60 FamFG als verfahrensfähig angesehen werden, und dies obendrein nur dann, wenn es über 14 Jahre alt ist. In allen anderen Fällen sind die Eltern als die gesetzlichen – und damit nach § 9 Abs. 2 FamFG auch für die prozessliche Vertretung zuständigen – Vertreter die maßgeblichen Bekanntgabeadressaten.[668] Eine Ausnahme wäre nur dann anzunehmen, wenn die Bestellung ausnahmsweise erst im Beschwerdeverfahren erfolgt. Dann und wenn das Kind ausnahmsweise selbst verfahrensfähig ist nach § 9 Abs. 1 Nr. 3 FamFG, kann eine Zustellung an das Kind selbst erfolgen.[669]

Auch § 164 S. 1 FamFG kann über die häufig fehlende Verfahrensfähigkeit nicht hinweghelfen. Gegen die Entscheidung über die Bestellung des Verfahrensbeistands ist die Beschwerde gemäß § 158 Abs. 5 FamFG nicht statthaft, sodass auch § 164 S. 1 FamFG keine Bekanntgabe an das über 14-jährige Kind ermöglicht.[670] In diesem Fall wird daher die Bekanntgabe

---

[667] Siehe dazu, B. II. 2. b).

[668] *BGH*, Beschluss v. 24.03.2021 – XII ZB 364/19, FamRZ 2021, 1127, 32; Dutta/Jacoby/D. Schwab/*Bartels*, 4. Aufl. (2021), § 41 FamFG, Rn. 6.

[669] Dann hat es alle verfahrensrechtlichen Rechte und Aufgaben, vgl. *Köhler*, ZKJ, 2018, 50, 53.

[670] A. A. Musielak/Borth/Frank/*Frank*, 7. Aufl. (2022), § 158 FamFG, Rn. 15; *Leeb*, ZKJ, 2010, 391, 394, die dabei auf die Verfahrensfähigkeit nach § 60 FamFG abstellen aber nicht ausreichend zwischen der Bekanntgabe der Entscheidung und dem Bestellungsbeschluss differenzieren.

regelmäßig an die Eltern zu erfolgen haben. Man könnte hier andenken, dass den Eltern die Vertretungskompetenz aufgrund des Interessengegensatzes nach §§ 1629 Abs. 2 S. 3, 1789 Abs. 2 S. 3 BGB zu entziehen wäre und man vertreten könnte, dass für die Entgegennahme des Bestellungsbeschlusses zunächst ein Ergänzungspfleger zu bestellen wäre.[671] Ein solcher Interessengegensatz wird für die bloße Entgegennahme des Bestellungsbeschlusses jedoch wohl noch nicht anzunehmen sein.

Zur Wirksamkeit der Bestellung bedarf es somit nur der Bekanntgabe an den Verfahrensbeistand. Die davon unabhängige Bekanntgabe an das Kind fällt dabei mit der Bekanntgabe an die Eltern zusammen. Rein tatsächlich macht es keinen Unterschied, ob man für die Wirksamkeit des Beschlusses zudem die Bekanntgabe gegenüber den Eltern und dem Kind verlangt. In keinem Fall würde dem Kind selbst der Bestellungsbeschluss bekannt gegeben werden. Die Gefahr eines Informationsdefizits schon zum Zeitpunkt der Bestellung besteht damit selbst dann, wenn das Gericht die strengste Form des Beschlusses wählt. Das Kind ist in diesem Fall abhängig von der Informationsweitergabe der Eltern.

ccc) Art und Weise der Bekanntgabe

§ 15 Abs. 2 S. 1 FamFG ordnet an, dass die Bekanntgabe sowohl durch Zustellung als auch durch Aufgabe zur Post erfolgen kann. Darüber hinaus kann die Bekanntgabe nach § 41 Abs. 2 S. 1 FamFG durch Verlesen der Beschlussformel bekanntgegeben werden. Für die Zustellung folgt die Notwendigkeit der Zustellung an die gesetzlichen Vertreter direkt aus § 15 Abs. 2 S. 1 i.V.m. § 170 Abs. 1 S. 1 ZPO, wobei die Zustellung an einen gesetzlichen Vertreter ausreichend ist. Für die Bekanntgabe durch Aufgabe zur Post und die Verlesung in der Beschlussformel ergibt sich dies aus § 9 Abs. 2 FamFG.

bb) Die konkludente Bestellung des Verfahrensbeistands

Da für die Bestellung keine Form vorgeschrieben ist, wird überwiegend angenommen, dass diese auch konkludent erfolgen kann. Voraussetzung sei

[671] Zum Problem der fehlenden Zustellungskompetenz der Eltern in gerichtlichen Verfahren, vgl. schon *Rösler*, Die Verfahrensbeistandschaft, 2014, S. 240 f.; *Schürmann*, in: *Coester-Waltjen/Veit/Schumann et al.* (Hrsg.), Alles zum Wohle des Kindes?, S. 231, 236 f.

nur, dass der Bestellungswille ausreichend deutlich wird.[672] In diesem Fall erhält keiner der Beteiligten eine förmliche Information über die Bestellung. Damit bestünde ein Informationsdefizit des Kindes folglich unabhängig davon, ob die Eltern das Kind über die Bestellung in Kenntnis setzen. Geprüft werden soll, ob der Annahme einer konkludenten Bestellung neben der Gefahr eines Informationsdefizits weitere Gründe entgegenstehen. Dabei sollen neben Problemen für das Kind ferner solche angesprochen werden, die für die Eltern und den Verfahrensbeistand bei einer nur konkludenten Bestellung auftreten.

§ 158 Abs. 1 FamFG schreibt vor, dass der Verfahrensbeistand vom Gericht bestellt werden muss. Man könnte sich daher fragen, ob damit zwingend eine ausdrückliche Bestellung gemeint ist, also die wörtliche Auslegung der Norm schon eine konkludente Bestellung ausschließt. Zur Bestellpraxis selbst stellt § 158 FamFG keine Anforderungen. Der Begriff der Bestellung meint seinem Wortsinn nach eine Äußerung, mit der eine Person eine bestimmte Position erhält. Da Äußerungen auch konkludent erfolgen können, schließt dies eine konkludente Bestellung jedenfalls nicht aus. Selbst bei einem Kollegialgericht ist entgegen der früher vertretenen Ansicht von *Menne* eine konkludente Willensäußerung möglich.[673] Verfügungen des Kollegialgerichts werden ja nicht von jedem Organ des Gerichts einzeln erlassen, sondern vielmehr in der Regel vom Vorsitzenden im Namen des gesamten Spruchkörpers. Überdies wird eine konkludente Bestellung erst in der zweiten Instanz, in der frühestens ein Kollegialgericht eingesetzt werden kann, kaum vorkommen.[674]

---

672 *KG*, Beschluss v. 01.03.2022 – 19 WF 9/22, FamRZ 2022, 1052, 2. Ls; *OLG Nürnberg*, Beschluss v. 25.11.2014 – 7 UF 1819/13, MDR 2015, 100; *OLG Frankfurt*, Beschluss v. 30.07.2020 – 8 WF 108/20, FamRZ 2021, 48, 49; Prütting/Helms/*S. Hammer*, 6. Aufl. (2022), § 158 FamFG, Rn. 27; Zöller/*A. Lorenz*, 34. Aufl. (2022), § 158 FamFG, Rn. 3; Schulte-Bunert/Weinreich/*Ziegler*, 7. Aufl. (2023), § 158 FamFG, Rn. 23; *Menne*, FGPrax, 2020, 224, 225; a. A. Bumiller/Harders/Schwamb/*Bumiller*, 12. Aufl. (2019), § 158 FamFG, Rn. 15; *Vogel*, FF, 2022, 143, 145; Johannsen/Henrich/Althammer/*Döll*, 7. Aufl. (2020), § 158 FamFG, Rn. 20; die konkludente Form nur auf Ausnahmefälle beschränkend *OLG München*, Beschluss v. 13.10.2016 – 11 WF 1092/16, FamRZ 2017, 466; *Menne*, Anm. zu OLG München, Beschl. v. 19.08.2015 – 11 WF 1028/15, FamRZ, 2016, 160; Saenger/*Kemper*, 10. Aufl. (2023), § 158 FamFG, Rn. 17.

673 *Menne*, FamRZ, 2016, 160.

674 Die Familiengerichte sind nach § 23b GVG den Amtsgerichten zugeordnet, in denen der Familienrichter nach § 22 GVG als Einzelrichter entscheidet.

Die wörtliche Auslegung der Norm steht einer konkludenten Bestellung folglich nicht entgegen.

Auch ein Vergleich zum Vormundschaftsrecht schafft noch keine Klarheit. Bisher regelte § 1789 BGB a.F. die Bestellung des Vormunds. Dieser war über § 1915 BGB a.F. auch für die Bestellung des Ergänzungspflegers anwendbar. Dort war im Wortlaut der Norm auch von „Bestellung" die Rede. Einhellige Meinung war aber, dass diese Bestellung nur bei Anwesenheit und Mitwirkung des Vormunds wirksam war. Eine konkludente Bestellung war somit ausgeschlossen.[675] Dies war jedoch vor allem darin begründet, dass § 1789 BGB a.F. anders als § 158 FamFG darüber hinaus die Verpflichtung zur treuen und gewissenhaften Führung der Vormundschaft verlangte. Eine solche Verpflichtung ist nicht konkludent zu erbringen.

Durch die Änderung des Betreuungs und Vormundschaftsrechts zum 01. Januar 2023 durch das Gesetz zur Reform des Vormundschafts und Betreuungsrechts[676] wurde dieses Verpflichtungserfordernis gleichwohl gestrichen. Diese erfolgt nach § 1802 Abs. 1 S. 2 BGB nunmehr lediglich mündlich nach der eigentlichen Bestellung. Voraussetzung für die wirksame Bestellung ist jetzt lediglich nach § 168a Abs. 2 FamFG die Bekanntgabe des Bestellungsbeschlusses.[677] Im Unterschied zur Bestellung des Verfahrensbeistands muss die Bestellung des Vormunds dagegen zwingend durch Beschluss erfolgen.[678] Anders als §§ 158–158c FamFG enthält das Vormundschaftsrecht mit § 168a FamFG zudem eine ausdrückliche Bestimmung für den Inhalt der Beschlussformel. Eine konkludente Bestellung des Vormunds ist daher weiterhin nicht möglich, lässt aber gleichfalls keine Rückschlüsse auf die Möglichkeit der konkludenten Bestellung des Verfahrensbeistands zu.

aaa) Beauftragungsumfang unklar

Kritisiert wird an der konkludenten Bestellung zunächst, dass dadurch der Aufgabenbereich, für den das Gericht die Verfahrensbeistandschaft anordnet, nicht hinreichend deutlich werde.[679] Kennzeichnend dafür ist eine

---

675 jurisPK BGB/*Hamdan*, 9. Aufl. (2020), § 1789 BGB, Rn. 4.

676 BGBl. I, S. 882.

677 BT-Drs. 19/24445, 188.

678 BT-Drs. 19/24445, 188.

679 *OLG München*, Beschluss v. 13.10.2016 – 11 WF 1092/16, FamRZ 2017, 466; Johannsen/Henrich/Althammer/*Döll*, 7. Aufl. (2020), § 158 FamFG, Rn. 20; Prütting/

Entscheidung des OLG Brandenburg, bei der vom Umfang des Tätigwerdens des Verfahrensbeistands auf den Umfang des Bestellbeschlusses geschlossen wurde.[680] Die konkludente Bestellung hätte damit unter der bisherigen Rechtslage dazu geführt, dass der Umfang der Tätigkeit die Vergütung des Verfahrensbeistands bestimmt hätte. Dies ist dabei widersprüchlich zu der einhelligen Auffassung, dass der Verfahrensbeistand von dem Umfang der Bestellung unabhängig war und auch bei einer Bestellung nach § 158b Abs. 2 FamFG a.F. nicht verpflichtet war, entsprechende Tätigkeiten auszuführen, sondern schon bei einem bloßen Tätigwerden im einfachen Aufgabenkreis eine Vergütung nach § 158c Abs. 1 S. 2 FamFG a.F. fordern konnte.[681] Dies sollte das Entstehen eines Abhängigkeitsverhältnisses zwischen Verfahrensbeistand und Gericht verhindern.[682] Die Begründung des OLG verkennt darüber hinaus, dass zum Zeitpunkt der Bestellung die ausgeführte Tätigkeit noch gar nicht bekannt ist. Sie kann insgesamt nicht überzeugen.

Eine Bestellung im erweiterten Aufgabenkreis war bei einer konkludenten Bestellung vielmehr nur selten anzunehmen. Nach § 158 Abs. 2 S. 2 FamFG a.F. hatte das Gericht Art und Umfang der Beauftragung konkret festzulegen und die Beauftragung zu begründen. Dies galt nach seiner systematischen Stellung im Absatz 2 des § 158b FamFG a.F. nur für die Bestellung im erweiterten Aufgabenkreis.[683] Eine solche konkrete Beauftragung war im Rahmen einer konkludenten Bestellung jedoch kaum vorstellbar. Sollte das Gericht dies nur mündlich begründet haben, so dürfte darin in der Regel eine ausdrückliche und nicht nur konkludente Bestellung des Verfahrensbeistands zu sehen gewesen sein. Es fehlte insoweit bei einer konkludenten Bestellung

---

Helms/*S. Hammer*, 6. Aufl. (2022), § 158 FamFG, Rn. 27; Bumiller/Harders/Schwamb/*Bumiller*, 12. Aufl. (2019), § 158 FamFG, Rn. 15; *Menne*, FamRB, 2024, 53, 54.

680 So das OLG, dass ausführt, dass die Vergütung „sich indes nicht nach § 158 VII S. 3 FamFG [bestimmt], weil die Beschwerdeführerin den erweiterten Aufgabenkreis nach § 158 IV S. 3 FamFG nicht wahrgenommen hat.“, *OLG Brandenburg*, Beschluss v. 08.08.2018 – 13 WF 125/18, FamRZ 2018, 1855, 1856.

681 *Keuter*, FamRZ, 2018, 14, 16; dieses Argument wird durch den nunmehr einheitlichen Aufgabenumfang in § 158b FamFG n.F. obsolet.

682 Diese Befürchtung andeutend *OLG Brandenburg*, Beschluss v. 08.08.2018 – 13 WF 125/18, FamRZ 2018, 1855.

683 Dies ist nun durch die Trennung in zwei Absätze eindeutig. Anders noch bei der Aufgabenbeschreibung in § 158 Abs. 4 FamFG a.F., so auch *OLG München*, Beschluss v. 13.10.2016 – 11 WF 1092/16, FamRZ 2017, 466, 467.

im erweiterten Aufgabenbereich jedenfalls in der Regel an der nach § 158b Abs. 2 S. 2 FamFG a.F. erforderlichen Begründung der Bestellung.[684]

Das Problem der konkludenten Bestellung ist somit weniger, dass der Aufgabenkreis unklar unter der bisherigen Rechtslage unklar blieb, sondern dass entgegen der üblichen Praxis in der Regel bei der bisherigen Rechtslage nur eine Beauftragung im Umfang des § 158b Abs. 1 FamFG a.F. erfolgen konnte.[685] Im Gesetz war der Aufgabenbereich insoweit klar benannt. Eine genauere Beschreibung durch das Gericht war daher nicht notwendig.[686] Da diese den Verfahrensbeistand in seiner Aufgabenwahrnehmung aber nicht einschränkte – er konnte unabhängig von seiner Beauftragung auch darüber hinausgehende Tätigkeiten wahrnehmen[687] – war die konkludente Bestellung weniger ein Problem für den Tätigkeitsumfangs des Verfahrensbeistands als für die Finanzierung dieser Tätigkeit.[688]

bbb) Feststellung der Berufsmäßigkeit

Gegen die Annahme einer konkludenten Bestellung wird zudem vorgebracht, dass die Feststellung der Berufsmäßigkeit bei dieser nicht möglich sei. In der Tat musste das Gericht bei der Bestellung des Verfahrensbeistands bisher die Berufsmäßigkeit seiner Tätigkeit feststellen.[689] Es reichte insoweit gleichwohl aus, dass die Berufsmäßigkeit des Verfahrensbeistands gerichtsbekannt war.[690]

---

[684] So auch *Menne*, FGPrax, 2020, 224, 226 f.; *Keuter*, FamRZ, 2018, 14, 16; jedenfalls bei gesonderten Anhaltspunkten auch eine Bestellung im erweiterten Aufgabenkreis annehmend Prütting/Helms/*S. Hammer*, 6. Aufl. (2022), § 158 FamFG, Rn. 27; eine konkludente Bestellung im erweiterten Aufgabenkreis annehmend auch *KG*, Beschluss v. 01.03.2022 – 19 WF 9/22, FamRZ 2022, 1052, 1053.

[685] Schon 2015 stellte die Bestellung im erweiterten Aufgabenkreis die häufigste Form der Bestellung dar, vgl. *Ekert/Heiderhoff*, Die Evaluierung der FGG-Reform, 2018, S. 107.

[686] Prütting/Helms/*S. Hammer*, 6. Aufl. (2022), § 158 FamFG, Rn. 28.

[687] Prütting/Helms/*S. Hammer*, 6. Aufl. (2022), § 158 FamFG, Rn. 28; *Güssow*, Die Beteiligung und Vertretung des Kindes in Kindschaftssachen, 2022, S. 114; *Vogel*, FF, 2022, 143, 149.

[688] So auch *Güssow*, Die Beteiligung und Vertretung des Kindes in Kindschaftssachen, 2022, S. 115.

[689] *OLG Schleswig*, Beschluss v. 19.04.2016 – 15 WF 170/15, FamRZ 2016, 1695; *Menne*, FGPrax, 2020, 224, 227; Sternal/*Schäder*, 21. Aufl. (2023), § 158 FamFG, Rn. 33; auch dies ist durch die Neuregelung obsolet geworden.

[690] So im Verfahren vor dem *OLG Frankfurt*, Beschluss v. 30.07.2020 – 8 WF 108/20, FamRZ 2021, 48, 49.

Angesichts der nun bestehenden Qualifikationsanforderungen und damit verbunden Kosten dürfte auch eine gewisse Vermutung für die Berufsmäßigkeit der Tätigkeit bestanden haben. Die Feststellung der Berufsmäßigkeit änderte im Übrigen nichts an der Rechtsstellung des Verfahrensbeistands. Ihm ergaben sich daraus keine besonderen Rechte oder Pflichten. Sie hatte für die Vergütung nach § 158c FamFG eine konstitutive Wirkung, aber nicht für die Wirksamkeit des Bestellungsbeschlusses.[691] Dies zeigt schon die Tatsache, dass die Feststellung der Berufsmäßigkeit, anders als die Bestellung, rückwirkend nachgeholt werden konnte.[692] Die Notwendigkeit der Feststellung der Berufsmäßigkeit war also kein durchschlagendes Argument gegen die Annahme einer konkludenten Bestellung, sondern berührt wiederum primär nur die Frage der Vergütung.

ccc) Finanzielle Planungssicherheit der Eltern

Gegen eine konkludente Bestellung könnten jedoch finanzielle Aspekte sprechen. Es wird häufig angeführt, dass sie insbesondere in finanzieller Hinsicht zu einer Unsicherheit bei den Eltern führt, die wegen §§ 1, 21–24 FamGKG i.V.m. Nr. 2013 der Anlage 1 zum FamGKG die Kosten des Verfahrensbeistands zu tragen haben.[693] Dem ist grundsätzlich zuzustimmen. Gleichwohl ist es nicht so, dass die Kosten für den Verfahrensbeistand die Eltern in diesen Fällen völlig unvorbereitet treffen. Da die Entscheidung zu Bestellung des Verfahrensbeistands in irgendeiner Weise nach außen kundig werden muss, der Verfahrensbeistand also in der Regel zumindest am Verfahren teilnimmt, wissen die Eltern grundsätzlich auch von dessen Mitwirken und der für sie daraus grundsätzlich resultierenden finanziellen Verpflichtung.

---

691 Sternal/*Schäder*, 21. Aufl. (2023), § 158 FamFG, Rn. 33; a. A. *Langer*, ZKJ, 2023, 445, 449.

692 Strittig, so auch Prütting/Helms/*S. Hammer*, 6. Aufl. (2022), § 158 FamFG, Rn. 29; nach Sternal/*Schäder*, 21. Aufl. (2023), § 158 FamFG, Rn. 33 aber nur bei Einlegung einer Beschwerde des Verfahrensbeistands; a. A. *Menne*, FGPrax, 2020, 224, 227.

693 *OLG Frankfurt*, Beschluss v. 30.07.2020 – 8 WF 108/20, FamRZ 2021, 48, 49; *OLG München*, Beschluss v. 13.10.2016 – 11 WF 1092/16, FamRZ 2017, 466, 467; *Menne*, FamRB, 2024, 53, 55, dort hatte die Annahme der konkludenten Bestellung zu einer Verdoppelung der Auslagen für den Verfahrensbeistand geführt; *Menne*, FamRB, 2015, 458, 459; zur Kostentragungspflicht der Eltern *OLG Thüringen*, Beschluss v. 26.02.2019 – 3 WF 37/19, FamRB 2021, 146.

Da die Vergütung für jeden Verfahrensgegenstand gezahlt wird und nicht für ein Verfahren als Ganzes,[694] kann hier doch eine beträchtliche Summe zusammenkommen, die geeignet ist, die Eltern in ihrer finanziellen Planung im Hinblick auf das familiengerichtliche Verfahren zu überraschen. Dieser „Überraschungseffekt" stellt sich im Übrigen gleichwohl nur dann ein, wenn die Eltern vor der (konkludenten) Bestellung des Verfahrensbeistands nicht angehört wurden. In diesen Fällen sind von ihnen zumindest in Fällen des § 158 Abs. 3 FamFG die Kosten der Bestellung nicht zu erlangen.[695] Die beschriebene Kostenunsicherheit besteht somit tatsächlich nicht.

Auch das in diesem Zusammenhang benannte Problem, dass der Beginn der 15-monatigen Ausschlussfrist des Vergütungsanspruchs nach § 1877 Abs. 4 S. 1 BGB – die nach der Ansicht des BGH auch für den Vergütungsanspruch des Verfahrensbeistands gelten sollte[696] und nunmehr in § 158c Abs. 3 S. 2 FamFG n.F. übernommen wurde– bei einer konkludenten Bestellung nicht eindeutig bestimmt werden könne,[697] vermag nicht zu überzeugen. Die Ausschlussfrist des § 1877 Abs. 4 S. 1 BGB bestimmt sich, wie § 158c Abs. 3 S. 2 FamFG n.F. ausdrücklich klarstellt, nach dem Entstehen des Anspruchs bei Gericht. Dieser ist wiederum davon abhängig, dass der Verfahrensbeistand in irgendeiner Weise im Kindesinteresse tätig geworden ist.[698] Dies wird in der Regel sowieso nicht mit dem Beschluss des Gerichts zu Bestellung zusammenfallen. Der Zeitpunkt, in dem der Verfahrensbeistand zum ersten Mal im Kindesinteresse tätig geworden ist, ist dabei genauso klar bestimmbar wie bei einer ausdrücklichen Bestellung.

ddd) Gefahr Unterbleibender Anfangsermittlungen

Einige befürchten zudem, dass bei der konkludenten Bestellung die Anhörung sowohl der Eltern als auch des Kindes vor der Bestellung des

---

[694] *BGH*, Beschluss v. 01.08.2012 – XII ZB 456/11, FamRZ 2012, 1630, 1631.

[695] Zur Niederschlagung der Kosten bei fehlender Anhörung der Eltern, B. II. 3. c) aa) bbb) (1).

[696] *BGH*, Beschluss v. 19.01.2011 – XII ZB 400/10, FamRZ 2011, 558.

[697] So *Vogel*, FF, 2022, 143, 145.

[698] *BGH*, Beschluss v. 27.02.2019 – XII ZB 495/18, FamRZ 2019, 1077, 1078; an diesem Ergebnis ändert sich auch dann nichts, wenn man mit der Gegenmeinung der Ansicht wäre, dass für den Beginn der Ausschlussfrist die Beendigung der Verfahrensbeistandschaft maßgeblich wäre. Auch dieser Zeitpunkt lässt sich eindeutig bestimmen; an den Beginn der Tätigkeit anknüpfend im Übrigen auch *Vogel*, FF, 2022, 143, 156.

Verfahrensbeistands unterbleiben würde.[699] Dafür muss man zunächst die Situation betrachten, in der eine konkludente Bestellung angenommen wird. Die Annahme der konkludenten Bestellung ist ein Konstrukt der Rechtsprechung, um eine Vergütung des Verfahrensbeistands zu ermöglichen, dessen förmliche Bestellung vergessen wurde und zugleich die Rückverweisung durch die Beschwerdeinstanz zu vermeiden. Dem Gericht ist in diesen Fällen also nur die Notwendigkeit der ausdrücklichen Bestellung nicht bewusst, die Tätigkeit des Verfahrensbeistands fordert das Gericht jedoch ein und sein Bestellungswillen wird ausreichend deutlich.[700] In diesen Fällen unterbleibt eben nur die ausdrückliche Bestellung. Das Gericht behandelt also den Verfahrensbeistand „wie bestellt". Die Gefahr unterbleibender Anfangsermittlungen und Anhörungen besteht dann im gleichen Maß wie bei der „ordentlichen" Bestellung.

Nichts anderes gilt ferner in den von *Menne* als besonders problematisch bezeichneten Fällen des § 156 Abs. 3 S. 1 FamFG, in denen im Hauptsacheverfahren ersichtlich wird, dass eine einzelne Fragestellung im Wege einer einstweiligen Anordnung zu regeln ist.[701] In diesen Fällen geht es in der Sache um den gleichen Sachverhalt. Das grundsätzliche Bestehen eines Interessenkonfliktes und damit die Notwendigkeit einer Bestellung wurde daher schon im Rahmen der Anfangsermittlungen im Hauptsacheverfahren ermittelt. Die Notwendigkeit einer Bestellung auch im Verfahren auf Erlass einer einstweiligen Anordnung ergibt sich daraus bereits. Probleme bereitet dies nur für die Gehörsgewährung. Diese wird in der Regel jedoch hinter der besonderen Beschleunigungsbedürftigkeit des Verfahrens zurücktreten müssen.

Gleichwohl ist zu sehen, dass die ausdrückliche Bestellung für das Gericht zudem eine Warnfunktion erfüllt. Lässt man nur allzu leicht die konkludente

---

[699] Dies befürchtend *OLG München*, Beschluss v. 13.10.2016 – 11 WF 1092/16, FamRZ 2017, 466, 467; Bumiller/Harders/Schwamb/*Bumiller*, 12. Aufl. (2019), § 158 FamFG, Rn. 15; *Menne*, FGPrax, 2020, 224, 226; *ders.*, FamRB, 2024, 53, 54; zur Notwendigkeit der Anhörung in Fällen des § 158 Abs. 3 FamFG schon bei, B. II. 3. c) aa) bbb) (1) und B. II. 3. c) bb) aaa).

[700] *OLG Frankfurt*, Beschluss v. 30.07.2020 – 8 WF 108/20, FamRZ 2021, 48; *OLG Brandenburg*, Beschluss v. 08.08.2018 – 13 WF 125/18, FamRZ 2018, 1855; so auch im Verfahren vor dem *OLG München*, Beschluss v. 13.10.2016 – 11 WF 1092/16, FamRZ 2017, 466, auch wenn hier das Gericht im Ergebnis die konkludente Bestellung abgelehnt hat; *OLG Nürnberg*, Beschluss v. 25.11.2014 – 7 UF 1819/13, MDR 2015, 100; *OLG Schleswig*, Beschluss v. 19.04.2016 – 15 WF 170/15, FamRZ 2016, 1695.

[701] *Menne*, FGPrax, 2020, 224, 226.

Bestellung zu, ist in der Tat zu befürchten, dass das Gericht sich der Grundrechtsrelevanz der Bestellung für die Beteiligten nicht bewusst wird und die Hinzuziehung des Verfahrensbeistands als Automatismus abläuft. Damit stiege in der Tat die Gefahr für unterbleibende Anfangsermittlungen und Anhörungen.

eee) Rückwirkende Bestellung

Auf der anderen Seite ist zu berücksichtigen, dass eine rückwirkende Bestellung nicht möglich ist.[702] Eine solche wird dabei in der Praxis nicht etwa bemüht um eine zu späte Bestellung zu heilen, sondern vielmehr immer dann angedacht, wenn es an einer förmlichen Bestellung fehlt, der Verfahrensbeistand gleichwohl tätig geworden ist.[703] Würde man also die Annahme einer konkludenten Bestellung des Verfahrensbeistands immer ablehnen, so würde ein dennoch tätig gewordener Verfahrensbeistand keine Vergütung erhalten. Eine nachträgliche Kontrolle im Sinne einer Aufhebung des Bestellungsbeschlusses wäre durch eine Beschwerde schon von vornherein nicht möglich, da es an einer wirksamen Bestellung fehlt.[704] Eine dennoch erfolgte Einflussnahme eines Verfahrensbeistands auf die Beteiligten bliebe also ohne direkte Korrekturmöglichkeit. Andererseits würde das Verfahren selbst bei „guter" Begleitung durch den vermeintlichen Verfahrensbeistand dann regelmäßig aufgrund der fehlenden Bestellung in der nächsten Instanz zurückverwiesen, sodass es jedenfalls zu einer dem Kindeswohl undienlichen und unnötigen Verfahrensverlängerung kommen würde. Das Kind erfährt dann zwar eine tatsächliche Begleitung im Verfahren, jedenfalls aber keine rechtlich wirksame.

fff) § 158 Abs. 2 FamFG

Dass eine Bestellung vergessen wird, soll nach dem Gesetzesentwurf durch die Neufassung des § 158 Abs. 2 FamFG verhindert werden.[705] Schon das

---

[702] *OLG München*, Beschluss v. 19.08.2015 – 11 WF 1028/15, FamRZ 2016, 160; Dutta/Jacoby/D. Schwab/*Lack*, 4. Aufl. (2021), § 158 FamFG, Rn. 23; Zöller/*A. Lorenz*, 34. Aufl. (2022), § 158 FamFG, Rn. 3; Johannsen/Henrich/Althammer/*Döll*, 7. Aufl. (2020), § 158 FamFG, Rn. 20.

[703] So auch die Sachlage bei *OLG Frankfurt*, Beschluss v. 30.07.2020 – 8 WF 108/20, FamRZ 2021, 48; *OLG München*, Beschluss v. 19.08.2015 – 11 WF 1028/15, FamRZ 2016, 160.

[704] Zu den Voraussetzungen der Aufhebung unten, B. II. 6. a).

[705] BT-Drs. 19/23707, 53.

Argument des Gesetzgebers, er wolle sicherstellen, dass in besonders grundrechtsrelevanten Verfahren die Bestellung „nicht versehentlich unterbleibt“[706], kann dabei nicht überzeugen. Die „Pflichtbestellung“ in Absatz 2 macht die Entscheidung über die Bestellung, in welcher Form auch immer sie ergeht, nicht entbehrlich.

Es kommt nicht zu einer Bestellung kraft Gesetzes.[707] Dies gibt ferner der Wortlaut des § 158 Abs. 2 FamFG nicht her. Danach ist die Bestellung in den dort benannten Fällen stets erforderlich. Die Bestellung als solche erfolgt also nicht automatisiert, sondern nur die Interessenabwägung wird vorweggenommen.

Eine Bestellung kann nach seinem Wortsinn vielmehr nur dann „versehentlich“ unterbleiben, wenn das Gericht die Anwendbarkeit des § 158 FamFG schon gar nicht in Betracht gezogen hat.

In allen anderen Fällen wird das Gericht jedenfalls bewusst von der Bestellung absehen. Dies beinhaltet gleichwohl in jedem Fall eine in irgendeiner Form erfolgte Interessenabwägung. Die Einführung einer Pflichtbestellung kann also nur die unterbliebene Bestellung einfacher sanktionieren, weil in der Berufungsinstanz keine Abwägung im Einzelfall mehr darüber erfolgt, ob es einer Verfahrensbeistandsbestellung bedurfte, sondern die Sache in jedem Fall zu einer erneuten Verhandlung und Entscheidung an das Familiengericht gem. § 69 Abs. 1 S. 3 FamFG zurückverwiesen wird.[708] Es kann aber eine „versehentlich“ unterbliebene Bestellung nicht verhindern.[709]

---

706 BT-Drs. 19/23707, 53.

707 Auch die Aussage von *Menne*, dass in diese Fällen „automatisch“ ein Verfahrensbeistand zu bestellen ist, ist wohl nicht anders zu deuten, da er weiterhin von einem aktiven Bestellungsakt ausgeht, *Menne*, NZFam, 2020, 1033, 1037.

708 Wobei teilweise auch eine Rückverweisung nach § 69 Abs. 1 Satz 2 FamFG mangels Entscheidung in der Sache angenommen wird, vgl. *OLG Bamberg*, Beschluss v. 07.08.2023 – 7 WF 153/23, FamRB 2024, 57; *OLG Hamm*, Beschluss v. 20.11.2017 – 9 UF 168/17, FamRZ 2018, 456, 457; zum Meinungsstand s. *Menne*, NZFam, 2020, 1033, 1038 m.w.N.

709 In diese Richtung auch *Menne*, Neues Recht für die Verfahrensbeistandschaft, NZFam, 2020, 1033, 1038, der jedoch damit argumentiert, dass auch vor Einführung des § 158 Abs. 2 FamFG die Obergerichte streng auf eine unterbliebene Bestellung reagiert haben, sodass die Notwendigkeit der Prüfung der Bestellung den Richtern ausreichend bewusst war und damit auch schon nach alter Gesetzesfassung es nicht zu „versehentlich“ unterbliebenen Bestellungen kam.

Aber auch die Anerkennung der konkludenten Bestellung kann dies nicht verhindern. Vermieden wird dadurch jedoch, dass das Verfahren in der Berufungsinstanz mangels Bestellung zurückverwiesen wird und so eine Verfahrensverlängerung eintritt, obwohl anders als im Fall der „versehentlich" unterbliebenen Bestellung eine Vertretung durch den (vermeintlichen) Verfahrensbeistand stattgefunden hat. Sie hat damit im Ergebnis den Zweck, das Verbot der rückwirkenden Bestellung zu umgehen.

ggg) Ergebnis

Es konnte gezeigt werden, dass die konkludente Bestellung möglich, wenn auch nicht wünschenswert ist. Der Wortlaut des § 158 FamFG schließt bei einem Vergleich mit der Bestellung des Ergänzungspflegers und Vormunds eine konkludente Bestellung nicht aus. Gezeigt werden konnte zudem, dass die finanzielle Planungssicherheit der Eltern durch die konkludente Bestellung nicht beeinträchtigt wird. Das Argument, dass der Beauftragungsumfang bei konkludenter Verfahrensbeistandsbestellung unklar sei, war, wie gezeigt, auch unter der bisherigen Rechtslage schon nicht zutreffend. Die konkludente Bestellung hat vielmehr nur Auswirkungen auf die Vergütung des Verfahrensbeistands für seine Tätigkeit, nicht auf den Umfang der Tätigkeit. Gleiches gilt für die bisher notwendige Feststellung der Berufsmäßigkeit seiner Tätigkeit nach § 158c Abs. 2 FamFG a.F. Dessen Fehlen hinderte die Wirksamkeit der Bestellung nicht.

Problematisch würde die konkludente Bestellung allerdings dann, wenn sie zur Regel würde. Dann besteht ein erhöhtes Risiko unterbleibender Anfangsermittlungen. In allen anderen Fällen ist dieses Risiko nicht höher als bei der ausdrücklichen Bestellung. Die konkludente Bestellung ist auch in Fällen des § 158 Abs. 2 FamFG von Bedeutung, weil dieser weder zu automatischen Bestellungen führt noch die „versehentlich" unterbliebene Bestellung verhindern kann.

Die Bestellung sollte zwar aus Klarstellungs- und Vergütungsgründen aus Sicht des Verfahrensbeistands ausdrücklich erfolgen, gegen eine konkludente Bestellung sprechen gleichwohl keine durchgreifenden Argumente. Sie ist vielmehr eine rechtsfolgenorientierte dogmatische Lösung der Rechtsprechung zur Verhinderung von Verfahrensverzögerungen. Die Annahme der konkludenten Bestellung ist damit ein Notnagel, um eine fehlende förmliche Bestellung nachträglich zu heilen, ohne das Verbot rückwirkender Bestellung antasten zu müssen.

cc) Zusammenfassung

Es hat sich gezeigt, dass die Form der Bestellung weitaus mehr Probleme beherbergt, als sie beim ersten Blick vermuten lässt. Gleichwohl erfolgt eine konkludente Bestellung nicht „aus Versehen“. Das Gericht ist sich der Einsetzung des Verfahrensbeistands sehr wohl bewusst. Die Konstruktion der konkludenten Bestellung verhindert vielmehr eine zeitintensive Rückverweisung des Verfahrens und ist damit als letztlich kindeswohlfreundliche Lösung anzuerkennen, obgleich sie die Gefahr unterbleibender Anfangsermittlungen beherbergt.

Problematischer für die Rechte des Kindes ist dagegen die Bekanntgabe der Bestellung. Sie erfolgt nicht gegenüber dem Kind selbst, sondern mangels Verfahrensfähigkeit am Kind vorbei an die Eltern als prozessliche Vertreter des Kindes. Dies schafft beim Kind ein Informationsdefizit, dass dazu führen kann, dass es seine Position bei der Bestellung nicht ausreichend einbringen kann, weil es schlichtweg keine Kenntnis von der Bestellung hat. Dieses Risiko besteht unabhängig davon, ob die Bestellung förmlich als Beschluss oder konkludent erfolgt. Zwar muss vor der Bestellung eine Anhörung des Kindes erfolgen, dies führt aber nicht dazu, dass das Kind auf dem gleichen Informationsstand ist wie die übrigen Beteiligten. Es erfährt nur von der Absicht der Bestellung, nichts jedoch darüber, wer/ wann tatsächlich bestellt wurde.

e) Fazit

Die Bestellung wird insbesondere durch die Neuordnung der § 158 Abs. 2 und 3 FamFG der effektiven Interessenvertretung des Kindes nicht gerecht, weil sie sich nicht durchgängig an der jeweiligen Grundrechtsrelevanz für das Kind orientiert und es damit zu unkontrollierten Bestellungen kommt. Dies wird nicht zuletzt dadurch verstärkt, dass die Einführung der Pflichtbestellungen in § 158 Abs. 2 FamFG dazu führt, dass unterbleibende Anhörungen der Beteiligten, einschließlich des Kindes, sanktionslos bleiben. Die Anhörung, als notwendiger Kontrollmechanismus zur Notwendigkeit und Auswahl des Verfahrensbeistands, ist damit nicht zufriedenstellend implementiert.

Die Bekanntgabe der Bestellung kann darüber hinaus mangels Gleichlaufs von Verfahrens- und Beteiligtenfähigkeit des Kindes an diesem vorbei erfolgen, was geeignet ist, das Informationsdefizit des Kindes im Verfahren zu verschärfen.

Damit werden die Belange des Kindes bei der Bestellung nur unzureichend berücksichtigt.

4. Die Stellung des Kindes bei der Auswahl des Verfahrensbeistands

Eine weitere entscheidende Stelle für die Interessenvertretung des Kindes ist neben der Frage, ob und wie der Verfahrensbeistand bestellt wird, auch die Frage, wer als Verfahrensbeistand bestellt wird. Hier entscheidet sich, ob die Interessenvertretung nicht nur auf dem Papier, sondern auch tatsächlich im Verfahren umgesetzt wird. Daher soll hier ein genauerer Blick darauf geworfen werden, ob die gesetzgeberischen Vorgaben zur Auswahl des Verfahrensbeistands dem gerecht werden. Dabei muss der Gesetzgeber nicht nur sicherstellen, dass der Verfahrensbeistand fachlich und persönlich geeignet ist, sondern gleichzeitig verhindern, dass ein zu enges Abhängigkeitsverhältnis zwischen Verfahrensbeistand und Richter entsteht.

Durch das Gesetz zur Bekämpfung sexualisierter Gewalt gegen Kinder wurde das Merkmal der „Geeignetheit", das schon bei § 158 FamFG a.F. bestand, erstmals gesetzlich konkretisiert. Dies dient sowohl der Qualitätssicherung als auch der stärkeren Professionalisierung und damit dem präventiven Kinderschutz.[710] Dabei enthält das Gesetz jedoch Schwachstellen, die dazu führen können, dass in Einzelfällen dennoch fachlich ungeeignete Verfahrensbeistände bestellt werden. Dazu zeigen rechtstatsächliche Erhebungen, dass die fachlich erforderlichen Qualifikationen von den meisten Verfahrensbeiständen (noch) nicht erfüllt werden.[711] So zeigt sich, dass bei der Überprüfung der Qualifikationen ein Machtgefälle zwischen Richter und Verfahrensbeistand eröffnet wird. Daher sollen hier zudem alternative Vorschläge aufgezeigt und diskutiert werden, die eine effiziente und interessengerechte Auswahl eines geeigneten Verfahrensbeistands ermöglichen sollen.

a) Fachliche Eignung

Bezüglich der fachlichen Qualifikation werden vom Verfahrensbeistand nach § 158a Abs. 1 S. 1 FamFG Grundkenntnisse auf den Gebieten des Familienrechts, insbesondere des Kindschaftsrechts, des Verfahrensrechts in

---

710 BT-Drs. 19/27928, 29; Sternal/*Schäder*, 21. Aufl. (2023), § 158a FamFG, Rn. 1.

711 Dazu *Menne*, ZKJ, 2023, 357, 363 m.w.N.

Kindschaftssachen und des Kinder- und Jugendhilferechts sowie Kenntnisse der Entwicklungspsychologie des Kindes und über kindgerechte Gesprächstechniken verlangt.[712] Damit wurden im Wesentlichen die Anforderungen, die auch in der Vergangenheit von der Literatur und Rechtsprechung an den Verfahrensbeistand gestellt wurden, durch die Regelung erfüllt.[713] Problematisch ist hier, dass es keine zertifizierten Lehrgänge gibt. Auch Vorgaben bezüglich des Umfangs der Ausbildung macht das Gesetz nicht. Dementsprechend sind die am Markt angebotenen Schulungen sehr unterschiedlich.[714] Daher hängen die geforderten Zusatzqualifikationen von den individuellen Vorkenntnissen des Verfahrensbeistands ab.[715] Damit liegt es am Ende im Beurteilungsspielraum des Gerichts, ob die notwendige Qualifikation vorliegt. Dieses muss dabei nicht nur Qualifikationsbescheinigungen vom Verfahrensbeistand einfordern, sondern gegebenenfalls auch die vorgelegten Nachweise ihrerseits daraufhin überprüfen, ob sie die geforderten Kenntnisse ausreichend vermitteln. Dadurch kommt dem Gericht bei der Auswahl des Verfahrensbeistands eine Machtposition zu.

Kritisiert wird vor diesem Hintergrund auch, dass § 158a FamFG keine Vorgaben zur inhaltlichen und zeitlichen Ausgestaltung der Fortbildungen macht. Dadurch würde die Beurteilung der Geeignetheit insoweit wieder in die Hände des Richters gelegt.[716] Damit wird die notwendige Unabhängigkeit vom Gericht gefährdet.

---

[712] Kritisch zu den geforderten Inhalten *Freitag/Jokisch*, FuR, 2022, 556, 557 f., die meinen, dass der Verfahrensbeistand insbesondere für die Einlegung von Rechtmitteln Kenntnisse benötige, die über Grundkenntnisse hinausgehen.

[713] So auch *Güssow*, Die Beteiligung und Vertretung des Kindes in Kindschaftssachen, 2022, S. 95; *Lies-Benachib*, FF, 2021, 430, 433; *Menne*, NZFam, 2020, 1033, 1039 f.; lediglich die *Bundesrechtsanwaltskammer* hielt die Regelung der fachlichen Eignung bei Rechtsanwälten für überflüssig, vgl. *Bundesrechtsanwaltskammer*, Stellungnahme Nr. 53/2020 zu dem Referentenentwurf eines Gesetzes zur Bekämpfung sexualisierter Gewalt gegen Kinder, S. 11.

[714] Vgl. auch die Recherche bei Dutta/Jacoby/D. Schwab/*Lack*, 4. Aufl. (2021), § 158a FamFG, Rn. 3.

[715] BT-Drs. 19/23707, 29.

[716] *Güssow*, Die Beteiligung und Vertretung des Kindes in Kindschaftssachen, 2022, S. 96; *Langer*, ZKJ, 2023, 406, 409; Prütting/Helms/*S. Hammer*, 6. Aufl. (2022), § 158a FamFG, Rn. 8–9; *Keuter*, ZKJ, 2021, 131, 134; Weinreich/Klein/*Waruschewski*, 7. Aufl. (2022), § 158a FamFG, Rn. 1.8; *Menne*, ZKJ, 2023, 357, 364; *ders.*, NZFam, 2020, 1033, 1042; *Deutsches Kinderhilfswerk e.V.*, Stellungnahme zum Referentenentwurf eines Gesetzes

Eine Konkretisierung der Fortbildungsinhalte lässt sich jedenfalls systematisch und teleologisch aus § 158a Abs. 1 S. 1 FamFG ableiten. Danach muss sie jedenfalls thematisch den Bereichen entsprechen, in denen auch Grundkenntnisse und Kenntnisse nach § 158a Abs. 1 S. 1 FamFG zum Nachweis der fachlichen Eignung verlangt werden.[717]

Dies sagt gleichwohl noch nichts über den zeitlichen Rahmen aus. Teilweise wird dort vorgeschlagen, sich an § 15 FAO zu orientieren, der die Fortbildungsverpflichtung für Fachanwälte regelt.[718] Dies würde kalendarjährliche wissenschaftliche Publikationen oder hörende oder dozierende Teilnahme an einer fachspezifischen, der Aus- und Weiterbildung dienenden, Veranstaltung von mindestens 15 Zeitstunden bedeuten. Dies würde zwar gewährleisten, dass die Verfahrensbeistände die sich stetig ändernden gesellschaftlichen und entwicklungspsychologischen Erkenntnisse kennen und damit dem Zweck der Fortbildungspflicht dienen. Gleichwohl spricht gegen eine solche umfassende Fortbildungspflicht der Wille des Gesetzgebers. Dort ist für die Verfahrensbeistände ein finanzieller Mehraufwand von 250 Euro im Jahr veranschlagt,[719] was mit der Fortbildungsverpflichtung nach § 15 FAO nicht zu vereinbaren sein dürfte.[720] Der zeitliche Rahmen der Fortbildungen dürfte also den für Anwälte deutlich unterschreiten. Angemessener dürfte vor diesem Hintergrund eine zweitägige Fortbildung sein, was einer jährlichen Fortbildungsverpflichtung von 8 Stunden entspräche.[721]

Sinnvoll wäre es hier, durch einheitliche Standards oder die Zertifizierung der Fortbildungsanbieter ein ausreichendes Niveau der fachlichen Qualifizierung zu gewährleisten und gleichzeitig dem Gericht nicht die Beurteilung über die Frage der Erfüllung der Aus- und Fortbildungspflicht zu überlassen.[722] Dadurch könnte auch eine Häufung von Beschwerden, bei denen sich

---

zur Bekämpfung sexualisierter Gewalt gegen Kinder, S. 6; *Deutscher Familiengerichtstag e.V.*, in: Brühler Schriften zum Familienrecht, S. 23, 105.

717 *Langer*, ZKJ, 2023, 406, 410; *Lack*, FamRZ, 2023, 1249, 1252.

718 Dutta/Jacoby/D. Schwab/*Lack*, 4. Aufl. (2021), § 158a FamFG, Rn. 9.

719 BT-Drs. 19/23707, 29.

720 Vgl. auch *Langer*, ZKJ, 2023, 406, 410; zur Vergütung schon oben, B. I. 3.

721 So auch Prütting/Helms/*S. Hammer*, 6. Aufl. (2022), § 158a FamFG, Rn. 9.

722 So auch *Menne*, ZKJ, 2023, 357, 364; diese Forderung wurde auch schon im Gesetzgebungsverfahren von verschiedenen Seiten vorgebracht, vgl. *Väteraufbruch für Kinder e.V.*, Stellungnahme des Väteraufbruch für Kinder e.V. zum Referentenentwurf eines Gesetzes zur Bekämpfung sexualisierter Gewalt gegen Kinder, S. 7; *Wissenschaftliche*

sonst die Beschwerdeinstanz vor allem mit der Frage der fachlichen Eignung auseinandersetzen müsste, entgegengewirkt und damit das Verfahren beschleunigt werden.[723]

b) Persönliche Eignung

Auch die Kriterien der persönlichen Eignung sind in § 158a Abs. 2 FamFG nun erstmals konkretisiert. Diese wurden erst auf die Kritik der Literatur hin im Verlauf des Gesetzgebungsverfahrens in § 158a FamFG aufgenommen.[724] Der Gesetzgeber beschränkt sich hier jedoch auf eine Generalklausel, wonach der Verfahrensbeistand die Gewähr dafür bieten muss, dass er die Interessen des Kindes gewissenhaft, unvoreingenommen und unabhängig wahrnimmt.[725] Dadurch soll das Vertrauen der Beteiligten und des Kindes in die Person und Arbeit des Verfahrensbeistands erhöht werden.[726]

Daneben ist im Gesetz nur negativ definiert, wer jedenfalls nicht geeignet ist. Die Aufzählung der in § 158a Abs. 2 S. 2 FamFG genannten Straftaten

---

Vereinigung für Familienrecht, Stellungnahme der Wissenschaftlichen Vereinigung für Familienrecht zu dem Referentenentwurf eines Gesetzes zur Bekämpfung sexualisierter Gewalt gegen Kinder, S. 6 f.; *Deutsches Kinderhilfswerk e.V.*, Stellungnahme zum Referentenentwurf eines Gesetzes zur Bekämpfung sexualisierter Gewalt gegen Kinder, S. 5.

723 Zu der Befürchtung, dass sich ein Beschwerdeverhalten, wie vor der Einführung der Pauschalvergütung wiederholen könnte auch *Menne*, NZFam, 2020, 1033, 1042 f.

724 BT-Drs. 19/27928, 29; kritisch vor allem *Keuter*, ZKJ, 2021, 131, 132; dabei wurde vor allem die Verpflichtung zur Vorlage eines polizeilichen Führungszeugnisses gefordert. vgl. *Menne*, NZFam, 2020, 1033, 1043; *Deutscher Familiengerichtstag e.V.*, Stellungnahme zum Referentenentwurf eines Gesetzes zur Bekämpfung sexualisierter Gewalt gegen Kinder, S. 7; *Deutscher Bundestag, 19. Wahlperiode*, Wortprotokoll der 115. Sitzung, 07.12.2020, S. 10; *Wissenschaftliche Vereinigung für Familienrecht*, Stellungnahme der Wissenschaftlichen Vereinigung für Familienrecht zu dem Referentenentwurf eines Gesetzes zur Bekämpfung sexualisierter Gewalt gegen Kinder, S. 6; *Deutsches Kinderhilfswerk e.V.*, Stellungnahme zum Referentenentwurf eines Gesetzes zur Bekämpfung sexualisierter Gewalt gegen Kinder, S. 6; *Bundeskoordinierung Spezialisierter Fachberatung gegen sexualisierte Gewalt in Kindheit und Jugend*, Stellungnahme zum Referentenentwurf des Bundeministerium der Justiz und für Verbraucherschutz, S. 29; *Berufsverband der Verfahrensbeistände – BVEB*, Stellungnahme des BVEB zum Referentenentwurf des BMJV – Entwurf eines Gesetzes zur Bekämpfung sexualisierter Gewalt gegen Kinder, S. 2.

725 Zur näheren Definition dieser positiven Anforderungen Prütting/Helms/*S. Hammer*, 6. Aufl. (2022), § 158a FamFG, Rn. 9–14.

726 BT-Drs. 19/27928, 29.

ist dabei nicht abschließend, was schon dadurch verdeutlicht wird, dass der Gesetzgeber durch das Gesetz vom 24.6.2022 aus dem ursprünglichen „stets" ein „insbesondere" gemacht hat.[727] Im Unterschied zum Nachweis der fachlichen Eignung ist in Bezug auf das Nichtvorliegen der Straftaten nach § 158a Abs. 2 S. 2 FamFG gesetzlich auch definiert, wie der Nachweis zu erfolgen hat. Das Gesetz verlangt dort gemäß § 158a Abs. 2 S. 3 FamFG die Vorlage eines maximal drei Jahre alten erweiterten Führungszeugnisses nach § 30a BZRG.

Bezüglich des Vorliegens der übrigen positiven Voraussetzungen verbleibt dem Gericht dagegen ein sehr weiter Ermessensspielraum. Daher besteht dort die Gefahr, dass der Richter den Verfahrensbeistand danach auswählt, dass er zu ihm „passt" und nicht zum Kind. Es erscheint fernliegend, dass das Gericht in diesen Fällen die obergerichtliche Rückverweisung fürchten müsste, weil es insoweit an einer ausreichenden Konkretisierung fehlen dürfte. Wiederum kommt es also im Ergebnis vor allem darauf an, wer das Vorliegen der Kriterien überprüft und wie letztlich der Verfahrensbeistand ausgesucht wird.

aa) Prüfpflicht des Gerichts

Die Beurteilung, ob der Verfahrensbeistand die notwendige fachliche und persönliche Anforderung erfüllt, obliegt nach § 158 Abs. 1 FamFG dem Gericht, dass einen fachlich und persönlich geeigneten Verfahrensbeistand zu bestellen hat. Teilweise wurde angenommen, dass hier ein weiter Ermessensspielraum des Gerichts bestünde, sodass einzelne Verfahrensbeistände auch ohne Nachweis der fachlichen und persönlichen Eignung aufgrund ihrer langjährigen Erfahrung bestellt werden könnten.[728] Dies ist aber weder für die Interessenvertretung des Kindes wünschenswert,[729] noch nach dem Inhalt

---

[727] Gesetz zur Durchführung der EU-Verordnungen über grenzüberschreitende Zustellungen und grenzüberschreitende Beweisaufnahmen in Zivil- oder Handelssachen, zur Änderung der Zivilrechtshilfe, des Vormundschafts- und Betreuungsrechts, zur Anpassung von Rechtsvorschriften zum Verbraucherschutz und zur Verbraucherrechtedurchsetzung sowie zur Änderung sonstiger Vorschriften vom 24. Juni 2022, BGBl. Teil I Nr. 22, S. 959, 962 Artikel 4; so auch die ausdrückliche Begründung des Gesetzgebers, vgl. BT-Drs. 20/1110, 35; vgl. dazu auch *Langer*, ZKJ, 2023, 406, 411.

[728] In diese Richtung jedenfalls *Lies-Benachib*, FF, 2021, 430, 434.

[729] Die aber richtigerweise klarstellt, dass ein Nachweis der Qualifikation zwingend ist, damit aus „law in the books" auch „law in action" werde, vgl. *Lies-Benachib*, FF, 2021, 430, 434.

der Norm möglich. Dem steht zudem nicht entgegen, dass der Nachweis nach § 158a FamFG nur „auf Verlangen" des Gerichts zu erbringen ist. Die Notwendigkeit der Qualifikation bleibt selbst dann zwingend, wenn eine Überprüfung durch das Gericht nicht erfolgt.

Ein Verfahrensverstoß liegt jedenfalls dann vor, wenn bei der Beurteilung der fachlichen Eignung das Gericht keine Nachweise einfordert und auch aus anderen Quellen, beispielsweise früheren Verfahren, keine Kenntnisse über die fachliche Eignung hat.[730] Ein Schluss allein von der langjährigen Tätigkeit auf das Vorliegen der notwendigen Qualifikation dürfte gleichfalls nicht zulässig sein.[731]

bb) Die Vorgehensweise des Gerichts

Kaum nachvollziehbar ist, wie die Gerichte dieser Prüfpflicht nachkommen.[732]

Bisher führen die Richter häufig eigene Listen über die Ihnen bekannten und bewährten Verfahrensbeistände.[733] Dies fördert jedoch die Abhängigkeit des Verfahrensbeistands von einzelnen Richtern. Eine Bestellung erfolgt dann häufig nach dem Kriterium „bekannt und bewährt".[734] Ob diese „Bewährung" sich dann danach orientiert, dass der Verfahrensbeistand die Interessen des Kindes bestmöglich ins Verfahren eingebracht hat, ist damit zudem noch nicht gesagt. Es besteht jedenfalls die Gefahr, dass die Richter sich vor allem solche Verfahrensbeistände aussuchen würden, die in dem Sinne bewährt sind, dass sie dem Gericht „keine Schwierigkeiten" bereiten, also besonders kooperativ in Bezug auf die Vorschläge des Gerichts reagieren, auch wenn dies nicht eine ideale Vertretung der Interessen des Kindes bedeutet.[735] Die Aus-

---

730 So auch *Langer*, ZKJ, 2023, 406, 409.

731 *Langer*, ZKJ, 2023, 406, 409.

732 *Lack*, FamRZ, 2023, 1249, 1252; *Freitag/Jokisch*, FuR, 2022, 556, 560.

733 So *Menne*, NZFam, 2020, 1033, 1041.

734 Dazu Prütting/Helms/*S. Hammer*, 6. Aufl. (2022), § 158a FamFG, Rn. 12; *Menne*, NZFam, 2020, 1033, 1040.

735 Kritisch dazu auch Prütting/Helms/*S. Hammer*, 6. Aufl. (2022), § 158a FamFG, Rn. 12; sehr deutlich auch *Väteraufbruch für Kinder e.V.*, Stellungnahme des Väteraufbruch für Kinder e.V. zum Referentenentwurf eines Gesetzes zur Bekämpfung sexualisierter Gewalt gegen Kinder, S. 7; *Deutsches Kinderhilfswerk e.V.*, Stellungnahme zum Referentenentwurf eines Gesetzes zur Bekämpfung sexualisierter Gewalt gegen Kinder, S. 5; *Hoffmann/Kubilay*, Kindgerechte Justiz, Schriftenreihe des Deutschen Kinderhilfswerks e.V., 2019, 1, 17; *M. Zitelmann*, in: *Salgo/Lack* (Hrsg.), Verfahrensbeistandschaft, Rn. 705.

wahl und Bestellung durch das Gericht eröffnet also Raum für persönliche „Kumpeleien“ zwischen Richtern und Verfahrensbeiständen. Dies schadet nicht zuletzt der Unabhängigkeit der Verfahrensbeistände.[736]

Zudem wird hier berechtigterweise kritisiert, dass die individuelle Prüfung des Gerichts inklusive der dann ggf. notwendigen Gewährung rechtlichen Gehörs der Beteiligten zur Frage der Eignung zu einer nicht unwesentlichen Verfahrensverzögerung führen könnte.[737] Die bisherige Handhabe weist also einige nicht von der Hand zu weisende Mängel und Bedenken auf. Dieses Problem wird durch die Konkretisierung der Anforderungen nicht behoben. Insbesondere das Erfordernis der Gewissenhaftigkeit in § 158a Abs. 2 S. 1 FamFG könnte für die Richter ein Anreiz sein, vor allem bekannte Verfahrensbeistände zu bestellen.[738]

Fraglich erscheint auch, ob die bloße Vorlage einer Fortbildungsbescheinigung ausreichend ist oder ob das Gericht darüber hinaus das tatsächliche Bestehen der Kenntnisse überprüfen muss. Mit dem Erwerb dieser Fortbildungsbescheinigungen ist nämlich keine Aussage darüber getroffen, dass die Prüfungsinhalte wirklich erlernt hat und diese so angewandt werden.

Gleichwohl wird ein eigener Test im Sinne eines Bewerbungsgesprächs beim Gericht weder zumutbar noch durchführbar sein. Eine Gewissheit, dass das Erlernte auch praktisch angewandt wird, besteht vielmehr nie. Der Nachweis der Qualifikation durch die Teilnahme an entsprechenden Ausbildungsmaßnahmen ist somit als ausreichend anzusehen.

cc) Vorschläge aus der Literatur und Praxis

In der Literatur und Praxis werden daher verschiedene Vorschläge diskutiert, um den beschriebenen Problemen entgegenzuwirken.

aaa) Zertifizierung durch einen Berufsverband

Teilweise wird vorgeschlagen, dass es zum Nachweis der fachlichen Eignung ausreichend sei, wenn eine Person eine Fortbildungsbescheinigung

---

[736] Kritisch insoweit auch die *Kinderkommission des Deutschen Bundestages*, Kommissionsdrucksache 19/04, S. 6, die daher eine transparente Auswahl des Verfahrensbeistands unter Einbeziehung des Kindes fordert; *W. Hammer*, Familienrecht in Deutschland, 2022, S. 27.

[737] So auch *Menne*, ZKJ, 2023, 357, 634; *ders.*, NZFam, 2020, 1033, 1042.

[738] So auch Prütting/Helms/*S. Hammer*, 6. Aufl. (2022), § 158a FamFG, Rn. 12.

einer Fortbildungseinrichtung vorlegt, die beim Berufsverband der Verfahrensbeistände, Ergänzungspfleger und Berufsvormünder (BVEB e.V.) aufgeführt wird.[739] Eine solche Liste ist beim BVEB e.V. jedenfalls nicht mehr verfügbar. Man könnte insoweit auf die Veranstaltungen zurückgreifen, die auf der Website des BVEB e.V. zur Fort- und Weiterbildung aufgeführt werden.[740]

Weder der BVEB e.V. noch die dort aufgeführten Einrichtungen sind jedoch zertifiziert oder unterliegen in irgendeiner anderen Weise einer staatlichen Kontrolle. Dies würde daher zu einer unangemessenen Monopolstellung des BVEB e.V. führen und kann mangels gesetzlicher Regelung nicht zum Nachweis der fachlichen Eignung herangezogen werden.

bbb) Mitgliedschaft im Fachverband

Andere schlagen wiederum vor, dass schon der Nachweis der Mitgliedschaft in einem Fachverband zum Nachweis der Qualifikation ausreichend sein soll.[741] Bei den großen Interessensvereinen, dem BVEB e.V. und dem Verein Anwalt des Kindes – München e.V. ist in den Satzungen die Erfüllung von Qualifikationen als Aufnahmevoraussetzung vorgeschrieben.[742] Jedenfalls beim BVEB e.V. ist die Formulierung der Qualifikationsanforderungen gegenüber § 158a Abs. 1 FamFG allgemeiner beschrieben. Darüber hinaus kann ein Mitgliedschaftsantrag auch durch Ermessensentscheidung des Vorstands genehmigt werden.[743] Dagegen muss der Antragsteller beim Verein Anwalt des Kindes – München e.V. gar keine besonderen fachlichen Voraussetzungen erfüllen, um als Mitglied aufgenommen zu werden. Von der Mitgliedschaft kann daher nicht zwingend auf das Vorliegen der notwendigen Qualifikation geschlossen werden.

Hier greift zudem der oben genannte Einwand, dass es bisher, anders als bei anderen Professionen, keine staatlich anerkannten Fachverbände gibt.

---

739 So *Langer*, ZKJ, 2023, 406, 409.

740 Siehe https://www.bveb-ev.de/der-verband/fortbildungen/.

741 So *Anwalt des Kindes – München e.V.*, Stellungnahme des AdK.-München e.V. zum Referentenentwurf des BMJV-Entwurf eines Gesetzes zur Bekämpfung sexualisierter Gewalt gegen Kinder, S. 2.

742 Vgl. *BVEB e.V.*, Mitgliedschaftsantrag BVEB e.V., S. 1.

743 *BVEB e.V.*, Mitgliedschaftsantrag BVEB e.V., S. 1.

Die Wahrnehmung dieser Aufgabe durch die Verbände könnte daher nicht ausreichend überprüft werden.[744]

Die Mitgliedschaft in einem Fachverband ist als Nachweis für die fachliche Eignung somit nicht geeignet.

ccc) Auswahl durch weitere Instanz

Der Entstehung eines Abhängigkeitsverhältnisses könnte schließlich dadurch entgegengewirkt werden, dass die Auswahl des Verfahrensbeistands vom Richter auf eine weitere Instanz verschoben wird.[745] Dies dürfte jedoch kaum geeignet sein, einen persönlich zum Kind „passenden" Verfahrensbeistand auszuwählen, da dafür diese Institution sowohl den Inhalt der Akte kennen als auch die Anhörung der Beteiligten vornehmen müsste, um die für die Bestellung notwendigen Anfangsermittlungen durchzuführen.[746] Dies dürfte jedenfalls mit dem Beschleunigungsgebot nicht in Einklang zu bringen sein.[747]

ddd) Schaffung eines zentralen Registers

Von der Mehrheit in der Literatur und Praxis wird daher die Schaffung eines zentralen Registers bei den Gerichten oder zentralen Stellen, wie des Bundesamtes für Justiz oder eines Berufsverbands befürwortet.[748] Durch die

---

744 Eine solche Lösung wird grundsätzlich auch vom *Deutschen Familiengerichtstag* favorisiert, der aber auch darauf hinweist, dass es dazu eines Berufsverbandes mit Zwangsmitgliedschaft bedürfte, vgl. *Deutscher Familiengerichtstag e.V.*, Stellungnahme zum Referentenentwurf eines Gesetzes zur Bekämpfung sexualisierter Gewalt gegen Kinder, S. 10.

745 So *Väteraufbruch für Kinder e.V.*, Stellungnahme des Väteraufbruch für Kinder e.V. zum Referentenentwurf eines Gesetzes zur Bekämpfung sexualisierter Gewalt gegen Kinder, S. 7; dagegen *Rösler*, Die Verfahrensbeistandschaft, 2014, S. 209.

746 Dazu schon oben, B. II. 3.

747 Dies kritisierend auch *Rösler*, Die Verfahrensbeistandschaft, 2014, S. 209; ähnlich auch *Keuter*, ZKJ, 2021, 131, 132.

748 *Güssow*, Die Beteiligung und Vertretung des Kindes in Kindschaftssachen, 2022, S. 96; so Sternal/*Schäder*, 21. Aufl. (2023), § 158a FamFG, Rn. 9; dies wird bereits so an den Berliner Familiengerichten gehandhabt, vgl. *Menne*, ZKJ, 2023, 357, 634; *Wissenschaftliche Vereinigung für Familienrecht*, Stellungnahme der Wissenschaftlichen Vereinigung für Familienrecht zu dem Referentenentwurf eines Gesetzes zur Bekämpfung sexualisierter Gewalt gegen Kinder, S. 7; *Deutsches Kinderhilfswerk e.V.*, Stellungnahme zum Referentenentwurf eines Gesetzes zur Bekämpfung sexualisierter Gewalt gegen Kinder, S. 6, *Deutscher Familiengerichtstag e.V.*, Stellungnahme zum Referentenentwurf eines

Schaffung eines Berufsverbands oder zentralen Registers könnte die Überprüfung der allgemeinen fachlichen und persönlichen Eignung auf diesen übertragen werden, sodass die Auswahl des Verfahrensbeistands dann aus diesem „Pool“ vom Gericht erfolgen könnte.[749]

Verfahrensbeistände könnten sich dann bei diesem Register eintragen lassen und dort die notwendigen Nachweise über die fachliche und persönliche Eignung erbringen. Dies würde es zudem den übrigen Beteiligten ermöglichen, einfach das Vorliegen der Eignungsvoraussetzungen durch Auskunft dieser Stelle zu überprüfen.[750]

Aber auch eine solche Lösung bedarf wohl einer gesetzlichen Regelung, um die Prüfpflicht des Gerichts insoweit wirksam auf diese zentrale Stelle zu übertragen. Ohne zentrale Zertifizierung der Aus- und Fortbildungskurse würde das Problem des Nachweises der Eignung auf das Verhältnis zwischen Verfahrensbeiständen und zentralen Stellen verlagert. Dadurch würde zwar das Verfahren zeitlich und personell entlastet, das Problem aber nicht gelöst. Vielmehr müsste dann die zentrale Stelle im Einzelfall prüfen, ob der Verfahrensbeistand die notwendigen Qualifikationen erbringt und ob die absolvierten Kurse ihrerseits ausreichend sind. Hier drohen daher viele gerichtliche Auseinandersetzungen, weil die Aufnahme in die zentralen Register in die Berufsfreiheit und die Gleichbehandlung der Verfahrensbeistände eingreifen würde, wenn sie zur Voraussetzung für die Bestellung würde.[751] Eine Zertifizierung der Aus- und Fortbildungskurse ist somit weiterhin notwendig.

Selbst dann ist aber das Problem nicht gelöst, dass das Gericht dann stets denselben Verfahrensbeistand aus diesem „Pool“ bestellen könnte. Das

---

Gesetzes zur Bekämpfung sexualisierter Gewalt gegen Kinder, S. 8; *Deutscher Familiengerichtstag e.V.*, in: Brühler Schriften zum Familienrecht, 151, 156; *Berufsverband der Verfahrensbeistände – BVEB*, Stellungnahme des BVEB zum Referentenentwurf des BMJV – Entwurf eines Gesetzes zur Bekämpfung sexualisierter Gewalt gegen Kinder, S. 2.

749 *Deutscher Familiengerichtstag e.V.*, Stellungnahme zum Referentenentwurf eines Gesetzes zur Bekämpfung sexualisierter Gewalt gegen Kinder, S. 10.

750 So auch *Güssow*, Die Beteiligung und Vertretung des Kindes in Kindschaftssachen, 2022, S. 97; *Keuter*, ZKJ, 2021, 131, 134.

751 So zur Aufnahme in das Vorauswahlverfahren bei Insolvenzverwaltern *BVerfG*, Beschluss v. 03.08.2004 – 1 BvR 135/100, 1086/01, NJW 2004, 2725, 2726, 2727.

Bestehen eines Abhängigkeitsverhältnisses wird dadurch nicht verhindert.[752] Auch dies ist also keine vollständig überzeugende Lösung zur Auswahl eines geeigneten Verfahrensbeistands und der Verhinderung eines Abhängigkeitsverhältnisses.

dd) Lösungsvorschlag

Vorzugswürdig erscheint also eine Kombination aus der Zertifizierung der Kurse zur Erlangung der fachlichen Qualifikationen auf der einen Seite und der Führung von Listen über qualifizierte Verfahrensbeistände bei den Gerichten oder der Schaffung eines Berufsverbandes auf der anderen Seite, um eine schnelle und zum Verfahren passende Auswahl des Verfahrensbeistands zu ermöglichen.

Zur Verhinderung der persönlichen Abhängigkeitsverhältnisse lassen sich verschiedene Modelle andenken.

Man könnte hier darüber nachdenken, den Gerichten eine Rotationspflicht aufzutragen oder zumindest insoweit lenkend zu wirken, indem sie am Ende eines Jahres eine Liste mit den jeweils bestellten Verfahrensbeiständen vorlegen müssen.[753]

Dabei ist aber immer zu bedenken, dass es nicht förderlich wäre, wenn das Gericht gezwungen wäre, einen „schlechten" oder nicht passenden Verfahrensbeistands zu bestellen, um bestimmten Rotationsvorgaben zu entsprechen. Dies könnte insbesondere im ländlichen Raum, wo generell eine geringere Auswahl an Verfahrensbeiständen zur Verfügung steht, drohen.[754]

Die Gefahr, dass das Gericht immer dieselben Personen bestellt, ist dabei ein generelles Problem, dass immer dann auftritt, wenn personelle Entscheidungen auf eine Person übertragen werden. Ein Patentrezept zur Lösung gibt es dabei wohl nicht. Hier kann nur durch das Zusammenwirken der Zertifizierung der angebotenen Aus- und Fortbildungskurse und die Aufnahme der Verfahrensbeistände in zentrale Listen darauf gehofft werden, dass auch

---

[752] Dies erkennen auch die Vertreter diese Lösung an, die erkennen, dass die Führung von Listen „möglicherweise dazu führen würde, dass das Gericht nicht nach dem Prinzip ‚bekannt und bewährt' auswählt", vgl. *Güssow*, Die Beteiligung und Vertretung des Kindes in Kindschaftssachen, 2022, S. 97.

[753] Eine gleichmäßige Verteilung der Bestellungen fordernd auch *Rösler*, Die Verfahrensbeistandschaft, 2014, S. 209.

[754] Mit dieser Befürchtung auch *Menne*, ZKJ, 2023, 357, 364.

die Gerichte sich ihrer Machtstellung bewusst sind und den Verfahrensbeistand verantwortungsvoll auswählen.

5. Die Stellung des Kindes bei den Aufgaben des Verfahrensbeistands

Relevant für die Bestimmung des Rechtsverhältnisses von Verfahrensbeistand und Kind ist vor allem die Stellung des Kindes bei der Aufgabenwahrnehmung durch den Verfahrensbeistand. Daher soll hier nach einer kurzen Vorstellung einiger Aufgaben insbesondere die Frage beleuchtet werden, welche Bedeutung der Wille des Kindes bei der Ausübung der Rechte hat. Ein besonderer Fokus ist dabei auf das Verhältnis zum verfahrensfähigen Kind zu legen. Von besonderem Interesse ist, wie mit konkurrierenden Rechten von Verfahrensbeistand und Kind zu verfahren ist. Insoweit soll ein Fokus auf das Recht zur Einlegung von Rechtsmitteln durch den Verfahrensbeistand aus § 158b Abs. 3 S. 2 FamFG und das Anwesenheitsrecht des Verfahrensbeistands bei der Anhörung des Kindes aus § 159 Abs. 4 S. 3 FamFG gelegt werden.

a) Aufgaben nach § 158b FamFG

Nach § 158b Abs. 1 S. 1 FamFG hat der Verfahrensbeistand „das Interesse des Kindes festzustellen und im gerichtlichen Verfahren zur Geltung zu bringen." Daraus ergibt sich kein spezieller Handlungsauftrag an den Verfahrensbeistand. Dies ist vielmehr als übergeordneter Programmsatz zu verstehen, den der Verfahrensbeistand bei der Ausübung seiner Aufgaben und Rechte stets mit zu beachten hat und der mithin zur Ausformung dieser Aufgaben und Rechte herangezogen werden muss. Die in § 158b FamFG genannten Rechte und Aufgaben sind somit Ausformungen dieser Grundaufgabe des Verfahrensbeistands. Der Verfahrensbeistand muss daher bei der Ausübung der ihm zukommenden Rechte und Pflichten stets überprüfen, ob sein Handeln den Interessen des Kindes dient.

aa) Unterscheidung zwischen originärem und erweitertem Aufgabenkreis

Das Gesetz unterschied bisher in § 158b Abs. 1 und Abs. 2 FamFG a.F. zwischen einem originären und erweiterten Aufgabenkreis.[755] Während

---

[755] Diese Unterscheidung wurde durch das KostBRÄG 2025 aufgegeben.

die Aufgaben des § 158b Abs. 1 FamFG a.F. für jeden Verfahrensbeistand galten, wurden die Aufgaben des § 158b Abs. 2 FamFG a.F. nur dann für den Verfahrensbeistand relevant, wenn der Verfahrensbeistand vom Gericht diese Aufgaben übertragen bekommen hat.

Tatsächlich kam diese Unterscheidung nur auf Vergütungsebene zum Tragen. Der Verfahrensbeistand erhielt bisher, soweit er nur im originären Aufgabenkreis tätig wurde, nach § 158c Abs. 1 S. 1 FamFG a.F. eine Vergütung in Höhe von 350 Euro. Wurde er darüber hinaus im erweiterten Aufgabenkreis tätig, so erhöhte sich die Vergütung nach S. 2 auf 550 Euro.[756] Für die Kompetenzen des Verfahrensbeistands ergaben sich dagegen keine Unterschiede. Allgemein anerkannt und auch höchstrichterlich bestätigt war, dass der Verfahrensbeistand selbst dann, wenn er nur im originären Aufgabenkreis tätig wurde, Gespräche mit den Eltern und weiteren Bezugspersonen führen durfte.[757]

Andersherum erhielt der Verfahrensbeistand auch dann die Vergütung für die Bestellung im erweiterten Aufgabenkreis, wenn er nur Tätigkeiten des originären Aufgabenkreises wahrgenommen hat.[758] Jede andere Lösung hätte mit der Weisungsfreiheit des Verfahrensbeistands in Konflikt gestanden.[759] Die Unterteilung bürgte vielmehr die Gefahr, dass ein Verfahrensbeistand, der nur im originären Aufgabenkreis tätig wurde, sich angesichts des gesetzlich definierten Aufgabenkreises zu streng an diesen hielt und andere Beteiligte die Kooperation mit dem Verfahrensbeistand verweigerte, wenn er Tätigkeiten ausführte, die über seinen Aufgabenbereich hinaus ging. Von verschiedenen Seiten wurde darauf hingewiesen, dass die Ermittlung der Interessen des Kindes schlichtweg nicht ohne Gespräche im Umfeld des Kindes möglich ist.[760]

---

756 Zur Vergütung schon oben, B. I. 3.

757 *Güssow*, Die Beteiligung und Vertretung des Kindes in Kindschaftssachen, 2022, S. 114; *Langer*, ZKJ, 2023, 406, 411; enger dagegen noch *Ahlert*, Der Verfahrensbeistand nach § 158 FamFG, 2010, S. 139 f.; *Rösler*, Die Verfahrensbeistandschaft, 2014, S. 196, die in dem Umfang der Bestellung auch eine Eingrenzung in den Handlungsmöglichkeiten des Verfahrensbeistands sehen.

758 *BGH*, Beschluss v. 27.11.2013 – XII ZB 682/12, MDR 2014, 431, 432; *OLG Oldenburg*, Beschluss v. 25.09.2015 – 14 WF 101/15, FamRZ 2016, 1098, 1099.

759 Prütting/Helms/*S. Hammer*, 6. Aufl. (2022), § 158b FamFG, Rn. 16.

760 In diese Richtung Dutta/Jacoby/D. Schwab/*Lack*, 4. Aufl. (2021), § 158b FamFG, Rn. 15; *Mayer*, jM, 2017, 140, 143; so auch *Rösler*, Die Verfahrensbeistandschaft, 2014, S. 196; *Lack/Salgo*, FPR, 2012, 353, 356.

Eine strikte Bindung an diesen Aufgabenkreis hätte damit den Verfahrensbeistand zu stark eingeengt und eine effektive Interessenvertretung gefährdet. Die Unterscheidung zwischen originärem und erweitertem Aufgabenkreis war daher im Ergebnis nicht notwendig oder zielführend.[761] In der Praxis hatte es sich aus diesem Grund etabliert, den Verfahrensbeistand stets im erweiterten Aufgabenkreis zu bestellen.[762]

Dies hat auch der Gesetzgeber erkannt. Nach der Neuregelung durch das KostBRÄG 2025 ist die Aufteilung in einen einfachen und erweiterten Aufgabenkreis nun nicht mehr vorgesehen. Auch hier wurde im Wesentlichen der Wortlaut und die Begründung des Referentenentwurfs übernommen, sodass die Kritik daran auch auf die Neuregelung übertragen werden kann. Die Begründung stützt sich dabei im Wesentlichen auf die gleichen Argumente, die schon hier für die Aufgabe der Aufteilung vorgebracht wurden. So sei es für die effektive Aufgabenwahrnehmung in der Regel notwendig, dass der Verfahrensbeistand Gespräche mit den Eltern und weiteren Bezugspersonen führe.[763] Eine Sonderstellung hat dabei die Aufgabe des Verfahrensbeistands, am Zustandekommen einer einvernehmlichen Regelung über den Verfahrensgegenstand nach § 158b Abs. 1 Nr. 2 FamFG n.F. mitzuwirken. Dies sollte nach der Entwurfsfassung nur dann zum Aufgabenbereich des Verfahrensbeistands gehören, wenn das Gericht ihn damit beauftragt hat.[764] Dies kann jedoch nicht vollständig überzeugen. Auch eine einvernehmliche Regelung muss die Interessen des Kindes berücksichtigen. Die Mitwirkung

761 Für eine Streichung des einfachen Aufgabenkreises auch *Deutscher Familiengerichtstag e.V.*, in: Brühler Schriften zum Familienrecht, 23, 105, 106; *Güssow*, Die Beteiligung und Vertretung des Kindes in Kindschaftssachen, 2022, S. 111–115; die Aufteilung aus Vergütungsgründen für gelungen haltend dagegen *Menne*, NZFam, 2020, 1033, 1044.

762 So wurde 2021 in 73,85 % aller Verfahren, in denen eine Verfahrensbeistand bestellt wurde, dieser mit erweitertem Aufgabenkreis bestellt, vgl. *Statistisches Bundesamt*, Familiengerichte – Fachserie 10 Reihe 2.2 – 2021, 2022, S. 38 (eigene Berechnung).

763 *Bundesministerium der Justiz*, Entwurf eines Gesetzes zur Verbesserung des Schutzes von gewaltbetroffenen Personen im familiengerichtlichen Verfahren, zur Stärkung des Verfahrensbeistands und zur Anpassung sonstiger Verfahrensvorschriften, 24.07.2024, S. 39 f.; zustimmend *Keuter*, NZFam 2025, 484; *Giers*, FamRZ 2025, 916, 917.

764 *Bundesministerium der Justiz*, Entwurf eines Gesetzes zur Verbesserung des Schutzes von gewaltbetroffenen Personen im familiengerichtlichen Verfahren, zur Stärkung des Verfahrensbeistands und zur Anpassung sonstiger Verfahrensvorschriften, 24.07.2024, S. 40.

des Verfahrensbeistands sollte vor diesem Hintergrund als Teil seiner Kernaufgaben selbstverständlich sein und keiner besonderen Beauftragung durch das Gericht bedürfen. Die Gefahr, dass in der Folge eine Beteiligung des Verfahrensbeistands in diesem Verfahrensteil mangels gesonderter Beauftragung nicht erfolgt, sollte nicht eingegangen werden. Überzeugend hat daher der Gesetzgeber in der Neuregelung auf diese Einschränkung verzichtet und beschränkt diese Aufgabe vielmehr auf „geeignete Fälle", wobei auch hier nach dem Willen des Gesetzgebers die Einschätzung darüber, ob ein „geeigneter Fall" vorliegt, vorrangig beim Gericht liegen soll.[765] Eine solche Auslegung ist aus den bereits genannten Gründen kritisch zu sehen.[766]

Soweit die einvernehmliche Regelung in einem gerichtlich gebilligten Vergleich mündet, wie dies von § 156 Abs. 2 FamFG vorgesehen ist, erscheint es zudem nicht möglich, auf die Mitwirkung des Verfahrensbeistands zu verzichten. Der Verfahrensbeistand wird durch seine Bestellung nach § 158b Abs. 3 S. 1 FamFG zum Beteiligten im Verfahren. Als solcher ist nach § 156 Abs. 2 S. 1 FamFG ferner die Zustimmung des Verfahrensbeistands am Einvernehmen notwendig.[767] Die Beauftragung des Verfahrensbeistands zur Mitwirkung am Zustandekommen einer einvernehmlichen Regelung über den Verfahrensgegenstand wäre auch vor diesem Hintergrund nicht notwendig und aufgrund der daraus resultierenden Gefahr einer fehlenden Beteiligung mangels expliziter Beauftragung auch nicht zielführend.

Eine inhaltliche Änderung der Aufgaben erfolgt durch die Neuregelung gleichwohl nicht.

Die folgenden Ausführungen zu einzelnen Aufgaben des Verfahrensbeistands haben daher auch nach der Änderung des § 158b FamFG uneingeschränkt Bestand.

bb) Stellungnahme des Verfahrensbeistands

Nach § 158b Abs. 1 S. 2 FamFG „soll" der Verfahrensbeistand eine schriftliche Stellungnahme erstellen. Diese Aufgabe wurde in seiner expliziten

---

765 BT-Drs. 20/14264, S. 6; gegen eine Prüfpflicht des Gerichts, *Giers*, FamRZ 2025, 916, 917.

766 Kritisch auch *Keuter*, NZFam 2025, 484, 485.

767 *OLG Brandenburg*, Beschluss v. 05.10.2020 – 9 WF 161/20, FamRZ 2021, 627, 628; Prütting/Helms/*S. Hammer*, 6. Aufl. (2022), § 156 FamFG, Rn. 52; Dutta/Jacoby/D. Schwab/*Bartels*, 4. Aufl. (2021), § 36 FamFG, Rn. 61; Dutta/Jacoby/D. Schwab/*Zorn*, 4. Aufl. (2021), § 156 FamFG, Rn. 16.

Regelung mit dem Gesetz zur Bekämpfung sexualisierter Gewalt erstmals eingeführt, wenngleich sie schon vorher grundsätzlich bestand.[768] Dort war es jedoch noch üblicher, dass die Stellungnahme auch durch mündlichen Vortrag erfolgt, zumindest die Regelung der Schriftlichkeit als „Soll"-Form ist daher eine echte Neuerung.[769] Diese dient nach dem Willen des Gesetzgebers vor allem dazu, die Wahrnehmung des Kindesinteresses aktenkundig zu machen und hat damit vor allem Bedeutung für das Beschwerdeverfahren oder spätere Abänderungsverfahren nach § 1696 BGB oder § 166 FamFG.[770]

Das „soll" bezieht sich dabei nur auf die Form der Stellungnahme, die im Ausnahmefall weiterhin mündlich erfolgen kann.[771] Die Stellungnahme als solche ist im Grundsatz verpflichtend und hat immer zu erfolgen. Es handelt sich also um eine echte „Pflichtaufgabe" des Verfahrensbeistands.

Da die Stellungnahmeverpflichtung darüber hinaus dazu dient, dass das Gericht zu einer materiell richtigen Entscheidung kommt, ist es wichtig, dass auch die Stellungnahme selbst „richtig" ist.[772] Dabei ist allerdings zu beachten, dass die Stellungnahme nicht der Sachverhaltsermittlung des Gerichts dient.[773] Der Verfahrensbeistand ist gerade kein Sachverständiger. An den Wahrheitsgehalt der Stellungnahme können daher nur verringerte Anforderungen gestellt werden. Erforderlich ist lediglich, dass sie den ihm bekannten oder mitgeteilten Sachverhalt entspricht. Eine Übereinstimmung mit der tatsächlichen Wahrheit ist nicht erforderlich. Demgemäß besteht auch keine Pflicht, ihm gegenüber geäußerte Sachverhalte der Eltern oder des Kindes auf ihre Richtigkeit hin zu überprüfen.[774] Eine solche Nachforschungspflicht würde zum einen zu einer unangemessenen Ausweitung der Aufgaben des Verfahrensbeistands führen, dessen Aufgabe gerade nicht die Sachverhaltsermittlung ist.[775] Eine solche Ausweitung der Aufgaben würde

---

768 *Menne*, NZFam, 2020, 1033, 1043 f.

769 *Lack*, FamRZ, 2023, 1249, 1253.

770 BT-Drs. 19/23707, 55; *Langer*, ZKJ, 2023, 406, 411.

771 Vgl. BT-Drs. 19/23707.

772 Zu dieser Funktion des Verfahrensbeistands auch *Langer*, ZKJ, 2023, 406, 407, 411.

773 *BVerfG*, Beschluss v. 06.11.2009 – 1 BvR 1410/08, FamRZ 2010, 109, 110; *Mayer*, jM, 2017, 140, 143.

774 *BVerfG*, Beschluss v. 06.11.2009 – 1 BvR 1410/08, FamRZ 2010, 109, 110; *OLG Braunschweig*, Beschluss v. 25.07.2022 – 1 UF 115/21, FamRZ 2022, 1782, 38; *Langer*, ZKJ, 2023, 406, 411.

775 *OLG München*, Beschluss v. 11.01.2018 – 33 WF 34/18, FamRZ 2018, 1003.

im Ergebnis zudem angesichts der Pauschalvergütung das Risiko erhöhen, dass diese Nachforschungen zu Lasten der Interessenvertretung des Kindes geschehen.[776]

Zum anderen würde es das Vertrauensverhältnis zum Kind belasten, wenn der Verfahrensbeistand nicht den Äußerungen des Kindes vertrauen könnte. Eine gesteigerte Erforschungspflicht besteht somit lediglich in Bezug auf den Willen des Kindes, den er ermitteln muss. Insoweit ist es nicht ausreichend, wenn der Verfahrensbeistand sich darauf beruft, dass dieser Wille vom Kind nicht geäußert wurde.[777]

Nach der Einschätzung der Praxis kommt der Stellungnahme dabei ein hohes Gewicht bei der Entscheidungsfindung zu.[778] Teilweise wird sogar angenommen, dass eine gelungene Stellungnahme die Einholung eines Sachverständigengutachtens entbehrlich machen kann.[779]

Dies deckt sich des Weiteren mit den empirischen Erhebungen. Danach empfinden 93 % der Familienrichter die Arbeit des Verfahrensbeistands als hilfreich für die Entscheidungsfindung.[780] Zwar wurde in der genannten Statistik von nur 70 % der Familiengerichte die Notwendigkeit der Erstellung einer schriftlichen Stellungnahme als erforderlich angegeben.[781] Jedoch beruht dies eher auf dem Erfordernis der Schriftlichkeit als darauf, dass eine Stellungnahme als solche für entbehrlich gehalten würde.[782]

---

[776] Zu dieser Gefahr, die insbesondere durch die Vergütungspauschale ausgelöst wird schon oben, B. I. 3. d) aa).

[777] In dieser Richtung auch *Langer*, ZKJ, 2023, 406, 411.

[778] *Schürmann*, in: *Coester-Waltjen/Veit/Schumann et al.* (Hrsg.), Alles zum Wohle des Kindes?, S. 231, 237; Prütting/Helms/*S. Hammer*, 6. Aufl. (2022), § 158b FamFG, Rn. 24; *Jahani*, Die Rechtsstellung minderjähriger Kinder im familiengerichtlichen Verfahren zwischen Beteiligung und Repräsentation, 2023, S. 65; kritisch zu dieser „Macht" des Verfahrensbeistands *W. Hammer*, Familienrecht in Deutschland, 2022, S. 26.

[779] *Lack*, FamRZ, 2023, 1249, 1253; *Langer*, ZKJ, 2023, 445, 447.

[780] *Fakultät Soziale Arbeit und Gesundheit Hildesheim* (Hrsg.), Die „Geeignetheit" von Verfahrensbeiständen gemäß § 158 FamFG, S. 20; diese Quote ist dabei schon seit Jahren gleichbleibend hoch, schon 2009 gaben 90 % der befragten Familienrichter an, dass Sie die Tätigkeit als hilfreich für Ihre Entscheidungsfindung empfinden, vgl. *Hannemann/Stötzel*, ZKJ, 2009, 58, 63.

[781] *Fakultät Soziale Arbeit und Gesundheit Hildesheim* (Hrsg.), Die „Geeignetheit" von Verfahrensbeiständen gemäß § 158 FamFG, S. 26.

[782] *Fakultät Soziale Arbeit und Gesundheit Hildesheim* (Hrsg.), Die „Geeignetheit" von Verfahrensbeiständen gemäß § 158 FamFG, Fn. 28.

Der Stellungnahme wird also in der Praxis ein hoher Wahrheitsgehalt zugesprochen.

Zudem ergibt sich aus dem Sinn und Zweck der Stellungnahme der Anspruch einer erhöhten Verlässlichkeit auf den Inhalt. Sie dient der Feststellung und Vertretung der Kindesinteressen.[783] Dabei hat der Verfahrensbeistand sowohl den subjektiven Willen des Kindes zu dokumentieren als auch seine Einschätzung der objektiven Kindesinteressen. Wichtig ist, dass beides voneinander getrennt wird.[784] Was im Ergebnis im Interesse des Kindes ist, hat dabei jedoch das Gericht und nicht der Verfahrensbeistand zu entscheiden. In erster Linie muss der subjektive Wille des Kindes über die Stellungnahme festgehalten werden und so zum Gericht gelangen. Sie dient also zudem der Gewährung rechtlichen Gehörs.[785]

Gleichzeitig kann das Kind auf den Inhalt der Stellungnahme keinen Einfluss nehmen. Es kennt den Inhalt meist gar nicht. Daher besteht die Gefahr, dass Stellungnahmen, die den Willen des Kindes nicht richtig wiedergeben, in das Verfahren eingeführt werden.[786]

Das Risiko „falscher" Stellungnahmen darf dagegen nicht zu der Forderung führen, dass der Verfahrensbeistand eine Stellungnahme nicht mehr erstellen sollte. Sie sind bei pflichtgemäßer Anwendung ein wirksames und wichtiges Mittel zur Geltendmachung der Interessen des Kindes und der Verwirklichung des rechtlichen Gehörs. Dem Risiko falscher Stellungnahmen kann vielmehr ausreichend durch eine weitere Professionalisierung der Verfahrensbeistandschaft begegnet werden. Dazu gehört neben ausreichender Aus- und Fortbildung,[787] einer auskömmlichen Vergütung[788] auch die Implementation einer Haftung.[789]

Zusammenfassend kann damit gesagt werden, dass der Verfahrensbeistand bei der Erstellung der Stellungnahme das Interesse des Kindes wiedergeben

---

783 Prütting/Helms/*S. Hammer*, 6. Aufl. (2022), § 158b FamFG, Rn. 6.

784 Prütting/Helms/*S. Hammer*, 6. Aufl. (2022), § 158b FamFG, Rn. 8.

785 *Graßhof*, in: *Merten/Papier/Schäffer et al.* (Hrsg.), Handbuch der Grundrechte in Deutschland und Europa, Rn. 58.

786 Ein solches erlebten nach ihrem Empfinden mehrere Kinder, vgl. *van Graf-Kesteren*, Kindgerechte Justiz, 2015, S. 20.

787 B. II. 4.

788 *Dazu schon oben, B. I. 3. e).*

789 Dazu unten, B. III. 2.

muss. Die Stellungnahme hat damit auch einen gewissen objektiven Richtigkeitsanspruch. Dieser beschränkt sich jedoch auf den ihm bekannten oder mitgeteilten Sachverhalt. Eine Nachforschungspflicht trifft den Verfahrensbeistand dagegen nicht.

cc) Einlegung von Rechtsmitteln durch den Verfahrensbeistand

Der Verfahrensbeistand hat nach § 158b Abs. 3 S. 2 FamFG das Recht, im Interesse des Kindes Rechtsmittel einzulegen und zurückzunehmen. Diese Vorschrift wurde wortgleich aus der Vorgängernorm des § 158 Abs. 4 S. 5 FamFG a.F. überführt. Gleich wenn diese Aufgabe nicht in § 158b Abs. 1 FamFG a.F. genannt wurde, ist sie gleichwohl Teil des originären Aufgabenkreises, also auch ohne ausdrückliche Beauftragung vom Verfahrensbeistand mit wahrzunehmen. Dabei handelt er im familiengerichtlichen Verfahren im eigenen Namen und nicht in Vertretung des Kindes.

Dabei besteht sowohl die Gefahr, dass der Verfahrensbeistand aus Vergütungsgründen Rechtsmittel einlegt, obwohl dies nicht im Interesse des Kindes liegt. Dabei kommt wiederum die Pauschalvergütung zum Tragen, die nach der Rechtsprechung für jede Instanz gesondert anfällt.[790] Es kann sich daher für den Verfahrensbeistand finanziell lohnen, in möglichst vielen Instanzen bestellt zu werden.[791]

Gleichzeitig kann die Einlegung von Rechtsmitteln auch ein finanzielles Risiko für den Verfahrensbeistand darstellen, das ihn dazu verleiten könnte, die Einlegung von Rechtsmitteln zu unterlassen, obwohl dies im Interesse des Kindes läge. Jedenfalls bei der Rechtsbeschwerde bedarf der Verfahrensbeistand nämlich der Vertretung durch einen beim BGH zugelassenen Rechtsanwalt, dessen Kosten seine eigene Pauschalvergütung schnell übersteigen können.[792] Es wäre daher zu befürchten, dass der Verfahrensbeistand das Risiko, diese Kosten tragen zu müssen, eher meiden würde, was die dadurch bezweckte Gewährung effektiven Rechtsschutzes des Kindes konterkarieren dürfte.[793]

---

[790] B. I. 3. e) ee).

[791] Diese Gefahr sieht auch *Menne*, FamRB, 2015, 212.

[792] Dazu schon oben, B. I. 3. e) dd) ccc).

[793] So auch *Güssow*, Die Beteiligung und Vertretung des Kindes in Kindschaftssachen, 2022, S. 121 f.; *Dürbeck*, ZKJ, 2019, 262 f.; zum Ganzen, insbesondere Ansätzen zur Lösung dieses Problems, B. I. 3. e).

Darüber hinaus besteht ein Missbrauchsrisiko auch insoweit, als dass der Verfahrensbeistand zur Sicherung künftiger Bestellung vor der Einlegung von Rechtsmitteln zurückschrecken könnte, um den bestellenden Richter nicht „zu vergraulen“.[794] Auch wenn sich eine solche Befürchtung bisher nicht belegen lässt, so ist doch auffällig, dass Rechtsmitteleinlegungen durch den Verfahrensbeistand selten sind.[795]

Bei der Ausübung des Rechtsmittelrechts durch den Verfahrensbeistand wirken also verschiedene Eigeninteressen auf den Verfahrensbeistand, die dieses Recht besonders missbrauchsanfällig machen. Daher besteht ein erhöhtes Bedürfnis, die Ausübung dieses Rechts zu kontrollieren.

Das Recht des Verfahrensbeistands zur Einlegung von Rechtsmitteln gibt dem Verfahrensbeistand zudem eine besondere Machtposition.

Sofern der Verfahrensbeistand Verfassungsbeschwerde einlegen will, kann er dafür ausnahmsweise Rechte des Kindes im eigenen Namen geltend machen.[796] Der Verfahrensbeistand hat mit dem Recht zur Einlegung von Rechtsmitteln damit nicht weniger als den Ausgang des Verfahrens in seiner Hand. Ergeht eine für das Kind unzureichende Entscheidung, bedarf es der Befugnis des Verfahrensbeistands zur selbstständigen Einlegung von Rechtsmitteln. Dies ist zur Sicherung der Rechte des Kindes insbesondere dann wichtig, wenn die Eltern aufgrund ihres Interessenkonfliktes – etwa, weil es das für sie gewünschte Ergebnis ist – keine Beschwerde im eigenen Namen oder für das Kind einlegen wollen.

Dies wird zudem dann problematisch, wenn daneben das Kind selbst verfahrensfähig ist. Dann greift der Verfahrensbeistand mit der Einlegung von Rechtsmitteln im Interesse des Kindes auch in die allgemeine Handlungsfreiheit dieses Kindes ein.[797]

---

794 *Seidenstücker/Weymann*, in: *Münder* (Hrsg.), Kindeswohl zwischen Jugendhilfe und Justiz, S. 108, 167 f.; *Knödler*, ZKJ, 2010, 135, 140; *Lack/Salgo*, FPR, 2012, 353, 358; *Hoffmann/Kubilay*, Kindgerechte Justiz, Schriftenreihe des Deutschen Kinderhilfswerks e.V., 2019, S. 1, 17.

795 Vgl. dazu auch die quantitativen Erhebungen bei *Seidenstücker/Weymann*, in: *Münder* (Hrsg.), Kindeswohl zwischen Jugendhilfe und Justiz, S. 108, 167 f., die auch diese Befürchtung teilen.

796 *BVerfG*, Beschluss v. 03.02.2017 – 1 BvR 2569/16, FamRZ 2017, 524, 526.

797 Dazu schon oben, B. I. 6. b).

Hier soll zunächst untersucht werden, ob nach der verfahrensrechtlichen Konzeption dieses Recht selbst dann besteht, wenn daneben das Kind selbst verfahrensfähig ist. In der Folge soll zudem erörtert werden, wie mit etwaigen divergierenden Verfahrenshandlungen von Verfahrensbeistand und Kind umzugehen ist. Schließlich soll das Tatbestandsmerkmal des „Interesses" näher beleuchtet werden, dessen Ausgestaltung für die Rechtfertigung des Grundrechtseingriffs entscheidend ist.[798] Es lohnt daher, hier einen näheren Blick auf die Auslegung dieses Merkmals zu werfen und insbesondere zu untersuchen, welche Wirkung die Verfahrensfähigkeit des Kindes auf die Auslegung hat.

aaa) Berechtigung neben dem verfahrensfähigen Kind

Der Gesetzgeber scheint auf den ersten Blick einen Einfluss der Verfahrensfähigkeit des Kindes auf die Aufgaben des Verfahrensbeistands erkannt zu haben. So soll nach dem Willen des Gesetzgebers eine Erörterung der Endentscheidung dann nicht erfolgen, wenn das Kind selbst verfahrensfähig ist und die Entscheidung dem Kindeswillen entspricht.[799] Daraus folgt aber nicht, dass in diesen Fällen die Erörterung durch den Verfahrensbeistand nicht möglich sein soll. Der Gesetzgeber scheint hier eher davon geleitet zu sein, dass eine Erörterung in diesen Fällen mangels Handlungsbedarfs nicht nötig sei. Dies zeigt schon die Beschränkung darauf, dass die Entscheidung dem Kindeswillen entsprechen muss. Eine Beschränkung der Aufgaben des Verfahrensbeistands aufgrund der Verfahrensfähigkeit des Kindes ist damit wohl nicht verbunden.

Auch ein systematischer Vergleich mit dem Verfahrenspfleger nach §§ 276 f. FamFG bestätigt dieses Ergebnis. Dieser hat eine gegenüber dem Verfahrensbeistand grundsätzlich vergleichbare Position. Auch er kann dabei neben dem Betroffenen nach § 303 Abs. 3 FamFG Rechtsmittel einlegen. Dies ist dabei zudem nicht an die Voraussetzung eines bestimmten Interesses geknüpft, sondern besteht vielmehr bedingungslos. Wenn also der Verfahrenspfleger neben dem Betroffenen, der vom Gesetzgeber als verfahrensfähig anerkannt wird, Rechtsmittel einlegen kann, dann spricht dies dafür, dass ferner der Verfahrensbeistand neben dem verfahrensfähigen Kind Rechtsmittel einlegen kann.

---

798 Siehe dazu, B. I. 6. b).

799 BT-Drs. 19/23707, 56.

Dies deckt sich darüber hinaus mit der verfassungsrechtlichen Beurteilung des Verhältnisses von verfahrensfähigem Kind und Verfahrensbeistand. Wie gezeigt, ist der Eingriff in die Rechte des Kindes durch das staatliche Wächteramt gerechtfertigt, wobei bei einem verfahrensfähigen Kind ein besonderer Fokus auf die Auslegung des Interesses zu legen ist.[800] Ein grundsätzliches Recht des Verfahrensbeistands, neben dem Kind Rechtsmittel einzulegen, ist daher auch verfassungsrechtlich nicht ausgeschlossen.

bbb) Divergierende Verfahrenshandlungen

Wenn der Verfahrensbeistand neben dem verfahrensfähigem Kind Rechtsmittel in dessen Interesse einlegen kann, ist von entscheidender Bedeutung, wie mit divergierenden Verfahrenshandlungen von Verfahrensbeistand und Kind umzugehen ist. Besteht ein genereller Vorrang der Verfahrenshandlung des Kindes oder des Verfahrensbeistands oder „gilt" die zeitlich früher eingelegte Verfahrenshandlung? Dies soll anhand des Rechtsmittelverzichts untersucht werden, da daran die Konsequenzen divergierender Verfahrenshandlungen anschaulich dargestellt werden können.

Der Rechtsmittelverzicht nach § 67 FamFG ist unwiderruflich und unanfechtbar. Er stellt damit die endgültige Aufgabe des Rechts zur Überprüfung einer Entscheidung dar.[801] Stärker als durch einen Rechtsmittelverzicht kann ein Beteiligter am Verfahren nicht deutlich machen, dass er sich mit dem Ausgang desselben zufriedengibt, selbst wenn er für ihn nachteilig ist.[802] Von besonderem Interesse ist, ob der Verfahrensbeistand das aus der Betroffenheit des Kindes resultierende Recht zur Einlegung von Rechtsmitteln gegen den durch den Rechtsmittelverzicht erklärten Willen des Kindes ausüben könnte. Andersherum könnte dies dazu führen, dass der Verfahrensbeistand das dem Kind eigentlich zustehende Beschwerderecht durch die Erklärung eines Rechtsmittelverzichtes konterkarieren könnte.

Fraglich ist somit, ob der Verfahrensbeistand durch einen etwaigen Rechtsmittelverzicht des Kindes gebunden wäre und vice versa. Analog würde dies für die Rücknahme der Beschwerde gelten, welche unter den Voraussetzungen des § 67 Abs. 4 FamFG möglich ist.

---

[800] Dazu schon oben, B. I. 6. b).

[801] Dutta/Jacoby/D. Schwab/*Müther*, 4. Aufl. (2021), § 67 FamFG, Rn. 3.1.

[802] Bahrenfuss/*Joachim*, 3. Aufl. (2017), § 67 FamFG, Rn. 4.

(1) Bestehen eines Rechts zum Rechtsmittelverzicht

Das über 14-jährige Kind kann auf Rechtsmittel selbst wirksam verzichten.[803] Da der Rechtsmittelverzicht jedem Beteiligten zusteht, gilt dies auch für den Verfahrensbeistand, der nach § 158b Abs. 3 S. 1 FamFG durch seine Bestellung zum Beteiligten im Verfahren wird.[804] Zweifel weckt daran lediglich § 158b Abs. 3 S. 2 FamFG. Dieser regelt im speziellen das Recht des Verfahrensbeistands zur Einlegung von Rechtsmitteln. Nach dem Wortlaut der Norm ist nur das Recht umfasst, Rechtsmittel einzulegen, aber jedenfalls nicht ausdrücklich auch auf die Einlegung des Rechtsmittels zu verzichten. Man könnte daher darauf schließen, dass ein Rechtsmittelverzicht dem Verfahrensbeistand nicht ermöglicht werden sollte. Die Regelung des Rechts zur Einlegung von Rechtsmitteln bedurfte es jedoch nur, weil die Einlegung von Rechtsmitteln in der Regel eine Beschwer des Einlegenden voraussetzt, die in Kindschaftsverfahren beim Verfahrensbeistand naturgemäß, mit Ausnahme von Kostenentscheidungen, nicht vorliegen wird. Anders als für die Einlegung von Rechtsmitteln setzt der vorherige Verzicht tatbestandlich eine Beschwer des Verzichtenden nicht voraus.[805] Einer besonderen Regelung wie für die Einlegung der Rechtsmittel bedurfte es somit von vornherein nicht. Ein Recht zum Rechtsmittelverzicht des Verfahrensbeistands folgt somit schon aus seiner Beteiligtenstellung.

---

[803] Dies leitet sich spiegelbildlich aus der Beschwerdeführungsbefugnis des über 14-jährigen Kindes nach § 60 FamFG ab, so auch Musielak/Borth/Frank/*Frank*, 7. Aufl. (2022), § 67 FamFG, Rn. 4; Bumiller/Harders/Schwamb/*Bumiller*, 13. Aufl. (2022), § 60 FamFG, Rn. 3; Sternal/*Jokisch*, 21. Aufl. (2023), § 60 FamFG, Rn. 16.

[804] In diese Richtung für den wortgleichen § 158 Abs. 4 S. 5 FamFG a.F. auch schon BT-Drs. 16/6308, 239, wonach dem Verfahrensbeistand mit Ausnahme der Kostentragungspflicht alle Rechte eines Beteiligten zustehen; so auch Dutta/Jacoby/D. Schwab/*Lack*, 4. Aufl. (2021), § 158b FamFG, Rn. 23; in diese Richtung auch Dutta/Jacoby/D. Schwab/*Jacoby*, 4. Aufl. (2021), § 9 FamFG, Rn. 7; auch Sternal/*Schäder*, 21. Aufl. (2023), § 158b FamFG, Rn. 20 nimmt für § 158 Abs. 4 S. 5 FamFG a.F. zumindest ein Recht zur Rücknahme von Rechtsmitteln im Interesse des Kindes an; da bei der Rücknahme die Verfahrenshandlung jedoch jederzeit wiederholt werden kann, ist sie mit dem endgültigen Verzicht hier nur bedingt vergleichbar.

[805] Dies wird schon dadurch deutlich, dass die Rechtskraft des Beschlusses mit Zugang des Verzichts aller Beteiligten eintritt, vgl. MüKo FamFG/*Ulrici*, 4. Aufl. (2025), § 45 FamFG, Rn. 8, da aber die Beschwer aller Beteiligten nicht anzunehmen ist, kann diese auch nicht Voraussetzung für den wirksamen Verzicht sein.

(2) Einfluss des Rechtsmittelverzichts des Kindes auf Rechtsmittel des Verfahrensbeistands

Zu klären ist, ob der Rechtsmittelverzicht des Kindes geeignet ist, die Entscheidung des Verfahrensbeistands über die Einlegung der Rechtsmittel zu präkludieren. Zu Bedenken ist zunächst, dass in dem Rechtsmittelverzicht des Kindes dessen Wille offen und eindeutig zutage tritt und dies somit vorrangig vor einem daneben eingelegten Rechtsmittel des Verfahrensbeistands sein könnte. Dagegen spricht gewichtig, dass § 158b Abs. 3 S. 2 FamFG statuiert, dass das Rechtsmittel „im Interesse des Kindes" eingelegt werden kann. Der Standpunkt des Verfahrensbeistands ist damit nicht vollständig kongruent mit dem des Kindes. Seine Aufgabe ist es vielmehr, auch das verfahrensfähige Kind zu schützen, wenn es gegen seine Interessen handelt.[806] Dies spricht dafür, dass die Rechtsmittel des Verfahrensbeistands insoweit vom Rechtsmittelverzicht des Kindes unabhängig sind.[807]

Der durch den Rechtsmittelverzicht manifestierte Wille des Kindes ist daher bei der Auslegung des „Interesses" bei der Einlegung des Rechtsmittels durch den Verfahrensbeistand von Bedeutung. Die Annahme, dass die Einlegung des Rechtsmittels im Interesse des Kindes ist, dürfte in diesem Fall nur schwer zu bejahen sein, wäre aber auch nicht ausgeschlossen.[808] Dies kann jedoch nur dann zu einer Sperre der Rechtsmitteleinlegung durch den Verfahrensbeistand führen, wenn es sich dabei um eine echte Zulässigkeitsvoraussetzung handelt.[809] Andererseits hätte dies wohl nur bei der Frage einer Haftung eine Bedeutung.[810]

(3) Einfluss des Rechtsmittelverzichts des Verfahrensbeistands auf Rechtsmittel des Kindes

Anders ist es bei der Frage, ob sich der Rechtsmittelverzicht des Verfahrensbeistands auf die Fähigkeit des Kindes zur Einlegung von Rechtsmitteln auswirkt. Dies muss klar verneint werden. Dies ergibt sich schon aus dem

---

806 So auch *Burghart*, FamRZ, 2019, 1029, 1033 f.

807 Heilmann/*Dürbeck*, 2. Aufl. (2020), § 67 FamFG, Rn. 2; Prütting/Helms/*S. Hammer*, 6. Aufl. (2022), § 158b FamFG, Rn. 20; *Burghart*, FamRZ, 2019, 995.

808 Zur Gewichtung oben, B. II. 1. c).

809 Dazu sogleich, B. II. 5. a) cc) ccc).

810 Zur Haftung des Verfahrensbeistands bei pflichtwidriger Einlegung von Rechtsmitteln, vgl. B. III. 2. b) ee) bbb) (2).

verfassungsrechtlichen Verhältnis von Verfahrensbeistand und Kind.[811] Darüber hinaus ist das Recht des Kindes zur Einlegung von Rechtsmitteln, sei es aus § 9 Abs. 1 Nr. 3 FamFG oder aus § 60 FamFG in keiner Weise an andere Beteiligte gebunden. Die Stellung zwischen Verfahrensbeistand und Kind ist insofern nur einseitig auf Seiten des Verfahrensbeistands gebunden.[812] Das Kind kann daher, wie jeder andere Beteiligte im Verfahren selbst dann noch Rechtsmittel einlegen, wenn der Verfahrensbeistand auf die Einlegung von Rechtsmitteln verzichtet hat.[813]

(4) Zusammenfassung

Weder der Rechtsmittelverzicht des Kindes noch der des Verfahrensbeistands präkludiert somit die Einlegung von Rechtsmitteln durch den jeweils anderen. Beide stehen vielmehr unabhängig nebeneinander.[814] Dies führt dazu, dass das Kind mit Bestellung des Verfahrensbeistands die endgültige Entscheidung über die Einlegung von Rechtsmitteln verliert. Es muss stets damit rechnen, dass trotz seines eigenen Rechtsmittelverzichts gleichwohl Rechtsmittel durch den Verfahrensbeistand eingelegt werden.

Dies wäre aber nur dann nicht der Fall, wenn es sich bei dem Merkmal des „Interesses" um eine echte Zulässigkeitsvoraussetzung handelt.

ccc) Interesse des Kindes als Zulässigkeitsvoraussetzung

Von besonderer Bedeutung ist also, wann dem Verfahrensbeistand die Einlegung von Rechtsmitteln zusteht. Die Einlegung von Rechtsmitteln ist dem Verfahrensbeistand nur „im Interesse des Kindes" möglich.[815] Unklar erscheint, ob dies als echte Zulässigkeitsvoraussetzung zu verstehen ist.[816]

---

811 Dazu schon oben, B. I. 6. b).

812 *Burghart*, FamRZ, 2019, 995.

813 *Burghart*, FamRZ, 2019, 995.

814 So auch *Güssow*, Die Beteiligung und Vertretung des Kindes in Kindschaftssachen, 2022, S. 120; so für die Rücknahme der Beschwerde auch schon MüKo FamFG/*Schumann*, 4. Aufl. (2025), § 158b FamFG, Rn. 25; *A. Bauer*, in: *Salgo/Lack* (Hrsg.), Verfahrensbeistandschaft, S. 112, 444a.

815 Zur Auslegung dieses Merkmals, B. II. 1.

816 In diese Richtung zumindest *Rösler*, Die Verfahrensbeistandschaft, 2014, S. 203, die feststellt, dass das Rechtsmittelrecht auf das Interesse des Kindes beschränkt bleiben muss, ohne jedoch näher zu erläutern wie dieses verfahrensrechtlich umgesetzt werden soll.

Dies würde gewährleisten, dass die Einlegung des Rechtsmittels auch wirklich im Interesse des Kindes erfolgt, andernfalls wäre sie konsequenterweise als unzulässig zurückzuweisen. Dies könnte zudem das oben beschriebene Problem divergierender Verfahrenshandlungen zumindest minimieren, weil der Rechtsmittelverzicht des Kindes in der Regel zu einer negativen Auslegung des Interesses führen würde. Auch missbräuchliche Rechtsmitteleinlegungen durch den Verfahrensbeistand würden so vermieden. Eine solche missbräuchliche Rechtsmitteleinlegung durch den Verfahrensbeistand erscheint jedenfalls vor dem Hintergrund des § 158c Abs. 1 FamFG a.F. wie bereits aufgezeigt nicht völlig ausgeschlossen, erhält der Verfahrensbeistand doch für jeden Rechtszug und damit für jede Instanz die erneute Vergütungspauschale. Soweit ersichtlich erfolgt eine Prüfung dieses Merkmals durch die Gerichte bisher nicht und deren Notwendigkeit wird auch in der Literatur nicht diskutiert.[817]

Die Annahme einer Zulässigkeitsvoraussetzung könnte sich dabei potentiell schon aus dem Wortlaut des Gesetzes ergeben. § 158b Abs. 3 S. 2 FamFG stellt die Einlegung der Beschwerde nach seiner Formulierung unter den Vorbehalt des Interesses des Kindes. Die Gesetzesmaterialien enthalten jedoch keine weiteren Vorgaben für die Prüfung und Auslegung dieses Merkmals.[818]

(1) Kindeswohlorientierung

Man könnte nun annehmen, dass die Prüfung des Merkmals „im Interesse des Kindes“ schon deswegen obsolet ist, da jede Entscheidung im Kindschaftsrecht sowieso vorrangig am Wohl des Kindes auszurichten ist.[819] Die

---

[817] So wird in der Regel nur festgestellt, dass der Verfahrensbeistand berechtigt ist im Interesse des Kindes Rechtsmittel einzulegen, ohne dass darunter weiter subsumiert würde, vgl. nur *OLG Frankfurt*, Beschluss v. 04.04.2018 – 5 UF 32/18; *OLG Dresden*, Beschluss v. 12.10.2011 – 21 UF 58/11, FamRZ 2012, 1153; Dutta/Jacoby/D. Schwab/*Lack*, 4. Aufl. (2021), § 158b FamFG, Rn. 26; Prütting/Helms/*S. Hammer*, 6. Aufl. (2022), § 158b FamFG, Rn. 20; Zöller/*A. Lorenz*, 34. Aufl. (2022), § 158b FamFG, Rn. 2; auch *Seidenstücker/Weymann*, in: *Münder* (Hrsg.), Kindeswohl zwischen Jugendhilfe und Justiz, S. 108, 167 f. konnte keine Beschwerde durch den Verfahrensbeistand ermitteln.

[818] Schon BT-Drs. 16/6308, 240 begnügt sich mit dem Hinweis auf die Einführung des Beschwerderechts; auch BT-Drs. 19/23707, 56 beschränkt sich auf den Hinweis der Übernahme der Regelung aus § 158 Abs. 4 S. 5 FamFG.

[819] So sind nach § 1697a BGB Entscheidungen zum Sorgerecht stets am Kindeswohl auszurichten.

Entscheidung der Rechtsmittelinstanz wäre aus diesem Gesichtspunkt immer „besser". Eine weitere Instanz verlängert gleichwohl nicht nur das Verfahren und könnte schon aus diesem Grund eine Belastung für das Kind darstellen.[820] Überdies ist das Wohl des Kindes wie gezeigt nicht vollständig kongruent mit dem Interesse des Kindes, sondern letzteres ist zudem vom subjektiven Willen des Kindes abhängig.[821] Bei einem entgegenstehenden stark beachtlichen Willen des Kindes könnte eine Entscheidung, die aus Sicht des Wohls des Kindes nicht ideal ist, aber auch noch keine Gefährdung des Kindeswohls bedeutet, danach gleichwohl dem Interesse des Kindes entsprechen. Die Einlegung eines Rechtsmittels wäre in einem solchen Fall daher nicht mehr im Interesse des Kindes. Würde man nun das Interesse als echte Zulässigkeitsvoraussetzung verstehen, müsste die Rechtsmittelinstanz das Rechtsmittel des Verfahrensbeistands als unzulässig verwerfen. Der Kindeswille wäre hier als zu respektierende „Sperre" für eine nur kindeswohlorientierte Lösung zu werten. Das Kind hat danach auch ein Recht auf eine „nicht optimale" Entscheidung. Daher kann auch die Einlegung eines Rechtsmittels pflichtwidrig sein.

(2) Vergleich mit Verfahrenspfleger

Schließlich könnte wiederum ein Vergleich zum Verfahrenspfleger angeführt werden. Dessen Beschwerderecht ist nach § 303 Abs. 3 FamFG an keine weiteren Voraussetzungen geknüpft. Wäre dies auch beim Verfahrensbeistand gewollt, hätte es nahe gelegen, dies in gleicher Weise zu regeln.

---

[820] Zum kindlichen Zeitgefühl vgl. *Bublath/Kannegießer/Salzgeber*, NZFam, 2021, 477, 478 f.; zu der durch § 68 Abs. 5 FamFG notwendigen Durchführung sämtlicher Verfahrensschritte durch die Beschwerdeinstanz in Verfahren, die den Entzug der Sorge nach §§ 1666, 1666a BGB, den Ausschluss des Umgangsrechts nach § 1684 Abs. 4 FamFG oder eine Verbleibensanordnung nach §§ 1632 Abs. 4, 1682 BGB betreffen – was zu einer erheblichen Verlängerung des Verfahrens durch die Beschwerdeinstanz führt -, vgl. *I. Götz*, in: *Dagmar Coester-Waltjen/Volker Lipp/Philipp M. Reuß et al.* (Hrsg.), Kindgerechte Verfahren – Anspruch und Wirklichkeit in Kindschaftssachen, S. 53, 77 f.; vor diesem Grund erscheint eine genaue Prüfung der Zulässigkeit der Beschwerde angezeigt, da bei der Zurückweisung oder Verwerfung der Beschwerde § 68 Abs. 5 FamFG keine Anwendung findet.

[821] Vgl. B. II. 1.

(3) Verhältnis zur Beschwer

Fraglich erscheint schließlich, wie sich diese Prüfung des Interesses zur Beschwer verhält, die für die meisten Rechtsmittel in Kindschaftssachen nachgewiesen werden muss. So gilt sowohl für die Beschwerde nach § 58 FamFG als auch für die Rechtsbeschwerde nach § 70 FamFG, dass die Beteiligten die Beschwerde nur einlegen können, wenn sie durch die Entscheidung in eigenen Rechten beeinträchtigt werden, vgl. §§ 59 Abs. 1, 72 Abs. 1 S. 1 FamFG. Das Vorliegen der Beschwernis ist dabei von Amts wegen zu prüfen.

Der Begriff der Beeinträchtigung wird dabei weit verstanden. Der Beteiligte ist dann beschwert, wenn durch den Beschluss das Recht des Beteiligten aufgehoben oder gemindert wird oder eine Verbesserung der Rechtsstellung vorenthalten wird. Ausreichend ist zudem, dass der Beteiligte in der Ausübung des Rechts gestört oder dieselbe erschwert wird.[822] Bei diesem Recht muss es sich nicht um ein verfassungsrechtliches Recht handeln, neben öffentlichen Rechten sind ebenso zivilrechtliche Rechte umfasst.[823]

Man könnte annehmen, dass man vom Vorliegen einer Beschwer darauf schließen könnte, dass die Einlegung eines Rechtsmittels auch im Interesse des Kindes ist. Dies wäre jedoch nur dann relevant, wenn das Vorliegen einer Beschwer beim Kind überhaupt vom Verfahrensbeistand nachzuweisen wäre.

(a) Notwendigkeit einer Beschwer

Zunächst zu untersuchen ist somit, in welchem Verhältnis § 158b Abs. 3 S. 2 FamFG zu §§ 59 Abs. 1, 72 Abs. 1 S. 1 FamFG steht. Man könnte sowohl von einer eigenen, die Beschwer ausschließenden Beschwerdebefugnis ausgehen oder lediglich von einer Beschwerdeführungsbefugnis, die die Beschwer des Kindes voraussetzt.

Dass der Verfahrensbeistand für die Einlegung der Beschwerde jedenfalls keine Beeinträchtigung in eigenen Rechten nachweisen muss, ist allgemein anerkannt und zudem nach Sinn und Zweck der Vorschrift zwingend, weil er

---

[822] *BGH*, Beschluss v. 18.01.2017 – XII ZB 544/15, FamRZ 2017, 623, 624; Beschluss v. 08.10.2014 – XII ZB 406/13, FamRZ 2015, 42, 43; Zöller/*Feskorn*, 35. Aufl. (2024), § 59 FamFG, Rn. 3; Prütting/Helms/*Abramenko*, 6. Aufl. (2022), § 59 FamFG, Rn. 7.

[823] *BGH*, Beschluss v. 18.01.2017 – XII ZB 544/15, FamRZ 2017, 623, 624; Zöller/*Feskorn*, 35. Aufl. (2024), § 59 FamFG, Rn. 3; Johannsen/Henrich/Althammer/*Althammer*, 7. Aufl. (2020), § 59 FamFG, Rn. 3; Prütting/Helms/*Abramenko*, 6. Aufl. (2022), § 59 FamFG, Rn. 2; Sternal/*Jokisch*, 21. Aufl. (2023), § 59 FamFG, Rn. 6.

sonst kaum je Beschwerde einreichen könnte.[824] Nicht beantwortet ist damit allerdings die Frage, ob er jedenfalls eine Beeinträchtigung der Rechte des Kindes nachweisen muss. Man könnte dies schon aus dem Grund ablehnen, weil der Verfahrensbeistand bei der Einlegung von Rechtsmitteln, abgesehen von der Verfassungsbeschwerde,[825] gerade nicht befugt ist, die Rechte des Kindes im eigenen Namen geltend zu machen.[826]

Der Verfahrensbeistand ist in seiner Position eng an die Rechte des Kindes gebunden und leitet seine Befugnis zur Einlegung von Rechtsmitteln nicht zuletzt aus seiner Stellung als Interessenvertreter des Kindes ab. Würde man daher keine Beschwernis beim Kind verlangen, würde dies bedeuten, dass dem Verfahrensbeistand eine über die Rechte des Kindes[827] und auch der übrigen Beteiligten hinausgehenden Rechtsposition eingeräumt würde, für die das Vorliegen einer Beschwer für die Einlegung des Rechtsmittels zwingend ist. Der Verfahrensbeistand hätte im Ergebnis vielmehr eine mit einer Behörde vergleichbare Rechtsposition.[828] Die Rechtsprechung macht keine Ausführungen, die darauf schließen ließen, dass sie die Beschwer des Kindes prüfen würden.[829]

---

[824] *OLG Koblenz*, Beschluss v. 26.05.2020 – 2 UF 244/20, FamRB 2020, 436, 437; *Güssow*, Die Beteiligung und Vertretung des Kindes in Kindschaftssachen, 2022, S. 119; BT-Drs. 16/6308, 239; Heilmann/*Dürbeck*, 2. Aufl. (2020), § 59 FamFG, Rn. 15; Dutta/Jacoby/D. Schwab/*Lack*, 4. Aufl. (2021), § 158b FamFG, Rn. 26; MüKo ZPO/*Schumann*, 3. Aufl. (2010), § 158 FamFG, Rn. 38; Johannsen/Henrich/Althammer/*Döll*, 7. Aufl. (2020), § 158 FamFG, Rn. 21; Prütting/Helms/*S. Hammer*, 6. Aufl. (2022), § 158b FamFG, Rn. 20.

[825] *BVerfG*, Beschluss v. 03.02.2017 – 1 BvR 2569/16, FamRZ 2017, 524, 526.

[826] Er ist *BGH*, Beschluss v. 27.03.2019 – XII ZB 66/19, FamRZ 2019, 1077; Beschluss v. 27.03.2019 – XII ZB 71/19, ZKJ 2019, 265, 266 folgend lediglich dazu berechtigt im eigenen Namen die Interessen des Kindes mit Rechtsmitteln zu verfolgen.

[827] Jedenfalls das 14-jährige Kind kann nach § 60 S. 1 FamFG eigenständig sein Beschwerderecht ausüben. Es handelt sich dabei jedoch nur um eine Beschwerdeführungsbefugnis, bei der auch eine Beeinträchtigung in eigenen Rechten vorliegen muss, vgl. Prütting/Helms/*Abramenko*, 6. Aufl. (2022), § 60 FamFG, Rn. 1.

[828] Dem Jugendamt steht beispielsweise nach §§ 59 Abs. 3, 162 Abs. 3 S. 2 FamFG ein von jeglicher Beschwer unabhängiges formelles Beschwerderecht zu Prütting/Helms/*S. Hammer*, 6. Aufl. (2022), § 162 FamFG, Rn. 28; in diese Richtung am ehesten noch Zöller/*Feskorn*, 35. Aufl. (2024), § 60 FamFG, Rn. 1, wenn er feststellt, dass die Befugnis zur Einlegung von Rechtsmitteln dem Verfahrensbeistand kraft Amtes zukommt.

[829] Vgl. *OLG Frankfurt*, Beschluss v. 04.04.2018 – 5 UF 32/18; *OLG Dresden*, Beschluss v. 12.10.2011 – 21 UF 58/11, FamRZ 2012, 1153.

Für die Annahme einer zwingenden Beschwer auf Seiten des Kindes spricht jedoch auch ein Vergleich mit § 303 Abs. 2 S. 1 FamFG. Nach dieser Vorschrift stehen Angehörigen eines Betreuten ein Recht zur Einlegung der Beschwerde gegen von Amts wegen ergangene Entscheidungen im Interesse des Betreuten zu.[830] Die Situation ist hier jedenfalls insoweit vergleichbar, als dass es bei beiden Situationen um die Interessenvertretung für eine Person geht, die in vielen Fällen nicht selbst dazu in der Lage ist, sei es aus verfahrensrechtlichen oder tatsächlichen Gründen, ihre Interessen eigenständig wahrzunehmen. Für § 303 Abs. 2 S. 1 FamFG, der auch sprachlich darauf abstellt, dass die Beschwerde „im Interesse" des Betreuten eingelegt wird, wird überwiegend vertreten, dass dafür ein Nachweis der Rechtsverletzung beim Betreuten notwendig sei.[831] Dies spricht dafür, das Vorliegen einer Beschwer des Kindes auch bei Rechtsmitteleinlegung durch den Verfahrensbeistand zu fordern. § 158 b Abs. 3 S. 2 FamFG ist mithin lediglich eine gesetzliche Beschwerdeführungsbefugnis, die es dem Verfahrensbeistand erlaubt, Rechtsmittel im eigenen Namen einzulegen, dabei aber nicht fremde Rechte, sondern nur fremde Interessen geltend zu machen.[832]

(b) Folgen für die Zulässigkeitsprüfung

Das Gericht hat ferner bei der Einlegung der Beschwerde durch den Verfahrensbeistand zu prüfen, ob das Kind durch die Entscheidung beschwert ist. Liegt die Rechtsmitteleinlegung im Interesse des Kindes, wird jedoch regelmäßig auch eine Beschwer auf Seiten des Kindes anzunehmen sein. Selbst wenn es einen entgegenstehenden Willen des Kindes gäbe, der beachtlich wäre und das Vorliegen eines Interesses ausschlösse, so läge dennoch formal eine Beschwer auf Seiten des Kindes vor. Der entgegenstehende Wille des

---

[830] A. Fischer bezeichnet dies daher auch als „eine Art Verfahrensstandschaft" MüKo FamFG/*A. Fischer*, 4. Aufl. (2025), § 59 FamFG, Rn. 118.

[831] So Dutta/Jacoby/D. Schwab/*Schneider*, 4. Aufl. (2021), § 303 FamFG, Rn. 7; Prütting/Helms/*Fröschle*, 6. Aufl. (2022), § 303 FamFG, Rn. 25; MüKo FamFG/*A. Fischer*, 4. Aufl. (2025), § 59 FamFG, Rn. 119.

[832] So auch Johannsen/Henrich/Althammer/*Althammer*, 7. Aufl. (2020), § 59 FamFG, Rn. 13; Haußleiter/*Haußleiter*, 2. Aufl. (2017), § 59 FamFG, Rn. 5; MüKo FamFG/*A. Fischer*, 4. Aufl. (2025), § 59 FamFG, Rn. 122; Zöller/*Feskorn*, 35. Aufl. (2024), § 59 FamFG, Rn. 4; Sternal/*Jokisch*, 21. Aufl. (2023), § 59 FamFG, Rn. 36.

Kindes ist für die formale Frage der Beschwer nicht beachtlich.[833] Auf der anderen Seite ist die Annahme eines Interesses des Kindes nur aufgrund eines starken beachtlichen Willens, aber ohne, dass zudem eine Beschwer des Kindes vorliegt, in Kindschaftsverfahren kaum denkbar.

Die Prüfung des Interesses geht also über die Prüfung der bloßen Beschwer hinaus und schließt diese mit ein.

Dies bedeutet aber auch, dass es Fälle geben kann, in denen eine Beschwer vorliegt, aber die Rechtsmitteleinlegung gleichwohl nicht im Interesse des Kindes liegt. Daher ist das Vorliegen einer Beschwer zwar ein Indiz für das Vorliegen des Interesses, bedingt dies aber nicht zwingend und macht damit die Prüfung des Interesses über die Beschwer hinaus nicht obsolet.

(4) Lösung der Rechtsprechung über die Vergütungskürzung

In der Rechtsprechung wird das Vorliegen eines Interesses vor der Einlegung von Rechtsmitteln nicht geprüft. Es ließe sich überlegen, ob es ausreichend wäre, auf Kostenebene zu prüfen, ob die Einlegung des Rechtsmittels im Interesse des Kindes war und ggf. die Vergütung zu versagen. Auf diese Lösung deutet die ergangene Rechtsprechung hin.[834] Allerdings wird auch dort nicht überprüft, ob die Einlegung des Rechtsmittels im Interesse des Kindes war, sondern vielmehr, ob der Verfahrensbeistand im Interesse des Kindes tätig geworden ist. Dies ist nach ständiger Rechtsprechung nämlich Voraussetzung für das Entstehen des Vergütungsanspruchs.[835] Da die Rechts-

---

833 So jedenfalls für das Beschwerderecht naher Angehöriger aus § 303 Abs. 2 FamFG auch *BGH*, Beschluss v. 18.10.2017 – XII ZB 336/17, FamRZ 2018, 134, 135; Dutta/Jacoby/D. Schwab/*Schneider*, 4. Aufl. (2021), § 303 FamFG, Rn. 7; a. A.: MüKo FamFG/*Schmidt-Recla*, 3. Aufl. (2019), § 303 FamFG, Rn. 9.

834 So *OLG Naumburg*, Beschluss v. 20.08.2014 – 3 WF 97/14, 2, 9, wonach im Einzelfall zu überprüfen sei, ob der Verfahrensbeistand eine Tätigkeit vorgenommen hat, die im Interesse des Kindes liegt und somit das Entstehen eines Vergütungsanspruchs begründet.

835 So auch schon bei der Einführung der pauschalen Vergütung BT-Drs. 16/12717, 61; zur gleichlautenden Vorgängervorschrift des § 158 Abs. 7 S. 2 FamFG a.F. *BGH*, Beschluss v. 19.01.2011 – XII ZB 400/10, FamRZ 2011, 558; Beschluss v. 15.09.2010 – XII ZB 268/10, FamRZ 2010, 1896; Beschluss v. 27.11.2013 – XII ZB 682/12, MDR 2014, 431; *OLG Nürnberg*, Beschluss v. 25.11.2014 – 7 UF 1819/13, MDR 2015, 100, 101; *OLG Schleswig*, Beschluss v. 03.02.2014 – 15 WF 445/13, Rn. 7; für § 158c FamFG Dutta/Jacoby/D. Schwab/*Lack*, 4. Aufl. (2021), § 158c FamFG, Rn. 4; Musielak/Borth/Frank/*Frank*, 7. Aufl. (2022), § 158c FamFG, Rn. 3; *Langer*, ZKJ, 2023, 445, 450.

mittelinstanz nach § 158c Abs. 1 FamFG einen eigenen Vergütungsanspruch auslöst, wird insoweit das Tätigwerden im Interesse des Kindes durch die Gerichte geprüft. Die bloße Einlegung des Rechtsmittels reicht dabei noch nicht als Tätigwerden im Interesse des Kindes aus.[836] Geprüft wird daher nicht, ob die Einlegung als solche im Interesse des Kindes war, sondern ob der Verfahrensbeistand in der Rechtsmittelinstanz zur Unterstützung des Kindes tätig geworden ist. Das Bestehen eines Vergütungsanspruchs des Verfahrensbeistands sagt also nichts darüber aus, dass die Einlegung des Rechtsmittels als solche auch im Interesse des Kindes geschah.

Eine Überprüfung, die bereits inhaltlich eingeschränkt ist, erfolgt darüber hinaus nur dann, wenn die Kostenschuldner – üblicherweise die gesetzlichen Vertreter – gegen die Kostenentscheidung des Gerichts nach § 57 Abs. 1 FamGKG Erinnerung bzw. Beschwerde nach § 57 Abs. 2 FamGKG einlegen.[837]

Eine nachgelagerte Prüfung im Rahmen der Kostenentscheidung, ob die Einlegung des Rechtsmittels im Interesse des Kindes war, könnte zwar präventiv wirken, da es auch eine verhaltenssteuernde Wirkung haben kann und den Verfahrensbeistand von missbräuchlichen Rechtsmitteln abhalten könnte. Wahrscheinlicher erscheint jedoch, dass eine vollständige Versagung der Vergütung dazu führen würde, dass Verfahrensbeistände von der Einlegung von Rechtsmitteln vollständig absehen würden, wenn ihm dann auf Kostenebene eine Versagung des Vergütungsanspruchs droht. Sie würden für eine tatsächliche, wenn auch unerwünschte Tätigkeit nicht vergütet. Es wäre also für den Verfahrensbeistand die sicherere Variante, keine Rechtsmittel einzulegen. Eine kostenrechtliche Sanktionierung hat zudem keinen Einfluss auf die Wirksamkeit der dennoch ergangenen Rechtsmittelentscheidung. Diese Lösung ist folglich abzulehnen.

---

836 So ausdrücklich bei Einführung der Fallpauschale für die Rechtsmittelinstanz BT-Drs. 16/12717, 61; *OLG Naumburg*, Beschluss v. 20.08.2014 – 3 WF 97/14; dazu Dutta/Jacoby/D. Schwab/*Lack*, 4. Aufl. (2021), § 158c FamFG, Rn. 5; Prütting/Helms/*S. Hammer*, 6. Aufl. (2022), § 158c FamFG, Rn. 5; spiegelbildlich reicht auch die Entgegennahme der nicht begründeten Beschwerdeschrift nicht aus, da sie in ihrer Wirkung nicht über den Bestellungsbeschluss hinausgeht, vgl. *OLG Celle*, Beschluss v. 07.08.2012 – 10 UF 158/12, FamRZ 2013, 573, Rn. 11.

837 Das Gericht ist nach § 1 S. 1 FamGKG i.V.m. KV 2013 FamGKG berechtigt, die Vergütung des Verfahrensbeistands als Kosten dem Kostenschuldner aufzuerlegen, vgl. *OLG Hamm*, Beschluss v. 24.09.2019 – 6 WF 175/19, Rn. 4 m.w.N.

(5) Vollständige vorgelagerte Prüfung des Interesses

Man könnte als Gegenstück daher eine vollständige vorgelagerte Prüfung des Interesses vor Einlegung des Rechtsmittels vertreten. Aber auch diese Lösung erscheint aus mehreren Gründen nicht erstrebenswert.

Zum einen spricht gegen sie das Beschleunigungsgebot aus § 155 FamFG, dass in den meisten Kindschaftsverfahren und insbesondere, wenn es zur Bestellung eines Verfahrensbeistands kommt, besonders zu beachten ist. Durch die Einlegung des Rechtsmittels wird das Verfahren ohnehin schon verlängert. Müsste stets zunächst noch festgestellt werden, ob die Einlegung wirklich im Interesse des Kindes geschieht, wären im schlimmsten Fall Anhörungen der Beteiligten zu dieser Frage vorzunehmen. Dies würde das Verfahren stark in die Länge ziehen.

Zum anderen würde dies die Unabhängigkeit des Verfahrensbeistands gefährden.[838] Die Auslegung dessen, was im Interesse des Kindes ist, obliegt zuvörderst seinem eigenständigen Beurteilungsspielraum.

(6) Lösungsvorschlag

Zum Schutz der Rechte des Kindes auf der einen und der Gefahr einer Verfahrensverzögerung auf der anderen Seite ist somit ein abgestuftes Verfahren vorzugswürdig. So könnte bei Kindern unter 14 Jahren, wie schon bisher, das Bestehen des Interesses aufgrund der grundsätzlichen Indizwirkung der Beschwer angenommen werden, und bei Kindern über 14 Jahren könnte dann den Verfahrensbeistand zumindest bei Einlegung des Rechtsmittels eine Begründungspflicht bezüglich des Bestehens des Interesses treffen, sodass dessen Vorliegen bei bestehender Begründung vermutet würde. Diese Vermutung wäre nur dann erschüttert, wenn das Kind einen Rechtsmittelverzicht geäußert hat. Dann müsste der Verfahrensbeistand seinerseits darlegen, warum trotz erklärtem gegenteiligem Willen des Kindes die Einlegung des Rechtsmittels in dessen Interesse liegen soll. Nur in diesem Fall müsste dann

---

[838] Allgemein zur Vereinbarkeit der Kontrolle des Verfahrensbeistands und dem Ziel der Unabhängigkeit des Verfahrensbeistands *Salgo*, in: *Blum/Cottier/Migliazza* (Hrsg.), Anwalt des Kindes, S. 59, 75; die unabhängige Wahrnehmung der Interessen des Kindes ist für die Tätigkeit des Verfahrensbeistands unerlässlich und bildet nach § 158 Abs. 2 S. 1 FamFG auch eine wesentliche Voraussetzung für die persönliche Eignung des Verfahrensbeistands; zur Unabhängigen Wahrnehmung seiner Aufgaben auch Prütting/Helms/*S. Hammer*, 6. Aufl. (2022), § 158b FamFG, Rn. 24 m.w.N.

schon in der Prüfung der Zulässigkeit des Rechtsmittels die Berechtigung des Verfahrensbeistands überprüft werden.

Eine tatsächliche Überprüfung würde dann in allen anderen Fällen, wie schon bisher, erst auf Kostenebene erfolgen, und auch nur dann, wenn die Kostenentscheidung von den Eltern angefochten würde.

Gleichwohl wird so der Rechtfertigungsdruck auf Seiten des Verfahrensbeistands erhöht. Zudem werden offensichtlich unnötige oder nicht im Interesse des Kindes liegende Rechtsmittel verhindert, während das Verfahren gleichzeitig nicht durch eine aufwendige Beweisaufnahme verlängert wird und die Unabhängigkeit des Verfahrensbeistands gewahrt wird.

ddd) Fehlende Rechtsmitteleinlegung

Neben der Gefahr, die für die Interessenvertretung des Kindes davon ausgeht, dass der Verfahrensbeistand Rechtsmittel einlegen könnte, obwohl diese nicht den Interessen des Kindes entspricht, besteht zudem die Gefahr, dass der Verfahrensbeistand keine Rechtsmittel einlegt, obwohl die Interessen des Kindes dies erfordern würden.

Soweit also der Verfahrensbeistand keine Rechtsmittel einlegt, kann das Kind dem nicht im Verfahren begegnen, wenn es nicht selbst beschwerdefähig ist. Aber selbst dann kann dies vom Kind nicht verlangt werden, weil dies die Aufgabenverteilung zwischen Verfahrensbeistand und Kind verqueren würde.

Vorbeugend kommt daher hier nur die Implementierung einer Haftung in Betracht.[839] Diese kann aber nur dann eingreifen, wenn eine Pflicht des Verfahrensbeistands besteht, Rechtsmittel dann einzulegen, wenn dies im Interesse des Kindes liegt. Nach dem Wortlaut des § 158b Abs. 3 S. 2 FamFG „kann“ der Verfahrensbeistand Rechtsmittel für das Kind einlegen, wohingegen der Verfahrensbeistand nach § 158b Abs. 1 S. 3 FamFG das Kind über den Ablauf des Verfahrens zu informieren „hat“. Dies spricht für die Annahme, dass es sich dabei nur um eine Erweiterung der Rechte des Verfahrensbeistands handelt. Gleichwohl ist auch das Recht zur Einlegung von Rechtsmitteln im weiteren Zusammenhang mit der übergeordneten Aufgabe des Verfahrensbeistands zu sehen, nach der er die Interessen des Kindes im Verfahren zu Geltung bringen muss. Aus diesem übergeordneten Ziel könnte

---

[839] Dazu unten, B. III. 2. b) ee) bbb) (2).

sich daher zudem die Pflicht ergeben, die Notwendigkeit der Einlegung von Rechtsmitteln nach jedem Verfahren zu prüfen und bei positiver Prüfung die Rechtsmittel einzulegen.[840] Für solches Verständnis spricht schließlich § 158b Abs. 1 S. 4 FamFG a.F.[841] Danach soll der Verfahrensbeistand mit dem Kind den gerichtlichen Beschluss erörtern. Dies dient zwar im Wesentlichen dazu, dass das Kind in kindgerechter Weise die Entscheidung mitgeteilt bekommt,[842] aber es soll nach dem Willen des Gesetzgebers auch dafür genutzt werden, zu ermitteln, ob Rechtsmittel einzulegen sind.[843] Damit erkennt der Gesetzgeber zumindest an, dass eine aktive Entscheidung des Verfahrensbeistands darüber erfolgen muss, ob er Rechtsmittel einlegt. Diese Entscheidung steht dabei nicht in seinem Belieben, sondern ist immer an der Maxime der Interessenvertretung des Kindes auszurichten.

Der Verfahrensbeistand hat daher auch eine Pflicht, bei entsprechender Interessenlage Rechtsmittel für das Kind einzulegen.

dd) Fazit

Der Verfahrensbeistand hat somit die Pflicht, stets zu prüfen, ob er im Interesse des Kindes Rechtsmittel einlegen muss. Dies wird aber in der Regel nicht vom Gericht überprüft. Eine jedenfalls eingeschränkte Überprüfung wäre zur Wahrung der Grundrechtsposition des Kindes und zur Verhinderung missbräuchlicher Rechtsmitteleinlegungen jedoch sinnvoll. Dabei bietet sich ein abgestuftes Verfahren an, bei dem den Verfahrensbeistand für über 14-jährige Kinder eine Begründungspflicht trifft, die dazu führt, dass das Vorliegen des Interesses vermutet wird. Diese Vermutung wird jedoch erschüttert, wenn das verfahrensfähige Kind neben dem Verfahrensbeistand einen Rechtsmittelverzicht erklärt. Dieser Verzicht kann die Fähigkeit des Verfahrensbeistands zur Einlegung von Rechtsmitteln zwar grundsätzlich nicht sperren, er muss gleichwohl bei der Prüfung des Interesses beachtet werden. Andersherum beeinflusst der Rechtsmittelverzicht des Verfahrensbeistands die Fähigkeit des Kindes zur Einlegung von Rechtsmitteln in keiner Weise.

---

840 In diese Richtung jedenfalls Prütting/Helms/*S. Hammer*, 6. Aufl. (2022), § 158b FamFG, Rn. 5; Sternal/*Schäder*, 21. Aufl. (2023), § 158b FamFG, Rn. 10.

841 Nunmehr § 158b Abs. 1 S. 5 FamFG n.F.

842 BT-Drs. 19/23707, 55.

843 BT-Drs. 19/23707.

b) Das Anwesenheitsrecht des Verfahrensbeistands

Nach § 159 Abs. 4 S. 3 FamFG soll der Verfahrensbeistand bei der Anhörung des Kindes anwesend sein. Uneindeutig ist der Gesetzeswortlaut jedoch in der Frage, ob daraus nur ein Anwesenheitsrecht des Verfahrensbeistands folgt,[844] oder ob es eine Anwesenheitspflicht des Verfahrensbeistands darstellt, von der das Gericht aber nach freiem Ermessen abweichen kann.[845]

Interessant ist in diesem Zusammenhang zudem die Frage, in welchem Verhältnis das Ermessen des Gerichts zum Willen des Kindes steht. Kann der entgegenstehende Wille des Kindes ein eventuell bestehendes Anwesenheitsrecht „übertrumpfen"?[846]

Dabei ist neben dem Zweck, den die Anwesenheit des Verfahrensbeistands bei der Anhörung des Kindes für das Kind hat, auch zu berücksichtigen, dass die Anwesenheit auch dazu dienen kann, dem Verfahrensbeistand die Kontaktaufnahme mit dem Kind und damit die Wahrnehmung seiner Aufgabe zu ermöglichen.[847]

---

[844] Generell keine Anwesenheitspflicht des Verfahrensbeistands *BVerfG*, Beschluss v. 13.05.2020 – 1 BvR 663/19, FamRZ 2020, 1579, 1581; in Einzelfällen keine Anwesenheitspflicht Prütting/Helms/*S. Hammer*, 6. Aufl. (2022), § 159 FamFG, Rn. 39; *Güssow*, Die Beteiligung und Vertretung des Kindes in Kindschaftssachen, 2022, S. 108 f.; Sternal/*Schäder*, 21. Aufl. (2023), § 159 FamFG, Rn. 27; *I. Götz*, in: *Dagmar Coester-Waltjen/Volker Lipp/Philipp M. Reuß et al.* (Hrsg.), Kindgerechte Verfahren – Anspruch und Wirklichkeit in Kindschaftssachen, S. 53, 86; *Langer*, ZKJ, 2023, 406, 411; *Vogel*, FF, 2022, 143, 153.

[845] *Jordan*, JAmt, 2022, 130, 132; *BGH*, Beschluss v. 18.07.2012 – XII ZB 661/11, FamRZ 2012, 1556, 1557; *Lack*, FamRZ, 2023, 1249, 1257.

[846] In diese Richtung Dutta/Jacoby/D. Schwab/*Lack*, 4. Aufl. (2021), § 159 FamFG, Rn. 38; Sternal/*Schäder*, 21. Aufl. (2023), § 159 FamFG, Rn. 27; Prütting/Helms/*S. Hammer*, 6. Aufl. (2022), § 159 FamFG, Rn. 39; *Heilmann*, in: *Salgo/Lack* (Hrsg.), Verfahrensbeistandschaft, Rn. 1588; *Carl*, in: *Carl/Clauß/Karle* (Hrsg.), Kindesanhörung im Familienrecht, S. 62 f.; Kemper/K. Schreiber/*Völker/Clausius/B. Wagner*, 3. Aufl. (2015), § 159 FamFG, Rn. 8; *Güssow*, Die Beteiligung und Vertretung des Kindes in Kindschaftssachen, 2022, S. 109; *A. Bauer*, in: *Salgo/Lack* (Hrsg.), Verfahrensbeistandschaft, S. 112, Rn. 411; *I. Götz*, in: *Dagmar Coester-Waltjen/Volker Lipp/Philipp M. Reuß et al.* (Hrsg.), Kindgerechte Verfahren – Anspruch und Wirklichkeit in Kindschaftssachen, S. 53, 86.

[847] Dutta/Jacoby/D. Schwab/*Lack*, 4. Aufl. (2021), § 158b FamFG, Rn. 25; Prütting/Helms/*S. Hammer*, 6. Aufl. (2022), § 158b FamFG, Rn. 25; kritisch dazu, ob dadurch eine effektive Interessenvertretung des Verfahrensbeistands wirklich entstehen kann, *Menne*, NZFam, 2020, 1033, 1046.

Die Beantwortung dieser Fragen ist dabei insbesondere bedeutend für die Einordnung der Beziehung zwischen Kind und Verfahrensbeistand. Bei der Anhörung des Kindes treffen direkte Interessenvertretung durch das Kind und die Interpretation dessen durch den Verfahrensbeistand aufeinander.[848]

Neben der grundrechtlichen Relevanz dieser Einordnung,[849] kann die Anwesenheit des Verfahrensbeistands überdies rein tatsächliche Auswirkungen auf das Kind haben. Nach dem Willen des Gesetzgebers soll der Verfahrensbeistand dem Kind bei seiner Anhörung durch den Richter zur Seite stehen und als Ansprechpartner ermutigen.

Darüber hinaus ist die Anhörung des Kindes für dieses – jedenfalls wenn es unter 14 Jahre alt ist –die einzige Möglichkeit, nach der Bestellung Bedenken gegen die Auswahl des Verfahrensbeistands dem Gericht gegenüber zu äußern.[850] Das Kind hat als Muss-Beteiligter nach § 7 Abs. 2 Nr. 1 FamFG ein Anwesenheitsrecht im kindschaftsrechtlichen Verfahren.[851] Es kann mangels Verfahrensfähigkeit aber weder Anträge stellen noch sonstige Verfahrenshandlungen wirksam vornehmen. Auch § 25 FamFG, der Anträge und Erklärungen der Beteiligten im Verfahren regelt, ist lediglich eine Formvorschrift, die kein originäres Antragsrecht aller Beteiligten begründet, mithin weiterhin die Verfahrensfähigkeit voraussetzt und somit für das Kind keine Anwendung findet.[852] Selbst eine Ladung zum Termin an das Kind muss nach § 33 Abs. 2 FamFG mangels Verfahrensfähigkeit nicht an das Kind selbst, sondern an seine gesetzlichen Vertreter erfolgen.[853] Dass es überhaupt vom Verfahren vor der Anhörung erfährt, ist danach nicht gesichert.[854] Sein Anwesenheitsrecht im Verfahren wird mithin durch

---

848 Treffend auch *Hohmann-Dennhardt*, ZfJ 88 (2001), 77, 80, die die Kindesanhörung durch das Gericht als schwierige Gratwanderung zwischen Artikulation des Kindeswillens und Interpretation dessen bezeichnet.

849 Dazu schon oben, B. I. 6. a).

850 So auch *Heilmann*, in: *Salgo/Lack* (Hrsg.), Verfahrensbeistandschaft, Rn. 1588.

851 Heilmann/*Keuter*, 2. Aufl. (2020), § 170 GVG, Rn. 3; zur Beteiligtenstellung des Kindes als Muss-Beteiligter vgl. *BGHZ* 191, 48, 51 [Rn. 8]; Prütting/Helms/*Prütting*, 6. Aufl. (2022), § 7 FamFG, Rn. 85; Dutta/Jacoby/D. Schwab/*Jacoby*, 4. Aufl. (2021), § 7 FamFG, Rn. 13.2.

852 Dutta/Jacoby/D. Schwab/*Jacoby*, 4. Aufl. (2021), § 25 FamFG, Rn. 1.

853 Sternal/*Schäder*, 21. Aufl. (2023), § 159 FamFG, Rn. 23.

854 Zum Problem des Informationsdefizits des Kindes schon oben, B. II. 2. b) aa) aaa).

die Zustellungsvorschriften ausgehöhlt und ist aufgrund der fehlenden Verfahrensfähigkeit ohnehin ineffektiv.[855]

Auch für das über 14-jährige Kind, das nach § 9 Abs. 1 Nr. 3 FamFG verfahrensfähig ist, hat die Anhörung eine große Bedeutung. Zwar kann dieses selbst Verfahrenshandlungen vornehmen und auch die Ladung hat an das Kind selbst zu erfolgen; die Anhörung durch das Gericht sichert gleichwohl das rechtliche Gehör des Kindes und hat daneben eine psychologische Bedeutung.[856] Sie ermöglicht es dem Kind seine Position vorbehaltlos mitzuteilen.[857]

Die Anwesenheit des Kindes im Termin und aktive Teilnahme am Verfahren ist von Gesetzes wegen ohnehin nicht vorgesehen. Dies zeigt sich schon an § 159 Abs. 4 S. 1 FamFG, der die Information des Kindes zum Verfahren betrifft. Würde der Gesetzgeber von der Anwesenheit des Kindes im Verfahren ausgehen, wäre diese Regelung überflüssig. Diese Annahme ist in den meisten Fällen begrüßenswert, weil sie kindeswohldienlich ist, indem sie das Kind aus der häufig konfliktbelasteten Situation heraushält.

Die Anhörung ist damit für das Kind in den meisten Fällen die einzige Möglichkeit, aktiv am Verfahren mitzuwirken. Die Regelung des § 159 Abs. 4 S. 2 FamFG führt dabei dazu, dass das Kind Bedenken über den Verfahrensbeistand nur in Anwesenheit des Verfahrensbeistands äußern kann. Dies begründet gleichwohl eine nicht unerhebliche Drucksituation für das Kind. Ein uneingeschränktes Anwesenheitsrecht des Verfahrensbeistands erscheint unter diesen Gesichtspunkten problematisch.

aa) Auslegung

Die Frage, ob es sich bei § 159 Abs. 4 S. 3 FamFG um ein Anwesenheitsrecht des Verfahrensbeistands handelt, lässt sich durch Auslegung mit den gängigen Auslegungsmethoden beantworten.

bb) Wortlaut

Der Wortlaut des § 159 Abs. 4 S. 3 FamFG konstituiert die Anwesenheit des Verfahrensbeistands als „Soll“-Vorschrift. Danach stünde die Anwesenheit des Verfahrensbeistands im Ermessen des Gerichts, welches dahingehend

---

[855] Zur fehlenden Zustellung an das Kind schon oben, B. II. 3. d) aa) bbb).

[856] Zur Bedeutung der Anhörung für das Kind, B. II. 3. c) bb) aaa) (1).

[857] So auch *Heiter*, FamRZ, 2009, 85, 88.

intendiert ist, dass im Regelfall die Anwesenheit des Verfahrensbeistands erfolgen soll. Ein Anwesenheitsrecht des Verfahrensbeistands lässt sich daraus nicht ableiten.

cc) Systematik

Auch die Zusammenschau mit § 159 Abs. 4 S. 4 FamFG vermag an diesem Ergebnis nichts zu ändern. Dieser besagt, dass die Gestaltung der persönlichen Anhörung und die Verschaffung eines persönlichen Eindrucks nur „im Übrigen" im Ermessen des Gerichts liegen. Dies bedeutet jedoch nicht, dass nur die Übrigen im Sinne der restlichen Aspekte der Anhörung im Ermessen des Gerichts stehen. „Im Übrigen" wird hier vielmehr synonym für die weitere – darüber hinausgehende – Gestaltung des Verfahrens genutzt.

dd) Sinn und Zweck

Die Annahme eines Anwesenheitsrechts des Verfahrensbeistands lässt sich auch nicht mit dem Sinn und Zweck der Regelung rechtfertigen.

aaa) Vertrauensverhältnis zwischen Verfahrensbeistand und Kind

Ausweislich der Gesetzesbegründung soll die Anwesenheit des Verfahrensbeistands dazu dienen, „die für ihn [das Kind] ungewohnte und möglicherweise als bedrohlich empfundene Anhörungssituation zu meistern und sich den Fragen des Gerichts zu öffnen".[858]

Die Gesetzesbegründung geht damit davon aus, dass zwischen Verfahrensbeistand und Kind stets ein Vertrauensverhältnis besteht, und zwar schon vor der Anhörung. Diese Vermutung erscheint problematisch.[859] Von einem bestehenden Vertrauensverhältnis zwischen Verfahrensbeistand und Kind kann insbesondere vor dem Hintergrund der fehlenden Durchsetzbarkeit der Kontaktaufnahme des Verfahrensbeistands zum Kind gegenüber den Eltern nicht immer ausgegangen werden.[860]

---

858 BT-Drs. 16/9733, 294 f.

859 Schulte-Bunert/Weinreich/*Ziegler*, 7. Aufl. (2023), § 159 FamFG, Rn. 20.

860 Ein großes Problem ist in der Praxis, dass die Eltern dem Verfahrensbeistand den Kontakt mit dem Kind verbieten. Die Gerichte haben dann nur begrenzte Möglichkeiten, der Verfahrensbeistand gar keine, die Kontaktaufnahme zum Kind zu erzwingen, vgl. dazu *Cirullies*, FamRZ, 2023, 489, 490 f.

Das vermeintliche Vertrauensverhältnis ist allerdings nicht geeignet, ein Anwesenheitsrecht des Verfahrensbeistands zu begründen. Die angesprochene Gefahr besteht vielmehr gerade dann nicht, wenn das Kind die Anwesenheit des Verfahrensbeistands nicht wünscht. Vertraut das Kind dem Verfahrensbeistand nicht, wird dessen Anwesenheit das Gefühl der Bedrohung beim Kind eher verstärken, als dass er es vermindern kann, auch den Fragen des Gerichts wird das Kind sich dann eher öffnen.

bbb) Aufgabenwahrnehmung des Verfahrensbeistands

Darüber hinaus wird das Anwesenheitsrecht des Verfahrensbeistands häufig damit begründet, dass es dem Verfahrensbeistand seine Aufgabenwahrnehmung ermöglichen soll.[861] Jedoch wird durch die fehlende Anwesenheit des Verfahrensbeistands bei der Anhörung des Kindes seine Aufgabenwahrnehmung nicht verhindert. Im Idealfall sollte der Verfahrensbeistand schon vor der Anhörung durch das Gericht Kontakt zum Kind aufgenommen haben, sodass er von dessen Wille und Wünschen Kenntnis hat.

Problematisch sind hier sicherlich die Fälle, in denen die Kontaktaufnahme von den Eltern verhindert wird.[862] Gleichwohl sind diese Fälle nicht deckungsgleich mit den angesprochenen Fällen, in denen das Kind selbst keine Anwesenheit des Verfahrensbeistands wünscht. Natürlich müssen hier gleichfalls Einflussnahmen der Eltern befürchtet werden. Aber es ist kaum davon auszugehen, dass das Kind bei der Anhörung mit dem Verfahrensbeistand spricht, wenn es vorher durch die Eltern beeinflusst wurde.[863] Dies gilt erst recht, wenn der Wille vom Kind selbst ausgeht. Der Verfahrensbeistand kann die Interessen des Kindes in diesen Fällen so oder so nicht vollständig wahrnehmen.[864] Vorrangig wäre daher in diesen Fällen die Möglichkeit einer Aufhebung der Bestellung des Verfahrensbeistands zu prüfen.[865]

---

[861] So beispielsweise *BGH*, Beschluss v. 18.07.2012 – XII ZB 661/11, FamRZ 2012, 1556, 1557; Beschluss v. 28.04.2010 – XII ZB 81/09, FamRZ 2010, 1060, 1064.

[862] Dazu *Cirullies*, FamRZ, 2023, 489.

[863] Auch *Menne* macht darauf aufmerksam, dass kaum ein unbefangenes Gespräch zwischen Verfahrensbeistand und Kind entstehen würde, vgl. *Menne*, NZFam, 2020, 1033, 1046.

[864] Prütting/Helms/*S. Hammer*, 6. Aufl. (2022), § 158b FamFG, Rn. 25.

[865] Dazu unten, B. II. 6. b) dd).

ccc) Anwesenheitspflicht

Andersherum wäre es jedoch auch schädlich, wenn sich der Verfahrensbeistand einseitig der Anhörung entziehen könnte. Der Verfahrensbeistand ist zwar in der Art und Weise, wie er die Aufgaben wahrnimmt, frei,[866] die Teilnahme an der Anhörung ist aber keine Frage der Art und Weise der Ausübung seiner Aufgabe. Vielmehr ist die Unterstützung des Kindes in der Anhörung eine originäre Aufgabe des Verfahrensbeistands.[867] Daraus ergibt sich, dass der Verfahrensbeistand verpflichtet ist, an der Anhörung des Kindes teilzunehmen.[868] Denn wenn das vom Gesetzgeber vorausgesetzte Vertrauensverhältnis zwischen Verfahrensbeistand und Kind besteht, dann kann auch die Anwesenheit des Verfahrensbeistands die vom Gesetzgeber versprochene Wirkung auf das Kind und die Anhörungssituation haben. Dann sollte aber der Verfahrensbeistand sich nicht einseitig aus dieser Aufgabe entziehen können, beispielsweise aus Kostengründen oder weil er aus seiner Sicht schon alle Informationen hat, die er zur Vertretung der Interessen benötigt oder diese lieber über andere Quellen beziehen möchte.[869] In diesem Fall dient die Anwesenheit des Verfahrensbeistands nicht seiner eigenen Informationsgewinnung, sondern vor allem der Schaffung einer vertrauten Anhörungssituation für das Kind.[870] Eine nicht gerichtlich überprüfbare eigene Entscheidungsgewalt steht dem Verfahrensbeistand in dieser Frage mithin nicht zu.

ee) Ergebnis

Ein uneingeschränktes Anwesenheitsrecht des Verfahrensbeistands besteht somit jedenfalls nicht. Vielmehr konstituiert § 159 Abs. 4 S. 4 FamFG

---

[866] Prütting/Helms/*S. Hammer*, 6. Aufl. (2022), § 158b FamFG, Rn. 24; *Güssow*, Die Beteiligung und Vertretung des Kindes in Kindschaftssachen, 2022, S. 116; *Ahlert*, Der Verfahrensbeistand nach § 158 FamFG, 2010, S. 165; *Lack*, FamRZ, 2023, 1249, 1255; *Wellenhofer*, FPR, 2012, 529, 531; *Profitlich/Zivier*, FPR, 2006, 29, 32.

[867] *Jordan*, JAmt, 2022, 130, 132.

[868] *Jordan*, JAmt, 2022, 130, 132; *Vogel*, FamRB, 2022, 200, 204; vorsichtiger Prütting/Helms/*S. Hammer*, 6. Aufl. (2022), § 159 FamFG, Rn. 39; a. A. *BVerfG*, Beschluss v. 13.05.2020 – 1 BvR 663/19, FamRZ 2020, 1579, 1581; *I. Götz*, in: *Dagmar Coester-Waltjen/Volker Lipp/Philipp M. Reuß et al.* (Hrsg.), Kindgerechte Verfahren – Anspruch und Wirklichkeit in Kindschaftssachen, S. 53, 86.

[869] So aber anscheinend in dem Verfahren, dass das BVerfG zu entscheiden hatte, vgl. *BVerfG*, Beschluss v. 13.05.2020 – 1 BvR 663/19, FamRZ 2020, 1579.

[870] BT-Drs. 16/9733, 294; Prütting/Helms/*S. Hammer*, 6. Aufl. (2022), § 159 FamFG, Rn. 39.

nur eine einseitige Anwesenheitspflicht des Verfahrensbeistands.[871] Die Frage der tatsächlichen Anwesenheit steht damit weiterhin im Ermessen des Gerichts.

ff) Bedeutung des Willens des Kindes für die Ermessensentscheidung

Da also wie gezeigt das Gericht darüber entscheidet, ob der Verfahrensbeistand bei der Anhörung anwesend ist, muss nun noch geklärt werden, auf welcher Basis es diese Entscheidung treffen sollte. Von Interesse ist vor allem, welchen Einfluss der Wille des Kindes für die Entscheidung hat.

Das beschriebene intendierte Ermessen des Gerichts könnte eingeschränkt sein, wenn das Kind die Anwesenheit des Verfahrensbeistands ablehnt.[872]

Dabei ist zu beachten, dass die Anhörung des Kindes vorrangig der Sachverhaltsaufklärung durch das Gericht dient.[873] Gerade diese ist aber dann beeinträchtigt, wenn das Kind gerade aufgrund der Anwesenheit des Verfahrensbeistands zur Preisgabe von Informationen nicht bereit ist.

Im Rahmen der Ermessensausübung muss das Gericht insbesondere die Grundrechte berücksichtigen.[874] Würde das Gericht den Verfahrensbeistand auch bei entgegenstehendem Willen des Kindes an der Anhörung teilnehmen lassen, würde es das Recht des Kindes auf informationelle Selbstbestimmung verletzen. In diesem Fall ist daher das Ermessen des Gerichts auf null reduziert.[875]

---

[871] Für eine Anwesenheitspflicht des Verfahrensbeistands auch *Jordan*, JAmt, 2022, 130, 132; Dutta/Jacoby/D. Schwab/*Lack*, 4. Aufl. (2021), § 159 FamFG, Rn. 39–40, weder Anwesenheitsrecht noch Anwesenheitspflicht; Bahrenfuss/*Schlemm*, 3. Aufl. (2017), § 158 FamFG, Rn. 14; *Güssow*, Die Beteiligung und Vertretung des Kindes in Kindschaftssachen, 2022, S. 108 f.

[872] So im Ergebnis auch *Carl*, in: *Carl/Clauß/Karle* (Hrsg.), Kindesanhörung im Familienrecht, S. 62–63, 125; Kemper/K. Schreiber/*Völker/Clausius/B. Wagner*, 3. Aufl. (2015), § 159 FamFG, Rn. 8.

[873] *BGH*, Beschluss v. 18.07.2012 – XII ZB 661/11, FamRZ 2012, 1556, 1557; Beschluss v. 28.04.2010 – XII ZB 81/09, FamRZ 2010, 1060, 1064; Prütting/Helms/*S. Hammer*, 6. Aufl. (2022), § 159 FamFG, Rn. 39; Kemper/K. Schreiber/*Völker/Clausius/B. Wagner*, 3. Aufl. (2015), § 159 FamFG, Rn. 8; MüKo FamFG/*Schumann*, 4. Aufl. (2025), § 159 FamFG, Rn. 2.

[874] Fehling/Kastner/Störmer/*K.-A. Schwarz*, 5. Aufl. (2021), § 114 VwGO, Rn. 21.

[875] Dazu oben, B. I. 6. a).

Bei entgegenstehendem Willen des Kindes ist es zwingend, dass das Gericht den Verfahrensbeistand von der Anhörung ausschließt.

c) Zusammenfassung

Die Aufgaben des Verfahrensbeistands sind vielfältig und ermöglichen ihm, in verschiedenen Phasen des Verfahrens auf dieses einzuwirken und die Interessenvertretung zu ermöglichen.

Zu begrüßen ist, dass die Aufteilung in den einfachen und erweiterten Aufgabenkreis durch die Neuregelung des § 158b FamFG n.F. aufgegeben wurde. Sie hat keine Relevanz für die Aufgabenwahrnehmung und birgt nur die Gefahr von Missverständnissen auf Seiten des Verfahrensbeistands oder anderer Beteiligter.

Bei den Aufgaben des Verfahrensbeistands hat die Stellungnahme eine hervorgehobene Bedeutung für das Verfahren. Daher ist wichtig, dass diese vom Verfahrensbeistand gewissenhaft erstellt wird. Dabei konnte aber gezeigt werden, dass an diese Stellungnahme gleichwohl nicht die Anforderung eines objektiven Wahrheitsgehalts gestellt werden kann oder sollte.

Aus § 158b Abs. 3 S. 2 FamFG erwächst dem Verfahrensbeistand daneben das Recht im Interesse des Kindes Rechtsmittel einzulegen. Hier ist insbesondere bei der Auslegung, was im Interesse des Kindes liegt, der Wille des Kindes zu beachten. Dieser manifestiert sich im Verfahren insbesondere, wenn das Kind einen Rechtsmittelverzicht einlegt. Daher muss das Vorliegen des Interesses zumindest in diesen Fällen auch vom Gericht als Zulässigkeitsvoraussetzung überprüft werden. Zur Verhinderung von Verfahrensverzögerungen reicht dagegen im Übrigen aus – und ist gleichzeitig bei beschwerdefähigen Kindern erforderlich –, dass der Verfahrensbeistand das Bestehen des Interesses begründet.

Auch bei dem Recht des Verfahrensbeistands an der Anhörung des Kindes teilzunehmen, ist der Wille des Kindes besonders zu berücksichtigen. Es konnte gezeigt werden, dass ein unbeschränktes Anwesenheitsrecht des Verfahrensbeistands aus verfahrensrechtlicher Sicht nicht besteht. Vielmehr darf das Gericht den Verfahrensbeistand nicht zur Anhörung hinzuziehen, wenn das Kind dies nicht will. Gleichzeitig kann aber auch der Verfahrensbeistand sich der Anhörung des Kindes nicht einseitig entziehen. Aus seiner Perspektive besteht vielmehr eine Anwesenheitspflicht.

6. Die Stellung des Kindes bei der Aufhebung der Bestellung

Ist der Verfahrensbeistand nicht geeignet oder erfüllt seine Aufgaben nicht oder nicht ausreichend, so kommt auch die Aufhebung der Bestellung des Verfahrensbeistands in Betracht. Die Möglichkeit einer Aufhebung ist wie aufgezeigt schon aus verfassungsrechtlicher Sicht zwingend, da ansonsten der Staat seine Schutzpflicht verletzt.[876]

So konnte schon gezeigt werden, dass ein direktes Einwirken des Kindes auf die Auswahl des Verfahrensbeistands bei der Bestellung oder bei der Art und Weise der Aufgabenwahrnehmung nur sehr eingeschränkt möglich ist und das Kind somit vor allem auf die nachträgliche Inanspruchnahme im Rahmen einer Haftung beschränkt ist.[877] Es besteht also immer die Gefahr, dass der bestellte Verfahrensbeistand nicht oder nicht ausreichend tätig wird, oder kein Vertrauen zum Kind fassen kann. Fraglich scheint dann, welche Möglichkeiten das Kind hat, auf ein solches Verhalten des Verfahrensbeistands zu reagieren. Ursprünglich bestand auch die Möglichkeit, die Bestellung des Verfahrensbeistands dadurch zu verhindern, dass das Kind einen Anwalt mandatiert hat, vgl. § 158 Abs. 5 FamFG a.F.[878] Durch die Abschaffung dieser Regelung könnte sich daher sogar die Handlungsmöglichkeiten des Kindes verschlechtert haben.[879]

Eine Möglichkeit stellt dabei die Aufhebung der Bestellung nach § 158 Abs. 4 FamFG dar. Über die Möglichkeit der Aufhebung bestand dabei schon seit jeher Einigkeit,[880] die genauen Voraussetzungen waren jedoch umstritten.[881]

---

876 Dazu schon oben, B. I. 2.

877 Dazu jeweils oben, B. II. 3.; B. II. 5.; zur Haftung unten, B. III. 2.

878 Dies war jedoch nach h.M. nur möglich, wenn die Mandatierung des Anwalts der Bestellung des Verfahrensbeistands zeitlich vorging, eine nachträgliche Entpflichtung durch die Mandatierung eines Anwaltes sollte dagegen nicht möglich sein, dazu nur *Menne*, FF, 2020, 276, 284, m.w.N; sie wurde auch im Übrigen sehr restriktiv gehandhabt, so wurde die Mandatierung üblicherweise als nicht ausreichend erachtet, wenn sie durch die Eltern erfolgt ist, vgl. *BGH*, Beschluss v. 27.06.2018 – XII ZB 46/18, FamRZ 2018, 1512, 1513.

879 Kritisch zur Abschaffung des § 158 Abs. 5 FamFG a.F. auch *Menne*, NZFam, 2020, 1033, 1045.

880 Die Möglichkeit der Aufhebung war zwar nicht gesetzlich geregelt aber in § 158 Abs. 5, 6 S. 1 FamFG a.F. vorausgesetzt, vgl. dazu *Menne*, FF, 2020, 276, 279; *Splitt*, FamRB, 2020, 331, 332.

881 Ausführlich *Menne*, ZKJ, 2008, 111; *ders.*, FF, 2020, 276, 280–282.

Diese wurden nun mit Einführung des Gesetzes zur Bekämpfung sexualisierter Gewalt gegen Kinder in § 158 Abs. 4 FamFG geregelt.[882] Die Aufhebung kann vom Kind gleichwohl nur angeregt werden.[883] Das Verfahren auf Aufhebung der Bestellung wird nur von Amts wegen eingeleitet. Dem Gericht kommt dann aber die Pflicht zu, eine entsprechende Prüfung vorzunehmen und darüber durch Beschluss zu entscheiden.[884]

Zunächst sollen somit die Voraussetzungen der Aufhebung näher beleuchtet werden. Dabei ist ein besonderer Fokus auf die Auslegung der Tatbestandsmerkmale und die Bedeutung des kindlichen Willens in diesem Kontext zu legen. Daraufhin sollen die Folgen der Aufhebung der Bestellung näher beleuchtet werden.

a) Voraussetzungen der Aufhebung

Das Gesetz sieht eine Aufhebung nunmehr in zwei Fällen vor. Nach § 158 Abs. 4 S. 2 Nr. 1 FamFG ist eine Aufhebung auf Antrag des Verfahrensbeistands und nach § 158 Abs. 4 S. 2 Nr. 2 FamFG möglich, wenn „die Fortführung des Amtes die Interessen des Kindes gefährden würde". Lediglich der zweite Fall berücksichtigt dabei das Kind. Daher soll diesbezüglich untersucht werden, wie dieses Tatbestandsmerkmal auszulegen ist und welche Rolle die Verfahrensfähigkeit des Kindes und sein Wille bei der Auslegung haben.

b) Prüfungsmaßstab

Bei der Aufhebung nach Nr. 2 FamFG ist es erforderlich, dass die Fortführung des Amtes die Interessen des Kindes gefährden würde. Eine Definition dieses Tatbestandsmerkmals ist hier nicht möglich. Das Gericht muss vielmehr eine Abwägung zwischen der Pflicht zur Bestellung eines persönlich und fachlich geeigneten Verfahrensbeistands zur Wahrnehmung der verfahrensrechtlichen Interessen auf der einen Seite und der Weisungsfreiheit

---

[882] Gesetz zur Bekämpfung sexualisierter Gewalt gegen Kinder vom 22.06.2021, BGBl. Teil I Nr. 33.

[883] Kinder und Jugendliche haben in anderen Studien schon davon berichtet, dass gerade das Gefühl, sich bei Problemen mit dem Verfahrensbeistand an niemanden wenden zu können für sie belastend war, vgl. *van Graf-Kesteren*, Kindgerechte Justiz, 2015, S. 19.

[884] So *KG Berlin*, Beschluss v. 20.08.2021 – 16 UF 2/21, FamRZ 2022, 212, 213; Musielak/Borth/Frank/*Frank*, 7. Aufl. (2022), § 158 FamFG, Rn. 22; *Splitt*, FamRB, 2020, 331, 335.

des Verfahrensbeistands auf der anderen Seite anstellen.[885] Daher sind die Tatbestandsmerkmale grundsätzlich restriktiv auszulegen.[886]

Vor Schaffung des § 158 Abs. 4 S. 2 FamFG war die Möglichkeit der Aufhebung der Bestellung nicht gesetzlich normiert, sie wurde aber allgemein angenommen.[887] Die herrschende Ansicht hat dabei eine Übertragung der Maßstäbe für die Entlassung von Pflegern nach §§ 1915 Abs. 1, 1804 BGB angenommen.[888] Danach war eine Entlassung dann möglich, wenn die Fortführung des Amtes das Interesse des Kindes gefährden würde. Erkennbar hat sich der Gesetzgeber von diesem Maßstab leiten lassen, als er die Regelung des § 158 Abs. 4 FamFG geschaffen hat.[889]

Damit hat der Gesetzgeber an die Aufhebung der Bestellung hohe Hürden gestellt.[890] Danach kann sich eine Gefährdung sowohl aus objektiven Umständen wie auch einem pflichtwidrigen Verhalten des Verfahrensbeistands ergeben.[891] Dabei muss jedoch stets berücksichtigt werden, dass der Verfahrensbeistand, anders als der Pfleger, nicht der Aufsicht des Gerichts unterliegt und seine Aufgabenwahrnehmung damit keiner Kontrolle unterliegt.[892]

aa) Objektive Umstände

Als objektive Umstände, die geeignet sind, die Interessen des Kindes zu gefährden, kommt insbesondere eine längere (beispielsweise krankheitsbedingte) Abwesenheit des Verfahrensbeistands in Betracht, die dazu führen würde,

---

885 *KG Berlin*, Beschluss v. 20.08.2021 – 16 UF 2/21, FamRZ 2022, 212, 213.

886 *KG Berlin*, Beschluss v. 20.08.2021 – 16 UF 2/21, FamRZ 2022, 212, 213; Prütting/Helms/*S. Hammer*, 6. Aufl. (2022), § 158 FamFG, Rn. 47.

887 Aufhebung war in § 158 Abs. 5, 6 S. 1 FamFG a.F. vorausgesetzt, vgl. dazu *Menne*, FF, 2020, 276, 279; *Splitt*, FamRB, 2020, 331, 332; teilweise wurde auch damit argumentiert, dass es sich um einen *actus contrarius* zur Bestellungsbefugnis handelt, vgl. MüKo FamFG/*Schumann*, 3. Aufl. (2018), § 158 FamFG, Rn. 43.

888 *Splitt*, FamRB, 2020, 331, 332, noch zur alten Rechtslage mit Verweis auf § 1886 BGB a. F.; *Menne*, FF, 2020, 276, 277–280.

889 Prütting/Helms/*S. Hammer*, 6. Aufl. (2022), § 158 FamFG, Rn. 47; *Güssow*, Die Beteiligung und Vertretung des Kindes in Kindschaftssachen, 2022, S. 99; *Menne*, ZKJ, 2023, 357, 365; *ders.*, NZFam, 2020, 1033, 1038.

890 M.w.N. *Langer*, ZKJ, 2023, 406, 409.

891 Dazu *Splitt*, FamRB, 2020, 331, 332 f.

892 Prütting/Helms/*S. Hammer*, 6. Aufl. (2022), § 158 FamFG, Rn. 47; *Splitt*, FamRB, 2020, 331, 333.

dass die Interessen des Kindes über einen längeren Zeitraum im Verfahren nicht vertreten werden würden.[893]

bb) Aufhebung bei fehlender Eignung

Strittig ist, ob die Bestellung des Verfahrensbeistands auch dann aufgehoben werden kann, wenn er nicht die nach § 158a FamFG erforderliche Eignung aufweist.

Nach der Rechtsprechung zum alten Recht war eine solche Entlassung unter Hinweis auf die fehlende Eignung möglich.[894] Diese Ansicht wurde vor allem deswegen kritisiert, weil es an notwendigen gesetzlichen Standards fehle.[895] Dieses Argument dürfte jedenfalls mit Einführung des § 158a FamFG hinfällig geworden sein.

Hierbei ist zwischen dem Fehlen der persönlichen Eignung auf der einen und der fachlichen Eignung auf der anderen Seite zu differenzieren.

aaa) Fachliche Eignung

Bezüglich der fachlichen Eignung sind vor allem die hohen Hürden des § 158 Abs. 4 S. 2 Nr. 2 FamFG problematisch. Diese setzen eine Interessengefährdung durch die Fortführung des Amtes, mithin ein aktives Tun voraus. Vom Fehlen der fachlichen Eignung kann jedoch nicht zwingend auf die Interessengefährdung bei Fortführung des Amtes geschlossen werden.[896] Daher wird heute überwiegend eine Aufhebung nach § 158 Abs. 4 S. 2 Nr. 2 FamFG aufgrund fehlender (fachlicher) Eignung abgelehnt.[897] Dies wird vor allem damit begründet, dass es nicht genüge, dass eine andere Person die Interessen besser zur Geltung bringen könne, sondern nach dem Wortlaut

---

893 Diesen Fall aufführend auch BT-Drs. 19/23707, 53; *I. Götz*, in: *Dagmar Coester-Waltjen/Volker Lipp/Philipp M. Reuß et al.* (Hrsg.), Kindgerechte Verfahren – Anspruch und Wirklichkeit in Kindschaftssachen, S. 53, 84; Dutta/Jacoby/D. Schwab/*Lack*, 4. Aufl. (2021), § 158 FamFG, Rn. 52; Prütting/Helms/*S. Hammer*, 6. Aufl. (2022), § 158 FamFG, Rn. 47; *Splitt*, FamRB, 2020, 331, 333.

894 *OLG Hamburg*, Beschluss v. 14.04.2016 – 12 UF 140/15, FamRZ 2016, 1694; *OLG Karlsruhe*, Beschluss v. 01.08.2013 – 5 UF 62/13, FamRZ 2014, 1136; *AG Euskirchen*, Beschluss v. 15.05.2019 – 39 F 42/19, ZKJ 2020, 319.

895 Zu dem Problem vor Geltung des § 158a FamFG, vgl. *Splitt*, FamRB, 2020, 331, 333.

896 A. A. *Menne*, FamRB, 2022, 182, 184.

897 So auch Prütting/Helms/*S. Hammer*, 6. Aufl. (2022), § 158 FamFG, Rn. 47; *Langer*, ZKJ, 2023, 445, 448; a. A.: bei Fehlen der fachlichen Eignung *Menne*, FamRB, 2022, 182, 184.

der Norm gerade die Gefährdung durch die Fortführung des Amtes notwendig sei, was bei einem bloßen Eignungsmangel für sich genommen noch nicht gegeben sei.[898] Selbst dann, wenn der Verfahrensbeistand zwar formal geeignet sei, aber tatsächlich diese formalen Kenntnisse nicht anwenden kann oder eine evident unzutreffende Rechtsansicht vertrete, reiche dies zur Annahme einer Interessengefährdung nicht aus, weil der Verfahrensbeistand auch bei fehlender Qualifikation die Interessen des Kindes zutreffend ermitteln könne.[899] Das Gericht solle nach *Langer* in einer solchen Situation vielmehr der Stellungnahme des Verfahrensbeistands einen geringeren Stellenwert einordnen.[900] Eine Aufhebung der Bestellung sei daher auch nicht in der Beschwerdeinstanz möglich, zudem sei eine Zurückverweisung nur aus diesem Grund nicht möglich. Allenfalls eine Zurückverweisung nach § 69 Abs. 1 S. 3 FamFG wegen fehlender Grundlage zu einer am Kindswohl orientierten Entscheidung komme dann in Betracht. Das neue Verfahren dürfte dann aber nicht mit einem neuen Verfahrensbeistand erfolgen, weil der alte ja noch bestellt ist und die Bestellung auch nicht aufgehoben werden kann, stattdessen solle die Entscheidungsgrundlage durch Einholung eines Gutachtens hergestellt werden.[901]

Diese Entwertung der Position des Verfahrensbeistands führt damit im Ergebnis zu einer Entwertung der Interessenwahrnehmung des Kindes. Gleichwohl darf der Begriff der „Gefährdung der Interessen“ seinerseits nicht entwertet werden. Eine solche liegt eben tatsächlich noch nicht vor, wenn die Interessenvertretung nur nicht ideal ist.

Teilweise wird aus diesem Grund angenommen, dass bei fehlender Eignung die Gefährdungsschwelle nicht gelte und vielmehr aus verfassungsrechtlichen Gründen in diesem Fall auch eine Aufhebung unterhalb der Schwelle möglich sei.[902] Dies kann jedoch auch nicht überzeugen. Die Eignungsvorschriften in § 158a FamFG sind nicht so ausschließlich, dass bei ihrem Fehlen zwingend von einem in der Praxis ungeeignetem Verfahrensbeistand ausgegangen werden kann. Dies zeigen schon die noch vage Formulierung

---

[898] *Langer*, ZKJ, 2023, 445, 448.
[899] *Langer*, ZKJ, 2023, 445, 448.
[900] *Langer*, ZKJ, 2023, 445, 448.
[901] *Langer*, ZKJ, 2023, 445, 449.
[902] Dutta/Jacoby/D. Schwab/*Lack*, 4. Aufl. (2021), § 158 FamFG, Rn. 52.

der Aus- und Fortbildungsverpflichtungen.[903] Vielmehr kann ein Verfahrensbeistand, wie *Langer* zutreffend deutlich macht, auch dann, wenn er eine der Voraussetzungen nicht erfüllt, im Verfahren eine ausreichende Interessenvertretung gewährleisten.

Würde man hier eine Aufhebung der Bestellung unter der Schwelle der Gefährdung erlauben, so würde dies vielmehr dazu führen, dass sich die Prozessbeteiligten vor Gericht über die Qualifikation des Verfahrensbeistands streiten würden und diese versuchen könnten, darüber einen unliebsamen Verfahrensbeistand „loszuwerden".

Vorzugswürdig erscheint es somit mit *Hammer anzunehmen*, dass das Vorliegen einer Gefährdung in diesem Fall indiziert ist, solange der Verfahrensbeistand aber tatsächlich sein Amt ordnungsgemäß ausübt, eine Aufhebung der Bestellung nicht vorzunehmen.[904]

bbb) Persönliche Eignung

Anders könnte dies zu beurteilen sein, wenn sich das Fehlen der Eignung daraus ergibt, dass zwischenzeitlich eine Verurteilung des Verfahrensbeistands wegen einer in § 158a Abs. 2 S. 2 FamFG genannten Straftat erfolgt ist. Richtigerweise argumentiert *Langer* hier mit der gesetzgeberischen Wertung, die durch den Negativkatalog in § 158a Abs. 2 S. 2 FamFG zum Ausdruck gebracht wird.[905] Der Gesetzgeber hat damit eine unwiderlegbare Vermutung für die potentielle Gefährdung der Interessen des Kindes zum Ausdruck gebracht. Daher muss eine solche Verurteilung auch zwingend zu einer Aufhebung der Bestellung nach § 158 Abs. 4 S. 2 Nr. 2 FamFG führen. Dies gilt, anders als *Langer* meint, darüber hinaus auch dann, wenn ein persönlicher Kontakt mit dem Kind aufgrund des Verfahrensstadiums ausgeschlossen ist. Dies ist nämlich tatsächlich nur dann der Fall, wenn das Verfahren als solches beendet wurde und die Einlegung des Rechtsmittels nicht mehr möglich ist. Dann endet aber auch die Bestellung, sodass eine Aufhebung nicht mehr möglich sein dürfte. Jedenfalls dürfte die Aufhebung keine Rechtswirkungen mehr entfalten.

---

[903] Dazu schon oben, B. II. 4. a).

[904] So auch Prütting/Helms/*S. Hammer*, 6. Aufl. (2022), § 158 FamFG, Rn. 47; *Witt*, FamRZ, 2021, 1510, 1517; ähnlich bei Verletzung der Fortbildungspflicht auch *Menne*, FamRB, 2022, 182, 184; *Lack*, FamRZ, 2023, 1249, 1255.

[905] *Langer*, ZKJ, 2023, 445, 448.

Auch nach der Endentscheidung hat der Verfahrensbeistand zudem nach § 158b Abs. 1 S. 4 FamFG[906] die Pflicht den Ausgang des Verfahrens mit dem Kind zu besprechen und kann nach § 158b Abs. 3 S. 2 FamFG im Interesse des Kindes Rechtsmittel einlegen.[907] Tut er dies, ist er zudem automatisch für die nächste Instanz bestellt. Zur Vermeidung einer automatischen Weiterbestellung sollte daher auch dann noch eine Aufhebung der Bestellung des Verfahrensbeistands erfolgen, wenn eine Endentscheidung erfolgt ist. *Langer* meint, dass ein Kontakt mit dem ungeeigneten Verfahrensbeistand dadurch vermieden werden könnte, dass das Kind auf die Erörterung der Entscheidung verzichten könnte, oder dies im Beisein der Eltern passieren könnte.[908] Dadurch verkennt er jedoch die Bedeutung und Funktion des Verfahrensbeistands als Interessenvertreter für das Kind. Die Erörterung nach § 158b Abs. 1 S. 4 FamFG a.F. dient gerade der Beratung des Kindes über das weitere Vorgehen, wie der Notwendigkeit einer Einlegung von Rechtsmitteln. Wenn dies in Gegenwart der Eltern erfolgt, die ja gegebenenfalls gegenläufige Interessen haben, kann das Kind nicht unvoreingenommen darüber mit dem Verfahrensbeistand beraten. Aber auch der Vorschlag, dass das Kind auf diese Erörterung verzichten könnte, führt zu einer Verlagerung der Verantwortung auf das Kind. Der Fehler bei der Bestellung würde hier auf dem Rücken des Kindes ausgetragen werden.

Eine Aufhebung der Bestellung des Verfahrensbeistands hat daher bei Fehlen der persönlichen Eignung vielmehr stets, und zwar unabhängig vom Stand des Verfahrens zu erfolgen.[909]

cc) Pflichtwidriges Verhalten des Verfahrensbeistands

Neben objektiven Umständen kann auch das Verhalten des Verfahrensbeistands selbst die Aufhebung begründen. Aufgrund des aufgezeigten Spannungsverhältnisses ist es hier besonders schwierig, die Grenze zwischen Wahrung der Unabhängigkeit des Verfahrensbeistands und Schutz des Kindes zu bestimmen. Genaue Kriterien, wann ein Verhalten so pflichtwidrig ist,

---

906 Nunmehr S. 5.

907 Dazu oben, B. II. 5. a) cc).

908 *Langer*, ZKJ, 2023, 445, 448.

909 A. A. Prütting/Helms/*S. Hammer*, 6. Aufl. (2022), § 158 FamFG, Rn. 47, bloße Indizierung der Gefährdung; *Witt*, FamRZ, 2021, 1510, 1517.

dass es eine Aufhebung rechtfertigt, können daher kaum bestimmt werden, jedenfalls muss die Aufhebung hier restriktiv gehandhabt werden.[910]

Eine Gefährdung dürfte jedenfalls immer dann vorliegen, wenn der Verfahrensbeistand nicht tätig oder in besonderem Maße offensichtlich unzureichend tätig wird.[911] Dies deckt sich zudem mit den grundrechtlichen Erwägungen zur Schutzpflicht des Staates.[912]

dd) Bedeutung des Kindeswillens bei der Auslegung

Fraglich ist schließlich, welche Rolle der Kindeswille bei der Auslegung von § 158 Abs. 4 S. 2 Nr. 1 FamFG hat. Dabei lassen sich im Wesentlichen zwei verschiedene Modelle andenken, die eine Berücksichtigung des Kindes ermöglichen würden.

aaa) Interessengefährdung bei Verfahrensfähigkeit des Kindes

Es ließe sich überlegen, ob eine Gefährdung der Interessen immer dann anzunehmen wäre, wenn das Kind verfahrensfähig ist. Kinder berichten zwar teilweise davon, dass sie das Gefühl haben, dass durch die Begleitung des Verfahrensbeistands ihre Rechtsposition geschwächt werde.[913] Gleichwohl kann die bloße Verfahrensfähigkeit des Kindes zur Annahme einer Gefährdung der Interessen des Kindes durch den Verfahrensbeistand nicht ausreichend sein. Wie gezeigt, macht die bloße Verfahrensfähigkeit die Bestellung des Verfahrensbeistands nicht entbehrlich.[914] Dies würde bei der Aufhebung der Bestellung zudem nur dazu führen, dass ein einmal bestellter Verfahrensbeistand mit Erlangung der Verfahrensfähigkeit des Kindes gleich wieder abbestellt werden müsste. Dies wäre widersprüchlich. Auch eine Aufhebung der Bestellung des Verfahrensbeistands kann daher nicht damit begründet werden, dass das Kind verfahrensfähig ist.

---

910 So auch *Splitt*, FamRB, 2020, 331, 333.

911 BT-Drs. 19/23707, 53; *AG Euskirchen*, Beschluss v. 15.05.2019 – 39 F 42/19, ZKJ 2020, 319–320, 519; vgl. auch *Langer*, ZKJ, 2023, 406, 409; so auch *Jokisch*, FuR, 2021, 471, 474.

912 Dann würde der Staat bei Nichtaufhebung auch seinerseits seine Schutzpflicht gegenüber dem Kind verletzen, sodass in diesen Fällen eine Aufhebung zwingend sein müsste, vgl. dazu schon oben, B. I. 2.; ähnlich auch MüKo FamFG/*Schumann*, 3. Aufl. (2018), § 158 FamFG, Rn. 43.

913 *Van Graf-Kesteren*, Kindgerechte Justiz, 2015, S. 19; dazu auch *Coester-Waltjen*, FS Dose, S. 65, 73.

914 Siehe dazu, B. II. 3. b).

bbb) Interessengefährdung bei entgegenstehendem Willen des Kindes

Gleichwohl wurde gezeigt, dass dem Willen des verfahrensfähigen Kindes im Verfahren eine besondere Bedeutung zukommt, der verfahrensrechtlich berücksichtigt werden muss.[915] Überwiegend wird auch eine Berücksichtigung des Willens des Kindes bei der Aufhebung der Bestellung befürwortet.[916] Diese Forderung war schon im Gesetzgebungsverfahren bei Schaffung des § 158 Abs. 4 FamFG immer wieder vorgebracht worden.[917]

Es ließe sich überlegen, ob bei entsprechendem Willen des verfahrensfähigen Kindes zwingend eine Aufhebung der Bestellung des Verfahrensbeistands erfolgen müsste, also § 158 Abs. 4 S. 2 FamFG so auszulegen ist, dass das Interesse des Kindes in diesen Fällen stets gefährdet ist. Dadurch würde § 158 Abs. 4 Nr. 2 FamFG zumindest indirekt zu einem eigenen Ablehnungsrecht des Kindes.

Jedenfalls kann in diese Richtung die Rechtsprechung und Literatur verstanden werden, die einen Aufhebungsgrund dann annimmt, wenn das Kind die Zusammenarbeit mit dem Verfahrensbeistand verweigert.[918]

ccc) Notwendigkeit eines eigenen Ablehnungsrechts

Ein eigenes Ablehnungsrecht des Kindes wäre jedoch dann nicht nötig, wenn das Kind auf andere Weise ausreichend Möglichkeiten hätte, sich gegen einen ungewollten Verfahrensbeistand zu wehren.

(1) Rechtspflegererinnerung

Die Bestellung des Verfahrensbeistands ist nach § 158 Abs. 5 FamFG nicht selbstständig anfechtbar. Eine Lücke besteht aber, wenn die Bestellung des

---

[915] B. I. 4. b) bb).

[916] *OLG Naumburg*, Beschluss v. 10.03.1999 – 8 WF 69/99, FamRZ 2000, 300, 301; *Balloff*, Kinder vor dem Familiengericht, 2022, Rn. 5.1.7; Prütting/Helms/*S. Hammer*, 5. Aufl. (2020), § 158 FamFG, Rn. 47; so auch die Forderung der *Kinderkommission des Deutschen Bundestages*, Kommissionsdrucksache 19/04, S. 6, die ein Ablehnungsrecht des Kindes fordern; vorsichtiger *Güssow*, Die Beteiligung und Vertretung des Kindes in Kindschaftssachen, 2022, S. 100 f., die einen Aufhebungsantrag durch den Verfahrensbeistand selbst bevorzugt; *Deutscher Familiengerichtstag e.V.*, in: Brühler Schriften zum Familienrecht, S. 146, 147.

[917] Dazu oben, A. II.

[918] So *AG Euskirchen*, Beschluss v. 15.05.2019 – 39 F 42/19, ZKJ 2020, 319; *OLG Naumburg*, Beschluss v. 10.03.1999 – 8 WF 69/99, FamRZ 2000, 300, 301.

Verfahrensbeistands durch den Rechtspfleger erfolgt. Dann soll gegen diese Bestellung nach § 11 Abs. 2 RPflG die befristete Erinnerung statthaft sein.[919] Dies beruht gerade auf der fehlenden Anfechtbarkeit der gerichtlichen Bestellung. Nach § 11 Abs. 3 S. 1 RPflG gilt dies gerade nicht für Beschlüsse in FamFG Verfahren. Der BGH meint gleichwohl, dass dieser hier keine Anwendung finde, da nach § 158 Abs. 5 FamFG a.F. die Bestellung des Verfahrensbeistands jederzeit durch die Bestellung eines Rechtsanwalts oder Verfahrensbevollmächtigten wieder aufgehoben werden könne und daher kein schützenswertes Interesse der Beteiligten am Bestand der Bestellung bestehe.[920] Mit Abschaffung des § 158 Abs. 5 FamFG a.F. lässt sich die Geltung dieses Arguments bezweifeln. Gerade durch die Schaffung der hohen Aufhebungshürden in § 158 Abs. 4 FamFG zeigt der Gesetzgeber, dass ein Interesse am Bestand der Bestellung besteht.

Dies bedarf hier allerdings keiner näheren Erörterung, da diese Möglichkeit jedenfalls nur in den Fällen bestünde, in denen die Bestellung durch den Rechtspfleger erfolgt.[921] Sie stellt jedenfalls keine Alternative zu einem eigenen Antragsrecht des Kindes dar.

(2) Beschwerde gegen die Endentscheidung

Dem beschwerdefähigen Kind bleibt daneben stets die Möglichkeit, die Beschwerde gegen die Endentscheidung darauf zu stützen, dass der Verfahrensbeistand fehlerhaft bestellt wurde.[922]

Bei unterbliebener Bestellung liegt ein wesentlicher Verfahrensmangel im Sinne des § 39 Abs. 1 S. 3 vor, der zur Aufhebung und Rückverweisung des Verfahrens führen kann.[923]

Dies stellt jedoch keine gleichwertige und ausreichende Option für das Kind dar. Insbesondere führt die Beschwerde gegen die Endentscheidung zu einer Aufhebung der Entscheidung. Dies führt zum einen dazu, dass das Verfahren gegenüber einer Aufhebung der Bestellung wesentlich stärker

---

919 *BGH*, Beschluss v. 22.03.2017 – XII ZB 391/16, FamRZ 2017, 979.

920 *BGH*, Beschluss v. 22.03.2017 – XII ZB 391/16, FamRZ 2017, 979, 980.

921 Eine Auflistung der relevanten Verfahren findet sich bei *Leeb*, Rechtspfleger Studienhefte 39 (2015), 1 f.

922 Heilmann/*Heilmann*, 2. Aufl. (2020), § 158 FamFG, Rn. 27.

923 Musielak/Borth/Frank/*Frank*, 7. Aufl. (2022), § 158 FamFG, Rn. 17.

verlängert wird, auch kann die Aufhebung der Entscheidung im Einzelfall nicht im Interesse des Kindes liegen.

Die fehlende ausreichende Begleitung in der ersten Instanz kann dadurch nicht ungeschehen gemacht werden. Das Kind ist dann sprichwörtlich „bereits in den Brunnen gefallen".

(3) Befangenheitsantrag

Die Rechtsprechung und Literatur ist sich einig, dass die Stellung eines Befangenheitsantrags gegen den Verfahrensbeistand nicht möglich ist.[924]

Dabei könnte sich eine differenzierende Betrachtung in Bezug auf das Kind lohnen. Auch hier erscheint die Anwendbarkeit der Befangenheitsvorschriften mangels Neutralitätspflicht des Verfahrensbeistands fraglich. Der Verfahrensbeistand hat gleichwohl als Interessenvertreter eine gewisse Parteilichkeit in Bezug auf das Kind zu wahren. Soweit man in Bezug darauf eine analoge Anwendung der Vorschriften zur Befangenheit zumindest andenken will, griffe dieser dann jedenfalls nur für den Fall, dass der Verfahrensbeistand einseitig für eine andere Person als das Kind Partei ergreift. In allen anderen Fällen, in denen der Verfahrensbeistand nicht oder nicht ausreichend tätig wird, wäre damit dem Kind nicht geholfen. Der Befangenheitsantrag, soweit man eine Anwendbarkeit annehmen wollen würde, würde jedenfalls keine gleichwertige Option für das Kind darstellen, die ein daneben bestehendes Ablehnungsrecht entbehrlich machen würde.

(4) Zusammenfassung

Das Gesetz bietet dem Kind auf anderem Wege keine ausreichende Möglichkeit, ein interessenwidriges Verhalten des Verfahrensbeistands zu verhindern.

ddd) Wortlaut

Der Wortlaut des § 158 Abs. 4 S. 2 FamFG ist für eine solche Interpretation offen. Unter „Interesse" fallen sowohl Wohl als auch Wille des Kindes. Die Gewichtung zwischen Wohl und Wille ist dabei insbesondere vom Alter und

---

[924] *OLG Hamburg*, Beschluss v. 14.04.2016 – 12 UF 140/15, FamRZ 2016, 1694; *OLG Braunschweig*, Beschluss v. 27.08.2018 – 2 UF 57/18, FamRZ 2019, 119, 124; *Güssow*, Die Beteiligung und Vertretung des Kindes in Kindschaftssachen, 2022, S. 116; Heilmann/*Köhler*, 2. Aufl. (2020), § 6 FamFG, Rn. 3; *Menne*, FF, 2020, 276; *Splitt*, FamRB, 2020, 331, 332.

der Einsichtsfähigkeit des Kindes abhängig.[925] Daher kann der entgegenstehende Wille grundsätzlich unter den Wortlaut der Gefährdung des Interesses subsumiert werden, soweit er die Feststellung des wirklichen Willens durch den Verfahrensbeistand verhindert.

eee) Historie

Nach dem Willen des Gesetzgebers sollte zwar kein ausdrückliches Ablehnungsrecht des Kindes implementiert werden.[926] Gleichzeitig hat der Gesetzgeber auch betont, dass eine Aufhebung dann möglich sein soll, wenn es dem Verfahrensbeistand nicht gelingt, ein Vertrauensverhältnis zum Kind aufzubauen und dadurch eine so schwerwiegende Ablehnungshaltung beim Kind eintritt, dass die Fortführung die Interessen des Kindes gefährden würde.[927] Dies spricht dafür, dass auch nach der Gesetzgebungshistorie der Wille des Kindes bei der Bestimmung der Interessengefährdung berücksichtigt werden sollte.

fff) Sinn und Zweck der Aufhebungsmöglichkeit

Die Aufhebungsmöglichkeit dient der Sicherung der Interessenvertretung des Kindes. Vor diesem Hintergrund werden vor allem zwei Gründe angeführt, die gegen die vorgeschlagene Auslegung sprechen. Diese sollen folgend näher beleuchtet werden.

(1) Gefahr der Verfahrensverzögerung

Das Ablehnungsrecht des Kindes wurde im Gesetzgebungsverfahren vor allem deshalb ablehnend beschieden, weil der Ausschuss dadurch Verfahrensverzögerungen befürchtete, die sich kindeswohlschädlich auswirken würden.[928]

Das Argument der Kindeswohlschädlichkeit möglicher Verfahrensverzögerungen kann jedenfalls nicht überzeugen. Eine Verfahrensbegleitung durch einen Verfahrensbeistand, zu dem das Kind kein Vertrauen hat oder mit dem das Kind aus anderen Gründen nicht weiter zusammen arbeiten will, wird in

---

925 Zur Gewichtung schon oben, B. II. 1. c).

926 Vgl. BT-Drs. 19/27928, 22, 29, kein „Ablehnungs- oder Widerspruchsrecht".

927 BT-Drs. 19/27928, 22.

928 BT-Drs. 19/27928, 21 f.

jedem Fall schlecht für die Verwirklichung der Kindesinteressen sein. Eine Verfahrensverzögerung aufgrund der Notwendigkeit der Auswechslung des Verfahrensbeistands wird vor diesem Hintergrund kaum kindeswohlschädlich sein. Sie dient ja gerade der Verwirklichung der Kindesinteressen und damit dem Schutz des Kindes. Die Gefahr von Verfahrensverzögerungen kann daher nicht überzeugend als Argument gegen ein Ablehnungsrecht vorgebracht werden.

(2) Gefahr einer Instrumentalisierung

Ein gewichtigeres Argument stellt die Gefahr einer Instrumentalisierung des Ablehnungsrechts des Kindes durch die Eltern dar. Diese Sorge wurde bei § 158 Abs. 5 FamFG a.F. in der Gerichtsbarkeit und Literatur häufig geäußert.[929]

Auch im Gesetzgebungsverfahren spielte dieses Argument eine entscheidende Rolle bei der Versagung eines eigenen Ablehnungsrechts des Kindes.[930]

Entsprechend soll bei Ablehnung des Verfahrensbeistands durch das Kind die Aufhebung der Bestellung nach Meinung einiger auch nur dann erfolgen, wenn die Ablehnungsgründe nachvollziehbar sind.[931] Dies verkennt aber, dass grundsätzlich jeder Wille des Kindes beachtlich ist.[932] Durch eine Versagung der Ablehnung in diesen Fällen wird so das Kind für die vermeintliche Manipulation durch den Elternteil bestraft.[933]

---

[929] *Menne*, FF, 2020, 276, 281; Prütting/Helms/*S. Hammer*, 5. Aufl. (2020), § 158 FamFG, Rn. 47; *Wissenschaftliche Vereinigung für Familienrecht*, Stellungnahme der Wissenschaftlichen Vereinigung für Familienrecht zu dem Referentenentwurf eines Gesetzes zur Bekämpfung sexualisierter Gewalt gegen Kinder, S. 5; *Deutscher Familiengerichtstag e.V.*, Stellungnahme zum Referentenentwurf eines Gesetzes zur Bekämpfung sexualisierter Gewalt gegen Kinder, S. 8.

[930] Vgl. BT-Drs. 19/27928, 21 f.

[931] Prütting/Helms/*S. Hammer*, 6. Aufl. (2022), § 158 FamFG, Rn. 48, wonach zu prüfen ist, „inwieweit dahinter faktisch die Interessen der Eltern oder Dritter stehen", der sich aber auch nicht ausdrücklich dazu äußert, ob er bei einem „echten" Ablehnungswillen des Kindes von einem ausreichenden Grund ausgehen würde.

[932] Dazu schon oben, B. II. 1. b).

[933] Ähnlich *Coester*, Das Kindeswohl als Rechtsbegriff, 1983, S. 282, bei der fehlenden Berücksichtigung des Kindlichen Willens bei Manipulation durch den Elternteil; so auch *Jahani*, Die Rechtsstellung minderjähriger Kinder im familiengerichtlichen Verfahren zwischen Beteiligung und Repräsentation, 2023, S. 67.

Die Aufhebung der Bestellung des Verfahrensbeistands dient jedoch weder einer Sanktion des Verfahrensbeistands noch des Kindes. Ihr Zweck ist vielmehr allein auf die Interessenvertretung des Kindes ausgerichtet. Der Annahme, dass eine Ablehnung nur dann als Aufhebungsgrund anzuerkennen ist, wenn sie nachvollziehbar ist, kann nicht gefolgt werden.[934] Vielmehr führt jedes Abwehrhaltung des Kindes gleich, ob es von außen betrachtet noch so unverständlich sei, bei Fortführung des Amtes zu einer Gefährdung der Interessen des Kindes. Daher kann auch ein durch die Eltern beeinflusster Wille des Kindes beachtlich sein.[935] Kommt es dadurch zu einer Kontaktverweigerung des Kindes, kann es nicht darauf ankommen, worauf die Ablehnungshaltung des Kindes beruht.[936]

Ansonsten würde jedem Kindeswillen der Vorbehalt der möglichen Manipulation entgegengebracht werden. Das Problem der Manipulationsgefahr, so beachtlich es auch ist, sollte daher nicht auf dem Rücken der Vertretung des Kindes ausgetragen werden.

Entscheidend ist vielmehr, ob durch die ablehnende Haltung die Interessenvertretung gefährdet wird. Hier kommt es also im Ergebnis darauf an, was zur Vertretung der Interessen notwendig ist. So spielt bei jüngeren Kindern im Rahmen der Interessenvertretung die Ermittlung des Wohls eine größere Rolle als bei älteren Kindern, bei denen es vor allem auf eine Willensvertretung ankommt.[937] Dementsprechend mag eine Interessengefährdung auch bei ablehnender Haltung bei jüngeren Kindern im Einzelfall nicht vorliegen. Jedenfalls bei verfahrensfähigen Kindern dürfte eine Interessengefährdung dagegen in der Regel anzunehmen sein.

ggg) Ergebnis

Lehnt das verfahrensfähige Kind also den Verfahrensbeistand ab, so gefährdet die Fortführung des Amtes die Interessen des Kindes, sodass ein Aufhebungsgrund nach § 158 Abs. 4 S. 2 Nr. 2 FamFG vorliegt. Bei jüngeren Kindern müssen

---

[934] Kritisch zu einer solchen, wie er es nennt, „Disqualifizierung eines fremdgesteuerten Kindeswillens", *Coester*, Das Kindeswohl als Rechtsbegriff, 1983, S. 264.

[935] *BVerfG*, Beschluss v. 02.04.2001 – 1 BvR 2012/98, FamRZ 2001, 1057; *Coester*, Das Kindeswohl als Rechtsbegriff, 1983, S. 265 f.; Staudinger/*Coester* (2020), § 1666 BGB, Rn. 79 f.

[936] So auch *Lack*, FamRZ, 2023, 1249, 1255.

[937] Dazu schon oben, B. II. 1. c).

dagegen weitere Anhaltspunkte hinzutreten. Daher kann die Ablehnung des Kindes einen Aufhebungsgrund nach § 158 Abs. 4 S. 2 Nr. 2 FamFG begründen.

c) Folgen der Aufhebung für Verfahrenshandlungen des Verfahrensbeistands

Noch ungeklärt ist auch, welche Folgen die Aufhebung für Rechtshandlungen des Verfahrensbeistands haben. Zumindest theoretisch denkbar wäre es, dass die Bestellung des Verfahrensbeistands erst nach Einlegung des Rechtsmittels aufgehoben wird. Hätte die Aufhebung eine ex tunc Wirkung, würde ein eingelegtes Rechtsmittel damit nachträglich unzulässig. Dies würde jedoch dem Gericht die Möglichkeit eröffnen, die Einlegung eines Rechtsmittels durch Aufhebung der Bestellung zu verhindern. Dies ist mit dem Sinn und Zweck des Verfahrensbeistands wohl nicht vereinbar und findet zudem keine Stütze im Gesetz. Es ist vielmehr davon auszugehen, dass eine Aufhebung nur für die Zukunft wirkt, also ex nunc, sodass ein einmal eingelegtes Rechtsmittel selbst dann zulässig bleibt, wenn die Bestellung des Verfahrensbeistands nach der Einlegung des Rechtsmittels aufgehoben wird. Dies wirkt sich ferner auf den Vergütungsanspruch des Verfahrensbeistands aus. Dieser entsteht nach herrschender Ansicht mit dem erstmaligen Tätigwerden.[938] Er ist damit gerade unabhängig davon, ob die Bestellung des Verfahrensbeistands mit Ende des Verfahrens endet oder aufgrund einer Aufhebung durch das Gericht. Solange also der Verfahrensbeistand vor der Aufhebung in irgendeiner Weise im Interesse des Kindes tätig wird, erhält er die Vergütung.[939]

---

[938] Entscheidungen zur Vergütung des abbestellten Verfahrensbeistands sind nicht ersichtlich, die Voraussetzungen zum Entstehen des Vergütungsanspruchs sind aber unbestritten, vgl. zur gleichlautenden Vorgängervorschrift des § 158 Abs. 7 S. 2 FamFG a.F. *BGH*, Beschluss v. 19.01.2011 – XII ZB 400/10, FamRZ 2011, 558; Beschluss v. 15.09.2010 – XII ZB 268/10, FamRZ 2010, 1896; Beschluss v. 27.11.2013 – XII ZB 682/12, MDR 2014, 431; *OLG Nürnberg*, Beschluss v. 25.11.2014 – 7 UF 1819/13, MDR 2015, 100, 101; *OLG Schleswig*, Beschluss v. 03.02.2014 – 15 WF 445/13, Rn. 7; für § 158c FamFG, Dutta/Jacoby/D. Schwab/*Lack*, 4. Aufl. (2021), § 158c FamFG, Rn. 4; Musielak/Borth/Frank/*Frank*, 7. Aufl. (2022), § 158c FamFG, Rn. 3; *Langer*, ZKJ, 2023, 445, 450.

[939] Musielak/Borth/Frank/*Frank*, 7. Aufl. (2022), § 158c FamFG, Rn. 3; so im Ergebnis auch Dutta/Jacoby/D. Schwab/*Lack*, 4. Aufl. (2021), § 158 FamFG, Rn. 51; *Menne*, FF, 2020, 276, 278; *Lack*, FamRZ, 2023, 1249, 1255.

7. Zusammenfassung

Im kindschaftsrechtlichen Verfahren ist in verschiedenen Fällen ein Zusammenwirken von verfahrensfähigem Kind und Verfahrensbeistand möglich. Die Erlangung der Verfahrensfähigkeit führt zwar nicht dazu, dass die Bestellung eines Verfahrensbeistands obsolet würde, ist aber bei der Ausübung der Aufgaben durch den Verfahrensbeistand zu berücksichtigen und führt insgesamt zu einer stärkeren Bindung des Verfahrensbeistands an den Willen des Kindes. So sollte das verfahrensfähige Kind aufgrund der Vorteile für das Kind bei der Bestellung durch eine vorherige Anhörung eingebunden werden, dies ist allerdings de lege lata nicht zwingend erforderlich.

Der entgegenstehende Wille des Kindes kann zudem die Aufgabenwahrnehmung des Verfahrensbeistands erheblich einschränken. So besteht ein Anwesenheitsrecht des Verfahrensbeistands bei der Anhörung des Kindes bei entgegenstehendem Willen nicht, bei § 159 Abs. 4 S. 3 FamFG handelt es sich vielmehr um eine einseitige Anwesenheitspflicht des Verfahrensbeistands. Weiterhin konnte gezeigt werden, dass durch die Pflicht des Verfahrensbeistands zu Erbringung einer Stellungnahme diesem ein großer Einfluss auf den Ausgang des Verfahrens eröffnet wird. Dadurch besteht ein erhöhtes Missbrauchspotential des Verfahrensbeistands, weil der Wahrheitsgehalt der Stellungnahme nicht kontrolliert werden kann. Einen großen Einfluss hat der Verfahrensbeistand darüber hinaus auch durch sein Recht zur Einlegung von Rechtsmitteln im Interesse des Kindes. Hier ist zur Wahrung des Beschleunigungsgrundsatzes auf der einen und der Subjektstellung des Kindes auf der anderen Seite ein abgestuftes Verfahren bei der Prüfung der Zulässigkeit des Rechtsmittels nötig. Bei divergierenden Verfahrenshandlungen des verfahrensfähigen Kindes führt dies zu einer Begründungspflicht des Verfahrensbeistands bei Einlegung des Rechtsmittels.

Der Wille des Kindes kann schließlich auch dazu führen, dass eine Bestellung wieder aufgehoben werden muss. So führt eine ablehnende Haltung des verfahrensfähigen Kindes zu der Vermutung, dass die Fortführung des Amtes die Interessen des Kindes gefährden würde, sodass in diesen Fällen ein Aufhebungsgrund nach § 158 Abs. 4 S. 2 Nr. 2 FamFG vorliegt.

Das verfahrensfähige Kind kann damit auf verschiedene Weise auf die Ausübung der Verfahrensbeistandschaft einwirken, es kann aber eine rechtswidrige Wahrnehmung der Aufgaben nicht verhindern.

III. Zivilrechtliches Verhältnis zwischen Verfahrensbeistand und Kind

Um die Rechtsbeziehung von Kind und Verfahrensbeistand umfassend zu beleuchten, soll schließlich auch das zivilrechtliche Verhältnis zwischen Verfahrensbeistand und Kind betrachtet werden. Dabei geht es vor allem darum, wie sich Pflichtverletzungen des Verfahrensbeistands bei der Aufgabenwahrnehmung auf zivilrechtlicher Ebene auswirken.

Dort ist auf erster Linie fraglich, ob zwischen beiden ein Schuldverhältnis gleich welcher Art besteht. Daraus folgend stellen sich Haftungsfragen im Verhältnis zwischen Verfahrensbeistand und Kind. Soweit man Haftungsansprüche annimmt, bestehen besondere Probleme auf der Ebene der zivilprozessualen Durchsetzung, die daher beleuchtet und einer Lösung zugeführt werden sollen.

1. Schuldverhältnis zwischen Verfahrensbeistand und Kind

Interessant scheint zunächst die Überlegung, ob zwischen dem Verfahrensbeistand und dem Kind ein Schuldverhältnis besteht. Dafür kommen verschiedene Ansatzpunkte in Betracht.

Die Annahme eines vertraglichen Schuldverhältnisses ist auszuschließen. Das Kind ist an der Bestellung nicht beteiligt. Auch die Annahme eines Vertrages mit Schutzwirkung zugunsten Dritter zwischen Gericht und Verfahrensbeistand, in den das Kind einbezogen sein könnte, geht fehl.[940] Dies scheitert schon daran, dass zwischen Gericht und Verfahrensbeistand kein vertragliches Verhältnis besteht, in das das Kind einbezogen werden könnte. Der Verfahrensbeistand wird einseitig vom Gericht bestellt, was der Annahme eines Vertragsschlusses durch den Bestellungsakt entgegensteht.

Lediglich ein vorvertragliches Schuldverhältnis ließe sich hier andenken, wenn man annehmen würde, dass der Verfahrensbeistand in Bezug auf das Kind ein besonderes Vertrauen für sich in Anspruch nimmt. Dann könnte man über eine Vertrauenshaftung nach § 311 Abs. 3 BGB nachdenken. Im Ergebnis führt jedoch auch dieser Gedanke nicht viel weiter, weil auch dieser voraussetzt, dass jedenfalls zu irgendjemanden ein (vor)vertragliches Verhältnis besteht.[941] Daran mangelt es hier.

---

[940] Ablehnend in Bezug auf das Rechtsverhältnis zwischen Träger des Gerichts und Sachverständigen BT-Drs. 14/7752, 27.

[941] Das ergibt sich schon aus der Stellung der Vorschrift im Schuldrecht.

Aber auch ein familienrechtliches Schuldverhältnis, wie es zwischen Kind und Eltern besteht oder zwischen Vormund und Mündel angenommen wird, kommt hier nicht in Betracht, weil der Verfahrensbeistand nicht gesetzlicher Vertreter des Kindes ist. Die Pflichten des § 158b FamFG können ein solches familienrechtliches Schuldverhältnis für sich genommen nicht begründen.[942]

Mithin besteht zwischen Kind und Verfahrensbeistand kein vertragliches oder quasivertragliches Schuldverhältnis. Zwischen Kind und Verfahrensbeistand kann danach nur ein gesetzliches Schuldverhältnis dadurch begründet werden, dass deliktische Ansprüche zwischen beiden entstehen.

2. Haftungsansprüche des Kindes gegen den Verfahrensbeistand

Folge der angesprochenen Problematiken bei der Bestellung und Aufgabenwahrnehmung des Verfahrensbeistands könnte eine Haftung des Verfahrensbeistands gegenüber dem Kind bedeuten. Dabei lassen sich verschiedene Konstellationen vorstellen, in denen eine solche Haftung zum Tragen kommen könnte. So kann aufgrund einer fehlerhaften Stellungnahme des Verfahrensbeistands eine gerichtliche Entscheidung entstehen, nach der das Kind in einem Heim oder einer Pflegefamilie untergebracht wird. Denkbar ist auch, dass aufgrund der Stellungnahme das Kind bei dem Elternteil verbleiben muss, von dem es misshandelt wird. Vorstellbar wäre daneben, dass eine fehlerhafte Entscheidung des Gerichts deswegen Bestand hat, weil der Verfahrensbeistand keine Rechtsmittel gegen die Entscheidung einlegt. In solchen Konstellationen können dem Kind Schäden entstehen. Dieses könnte daher gegenüber dem Verfahrensbeistand Haftungsansprüche haben. Diese Beispiele deuten schon die Schwierigkeiten an, die bei der prozessualen Durchsetzung der Haftungsansprüche auftreten können, sei es die Frage des Bestehens eines Schadens, wie auch die Zurechenbarkeit des Schadens zum Handeln des Verfahrensbeistands.

Würden diese Fehler einem Anwalt unterlaufen, er also Rechtsmittel fälschlicherweise nicht einlegen oder falsche Ausführungen im Prozess machen,

942 So die einhellige Auffassung, vgl. nur *Wellenhofer*, FPR, 2012, 529, 531; *Koritz*, FPR, 2012, 568, 569 f.; ein gesetzliches Schuldverhältnis familienrechtlicher Art besteht dagegen zwischen Vormund und Mündel, vgl. *BGH*, Beschluss v. 30.03.1955 – IV ZB 23/55, NJW 1955, 867, 868; *OLG Saarbrücken*, Urt. v. 13.12.2011 – 4 U 456/10, NJOZ 2012, 1289, 1292; Staudinger/*Veit* (2020), § 1833 BGB, Rn. 5.

so hätte kaum jemand Zweifel an einer Haftung des Anwalts für Schäden des Mandanten.[943] Im Hinblick auf die Haftung des Verfahrensbeistands sind jedoch aufgrund seiner besonderen Stellung im Verfahren einige Punkte zu beachten. Neben der Frage, ob eine Haftung des Verfahrensbeistands überhaupt sinnvoll und angebracht ist, stellen sich zudem Probleme bei der Anwendung der allgemeinen Haftungsgrundlagen. Die Schwierigkeiten, die dabei sowohl auf rechtlicher wie auch auf tatsächlicher Ebene bestehen, werden hier näher beleuchtet.

Ausgeblendet werden dabei Fragen der Haftung wegen Verstößen gegen Datenschutzbestimmungen und der Verschwiegenheitsverpflichtung des Verfahrensbeistands. Diesbezüglich haftet der Verfahrensbeistand nach allgemeinen Vorschriften, die keine Besonderheiten in Bezug auf den Verfahrensbeistand aufweisen, sodass darauf hier nicht gesondert eingegangen wird.

Höchstrichterliche Entscheidungen zur Haftung sind bisher nicht ergangen und auch die Literatur hat sich mit dieser Thematik bisher nur am Rande beschäftigt.[944] Während zu Beginn die Diskussion um die „richtige“ Ausübung der Verfahrensbeistandschaft im Rahmen der Frage der Vergütung des Verfahrensbeistands angesiedelt war, verlagerte sie sich mit Einführung der Pauschalvergütung auf die Frage der Eignung des Verfahrensbeistands und die Diskussion, wann ein Fehlverhalten eine Aufhebung der Bestellung rechtfertige.[945] Da zudem die Voraussetzungen der Aufhebung in § 158 Abs. 4 FamFG nunmehr abschließend geregelt sind,[946] liegt es nahe, dass sie im Rahmen der Frage der Haftung weitergeführt werden wird. Dazu soll hier ein Betrag geleistet werden.

Dabei wird vorgelagert die Frage behandelt werden, warum eine Haftung des Verfahrensbeistands notwendig ist und welche widerstreitenden Interessen bei der Ausgestaltung der Haftung zu beachten sind. Daraufhin werden mögliche Anspruchsgrundlagen auf ihre Anwendbarkeit hin

---

[943] Zur Haftung bei fehlerhafter Beratung bzgl. der Einlegung der Berufung beispielsweise *BGH*, Urt. v. 16.09.2021 – IX ZR 165/19, NJW 2021, 3324; *LG Köln*, Urt. v. 15.08.2019 – 15 O 120/19, BeckRS 2019, 41385; zur Haftung bei unzureichendem Vortrag vor Gericht *BGH*, Urt. v. 10.12.2015 – IX ZR 272/14, NJW 2016, 957.

[944] Dutta/Jacoby/D. Schwab/*Lack*, 4. Aufl. (2021), § 158b FamFG, Rn. 21; *Koritz*, FPR, 2012, 568; *Wellenhofer*, FPR, 2012, 529.

[945] *Büchner*, NZFam, 2020, 234 f.

[946] Dazu, B. II. 6. a).

untersucht. Anschließend wird näher betrachtet, ob beim Kind überhaupt ein ersatzfähiger Schaden entstehen kann und ob dieser auch kausal auf die Pflichtverletzung des Verfahrensbeistands zurückgeführt werden kann. Das Kapitel schließt mit einer Untersuchung der prozessualen Probleme, die sich bei der Geltendmachung des Anspruchs in der Praxis stellen können und versucht, diese einer Lösung zuzuführen.

a) Argumente für und gegen eine Haftung im Allgemeinen

Bei der Frage der Haftung sind verschiedene Punkte zu berücksichtigen. Diese beeinflussen nicht nur die Frage, ob eine Haftung überhaupt bestehen sollte, sondern auch, für welches Verhalten und welchen Verschuldensgrad eine Haftung angebracht ist, unter welchen Voraussetzungen eine solche also erfolgen sollte. Diese Punkte werden daher im Folgenden näher ausgeführt und auf ihre Auswirkungen hin untersucht.

aa) Vertrauensverhältnis zwischen Verfahrensbeistand und Kind

Gegen die Haftung des Verfahrensbeistands könnte man anführen, dass es das Vertrauensverhältnis zwischen Kind und Verfahrensbeistand belasten würde, wenn über ihrer Zusammenarbeit immer die Gefahr der Haftung schweben würde. Würde man dieses Argument durchgreifen lassen, so könnte jedoch in keinem Rechtsverhältnis, in dem Personen miteinander arbeiten und in einem Vertrauensverhältnis stehen, eine Haftung bestehen. Aber auch im Verhältnis von Arzt und Patienten und Anwalt und Mandanten wird von einer Haftung ausgegangen. Das zeigt, dass ein solches Verständnis nicht durchgreifend sein kann. Eine Haftung kann dabei für die dienstleistende Person – den Anwalt, Arzt oder Verfahrensbeistand – belastend sein, weil er sich ständig einer potenziellen Haftung durch sein Gegenüber ausgesetzt sehen könnte.

Auf der anderen Seite kann eine Haftung für den Patienten, Mandanten, das Kind gleichzeitig das Vertrauen stärken, weil die Person davon ausgehen kann, dass die Aufgaben gerade auch wegen der drohenden Haftung gewissenhaft wahrgenommen werden. Dieses Verhältnis muss dabei im Gleichgewicht bleiben. Bei der Implementation einer Haftung muss daher sichergestellt werden, dass dieses Gleichgewicht zwischen der vertrauensstörenden Wirkung der Haftung auf der einen und der vertrauensschaffenden Wirkung auf der anderen Seite nicht einseitig zulasten des Verfahrensbeistands kippt.

bb) Weisungsfreiheit des Verfahrensbeistands

Der Verfahrensbeistand ist darüber hinaus keiner Weisung unterstellt. Das Handeln des Verfahrensbeistands wird vom Gericht gerade nicht kontrolliert.[947] Wenn dann im Nachhinein aber für ein bestimmtes Verhalten gehaftet würde, könnte man annehmen, dass dies die Weisungsfreiheit untergrübe. Würde man dieser Argumentation folgen wollen, so würde dies im Ergebnis ferner bedeuten, dass eine Aufhebung nach § 158 Abs. 4 S. 2 Nr. 2 FamFG nicht möglich wäre, weil dadurch ein bestimmtes Fehlverhalten sanktioniert würde. Dies würde den Verfahrensbeistand „unkündbar" machen. Dies ist mit seiner Funktion und Stellung nicht vereinbar. Die Möglichkeit einer Aufhebung der Bestellung zeigt vielmehr im Umkehrschluss, dass die Weisungsfreiheit nicht unbegrenzt und unbegrenzbar ist. Die Aufgaben sind zudem in § 158b FamFG mittlerweile so konkret benannt, dass das geforderte Verhalten bestimmbar ist, ohne dass eine Haftung in die Weisungsfreiheit eingreifen würde. Darüber hinaus ist die Weisungsfreiheit durch die Haftung auch nur mittelbar betroffen, weil sie die Unabhängigkeit gegenüber dem bestellenden Richter nicht berührt, sondern nur nachgelagert erfolgt. Die Haftung ist insoweit die gegenüber der Aufhebung mildere Maßnahme.

Gleichzeitig kann die Weisungsfreiheit aber jedenfalls insoweit gegen eine Haftung vorgebracht werden, dass der Verfahrensbeistand während des Verfahrens keiner Kontrolle unterliegt, die eine Haftung durch Hinweise der Kontrollinstanz von vornherein verhindern kann. Der Verfahrensbeistand ist vielmehr allein für die Einhaltung seiner Aufgaben verantwortlich, kann also im Zweifelsfall während des Verfahrens nicht erkennen, dass er später einer Haftung ausgesetzt sein könnte. Dies sollte zwar nicht dazu führen, dass eine Haftung gänzlich versagt würde, ist aber jedenfalls bei der Weite der Haftung zu berücksichtigen.

cc) Vergütung des Verfahrensbeistands

Zudem könnte man vorbringen, dass die Vergütung des Verfahrensbeistands in keinem Verhältnis zu einem etwaigen Haftungsrisiko steht, da er bisher

---

[947] *KG Berlin*, Beschluss v. 20.08.2021 – 16 UF 2/21, FamRZ 2022, 212; *I. Götz*, in: *Dagmar Coester-Waltjen/Volker Lipp/Philipp M. Reuß et al.* (Hrsg.), Kindgerechte Verfahren – Anspruch und Wirklichkeit in Kindschaftssachen, S. 53, 84; *Menne*, FF, 2020, 276.

maximal 550 Euro pro Verfahrensgegenstand erhielt, nunmehr 690 Euro.[948] Dies kann aber einer Haftung nicht entgegenstehen.

Die Verfahrensbeistandschaft ist insbesondere mit dem Gesetz zur Bekämpfung sexualisierter Gewalt gegen Kinder aus dem Jahr 2021[949] immer professioneller geworden. So bestehen nunmehr nach § 158a FamFG bestimmte Eignungsvoraussetzungen und Fortbildungspflichten.[950] Dies muss nicht nur mit einer höheren Verantwortung einhergehen, sondern auch mit einer höheren Vergütung.[951] Das Argument, dass es die Verfahrensbeistände „nicht besser wüssten", kann daher spätestens mit der Einführung der Qualifikations und Fortbildungspflichten nicht mehr gelten.[952]

Die niedrige Vergütung kann also nicht als Argument gegen eine Haftung dienen, vielmehr muss sie ihrerseits erhöht werden, um das erhöhte Professionalisierungsbedürfnis auch angemessen zu vergüten.[953]

dd) Materielle Gerechtigkeit

Darüber hinaus kann insbesondere das nicht verfahrensfähige Kind nicht auf die Ausübung der Tätigkeit des Verfahrensbeistands einwirken, es kann immer nur die Aufhebung anregen, an diese sind aber tatbestandlich hohe Voraussetzungen geknüpft.[954] Besonders deutlich wird dies bei der Verpflichtung zur Erstellung einer Stellungnahme nach § 158b Abs. 1 S. 2 FamFG. Das Kind hat hier rein tatsächlich keine Möglichkeit, Pflichtverletzungen durch den Verfahrensbeistand zu verhindern.[955] Das Kind hat weder vor noch nach dem Erlass des Beschlusses ein Recht vom Inhalt der Stellungnahme zu

---

948 Ausführlich zur Problematik der Vergütung, B. I. 3.

949 Gesetz zur Bekämpfung sexualisierter Gewalt gegen Kinder vom 22.06.2021, BGBl. Teil I Nr. 33, 1810.

950 B. II. 4.

951 Um es mit den Worten von *Salgo* zu sagen: „Professionalisierung bringt auch Verantwortung und notfalls auch Einstands- und Haftungspflichten mit sich", *Salgo*, FPR, 2006, 12, 16; *ders.*, in: *Blum/Cottier/Migliazza* (Hrsg.), Anwalt des Kindes, S. 59, 75; *ders.*, in: *Salgo/Lack* (Hrsg.), Verfahrensbeistandschaft, Rn. 46.

952 In diese Richtung noch *Wellenhofer*, FPR, 2012, 529, 531 f., die die Bestimmung eines pflichtwidrigen Verhaltens mangels gesetzlicher Konkretisierung der Aufgaben und Pflichten für nicht möglich hielt.

953 So bei der Haftung des Sachverständigen auch schon *Katzenmeier*, FS Horn, S. 67, 75.

954 Dazu schon oben, B. II. 6. a).

955 Dazu oben, B. II. 5. a) bb).

erfahren. Ein solches folgt auch nicht aus § 158b Abs. 1 S. 3 FamFG. Es kann mithin nicht verhindern, dass der Beschluss auf einer falschen Stellungnahme beruht, wird aber gleichwohl mitunter am stärksten von den Folgen des Beschlusses betroffen. Eine Haftung kann daher hier ferner der Verwirklichung der materiellen Gerechtigkeit dienen.

Auch sonst besteht keine Möglichkeit, ein pflichtwidriges Verhalten des Verfahrensbeistands zu beanstanden.[956] Der Verfahrensbeistand kann gemäß § 158c Abs. 4 FamFG nicht zur Kostentragung herangezogen werden. Unterhalb der hohen Schwelle des § 158 Abs. 4 FamFG, die das Gericht zur Aufhebung berechtigt, besteht keine Möglichkeit, ein Fehlverhalten zu ahnden. Selbst dann bleiben die Verfahrenshandlungen des Verfahrensbeistands wirksam und können daher noch potentiell Schäden verursachen.[957] Auch kann die Bestellung nicht angefochten werden, vgl. § 158 Abs. 5 FamFG.

Ein Fehlverhalten des Verfahrensbeistands führt in der Praxis lediglich dazu, dass der Verfahrensbeistand in der Regel nicht wieder vom Gericht bestellt wird, dem betroffenen Kind nützt dies jedoch nichts.[958] Eine Haftung könnte zumindest nachträglich Schäden beim Kind abmildern und so eine materielle Gerechtigkeit herstellen.[959]

ee) Schutz der materiellen Rechtskraft

Es ließe sich aber argumentieren, dass eine Haftung zu einem Wiederaufrollen des Prozesses im Gewand des Haftungsprozesses führen könnte und damit die Rechtskraft der gerichtlichen Entscheidung unterlaufen würde.[960]

Dies ist gleichwohl ein schwaches Argument gegen eine Haftung, da die Rechtskraft nicht formal berührt wird. Man muss sich jedoch eingestehen, dass wohl jedenfalls eine subtile, mittelbare Berührung stattfindet. Um zu entscheiden, ob ein Schaden entstanden ist, wird vielfach eine erneute Entscheidung über den Streitgegenstand des Vorprozesses oder eines Teils des

---

[956] *Lack*, FamRZ, 2023, 1249, 1254.

[957] B. II. 6. c).

[958] *Lack*, FamRZ, 2023, 1249, 1254.

[959] Dies war auch für den Gesetzgeber ein wichtiges Argument bei der Schaffung der Sachverständigenhaftung, vgl. BT-Drs. 14/7752, 28.

[960] Zu dieser Befürchtung bei der Haftung des Sachverständigen schon *BGHZ* 42, 313, 318; BT-Drs. 14/7752, 28; dazu *Thole*, Die Haftung des gerichtlichen Sachverständigen nach § 839a BGB, 2004, S. 58 f.; *Katzenmeier*, FS Horn, S. 67, 75 f. m.w.N.

Streitgegenstandes notwendig sein.[961] Dass dadurch Beschlüsse mit widersprechendem Inhalt entstehen, lässt sich dabei schon dadurch verhindern, dass das Gericht des Schadensersatzprozesses an Feststellungen und die Rechtsansichten des Ausgangsgerichts gebunden ist und aus dessen Sicht entscheidet.[962]

Zudem handelt es sich dabei nicht um eine Besonderheit bei der Haftung des Verfahrensbeistands, sondern ein solches „Wiederaufrollen" droht grundsätzlich in jedem Haftungsprozess, der sich gegen einen Beteiligten des Verfahrens richtet.[963] Dieser Punkt kann zudem besonders in Kindschaftsverfahren kaum verfangen. Der Rechtskraft der gerichtlichen Entscheidung kommt dort von vornherein keine derart starke Bedeutung zu. Deutlich wird dies bereits dadurch, dass das materielle Recht und auch das Prozessrecht an verschiedenen Stellen eine Neubewertung vorsieht bzw. bestimmte Entscheidungen schon gar nicht in materielle Rechtskraft erwachsen können.[964]

Der Gefahr kann jedenfalls dadurch begegnet werden, dass eine Haftung nicht generell, sondern nur unter bestimmten, in ihrer Weite angemessenen Voraussetzungen droht und zusätzlich die Sicht des Regressgerichts mit der des Ausgangsgerichts übereinstimmt.

ff) Schutzpflicht des Staates

Darüber hinaus folgt aus der staatlichen Schutzpflicht zur Sicherung der Subjektstellung des Kindes nicht nur die Pflicht, eine Interessenvertretung zu implementieren,[965] sondern auch die Pflicht, die wirksame und gewissenhafte Ausübung dieses Amtes zu kontrollieren und notfalls zu sanktionieren.[966] Auch dies kann daher als Argument für die Schaffung einer Haftungsvorschrift herangezogen werden.

---

[961] Ausführlich dazu, wie diese Entscheidung ergeht, B. III. b) gg) eee).

[962] Dazu, B. III. b) gg) eee).

[963] Mit dieser Begründung bei der Sachverständigenhaftung auch *Katzenmeier*, FS Horn, S. 67, 76; *Thole*, Die Haftung des gerichtlichen Sachverständigen nach § 839a BGB, 2004, S. 63.

[964] So kann nach § 48 FamFG eine Abänderung und Wiederaufnahme erfolgen, eine Abänderung von Sorge- und Umgangsentscheidungen ist nach Maßgabe der § 1696 BGB i.V.m. § 166 FamFG möglich; ausführlich zur materiellen Rechtskraft im Kindschaftsverfahren *Bartels*, FuR, 2019, 77.

[965] Sachs/*von Coelln/Fontana*, 10. Aufl. (2024), Art. 6 GG, Rn. 88.

[966] Näher dazu schon oben, B. I. 2.

gg) *Verhaltenssteuerung durch Haftung*

Eine Haftung hat dabei immer auch eine verhaltenssteuernde Funktion und kann damit schon, ohne dass sie wirklich zur Anwendung gelangt, zu einer effektiveren Interessenvertretung beitragen.[967] Gleichwohl darf die Implementierung einer Haftung nicht dazu führen, dass die Haftung zum Maßstab für das Handeln des Verfahrensbeistands wird. Seine Aufgabe ist die bestmögliche Geltendmachung der Interessen des Kindes und nicht die Vermeidung von Haftungsrisiken.[968] Dafür muss sowohl eine gewissenhafte Aus- und Fortbildung der Verfahrensbeistandschaft sorgen als auch eine ausgewogene Wahl der Haftungsvoraussetzungen, bei denen das Haftungsrisiko nicht unangemessen erhöht ist. Durch die Einführung einer Haftung wäre dann ein generelles Absinken des Wahrnehmungsniveaus nicht zu befürchten.

hh) *Zusammenfassung*

Eine Haftung ist ein notwendiger Baustein zur Sicherstellung einer effektiven Interessenvertretung.[969] Gleichzeitig muss bei der Wahl der Haftungsvoraussetzungen sichergestellt werden, dass die Haftung das Handeln des Verfahrensbeistands nicht beschränkt und dadurch seinerseits eine effektive Interessenvertretung gefährdet.

b) Voraussetzungen der Haftung

Im Folgenden sollen nun einige Haftungsvoraussetzungen näher beleuchtet werden. Dabei wird zunächst die Frage der tauglichen Haftungsgrundlage geklärt, um darauf aufbauend das mögliche haftungsrelevante Verhalten, Schaden und Kausalität zu untersuchen. Danach soll die Geltendmachung im Prozess, insbesondere der Beweis der Haftungsvoraussetzungen betrachtet werden. Dabei zeigt sich, dass vor allem Letzteres der entscheidende Punkt

---

[967] Dass Schadensersatzansprüchen auch präventive Zwecke des Grundrechtsschutzes zukommen, hat auch der BGH schon früh betont, vgl. *BGHZ* 128, 1, 16 (Caroline I); *Mäsch*, Chance und Schaden, 2004, S. 344; ausführlich zur dogmatischen Begründung des Präventivzwecks des Schadensrechts *Möller*, Das Präventionsprinzip des Schadensrechts, 2006, S. 238–241; Zur verhaltenssteuernden Dimension von Haftung ausführlich *Bost*, Effiziente Verhaltenssteuerung durch den Ersatz von Nichtvermögensschäden, 2009, S. 88–91; allgemein zur Verhaltenssteuerung durch Haftung *N. Jansen*, Die Struktur des Haftungsrechts, 2020, S. 146–151.

[968] *Schindler*, FPR, 2012, 539, 543.

[969] So im Ergebnis auch *Koritz*, FPR, 2012, 568, 570.

sein dürfte, an dem eine Haftung im Ergebnis scheitern könnte. Daher sollen auch Wege untersucht werden, die Beweisbarkeit der Haftung im Prozess zu ermöglichen.

aa) Anspruchsgrundlage

Voraussetzung für eine Haftung ist zunächst eine taugliche Anspruchsgrundlage. Dabei kommen verschiedene Anspruchsgrundlagen in Betracht, die hier in der üblichen Prüfungsreihenfolge beleuchtet werden sollen. Ein Fokus liegt dabei auf den deliktischen Ansprüchen. Dabei soll die Auswahl der Anspruchsgrundlagen hier noch ohne Berücksichtigung etwaiger Vor- und Nachteile in der Beweisbarkeit der Anspruchsvoraussetzungen erfolgen.

aaa) Keine Haftung aus Vertrag

Eine vertragliche Beziehung besteht zwischen Verfahrensbeistand und Kind nicht.[970] Eine Haftung aus Vertrag daher von vornherein scheidet aus.

bbb) Deliktische Haftung

Es ließe sich folglich vor allem an deliktische Anspruchsgrundlagen denken. Diese gelten in allen Bereichen, sodass sie auch innerhalb von Prozessen Anwendung finden können. Dabei kommen verschiedene Anspruchsgrundlagen in Betracht, die auf ihre Eignung hin untersucht werden sollen.

(1) Staatshaftung (§ 839 BGB i.V.m. Art. 34 S. 1 GG)

Ein Anspruch aus Staatshaftungsrecht besteht jedenfalls nicht. Der Verfahrensbeistand ist kein Beamter im staatsrechtlichen Sinne, sodass eine Eigenhaftung nach § 839 BGB von vornherein nicht infrage kommt.[971] Er könnte gleichwohl als Beamter im haftungsrechtlichen Sinne anzusehen sein, sodass sich ein Anspruch gegen das Gericht aus § 839 BGB i.V.m. Art. 34 S. 1 GG ergeben könnte.[972]

---

970 Dazu schon oben, B. III. 1.

971 Zur Unterscheidung zwischen dem haftungsrechtlichen und dem staatsrechtlichen Beamtenbegriff BeckOK BGB/*Reinert*, 74. Aufl. (2025), § 839 BGB, Rn. 3 f.; NK-BGB/*Steege/Muthers*, 4. Aufl. (2021), § 839 BGB, Rn. 66.

972 Dies wäre nach der sog. Amtsübertragungstheorie wohl der haftende Rechtsträger, Jauernig/*Kern*, 19. Aufl. (2023), § 839 BGB, Rn. 26.

Hier sollen zwar nur Ansprüche gegen den Verfahrensbeistand besprochen werden, da ein Anspruch gegen den Verfahrensbeistand selbst jedoch durch § 839 BGB i.V.m. Art. 34 S. 1 GG gesperrt würde, ist auch der Anspruch gegen das Gericht von Relevanz und soll daher kurz beleuchtet werden.[973] Entscheidend für eine Haftung ist, ob der Verfahrensbeistand als Beamter im Sinne des § 839 BGB i.V.m. Art. 34 S. 1 GG anzusehen ist.[974]

Dafür müsste er ein öffentliches Amt ausüben. Maßgeblich entscheidend ist daher die nach außen wahrgenommene Funktion, nicht das persönliche Rechtsverhältnis zur öffentlich-rechtlichen Körperschaft.[975] Der Verfahrensbeistand dient der Interessenwahrnehmung des Kindes. Diese Funktion nimmt er zur Erfüllung einer staatlichen Schutzpflicht wahr.[976] Die von ihm wahrgenommene Funktion ist damit ein öffentliches Amt.[977] Es fehlt aber jedenfalls an der Wahrnehmung öffentlicher Gewalt.[978] Zwangsweise durchsetzbare Maßnahmen kann der Verfahrensbeistand nicht ergreifen.[979]

---

973 *BGH*, Urt. v. 06.03.2014 – III ZR 320/12, NJW 2014, 1666; *OLG Koblenz*, Urt. v. 18.03.2016 – 1 U 832/15, NJW-RR 2016, 796, 797; Erman/*Mayen*, 17. Aufl. (2023), § 839 BGB, Rn. 17.

974 Dagegen *Koritz*, FPR, 2012, 568, 569; *Wellenhofer*, FPR, 2012, 529, 531; ablehnend in Bezug auf den Vormund auch schon *K. Schreiber*, AcP 178 (1978), 533, 539.

975 MüKo BGB/*Papier/Shirvani*, 9. Aufl. (2024), § 839 BGB, Rn. 194; Erman/*Mayen*, 17. Aufl. (2023), § 839 BGB, Rn. 30; Staudinger/*Wöstmann* (2020), § 839 BGB, Rn. 42.

976 Dazu schon oben, B. I. 3.

977 Vgl. *Wellenhofer*, FPR, 2012, 529, 531.

978 Dies ist nach h.M. für die Annahme eines Beamten im haftungsrechtlichen Sinne erforderlich, MüKo BGB/*Papier/Shirvani*, 9. Aufl. (2024), § 839 BGB, Rn. 195; *Wellenhofer*, FPR, 2012, 529, 531; a. A.: *OLG Koblenz*, Urt. v. 18.03.2016 – 1 U 832/15, NJW-RR 2016, 796, 797.

979 Der Verfahrensbeistand hat keine Anordnungsbefugnis, vgl. *KG*, Beschluss v. 17.05.2019 – 18 UF 32/19, FamRZ 2019, 1702, 1703; dabei ist es umstritten, ob jedenfalls das Gericht Zwangsmittel gegen die gesetzlichen Vertreter anordnen kann, damit das Kind zur Anhörung gebracht wird, so jedenfalls *OLG Hamm*, Beschluss v. 30.05.2023 – 1 UF 39/23, FamRZ 2023, 1741; *OLG Celle*, Beschluss v. 29.07.2019 – 21 WF 123/19, FamRZ 2019, 1875, 1876; Prütting/Helms/*S. Hammer*, 6. Aufl. (2022), § 159 FamFG, Rn. 36 m.w.N; a. A.: *OLG Karlsruhe*, Beschluss v. 11.01.2023 – 5 WF 138/22, FamRB 2023, 147; *Cirullies*, FamRZ, 2023, 489, 490 f., der eine Regelung de lege ferenda fordert; auch diesem Problem begegnete der Referentenentwurf. Nach § 158d Abs. 2 FamFG-E sollte das Gericht auf Antrag des Verfahrensbeistands eine Anordnung treffen, dass die Eltern dem Verfahrensbeistand ein persönliches Gespräch ermöglichen müssen, *Bundesministerium der Justiz*, Entwurf eines Gesetzes zur Verbesserung des Schutzes von gewaltbetroffenen Personen im familiengerichtlichen Verfahren, zur Stärkung des Verfahrensbeistands und zur Anpassung sonstiger Verfahrensvorschriften, 24.07.2024, S. 7.

Daran würde im Übrigen auch die Neuregelung nichts ändern, die vom Bundesministerium der Justiz angedacht wurde, jedoch im Zuge des KostBRÄG 2025 nicht übernommen wurde. Durch § 158d FamFG-E sollten dem Verfahrensbeistand Gespräche mit dem Kind gegen den Willen der Eltern ermöglicht werden.[980] Dafür sollte nach § 158d Abs. 2 FamFG-E eine Anordnung des Gerichts erfolgen. Diese sollte dann auch mit Zwangsmitteln durchgesetzt werden können.[981] Entscheidend ist jedoch, dass diese zwangsweise

---

980 *Bundesministerium der Justiz*, Entwurf eines Gesetzes zur Verbesserung des Schutzes von gewaltbetroffenen Personen im familiengerichtlichen Verfahren, zur Stärkung des Verfahrensbeistands und zur Anpassung sonstiger Verfahrensvorschriften, 24.07.2024, S. 7.

981 *Bundesministerium der Justiz*, Entwurf eines Gesetzes zur Verbesserung des Schutzes von gewaltbetroffenen Personen im familiengerichtlichen Verfahren, zur Stärkung des Verfahrensbeistands und zur Anpassung sonstiger Verfahrensvorschriften, 24.07.2024, S. 44; die Rückmeldungen der Verbände zu diesem Vorschlag waren gemischt. Eine solche Möglichkeit begrüßend *Deutsches Institut für Jugendhilfe und Familienrecht e.V.*, Stellungnahme des Deutschen Instituts für Jugendhilfe und Familienrecht e.V. (DIJuF) vom 05.09.2024, 05.09.2024, S. 5; *Deutscher Richterbund*, Stellungnahme des Deutschen Richterbundes zum Referentenentwurf des BMJ für ein Gesetz zur Verbesserung des Schutzes von gewaltbetroffenen Personen im familiengerichtlichen Verfahren, zur Stärkung des Verfahrensbeistands und zur Anpassung sonstiger Verfahrensvorschriften, September 2024, S. 12 f.; *Deutscher Verein für öffentliche und private Fürsorge e.V.*, Stellungnahme zum Referentenentwurf des Bundesministeriums der Justiz, 03.09.2024, S. 11; *Verband binationaler Familien und Partnerschaften, iaf e.V.*, Stellungnahme des Verbandes binationaler Familien und Partnerschaften, iaf e.V. zum Referentenentwurf eines Gesetzes zur Verbesserung des Schutzes von gewaltbetroffenen Personen im familiengerichtlichen Verfahren, zur Stärkung des Verfahrensbeistands und zur Anpassung sonstiger Verfahrensvorschriften vom 24.07.2024, 04.09.2024, S. 3; *Bundesforum Männer – Interessenverband für Jungen, Männer und Väter e.V.*, Stellungnahme, 07.08.2024, S. 15; *Bundesrechtsanwaltskammer*, Stellungnahme Nr. 64 zu dem Entwurf eines Gesetzes zur Verbesserung des Schutzes von gewaltbetroffenen Personen im familiengerichtlichen Verfahren, zur Stärkung des Verfahrensbeistands und zur Anpassung sonstiger Verfahrensvorschriften, August 2024, S. 6, die diese Pflicht auf alle Personen erweitern will, bei denen das Kind sich aufhält; der Maßnahme grundsätzlich zustimmend, aber einen unmittelbaren Zwang ablehnend dagegen *Bundeskoordinierung Spezialisierter Fachberatung gegen sexualisierte Gewalt in Kindheit und Jugend*, Stellungnahme der Bundeskoordinierung Spezialisierter Fachberatung gegen sexualisierte Gewalt in Kindheit und Jugend (BKSF) zum „Entwurf eines Gesetzes zur Verbesserung des Schutzes von gewaltbetroffenen Personen im familiengerichtlichen Verfahren, zur Stärkung des Verfahrensbeistands und zur Anpassung sonstiger Verfahrensvorschriften", 06.09.2024, S. 7; dies insgesamt ablehnend dagegen *Deutscher Anwaltverein*,

Durchsetzung durch das Gericht und nicht durch den Verfahrensbeistand erfolgen sollte. Auch danach hätte also der Verfahrensbeistand keine öffentliche Gewalt wahrnehmen können.

Eine Haftung nach § 839 BGB i.V.m Art. 34 S. 1 GG gegen das Gericht kommt folglich nicht in Betracht. Ein solcher Anspruch kann daher keine Haftungsansprüche gegen den Verfahrensbeistand sperren.

(2) § 823 Abs. 1 BGB

Für einen Anspruch aus § 823 Abs. 1 BGB bedarf es stets der Verletzung eines Rechtsguts. Die für § 823 Abs. 1 BGB relevanten Rechtsgüter benennt § 823 Abs. 1 BGB ausdrücklich. Danach kann die Verletzung von Leben, Körper, Gesundheit, Freiheit, Eigentum oder eines sonstigen Rechts einen Anspruch aus § 823 Abs. 1 BGB begründen.

(a) Verletzung von Leben, Körper, Gesundheit, Freiheit, Eigentum

Eine Verletzung von Körper, Leben, Gesundheit und Freiheit ist grundsätzlich denkbar.[982] Dann kann ein Anspruch auf Schadensersatz aus § 823 Abs. 1 BGB bestehen. Neben der Verletzung der bereits genannten Rechtsgüter könnte jedoch insbesondere eine Verletzung sonstiger Rechte in Betracht kommen. Sonstige Rechte können auch Grundrechte sein.[983] Zwei Grundrechte sollen daher hier auf ihre Eignung als sonstiges Recht hin näher untersucht werden.

Stellungnahme des Deutschen Anwaltvereins vorbereitet durch den Ausschuss Familienrecht, September 2024, S. 7 f.; *Deutscher Juristinnenbund e.V.*, Stellungnahme zum Entwurf eines Gesetzes zur Verbesserung des Schutzes von gewaltbetroffenen Personen im familiengerichtlichen Verfahren, zur Stärkung des Verfahrensbeistands und zur Anpassung sonstiger Verfahrensvorschriften, 06.09.2024, S. 7 f.; *AWO Bundesverband e.V.*, Stellungnahme des AWO Bundesverbands e.V. zum Referentenentwurf des Bundesministeriums für Justiz vom 24.07.2024, 04.09.2024, S. 7.

982 Dazu unten, B. III. b) ff) aaa) (1).

983 Bekannt ist dabei vor allem das allgemeine Persönlichkeitsrecht, vgl. *BVerfG*, Beschluss v. 14.02.2005 – 1 BvR 240/04, NJW 2005, 3271, 3272; Beschluss v. 04.03.2004 – 1 BvR 2098/01, NJW 2004, 2371, 2372; jurisPK BGB/*J. Lange/Hansen*, 10. Aufl. (2023), § 823 Abs. 1 BGB, Rn. 28; zum Schutz des räumlich-gegenständlichen Bereichs der Ehe als sonstiges Recht, NK-BGB/*Katzenmeier*, 4. Aufl. (2021), § 823 BGB, Rn. 80; auch das Recht am eingerichteten und ausgeübten Gewerbebetrieb wird aus dem Grundgesetz hergeleitet, vgl. *Hager*, in: *Kaiser/Herresthal/Stoffels* (Hrsg.), Eckpfeiler des Zivilrechts, T 400.

(b) Recht auf Interessenvertretung als sonstiges Recht

Zunächst könnte man das Recht des Kindes auf Interessenvertretung aus Art. 6 Abs. 2, Art. 2 Abs. 1 i.V.m. Art. 103 Abs. 1 GG als sonstiges Recht ansehen und daher zur Haftungsbegründung heranziehen.[984] Beim Recht des Kindes auf Interessenvertretung fehlt es allerdings an der notwendigen Ausschlussfunktion.[985] Es richtet sich primär gegen den Staat und ist auch nur von diesem zu beachten.

Es handelt sich insoweit nicht um ein absolutes Recht, das zur Haftungsbegründung bei § 823 Abs. 1 BGB herangezogen werden könnte.

(c) Verletzung des allgemeinen Persönlichkeitsrechts als sonstiges Recht

Anerkannt ist, dass das allgemeine Persönlichkeitsrecht ein sonstiges Recht im Sinne des § 823 Abs. 1 BGB darstellt.[986] Daher kann unter der Schwelle der Freiheitsentziehung schon die Fremdunterbringung das allgemeine Persönlichkeitsrecht des Kindes verletzen.[987] In dieser Fallkonstellation kann auch ein Anspruch auf Schadensersatz gegen den Verfahrensbeistand auf § 823 Abs. 1 BGB gestützt werden.

(3) § 823 Abs. 2 BGB

In Betracht kommt daneben vor allem die Haftung aus § 823 Abs. 2 BGB. Diese ermöglicht zum einen eine Haftung für Vermögensschäden – die hier jedoch kaum relevant werden dürfte[988] – zum anderen setzt sie nicht die Verletzung eines Rechtsguts voraus. Danach bedarf es haftungsbegründend

---

[984] Dazu oben, insbesondere zur grundrechtlichen Herleitung, B. I. 1.

[985] Ein sonstiges Recht kann nur ein absolutes, ausschließliches Recht sein, also ein Recht, das gegenüber jedermann wirkt und von jedermann zu beachten ist. Es muss immer Zuweisungsgehalt und Ausschlussfunktion haben, zudem muss der Schutzumfang klar umrissen sein, vgl. HK-BGB/*A. Staudinger*, 12. Aufl. (2024), § 823 BGB, Rn. 28; NK-BGB/*Katzenmeier*, 4. Aufl. (2021), § 823 BGB, Rn. 62 m.w.N.

[986] Allg. Meinung, so schon *BGHZ* 13, 334; *BGHZ* 139, 95; Erman/*Wilhelmi*, 17. Aufl. (2023), § 823 BGB, Rn. 48; jurisPK BGB/*J. Lange/Hansen*, 10. Aufl. (2023), § 823 Abs. 1 BGB, Rn. 28.

[987] So auch *OLG Frankfurt*, Urt. v. 27.07.2023 – 1 U 6/21, FamRZ 2023, 1882, wobei hier der Anspruch durch den Amtshaftungsanspruch verdrängt wurde; dazu ausführlich, B. III. b) ff) bbb) (1) (b).

[988] Dazu unten, B. III. b) ff) aaa).

vielmehr der schuldhaften Verletzung eines Schutzgesetzes. Als solches eignet sich jedes individualschützende Gesetz im Sinne des Art. 2 EGBGB.[989]

(a) § 159 Abs. 4 S. 3 FamFG als Schutzgesetz

Als Schutzgesetz kommt zunächst § 159 Abs. 4 S. 3 FamFG in Betracht. Bei § 159 Abs. 4 S. 3 FamFG handelt es sich um eine einseitige Anwesenheitspflicht des Verfahrensbeistands.[990] Wenn der Verfahrensbeistand von der Anhörung fernbleibt, ohne dass dies vom Richter angeordnet wurde, verletzt er diese Pflicht. Zum einen dient die Anwesenheitspflicht dazu, dass das Kind in Begleitung einer ihm bekannten Person an der Anhörung teilnehmen kann, was die Anhörungsqualität für das Kind steigern soll.[991] Zum anderen aber auch dazu, dem Verfahrensbeistand die Möglichkeit der Informationsgewinnung zu geben.[992] Sie dient damit insgesamt der Interessenvertretung des Kindes und ist folglich individualschützend.

Gleichwohl dürfte die Annahme eines Schutzgesetzes bei § 159 Abs. 4 S. 3 FamFG daran scheitern, dass die Anwesenheitspflicht nicht zur Verhinderung des Schadens bestimmt ist. Der beschriebene Sinn und Zweck der Anwesenheitspflicht hat vor allem Verfahrenszwecke. Es handelt sich daher in erster Linie um eine Verfahrensvorschrift und keine Vorschrift, die dem Schutz materieller Rechtsgüter dient.[993] Als ein Schutzgesetz ist § 159 Abs. 4 S. 3 FamFG daher nicht zu sehen. Folglich kann die Verletzung der Anwesenheitspflicht auch nicht zu einer Haftung nach § 823 Abs. 2 BGB führen.

(b) § 158b FamFG als Schutzgesetz

Als Schutzgesetz im Sinne des § 823 Abs. 2 BGB kommt daneben § 158b in Betracht. Während die Eigenschaft als Schutzgesetz für § 158 FamFG a.F. zuletzt noch abgelehnt wurde,[994] dürfte dies mit Schaffung des § 158b FamFG nun anders zu bewerten sein. Maßgeblicher Kritikpunkt zur alten Gesetzesfassung war die fehlende gesetzliche Konkretisierung des gewünschten

---

989 Zu den Anforderungen an ein Schutzgesetz *RGZ* 135, 242, 245; *BGHZ* 66, 388.

990 Dazu schon oben, B. II. 5. b) dd) ccc).

991 Zum Zweck des § 159 Abs. 4 S. 3 FamFG auch schon, B. II. 3. c) bb) aaa) (3).

992 Dazu, B. II. 5. b) aa).

993 Dazu schon oben, B. II. 3. c).

994 So noch *Wellenhofer*, FPR, 2012, 529, 531 f.

Verhaltens, welches mangels Berufsbildes und Qualifikationserfordernissen nicht bestimmbar gewesen sei.[995]

Dieser Punkt kann durch die Neuregelung der §§ 158f. FamFG nicht mehr durchgreifen. So gibt es nunmehr sowohl spezifische Qualifikationspflichten in § 158a FamFG als auch eine gesetzliche Konkretisierung des gewünschten Verhaltens in § 158b FamFG.[996] Dort stellt § 158b FamFG ausdrücklich bestimmte Verhaltensgebote auf, wie etwa das Gebot der schriftlichen Stellungnahme in § 158b Abs. 1 S. 2 FamFG oder allgemein das Gebot, die Interessen des Kindes festzustellen und im gerichtlichen Verfahren zur Geltung zu bringen, § 158b Abs. 1 S. 1 FamFG. Andere Gebote sind nicht so ausdrücklich festgesetzt, ergeben sich aber wie gezeigt aus der Gesamtschau und Auslegung der Norm, wie die Einlegung von Rechtsmitteln im Interesse des Kindes, die bei § 158 Abs. 3 S. 2 FamFG nur als Recht, nicht aber als Gebot formuliert ist, gleichwohl aber aus der Gesamtschau als solches zu verstehen ist.[997] Die Pflichten des § 158b FamFG dienen darüber hinaus – wie § 158b Abs. 1 FamFG schon hervorhebt – auch dem Schutz der Interessen des Kindes,[998] sodass sie individualschützend sind.[999]

Man könnte die Schutzgesetzqualität lediglich mit einem Wertungsargument ablehnen, wenn die Haftung aus § 823 Abs. 2 BGB i.V.m. § 158b FamFG die Wertungen der §§ 15–158c FamFG unterlaufen würde. Der BGH prüft bei der Frage der Schutzgesetzqualität eines Gesetzes nämlich auch, ob der individuelle Schadensersatzanspruch im Lichte des haftungsrechtlichen Gesamtsystems tragbar erscheint.[1000] Dieses Einfügen in das haftungsrechtliche Gesamtsystem könnte angesichts der Neuregelung der §§ 158–158c FamFG und der Implementierung von Aufhebungsvoraussetzungen hinterfragt werden. Man könnte dies nämlich so verstehen, dass der Gesetzgeber damit zum Ausdruck gebracht hat, dass die Möglichkeit der Aufhebung als

---

995 *Wellenhofer*, FPR, 2012, 529, 531 f.

996 Dazu näher oben, B. II. 5. a).

997 Dazu oben, B. II. 5. a) cc) ddd).

998 Nach den Gesetzgebungsmaterialien wurden die Aufgaben explizit zur stärkeren Berücksichtigung der Interessen des Kindes eingeführt, vgl. BT-Drs. 19/23707, 25; dagegen dienen die Pflichten des Sachverständigen allein der Rechtspflege insgesamt, vgl. *OLG Hamburg*, Beschluss v. 06.09.2000 – 14 W 34/00, Rn. 15.

999 Zur Notwendigkeit des Individualschutzes schon *BGHZ* 66, 388, Rn. 17.

1000 *BGH*, Urt. v. 16.05.2023 – VI ZR 116/22, GRUR 2023, 1210, 1213; *BGHZ* 66, 388, Rn. 18; MüKo BGB/*B. Wagner*, 9. Aufl. (2024), § 823 BGB, Rn. 623–625 m.w.N.

abschließende Sanktionsnorm gemeint ist, was durch die Implementation einer Haftung unterlaufen würde.

Dagegen sprechen im Wesentlichen zwei Gründe.

Zum einen wurde die Möglichkeit einer Haftungsnorm nicht diskutiert. Ausführungen zu einer Haftung des Verfahrensbeistands finden sich in den Gesetzesmaterialien zur Schaffung des Verfahrensbeistands nicht.[1001] Auch in der Rechtsprechung wurde auf eine etwaige Notwendigkeit einer Haftungsvorschrift bisher nicht hingewiesen, dies aber jedenfalls auch nicht abgelehnt. Wie gezeigt sind zudem die Ausführungen in der Literatur dazu bisher vereinzelt und oberflächlich geblieben.[1002] Es kann also davon ausgegangen werden, dass die Möglichkeit einer Haftung dem Gesetzgeber bisher nicht bewusst war, sodass die Aufhebung insoweit nicht als abschließende Regelung zu verstehen sein dürfte.[1003]

Zum andern ist die Sanktionswirkung der Aufhebung gering, sie kann daher nicht als alternative Regelung zur Haftung gesehen werden. Sie dient nicht dazu, den Verfahrensbeistand zu sanktionieren und reagiert nicht auf bestimmtes Fehlverhalten, sondern dient vielmehr nur dem Schutz des Kindes.[1004] So heißt es in § 158 Abs. 4 S. 2 FamFG ausdrücklich, dass eine Aufhebung der Bestellung nur dann erfolgen kann, wenn „die Fortführung des Amtes die Interessen des Kindes gefährden würde". Daneben ist eine Aufhebung nur auf Antrag des Verfahrensbeistands möglich. Ein Sanktionscharakter kommt der Aufhebung damit nicht zu. Dies zeigt sich ferner dadurch, dass der Vergütungsanspruch des Verfahrensbeistands durch die Aufhebung nicht tangiert wird.[1005]

Die Implementation einer Haftung ist also auch im Hinblick auf das haftungsrechtliche Gesamtsystem tragbar. Verletzt der Verfahrensbeistand

---

[1001] Auch in den Stellungnahmen zum Gesetzesentwurf findet sich eine solche oder ähnliche Forderung nicht.

[1002] MüKo FamFG/*Schumann*, 4. Aufl. (2025), § 158b FamFG, Rn. 21; Dutta/Jacoby/D. Schwab/*Lack*, 4. Aufl. (2021), § 158b FamFG, Rn. 21; *Koritz*, FPR, 2012, 568; *Wellenhofer*, FPR, 2012, 529.

[1003] Daher kein beredtes Schweigen, vgl. *Larenz/Canaris*, Methodenlehre der Rechtswissenschaft, 1995, S. 191; zu dieser Problematik bei der Haftung des Zeugen auch *Thole*, Die Haftung des gerichtlichen Sachverständigen nach § 839a BGB, 2004, S. 210 f.

[1004] Dazu schon oben, B. II. 6. b) dd) fff) (2).

[1005] Dazu oben, B. II. 6. c).

danach eine Pflicht aus § 158b FamFG schuldhaft, haftet er aus § 823 Abs. 2 BGB i.V.m. § 158b FamFG.

(4) § 826 BGB

Auch eine Haftung aus § 826 BGB wäre grundsätzlich denkbar.[1006] Eine solche ist neben § 823 Abs. 1 BGB und § 823 Abs. 2 BGB i.V.m. § 158b FamFG anwendbar.[1007] § 826 BGB stellt jedoch tatbestandlich hohe Hürden, insbesondere die Sittenwidrigkeit der Schädigung wie auch die Schädigungsabsicht, die nur selten erfüllt oder jedenfalls nachweisbar sein dürften. Sie soll daher hier nicht näher vertieft werden.

(5) § 839a BGB analog

Man könnte sodann überlegen, eine Haftung aus § 839a BGB analog heranzuziehen. Eine direkte Anwendung scheidet aus. Denn die Norm regelt unmittelbar nur die Haftung des Sachverständigen. § 839a BGB analog würde sodann als speziellere Norm die Haftung aus § 823 Abs. 1 BGB und § 823 Abs. 2 BGB i.V.m. § 158b FamFG verdrängen. Eine analoge Anwendung auf den Verfahrensbeistand scheitert gleichwohl schon daran, dass es an einer – zur analogen Anwendung notwendigen – planwidrigen Regelungslücke fehlt.[1008] So wird der Sachverhalt bezüglich der Frage der Haftung wie beschrieben bereits von § 823 Abs. 2 i.V.m. § 158b FamFG geregelt. Eine Haftungslücke, die von § 839a BGB analog ausgefüllt werden könnte, besteht daneben nicht.

ccc) Haftung nach den Grundsätzen der Haftung eines Ergänzungspflegers

Die herrschende Ansicht will für die Haftung des Verfahrensbeistands die Vorschriften zur Haftung des Ergänzungspflegers analog anwenden.[1009] Sie stützt die Haftung mithin auf §§ 1809 Abs. 1 S. 1, 1813 Abs. 1 S. 1 i.V.m. § 1794

[1006] Zur Haftung des Sachverständigen bei unrichtigem Gutachten jurisPK BGB/*Wingler*, 10. Aufl. (2023), § 839a BGB, Rn. 6.

[1007] jurisPK BGB/*Wingler*, 10. Aufl. (2023), § 839a BGB, Rn. 6.

[1008] Zur Voraussetzung der planwidrigen Regelungslücke als Analogievoraussetzung, *Möllers*, Juristische Methodenlehre, 2023, S. 259.

[1009] MüKo FamFG/*Schumann*, 4. Aufl. (2025), § 158b FamFG, Rn. 21; *Koritz*, FPR, 2012, 568, 570; a. A.: *Wellenhofer*, FPR, 2012, 529, 531.

Abs. 1 S. 1 BGB. Der Ergänzungspfleger unterliegt dabei in seiner Haftung den Haftungsvorschriften des Vormunds.

Auf den ersten Blick erscheint eine analoge Anwendung auf den Verfahrensbeistand naheliegend. Gleichwohl liegen schon die Analogievoraussetzungen nicht vor.[1010] Dabei fehlt es sowohl an der Vergleichbarkeit der Interessenlage als auch der planwidrigen Regelungslücke.

An der Vergleichbarkeit der Interessenlage zwischen Verfahrensbeistand und Ergänzungspfleger bzw. Vormund fehlt es sowohl in Bezug auf das Verhältnis zum Kind als auch in Bezug auf das Verhältnis zum Gericht. Dort nehmen sie jeweils unterschiedliche Stellungen ein.

In Bezug auf das Kind sind sowohl der Ergänzungspfleger als auch der Vormund, anders als der Verfahrensbeistand nach §§ 1809 Abs. 1, 1789 Abs. 2 BGB gesetzliche Vertreter des Kindes.

Auch sind Ergänzungspfleger und Vormund vor allem in Bezug auf den Rechtsverkehr als „materielle Vertreter" des Kindes tätig, während der Verfahrensbeistand der prozessualen Begleitung dient und nicht im sonstigen Rechtsverkehr für das Kind auftritt.

Schließlich ist das Verhältnis zum Gericht ein anderes. So fehlt es beim Verfahrensbeistand an der fachlichen Aufsicht, die beim Vormund nach § 1802 BGB besteht.[1011] Der Verfahrensbeistand ist vielmehr in seiner Aufgabenwahrnehmung frei und unterliegt gerade keiner Weisung oder Aufsicht.[1012] Eine Übertragung der Haftungsvoraussetzungen erscheint vor diesem Hintergrund nicht angezeigt.

Begründet wird die analoge Anwendung in der Regel damit, dass der Verfahrensbeistand ein Amt übernehme und das Kind besonders schutzbedürftig sei, sodass dies eine Haftung erforderlich mache.[1013] Dies ist zutreffend, begründet aber nur die generelle Notwendigkeit einer Haftungsnorm. Die

---

[1010] Zu den Voraussetzungen *Möllers*, Juristische Methodenlehre, 2023, § 6 Rn. 99–101.

[1011] Die Vergleichbarkeit aus diesem Grund ablehnend auch *Wellenhofer*, FPR, 2012, 529, 531.

[1012] Vgl. nur Prütting/Helms/*S. Hammer*, 6. Aufl. (2022), § 158b FamFG, Rn. 24.

[1013] So *Koritz*, FPR, 2012, 568, 570; so zur analogen Anwendung auf den Verfahrenspfleger nach § 267 FamFG auch *BGH*, Urt. v. 22.07.2009 – XII ZR 77/06, FamRZ 2009, 1656, 1658; *Küsgens*, Die Vergütungsregelungen nach den Entwürfen zu einem Betreuungsrechtsänderungsgesetz (BtÄndG) vom 07.02. und 04.10.1996 unter besonderer Berücksichtigung der Situation des Verfahrenspflegers, 1998, S. 42 f.

analoge Anwendung von §§ 1809 Abs. 1 S. 1, 1813 Abs. 1 S. 1 BGB i.V.m. § 1794 Abs. 1 Satz 1 BGB rechtfertigt dies nicht.

Für eine Vergleichbarkeit könnte lediglich angeführt werden, dass die Haftungsregeln nach §§ 1888 Abs. 1, 1826 BGB vom Gesetzgeber auf den Verfahrenspfleger übertragen werden, der ähnliche Aufgaben wie der Verfahrensbeistand hat und gleichfalls nicht gesetzlicher Vertreter des Kindes ist. Diese Übertragung wird in der Literatur aufgrund der fehlenden Vergleichbarkeit als zu weitreichend kritisiert und sollte nicht zu einer Übertragung auch auf den Verfahrensbeistand führen.[1014]

Eine analoge Anwendung dieser Vorschriften ist wie gezeigt schon nicht notwendig, da sich eine Haftung schon aus § 823 Abs. 2 i.V.m. § 158b FamFG ergibt. Selbst wenn man eine vergleichbare Interessenlage annehmen wollen würde, so würde eine Haftung – wie schon gesagt – jedenfalls an der (nunmehr) fehlenden Regelungslücke scheitern.

Hier besteht eine Haftung schon nach § 823 Abs. 2 i.V.m. § 158b FamFG. Eine Lücke könnte sich nur dadurch ergeben, dass die Haftungsvoraussetzungen unterschiedlich sind und die Haftung nach §§ 1809 Abs. 1 S. 1, 1813Abs. 1 S. 1 BGB i.V.m. § 1794 Abs. 1 Satz 1 BGB damit einen gegenüber § 823 Abs. 2 BGB i.V.m. § 158b FamFG anderen Anwendungsbereich hat.[1015]

Unterschiede liegen nur in den Beweisanforderungen,[1016] nicht aber im materiellen Umfang der Haftung. Die Haftungsbegrenzung des § 1794 Abs. 2 BGB führt nicht zu einem materiell anderen Anwendungsbereich, zumal diese Haftungsbegrenzung von vornherein nicht anwendbar ist. Die dort geregelte Haftungsbegrenzung auf eigenübliche Sorgfalt aus § 1664 BGB soll nämlich nur dann anwendbar sein, wenn der Mündel in den Haushalt des Vormunds aufgenommen wurde. Ein solcher Fall ist beim Verfahrensbeistand

---

[1014] Staudinger/*Bienwald*, 16. Aufl. (2017), § 1915 BGB, Rn. 4; Übertragung nur bei Beauftragung mit „anwaltstypischer Tätigkeit“, HK-BUR/*A. Bauer*, 143. EL (154. EL 6.2025), § 276 FamFG, 221; a. A.: Prütting/Helms/*Fröschle*, 6. Aufl. (2022), § 276 FamFG, Rn. 74a; *Küsgens*, Die Vergütungsregelungen nach den Entwürfen zu einem Betreuungsrechtsänderungsgesetz (BtÄndG) vom 07.02. und 04.10.1996 unter besonderer Berücksichtigung der Situation des Verfahrenspflegers, 1998, S. 42.

[1015] So bei der Haftung des Zeugen argumentierend auch *Windthorst*, VersR, 2005, 1634.

[1016] So gilt der Beweis des ersten Anscheins, wenn die Pflichtwidrigkeit im Unterlassen einer gesetzlichen Pflicht besteht, vgl. *OLG Saarbrücken*, Urt. v. 13.12.2011 – 4 U 456/10, NJOZ 2012, 1289.

nicht denkbar. Er würde daher auch nach § 1794 Abs. 2 BGB immer für Vorsatz und jede Fahrlässigkeit haften.

Eine analoge Anwendung auf den Verfahrensbeistand scheitert daher sowohl am Vorliegen einer vergleichbaren Interessenlage als auch an der fehlenden planwidrigen Regelungslücke.

ddd) Zwischenergebnis

Der Verfahrensbeistand haftet nach § 823 Abs. 1 und § 823 Abs. 2 i.V.m. § 158b FamFG für Vorsatz und jede Fahrlässigkeit.

Wenn man sich nun erneut die Argumente vom Anfang ins Gedächtnis ruft, die für und gegen eine Haftung des Verfahrensbeistands vorgebracht werden, so muss man sich fragen, ob eine solche doch umfassende Haftung angebracht ist. Eine ausfüllungsbedürftige Lücke könnte daher in Bezug auf eine Haftungsbegrenzung bestehen.

bb) Haftungsbegrenzung

Eine Haftungsbegrenzung wäre dann notwendig, wenn die Haftung tatbestandsmäßig so weit ist, dass dadurch die angemessene Interessenvertretung des Verfahrensbeistands seinerseits gefährdet wird. Dabei können die Schwierigkeiten im Beweis der Haftung nicht zu einer unangemessenen Ausweitung der materiellen Haftungsvoraussetzungen führen.

aaa) Notwendigkeit einer Haftungsbegrenzung

Haftet der Verfahrensbeistand nach § 823 Abs. 2 BGB i.V.m. § 158b FamFG oder § 823 Abs. 1 BGB, so haftet er für Vorsatz und jede Fahrlässigkeit. Dies führt zu einer sowohl auf Tatbestands- wie auch auf Verschuldensebene sehr weit gehenden Haftung.

Besonders deutlich wird dies am Beispiel der Stellungnahme. Ist diese nur in einzelnen Details falsch, so besteht gleichwohl schon eine Verletzung einer Pflicht aus § 158b Abs. 1 S. 2 FamFG unabhängig von den Gründen, auf denen die Fehler beruhen. Da daneben für die Verletzung des Schutzgesetzes keine weiteren Voraussetzungen bestehen, wäre der Verfahrensbeistand grundsätzlich dem Risiko einer Haftung ausgesetzt.[1017] Diese weite Haftung

---

[1017] Zu den Anforderungen an die Stellungnahme bereits oben, B. II. 5. a) bb); zur Annahme einer Pflichtverletzung bei unrichtiger Stellungnahme unten, B. III. 2. b) ee) bbb) (1).

auf Tatbestandsebene wird zudem nicht auf Verschuldensebene abgemildert. Vielmehr haftet der Verfahrensbeistand auch bei nur leichter Fahrlässigkeit, wenn sein Fehler für den Schaden kausal war.

(1) Gründe für eine Haftungsbegrenzung

Eine solch weite Haftung würde zu erhöhten Anforderungen an die Aufgabenwahrnehmung des Verfahrensbeistands und gegebenenfalls zu verdeckten Nachforschungspflichten des Verfahrensbeistands bei Aussagen des Kindes führen.[1018] Der Verfahrensbeistand müsste schon bei der Aufgabenwahrnehmung ausschließen, dass er irgendeinen Fehler macht, weil ihm sonst leicht fahrlässiges Handeln vorgeworfen werden könnte, da bei jedem Fehler in der Stellungnahme unabhängig von seiner Schwere, erst einmal eine Pflichtverletzung besteht.[1019] Diese hohe Anforderung an das Verhalten des Verfahrensbeistands auf der Ebene der Pflichtverletzung muss daher an anderer Stelle ausgeglichen werden. Der Verfahrensbeistand könnte sich sonst gegenüber dem Kind nicht unbeschwert verhalten, was das Vertrauensverhältnis zwischen Verfahrensbeistand und Kind belasten und damit seinerseits einer optimalen Interessenwahrnehmung des Kindes entgegenstehen könnte. Das oben beschriebene Gleichgewicht könnte also bei einer Haftung auch für leichte Fahrlässigkeit einseitig zulasten des Verfahrensbeistands kippen. Dies würde für eine Haftungsbegrenzung sprechen.

Hier kann darüber hinaus mit einem Erst-Recht-Schluss zur Haftung des Vormunds argumentiert werden. Beim Verfahrensbeistand ist der Schadenseintritt häufig nicht so monokausal wie bei den Schäden, die der Vormund verursacht, bei denen die meisten Gerichtsentscheidungen das Unterlassen der Geltendmachung von finanziellen Ansprüchen wie Unterhalt, Rentenansprüche oder Sozialhilfeansprüche betreffen.[1020] Dort lässt sich vom Unterlassen direkt auf den Schaden schließen. Solche Schadensentwicklungen sind beim Verfahrensbeistand jedoch in der Regel nicht anzutreffen. Der Schaden entsteht vielmehr meist erst durch ein Zusammenspiel der verschiedenen Akteure im Verfahren.[1021] Bei der Haftung des Vormunds ist die Haftungshöhe

---

[1018] Zu den Gründen, die gegen die Annahme einer Nachforschungsflicht sprechen schon oben, B. II. 5. a) bb).

[1019] Näher dazu unten, B. III. 2. b) ee) bbb) (1).

[1020] Erman/*Schulte-Bunert*, 17. Aufl. (09.2023), § 1794 BGB, Rn. 8 m.w.N.

[1021] Dazu unten, B. III. 2. b) ff) aaa).

zudem im Gegensatz zum Verfahrensbeistand von vornherein bestimmbar. Im Gegensatz dazu betrifft die Haftung des Verfahrensbeistands vor allem immaterielle Schäden, deren Haftungshöhe nicht konkret abschätzbar ist.[1022] Da jedenfalls im Fall des § 1794 Abs. 2 BGB für den Vormund und Betreuer eine Herabsetzung des Haftungsmaßstabs normiert ist, ließe sich daraus als Erst-Recht-Schluss schließen, dass ebenso beim Verfahrensbeistand die Haftung begrenzt sein muss.

Schließlich muss man sich auch an die ordinäre Aufgabenverteilung im Gerichtsverfahren erinnern. Danach ist es zuvorderst die Pflicht des Gerichts, die Interessenvertretung zu sichern. Dieses könnte es versäumt haben, den Verfahrensbeistand abzubestellen und damit in die Rechte des Kindes eingegriffen haben.[1023] Es erscheint daher insgesamt auch aufgrund des notwendigen Vertrauensverhältnisses zwischen Verfahrensbeistand und Kind angebracht, die Haftung des Verfahrensbeistands zu begrenzen.

(2) Kein entgegenstehender Wille des Gesetzgebers

Eine Haftungsbegrenzung darf jedoch unabhängig von ihrer methodischen Anknüpfung nur dann erfolgen, wenn dies nicht dem Willen des Gesetzgebers entgegensteht, insbesondere das Schweigen des Gesetzgebers zu dieser Frage nicht „beredt" ist.[1024] Dabei greifen im Wesentlichen die gleichen Erwägungen, die schon bei der Frage der Tragbarkeit der Haftung im haftungsrechtlichen Gesamtsystem bei der Bestimmung von § 158b FamFG als Schutzgesetz herangezogen wurden.[1025] Diese sollen hier daher nur kurz zusammengefasst werden.

Ausführungen zu einer Haftung des Verfahrensbeistands finden sich in den Gesetzesmaterialien zur Schaffung des Verfahrensbeistands nicht. Bei Einführung der Schuldrechtsmodernisierung 2002 gab es den Verfahrensbeistand in seiner jetzigen Form mit den ausformulierten Anforderungen noch nicht. Eine Haftung des Verfahrensbeistands nach § 823 Abs. 1 BGB und § 823 Abs. 2 BGB kam schon nicht in Betracht, folglich bedurfte es keiner Haftungsbegrenzung. Auch in der Rechtsprechung und Literatur

---

[1022] Dazu unten, B. III. 2. b) ff.) bbb) (1) (a).

[1023] Dazu schon oben, B. I. 2.

[1024] *Larenz/Canaris*, Methodenlehre der Rechtswissenschaft, 1995, S. 191.

[1025] Dazu soeben, B. III. 2. b) aa) bbb) (3) (b).

wurde auf eine etwaige Notwendigkeit einer Haftungsvorschrift gleich wie einer Haftungsbegrenzung bisher nicht hingewiesen. Wie gezeigt sind die Ausführungen in der Literatur dazu bisher vereinzelt geblieben.[1026] Es kann also davon ausgegangen werden, dass dieses Problem dem Gesetzgeber bisher nicht bewusst war, sodass eine Haftungsbegrenzung dem Willen des Gesetzgebers nicht entgegensteht.

bbb) Möglichkeiten der Haftungsbegrenzung

Es gibt verschiedene Wege, wie die Haftung begrenzt werden kann. Dabei bieten sich hier vor allem Begrenzungen auf der Ebene des Verschuldens an, da dadurch eine Differenzierung zwischen bewussten oder grob unvorsichtigem Verhalten auf der einen und unabsichtlichen Fehlern auf der anderen Seite ermöglicht wird und damit auch eine gewisse Rückkopplung an die innere Haltung des Verfahrensbeistands stattfindet. Dabei finden sich im Gesetz und in der Rechtsprechung verschiedene Modelle, durch die der Haftungsmaßstab begrenzt werden kann. Diese sollen im Folgenden auf ihre Eignung bei der Begrenzung der Haftung des Verfahrensbeistands hin untersucht werden.

(1) Zulässigkeit einer Haftungsbegrenzung durch Rechtsfortbildung

Zunächst ist jedoch zu fragen, ob eine solche Begrenzung durch Rechtsfortbildung erfolgen könnte oder ob es dazu einer Regelung des Gesetzgebers bedarf.

Eine Rechtsfortbildung ist dabei im Grundsatz nicht verfassungsrechtlich zu beanstanden.[1027] Haftungsbegrenzungen, die durch Rechtsfortbildung eingeführt werden, sind dem Zivilrecht zudem nicht völlig fremd, man denke nur an den innerbetrieblichen Schadensausgleich, der gesetzlich nicht geregelt ist, aber richterrechtlich anerkannt ist.[1028] Schon vor Schaffung des § 839a BGB wurde eine Haftungsbeschränkung für den Sachverständigen durch analoge Anwendung der Haftungsbeschränkungen vertreten.[1029] Dabei wurde dies vom OLG Hamm und vom BGH auf eine analoge Anwendung

---

1026 MüKo FamFG/*Schumann*, 4. Aufl. (2025), § 158b FamFG, Rn. 21; Dutta/Jacoby/D. Schwab/*Lack*, 4. Aufl. (2021), § 158b FamFG, Rn. 21; *Koritz*, FPR, 2012, 568; *Wellenhofer*, FPR, 2012, 529.

1027 *BVerfGE*, 304, 318; *BVerfGE*, 287.

1028 BeckOK BGB/*Baumgärtner*, 74. Aufl. (2025), § 611a BGB, Rn. 96.

1029 Ausführlich dazu *Thole*, Die Haftung des gerichtlichen Sachverständigen nach § 839a BGB, 2004, S. 24–29.

der Haftungsbeschränkung aus § 839 Abs. 2 S. 1 BGB gestützt,[1030] auch wenn der BGH die Haftungsbeschränkung nur mit „Rechtsgründen“ begründete, ohne dass dies methodisch näher erläutert wurde.[1031]

Das BVerfG hat gleichwohl auch schon vor der Schaffung des § 839a BGB zur Haftung des Sachverständigen entschieden, dass die vom BGH praktizierte Haftungsbegrenzung des Anspruchs aus § 823 Abs. 1 BGB auf vorsätzliche Haftung eine unzulässige richterliche Rechtsfortbildung darstelle.[1032] Dabei wurde jedoch nicht die Rechtsfortbildung als solche missbilligt, sondern bloß die Beschränkung auf eine nur vorsätzliche Haftung als nicht mit Art. 2 Abs. 2 GG vereinbar erklärt.[1033] Die Schaffung einer Haftungsbegrenzung durch Rechtsfortbildung erscheint daher auch hier ein mögliches Vorgehen, solange dadurch die Haftung nicht auf Vorsatz beschränkt wird.

(2) Methodische Vorüberlegungen

Gleich, wie eine Haftungsbegrenzung im Detail aussehen sollte, bleibt zunächst die Frage zu beleuchten, wie eine solche Haftungsbegrenzung durch Rechtsfortbildung geschaffen werden kann. Methodisch ließe sich eine Haftungsbegrenzung sowohl durch eine Analogie zu einzelnen haftungsbegrenzenden Vorschriften wie auch durch eine teleologische Reduktion von § 276 BGB implementieren. Während bei der Analogie eine Regelung auf einen Fall angewandt wird, der vom Wortlaut des Gesetzes nicht erfasst wird, nach dem Sinn und Zweck der Norm aber erfasst sein sollte, wird bei der teleologischen Reduktion eine Norm auf einen Fall ausnahmsweise wegen des Zwecks der Norm nicht angewandt, obwohl sie nach dem Wortlaut von der Norm erfasst wäre.[1034] Dabei ist die Annahme einer Analogie der Begründung einer teleologischen Reduktion sowohl aus methodischen wie auch verfassungsrechtlichen Gründen vorzuziehen.[1035] Auch in der Recht-

---

[1030] *OLG Hamm*, Urt. v. 03.01.1950 – 3 U 527/48, MDR 1950, 221, 222.

[1031] *BGHZ*, 54, 56.

[1032] *BGHZ*, 54, 56.

[1033] *BVerfGE*, 304, 316, 320.

[1034] *Möllers*, Juristische Methodenlehre, 2023, Rn. 92; *Bydlinski*, Juristische Methodenlehre und Rechtsbegriff, 2011, S. 477, 480.

[1035] *Bydlinski*, Juristische Methodenlehre und Rechtsbegriff, 2011, S. 475; ausführlich zum Rangverhältnis von Analogie und teleologischer Reduktion *Danwerth*, Analogie und teleologische Reduktion, ZfPW, 2017, 230, 242–244.

sprechung wird eine Haftungsbegrenzung in der Regel über eine analoge Anwendung von haftungsbegrenzenden Vorschriften begründet,[1036] sodass dieser Weg hier ebenfalls gegangen werden soll.

Zu prüfen ist daher nun, welche haftungsbegrenzenden Vorschriften sich für eine analoge Anwendung eignen. Dafür bedarf es jeweils einer vergleichbaren Interessenlage sowie einer planwidrigen Regelungslücke.[1037]

(3) Innerbetrieblicher Schadensausgleich

Abzulehnen ist dabei von vornherein eine Übertragung der Grundsätze der Haftung beim innerbetrieblichen Schadensausgleich.[1038] Dabei fehlt es schon am vergleichbaren Regelungszweck. Während die Haftungsmilderung des Arbeitnehmers die natürliche Fehlergeneigtheit dauerhafter Tätigkeit ausgleichen soll,[1039] besteht so etwas bei einem Verfahrensbeistand nicht.[1040] Auch die Abgrenzung zwischen leichtester und mittlerer Fahrlässigkeit erscheint für Fehlverhalten des Verfahrensbeistands nicht praktikabel, sondern würde die Rechtsunsicherheit erhöhen.[1041]

(4) Subjektivierter Sorgfaltsmaßstab

Es ließe sich daher überlegen, die Haftung, wie es auch beim Vormund vorgesehen ist, auf einen subjektivierten Sorgfaltsmaßstab zu begrenzen, den Verfahrensbeistand also nur für eigenübliche Sorgfalt i.S.d. § 277 BGB haften zu lassen. Ein solcher findet sich im BGB an verschiedenen Stellen, wie

---

[1036] So wird beispielsweise die Haftungsbegrenzung beim innerbetrieblichen Schadensausgleich auf eine analoge Anwendung von § 254 BGB gestützt, vgl. BeckOK BGB/*Baumgärtner*, 74. Aufl. (2025), § 611a BGB, Rn. 97; auch bei der Haftung des Sachverständigen wurde vor Schaffung des § 839a BGB eine analoge Anwendung von § 839 Abs. 1 S. 2 vertreten, vgl. *OLG Hamm*, Urt. v. 03.01.1950 – 3 U 527/48, MDR 1950, 221, 222; zur analogen Anwendung von § 1664 BGB beispielsweise *BGH*, Urt. v. 01.03.1988 – VI ZR 190/87, FamRZ 1988, 810, 812.

[1037] *Möllers*, Juristische Methodenlehre, 2023, Rn. 94; *Larenz/Canaris*, Methodenlehre der Rechtswissenschaft, 1995, S. 202.

[1038] So jedoch *K. Schreiber*, ZZP, 1992, 129, 141–143, für die Haftung des Zeugen.

[1039] *Thole*, Die Haftung des gerichtlichen Sachverständigen nach § 839a BGB, 2004, S. 209 m.w.N.

[1040] Ablehnend daher auch *Thole*, Die Haftung des gerichtlichen Sachverständigen nach § 839a BGB, 2004, S. 209.

[1041] Ähnlich für die Haftung des Zeugen *Thole*, Die Haftung des gerichtlichen Sachverständigen nach § 839a BGB, 2004, S. 208.

beispielsweise bei §§ 690, 1359, 1664, 2131 BGB. Aber auch hier lässt sich der dem zugrunde liegende Rechtsgedanken nicht auf die Haftung des Verfahrensbeistands übertragen.[1042] Dabei finden sich für die Haftungsbegrenzung in der Literatur vor allem zwei Begründungsstränge, die aber beide nicht auf die Haftung des Verfahrensbeistands anwendbar sind. Daneben wäre eine Haftungsmilderung in dieser Form auch systemwidrig.

Die Haftungsmilderung bei §§ 1359, 1664 BGB dient dazu, ein besonderes Vertrauensverhältnis zwischen den Beteiligten auszugleichen, die sich im Zweifel „so nehmen, wie sie sind".[1043] Zwar sollte auch zwischen Verfahrensbeistand und Kind ein Vertrauensverhältnis entstehen, dies ist allerdings nicht in der Weise wahrscheinlich, wie bei §§ 1359, 1664 BGB, wo das Vertrauensverhältnis vor allem aufgrund einer persönlichen Verbundenheit der Beteiligten besteht. Darüber hinaus dürfte dieses Vertrauensverhältnis jedenfalls nicht von der Qualität sein, dass diese sich „so nehmen, wie sie sind". Das beruht insbesondere darauf, dass, anders als bei §§ 1359, 1664 BGB sich Verfahrensbeistand und Kind nicht gegenseitig ausgesucht haben und das Kind auch kein Mitspracherecht bei der Auswahl des Verfahrensbeistands hat.[1044]

Bei §§ 690, 2131 BGB begründet sich die Haftungsmilderung dagegen vor allem daraus, dass es sich jeweils um eine unentgeltliche Leistung handelt und daher vom Schuldner die Einhaltung der objektiven Sorgfalt nicht erwartet werden kann.[1045] Auch dies kann beim Verfahrensbeistand nicht angenommen werden. Er erhält eine Vergütung, wenn gleich nicht vom Kind als „Schuldner" seiner Leistung. Eine Haftungsmilderung auf eigenübliche Sorgfalt trägt auch mit dieser Begründung nicht.

Darüber hinaus erscheint die Milderung auf eigenübliche Sorgfalt auch vor dem Hintergrund der Qualifikationspflichten aus § 158a FamFG systemwidrig. Dies soll gerade ein bestimmtes – einheitliches – Niveau der Interessenvertretung sicherstellen. Wenn der Verfahrensbeistand sich aber dann darauf berufen könnte, dass er bestimmte Kenntnisse nun einmal nicht habe,

---

[1042] Gegen eine Übertragung bei der Zeugenhaftung auch *Thole*, Die Haftung des gerichtlichen Sachverständigen nach § 839a BGB, 2004, S. 207.

[1043] MüKo BGB/*Grundmann*, 9. Aufl. (2022), § 277 BGB, Rn. 1.

[1044] Zum fehlenden Mitspracherecht des Kindes schon oben, B. II. 3. c).

[1045] MüKo BGB/*Grundmann*, 9. Aufl. (2022), § 277 BGB, Rn. 1.

würde diese Regelung unterlaufen.[1046] Ein objektivierter Sorgfaltsmaßstab, wie er § 276 BGB zugrunde liegt, stimmt mit dem Schutzzweck des § 158a FamFG besser überein.

Eine Haftungsbegrenzung auf eigenübliche Sorgfalt ist damit zur Begrenzung der Haftung beim Verfahrensbeistand nicht geeignet.

(5) Haftungsbegrenzung auf grobe Fahrlässigkeit und Vorsatz

Als Haftungsbegrenzung erscheint eine Begrenzung auf grobe Fahrlässigkeit und Vorsatz am besten geeignet. Eine solche findet sich beispielsweise bei § 839a Abs. 1 BGB. Dadurch wird insbesondere sichergestellt, dass das Vertrauensverhältnis zwischen Verfahrensbeistand und Kind nicht durch die Möglichkeit einer Gebühr belastet.

Dabei bietet sich insbesondere eine analoge Anwendung der Haftungsbegrenzung bei der Haftung des Sachverständigen aus § 839a Abs. 1 BGB an. Dabei zeigt sich, dass bei der Haftungsbegrenzung des Sachverständigen ähnliche Wertungen greifen, wie sie auch bei des Verfahrensbeistands zu berücksichtigen sind.

Um diese Haftungsbeschränkung im Wege der Analogie auf die Haftung aus § 823 Abs. 1 BGB und § 823 Abs. 2 BGB i.V.m. § 158b FamFG zu übertragen, bedarf es einer vergleichbaren Interessenlage zwischen der Haftung des Sachverständigen und der Haftung des Verfahrensbeistands und das Fehlen einer Haftungsbegrenzung bei der Haftung des Verfahrensbeistands muss planwidrig sein.

(a) Planwidrige Regelungslücke

Zwar besteht für die Haftung aus § 839a BGB, wie bereits beschrieben, keine planwidrige Regelungslücke. Da es jedoch nicht um die Übertragung einer Anspruchsgrundlage, sondern nur um die Übertragung einer Haftungsbegrenzung geht, ist diese Frage anders zu beantworten. Eine Haftungsbegrenzung besteht bisher abseits von der allgemeingültigen Regelung des § 276 BGB nicht. Eine Regelungslücke kann damit ohne weiteres bejaht werden. Aber auch das Vorliegen der Planwidrigkeit ist unproblematisch.

[1046] Wie schon beschrieben, kann der Verfahrensbeistand sich aufgrund der Qualifikationspflichten nicht darauf berufen, es nicht besser gewusst zu haben, in diese Richtung aber noch *Wellenhofer*, FPR, 2012, 529, 531 f., vor Schaffung des § 158a FamFG.

Dabei gelten wieder im Wesentlichen die Erwägungen, die schon bei § 158b FamFG erörtert wurden.[1047] Da es schon hinsichtlich der Frage der Haftung keine Überlegungen des Gesetzgebers gab, kann erst recht davon ausgegangen werden, dass die Regelungslücke in Bezug auf die Haftungsbegrenzung planwidrig ist.

(b) Vergleichbare Interessenlage

Eine Vergleichbarkeit der Haftung von Sachverständigem und Verfahrensbeistand lässt sich dabei zum einen mit der vergleichbaren Stellung von Verfahrensbeistand und Sachverständigen im Verfahren und dem daraus resultierenden ähnlichen Haftungsrisiko begründen, zum anderen mit dem Sinn und Zweck, der für die Haftungsbegrenzung bei § 839a BGB herangezogen wird.

(aa) Ähnlichkeit des tatbestandlichen Haftungsrisikos

Dabei zeigt sich, dass der Sachverständige und der Verfahrensbeistand unter sehr ähnlichen Voraussetzungen einer Haftung ausgesetzt sind. Der Sachverständige haftet für den Schaden, der durch eine gerichtliche Entscheidung entsteht, die auf dem unrichtigen Gutachten des Sachverständigen beruht. Die Erstellung des Gutachtens ist dabei die maßgebliche Aufgabe des Sachverständigen. Die Erstellung eines unrichtigen Gutachtens kommt einer Pflichtverletzung nach § 158b FamFG nahe, wie beispielsweise die Erstellung einer unrichtigen Stellungnahme. Darüber hinaus ist für die Haftung nach § 839a BGB lediglich erforderlich, dass das Urteil auf dem Gutachten beruht. Auch diese Voraussetzung besteht bei der Haftung nach §§ 823 Abs. 2 i.V.m. § 158b FamFG im Rahmen der Kausalität.[1048]

Diese tatbestandsmäßige Ähnlichkeit lässt sich zudem dadurch begründen, dass die Haftung des Sachverständigen vor der Schaffung des § 839a BGB auf § 823 Abs. 1 BGB und §§ 823 Abs. 2 BGB i.V.m. §§ 154, 163 BGB gestützt, aber als zu weit empfunden wurde.[1049] Eine tatbestandsmäßige Änderung der Haftungsvoraussetzungen in Bezug auf materielle Schäden war durch die

---

[1047] Dazu oben, B. III. 2. b) aa) bbb) (3) (b) und B. III. 2. b) bb) aaa) (1).

[1048] Dazu unten, B. III. 2. b) gg).

[1049] Staudinger/*Wöstmann/A. Staudinger* (2020), § 839a BGB, Rn. 3 f.; *Thole*, Die Haftung des gerichtlichen Sachverständigen nach § 839a BGB, 2004, S. 30.

Einführung des § 839a BGB insoweit nicht beabsichtigt, die Neuregelung diente vielmehr nur der Haftungsbegrenzung und Vereinheitlichung.[1050]

(bb) Funktion im Verfahren

Darüber hinaus ist die Funktion, die dem Verfahrensbeistand und dem Sachverständigen im Verfahren zugeschrieben werden, insbesondere in Bezug auf die Pflicht des Verfahrensbeistands zur Erstellung einer Stellungnahme vergleichbar. Wenn auch die Stellungnahme, anders als das Gutachten,[1051] keinen Anspruch auf Objektivität erhebt,[1052] so dienen beide der Information des Gerichts über einen ähnlichen definierten Verfahrensgegenstand – das Kind.

Auch die Stellungnahme hat dabei ein erhebliches Gewicht bei der Entscheidungsfindung des Gerichts.[1053] Dies zeigt sich besonders eindrücklich, wenn die Stellungnahme von einigen in der Literatur als das Sachverständigengutachten substituierbar angesehen wird.[1054] Verfahrensbeistand und Sachverständiger sind folglich auch in Bezug auf ihre Bedeutung für das Verfahren vergleichbar.

(cc) Sinn und Zweck der Haftungsbegrenzung

Neben der generellen Vergleichbarkeit von Verfahrensbeistand und Sachverständigen ist zudem die Begründung, die für die Notwendigkeit der Haftungsbegrenzung beim Sachverständigen angeführt wird, auf den Verfahrensbeistand übertragbar.

[1050] Ausführlich zur Gesetzgebungsgeschichte *Thole*, Die Haftung des gerichtlichen Sachverständigen nach § 839a BGB, 2004, S. 41 f., eine Erweiterung erfolgte zwar im Anwendungsbereich, jedoch nur durch eine Erweiterung des relevanten Personenkreises und der ersatzfähigen Schäden, nicht jedoch in Bezug auf die Voraussetzungen unter denen dieser Personenkreis haftet; *Katzenmeier*, FS Horn, S. 67, 69.

[1051] Dies ergibt sich schon daraus, dass der Gutachter, anders als der Verfahrensbeistand, wegen Besorgnis der Befangenheit abgelehnt werden kann, vgl. BeckOK FamFG/*Perleberg-Kölbel*, 54. Aufl. (2025), § 30 FamFG, Rn. 39.

[1052] Dazu schon oben, B. II. 5.a) bb).

[1053] *Schürmann*, in: *Coester-Waltjen/Veit/Schumann et al.* (Hrsg.), Alles zum Wohle des Kindes?, S. 231, 237; Prütting/Helms/*S. Hammer*, 6. Aufl. (2022), § 158b FamFG, Rn. 24; generell dem Verfahrensbeistand eine wachsende Bedeutung im Verfahren zuschreibend Wiesner/Wapler/*Dürbeck*, 6. Aufl. (2022), Anhang 3: Das Gesetz über das Verfahren in Familiensachen und in Angelegenheiten der freiwilligen Gerichtsbarkeit (FamFG), Rn. 14 Dazu schon oben, B. II. 5. a) bb).

[1054] *Lack*, FamRZ, 2023, 1249, 1253.

Für die Haftungsbegrenzung wird bei der Sachverständigenhaftung insbesondere angeführt, dass er nicht der vollen Haftung des § 823 Abs. 1 BGB und § 823 Abs. 2 BGB auszusetzen sei, da er gerichtlich bestellt werde und sich daher der Mitwirkung nicht entziehen könne und zudem nur unzureichend entlohnt werde.[1055] Gleiches gilt für den Verfahrensbeistand. Auch dieser wird gerichtlich bestellt, ohne sich dieser nach erfolgter Bestellung wieder einseitig entziehen zu können. Er ist vielmehr immer darauf angewiesen, dass die Aufhebung durch das Gericht erfolgt. Er selbst kann sie nur anregen. Ebenso wird die Vergütung des Verfahrensbeistands zu Recht kritisiert.[1056] Auch wenn diese, wie schon beschrieben, nicht als Argument für oder gegen eine Haftung angeführt werden kann,[1057] muss die Haftung trotz dessen im Verhältnis zu den Vergütungsaussichten stehen. Selbst wenn diese verfassungsrechtlichen Anforderungen genügen würde, wird sie doch nie so hoch sein, dass sie eine hohe Gefahr von ausufernden Haftungsansprüchen ausgleichen könnte.

Als weiteres Argument wird häufig darauf verwiesen, dass Sachverständige keinen Einfluss auf den Gutachtenauftrag hätten und daher von vornherein ihr eigenes Haftungsrisiko nicht begrenzen könnten.[1058] Auch hier zeigen sich Parallelen zur Bestellung des Verfahrensbeistands.

Dessen Aufgabenumfang ist ebenfalls von vornherein durch das Gesetz und schließlich durch den Bestellungsumfang des Gerichts festgelegt. Eine Eingrenzung dieser Aufgaben ist durch den Verfahrensbeistand nicht möglich. Zwar ist der Verfahrensbeistand keinen Weisungen des Gerichts unterworfen und kann innerhalb des Bestellungsumfangs selbst entscheiden, welche Aufgaben er wie wahrnimmt; und insbesondere über den Bestellungsumfang hinausgehende Aufgaben wahrnehmen. Dies begrenzt jedoch nicht seinen Haftungsumfang. Er kann gerade nicht bestimmen, keine Stellungnahme zu erstellen, oder dass die Frage, ob Rechtsmittel eingelegt werden sollten, nicht von ihm bearbeitet wird. Beides sind vielmehr Aufgaben, die stets zum originären Aufgabenkreis des Verfahrensbeistands gehören und bezüglich dessen er sich einer Haftung nicht entziehen kann. Entscheidet

[1055] *G. Wagner*, NJW, 2002, 2049, 2063.
[1056] Dazu ausführlich schon oben, B. I. 3.
[1057] Dazu oben, B. III. 2. a) cc).
[1058] *G. Wagner*, NJW, 2002, 2049, 2063.

der Verfahrensbeistand also beispielsweise nicht über die Einlegung von Rechtsmitteln, so kommt dies einer Entscheidung gegen die Einlegung von Rechtsmitteln gleich und kann danach eine Haftung nach sich ziehen.

Als wesentliches Argument für die Haftungsbegrenzung des Sachverständigen wird häufig die innere Freiheit des Sachverständigen genannt. Diese soll gewahrt werden, da er derer bedarf, um sein Gutachten unabhängig und ohne Druck eines möglichen Rückgriffs erstatten zu können.[1059] Dieser Punkt weist dabei eine starke Ähnlichkeit zu der Weisungsfreiheit auf, die beim Verfahrensbeistand stets gewahrt werden muss und daher in der Literatur stark betont wird.[1060] Auch diese wird damit begründet, dass er seine Aufgabe ohne Druck und unabhängig wahrnehmen können soll. Beim Sachverständigen soll die innere Freiheit im Hinblick auf eine Beeinflussung durch einen Beteiligten geschützt werden. Der Sachverständige soll nicht glauben, sich vor einem Haftungsanspruch des Beteiligten schützen zu müssen.[1061] Bei der Haftung des Verfahrensbeistands dient die Weisungsfreiheit dagegen vor allem dem Schutz des Verfahrensbeistands vor einer Einflussnahme des Gerichts. Hier könnte die innere Freiheit in einer anderen Richtung betroffen sein, nämlich die innere Freiheit gegenüber dem Kind unvoreingenommen zu agieren. Neben dem Willen des Kindes muss der Verfahrensbeistand bei seinen Aufgaben zudem das Wohl des Kindes beleuchten.[1062] Dieses liegt nicht immer notwendigerweise auf einer Linie mit dem Willen des Kindes. Auch wenn sich daraus keine Pflichtverletzung des Verfahrensbeistands ergibt, könnte er aus Sorge vor einer Inanspruchnahme durch das Kind geneigt sein, das Wohl des Kindes gegenüber dem Willen des Kindes zu vernachlässigen. Insofern könnte eine Haftungsbegrenzung in ähnlicher Weise wie beim Sachverständigen die innere Freiheit des Verfahrensbeistands schützen.

[1059] BT-Drs. 14/7752, 28; BRat-Drs. 742/01, 66; kritisch *Katzenmeier*, FS Horn, S. 67, 75.

[1060] Vgl. *KG Berlin*, Beschluss v. 20.08.2021 – 16 UF 2/21, FamRZ 2022, 212, 213; Prütting/Helms/*S. Hammer*, 6. Aufl. (2022), § 158b FamFG, Rn. 24; *Güssow*, Die Beteiligung und Vertretung des Kindes in Kindschaftssachen, 2022, S. 116; *Ahlert*, Der Verfahrensbeistand nach § 158 FamFG, 2010, S. 165; *Lack*, FamRZ, 2023, 1249, 1255; *Wellenhofer*, FPR, 2012, 529, 531; *Profitlich/Zivier*, FPR, 2006, 29, 32.

[1061] BRat-Drs. 742/01, 66; BT-Drs. 14/7752, 28.

[1062] Dies ist sowohl bei der Erstellung der Stellungnahme als auch für die Entscheidung über die Einlegung von Rechtsmitteln zu beachten; zum Aufgabenverständnis des Verfahrensbeistands schon oben, B. II. 1.

(dd) Erst-Recht-Schluss

Schließlich ließe sich für eine Übertragbarkeit ein Erst-Recht-Schluss bemühen. Dabei wird § 839a BGB analog auch – vor allem wegen seiner haftungsbeschränkenden Wirkung – auf den Zeugen angewandt.[1063] Dieser weist aber eher weniger Ähnlichkeit zum Sachverständigen auf als der Verfahrensbeistand und trägt zudem weniger Verantwortung im Verfahren. Wenn daher schon die Haftung des Zeugen in Anlehnung an die Haftung des Sachverständigen auf grobe Fahrlässigkeit und Vorsatz begrenzt ist, dann muss dies vor diesem Hintergrund erst recht für die Haftung des Verfahrensbeistands gelten, der der Haftungsbegrenzung des Sachverständigen näher steht als der Zeuge.

(c) Zusammenfassung

Es ist damit auch von einer vergleichbaren Interessenlage auszugehen. Dafür spricht neben der Gesetzgebungshistorie zu § 839a BGB vor allem der Sinn und Zweck der Haftungsbegrenzung. Dort konnte gezeigt werden, dass Sachverständiger und Verfahrensbeistand in ihrer Stellung im Verfahren und Bedeutung für das Gericht eine vergleichbare Stellung einnehmen. Schließlich deutet auch die analoge Anwendung auf die Haftung des Zeugen auf eine Übertragung der Haftungsbegrenzung beim Verfahrensbeistand. Daher ist eine analoge Anwendung der Haftungsbegrenzung auf grobe Fahrlässigkeit und Vorsatz aus § 839a BGB analog anzunehmen.

(6) Ausschluss nach § 839a Abs. 2, 839 Abs. 3 BGB

Fraglich scheint, ob darüber hinaus auch die Haftungsbegrenzung des §§ 839a Abs. 2, 839 Abs. 3 BGB auf die Haftung des Verfahrensbeistands übertragen werden sollte. Dies würde den hinter der Haftung des Sachverständigen stehenden Rechtsgedanken vollumfänglich übertragen. Eine Übertragung scheitert dabei nicht am Fehlen der Analogievoraussetzungen, sondern vielmehr aus tatsächlichen Gründen.

Über den Verweis auf § 839 Abs. 3 BGB haftet der Sachverständige nicht, wenn der Geschädigte nicht alle Rechtsmittel und prozessualen Möglichkeiten

---

[1063] *Thole*, Die Haftung des gerichtlichen Sachverständigen nach § 839a BGB, 2004, S. 217; *G. Wagner*, NJW, 2002, 2049, 2063; Erman/*Mayen*, 17. Aufl. (2023), § 839a BGB, Rn. 5; Erman/*Mayen*, 17. Aufl. (2023), § 839a BGB, Rn. 5; a. A. jurisPK BGB/*Wingler*, 10. Aufl. (2023), § 839a BGB, Rn. 24; *Windthorst*, VersR, 2005, 1634.

ausgeschöpft hat, um ein unrichtiges Urteil abzuwenden.[1064] Unterlässt er dies vorsätzlich oder fahrlässig, ist die Haftung ausgeschlossen. Dies soll ein *dulde und liquidiere* verhindern.

Entscheidend ist dabei immer die Frage, ob im Einzelfall die Nutzung eines ihm theoretisch zur Verfügung stehenden Rechtsmittels erwartet werden kann.[1065] Jedenfalls bei nicht verfahrensfähigen Kindern ist ein solcher Ausschluss aber von vornherein nicht denkbar. Ihnen fehlt zum einen schon die Fähigkeit, Rechtsmittel einzulegen, zum anderen sind sie im besonderen Maße, der zum Verhältnis der Partei beim Sachverständigen nicht vergleichbar ist, vom Handeln des Verfahrensbeistands abhängig. Eine Übertragung dieser Haftungsbeschränkung ist daher nicht angezeigt.

Fragen müsste man sich dann, ob man von über 14-Jährigen verlangen kann, dass sie Rechtsmittel einlegen. Nach § 60 FamFG sind sie dazu auch dann fähig, wenn sie nicht nach § 9 Abs. 1 Nr. 3 FamFG verfahrensfähig sind. Würde man bei diesen den Haftungsausschluss anwenden, würde man damit jedoch dem Sinn und Zweck des § 60 FamFG zuwiderlaufen. § 60 FamFG dient dazu, dem Kind die Möglichkeit der Geltendmachung seiner Rechte zu geben. Eine Pflicht zur Nutzung dieses Rechts geht damit jedoch nicht einher.[1066] Würde man den Haftungsanspruch nun ausschließen, weil das Kind keine Rechtsmittel eingelegt hat, wäre es dann gleichwohl doch gezwungen, selbst Rechtsmittel einzulegen, um sich die Haftungsmöglichkeit zu erhalten. Eine solche verdeckte Rechtsmittelpflicht wäre nicht mit dem Sinn und Zweck des § 60 FamFG vereinbar.

Schließlich müssen auch die Verfahrenshandlungen der Eltern als gesetzliche Vertreter außer Acht bleiben. Dies wäre widersprüchlich zur Intention der Verfahrensbeistandschaft.

Würde man darauf abstellen, dass diese für das Kind Rechtsmittel einlegen könnten und daher die Haftung des Verfahrensbeistands dann ausschließen, wenn die Eltern keine Rechtsmittel eingelegt haben, so würde dies der gesamten Funktion der Verfahrensbeistandschaft zuwiderlaufen. Durch die Schaffung des Instituts der Verfahrensbeistandschaft wird – wie auch mit der Schaffung der Verpflichtung des Verfahrensbeistands, im Interesse des

---

[1064] jurisPK BGB/*Wingler*, 10. Aufl. (2023), § 839a BGB, Rn. 48; *Rixe*, FPR, 2012, 534, 538.
[1065] jurisPK BGB/*Wingler*, 10. Aufl. (2023), § 839a BGB, Rn. 54.
[1066] Dazu schon oben, B. II. 2. b) cc).

Kindes Rechtsmittel einzulegen – die Haltung des Gesetzgebers ausgedrückt, dass die Eltern in Kindschaftssachen nicht in der Lage sind, die Interessen des Kindes ausreichend wahrzunehmen.[1067]

Würde man aber bei der Frage der Haftung nun darauf abstellen, ob die Eltern für das Kind Rechtsmittel eingelegt haben, würde diese Wertentscheidung des Gesetzgebers unterlaufen.

Die Einlegung von Rechtsmitteln durch das über 14-jährige Kind kann folglich von diesem nach dem eben Gesagten nicht verlangt werden.

Der Ausschluss des §§ 839a Abs. 2, 839 Abs. 3 BGB greift daher von vornherein nicht im Verhältnis zwischen Verfahrensbeistand und Kind.

ccc) Fazit

Die Haftungsbegrenzung aus § 839a Abs. 1 BGB sollte analog auf die Haftung aus §§ 823 Abs. 1 BGB und § 823 Abs. 2 BGB i.V.m. § 158b FamFG angewendet werden. Der Verfahrensbeistand haftet damit nur für grobe Fahrlässigkeit und Vorsatz. Eine analoge Anwendung des Haftungsausschlusses aus §§ 839a Abs. 2, 839 Abs. 3 BGB scheitert dagegen am Sinn und Zweck der Verfahrensbeistandschaft und der verfahrensrechtlichen Position des Kindes, die eine Anwendbarkeit schon tatsächlich ausschließt.

cc) Bezugspunkt des Verschuldens

Durch den Bezugspunkt des Verschuldens bei den einzelnen Anspruchsgrundlagen könnte sich schon ein erster Unterschied zwischen § 823 Abs. 1 BGB und § 823 Abs. 2 BGB i.V.m. § 158b FamFG ergeben. Während bei § 823 Abs. 1 BGB der Bezugspunkt des Verschuldens die Rechtsgutsverletzung ist, bezieht sich das Verschulden bei § 823 Abs. 2 BGB auf die Schutzgesetzverletzung, mithin die Verletzung von § 158b FamFG.[1068] Dies führt bei Anwendung der Haftungsbegrenzung dazu, dass sich daraus auch unterschiedliche Anforderungen an die beiden Anspruchsgrundlagen ergeben. Während für die Verletzung von § 823 Abs. 1 BGB erforderlich ist, dass der Verfahrensbeistand mindestens grob fahrlässig in Bezug auf die Rechtsgutsverletzung gehandelt

---

[1067] Ausführlich dazu oben, B. I. 1. b).

[1068] *BGH*, Urt. v. 14.10.1971 – VII ZR 313/69, NJW 1972, 36, 37; BeckOK BGB/*Förster*, 74. Aufl. (2025), § 823 BGB, Rn. 37; Grüneberg/*Sprau*, 84. Aufl. (2025), § 823 BGB, Rn. 61; BeckOGK BGB/*Voigt* (2025), § 823 BGB, Rn. 276.

hat, also zumindest grob fahrlässig die Freiheit, Körper usw. verletzt, ist bei § 823 Abs. 2 BGB nur notwendig, dass der Verfahrensbeistand zumindest grob fahrlässig in Bezug auf die Verletzung seiner Pflicht aus § 158b FamFG handelt. Für grobe Fahrlässigkeit ist gerade erforderlich, dass dem Schädiger ein besonders schwerer Verstoß gegen die objektiv erforderliche Sorgfalt zur Last zu legen ist, die Sorgfalt also in besonders hohem Maße missachtet worden ist.[1069] Fälle, in denen das Schutzgesetz grob fahrlässig verletzt wird, das Rechtsgut aber nicht, sind schwer vorstellbar, sodass sich in der Praxis daraus kaum ein Unterschied ergeben dürfte.

dd) Zusammenfassung

Als Anspruchsgrundlagen kommen sowohl eine Haftung aus § 823 Abs. 1 BGB als auch eine aus § 823 Abs. 2 BGB i.V.m. § 158b FamFG in Betracht sowie in Einzelfällen eine Haftung aus § 826 BGB. Ansprüche aus Vertrag kommen dagegen schon mangels Schuldverhältnisses nicht in Betracht. Dagegen scheitert ein Anspruch aus § 839 BGB daran, dass der Verfahrensbeistand nicht als Beamter im haftungsrechtlichen Sinne zu sehen ist. Auch eine analoge Anwendung von § 839a BGB als Anspruchsgrundlage kommt mangels Regelungslücke nicht in Betracht. Die Ansprüche aus §§ 823 Abs. 1 BGB und §§ 823 Abs. 2 BGB i.V.m. § 158b FamFG Anspruchsgrundlagen sind dabei analog § 839a Abs. 1 BGB auf grobe Fahrlässigkeit und Vorsatz begrenzt.

Das Bestehen einer Anspruchsgrundlage ist für die Haftung des Verfahrensbeistands allerdings nicht allein ausreichend. Vielmehr müssen auch die Tatbestandsvoraussetzungen vorliegen. Die Voraussetzungen der Haftung sind daher nun näher zu beleuchten. In der Folge wird der Fokus auf die Schwierigkeiten gerichtet, mit denen bei den einzelnen Anspruchsvoraussetzungen und deren Beweisbarkeit zu rechnen ist. Diese werden näher erforscht und einer Lösung zugeführt.

ee) Pflichtverletzung

Da der Verfahrensbeistand das Rechtsgut des Kindes in den betroffenen Fällen immer mittelbar verletzt, muss geprüft werden, ob ihm die Rechtsgutverletzung zurechenbar war. Nachfolgend wird zunächst herausgearbeitet,

---

[1069] Vgl. zu den verschiedenen Umschreibungen in der Rechtsprechung MüKo BGB/ *Grundmann*, 9. Aufl. (2022), § 276 BGB, Rn. 94.

welches Verhalten zu einer Haftung des Verfahrensbeistands führen kann. Wie gezeigt ist dabei insbesondere eine Verletzung der in § 158b FamFG begründeten Handlungspflichten haftungsbegründend. Zu entscheiden ist vor allem, ob die Aufgaben auch jeweils Handlungspflichten begründen, mithin deren Verletzung eine Pflichtverletzung darstellt.

aaa) Untätigkeit als Pflichtverletzung

Eine Haftung ist immer dann denkbar, wenn der Verfahrensbeistand untätig bleibt. Zwar liegt darin keine Verletzung der grundrechtlichen Schutzpflicht des Staates für das Kind – der Verfahrensbeistand ist wie gezeigt insoweit nicht Grundrechtsverpflichteter[1070] – jedoch begründet dies einen Verstoß gegen § 158b Abs. 1 S. 1 FamFG. Nach § 158b Abs. 1 S. 1 FamFG muss der Verfahrensbeistand die Interessen des Kindes feststellen und im Verfahren zur Geltung bringen. Auch wenn es in seinem Ermessen liegt, beispielsweise nicht mit den Eltern und weiteren Bezugspersonen zu reden, kann in der Untätigkeit des Verfahrensbeistands in keinem Fall ein „zur Geltung bringen" im gerichtlichen Verfahren liegen. Da den Verfahrensbeistand durch § 158b Abs. 1 S. 1 FamFG eine Handlungsverpflichtung trifft, begründet das Unterlassen auch eine Pflichtverletzung.[1071]

bbb) Pflichtverletzung durch Verstöße gegen § 158b FamFG

Ein differenzierteres Vorgehen ist dagegen notwendig, wenn es um die Frage geht, wann der Verfahrensbeistand seine Verpflichtung „falsch" oder „nicht ausreichend" wahrnimmt. Hier ist, wie oben schon angesprochen, die Weisungsfreiheit und Unabhängigkeit des Verfahrensbeistands zu wahren.[1072] Ein Verstoß darf nicht bei jedem unorthodoxen oder zweifelhaften Verhalten des Verfahrensbeistands angenommen werden, vielmehr sind an die Beurteilung von Pflichtverstößen hohe Grenzen zu setzen.[1073] Richtschnur ist immer, ob

---

[1070] Dazu, B. I. 2.

[1071] Einen Pflichtverstoß bei Untätigkeit annehmend auch *Büchner*, NZFam, 2020, 234, 235, die daraus aber nur auf die mangelnde Eignung des Verfahrensbeistands schließt.

[1072] *Lack*, FamRZ, 2023, 1249, 1255.

[1073] *OLG Karlsruhe*, Beschluss v. 01.08.2013 – 5 UF 62/13, FamRZ 2014, 1136 f.; *Büchner*, NZFam, 2020, 234, 235; *Koritz*, FPR, 2012, 568, 569; so auch *Wellenhofer*, FPR, 2012, 529, 531 f., der es vor der Einführung des § 158b FamFG noch an einer präzisen gesetzlichen Konkretisierung der Aufgaben und Pflichten des Verfahrensbeistands mangelte, das Verhalten der Vertretung den Interessen des Kindes dient. Dies liegt gleichwohl noch unter der Hürde des § 158 Abs. 4 S. 2 Nr. 2 FamFG, bei dem eine Aufhebung der Bestellung in Betracht kommt, wenn die Fortführung des Amtes die Interessen des Kindes *gefährden* würde.

Eine Pflichtverletzung kann dabei in jedem Fall nur dann angenommen werden, wenn auch eine Pflicht besteht, sich in einer bestimmten Weise zu verhalten. Soll das Gesetz demgegenüber lediglich Rechte einräumen, so kann in der Nichtausübung des Rechts keine Pflichtverletzung liegen, die eine Haftung zu begründen vermag. Solche Aufgaben, die nicht der Interessenvertretung des Kindes zu dienen bestimmt sind, sondern unabhängig davon bestehen, können nicht zur Begründung einer Haftung herangezogen werden.

Dabei kommen verschiedene Verhaltensweisen in Betracht. Exemplarisch soll hier anhand einiger besonders bedeutender Aufgaben des Verfahrensbeistands diese darauf überprüft werden, ob sie unter den eben aufgestellten Voraussetzungen zur Annahme einer Pflichtverletzung geeignet sind.

(1) Verstoß gegen § 158b Abs. 1 S. 2 FamFG

Nach § 158b Abs. 1 S. 2 FamFG soll der Verfahrensbeistand eine schriftliche Stellungnahme erstatten, um damit die Interessen des Kindes im gerichtlichen Verfahren zur Geltung zu bringen.[1074] Dabei kommt der Stellungnahme auch ein subjektiver Richtigkeitsanspruch zu. Dieser beschränkt sich jedoch auf den ihm bekannten oder mitgeteilten Sachverhalt.[1075] Eine Stellungnahme kann unter diesen Voraussetzungen falsch sein, wenn sie entweder den Willen des Kindes oder sonstige tatsächliche Erkenntnisse falsch wiedergibt oder daraus objektiv nicht nachvollziehbare Schlüsse zieht. Dabei ist irrelevant, wie groß die tatsächliche Abweichung ist. Jede auch nur in Teilen unrichtige Stellungnahme begründet einen Verstoß gegen § 158 Abs. 1 S. 2 FamFG. Eine solch strenge Auslegung ist notwendig, um ein einheitliches Wahrnehmungsniveau zu gewährleisten. Eine Abgrenzung zwischen nur kleinen, irrelevanten Fehlern und solchen, die die „Schwelle" zur Pflichtverletzung überschreiten,

---

um eine Pflichtverletzung zu definieren; Dutta/Jacoby/D. Schwab/*Lack*, 4. Aufl. (2021), § 158b FamFG, Rn. 20.

1074 Dazu näher oben, B. II. 5. a) bb).

1075 Zum Richtigkeitsanspruch der Stellungnahme schon oben, B. II. 5. a) bb).

erscheint überdies nicht möglich. Eine Pflichtverletzung liegt daher ferner dann vor, wenn der Verfahrensbeistand gar keine Stellungnahme erstellt. In beiden Fällen dient der Verfahrensbeistand durch sein Verhalten nicht den Interessen des Kindes, sodass ein Pflichtverstoß bejaht werden kann.

(2) Verstoß gegen § 158b Abs. 3 S. 2 FamFG

Schließlich könnte ein Fehlverhalten des Verfahrensbeistands auch dadurch begründet sein, dass er Rechtsmittel einlegt, obwohl dies nicht im Interesse des Kindes liegt oder die Einlegung von Rechtsmitteln unterlässt, obwohl letzteres im Interesse des Kindes läge.[1076] Ersterem kann dabei wie gezeigt nur eingeschränkt dadurch begegnet werden, dass das Interesse zu einer echten Zulässigkeitsvoraussetzung erhoben wird.[1077] Daher kommt für beide Fälle nur der materielle Ausgleich durch die Haftung in Betracht.[1078] In beiden Fällen dient das Verhalten des Verfahrensbeistands objektiv nicht den Interessen des Kindes. Es handelt sich darüber hinaus bei der Prüfung, ob die Einlegung von Rechtsmitteln aufgrund der Interessen des Kindes geboten ist, auch um eine Pflichtaufgabe des Verfahrensbeistands und nicht bloß um ein einseitiges Recht des Verfahrensbeistands.[1079] Die Verletzung dieser Pflicht, indem entweder entgegen dem Interesse des Kindes Rechtsmittel eingelegt werden oder die Einlegung unterlassen wird, stellt mithin eine Pflichtverletzung dar.

ccc) Zwischenergebnis

Haftungsbegründende Verhaltensweisen liegen vor, wenn der Verfahrensbeistand Pflichten aus § 158b FamFG verletzt. Dabei kann er entweder gar nicht tätig werden – was dann eine Verletzung von § 158b Abs. 1 S. 1 FamFG darstellt – oder seine sonstigen Pflichten aus § 158b FamFG, insbesondere die Pflicht zur Erstellung einer Stellungnahme und zur Einlegung von Rechtsmitteln verletzten.

ff) Schaden

Für eine Haftung bedarf es zudem eines Schadens. Auf der Ebene des Schadens ist nach allgemeiner Meinung zwischen zwei Stufen zu unterscheiden.[1080]

[1076] *Koritz*, FPR, 2012, 568, 569.
[1077] Dazu oben, B. II. 5. a) cc) ccc) (6).
[1078] Dazu schon oben, B. II. 5. a) cc) ddd).
[1079] Dazu schon oben, B. II. 5. a) cc) ddd).
[1080] *Mäsch*, Chance und Schaden, 2004, S. 239 m.w.N.

Auf der ersten Ebene geht es darum, ob eine Rechtsbeeinträchtigung im Sinne einer Schädigung eingetreten ist, während die zweite Ebene die Frage betrifft, ob diese Beeinträchtigung auch nach der Rechtsordnung zu ersetzen ist.[1081]

aaa) Bestehen eines Schadens

Um auf zweiter Ebene zu bestimmen, ob ein Schaden ersetzbar ist, muss daher zunächst immer festgestellt werden, dass ein solcher überhaupt besteht.[1082] Soweit sich in der Literatur mit der Frage der Haftung des Verfahrensbeistands auseinandergesetzt wird, wird dieser Aspekt zumeist ausgeblendet.[1083]

Ein Schaden kann dabei als jede Beeinträchtigung eines rechtlich geschützten Interesses definiert werden.[1084]

Zur Bestimmung des Ausmaßes des Schadens wird sodann nach der Differenzhypothese die Lage vor dem schädigenden Ereignis mit der Lage nach dem schädigenden Ereignis verglichen.[1085] Beschränkt man sich dabei zunächst auf den materiellen Schaden, so stellt man schnell fest, dass ein Vergleich der Vermögenslage vor und nach der Pflichtverletzung in der Regel keinen Unterschied ergeben wird. Dem Kind können insbesondere nach § 81 FamFG keine Kosten auferlegt werden. Sind beim Kind beispielsweise Heilbehandlungen infolge einer Gesundheitsschädigung nötig, so treffen die Kosten dafür die gesetzlichen Vertreter des Kindes, sodass materielle Schäden auch unter diesem Gesichtspunkt ausscheiden. Einzig vorstellbare Konstellation für einen Vermögensschaden bestünde darin, wenn aufgrund einer Pflichtverletzung des Verfahrensbeistands Eltern die Sorge für das Kind entzogen wird und diese dem Kind keine über dem Unterhalt liegenden Zuwendungen mehr machen, die sie bei noch bestehender Sorge gemacht hätten. Dabei handelt es sich jedoch wohl eher um einen konstruierten Sonderfall, der hier daher nicht weiter verfolgt werden soll.

[1081] Zu den in diesem Zusammenhang unterschiedlichen Begrifflichkeiten ausführlich *Mäsch*, Chance und Schaden, 2004, S. 239 m.w.N.

[1082] Zur Vorlagerung des Schadens vor die Bestimmung des Ersatzanspruchs *Mäsch*, Chance und Schaden, 2004, S. 238.

[1083] Knapp nur Dutta/Jacoby/D. Schwab/*Lack*, 4. Aufl. (2021), § 158b FamFG, Rn. 21; *Koritz*, FPR, 2012, 568, 569, die sich aber beide auf die Beweisschwierigkeiten bei der Kausalität zurückziehen. dazu unten, B. III. 2. c).

[1084] Zur Definition des Schadens ausführlich *Mäsch*, Chance und Schaden, 2004, S. 240 m.w.N.

[1085] *Mommsen*, Zur Lehre vom Interesse, 1855, S. 3.

Ein Vermögensschaden wird beim Kind durch etwaiges Fehlverhalten des Verfahrensbeistands daher in der Regel nicht direkt eintreten. Da sich dort auch keine besonderen Schwierigkeiten ergeben würden, soll sich bei der folgenden Betrachtung daher auf den Ausgleich wegen immaterieller Schäden beschränkt werden.

Der immaterielle Schaden wird vorwiegend durch die negative Abgrenzung vom materiellen Schaden bestimmt. Daher besteht ein immaterieller Schaden dann, wenn rechtlich geschützte Interessen beeinträchtigt sind, also ein Schaden besteht, der aber keine Vermögensdifferenz hervorruft, mithin nicht Vermögensschaden ist.[1086] Auch dort kann daher nach der Differenzhypothese die Lage vor und nach dem schädigendem Ereignis verglichen werden. Dabei kann anders als beim materiellen Schaden nicht auf zahlenmäßige Unterschiede oder äußere Veränderung abgestellt werden, sondern es muss meist auch auf die inneren Verhältnisse und Wahrnehmungen des Geschädigten geschaut werden. Ein Vergleich fällt daher hier naturgemäß schwieriger. Die Bestimmung des Zustands nach dem schädigenden Verhalten hängt im Wesentlichen davon ab, wie man die Beeinträchtigung definiert. Mag die Feststellung des Schadens bei einer Körperverletzung noch einfach sein, sind hier körperliche Beeinträchtigungen über Brüche und ähnliches von außen sichtbar, so stellt sich dies bei „inneren" Verletzungen schwieriger dar. Als Beispiel sei hier die Freiheitsverletzung herangezogen, die nach § 253 Abs. 2 BGB ausgleichspflichtig sein soll, also auch vom Gesetzgeber als schadensauslösende Rechtsgutsverletzung anerkannt wird. Hier lassen sich jedenfalls äußere Einbußen nicht feststellen. Es geht daher vielmehr um innere Veränderungen.[1087]

In der Rechtsprechung und Literatur wird die Trennung von Rechtsgutsverletzung, Schaden und Höhe der Entschädigung nicht immer eingehalten.[1088] Eine solche Trennung ist dabei nicht nur eine dogmatische

---

[1086] jurisPK BGB/*Vieweg/Lorz*, 10. Aufl. (2023), § 253 BGB, Rn. 5; Erman/*Ebert*, 17. Aufl. (2023), § 253 BGB, Rn. 1.

[1087] Die Lehre vom objektiven Schaden wurde jedoch vor allem mit Blick auf Vermögensschäden entwickelt, sodass sie für Nichtvermögensschäden nicht herangezogen werden sollte, zudem widerspricht sie den Grundsätzen des Haftungsrechts, zur Kritik *Schubert*, Die Wiedergutmachung immaterieller Schäden im Privatrecht, 2013, S. 158–161.

[1088] Kritisch dazu auch *Schubert*, Die Wiedergutmachung immaterieller Schäden im Privatrecht, 2013, S. 50.

Spitzfindigkeit, sondern sie ist unverzichtbar, um haftungsbegründende und haftungsausfüllende Kausalität zu trennen, was in der Folge auch für die Beweislast und damit die Frage des Obsiegens im Verfahren von entscheidender Bedeutung sein kann.[1089]

Das Schadensrecht geht dabei grundsätzlich von einem subjektiven Schadensbegriff aus, der an die konkreten Einbußen des Geschädigten anknüpft.[1090] Solche können sowohl in physischen als auch psychischen Schmerzen, Unannehmlichkeiten und andere Beeinträchtigungen des Wohlbefindens oder der Lebensfreude bestehen.[1091] Vorausgesetzt wird stets, dass der Geschädigte diese Einbußen spüren kann, es setzt also die Wahrnehmungs und Empfindungsfähigkeit des Geschädigten voraus.[1092]

Für die Bemessung der Höhe des Schadens wird dann jedoch von einem objektivierten Schadensbegriff ausgegangen, der eine subjektive Einbuße nicht in der Person des Geschädigten voraussetzt, sondern eine typisierende Betrachtung zur Annahme eines Schadens vornimmt. Eine Gleichsetzung von Schaden und Rechtsgutsverletzung ist damit aber nicht verbunden.[1093]

(1) Schaden durch die Entscheidung

Schaut man auf die Schäden, die als Folge der Entscheidung eintreten können, so geht es hier vor allem um mögliche Freiheits-, Körper- und Gesundheitsverletzungen, die beim Kind eintreten könnten. Man denke zum einen an Fixierungen aufgrund einer Genehmigung des Familiengerichts, die auf einer unrichtigen

---

[1089] Zur Bestimmung der haftungsausfüllenden Kausalität sowie zur Bedeutung für die Beweislast näher, B. III. 2. c) cc) ccc).

[1090] *Schubert*, Die Wiedergutmachung immaterieller Schäden im Privatrecht, 2013, 50, 154; *Deutsch*, Allgemeines Haftungsrecht, 1996, S. 499 Rn. 784–786; a. A.: *Neuner*, AcP 133 (1931), 277, 282; *S. Klumpp*, Die Privatstrafe – eine Untersuchung privater Strafzwecke, 2002, S. 169.

[1091] *Schubert*, Die Wiedergutmachung immaterieller Schäden im Privatrecht, 2013, S. 154.

[1092] Zum Schadensausgleich bei empfindungsunfähigen Geschädigten *Schubert*, Die Wiedergutmachung immaterieller Schäden im Privatrecht, 2013, S. 155–158.

[1093] Dies soll Schwierigkeiten bei der Bemessung des Schadens begegnen, die aufgrund der eingeschränkten Nachvollziehbarkeit der Schäden entstehen, vgl. dazu *Schubert*, Die Wiedergutmachung immaterieller Schäden im Privatrecht, 2013, 50, 154 f.; eine Gleichsetzung erfolgt beim objektiven Schadensbegriff, vgl. *Schubert*, Die Wiedergutmachung immaterieller Schäden im Privatrecht, 2013, S. 158.

Stellungnahme des Verfahrensbeistands beruht.[1094] Denkbar wäre zum anderen eine Gesundheitsschädigung oder Körperverletzung, die im Rahmen eines Umgangskontaktes eintritt, welcher aufgrund einer familiengerichtlichen Entscheidung angeordnet wurde, gegen die der Verfahrensbeistand pflichtwidrig keine Rechtsmittel eingelegt hat. Dadurch werden rechtlich geschützte Interessen des Kindes beeinträchtigt, sodass ein Schaden bejaht werden kann.

(2) Verfahren als Schaden

Schwieriger wird die Frage, wenn es um mögliche Schäden geht, die durch das Verfahren als solches ausgelöst werden.

Ein immaterieller Schaden könnte nach *Lack* dadurch eintreten, dass das Kindeswohl durch das Verhalten des Verfahrensbeistands konkret gefährdet wird.[1095] Ähnlich ist auch die Argumentation von *Koritz*, der schreibt, dass das Kind durch das Verhalten des Verfahrensbeistands konkret in Gefahr geraten müsste oder ein Schaden eingetreten sein müsste.[1096] Wie das Kindeswohl durch das Verhalten des Verfahrensbeistands konkret in Gefahr geraten soll, ist dabei nicht ersichtlich. Gemeint ist damit wohl vielmehr die Frage der Kausalität, die eben nur besteht, wenn der Schaden auch auf die Pflichtverletzung des Verfahrensbeistands zurückzuführen ist.[1097] Ein Schaden durch das Verfahrens als solches wäre hier vielmehr nur denkbar, wenn der Verfahrensbeistand im Verlauf des Verfahrens das Kind verletzt oder einsperrt. Dieser Schaden beruht dann aber nicht auf der besonderen Beziehung zwischen Verfahrensbeistand und Kind und bereitet keine besonderen Schwierigkeiten – zumal dies eher selten der Fall sein dürfte. Insbesondere gründet der Schaden dann nicht auf der Verletzung einer Pflicht aus § 158b FamFG, sondern beide stehen sich dann wie Dritte gegenüber, sodass diese Schäden hier nicht weiter vertieft werden sollen.

(3) Verlorene Chance

Man könnte schließlich andenken, die verlorene Chance auf einen besseren Verfahrensausgang als Schaden zu betrachten. Dadurch ließen sich auch

---

[1094] In diesen Fällen hat eine Bestellung des Verfahrensbeistands nach § 167 Abs. 1 S. 3 FamFG zwingend zu erfolgen.

[1095] Dutta/Jacoby/D. Schwab/*Lack*, 4. Aufl. (2021), § 158b FamFG, Rn. 21.

[1096] *Koritz*, FPR, 2012, 568, 569.

[1097] Dazu sogleich, B. III. 2. b) gg).

die sonst auf Kausalitätsebene auftretenden Beweisprobleme umgehen.[1098] Eine solche Betrachtung ist gleichwohl bei deliktischen Ansprüchen nicht möglich, da es dort nur um das Integritätsinteresse geht und Chancen nur im Rahmen des Erfüllungsinteresses ersetzbar sind.[1099]

(4) Zusammenfassung

Ein Schaden wird regelmäßig erst durch die gerichtliche Entscheidung eintreten. Wie sich schon an den Beispielen zeigt, liegen zwischen der Pflichtverletzung des Verfahrensbeistands und dem Schaden viele verschiedene „Schritte". Es ist daher weniger die Frage, ob ein Schaden besteht, sondern vielmehr, ob dieser auch kausal auf das Verhalten des Verfahrensbeistands zurückgeführt werden kann. Daher sind die Kausalität und ihr Nachweis der Knackpunkt, an dem eine Haftung scheitern könnte.[1100]

bbb) Ersetzbarkeit des Schadens

Eine erste Eingrenzung erfolgt schon auf zweiter Ebene, der Frage der Ersetzbarkeit des Schadens. Auf dieser Ebene setzen auch die §§ 249–254 BGB an.[1101] Geschuldet ist danach im Grundsatz immer die Naturalrestitution. Hier sollen wiederum nur immaterielle Schäden betrachtet werden. Bei diesen kann der Schaden jedoch meist nicht beseitigt werden.[1102] Deswegen ordnet § 253 BGB in bestimmten Fällen eine Entschädigung an.

(1) Entschädigung

Nach § 253 Abs. 1 BGB kann eine Entschädigung nur dann gefordert werden, wenn es durch Gesetz bestimmt ist. § 253 Abs. 2 BGB bestimmt darüber hinaus, dass eine Entschädigung auch dann gefordert werden kann, wenn der Schaden in der Verletzung von Körper, Gesundheit, Freiheit oder sexueller Selbstbestimmung liegt. Zu prüfen ist daher hier, ob der Schaden, der beim Kind in Folge der Entscheidung entsteht, auch ersetzbar ist.

[1098] *Mäsch*, Chance und Schaden, 2004, S. 346.
[1099] *Mäsch*, Chance und Schaden, 2004, S. 295, 303, 308.
[1100] Dazu sogleich, B. III. 2. b) gg).
[1101] *Mäsch*, Chance und Schaden, 2004, S. 238.
[1102] jurisPK BGB/*Vieweg/Lorz*, 10. Aufl. (2023), § 253 BGB, Rn. 1.

(a) § 253 Abs. 2 BGB

Geht es um immaterielle Schäden, die durch die Entscheidung eintreten, so werden diese in der Regel nach § 253 Abs. 2 BGB ersetzbar sein. Dem Kind steht danach ein Anspruch auf „billige Entschädigung in Geld“ zu, mithin auf das sog. Schmerzensgeld.[1103] Denkbar sind insbesondere Fälle, in denen in Folge einer Entscheidung, die auf einer Pflichtverletzung des Verfahrensbeistands beruht, ein Kind zwangsuntergebracht oder zwangsfixiert und dadurch seine Freiheit verletzt wird.[1104] Aber auch die Verletzung der übrigen Schutzgüter als Folge der Entscheidung sind hier grundsätzlich denkbar und in der Folge nach § 253 Abs. 2 BGB ersetzbar.

(b) Entschädigungsanspruch aus Grundrechten

Schließlich kann ein Schaden auch in einer schwerwiegenden Verletzung des Persönlichkeitsrechts des Kindes aus Art. 2 Abs. 1 i.V.m. Art. 1 Abs. 1 GG liegen, der einen Entschädigungsanspruch auszulösen vermag.[1105] Dabei handelt es sich dann nicht um einen ersatzfähigen Schaden nach § 253 Abs. 2 BGB, vielmehr folgt hier der Entschädigungsanspruch direkt aus den Grundrechten des Kindes.[1106] Dieser Entschädigungsanspruch ist allerdings an enge Voraussetzungen geknüpft. Er besteht nur dann, wenn es sich um einen schwerwiegenden Eingriff handelt und die Beeinträchtigung nicht auf andere Art ausgeglichen werden kann.[1107]

1103 Der Begriff ist dabei sprachlich ungenau, aber gebräuchlich, sodass er auch hier Verwendung finden soll, vgl. dazu *Schubert*, Die Wiedergutmachung immaterieller Schäden im Privatrecht, 2013, S. 13–15.

1104 So bei einem falschen Sachverständigengutachten infolgedessen das Kind zunächst im Krankenhaus und später in einem Heim untergebracht wurde *LG München I*, Urt. v. 07.01.2009 – 9 O 20622/06, FamRZ 2009, 1629, 1630; *Rixe*, FPR, 2012, 534, 537.

1105 So *OLG Frankfurt*, Urt. v. 27.07.2023 – 1 U 6/21, FamRZ 2023, 1882, 1885 im Falle einer nicht gerechtfertigten Fremdunterbringung bezüglich eines Amtshaftungsanspruchs des Kindes gegenüber dem Amtspfleger.

1106 Zur Ersatzfähigkeit von Verletzungen des Allgemeinen Persönlichkeitsrechts neben § 253 Abs. 2 BGB *BGH*, Urt. v. 15.12.1987 – VI ZR 35/87, NJW-RR 1988, 733; *BVerfG*, Beschluss v. 04.03.2004 – 1 BvR 2098/01, NJW 2004, 2371, 2372 m.w.N.

1107 St. Rspr. s. nur *BGH*, Urt. v. 15.12.1987 – VI ZR 35/87, NJW-RR 1988, 733; zu den Voraussetzungen ausführlich auch *Schubert*, Die Wiedergutmachung immaterieller Schäden im Privatrecht, 2013, S. 88–92.

Ein solcher kommt beispielsweise in Betracht, wenn es in Folge der Verletzung zu einer Fremdunterbringung kommt. Eine Freiheitsverletzung – die einen ersatzfähigen Schaden nach § 253 Abs. 2 BGB darstellen würde – ist darin regelmäßig nicht zu erblicken. Nach der Argumentation des *OLG Frankfurt* enthält das allgemeine Persönlichkeitsrecht des Kindes aus Art. 2 Abs. 1 i.V.m. Art. 1 Abs. 1 GG aber auch „einen Anspruch auf ein ungestörtes Leben und Aufwachsen in vertrauten familiären Verhältnissen".[1108] Dieser werde durch eine nicht gerechtfertigte Fremdunterbringung verletzt und vermag danach einen Entschädigungsanspruch auszulösen. Das OLG Frankfurt hat damit zu Recht nicht nur diesen grundrechtlichen Schutzanspruch des Kindes bejaht, sondern in der Fremdunterbringung zudem eine die Schwelle zum Entschädigungsanspruch überschreitende Verletzung gesehen.[1109]

Aufgrund der Weite des allgemeinen Persönlichkeitsrechts sind auch andere Verletzungen grundsätzlich denkbar. Diese werden jedoch regelmäßig nicht schwerwiegend genug sein, um einen Entschädigungsanspruch auszulösen.

Jedenfalls aber bei durch die Entscheidung begründeter Fremdunterbringung kann ein solcher in Betracht kommen.

Die Unterscheidung zwischen Rechtsgutsverletzung und Schaden fällt auch bei der Entschädigung wegen Verletzung des allgemeinen Persönlichkeitsrechts nicht immer leicht.[1110] Eine Unterscheidbarkeit wird daher in der Literatur teilweise ganz negiert.[1111] Auch in der Rechtsprechung wird das Ausmaß der Entschädigung im Wesentlichen anhand der Schwere der Verletzung bemessen und auf den erlittenen Schaden kaum eingegangen.[1112] Dies liegt nach Ansicht *Schuberts* aber nicht daran, dass die Rechtsprechung nicht zwischen Schaden und Rechtsgutsverletzung unterscheide, sondern, dass der Schaden nur nicht präzise genug beschrieben werde.[1113] Eine Unterscheidung

---

[1108] *OLG Frankfurt*, Urt. v. 27.07.2023 – 1 U 6/21, FamRZ 2023, 1882, 1885.

[1109] *OLG Frankfurt*, Urt. v. 27.07.2023 – 1 U 6/21, FamRZ 2023, 1882, 1885.

[1110] Zu den Folgen dieses Problems schon oben, B. III. 2. b) ff) aaa).

[1111] *Ehlers*, Der Geldersatz für immaterielle Schäden bei deliktischer Verletzung des allgemeinen Persönlichkeitsrechts, 1976, S. 19; in diese Richtung auch *Nieper*, European Review of Private Law 4 (1996), 223, 233.

[1112] *BGH*, Urt. v. 05.12.1995 – VI ZR 332/94, NJW 1996, 984, 985; Urt. v. 12.12.1995 – VI ZR 223/94, NJW 1996, 985, 986; Urt. v. 17.12.2013 – VI ZR 211/12, NJW 2014, 2029.

[1113] *Schubert*, Die Wiedergutmachung immaterieller Schäden im Privatrecht, 2013, S. 160.

sollte jedoch zur Konsistenz des Schadensrechts angenommen werden. Auch hier ist daher das Vorliegen einer subjektiven Einbuße zu fordern.[1114]

(2) Bemessung der Entschädigung

Neben der Frage, was als Schaden herangezogen werden kann, besteht als Folgefrage sodann auch, wie dieser Schaden zu bemessen ist. Gerade bei immateriellen Schäden kommt der Frage der Schadensbemessung eine besondere Bedeutung zu.

Die Rechtsprechung neigt bei der Bemessung immaterieller Schäden – anders als bei materiellen Schäden – dazu nicht auf die Verletzungsfolgen, sondern vielmehr auf die Schwere der Verletzung des Rechtsguts zu schauen.[1115] Da gleichzeitig Verletzungserfolg und Schaden bei immateriellen Schäden meist nur schwer voneinander abgrenzbar sind, ist damit im Ergebnis die Schwere der Verletzung maßgeblich für den Haftungsumfang.[1116]

Solange es um den Anspruch auf Schmerzensgeld aus § 253 Abs. 2 BGB geht, ist die Rechtsprechung und Literatur sehr ausgeprägt, sodass zur Ermittlung eines angemessenen Betrags auf die dort entwickelten Grundsätze, Bemessungsfaktoren und Entscheidungssammlungen zurückgegriffen werden, sodass dies in der Praxis kein größeres Problem darstellen dürfte.[1117]

[1114] Worin diese bestehe, wird unterschiedlich beurteilt. Den Schaden in der Verletzung der Möglichkeit zur Selbstbestimmung und der Beschränkung bestehender Entfaltungsmöglichkeiten sehend, *Witzleb*, Geldansprüche bei Persönlichkeitverletzungen durch Medien, 2002, S. 50; Duldung des Eingriffs in seine persönliche Integrität als Schaden, *E. Lorenz*, Immaterieller Schaden und „billige Entschädigung in Geld“, 1981, S. 71; Verletzung der Würde als Schaden *Mincke*, JZ, 1980, 86, 88.

[1115] *Witzleb*, Geldansprüche bei Persönlichkeitverletzungen durch Medien, 2002, S. 51.

[1116] *Witzleb*, Geldansprüche bei Persönlichkeitverletzungen durch Medien, 2002, S. 51; anschaulich insoweit auch *LG München I*, Urt. v. 07.01.2009 – 9 O 20622/06, FamRZ 2009, 1629, 1630, bei dem das Gericht bei der Bemessung des Schmerzensgelds maßgeblich darauf abstellte, dass die zwangsweise Unterbringung, also die Verletzung, besonders schlimm für das Kind war.

[1117] So wurden beispielsweise 10.000 Euro für einmonatige Zwangsunterbringung eines 4-jährigen Kindes gewährt, *LG München I*, Urt. v. 07.01.2009 – 9 O 20622/06, FamRZ 2009, 1629, 1630; zur Einordnung gibt es in der Literatur auch zahlreiche Tabellen, die Urteile systematisch ausgewertet aufführen, vgl. nur *Slizyk*, Schmerzensgeld 2025; *Hacks et* al., Schmerzensgeld-Beträge 2025; statt aller Erman/*Ebert*, 17. Aufl. (2023), § 253 BGB, Rn. 20–26; *Schubert*, Die Wiedergutmachung immaterieller Schäden im Privatrecht, 2013, S. 234–236.

Schwieriger wird die Bemessung der Entschädigung für die Verletzung des allgemeinen Persönlichkeitsrechts. Während es bei der Bestimmung des materiellen Schadens keine Unterschiede zum sonstigen Schadensrecht gibt, ist die Bestimmung des immateriellen Schadens bei der Verletzung des allgemeinen Persönlichkeitsrechts von der Bewertung des Schmerzensgelds zu unterscheiden.

Da mit der Entschädigung für die Verletzung des allgemeinen Persönlichkeitsrechts andere Zwecke verfolgt werden, kann hier nicht auf die Rechtsprechung und Literatur zum Schmerzensgeld zurückgegriffen werden. Während bei der Bemessung des Schmerzensgelds ursprünglich vor allem die Genugtuungsfunktion in den Vordergrund gestellt wurde, kommt dem Anspruch nunmehr auch eine Präventivfunktion zu.[1118] Dies spiegelt sich dann zudem in der Höhe der zuerkannten Entschädigung wider. Auch hier erfolgt eine Einzelfallbetrachtung unter Würdigung des Falles, bei der sich zudem an vergangener Rechtsprechung orientiert wird.[1119] Dabei erfolgt im Grundsatz eine ähnliche Bemessung wie bei § 253 Abs. 2 BGB,[1120] die bei Bedarf durch einen „Präventionsfaktor" erhöht wird.[1121]

[1118] So schon *BGH*, Urt. v. 05.12.1995 – VI ZR 332/94, VersR 1996, 339, 340; dazu auch Erman/*Ebert*, 17. Aufl. (2023), § 253 BGB, Rn. 19; Staudinger/*Höpfner* (2021), § 253 BGB, Rn. 53 f.; *K. Werner Lange*, VersR, 1999, 274, 277–279.

[1119] *Schubert*, Die Wiedergutmachung immaterieller Schäden im Privatrecht, 2013, S. 260, 265; das OLG Frankfurt hat im oben beschriebenen Fall für die Verletzung des allgemeinen Persönlichkeitsrechts durch eine Fremdunterbringung von drei Monaten eine Entschädigung von 3.000 Euro als angemessen erachtet, *OLG Frankfurt*, Urt. v. 27.07.2023 – 1 U 6/21, FamRZ 2023, 1882, 1887; auch hier gibt es Rechtsprechungsübersichten, die die ergangene Rechtsprechung systematisch aufbereitet haben, vgl. nur jurisPK BGB/*Hessel/Sorge*, 10. Aufl. (2023), Saarbrücker Tabelle für Geldentschädigung bei Persönlichkeitsrechtsverletzungen.

[1120] Zur Berücksichtigung der Intensität der Verletzung des allgemeinen Persönlichkeitsrechts zur Bestimmung der Entschädigung schon *BGHZ* 128, 1, 16.

[1121] Dies wurde schon in der ersten sogenannten Caroline von Monaco Entscheidung des BGH entwickelt, vgl. *BGHZ* 128, 1, 16; anschaulich bei *OLG Frankfurt*, Urt. v. 27.07.2023 – 1 U 6/21, FamRZ 2023, 1882, 1887, wo neben der Schwere der Verletzung auch das Verhalten des Schädigers gewürdigt wurde. Ein Präventionsgedanke ist hier zumindest dadurch erkennbar, dass das Gericht die Zuerkennung der Geldentschädigung auch deshalb für notwendig hält, um „zu verdeutlichen, dass es nicht genügt, in guter Absicht zu handeln"; kritisch zum Präventionsgedanken *Schubert*, Die Wiedergutmachung immaterieller Schäden im Privatrecht, 2013, S. 265 f., der nach ihrer

Abstrakte Aussagen zur Höhe und Bemessung der Entschädigung können daher kaum getroffen werden.

gg) Kausalität

Für die Haftung ist darüber hinaus erforderlich, dass der Schaden auf der Pflichtverletzung beruht.[1122] Vor allem, wenn der Schaden wie hier erst durch die Entscheidung des Gerichts eingetreten ist, wird der Nachweis der Kausalität schwierig. Es handelt sich dann um eine mittelbare Schädigung.[1123] Dabei bestehen, wie gezeigt werden wird, eher praktische Probleme, die auf der Schwierigkeit der Beweisbarkeit der Kausalität beruhen, als dass die Kausalität rein rechtlich scheitern würde.[1124]

aaa) Äquivalenztheorie

Nach der Äquivalenztheorie darf die Pflichtverletzung des Verfahrensbeistands nicht hinweggedacht werden, ohne dass der Schaden beim Kind entfiele.[1125]

Bei dieser sehr weiten Zurechnungsgrundlage ist jeder Verursachungsbeitrag ausreichend, um im Sinne der Äquivalenztheorie als kausal gewertet zu werden.[1126]

Dabei wird überwiegend zwischen der haftungsbegründenden und haftungsausfüllenden Kausalität unterschieden.[1127] Die Unterscheidung ist jedoch für die Frage, ob ein Verhalten insgesamt kausal ist, nicht relevant, sodass es an dieser Stelle nicht vertieft werden soll.[1128]

Meinung vor allem bei Prominenten Personen zum Tragen kommt und dadurch zu einer Ungleichbehandlung führt.

1122 Erman/*Ebert*, 17. Aufl. (2023), Vorbem. vor § 249 BGB, Rn. 28; Staudinger/*Höpfner* (2021), § 249 BGB, Rn. 9.

1123 Erman/*Ebert*, 17. Aufl. (2023), Vorbem. vor § 249 BGB, Rn. 42.

1124 *Koritz*, FPR, 2012, 568, 569.

1125 Sog. Theorie der *conditio sine qua non*, vgl. MüKo BGB/*Oetker*, 9. Aufl. (2022), § 249 BGB, Rn. 103 m.w.N.

1126 MüKo BGB/*Oetker*, 9. Aufl. (2022), § 249 BGB, Rn. 103.

1127 MüKo BGB/*Oetker*, 9. Aufl. (2022), § 249 BGB, Rn. 105–106; Staudinger/*Höpfner* (2021), § 249 BGB, Rn. 9.

1128 Seine Bedeutung findet diese Unterscheidung vor allem bei der Beweislast, dazu unten, B. III. 2. c) cc) ccc); kritisch zur Abgrenzung zwischen Haftungsbegründung und Haftungsausfüllung MüKo BGB/*Oetker*, 9. Aufl. (2022), § 249 BGB, Rn. 108.

Gefragt werden müsste, ob die Entscheidung des Gerichts auf der Pflichtverletzung des Verfahrensbeistands beruht. Dies wird in der Regel aus der gerichtlichen Entscheidung zu entnehmen sein. Neben dem Handeln des Verfahrensbeistands gibt es noch viele andere Beteiligte, die die Entscheidung des Gerichts beeinflussen. Sein Handeln ist immer nur ein Teil der richterlichen Entscheidungsfindung.[1129] Es handelt sich mithin um ein multikausales Ereignis.[1130] Dies ist für die Kausalität im Sinne der Äquivalenztheorie gleichwohl unerheblich, da danach jeder Verursachungsbeitrag zur Begründung der Kausalität ausreichend ist.[1131] Unerheblich ist auch, wie groß der einzelne Verursachungsbeitrag ist, insbesondere ob er nur im Zusammenwirken mit dem Verhalten der übrigen Verfahrensbeteiligten zum Schaden geführt hat.[1132]

Daneben ist allerdings auch Teil der Kausalität, dass die Rechtsgutsverletzung auf der Entscheidung beruht. Dafür ist entscheidend, dass bei der Entscheidung, die ohne die Pflichtverletzung ergangen wären, nicht die Rechtsgüter des Kindes verletzt worden wären.[1133] Dabei ist zu prüfen, wie die Entscheidung ohne die Pflichtverletzung ausgefallen wäre.[1134] Bestünde also bei dieser hypothetischen Entscheidung kein Schaden beim Kind, ist das Verhalten des Verfahrensbeistands auch insoweit kausal.[1135]

Hier ist allerdings im Blick zu behalten, dass neben dem Verfahrensbeistand auch andere Akteure die Entscheidung des Gerichts beeinflussen und gegebenenfalls dazu führen können, dass trotz der Pflichtverletzung des Verfahrensbeistands das Gericht keine andere Entscheidung getroffen

---

[1129] *Koritz*, FPR, 2012, 568, 569; *Wellenhofer*, FPR, 2012, 529, 532; so zur Haftung des Jugendamtes für fehlerhafte Stellungnahmen auch *Schindler*, FPR, 2012, 539, 540.

[1130] Zum Begriff BeckOK BGB/*Flume*, 74. Aufl. (2025), § 249 BGB, Rn. 293.

[1131] Erman/*Ebert*, 17. Aufl. (2023), Vorbem. vor § 249 BGB, Rn. 4; MüKo BGB/*Oetker*, 9. Aufl. (2022), § 249 BGB, Rn. 133.

[1132] Sog. Gesamtkausalität, vgl. MüKo BGB/*Oetker*, 9. Aufl. (2022), § 249 BGB, Rn. 135.

[1133] Anschaulich so auch *OLG Hamm*, Beschluss v. 11.08.2021 – 11 U 136/20, FamRZ 2022, 204, 207, bei der Sachverständigenhaftung wegen eines vermeintlich unrichtigen Gutachtens.

[1134] Allgemeine Meinung, nur *BGH*, Beschluss v. 30.08.2018 – III ZR 363/17, FamRZ 2018, 1875, 1876 m.w.N. Dazu, aus wessen Sicht beurteilt wird, was die richtige Entscheidung ist, B. III. 2. b) gg) eee).

[1135] Sog. hypothetische Kausalität, vgl. Erman/*Ebert*, 17. Aufl. (2023), Vorbem. vor § 249 BGB, Rn. 71.

hätte.[1136] Da auch hier eine Mitkausalität ausreicht, handelt es sich also in den meisten Fällen nur um ein Beweisproblem, nicht um eine Frage, ob die Kausalität gegeben ist.[1137]

Zuletzt ist zu untersuchen, ob die Rechtsgutsverletzung, beispielsweise die Freiheitsverletzung, zu einem kausalen Schaden beim Kind geführt hat. Da Rechtsgutsverletzung und Schaden in der Regel zusammenfallen werden, dürften sich hier regelmäßig keine Schwierigkeiten ergeben.[1138]

Die Pflichtverletzung kann grundsätzlich nach der Äquivalenztheorie kausal für den Schaden beim Kind sein.

bbb) Einwand rechtmäßigen Alternativverhaltens

Die Frage, wie die Entscheidung ohne die Pflichtverletzung des Verfahrensbeistands ausgefallen wäre, kann bei genauerem Hinsehen noch einmal aufgegliedert werden. Dies wird vor allem bei der pflichtwidrigen Stellungnahme relevant. Hier könnte man zum einen nur die Pflichtverletzung hinwegdenken, also sich eine hypothetische Entscheidung ohne Stellungnahme vorstellen, zum andern aber auch eine pflichtgemäße Stellungnahme hinzudenken. Man könnte daher auf die Idee kommen, dass die Frage, ob der Schaden bei einer pflichtgemäßen Stellungnahme eingetreten wäre, als Einwand rechtmäßigen Alternativverhaltens zu behandeln sein könnte.

Bei dem Einwand des rechtmäßigen Alternativverhaltens macht der Schädiger geltend, dass der Schaden auch dann eingetreten wäre, wenn der Schädiger sich pflichtgemäß verhalten hätte.[1139] Dabei wird nicht näher definiert, wie dieses pflichtgemäße Verhalten auszusehen habe.

Teilweise wird die Abgrenzung danach vorgenommen, ob ein pflichtwidriges Verhalten bloß hinweggedacht wird – dann Kausalitätsnachweis – oder ob ein anderes Verhalten hinzugedacht wird – dann Nachweis rechtmäßigen

---

[1136] Zu den Kausalitätsunsicherheiten im Prozess am Beispiel der Anwaltshaftung auch schon *Mäsch*, Chance und Schaden, 2004, S. 14.

[1137] Zu den Fällen, in denen die Feststellung des Kausalzusammenhangs tatsächlich nicht gelingen kann *Mäsch*, Chance und Schaden, 2004, S. 15–21.

[1138] Zur Abgrenzung von Rechtsgutsverletzung und Schaden schon oben, B. III. 2. b) ff) aaa).

[1139] Erman/*Ebert*, 17. Aufl. (2023), Vorbem. vor § 249 BGB, Rn. 77; MüKo BGB/*Oetker*, 9. Aufl. (2022), § 249 BGB, Rn. 217.

Alternativverhaltens.[1140] Danach wäre die Frage, ob der Schaden ohne die Pflichtverletzung entstanden wäre, als Teil der Kausalität zu behandeln, während die Frage, ob der Schaden bei einem pflichtgemäßen Verhalten auch entstanden wäre, unter dem Einwand des rechtmäßigen Alternativverhaltens zu behandeln. Diese dogmatische Einordnung hat gravierende Auswirkungen auf die Beweislast, weswegen sie näher beleuchtet werden soll.

Ordnet man die Frage, ob der Schaden ohne die Pflichtverletzung entstanden wäre, der Prüfung des Einwands des rechtmäßigen Alternativverhaltens zu, so hat dies die Konsequenz, dass es auch vom Schädiger zu beweisen wäre, andernfalls läge die Beweislast beim Geschädigten, mithin dem Kind.[1141] Diese Abgrenzung lässt sich demgegenüber schon dann nicht durchhalten, wenn es sich bei der Pflichtverletzung um ein Unterlassen handelt. Dort ist zur Feststellung der Kausalität zwingend notwendig, das gewünschte Verhalten hinzuzudenken. Erstellt der Verfahrensbeistand beispielsweise pflichtwidrig keine Stellungnahme, kann die Kausalität dieses Unterlassens nicht festgestellt werden, ohne die hypothetische Stellungnahme hinzuzudenken. Ein Hinwegdenken eines Unterlassens ist rein tatsächlich nicht möglich. Dies ist daher gleichwohl als Teil der Kausalität zu behandeln.[1142]

Abzugrenzen ist daher vielmehr danach, ob ein von der verletzten Pflicht verschiedenes Verhalten hinzugedacht werden muss. Daher liegt ein Alternativverhalten nur dann vor, wenn der Schädiger den Schaden durch Erfüllung einer anderen, von der verletzten Pflicht verschiedenen selbstständigen Pflicht hätte rechtmäßig herbeiführen können.[1143] Ein hypothetisches Gegenteil der rechtswidrigen Handlung kann danach kein rechtmäßiges Alternativverhalten darstellen.[1144]

Die Prüfung, ob der Schaden bei einer pflichtgemäßen Stellungnahme eingetreten wäre, ist daher auch dann, wenn die Pflichtverletzung in der Erstellung einer pflichtwidrigen Stellungnahme liegt, als Teil der Kausalität zu behandeln.

1140 MüKo BGB/*B. Wagner*, 9. Aufl. (2024), § 823 BGB, Rn. 103.

1141 MüKo BGB/*B. Wagner*, 9. Aufl. (2024), § 823 BGB, Rn. 217; näher dazu unten, B. III. 2. c) cc).

1142 *BGH*, Urt. v. 17.10.2002 – IX ZR 3/01, NJW 2003, 295, 296.

1143 *BGH*, Urt. v. 17.10.2002 – IX ZR 3/01, NJW 2003, 295, 296; so auch *Mäsch*, Chance und Schaden, 2004, S. 26; *Ganter*, WM, 2024, 281, 285 f. m.w.N.

1144 *Mäsch*, Chance und Schaden, 2004, S. 26; *Ganter*, WM, 2024, 281, 289.

Dies hat gleichwohl den Nachteil, dass es als anspruchsbegründende Voraussetzung auch vom Anspruchsteller, in diesem Fall dem Kind zu beweisen ist, was aufgrund des hypothetischen Elements wohl den schwierigsten Teil der Beweiskette darstellt.[1145]

ccc) Adäquanzlehre

Wie gezeigt kann nach der Äquivalenztheorie grundsätzlich fast jedes Verhalten kausal sein. Daher hat sich in der Rechtsprechung und Literatur eine weitere Eingrenzung der Kausalität etabliert. Nach der Adäquanzlehre muss zwischen Pflichtverletzung und Schaden auch ein adäquater Kausalzusammenhang bestehen.[1146] Zur Definition wird dabei im Wesentlichen mit einigen nur sprachlichen Abweichungen auf die Formulierung zurückgegriffen, dass „[d]ie Ursache […] danach im Allgemeinen und nicht nur unter besonders eigenartigen, unwahrscheinlichen und nach dem gewöhnlichen Verlauf der Dinge außer Betracht zu lassenden Umständen geeignet sein [muss], einen Erfolg dieser Art herbeizuführen“[1147].

Auch dies lässt sich für die hier betrachteten möglichen Pflichtverletzungen und Verletzungserfolge zunächst abstrakt bejahen. Es liegt jedenfalls nicht außerhalb jeder Wahrscheinlichkeit, dass aufgrund eines Pflichtverstoßes des Verfahrensbeistands eine Entscheidung ergeht, die nicht den Interessen des Kindes entspricht und auf Grund dessen eine Verletzung in Rechten des Kindes eintritt.

ddd) Schutzbereich der Norm

Daneben muss der Schaden auch im Schutzbereich der verletzen Norm liegen. Das bedeutet, dass jeweils geprüft werden muss, ob die verletzte Norm gerade Schäden, wie sie hier auftreten können, vermeiden sollte.[1148]

Da die Pflichten in § 158b FamFG wie die Stellungnahmepflicht und die Pflicht zur Einlegung von Rechtsmitteln gerade sicherstellen soll, dass die Interessen des Kindes in zutreffender Weise in das Verfahren eingebracht

---

[1145] Dazu unten, B. II. 2. c) cc).

[1146] Erman/*Ebert*, 17. Aufl. (2023), Vorbem. vor § 249 BGB, Rn. 31.

[1147] MüKo BGB/*Oetker*, 9. Aufl. (2022), § 249 BGB, Rn. 110; st. Rspr., s. auch *BGHZ* 3, 261, 267; Urt. v. 16.04.2002 – VI ZR 227/01, NJW 2002, 2232, 2233; Erman/*Ebert*, 17. Aufl. (2023), Vorbem. vor § 249 BGB, Rn. 31.

[1148] Erman/*Ebert*, 17. Aufl. (2023), Vorbem. vor § 249 BGB, Rn. 34.

werden und die Entscheidung den Interessen des Kindes dient, ist ein Schaden, der auf einer kindeswohlfeindlichen Entscheidung beruht, auch vom Schutzbereich der Norm umfasst.[1149] Dies gilt nur dann nicht, wenn beispielsweise die Fehler in der Stellungnahme nur Tatsachen umfassen, die für die Interessenwahrnehmung offensichtlich unerheblich sind.

(1) Unterbrechen des Kausalzusammenhangs durch Entscheidung des Gerichts

Schließlich könnte die Kausalität ausgeschlossen sein, weil die Entscheidung des Gerichts den Zurechnungszusammenhang unterbrechen könnte.[1150] Man könnte hier annehmen, dass das Gericht durch seine Entscheidung einen eigenen Kausalverlauf in Gang gesetzt hat. Dies kann dabei nur dann die Kausalität des Verfahrensbeistands ausschließen, wenn dadurch die Einwirkung des Verfahrensbeistands vollständig in den Hintergrund tritt.[1151] Dieser Einwand kann im Ergebnis nicht durchgreifen.

Zwar ist die Entscheidung des Gerichts „näher" an der Verletzung des Kindes. Gleichwohl wird sie auch erst durch die Pflichtverletzung des Verfahrensbeistands ermöglicht. Ob die Entscheidung des Gerichts geeignet ist, den Kausalzusammenhang zu unterbrechen, ist anhand des Schutzbereichs der verletzten Norm zu entscheiden.[1152] Mit den Pflichten des Verfahrensbeistands sollen gerade die Kindeswohldienlichkeit sowohl des Verfahrens als auch der Entscheidung sichergestellt werden. Eine auf der Pflichtverletzung beruhende „Fehlentscheidung" kann daher den Zurechnungszusammenhang grundsätzlich nicht unterbrechen.[1153] Teilweise wird bei der Haftung

---

[1149] So auch *Langer*, ZKJ, 2023, 406, 407.

[1150] Die dogmatische Einordnung ist umstritten, vgl. dazu MüKo BGB/*Oetker*, 9. Aufl. (2022), § 249 BGB, Rn. 142 was jedoch keinen Unterschied in der zu behandelnden Problematik macht.

[1151] MüKo BGB/*Oetker*, 9. Aufl. (2022), § 249 BGB, Rn. 143.

[1152] *OLG Oldenburg*, Urt. v. 20.05.1988 – 6 U 28/88, VersR 1991, 306; *OLG Karlsruhe*, Urt. v. 12.11.2015 – 9 U 78/11, BeckRS 2015, 20407, Rn. 44.

[1153] *BGH*, Urt. v. 02.04.1998 – IX ZR 107/97, NJW 1998, 2048, 2050, Haftung des Anwalts auch bei gerichtlich fehlerhafter Klageabweisung statt Umdeutung des Klageantrags; zur Haftung des Rentenversicherungsträgers bei falscher Auskunft in einem familiengerichtlichen Verfahren, Urt. v. 09.10.1997 – III ZR 4/97, NJW 1998, 138, 140; so auch *OLG Karlsruhe*, Urt. v. 12.11.2015 – 9 U 78/11, BeckRS 2015, 20407, Rn. 44, bei einem Amtshaftungsanspruch betreffend die Vorentscheidung des Vormundschaftsgerichts;

des Sachverständigen von einem Unterbrechen des Kausalverlaufs ausgegangen, wenn das Gericht das unrichtige Gutachten darüber hinaus auch unzutreffend würdigt.[1154] Argumentiert wird dabei mit der Rechtsprechung des BVerfG zur Anwaltshaftung, wonach die Haftung des Anwalts für Fehler des Gerichts bei der Rechtsanwendung zumindest verfassungsrechtlich bedenklich sei.[1155] Diese Rechtsprechung ist nicht auf die Haftung des Verfahrensbeistands übertragbar.[1156] Entscheidend für die Haftungsweite ist nicht, ob eine Haftpflichtversicherung besteht, die etwaige Haftungsrisiken aufzufangen vermag,[1157] sondern ob durch die Pflichtverletzung eine Gefahr geschaffen wurde, die sich im Schaden realisiert hat und mithin fortwirkt.[1158] Der Verfahrensbeistand erfüllt eine besondere Rolle im familiengerichtlichen Verfahren, die – anders als rechtliche Ausführungen des Anwalts – nicht ohne weiteres vom Gericht überprüft oder ersetzt werden kann. Ihm kommt eine besondere Verantwortung für von ihm getätigte Aussagen oder Verfahrenshandlungen zu.[1159] Die Entscheidung des Gerichts kann daher den Kausalverlauf nicht unterbrechen.

Wellenhofer, FPR, 2012, 529, 532; allgemein zu den Voraussetzungen, unter denen ein Unterbrechen des Kausalverlaufs in Betracht kommt *BGH*, Urt. v. 15.11.2007 – IX ZR 44/04, NJW 2008, 1309, 1310 f.

[1154] So jurisPK BGB/*Wingler*, 10. Aufl. (2023), § 839a BGB, Rn. 43; *Spickhoff*, FS Heldrich, S. 419, 432; wesentlich vorsichtiger nunmehr aber Soergel/*ders.*, 13. Aufl. (2005), § 839a BGB, Rn. 37, der die Haftung nur noch auf vorsätzliche oder bewusste Falschentscheidung begrenzen will; ähnlich *Thole*, Die Haftung des gerichtlichen Sachverständigen nach § 839a BGB, 2004, S. 128, Unterbrechung der Zurechnung nur bei vorsätzlichem Handeln des Gerichts und fehlender Herausforderung der Verwertung durch den Sachverständigen; a. A.: MüKo BGB/*G. Wagner*, 9. Aufl. (2024), § 839a BGB, Rn. 32.

[1155] *BVerfG*, Beschluss v. 12.08.2002 – 1 BvR 399/02, NJW 2002, 2937, 2938; der BGH geht dabei in ständiger Rechtsprechung von einer grundsätzlichen Haftung des Rechtsanwalts auch bei anschließenden Fehlern des Gerichts aus, vgl. dazu Borgmann/Jungk/Schwaiger/*Schwaiger*, 6. Aufl. (2020), § 28 Schadensminderung durch Begrenzung der Zurechenbarkeit, Rn. 90–94.

[1156] Gegen eine Übertragbarkeit auf die Haftung des Sachverständigen auch *Thole*, Die Haftung des gerichtlichen Sachverständigen nach § 839a BGB, 2004, S. 127.

[1157] In diese Richtung argumentierend aber *Spickhoff*, FS Heldrich, S. 419, 432.

[1158] *BGH*, Urt. v. 28.01.1992 – VI ZR 129/91, NJW 1992, 1381, 1382; Erman/*Ebert*, 17. Aufl. (2023), Vorbem. vor § 249 BGB, Rn. 42.

[1159] So auch die Argumentation *Wagners* zur fehlenden Übertragbarkeit auf den Sachverständigen MüKo BGB/*G. Wagner*, 9. Aufl. (2024), § 839a BGB, Rn. 32.

(2) Unterbrechen des Kausalzusammenhangs durch Pflicht zur Aufhebung der Bestellung

Lack meint, eine Haftung scheide deswegen aus, weil zur Vermeidung des Schadenseintritts vorrangig eine Aufhebung der Bestellung vorgenommen werden müsste.[1160] In Bezug auf die Kausalität führt sie damit den Einwand des Unterbrechens des Kausalzusammenhangs ins Feld, hier aber in einer anderen Spielart. Versäumt das Gericht es, die Bestellung des Verfahrensbeistands aufzuheben, so könnte dies als Unterlassen gewertet werden. Es erscheint schon fraglich, ob ein – wenn auch rechtswidriges – Unterlassen eines Dritten geeignet sein kann, einen Zurechnungszusammenhang zu unterbrechen.[1161] Insoweit mag zwar ein eigener Haftungsanspruch des Kindes gegenüber dem Gericht in Betracht kommen. Dieser soll hier nicht näher beleuchtet werden, da er jedenfalls nicht die Eigenhaftung des Verfahrensbeistands ausschließen würde, da es hier, anders als bei dem oben angesprochenen Anspruch aus § 839 BGB nicht um dasselbe haftungsbegründende Verhalten geht.

Ein Unterbrechen kommt wohl jedenfalls nur dann in Betracht, wenn das Gericht es vorsätzlich unterlassen hat, die Bestellung aufzuheben.

Ein solches vorsätzliches Unterlassen wird dabei aus verschiedenen Gründen nur selten anzunehmen sein. In den meisten Fällen der hier diskutierten Pflichtverletzungen werden diese für sich genommen nicht geeignet sein, eine Aufhebung der Bestellung zu rechtfertigen.[1162] Selbst, wenn die Voraussetzungen vorlägen, könnte eine Aufhebung dann ferner daran scheitern, dass Sie zur Unzeit erfolgen würde. Überdies bleiben auch die Verfahrenshandlungen, die der Verfahrensbeistand vor seiner Aufhebung vorgenommen hat, wirksam, sodass seine Pflichtverletzung trotz Aufhebung nachwirken kann.[1163] Die Aufhebung würde mithin nichts am Verfahrensablauf ändern, der durch den ursprünglichen Verfahrensbeistand in Gang gesetzt wurde. Hier könnte man sogar annehmen, dass er auch dann haftet, wenn dem Kind ein neuer Verfahrensbeistand bestellt wird, der den ursprünglichen

---

[1160] In diese Richtung jedenfalls Dutta/Jacoby/D. Schwab/*Lack*, 4. Aufl. (2021), § 158b FamFG, Rn. 21.

[1161] MüKo BGB/*Oetker*, 9. Aufl. (2022), § 249 BGB, S. 157.

[1162] Zu den Voraussetzungen unter denen eine Aufhebung der Bestellung möglich ist schon oben, B. II. 6. a).

[1163] Näher dazu, B. II. 6. c).

Fehler nicht korrigiert, sodass es gleichwohl zu einem Schaden beim Kind kommt.[1164]

Bei der fehlenden Aufhebung der Bestellung handelt es sich vielmehr um einen Fehler des Gerichts, der wie übrige Fehler in der Regel für die Haftung des Verfahrensbeistands unbeachtlich ist. Der Verfahrensbeistand kann sich daher nicht darauf berufen, dass er vom Gericht hätte abbestellt werden müssen.

eee) Beurteilungsmaßstab beim hypothetischen Inzidentprozess

Für die Prüfung der Kausalität ist wie gezeigt mit entscheidend, wie die Entscheidung ohne die Pflichtverletzung ausgegangen wäre. Entscheidend ist damit der hypothetische Ausgang des Vorverfahrens. Dieser muss daher als Vorfrage inzident geprüft werden. Würde man hier sklavisch die Äquivalenztheorie anwenden, müsste die hypothetische Entscheidung aus Sicht des Ausgangsgerichts für die Kausalitätsprüfung herangezogen werden. Fragt man nach der conditio sine qua non, so stellt man die Frage danach, ob der Verletzungserfolg ohne die Pflichtverletzung ausgeblieben wäre, nicht, ob er ausbleiben müsste. Diese Unterscheidung macht die Rechtsprechung gleichwohl in den meisten Fällen nicht. Geht es um die Haftung des Rechtsanwalts, so soll vielmehr entscheidend sein, wie der Fall „richtigerweise" hätte entschieden werden müssen. Sie stellt damit auf die Sicht des Regressgerichts ab.[1165] Es erfolgt damit genau genommen keine „echte" Kausalitätsprüfung.[1166] Die Rechtsprechung begründet ihre

---

[1164] So zur Anwaltshaftung des erstinstanzlichen Anwalts trotz eines weiteren Fehlers des Anwalts in der Berufungsinstanz *OLG Düsseldorf*, Urt. v. 30.03.1998 – 9 U 191/97, NJWE-VHR 1998, 234, 235.

[1165] So die h.M., vgl. *BGH*, Beschluss v. 30.08.2018 – III ZR 363/17, FamRZ 2018, 1875, 1876 m.w.N.; Urt. v. 21.09.1995 – IX ZR 228/94, NJW 1996, 48, 49; M. Vollkommer/Greger/J. Heinemann/*Greger*, 5. Aufl. (2021), § 20 Schaden, Rn. 19–25; *Laumen*, DStR, 2015, 2570, 2571; kritisch aber gleichwohl der h.M. folgend Borgmann/Jungk/Schwaiger/*Schwaiger*, 6. Aufl. (2020), § 45 Hypothetischer Ausgang des Vorprozesses, Rn. 42; *K. Heinemann*, NJW 1990, 2345, 2349; a. A. *Baur*, FS Larenz, S. 1063, 1068; *Mäsch*, Chance und Schaden, 2004, S. 77; *Braun*, ZZP 96 (1983), 89, 93; *F.-H. Lange*, Die Beweislast im Anwaltshaftungsprozeß, 2002, S. 147.

[1166] So auch *Mäsch*, Chance und Schaden, 2004, S. 77; dies gibt auch der BGH unbefangen zu, vgl. *BGH*, Urt. v. 16.06.2005 – IX ZR 27/04, NJW 2005, 3071, 3072.

Lösung mit der „materiellen Gerechtigkeit", die Vorrang vor der „wahren" Kausalität habe.[1167]

Diese Unterscheidung kann insbesondere dann, wenn es weitere rechtliche Probleme im Verfahren gab oder es zwischen Ausgangsverfahren und Regressverfahren zu einer Änderung der Rechtsprechungspraxis gekommen ist, zu unterschiedlichen Ergebnissen führen.[1168] Auch dann, wenn das Ausgangsverfahren „fehlerhaft" zugunsten des Willens des Kindes ausgegangen wäre und der Verfahrensbeistand pflichtwidrig Rechtsmittel einlegt, könnte diese Frage an Relevanz gewinnen. Vor allem, wenn – wie hier – neben der Pflichtverletzung des Verfahrensbeistands noch andere Beteiligte als „Unsicherheitsfaktoren" den Ausgang des Verfahrens beeinflussen, ist es von besonderer Bedeutung, ob die Würdigung der Tatsachen des Ausgangsgerichts auch für das Regressgericht bindend ist oder ob dieses eigene Überlegungen über den hypothetischen Ausgang des Verfahrens anstellen darf.

Je nachdem, auf welche Anspruchsgrundlage der Schadensersatz gestützt wird, werden von der Rechtsprechung und Literatur verschiedene Betrachtungszeitpunkte zugrunde gelegt. Da dies auch hier potentiell relevant werden könnte, soll dies kurz skizziert werden.

Bei der Haftung des Rechtsanwalts für Beratungsfehler soll es nach Ansicht der Rechtsprechung und insbesondere des IX. Zivilsenats darauf ankommen, wie aus Sicht des Regressgerichts das Erstverfahren richtigerweise hätte entschieden werden müssen.[1169] Dabei seien ferner solche Erkenntnisse zu berücksichtigen, die der Richter des Vorverfahrens selbst bei pflichtgemäßen Verhaltens des Anwalts nicht erzielt hätte.[1170] Zur Begründung wird dabei

---

[1167] *BGH*, Urt. v. 16.06.2005 – IX ZR 27/04, NJW 2005, 3071, 3072; kritisch zu dem Verständnis der Rechtsprechung von materieller Gerechtigkeit *Mäsch*, AnwBl, 2009, 855, 856.

[1168] Eindrücklich das Beispiel bei *Mäsch*, AnwBl, 2009, 855, 857.

[1169] *BGH*, Urt. v. 13.06.1996 – IX ZR 233/95, NJW 1996, 2501; Urt. v. 16.06.2005 – IX ZR 27/04, NJW 2005, 3071, 3072; Urt. v. 25.10.2012 – IX ZR 207/11, NJW 2013, 540; *OLG Karlsruhe*, Urt. v. 15.07.2008 – 17 U 345/08, BeckRS 2008, 16866, Rn. 15; *D. Fischer*, WM-Beilage, 2014, 1, 20.

[1170] *BGH*, Urt. v. 16.06.2005 – IX ZR 27/04, NJW 2005, 3071, 3072; BeckOK BGB/*D. Fischer*, 74. Aufl. (2025), § 675 BGB, Rn. 31; Borgmann/Jungk/Schwaiger/*Schwaiger*, 6. Aufl. (2020), § 29 Inhalt und Umfang des zu ersetzenden Schadens, Rn. 123.

sowohl die materielle Gerechtigkeit als auch der normative Schadensbegriff herangezogen.[1171] Dies kann nicht überzeugen.

Nach dem normativen Schadensbegriff soll der Geschädigte nicht mehr erhalten, als er nach der materiellen Rechtslage verlangen könnte.[1172] Der Verlust des Verfahrens stelle daher dann keinen Schaden im Rechtssinne dar, wenn der Mandant aufgrund „objektiver Umstände" das Verfahren nicht hätte gewinnen können.[1173] Dabei wird die materielle Rechtslage mit der Sicht des Regressgerichts gleichgesetzt.[1174] Dies ist insbesondere vor dem Hintergrund der fehlenden Bindung der Gerichte an höchstrichterliche Entscheidungen zu kritisieren.[1175] Besonders deutlich wird dies dann, wenn es nicht ein höheres Gericht ist, dass über das Vorverfahren zu entscheiden hat.[1176] Dazu kommt, dass die Rechtsprechung ihren Standpunkt nicht konsequent einhält. Insbesondere bei einer abweichenden ständigen höchstrichterlichen Rechtsprechung soll aus Vertrauensschutzgründen dem Regressgericht untersagt sein, eine abweichende Haltung zur Grundlage seiner Kausalitätsüberlegungen zu machen.[1177] Warum Vertrauensschutzgründe auch in den sonstigen Fällen nicht einschlägig sein sollen, wird dagegen nicht ersichtlich.

Auch in der Sache ist die Begründung des normativen Schadens zweifelhaft. So handelt es sich bei der „falschen" Entscheidung des Ausgangsgerichts wohl nicht um Vorteile, die der Geschädigte in rechtlich zu missbilligender Weise erlangt hat. Immerhin ist die Entscheidung in einem rechtsförmigen Verfahren ergangen. Diese Art der Erlangung des Vorteils kann daher kaum

---

[1171] Vorrang der materiellen Gerechtigkeit *BGH*, Urt. v. 16.06.2005 – IX ZR 27/04, NJW 2005, 3071, 3072; normativer Schadensbegriff als Begründungsansatz dagegen Urt. v. 25.10.2012 – IX ZR 207/11, NJW 2013, 540.

[1172] *BGH*, Urt. v. 14.11.1978 – VI ZR 112/77, NJW 1979, 819; Urt. v. 25.10.2012 – IX ZR 207/11, NJW 2013, 540; BeckOK BGB/*D. Fischer*, 74. Aufl. (2025), § 675 BGB, Rn. 30; *BGH*, Urt. v. 16.06.2005 – IX ZR 27/04, NJW 2005, 3071, 3072.

[1173] *BGH*, Urt. v. 16.06.2005 – IX ZR 27/04, NJW 2005, 3071, 3072; dagegen *Baur*, FS Larenz, S. 1063, 1069.

[1174] *BGH*, Urt. v. 25.10.2012 – IX ZR 207/11, NJW 2013, 540; BeckOK BGB/*D. Fischer*, 74. Aufl. (2025), § 675 BGB, Rn. 31; kritisch dazu *Mäsch*, AnwBl, 2009, 855, 856; *Schön*, FS Schilken, S. 119, 128; *Braun*, ZZP 96 (1983), 89, 99 f.

[1175] *Mäsch*, AnwBl, 2009, 855, 856; *Mäsch*, JuS, 2013, 558, 559.

[1176] Kritisch dazu auch *Schön*, FS Schilken, S. 119, 128–129.

[1177] *BGH*, Urt. v. 28.09.2000 – IX ZR 6/99, NJW 2001, 146, 148; kritisch dazu *Schön*, FS Schilken, S. 119, 130; *F.-H. Lange*, Die Beweislast im Anwaltshaftungsprozeß, 2002, S. 145.

rechtlich zu missbilligen sein. Eine normative Begrenzung des Schadens erscheint daher auch unter diesem Gesichtspunkt nicht angebracht.[1178] Wie *Braun* richtigerweise feststellt, werden im Schadensrecht bei der Differenzhypothese zwei Vermögenslagen miteinander verglichen. Indem das Regressgericht nun auf die „wahre" Rechtslage abstellt, vergleicht es eine Vermögenslage mit einer Rechtslage. Womit diese unterschiedliche Betrachtung gerechtfertigt wird, wird dabei allerdings nicht ausreichend deutlich.[1179]

Teilweise begründet die Rechtsprechung ihre Ansicht auch damit, dass die Feststellung der hypothetischen Entscheidung des Ausgangsgerichts praktisch schwierig sei.[1180] Dem mag man geneigt sein zuzustimmen, gleichwohl können solch rein praktische Erwägungen diese Lösung nicht generell rechtfertigen.[1181] Von besonderen Beweisschwierigkeiten kann nicht pauschal ausgegangen werden. In der Rechtsprechung selbst finden sich vielmehr viele Beispiele, in denen die alternative Entscheidung des Gerichts feststand.[1182]

Widersprüchlich wird die Rechtsprechung des IX. Zivilsenats sodann durch seine Haltung zur Haftung des Steuerberaters. Dort soll abweichend zum oben Gesagten nun die Rechtslage zum Zeitpunkt des Ausgangsverfahrens entscheidend sein.[1183] Hier argumentiert das Gericht auch mit dem normativen Schaden, meint aber, ein Schaden, der sich aus einer rechtswidrigen Verwaltungspraxis ergibt, widerspreche der Rechtsordnung nicht, weil der Mandant genauso schutzwürdig sei wie derjenige, „der sich auf eine feste, später jedoch aufgegebene Rechtsprechung stützen kann"[1184]. Wo hier

---

[1178] So auch *Mäsch*, Chance und Schaden, 2004, S. 83 f.; *Braun*, ZZP 96 (1983), 89, 102 f.; *Schön*, FS Schilken, S. 119, 127.

[1179] Deutlich *Braun*, ZZP 96 (1983), 89, 101.

[1180] So bei *BGH*, Urt. v. 15.01.1981 – VII ZR 44/80, NJW 1981, 920, 921.

[1181] *Mäsch*, Chance und Schaden, 2004, S. 92.

[1182] Siehe dazu die Beispiele bei *Mäsch*, Chance und Schaden, 2004, 90 f.; in Betracht kommt zum Beispiel auch die Vernehmung des Richters des Vorprozesses als Zeugen, vgl. dazu *Braun*, ZZP 96 (1983), 89, 109.

[1183] *BGH*, Urt. v. 28.09.2000 – IX ZR 6/99, NJW 2001, 146; Urt. v. 13.03.2014 – IX ZR 23/10, NJW-RR 2014, 1015, Rn. 31.

[1184] *BGH*, Urt. v. 13.03.2014 – IX ZR 23/10, NJW-RR 2014, 1015, Rn. 32; so in Bezug auf einen rechtswidrigen Verwaltungsakt auch Urt. v. 15.01.1981 – VII ZR 44/80, NJW 1981, 920, 921; kritisch *F.-H. Lange*, Die Beweislast im Anwaltshaftungsprozeß, 2002, S. 146, der meint, dass der BGH durch diese Rechtsprechungslinie seinen normativen Schadensbegriff aushöhle.

der Unterschied zur Haftung des Rechtsanwalts bestehen soll, wird nicht ersichtlich.[1185]

Bei der Staatshaftung differenziert der III. Zivilsenat dagegen: Für die Kausalität der Amtspflichtverletzung für den Schaden komme es wie auch bei der Anwaltshaftung auf die Rechtsauffassung des Regressgerichts an,[1186] während für Kausalität eines hypothetischen Rechtsmittels bei § 839 Abs. 3 BGB auf „die wahre Kausalität“ also die Rechtsauffassung zur Zeit der hypothetischen Rechtsmittelentscheidung und des hypothetischen Rechtsmittelgerichts abzustellen sei.[1187]

Die Linie des BGH wird vor allem von *Mäsch* als nicht mit § 249 Abs. 1 BGB vereinbar kritisiert.[1188] Bei der Beurteilung des Vorverfahrens handele es sich nicht um eine Rechtsfrage, die das Regressgericht aus seiner Sicht zu entscheiden habe, sondern vielmehr um eine Tatfrage, bei der das Gericht an die Feststellungen des Ausgangsgerichts gebunden sei.[1189] Vor allem aber die aus seiner Sicht ungleiche Behandlung von Sachverständigen- und Anwaltshaftung könne dabei aus verfassungsrechtlicher Perspektive nicht überzeugen.[1190]

Zudem stehen Sinn und Zweck des Schadensersatzes der Rechtsprechung des BGH entgegen. Dadurch, dass der Ausgleichspflichtige neben der Verhinderung seiner Pflichtverletzung auch noch darauf hoffen kann, dass ein Schadensersatz aufgrund divergierender Rechtsauffassung des Regressgerichts entfällt, verschiebt sich das Verhältnis zwischen dem Ausmaß der drohenden Haftung und dem Aufwand, den der Pflichtige zur Schadensvermeidung erbringen muss, zu Ungunsten des Schadensersatzgläubigers.[1191] Dies ist mit

---

[1185] Ausführlich zur Widersprüchlichkeit der Rechtsprechung an dieser Stelle *Mäsch*, Chance und Schaden, 2004, S. 86–90; kritisch auch *F.-H. Lange*, Die Beweislast im Anwaltshaftungsprozeß, 2002, 145 f.

[1186] *BGH*, Urt. v. 11.03.2010 – III ZR 124/09, NJW-RR 2010, 1465; *OLG Hamm*, Beschluss v. 11.08.2021 – 11 U 136/20, FamRZ 2022, 204, 207; BeckOGK BGB/*T. Thomas* (2025), § 839 BGB, Rn. 717; BeckOGK BGB/*Bohlsen* (2025), § 839a BGB, Rn. 75; *Berkemann*, jM, 2021, 65, 70; a. A. jedenfalls für die Gutachterhaftung *Mäsch*, AnwBl, 2009, 855, 858.

[1187] *BGH*, Urt. v. 09.10.2003, NJW 2004, 1241, 1242; Urt. v. 11.03.2010 – III ZR 124/09, NJW-RR 2010, 1465; BeckOGK BGB/*T. Thomas* (2025), § 839 BGB, Rn. 717.

[1188] *Mäsch*, Chance und Schaden, 2004, S. 79; *Mäsch*, AnwBl, 2009, 855, 857.

[1189] *Mäsch*, Chance und Schaden, 2004, S. 79.

[1190] *Mäsch*, AnwBl, 2009, 855, 859.

[1191] *Mäsch*, Chance und Schaden, 2004, S. 86; *Schön*, FS Schilken, S. 119, 136.

dem Präventionsgedanken, der durch den Schadensersatzanspruch gerade in Fällen der Beraterhaftung mit erfüllt werden soll, nicht vereinbar.[1192]

Der Vorschlag der Literatur, stets auf die Sicht des Gerichts des Erstverfahrens bzw. des hypothetischen Rechtsmittelgerichts abzustellen, ist daher zu begrüßen.[1193]

Gelingt der beweisbelasteten Partei der Beweis, dass das Ausgangsgericht ohne die Pflichtverletzung zu seinen Gunsten entschieden hätte – was hier, wie gezeigt werden wird, ohnehin schwer genug sein dürfte – so sollte das Regressgericht an diese Tatsache gebunden sein.[1194] Wenn bei der Frage der Pflichtwidrigkeit des Verhaltens auf die Sicht des Vorgerichts geschaut wird,[1195] so muss dieser Maßstab schon aus Gründen der Kohärenz des Schadensrechts auch für die Frage der Kausalität gelten.[1196]

Dies bedeutet für den Haftungsanspruch des Kindes, das für die Frage, wie das Gericht ohne die Pflichtverletzung entschieden hätte, das Regressgericht an die Rechtsansichten des Ausgangsgerichts gebunden ist.

fff) Zwischenergebnis

Die Pflichtverletzung des Verfahrensbeistands ist damit kausal für den immateriellen Schaden des Kindes. Der Schaden liegt weder außerhalb des Schutzbereiches der Pflichten des Verfahrensbeistands, noch wird der Zurechnungszusammenhang grundsätzlich durch ein Dazwischentreten des Gerichts unterbrochen. Zur Beurteilung des Ausgangs des hypothetischen Ausgangsprozesses ist dabei auf die Sicht des Ausgangsgerichts abzustellen.

c) Der Beweis der Haftungsvoraussetzungen

Nicht umsonst wird häufig betont, dass Recht haben und Recht bekommen zwei verschiedene Dinge sind.[1197] Selbst wenn also materiell das Kind einen Anspruch auf Haftung hat, muss dieser im Verfahren durchgesetzt werden

---

[1192] Ausführlich dazu *Schön*, FS Schilken, S. 119, 136.

[1193] MüKo BGB/G. *Wagner*, 9. Aufl. (2024), § 839a BGB, Rn. 46; *Schön*, FS Schilken, S. 119, 137–138; *Mäsch*, Chance und Schaden, 2004, S. 77–83; *Braun*, ZZP 96 (1983), 89, 107 f.

[1194] *Mäsch*, AnwBl, 2009, 855; *Schön*, FS Schilken, S. 119.

[1195] So die allgemeine Auffassung, vgl. *Mäsch*, JuS, 2013, 558, 86 m.w.N.

[1196] *Mäsch*, NJW, 2001, 1547, 1548.

[1197] Dies wussten schon die Juristen des 19. Jahrhunderts, vgl. *E. Zitelmann*, Jherings Jahrbücher für die Dogmatik des bürgerlichen Rechts 16 (1878), 358, 430.

können. Dafür ist erforderlich, dass die materiellen Haftungsvoraussetzungen bewiesen werden.

Um zu zeigen, welche Probleme hier im Verfahren auftreten können, sollen zunächst einige Haftungsfälle beispielhaft skizziert werden. Daraufhin wird zunächst auf die allgemeinen Beweisanforderungen eingegangen, bevor schließlich Lösungsvorschläge untersucht werden, die in verschiedenen Rechtsgebieten zur Beweiserleichterung vorgeschlagen werden, um daraus eine geeignete Beweiserleichterung zu erarbeiten.

Das maßgebliche Problem des Beweises ist es, dass die Pflichtverletzung des Verfahrensbeistands nicht „automatisch" im Schaden beim Kind resultiert. Vielmehr beeinflussen verschiedene Entscheidungen sowohl des Gerichts als auch der übrigen Beteiligten den Handlungsverlauf hin zur Schädigung. Soll diese Kausalkette bewiesen werden, müssen die potentiellen Reaktionen der übrigen Beteiligten mitbedacht und mitbewiesen werden. Dies stellt die beweisbelastete Partei vor besondere Herausforderungen.

aa) Beispiele

Dabei sind verschiedene Fallkonstellationen denkbar, die die beweisbelastete Partei vor unterschiedliche Herausforderungen stellt. Diese sollen hier beispielhaft aufgezeigt werden, um die Anforderungen an Beweiserleichterungen zu verdeutlichen.

aaa) Pflichtwidrige Einlegung von Rechtsmitteln

Zunächst stelle man sich vor, dass der Verfahrensbeistand als einziger Beteiligter entgegen den Interessen des Kindes Rechtsmittel einlegt und daraufhin eine andere Entscheidung ergeht, aufgrund der das Kind geschädigt wird. Der Beweis, dass die Rechtsmittel entgegen den Interessen des Kindes eingelegt wurden, mithin also eine Pflichtverletzung vorliegt, dürfte anhand der vorliegenden Entscheidung und Aussagen des Kindes zu erbringen sein.[1198] Dies ist im Unterschied zu den übrigen Pflichtverletzungen aber ausnahmsweise der schwierigste Teil der Beweiskette. Hier ist, anders als in den folgenden Fällen, ausnahmsweise auch zwingende Folge dieser

[1198] Zur Frage, ob eine Pflichtverletzung bei Einlegung von Rechtsmitteln gegen eine aus objektiver Sicht „falsche" Entscheidung überhaupt angenommen werden kann, B. II. 5. a) cc).

Pflichtverletzung, dass ohne sie eine andere Entscheidung ergangen wäre. Diese eigentlich hypothetische Entscheidung steht als Ausgangsentscheidung in diesem Fall sogar fest. Daher ist auch die Frage, ob ohne die Entscheidung eine Rechtsgutsverletzung beim Kind eingetreten wäre, anhand der bestehenden Entscheidung unproblematisch beweisbar. Dabei handelt es sich allerdings, wie schon angesprochen um einen Ausnahmefall, was die folgenden Fälle verdeutlichen werden.

bbb) Pflichtwidriges Unterlassen der Einlegung von Rechtsmitteln

Schwieriger wird es schon dann, wenn man aus dem aktiven Tun des Verfahrensbeistands ein Unterlassen macht. Stellt man sich also vor, dass der Verfahrensbeistand die Einlegung des Rechtsmittels pflichtwidrig unterlassen hat, stellen sich andere Besonderheiten für die Anforderungen an den Beweis.

Wird durch das pflichtwidrige Unterlassen der Einlegung von Rechtsmitteln eine für das Kind nachteilige Entscheidung rechtskräftig und erleidet das Kind aufgrund dieser Entscheidung eine Rechtsgutsverletzung, so muss die Pflichtverletzung des Verfahrensbeistands wie die Kausalität der Pflichtverletzung für die Entscheidung und schließlich für die Rechtsgutsverletzung im Verfahren bewiesen werden. Anhand der Entscheidung dürfte dann nachweisbar sein, dass ein Rechtsmittel hätte eingelegt werden müssen, mithin eine Pflichtverletzung vorlag. Auf dieser beruht dann auch zwingenderweise die Entscheidung, da bei Einlegung eines Rechtsmittels jedenfalls ein anderes Gericht entschieden hätte. Schwieriger wird schon der Nachweis, dass die Entscheidung des Rechtsmittelgerichts anders ausgesehen hätte, mithin eine andere Entscheidung ergangen wäre. Hier kommt es auf die hypothetische Entscheidung an.[1199] Dies ist so zudem nicht ausreichend, vielmehr müsste man gerade beweisen, dass dann nicht nur eine andere Entscheidung ergangen wäre, sondern gerade eine Entscheidung, die nicht zur Rechtsgutsverletzung beim Kind geführt hätte. Es kommt also auf den genauen Inhalt der hypothetischen Entscheidung an. Während für den Beweis, dass jedenfalls nicht dieselbe Entscheidung ergangen wäre, ausreichend wäre nachzuweisen, dass ein Teil der Entscheidung rechtsfehlerhaft war, müsste hier darüber hinaus der Inhalt der inzidenten Entscheidung insoweit

[1199] Zum Beurteilungsmaßstab an dieser Stelle oben, B. III. 2. b) gg) eee).

bewiesen werden, wie er für die Frage des Schadens relevant wäre. Dabei kommt es auf die Sicht des Ausgangsgerichts an.[1200]

ccc) Fehlerhafte Stellungnahme

Noch schwieriger wird der Beweis, dass ohne die Pflichtverletzung eine andere Entscheidung ergangen wäre, wenn die Pflichtverletzung nicht so klar in einer bestimmten Handlung oder Unterlassung liegt. Liegt die Pflichtverletzung beispielsweise in einer fehlerhaften Stellungnahme, so mag aus dem Beschluss sich regelmäßig ergeben, ob das Gericht sich auf diese Stellungnahme gestützt hat. Dann müsste bei dem Beweis der hypothetischen Entscheidung aber auch die potentielle Reaktion der übrigen Verfahrensbeteiligten berücksichtigt werden. Diese könnten bei einer anderen Stellungnahme ihrerseits sich anders geäußert haben, was einen Einfluss auf die Entscheidung des Gerichts gehabt hätte. Hier dürfte der Beweis vielmehr nur dann gelingen, wenn die Stellungnahme offensichtlich und evident fehlerhaft war, weil sie entgegen allen anderen Aussagen sich beispielsweise für eine Zwangsmaßnahme beim Kind ausgesprochen hat und sich das Gericht erkennbar nur auf diese Stellungnahme gestützt hat. In Fällen, in denen mehrere alternative Handlungsmöglichkeiten bestanden, dürfte dieser Nachweis kaum zu führen sein.

ddd) Zusammenfassung

Die Beispielsfälle haben gezeigt, dass je konkreter die Pflichtverletzung benennbar ist, desto einfacher der Beweis des Einflusses auf die Entscheidung fallen wird. Dabei stellt der Beweis des Vorliegens einer Pflichtverletzung üblicherweise weniger Probleme als der Beweis der Kausalität.[1201] Dies beruht schließlich vor allem darauf, dass es bei letzterem vor allem um die Betrachtung des hypothetischen Kausalverlaufs geht, also um die Frage, ob der Schaden auch bei pflichtgemäßen Verhalten entstanden wäre. Je stärker dabei dieser hypothetische Kausalverlauf vom Verhalten Dritter abhängig ist, desto schwieriger wird der Beweis der Kausalität.[1202] Ausgehend von

---

[1200] Dazu schon oben, B. III. 2. b) gg) eee).

[1201] Zu diesem Ergebnis kommt auch MüKo ZPO/*Prütting*, 7. Aufl. (2025), § 286 ZPO, Rn. 48.

[1202] *Mäsch* nennt dies „Indeterminierte Kausalverläufe“, vgl. *Mäsch*, Chance und Schaden, 2004, S. 19 f.

dieser Erkenntnis soll daher nun untersucht werden, welche Mittel der beweisbelasteten Partei im Prozess zukommen, um den Beweis zu erbringen.

bb) Geltende Prozessordnung

Für die Beurteilung der Beweislastverteilung ist zunächst entscheidend, nach welcher Prozessordnung der Haftungsprozess zu führen ist. Maßgeblich ist immer der jeweilige Streitgegenstand und die danach geltende Prozessordnung.[1203] Für den Haftungsprozess gelten die Regeln des Zivilprozessrechts.[1204] Daher sind die Beweisregeln der ZPO einschlägig. Dies bedeutet auch, dass der Beibringungsgrundsatz Anwendung findet, und zwar auch dann, wenn im Ausgangsverfahren der Amtsermittlungsgrundsatz galt. Daraus folgt, dass alle entscheidungserheblichen Tatsachen von den Parteien vorzubringen und zu beweisen sind.[1205]

Wenn das Gericht danach keine Überzeugung von der Wahrheit oder Unwahrheit der streitigen und entscheidungserheblichen Tatsachenbehauptungen gewinnen konnte, ist entscheidend, welcher Partei die Beweislast zukommt, zu wessen Lasten also die Unaufklärbarkeit geht.[1206] Da dies auch beeinflusst, ob und wie die Tatsachen vorgebracht werden, soll dies hier vorrangig beleuchtet werden. In der Regel ist es die Partei, die die Beweislast trägt, die ein Interesse daran hat, die beweiserheblichen Tatsachen vorzutragen. Gerade in den hier angesprochenen Fällen ist die Beweisführung, wie im Folgenden dargelegt wird, nicht trivial. Den Anforderungen an die Beweisführung und der Beweislastverteilung kommt daher in den hiesigen Verfahren für die Erfolgsaussichten des Haftungsprozesses eine besondere Bedeutung zu.

cc) Beweislast

Die Beweislast für die anspruchsbegründenden Tatsachen liegt im Zivilprozess grundsätzlich beim Anspruchsteller.[1207] Dies ist im vorliegenden

[1203] *BGH*, Urt. v. 13.06.1996 – IX ZR 233/95, NJW 1996, 2501, 2502; a. A.: *Baur*, FS Larenz, S. 1063, 1078.

[1204] *BGH*, Urt. v. 13.06.1996 – IX ZR 233/95, NJW 1996, 2501, 2502; a. A.: *Baur*, FS Larenz, S. 1063, 1078.

[1205] Anders/Gehle/*Anders*, 83. Aufl. (2025), Vor § 128 ZPO, Rn. 21; Zöller/*Greger*, 35. Aufl. (2024), Vorb. zu §§ 128–252 ZPO, Rn. 10.

[1206] Zöller/*Greger*, 35. Aufl. (2024), Vorb. zu § 284 ZPO, Rn. 15.

[1207] Musielak/Voit/*Foerste*, 22. Aufl. (2025), § 286 ZPO, Rn. 35.

Fall das Kind. Dies bedeutet nicht nur, dass das Kind vorrangig den Beweis zu erbringen hat, sondern auch, dass im Falle der Unaufklärbarkeit dies zulasten des Kindes geht.[1208] Sie bestimmt daneben überdies, welche Tatsachen vorgetragen werden müssen, damit die Klage schlüssig ist. Die Beweislast hat damit nicht nur Einfluss darauf, ob die Klage erfolgreich ist, sondern auch darauf, ob sie überhaupt geführt wird.

Die Beweislast liegt dabei im Prozess nicht ausschließlich bei einer Partei. Vielmehr ist dabei zwischen den verschiedenen Haftungsvoraussetzungen zu unterscheiden. Während rechtsbegründende Tatbestandsmerkmale vom Anspruchsteller zu beweisen sind, sind rechtsvernichtende und rechtshemmende Tatbestandsmerkmale grundsätzlich vom Anspruchsgegner zu beweisen.[1209] Dies wird auch hier relevant. Das Bestehen der Pflichtverletzung, der haftungsbegründenden und haftungsausfüllenden Kausalität und des Schadens ist daher vom Kind zu beweisen. Geht es jedoch um Umstände, die eine Haftung ausschließen, so ist dies vom Anspruchsgegner, mithin dem Verfahrensbeistand zu beweisen.[1210] Dabei handelt es sich bei der Frage, ob bei pflichtgemäßer Ausübung der Schaden entstanden wäre, nicht um einen Einwand rechtmäßigen Alternativverhaltens, sodass auch dieser Teil der haftungsbegründenden Kausalkette vom Kind zu beweisen ist.[1211] Die wesentliche Beweislast liegt damit beim Kind.

aaa) Entscheidungserhebliche Tatsachen

Zu beweisen sind immer die entscheidungserheblichen Tatsachen. Diese sind vor allem abhängig von der streitentscheidenden Norm. Da sowohl ein Anspruch aus § 823 Abs. 1 BGB als auch ein Anspruch aus §§ 823 Abs. 2 BGB i.V.m. 158b FamFG in Betracht kommt, sind dies vor allem die Pflichtverletzung, der Schaden und die Rechtsgutsverletzung. Problematisch ist dabei, wie aus den Beispielen hervorgeht, vor allem der Beweis der Kausalität

---

[1208] Sog. *non liquet* Saenger/*Saenger*, 10. Aufl. (2023), § 286 ZPO, Rn. 34.

[1209] Musielak/Voit/*Foerste*, 22. Aufl. (2025), § 286 ZPO, Rn. 35; gleichbedeutend auch die von *Bacher* und *Saenger* favorisierte Formulierung, wonach jede Partei, die den Eintritt einer Rechtsfolge geltend macht, die Voraussetzungen des ihr günstigen Rechtssatzes zu beweisen hat, BeckOK ZPO/*Bacher*, 56. Edition (2025), § 284 ZPO, Rn. 72; Saenger/*Saenger*, 10. Aufl. (2023), § 286 ZPO, Rn. 58.

[1210] Saenger/*Saenger*, 10. Aufl. (2023), § 286 ZPO, Rn. 58 m.w.N.

[1211] Dazu schon soeben, B. III. 2. b) gg) bbb).

zwischen Pflichtverletzung und Schaden, sodass darauf hier ein Fokus gesetzt werden soll.

Entscheidend ist daher, welche Anforderungen an den Beweis der Kausalität gestellt werden und zu wessen Lasten es geht, wenn der Beweis nicht gelingt.[1212]

Es müsste zum Erfolg des Haftungsanspruches nicht nur bewiesen werden, dass (1) der Verfahrensbeistand eine Pflichtverletzung begangen hat, sondern auch, dass (2) die Entscheidung auf der Pflichtverletzung beruht und schließlich (3) der Schaden aufgrund der Entscheidung eingetreten ist. Für Letzteres müsste wiederum nachgewiesen werden, dass (4) bei einem pflichtgemäßen Verhalten des Verfahrensbeistands eine andere Entscheidung ergangen wäre, die nicht zum Schaden beim Kind geführt hätte.[1213]

bbb) Anforderungen an das Beweismaß

Zunächst soll jedoch beleuchtet werden, welche Anforderungen an den Beweis gestellt werden.

Der Beweis ist nach § 286 ZPO erst dann erbracht, wenn das Gericht nach freier Überzeugungsbildung die Behauptung für wahr erachtet.[1214] Dies bedeutet, dass das Gericht sich so sicher sein muss, dass allen vernünftigen Zweifeln Schweigen geboten wird, ohne dass sie völlig ausgeschlossen werden.[1215]

Das Verfahren wird grundsätzlich im sog. Strengbeweisverfahren geführt.[1216] Das Kind kann sich dort verschiedener in der Zivilprozessordnung ausdrücklich vorgesehener Beweismittel bedienen, um den Beweis zu erbringen. In den hier vorliegenden Verfahren wird zum Nachweis der Kausalitätskette vermutlich vor allem der Zeugenbeweis nach den §§ 373–401 ZPO und der Urkundenbeweis nach §§ 415–444 ZPO relevant werden. Für den Nachweis, dass ohne die Pflichtverletzung ein anderes Urteil ergangen wäre, wäre der Zeugenbeweis in Form einer Vernehmung des Richters oder anderer Prozessbeteiligten des Ausgangsprozesses möglich, um den hypothetischen

---

[1212] Sog. *non liquet*, dies geht dann Zulasten der beweisbelasteten Partei, vgl. Saenger/*Saenger*, 10. Aufl. (2023), § 286 ZPO, Rn. 34.

[1213] So auch die Beweisanforderungen bei *Koritz*, FPR, 2012, 568, 569; *Wellenhofer*, FPR, 2012, 529, 532.

[1214] Zöller/*Greger*, 35. Aufl. (2024), § 286 ZPO, Rn. 17.

[1215] St. Rspr. *BGH*, Urt. v. 17.02.1970 – III ZR 139/67, NJW 1970, 946, 948; Urt. v. 04.11.2003 – VI ZR 28/03, NJW 2004, 777, 778.

[1216] BeckOK ZPO/*Bacher*, 56. Edition (2025), § 284 ZPO, Rn. 11.

Ausgang des Ausgangsprozesses zu bestimmen. Geht es um den Nachweis, dass das Urteil auf der Pflichtverletzung beruht, wird neben dem Zeugenbeweis auch der Urkundenbeweis durch den Beschluss als öffentliche Urkunde dienen.[1217]

Der Beweis der erheblichen Tatsachen ist also mit den zur Verfügung stehenden Beweismitteln grundsätzlich möglich.

ccc) § 287 ZPO

Für die haftungsausfüllende Kausalität nimmt die Rechtsprechung und Literatur dabei seit langem an, dass für den Beweis § 287 ZPO Anwendung finden sollte.[1218] Dies ist zwar nicht so eindeutig im Wortlaut der Norm angelegt, ergibt sich aber sowohl aus den Gesetzesmaterialien und wird in „ob ein Schaden entstanden ist" hineingelesen.[1219] Danach reicht es aus, wenn für den Beweis der Kausalität eine „deutlich überwiegende, auf gesicherter Grundlage beruhende Wahrscheinlichkeit"[1220] der Schadensentstehung besteht. Dies würde für das Kind eine erhebliche Beweiserleichterung bedeuten.

Entscheidend ist dabei, welcher Teil der Kausalkette zum haftungsbegründenden Tatbestand und welcher Teil zum haftungsausfüllenden Tatbestand gehört. Die haftungsbegründende Seite der Kausalität beschreibt dabei den haftungsrechtlichen Zusammenhang zwischen dem Verhalten des Schädigers und dem Verletzungserfolg, während die haftungsausfüllende Kausalität den Umfang des Schadens bestimmt, den es zu ersetzen gilt, mithin die Kausalität zwischen Verletzungserfolg und Schaden.[1221] Nicht ganz eindeutig

---

[1217] Nur MüKo ZPO/*C. Schreiber*, 7. Aufl. (2025), § 415 ZPO, Rn. 22.

[1218] *BGH*, Urt. v. 12.07.2016 – KZR 25/14, NJW 2016, 3527, 3531 Rn. 42; Beschluss v. 13.11.2013 – IV ZR 224/13, NJW-RR 2014, 545; Zöller/*Greger*, 35. Aufl. (2024), § 287 ZPO, Rn. 3; BeckOK ZPO/*Bacher*, 56. Edition (2025), § 287 ZPO, Rn. 3; Anders/Gehle/*Nober*, 83. Aufl. (2025), § 287 ZPO, Rn. 9; Prütting/Gehrlein/*Laumen*, 16. Aufl. (2024), § 287 ZPO, Rn. 6; kritisch dazu *Maassen*, Beweismaßprobleme im Schadensersatzprozeß, 1975, S. 93–95, der vor allem die fehlende Begründung des BGH und der Literatur für diese Aufteilung bemängelt; a. A. *H. Weber*, Der Kausalitätsbeweis im Zivilprozeß, 1997, S. 195–201.

[1219] Ausführlich dazu *Arens*, ZZP 88 (1975), 1, 4 m.w.N.

[1220] *BGH*, Urt. v. 12.07.2016 – KZR 25/14, NJW 2016, 3527, 3531 Rn. 41; Urt. v. 18.03.2004 – IX ZR 255/00, NJW 2004, 1521, 1522.

[1221] Dazu MüKo BGB/*Oetker*, 9. Aufl. (2022), § 249 BGB, Rn. 105–106; Erman/*Ebert*, 17. Aufl. (2023), Vorbemerkung vor § 249, Rn. 28 f.; Staudinger/*Höpfner* (2021), § 249 BGB, Rn. 9.

ist, worin genau der Verletzungserfolg zu sehen ist. Die herrschende Meinung nimmt die Abgrenzung daran vor, wenn ein Rechtsgut betroffen ist.[1222] Dies muss jedenfalls bei den hier maßgeblichen deliktischen Ansprüchen bei der ersten Rechtsgutsverletzung anzunehmen sein.[1223] Diese Abgrenzung wird dabei – trotz Kritik in der Literatur –[1224] auch bei solchen deliktischen Anspruchsgrundlagen vorgenommen, die tatbestandlich keine Rechtsgutsverletzung voraussetzen.[1225] Eine einheitliche Beurteilung von § 823 Abs. 1 BGB und § 823 Abs. 2 BGB soll daher auch hier vorgenommen werden, sodass der gesamte Kausalverlauf bis zur Rechtsgutsverletzung als Teil der haftungsbegründenden Kausalität einzuordnen ist, folglich dieser auch nach

---

[1222] *BGH*, Urt. v. 04.11.2003 – VI ZR 28/03, NJW 2004, 777, 778, 779; Urt. v. 28.04.1982 – IV a ZR 8/81, NJW 1983, 998; Urt. v. 13.12.1951 – IV ZR 123/51, NJW 1952, 301, 302.

[1223] *BGH*, Urt. v. 29.01.2019 – VI ZR 113/17, NJW 2019, 2092; Urt. v. 04.11.2003 – VI ZR 28/03, NJW 2004, 777, 778, 779; MüKo BGB/*Oetker*, 9. Aufl. (2022), § 249 BGB, Rn. 502, Schädiger muss in den Rechtskreis des Geschädigten eingegriffen haben; die Rechtsprechung ist hier noch etwas uneinheitlich, so wird teilweise auch eine bloße Gefährdung des Rechtsguts als ausreichend erachtet, dazu MüKo ZPO/*Prütting*, 7. Aufl. (2025), § 287 ZPO, Rn. 10; dagegen *Arens*, ZZP 88 (1975), 1, 10; so wurde teilweise bei „Strukturgleichheit" von vertraglichen und deliktischen Sorgfaltspflichten ein Gleichlauf der Abgrenzung angenommen, vgl. *BGH*, Urt. v. 24.06.1986 – VI ZR 21/85, NJW 1987, 705, 706, da vertragliche Ansprüche hier von vornherein nicht in Betracht kommen, kann auch eine solche Vorverlagerung nicht mit Gründen einer „Strukturgleichheit" angenommen werden.

[1224] Abgrenzung nach Eingriffstatbeständen und Verhaltensnormtatbeständen *Hanau*, Die Kausalität der Pflichtwidrigkeit, 1971, S. 84–95; dem teilweise folgend auch *Arens*, ZZP 88 (1975), 1, 20; Aufteilung nach realem und hypothetischem Geschehensablauf, *H. Weber*, Der Kausalitätsbeweis im Zivilprozeß, 1997, S. 195–201.

[1225] Vgl. nur *BGH*, Urt. v. 28.04.1982 – IV a ZR 8/81, NJW 1983, 998; widersprüchlich ist insoweit die Rechtsprechung des BGH zu § 839a BGB, bei der die Abgrenzung zwischen haftungsausfüllender und haftungsbegründender Kausalität anhand der gerichtlichen Entscheidung vorgenommen wird, vgl. Beschluss v. 30.08.2018 – III ZR 363/17, FamRZ 2018, 1875, 1876, dies mag bei materiellen Schäden anders zu beurteilen sein, kann jedoch jedenfalls für immaterielle Schäden nicht überzeugen; jurisPK BGB/*Wingler*, 10. Aufl. (2023), § 839a BGB, Rn. 40; Erman/*Mayen*, 17. Aufl. (2023), § 839a BGB, Rn. 10; *Berkemann*, jM, 2021, 65, 70, der zwar grundsätzlich anerkennt, dass Folge auch ein Schmerzensgeldanspruch sein kann, hier aber gleichwohl als Schaden nur Vermögensschäden einbezieht; enger dagegen *Thole*, Die Haftung des gerichtlichen Sachverständigen nach § 839a BGB, 2004, S. 172, der § 287 Abs. 1 ZPO nur auf die Feststellung des Schadensumfangs beschränken will, § 286 ZPO dagegen nach seiner Ansicht den konkreten Haftungsgrund und damit auch die Kausalität des Gutachtens für die Entscheidung erfasse.

§ 286 ZPO zu beweisen ist. Die Rechtsgutsverletzung tritt allerdings erst mit der Vollstreckung der Entscheidung ein. Dies hat zur Folge, dass der gesamte Kausalverlauf, also sowohl die Kausalität zwischen Pflichtverletzung des Verfahrensbeistands und Entscheidung des Gerichts als auch die Kausalität zwischen der Entscheidung des Gerichts und der Rechtsgutsverletzung beim Kind als Teil der haftungsbegründenden Kausalität zu behandeln ist. Das geschützte Rechtsgut wird nämlich nicht schon mit der Entscheidung des Gerichts verletzt, sondern erst mit der tatsächlichen Vollstreckung dieser Entscheidung. Erst in dem beispielsweise das Kind fixiert wird, wird in das Rechtsgut der Freiheit eingegriffen. Eine bloße Gefährdung des Rechtsguts, wie es durch die Entscheidung eintreten mag, ist gerade nicht ausreichend.[1226] Eine Vorverlagerung der haftungsausfüllenden Kausalität auf die Entscheidung ist daher nicht möglich.[1227] Damit bleibt für die haftungsausfüllende Kausalität nur noch die Kausalität zwischen der Rechtsgutsverletzung und dem daraus resultierendem Schaden. Auf haftungsausfüllender Seite wäre dann nur noch zu untersuchen, ob die Rechtsgutsverletzung, beispielsweise die Freiheitsverletzung zu einem kausalen Schaden beim Kind geführt hat. Da Rechtsgutsverletzung und Schaden in der Regel zeitlich zusammenfallen werden, dürften sich hier auch ohne Anwendung des § 287 ZPO keine besonderen Schwierigkeiten ergeben. Beide dürften hier, wie gezeigt, vielmehr zumeist kongruent sein,[1228] sodass dadurch die Prüfung der haftungsausfüllenden Kausalität im Ergebnis entfällt. Man könnte sogar mit *Lange/Schiemann* davon ausgehen, dass eine Unterscheidung zwischen haftungsbegründender und haftungsausfüllender Kausalität jedenfalls hier entbehrlich wäre.[1229]

Im Ergebnis unterliegt danach der gesamte Sachverhalt § 286 ZPO.

Zu einer Anwendung von § 287 ZPO gelangt man damit nur, wenn man mit *Weber* die Abgrenzung der Anwendbarkeit von § 287 ZPO anhand

---

[1226] *Arens*, ZZP 88 (1975), 1, 10.

[1227] A. A. *Hanau*, NJW, 1968, 2293, der eine Rechtsverletzung schon bei einer unmittelbaren Gefährdung des Rechtsgegenstandes annehmen will, die hier aber jedenfalls auch noch nicht gegeben sein dürfte.

[1228] Zur Abgrenzung von Rechtsgutsverletzung und Schaden schon oben, B. III. 2. b) ff) aaa).

[1229] *H. Lange/Schiemann*, Schadensersatz, 2003, S. 77 für § 823 Abs. 2 BGB; in diese Richtung auch *Hanau*, Die Kausalität der Pflichtwidrigkeit, 1971, S. 121, der annimmt, dass es bei Verhaltensnormtatbeständen keinen haftungsbegründenden Tatbestand gebe.

der Aufteilung von realem und hypothetischen Geschehensablauf vornimmt. Danach soll § 287 ZPO stets dann Anwendung finden, wenn es um die hypothetische Kausalität gehe.[1230] Dies deckt sich meist mit der Einordnung von haftungsbegründender und haftungsausfüllender Kausalität, ist gleichwohl nicht zwingend.[1231] Ein solcher Fall liegt hier vor. Wie gezeigt, ist die Frage, ob ohne die Pflichtverletzung eine andere Entscheidung ergangen wäre, im Rahmen der haftungsbegründenden Kausalität zu prüfen. Dabei handelt es sich allerdings um einen hypothetischen Geschehensablauf.[1232] Daher wäre nach *Weber* für diese Prüfung auch § 287 ZPO analog anwendbar. In der Folge wäre danach bezüglich der Kausalität ausreichend, wenn der Kausalverlauf in groben Zügen in Bezug auf seine Prognostizierbarkeit dargelegt würde.[1233] Er begründet die analoge Anwendung vor allem damit, dass es sich bei der hypothetischen Kausalität nicht um eine „Tatsache" handele, sodass § 286 ZPO nicht angewandt werden könne. Für den Bereich der hypothetischen Kausalverläufe außerhalb der Schadensfeststellung bestehe danach eine Regelungslücke, die durch die analoge Anwendung des § 287 ZPO zu füllen sei.[1234] Dagegen führt die Rechtsprechung richtigerweise an, dass eine Anwendung des § 287 ZPO auch auf haftungsbegründender Seite die Haftung ohne gesetzliche Grundlage zu weit ausdehnen würde und eine Haftung des Schädigers für „eine nur möglicherweise von ihm verursachte Rechtsgutverletzung in Kauf" nehme.[1235]

Da es zudem bei der haftungsbegründenden Kausalität generell Beweiserleichterungen gibt, ist eine Ausdehnung des § 287 ZPO nicht notwendig und soll im Folgenden daher nicht angenommen werden.

Da das Handeln des Verfahrensbeistands nur ein Teil der richterlichen Entscheidungsfindung ist,[1236] es sich also um multikausale Ereignisse handelt,[1237]

[1230] *H. Weber*, Der Kausalitätsbeweis im Zivilprozeß, 1997, S. 195 f.
[1231] *H. Weber*, Der Kausalitätsbeweis im Zivilprozeß, 1997, S. 209.
[1232] *H. Weber*, Der Kausalitätsbeweis im Zivilprozeß, 1997, S. 195.
[1233] *H. Weber*, Der Kausalitätsbeweis im Zivilprozeß, 1997, S. 210.
[1234] *H. Weber*, Der Kausalitätsbeweis im Zivilprozeß, 1997, S. 195.
[1235] *BGH*, Urt. v. 04.11.2003 – VI ZR 28/03, NJW 2004, 777, 779.
[1236] *Koritz*, FPR, 2012, 568, 569; *Wellenhofer*, 2012, 529, 532; so zur Haftung des Jugendamtes für fehlerhafte Stellungnahmen auch *Schindler*, FPR, 2012, 539, 540.
[1237] Zum Begriff BeckOK BGB/*Flume*, 74. Aufl. (2025), § 249 BGB, Rn. 293.

dürfte die Erbringung des Beweises unter diesen Voraussetzungen nur selten gelingen. Auch hier ist zu beachten, dass nicht bewiesen werden muss, dass die Pflichtverletzung allein für die richterliche Entscheidung verantwortlich ist, auch die gerichtliche Entscheidung muss seinerseits nicht die einzige Ursache für den Schaden beim Kind sein. Eine Mitverantwortlichkeit ist ausreichend und muss daher auch „nur“ bewiesen werden.

Hier könnten zugunsten des Kindes jedoch andere Beweiserleichterungen eingreifen, die auch auf haftungsbegründender Seite Anwendung finden würden.

ddd) Anscheinsbeweis

Eine solche Beweiserleichterung stellt der Anscheinsbeweis dar.[1238] Aber auch dieser kann hier jedenfalls bei § 823 Abs. 1 BGB nicht weiterhelfen. Danach gilt ein Beweis als erbracht, wenn Indizien vorliegen und ein typischer Geschehensablauf, d.h. also ein bestimmter Tatbestand nach der Lebenserfahrung auf eine bestimmte Ursache für den Eintritt eines bestimmten Erfolgs hinweist.[1239] Hier fehlt es schon an der ersten Voraussetzung. Dem Vorliegen eines typischen Geschehensablaufs. Gerade im Bereich des Kindschaftsrechts wird die Bildung eines Erfahrungssatzes, der eine bestimmte Wahrscheinlichkeit für einen typischen Geschehensablauf begründen kann, nicht möglich sein. Von einer Pflichtverletzung des Verfahrensbeistands kann nicht darauf geschlossen werden, wie sich das Kind oder andere Beteiligten verhalten werden.

Das Kindschaftsrecht ist derart individuell, dass eine Vereinheitlichung von Geschehensverläufen und Bildung vergleichbarer Fälle nicht möglich ist.[1240] Der Beweis des hypothetischen Kausalverlaufs kann danach nicht durch einen Anscheinsbeweis erleichtert werden.

[1238] Wobei die genaue prozessrechtliche Einordnung umstritten ist; besondere Form des Indizienbeweises, Anders/Gehle/*Nober*, 83. Aufl. (2025), § 286 ZPO, Rn. 75; Teil der richterlichen Beweiswürdigung Saenger/*Saenger*, 10. Aufl. (2023), § 286 ZPO, Rn. 58; Stein/Jonas/*Thole*, 23. Aufl. (2018), § 286, Rn. 223, mit Darstellung des Meinungsstandes Rn. 219–221.

[1239] BeckOK ZPO/*Bacher*, 56. Edition (2025), § 284 ZPO, Rn. 94; Anders/Gehle/*Nober*, 83. Aufl. (2025), § 286 ZPO, Rn. 76.

[1240] So für das Anwalts- und Arzthaftungsrecht auch *Mäsch*, Chance und Schaden, 2004, S. 30 f.

Ein Unterschied könnte hier bei § 823 Abs. 2 BGB bestehen. Dort wird ein Anscheinsbeweis für die Kausalität zwischen Schutzgesetzverstoß und Schadenseintritt angenommen, wenn sowohl das Bestehen einer Schutzgesetzverletzung als auch des Schadenseintritts feststeht und wenn gerade der Schaden eingetreten ist, der durch das Schutzgesetz verhindert werden sollte.[1241] Ausreichend ist also nicht, dass der Schaden im Schutzbereich der Norm ist, dies ist vielmehr immer zur Annahme der Kausalität im engeren Sinne notwendig, das vom Gesetz vorgeschriebene Verhalten muss vielmehr dazu dienen, eine bestimmte Gefahrmöglichkeit herabzusetzen.[1242] Notwendig ist daher ein über den Schutzzweck hinaus bestehender engerer Zusammenhang. Ein solcher wird bei der Verletzung der Pflichten aus § 158b FamFG jedoch nicht anzunehmen sein. Diese dienen nämlich nicht ausdrücklich der Verhinderung eines bestimmten Schadens, sondern vor allem der Interessenvertretung des Kindes im Verfahren. Die Verhinderung des Schadens ist zwar vom Schutzzweck der Norm umfasst aber eben nicht das primäre Ziel der Norm. Ein Anscheinsbeweis kann daher auch bei § 823 Abs. 2 BGB i.V.m. § 158b FamFG nicht angenommen werden.

eee) Ergebnis

Beweiserleichterungen, die den tatsächlichen Beweis einer bestehenden Kausalität ermöglichen würden, bestehen damit bisher nicht. Danach ist davon auszugehen, dass der Beweis durch das Kind in der Regel nicht zu erbringen sein dürfte. Daher würde die Haftung nicht an dem Fehlen der Haftungsvoraussetzungen scheitern, aber an der fehlenden Beweisbarkeit.

dd) Änderung der Beweislastverteilung

Dies erscheint aber nicht zweckmäßig. Wenn das Gesetz einen Haftungsgrund vorsieht, so muss es auch die zivilprozessualen Mittel bereithalten, die Haftung prozessual durchsetzen zu können. Dies folgt schon aus dem Grundsatz der materiellen Gleichstellung der Prozessbeteiligten als Teil der materiellen Waffengleichheit.[1243] Diese materielle Waffengleichheit könnte

---

[1241] *BGH*, Urt. v. 14.12.1993 – VI ZR 271/92, MDR 1994, 613, 614; jurisPK BGB/*Hans*, 10. Aufl. (2023), § 823 Abs. 2 BGB Schadensersatzpflicht, Rn. 22.

[1242] So Staudinger/*Hager* (2021), § 823 BGB, G 39.

[1243] So als Argument für Beweiserleichterungen bei der Sachverständigenhaftung *Katzenmeier*, NJW, 2020, 1856, 1857; zur Definition der materiellen Waffengleichheit auch hier daher beispielsweise dadurch verwirklicht werden, dass die Beweislast ganz oder teilweise auf die andere Partei, mithin den Verfahrensbeistand verlagert wird.

Man könnte nun annehmen, dass es sich bei den praktischen Beweisschwierigkeiten um eine hinzunehmende Einschränkung der Haftung handelt. Allerdings erscheint schon der Schutzzweck der Haftung, ein entsprechendes Verhalten zu sanktionieren, um es zu verhindern, verfehlt, wenn der zu führende Kausalitätsbeweis gerade typischerweise nicht geführt werden kann und die Haftung daher in der Regel sanktionslos bleibt.[1244] Dies schwächt nicht zuletzt die Präventionsfunktion des Schadensersatzanspruches.[1245] Daneben sprechen auch einige weitere Argumente dafür, über die bestehenden Beweiserleichterungen hinausgehende Beweiserleichterungen oder sogar Änderungen an der Beweislastverteilung vorzunehmen. Da die Beweisprobleme sich wie gezeigt vor allem bei der Pflicht zur Erstellung der Stellungnahme ergeben, sollen sich die Überlegungen in der Folge auch auf diese Pflichtverletzung und den Beweis der entsprechenden Kausalkette fokussieren.

aaa) Verfassungsrechtliche Gebotenheit einer Änderung der Beweislastverteilung

Zunächst könnte schon das verfassungsrechtliche Gebot der prozessualen Waffengleichheit eine Anpassung der Beweislastverteilung erforderlich machen.[1246] Die prozessuale Waffengleichheit soll die verfassungsrechtlich ge-

---

Musielak/Voit/*Musielak*, 22. Aufl. (2025), Einleitung, Rn. 31; Haftungssanktion dürfe nicht „zu einem stumpfen Schwert werden“, vgl. *K. Heinemann*, NJW 1990, 2345, 2352, zur Notwendigkeit von Beweiserleichterungen im Arzthaftungsrecht.

1244 So bei der ärztlichen Aufklärungspflicht auch *Mäsch*, MedR 40 (2022), 717, 720; bei der Haftung des Anlageberaters auch *BGH*, Urt. v. 08.05.2012 – XI ZR 262/10, NJW 2012, 2427, 2430 m.w.N.

1245 *Canaris*, FS Hadding, S. 3, 4; zur Präventionswirkung des Anspruchs schon oben, B. III. 2. a) gg).

1246 Dieser verfassungsrechtliche Grundsatz wird aus Art. 3 Abs. 1 i.V.m. Art. 20 Abs. 3 GG hergeleitet, vgl. Musielak/Voit/*Musielak*, 22. Aufl. (2025), Einleitung, Rn. 31; wobei die verfassungsrechtliche Einordnung auch nicht gänzlich unumstritten ist. Ausführlich zur verfassungsrechtlichen Anknüpfung *Friedrich*, Das Gebot der zivilprozessualen Waffengleichheit, 2021, S. 45; teilweise wird als Grundlage für Änderungen der Beweislastverteilung auch eine Analogie zu § 836 BGB, § 280 Abs. 1 S. 2 BGB oder allgemeine Gerechtigkeitserwägungen herangezogen, vgl. dazu Musielak/Voit/*Foerste*, währleistete Gleichwertigkeit der prozessualen Stellung der Parteien vor dem Richter ermöglichen.[1247] Selbst innerhalb des BVerfG ist es jedoch umstritten, ob daraus verfassungsrechtliche Folgerungen für die Beweislastverteilung erwachsen.[1248] Die herrschende Ansicht in der Literatur und im Ergebnis wohl auch der BGH folgt dabei richtigerweise dem zu dem Urteil ergangenen Minderheitsvotum. Danach folgt aus dem grundgesetzlichen Erfordernis fairer Verhandlungsführung und prozessualer Waffengleichheit in bestimmten Situationen eine Beweislastumkehr, wenn der Beweis typischerweise nicht erbracht werden kann und daher die reguläre Beweislastverteilung nicht zumutbar ist.[1249] Eine Änderung der Beweislastverteilung kann daher schon verfassungsrechtlich angezeigt sein.

bbb) Notwendigkeit einer Korrektur der Beweislastverteilung

Eine Korrektur der gesetzlichen Beweislastregeln kann danach nur dann erfolgen, wenn der Beweis für das Kind typischerweise nicht erbracht werden kann und daher die reguläre Beweislastverteilung nicht zumutbar ist. Hier können für das Kind verschiedene Argumente vorgebracht werden, die eine Änderung der Beweislastverteilung notwendig erscheinen lassen.

Zum einen hat das Kind schon deswegen einen großen Informationsnachteil gegenüber dem Verfahrensbeistand, weil es im Ausgangsverfahren in der Regel nicht verfahrensfähig ist.[1250] Daraus folgt, dass das Kind bestimmte

---

22. Aufl. (2025), § 286 ZPO, Rn. 37; kritisch zur Legitimation der Beweislastumkehr generell, *H. Weber*, Der Kausalitätsbeweis im Zivilprozeß, 1997, S. 235–238.

[1247] *BVerfG*, Beschluss v. 25.07.1979 – 2 BvR 878/74, NJW 1979, 1925, 1927.

[1248] Dafür das die Entscheidung tragende Votum der Richter *Zeidler*, *Hirsch*, *Niebler* und *Steinberger*, *BVerfG*, Beschluss v. 25.07.1979 – 2 BvR 878/74, NJW 1979, 1925; dagegen das Votum der Richter *Rinck*, *Wand*, *Rottmann* und *Träger*, Beschluss v. 25.07.1979 – 2 BvR 878/74, NJW 1979, 1925, 1927 f.

[1249] Musielak/Voit/*Foerste*, 22. Aufl. (2025), § 286 ZPO, Rn. 37; der Herleitung zustimmend, der Beweislastumkehr als Instrument aber insgesamt kritisch gegenüberstehend *H. Weber*, Der Kausalitätsbeweis im Zivilprozeß, 1997, S. 237; auf ein materielles Verständnis des Waffengleichheitsgebots deutet jedenfalls die Rechtsprechung des BGH zum 4-Augen-Gespräch, vgl. *BGH*, Urt. v. 16.07.1998 – I ZR 32–96, NJW 1999, 363, 364; Urt. v. 09.10.1997 – IX ZR 269/96, NJW 1998, 306 f.; Urt. v. 24.01.2006 – XI ZR 320/04, NJW 2006, 1429, 1431; für ein materielles Verständnis der Waffengleichheit im Schrifttum auch *M. Vollkommer*, FS Schwab, S. 503, 519 f.; dagegen *Jung*, Der Grundsatz der Waffengleichheit im Zivilprozeß, 1990, S. 16.

[1250] Dazu oben, B. II. 2. b).

Informationsrechte nicht hat, was es nicht nur im Ausgangsverfahren benachteiligt, sondern auch die Vorbereitung eines Haftungsprozesses erschwert. So erfolgt schon keine Zustellung des Beschlusses an das Kind persönlich,[1251] zudem nimmt das Kinder in der Regel nicht an der Verhandlung teil,[1252] ihm fehlen daher wesentliche Informationen über Verfahrensablauf und Ansichten der übrigen Beteiligten.

Dies tritt überall dort zutage, wo der Beweis der Kausalität vor allem vom Verhalten Dritter abhängt.[1253] Dies ist dabei weniger der Fall, wenn es um die pflichtwidrige Einlegung oder Unterlassen der Einlegung von Rechtsmitteln angeht – dort geht es vor allem um die rechtliche Einschätzung des Gerichts von der „richtigen“ Entscheidung – sondern vor allem, wenn die Pflichtverletzung darin besteht, dass der Verfahrensbeistand eine fehlerhafte Stellungnahme abgegeben hat.[1254]

Dann erfolgt diese aufgrund der besonderen Fach- und Sachkenntnis des Verfahrensbeistands. Wie eine Stellungnahme richtigerweise hätte aussehen müssen – was zum Beweis der Kausalität notwendigerweise zu beweisen wäre – kann das Kind nicht wissen und somit auch nicht darlegen. Der Verfahrensbeistand hat also auch aus diesem Gesichtspunkt eine stärkere Verfahrensposition als das Kind, die im Verfahren auszugleichen ist.[1255]

Da es hier an einer Beweislastregelung fehlt, müsste eine Änderung der Beweislast zunächst durch richterliche Rechtsfortbildung erfolgen. Eine Änderung der Beweislastverteilung darf dabei jedoch als Rechtsfortbildung erst dann erfolgen, wenn nicht schon die gesetzlichen Beweiserleichterungen ausreichen.[1256] Dass jedenfalls gesetzliche Beweiserleichterungen nicht eingreifen, wurde bereits gezeigt.[1257] Hier sollen daher andere richterlich herausgebildete Beweiserleichterungen betrachtet werden, um zu überprüfen, ob diese geeignet wären, die Schwächen der Verfahrensposition des Kindes

---

[1251] Zur fehlenden Zustellungsmöglichkeit an das Kind selbst, B. II. 3. d) aa) bbb).

[1252] Dazu schon oben B. II. 5. b).

[1253] Dazu schon oben, B. III. 2. c) aa) ddd).

[1254] Dies wird deutlich, wenn man sich diese Fälle exemplarisch vorstellt, dazu oben, B. III. 2. c aa); zur Pflichtverletzung in diesem Fall vgl. B. III. 2. b) ee) bbb) (1).

[1255] Dies wird auch im Arzthaftungsrecht als Argument für die Beweiserleichterungen herangezogen, dazu sogleich, B. III. 2. c) dd) ccc) (1).

[1256] *H. Weber*, Der Kausalitätsbeweis im Zivilprozeß, 1997, S. 233.

[1257] Dazu schon oben, B. III. 2. c) cc) bbb).

auszugleichen. Schließlich soll darauf basierend ein Vorschlag zur Regelung der Beweislast unterbreitet werden. Dabei muss ein Ausgleich zwischen der Notwendigkeit einer gerichtlichen Durchsetzbarkeit auf der einen und der Vermeidung einer zu weitgehenden Garantiehaftung auf der anderen Seite hergestellt werden.[1258]

ccc) Beweislastverteilung in anderen Fällen

Sowohl im Bereich der Sachverständigenhaftung, dem Arzthaftungsrecht als auch bei der Anwaltshaftung haben sich verschiedene Beweiserleichterungen und Änderungen der Beweislastverteilung in bestimmten Fällen in der höchstrichterlichen Rechtsprechung etabliert. Diese reichen von der Annahme eines Anscheinsbeweises und sekundärer Darlegungslasten bis hin zu gesetzlichen Vermutungen, die zu einer echten Umkehr der Beweislast führen. Diese sollen näher beleuchtet werden. Dabei soll zunächst die Rechtsprechung in verschiedenen Rechtsgebieten dargestellt werden, um dann die Argumente der Rechtsprechung und Literatur für die Beweiserleichterungen und deren Tragfähigkeit für eine Übertragung auf die Haftung des Verfahrensbeistands zu prüfen. Die Untersuchung schließt mit einem eigenen Vorschlag zur Regelung der Beweislastverteilung bei der Haftung des Verfahrensbeistands. Ein besonderer Fokus liegt dabei auch hier auf den Beweisregeln für den Beweis der Kausalität.

(1) Arzthaftungsrecht

Im Bereich des Arzthaftungsrechts findet sich für vertragliche Haftungsansprüche eine gesetzliche Regelung der Beweislast in § 630h BGB. Da hier grundsätzlich nur deliktische Ansprüche betrachtet werden sollen, findet § 630h BGB zwar keine Anwendung.[1259] § 630h BGB kodifiziert allerdings im Wesentlichen nur die vorher von der Rechtsprechung zum Deliktsrecht entwickelten Beweislastverteilungsregeln.[1260] Die Rechtsprechung und Literatur hat im Bereich des Arzthaftungsrechts eine weitreichende Kasuistik

---

[1258] So auch *K. Heinemann*, NJW 1990, 2345, 2352.

[1259] Spickhoff/*Spickhoff*, 4. Aufl. (2022), § 630h BGB, Rn. 3.

[1260] Vgl. § 630 h BGB hat jedoch jedenfalls insoweit Einfluss auf das Deliktsrecht, als dass er der Bildung neuer Beweislastregeln im Deliktsrecht entgegensteht, vgl. Spickhoff/*Spickhoff*, 4. Aufl. (2022), § 630h BGB, Rn. 3.

zur Beweislastverteilung erarbeitet.[1261] Diese kann hier daher nur grob und beschränkt auf die Beweislastverteilung betreffend den Kausalitätsbeweis dargestellt werden.

Für den Vortrag zur haftungsbegründeten Kausalität werden die Anforderungen an das Beweismaß herabgesetzt.[1262] Dort dürfen nach allgemeiner Meinung an die Substantiierungslast des Klägers nur „maßvolle und verständig geringe" Anforderungen gestellt werden.[1263] Begründet wird dies insbesondere mit der geringeren Sachkenntnis des Klägers und der notwendigen Waffengleichheit.[1264]

Daher trifft den Arzt in diesen Prozessen häufig auch eine sekundäre Darlegungslast. Dies ist insbesondere dann der Fall, wenn eine nähere Substantiierung durch den Kläger nicht möglich oder zumutbar ist, weil er „außerhalb des von ihm vorzutragenden Geschehensablaufs steht"[1265], der Arzt aber die wesentlichen Tatsachen kennt oder ohne größeren Aufwand in Erfahrung bringen kann.[1266] Dies führt dazu, dass ein einfaches Bestreiten nicht ausreichend ist, sondern der Arzt auf die Behauptungen des Klägers seinerseits substantiiert erwidern muss, wenn sein Bestreiten nach § 138 Abs. 2, 3 ZPO beachtlich sein soll.[1267]

Bei Vorliegen eines groben Behandlungsfehlers wird darüber hinaus sogar eine Beweislastumkehr für die Kausalität zwischen Behandlungsfehler und Schaden angenommen. Kann der Kläger beweisen, dass es sich um einen *groben* Behandlungsfehler handelt, hat der Schädiger ausnahmsweise die

---

[1261] Die Kommentierung zur Beweislastverteilung bei deliktischen Ansprüchen umfasst bei *Spickhoff* allein 100 Randnummern, vgl. Spickhoff/*Greiner*, 4. Aufl. (2022), § 839 BGB, Rn. 213–313.

[1262] *Berkemann*, jM, 2021, 65, 67.

[1263] St. Rspr. statt aller *BGH*, Urt. v. 08.06.2004 – VI ZR 199/03, NJW 2004, 2825, 2827; Urt. v. 15.07.2003 – VI ZR 203/02, NJW 2003, 3411, 3412; *Dautert*, in: *Pardey/Balke/Link et al.* (Hrsg.), Schadenrecht, Rn. 147; *Katzenmeier*, NJW, 2020, 1856.

[1264] *BVerfG*, Beschluss v. 25.07.1979 – 2 BvR 878/74, NJW 1979, 1925 f.; *BGH*, Urt. v. 08.06.2004 – VI ZR 199/03, NJW 2004, 2825, 2827; *Greiner*, in: *Geiß/Greiner* (Hrsg.), Arzthaftpflichtrecht, Rn. 1; *Dautert*, in: *Pardey/Balke/Link et al.* (Hrsg.), Schadenrecht, Rn. 147.

[1265] *BGH*, Beschluss v. 18.02.2020 – VI ZR 280/19, NJW-RR 2020, 720, 721 Rn. 10.

[1266] *BGH*, Beschluss v. 18.02.2020 – VI ZR 280/19, NJW-RR 2020, 720, 721 Rn. 10; Beschluss v. 25.06.2019 – VI ZR 12/17, NJW-RR 2019, 1360, 1362.

[1267] *BGH*, Beschluss v. 25.06.2019 – VI ZR 12/17, NJW-RR 2019, 1360, 1362; *Greiner*, in: *Geiß/Greiner* (Hrsg.), Arzthaftpflichtrecht, Rn. 2a m.w.N. für die Rechtsprechung.

fehlende Kausalität zu beweisen.[1268] Begründet wird diese Beweislastumkehr mit Treu und Glauben, wonach der Arzt dem Patienten aufgrund der schweren Aufklärbarkeit der Kausalität den vollen Kausalitätsbeweis nicht zumuten könne.[1269] Sie folgt damit – anders als die Herabsetzung des Beweismaßes – nicht aus dem Gebot der Waffengleichheit.[1270]

Diese Grundsätze überträgt der BGH auf weitere Fälle, in denen Berufs- und Organisationspflichten grob verletzt wurden, sofern es sich um Pflichten handelt, die dem Schutz von Leben und Gesundheit anderer zu dienen bestimmt sind.[1271] Dabei soll es sich bei dieser Pflicht nicht nur um eine Nebenpflicht handeln.[1272]

Auch außerhalb grober Behandlungsfehler ist die Rechtsprechung im Arzthaftungsrecht großzügig, was die Anforderungen an den Beweis der Kausalität angeht, obwohl hier der strengere Beweismaßstab des § 286 ZPO Anwendung findet. Geht es um die Frage, ob der Patient sich beratungsgemäß verhalten hat, wird dies bisher ohne weitere Prüfung angenommen, ohne auf die in der Anwalts- und Anlageberatung geltenden Beweisregeln überhaupt einzugehen.[1273]

[1268] *BGH*, Urt. v. 13.09.2011 – VI ZR 144/10, NJW 2011, 3441; Urt. v. 10.05.2016 – VI ZR 247/15, NJW 2016, 2502; Spickhoff/*Greiner*, 4. Aufl. (2022), § 839 BGB, Rn. 275; kritisch, MüKo BGB/*B. Wagner*, 9. Aufl. (2024), § 823 BGB, Rn. 100, die einen fehlenden systematischen Zusammenhang zwischen der Schwere des Fehlers und der Wahrscheinlichkeit des Schadenseintritts bemängelt.

[1269] *BGH*, Urt. v. 03.02.1987 – VI ZR 56/86, NJW 1987, 1482, 1483; Urt. v. 10.05.2016 – VI ZR 247/15, NJW 2016, 2502, 2503; Urt. v. 11.05.2017 – III ZR 92/16, NJW 2017, 2108, 2110; *Greiner*, in: *Geiß/Greiner* (Hrsg.), Arzthaftpflichtrecht, Rn. 251.

[1270] So ausdrücklich *BGH*, Urt. v. 10.05.2016 – VI ZR 247/15, NJW 2016, 2502, 2503; *Greiner*, in: *Geiß/Greiner* (Hrsg.), Arzthaftpflichtrecht, Rn. 251.

[1271] *BGH*, Urt. v. 11.05.2017 – III ZR 92/16, NJW 2017, 2108, 2110 f., bei einem Hausnotrufvertrag; bei einer Schwimmbadaufsicht, Urt. v. 23.11.2017 – III ZR 60/16, NJW 2018, 301, 303; zur Übertragbarkeit auf den Betreiber eines Kiosks auf einer Kirmes, *OLG Köln*, Urt. v. 18.11.1969 – 15 U 129/69, OLGZ 1970, 311, 317; dagegen keine Übertragbarkeit auf Sportlehrer *BGH*, Urt. v. 04.04.2019 – III ZR 35/18, SpuRt 2019, 174, 175 f.

[1272] Nur Anwendbarkeit auf „Kernpflichten“, vgl. *BGH*, Urt. v. 04.04.2019 – III ZR 35/18, SpuRt 2019, 174, 176; ob eine solche „Kernpflicht“ beim Kioskbetreiber vorlag, darf jedoch bezweifelt werden, *OLG Köln*, Urt. v. 18.11.1969 – 15 U 129/69, OLGZ 1970, 311, 317; die Übertragung auf andere Berufsgruppen als beliebig kritisierend auch *Mäsch*, Chance und Schaden, 2004, S. 124 f.

[1273] *OLG Hamm*, Urt. v. 16.02.2016 – 26 U 18/15, BeckRS 2016, 4230, Rn. 47; dazu ausführlich *Mäsch*, MedR 40 (2022), 717, 721; zur Vermutung des beratungsgemäßen Verhaltens im Bereich der Anwalts- und Anlageberaterhaftung näher unten, B. III. 2. c) dd) ccc) (3).

Wie gezeigt beruhen die Beweiserleichterung im Arzthaftungsrecht und die Übertragung auf weitere Dienstleisterhaftungsfälle zum einen auf der Gefahrgeneigtheit der Tätigkeit, zum anderen auf dem Wissensvorsprung des Schädigers und schließlich auf der Beherrschbarkeit der Situation und des Informationsflusses durch den Schädiger. Zusammenfassend ist Grundlage dieser Beweislastregeln, dass der Schädiger „näher dran" ist.[1274]

(2) Sachverständigenhaftung

Im Bereich der gerichtlichen Sachverständigenhaftung bestimmt sich die Haftung nach dem bereits erwähnten § 839a BGB. Beweiserleichterungen, insbesondere eine Übertragbarkeit der Regeln im Arzthaftungsrecht, wird von der Rechtsprechung und Literatur jedoch überwiegend abgelehnt.[1275] Dabei ist anzumerken, dass die Rechtsprechung dem Kläger wie schon gezeigt jedenfalls insoweit entgegenkommt, als dass sie die Kausalität zwischen Entscheidung und Schaden als Teil der haftungsausfüllenden Kausalität begreift und daher auf den Beweis § 287 ZPO anwendet.[1276] Eine Beweiserleichterung kommt darüber hinaus dadurch zum Tragen, dass der Richter von der Schwere des Pflichtverstoßes darauf schließen darf, dass der Sachverständige grob fahrlässig gehandelt hat.[1277] Dies kommt der Vermutung bei groben Verhandlungsfehlern zumindest nahe, auch wenn es sich nur auf den Beweis des Verschuldens auswirkt und nicht auf den Beweis der Kausalität.

(3) Beraterhaftung

Die Haftung rechtlicher Berater sei es des Anwalts, Anlage- oder Steuerberaters wird in der Rechtsprechung und Literatur seit vielen Jahren diskutiert. Da dort häufig die Übertragbarkeit der Beweislastregeln von einer Profession

---

1274 *K. Heinemann*, NJW 1990, 2345, 2350 f.; *Pfündl* nennt es daher auch passenderweise „Näher-dran-Prinzip", vgl. *Pfündl*, MedR 41 (2023), 462.

1275 *BGH*, Beschluss v. 30.01.2020 – III ZR 91/19, VersR 2020, 572 f.; *OLG Hamm*, Beschluss v. 11.08.2021 – 11 U 136/20, FamRZ 2022, 204, 206; *Berkemann*, jM, 2021, 65, 67; Erman/*Mayen*, 17. Aufl. (2023), § 839a BGB, Rn. 13; kritisch MüKo BGB/*G. Wagner*, 9. Aufl. (2024), § 839a BGB, Rn. 74; *Thole*, MedR 38 (2020), 841; *Katzenmeier*, NJW, 2020, 1856 f.

1276 Dazu schon oben, B. III. 2. c) cc) ccc).

1277 MüKo BGB/*G. Wagner*, 9. Aufl. (2024), § 839a BGB, Rn. 48; *BGH*, Urt. v. 08.07.1992 – IV ZR 223/91, NJW 1992, 2418, 2419.

auf eine andere diskutiert wird,[1278] haben wir einen guten Einblick darüber, welche Wertungen hinter den einzelnen Beweiserleichterungen stecken.

Hier sollen daher kurz die Gemeinsamkeiten und Unterschiede zwischen den Haftungen herausgearbeitet werden, da sie gut die Wertungen der herrschenden Meinungen hinter den Beweislastregeln aufzeigen.

Dabei scheint die Haftung des Rechtsanwalts auf den ersten Blick am ehesten mit der Haftung des Verfahrensbeistands vergleichbar. Auch wenn Anwalt und Verfahrensbeistand sowohl im Verhältnis zum Mandanten (dem Kind) als auch zum Gericht unterschiedliche Rechtspositionen einnehmen, so besteht eine Gemeinsamkeit jedenfalls haftungsrechtlich darin, dass Sie durch ihr Verhalten im Verfahren Einfluss auf die Rechtsgüter ihres Mandanten (des Kindes) haben. Auch erscheint der Nachweis der Kausalität mit ähnlichen Schwierigkeiten verbunden, da es dort maßgeblich darauf ankommt, wie das Verfahren ohne die Pflichtverletzung ausgegangen wäre. Gleichwohl geht es in Haftungsprozessen des Anwalts seltener um Haftungsansprüche wegen Verletzung immaterieller Schäden, zudem besteht hier immer ein vertragliches Verhältnis, auf dem die Haftung beruht. Dies führt hier dazu, dass ein Großteil des Sachverhalts – jedenfalls bei Vermögensschäden – der haftungsausfüllenden Kausalität zugerechnet wird, für die daher § 287 ZPO Anwendung findet.[1279]

Daher ist die Rechtsprechung bei der Annahme von Beweiserleichterungen im Bereich der Anwalts- und Steuerberaterhaftung ansonsten eher zurückhaltend.[1280]

(a) Pflichtverletzung

Insbesondere liegt die Beweis- und Darlegungslast für das Vorliegen einer Pflichtverletzung – anders als bei der Arzthaftung – beim Mandanten.[1281]

[1278] Übertragbarkeit der Rechtsprechung zur Anwaltshaftung auf den Steuerberater, *BGH*, Urt. v. 03.12.1992 – IX ZR 61/92, NJW 1993, 1139, 1140; zum Vergleich von Anwalts- und Arzthaftung *Adam*, VersR, 2010, 44; *Mäsch*, MedR 40 (2022), 717; *Jungk*, NJW, 2023, 3621; für eine Übertragbarkeit der Rechtsprechung zum Arzthaftungsrecht auf die Anwaltshaftung *Giesen*, JZ, 1988, 660.

[1279] Borgmann/Jungk/Schwaiger/*Schwaiger*, 6. Aufl. (2020), § 42 Pflichtwidrigkeit, Rn. 23; *K. Heinemann*, NJW 1990, 2345, 2348.

[1280] Die Rechtsprechung zur Anwaltshaftung ist auf die Haftung des Steuerberaters anwendbar und vice versa, vgl. *BGH*, Urt. v. 03.12.1992 – IX ZR 61/92, NJW 1993, 1139, 1140.

[1281] *Laumen*, DStR, 2015, 2514, 2518; Borgmann/Jungk/Schwaiger/*Schwaiger*, 6. Aufl. (2020), § 42 Pflichtwidrigkeit, Rn. 8–11.

Lediglich die Substantiierungslast ist geringfügig abgemildert.[1282] Jedenfalls dann, wenn es um die Frage geht, ob eine bestimmte Belehrung oder Beratung unterblieben ist, es also um den Beweis negativer Tatsachen geht, trifft den Beklagten aber zumindest eine sekundäre Darlegungslast.[1283] Auch hier kann sich der Kläger dann der Parteivernehmung als Beweismittel bedienen.[1284]

(b) Vermutung beratungsgemäßen Verhaltens

Bei der Haftung des Beraters gilt grundsätzlich die Vermutung beratungsgemäßen Verhaltens. Besteht die Pflichtverletzung in einer Fehlberatung, wird danach vermutet, dass der Mandant sich bei einer pflichtgemäßen Beratung auch beratungsgemäß verhalten hätte. Abgestellt wird dabei auf die Sicht eines vernünftig urteilenden Mandanten.[1285] Diese Vermutung hilft dem Mandanten insoweit, dass er zum Nachweis der hypothetischen Kausalität sein eigenes hypothetisches Verhalten nicht beweisen muss.

Der genaue Anwendungsbereich wie auch die Reichweite dieser Vermutung unterscheiden sich dabei zwischen den verschiedenen Disziplinen und BGH-Senaten. Während es sich bei der Haftung des Anlageberaters um eine echte Vermutung i.S.d. § 292 ZPO handelt, die zu einer echten Umkehr der Beweislast führt, stellt diese Vermutung im Bereich der Anwalts- und Steuerberaterhaftung lediglich eine Beweiserleichterung durch die Annahme eines Anscheinsbeweises dar.[1286]

[1282] *Laumen*, DStR, 2015, 2514, 2519.

[1283] *BGH*, Urt. v. 14.07.2016 – IX ZR 291/14, 3431; Urt. v. 12.12.1996 – IX ZR 214/95, NJW 1997, 1008, 1011; Borgmann/Jungk/Schwaiger/*Schwaiger*, 6. Aufl. (2020), § 42 Pflichtwidrigkeit, Rn. 18; M. Vollkommer/Greger/J. Heinemann/*Greger*, 5. Aufl. (2021), § 25 Beweislast und Beweiserleichterungen, Rn. 16–17; *Laumen*, DStR, 2015, 2514, 2519.

[1284] Dazu M. Vollkommer/Greger/J. Heinemann/*Greger*, 5. Aufl. (2021), § 25 Beweislast und Beweiserleichterungen, Rn. 16 m.w.N.

[1285] *BGH*, Urt. v. 30.09.1993 – IX ZR 73/93, NJW 1993, 3259.

[1286] Zur Haftung des Anlageberaters *BGH*, Urt. v. 26.09.1997 – V ZR 29/96, NJW 1998, 302, 303; Urt. v. 15.07.2016 – V ZR 168/15, NZG 2017, 542, 543; Urt. v. 08.05.2012 – XI ZR 262/10, NJW 2012, 2427; Urt. v. 06.04.2001 – V ZR 402/99, NJW 2001, 2021, 2022; *Jungk*, NJW, 2023, 3621, 3625; *Mäsch*, MedR 40 (2022), 717, 718; kritisch zur Rechtsprechung zur Anlageberaterhaftung, *Laumen*, DStR, 2015, 2570, 2573 f. der für beide Fälle einen Anscheinsbeweis annimmt; zur Anwaltshaftung *BGH*, Urt. v. 30.09.1993 – IX ZR 73/93, NJW 1993, 3259, 3260; Urt. v. 16.07.2015 – IX ZR 197/14, 3447, unter ausdrücklicher Ablehnung der Übertragbarkeit der Rechtsprechung zur Anlageberaterhaftung; Urt. v. 06.12.2018 – IX ZR 176/16, NJW-RR 2019, 373, 376; zustimmend Borgmann/Jungk/

Begründet wird die Vermutung mit dem besonderen Vertrauen, dass in der Regel einem Rechtsanwalt entgegengebracht wird.[1287] Im Gegensatz zum Rechtsanwalt bestehe bei der Anlageberatung darüber hinaus eine besondere Aufklärungspflicht, die eine Beweislastumkehr in diesen Fällen zu rechtfertigen vermag; eine solche sei bei Anwälten und Steuerberatern aber nicht anzunehmen, sodass dort lediglich ein Anscheinsbeweis angenommen wird.[1288]

Die Rechtsprechung zur Haftung des Rechtsanwalts bzw. Steuerberaters ist auch beim Anwendungsbereich dieser Vermutung strenger und nimmt sie nur dann an, wenn keine weiteren Handlungsalternativen bestanden.[1289] Dagegen findet bei der Haftung des Anlageberaters die Vermutung auch dann Anwendung, wenn mehr als eine Handlungsoption besteht. Begründet wird der weitere Anwendungsbereich auch hier mit besonderen Aufklärungspflichten des Anlageberaters.[1290] Ausgeschlossen ist die Anwendung des Anscheinsbeweises auch, wenn es um höchstpersönliche Entscheidungen geht.[1291] Aber auch dann, wenn diese Vermutung nicht eingreift, kann der Kläger in beiden Fällen jedenfalls zum Beweis seines hypothetischen Verhaltens auf die Parteivernehmung nach § 287 Abs. 1 S. 3 ZPO zurückgreifen.[1292]

Die Unterscheidung zwischen gesetzlicher Vermutung und Anscheinsbeweis ist dabei nicht nur von dogmatischer Natur, sondern hat auch beweisrechtliche Konsequenzen. Während es bei der Anwaltshaftung ausreichend ist, den vermuteten Kausalzusammenhang zu erschüttern, führt die gesetzliche Vermutung zu einer echten Beweislastumkehr, sodass vom Schädiger ein voller Gegenbeweis verlangt wird.[1293]

Schwaiger/*Schwaiger*, 6. Aufl. (2020), § 42 Pflichtwidrigkeit, Rn. 26; M. Vollkommer/Greger/J. Heinemann/*Greger*, 5. Aufl. (2021), § 25 Beweislast und Beweiserleichterungen, Rn. 5.

[1287] *BGH*, Urt. v. 30.09.1993 – IX ZR 73/93, NJW 1993, 3259, 3260.

[1288] *BGH*, Urt. v. 06.12.2018 – IX ZR 176/16, NJW-RR 2019, 373, 376.

[1289] *BGH*, Urt. v. 30.09.1993 – IX ZR 73/93, NJW 1993, 3259;*Jungk*, NJW, 2023, 3621, 3625; *Laumen*, DStR, 2015, 2570, 2574.

[1290] *BGH*, Urt. v. 05.07.1973 – VII ZR 12/73, NJW 1973, 1688, 1689; Urt. v. 08.05.2012 – XI ZR 262/10, NJW 2012, 2427, 2430; Urt. v. 15.07.2016 – V ZR 168/15, NZG 2017, 542.

[1291] *Laumen*, DStR, 2015, 2570, 2574.

[1292] *Laumen*, DStR, 2015, 2570, 2574 m.w.N.

[1293] Zur dogmatischen Unterscheidung ausführlich *Laumen*, MDR, 2015, 1.

Bei der Anwaltshaftung liegt die Beweislast für die Kausalität damit grundsätzlich beim Anspruchsteller.[1294] Hier besteht ein signifikanter Unterschied zwischen der Anlageberatungshaftung und Arzthaftung auf der einen – die in bestimmten Fällen eine Beweislastumkehr annehmen – der Anwaltshaftung auf der anderen Seite, bei der nur in engen Voraussetzungen ein Anscheinsbeweis angenommen wird.

(4) Haftung des Vormunds/Betreuers

Da schon an anderer Stelle aufgrund der Sachnähe auf die Vorschriften des Vormundschaftsrechts und Betreuungsrechts Bezug genommen wurde, sollen hier kurz die Beweislastregelungen in diesem Bereich beleuchtet werden. Im Bereich des Vormundschafts- und Betreuungsrechts stellen sich haftungsrechtliche Probleme vor allem im Bereich der Kausalität.[1295] Die Haftung des Vormunds ist gesetzlich in § 1794 BGB bestimmt, die des Betreuers in § 1826 BGB. Im Bereich des Vormundschaftsrechts und Betreuungsrechts trägt die Beweislast grundsätzlich der Mündel bzw. Betreute.[1296] Gesetzlich ist in beiden Vorschriften nunmehr eine Beweislastumkehr für das Verschulden normiert, dass jetzt vermutet wird.[1297] Diese Beweislastverteilung beruht dabei weniger auf dem Bedürfnis, Beweisschwierigkeiten auszugleichen als an einer Anpassung an die Beweislastverteilung bei vertraglichen Ansprüchen, bei der § 280 Abs. 1 S. 2 BGB zum selben Ergebnis führt.[1298] Weitere Beweiserleichterungen, insbesondere für den Beweis der Kausalität, werden hier jedoch soweit ersichtlich, nicht diskutiert.[1299]

[1294] Borgmann/Jungk/Schwaiger/*Schwaiger*, 6. Aufl. (2020), § 42 Pflichtwidrigkeit, Rn. 24.

[1295] Dazu auch schon *Schindler*, FPR, 2012, 539, 543.

[1296] Erman/*Schulte-Bunert*, 17. Aufl. (2023), § 1826 BGB, Rn. 15; HK-BUR/*Deinert/Lütgens*, 108. EL (154. EL 6.2025), § 1833 BGB a.F., Rn. 3; Staudinger/*Veit* (2020), § 1833 BGB, Rn. 77.

[1297] Erman/*Schulte-Bunert*, 17. Aufl. (2023), § 1826 BGB, Rn. 15; Erman/*Schulte-Bunert*, 17. Aufl. (2023), § 1794 BGB, Rn. 15; vor der Neuregelung bestand insoweit lediglich ein Anscheinsbeweis zugunsten des Betreuten bzw. Mündels, wenn der Betreuer bzw. Vormund eine Pflicht durch ein Unterlassen verletzt hat, dazu HK-BUR/*Deinert/Lütgens*, 108. EL (154. EL 6.2025), § 1833 BGB a.F., 3 f.; Staudinger/*Veit* (2020), § 1833 BGB, Rn. 77.

[1298] BT-Drs. 19/24445, 207–208, 260; jurisPK BGB/*Klasen*, 10. Aufl. (2023), § 1826 BGB, Rn. 10.

[1299] Lediglich jurisPK BGB/*Herberger*, 10. Aufl. (2023), § 1794, Rn. 80 meint, dass auch in Hinblick auf die Kausalität ein Anscheinsbeweis eingreifen könnte, ohne näher zu ddd) Übertragung der Ansätze auf die Haftung des Verfahrensbeistands

Nachdem die verschiedenen Ansätze in der Literatur und Rechtsprechung zur Erleichterung des Beweises in anderen Rechtsgebieten dargestellt wurden, soll nun untersucht werden, ob diese auf die Haftung des Verfahrensbeistands übertragbar sind. Dabei kommt vor allem eine Übertragung der Beweiserleichterungen aus dem Arzthaftungsrecht und der Anwaltshaftung in Betracht, die jeweils an verschiedenen Stellen der Beweiskette ansetzen und allein und in der Kombination den Beweis der Haftungsvoraussetzungen für das Kind erheblich erleichtern können.

(1) Beweislastumkehr bei groben Pflichtverletzungen

Man könnte zunächst darüber nachdenken, die Rechtsprechung zur Beweislastverteilung bei groben Pflichtverletzungen im Arzthaftungsrecht auch auf die Haftung des Verfahrensbeistands zu übertragen. Bei einer groben Verletzung seiner Pflicht würde dann vermutet werden, dass der Schaden auf der Pflichtverletzung beruht, also, dass bei einem pflichtgemäßen Verhalten dieser Schaden nicht entstanden wäre. Es handelt sich um eine Beweislastumkehr. Dabei können diese Erwägungen aber nicht für alle Pflichtverletzungen auch auf die Haftung des Verfahrensbeistands übertragen werden, sondern bleiben zunächst auf die Verletzung der Pflicht zur Erstellung einer Stellungnahme beschränkt.

(a) Verbindung zwischen Schwere der Pflichtverletzung und Kausalität

Zunächst kann die Rechtsprechung nicht schon mit den Argumenten abgelehnt werden, die bei der Frage der Übertragbarkeit auf die Anwaltshaftung vorgebracht wurden. Dort wird vom *BGH* und *Schwaiger* vor allem damit argumentiert, dass die Schwere der Pflichtverletzung – anders als bei der Arzthaftung – keinen Einfluss auf die Kausalität habe.[1300] Dies mag bei den von ihm vorgetragenen Beispielen wie der Fristversäumnis und der Wahl des falschen Beklagten auch zutreffend sein. Dort bestehen aber in der Regel keine besonderen Beweisschwierigkeiten, die eine Veränderung der Beweislast

---

erläutern, worin der Anschein begründet sein soll und wie weit diese Vermutung eingreifen soll.

[1300] *BGH*, Urt. v. 09.06.1994 – IX ZR 125/93, NJW 1994, 3295, 3298; Borgmann/Jungk/Schwaiger/*Schwaiger*, 6. Aufl. (2020), § 42 Pflichtwidrigkeit, Rn. 24.

erforderlich machen würden, weil es nur auf den Ausgang des hypothetischen Verfahrens ankommt und nicht auf ein Verhalten Dritter.[1301] Dies ist allerdings nicht auf alle Pflichtverletzungen, die der Verfahrensbeistand begehen kann, zu übertragen. Zwar mag die Pflichtverletzung auch darin bestehen, dass er ein Rechtsmittel nicht eingelegt hat, dann bestehen aber wie gezeigt auch für das Kind keine besonderen Beweisschwierigkeiten.[1302]

Bei den für das Verfahren sehr bedeutsamen Stellungnahmen sieht dies allerdings anders aus. In diesen Fällen kann die Schwere der Pflichtverletzung einen Einfluss auf den Kausalverlauf haben. Bei nur kleineren Fehlern und Ungenauigkeiten erscheint es unwahrscheinlicher, dass das Gericht eine andere Entscheidung erlassen hätte als bei grob unrichtigen Stellungnahmen. Je mehr die in der Stellungnahme dargestellte Situation und Handlungsempfehlung von der Wahrheit abweicht, desto größer ist – wenn man einen gleichbleibenden Einfluss der Stellungnahme auf den Beschluss annimmt – auch die Wahrscheinlichkeit, dass bei einer richtigen Stellungnahme ein signifikant anderer Beschluss ergangen wäre. Die Schwere der Pflichtverletzung ist jedenfalls bei der Stellungnahmeverpflichtung relevant. In diesen Fällen erscheint die Ursächlichkeit der Pflichtverletzung für den Beschluss, auf dem schließlich der Schaden beruht, besonders naheliegend, was eine Beweislastumkehr hier gerechtfertigt erscheinen lässt.[1303]

(b) Schadensentstehung im Einflussbereich des Kindes

Auch das Argument der Rechtsprechung, dass die Schadensentstehung eher beim Mandanten eintreffen würde und daher nicht diesen, sondern den Anwalt die Beweisschwierigkeiten träfen, kann auf die Haftung des Verfahrensbeistands nicht übertragen werden.[1304] Damit will die Rechtsprechung darauf anspielen, dass der Patient dem Arzt in einer besonderen Weise ausgeliefert sei, die auf das Verhältnis zwischen Mandanten

---

[1301] Zur maßgeblichen Sicht bei der Beurteilung des hypothetischen Inzidentprozesses schon oben, B. III. 2. b) gg) eee).

[1302] Dazu oben, B. III. 2. c) aa) bbb).

[1303] Eine solche Wahrscheinlichkeitserwägung ist auch im Arzthaftungsprozess der Ausgangspunkt für die Beweislastumkehr, vgl. *BGH*, Urt. v. 21.09.1982 – VI ZR 302/80, NJW 1983, 333, 334; Urt. v. 09.06.1994 – IX ZR 125/93, NJW 1994, 3295, 3298.

[1304] *BGH*, Urt. v. 09.06.1994 – IX ZR 125/93, NJW 1994, 3295, 3298; Borgmann/Jungk/Schwaiger/*Schwaiger*, 6. Aufl. (2020), § 42 Pflichtwidrigkeit, Rn. 24.

und Anwalt nicht übertragbar sei.[1305] Dieses Argument ist schon in Bezug auf die Anwaltshaftung wenig tragfähig und kann auch bei der Haftung des Verfahrensbeistands nicht überzeugen.[1306] Wie schon gezeigt, hat im Kindschaftsverfahren das Kind die geringsten Einflussmöglichkeiten auf Entstehung und Ausgang des Beschlusses. Es ist bei diesem, anders als der Verfahrensbeistand in der Regel nicht einmal anwesend.[1307] Gerade bei der Pflicht zur Erstellung der Stellungnahme erfolgt diese vollkommen außerhalb des Pflichtenkreises des Kindes. Es hat daher auch keine Informationsvorteile, die einen Gegenbeweis für den Verfahrensbeistand erschweren würden. Es ist vielmehr in einer ähnlichen Weise wie der Patient dem Arzt ausgeliefert und von seiner Tätigkeit abhängig, die für das Kind auch existenzielle Folgen haben kann.

(c) Schutzzweck der verletzten Berufspflicht

Zuletzt ließe sich gegen eine Übertragbarkeit vorbringen, dass Schutzzweck der Berufspflichten, gegen die beim Verfahrensbeistand verletzt wird, nicht dem Schutz von Körper, Gesundheit oder Leben dienen, wie es von der Rechtsprechung vorausgesetzt wird.[1308] Nach Ansicht des BGH muss es sich dabei um eine „Berufspflicht" handeln, ohne dass dieser Begriff näher definiert wäre.[1309] Gemeint ist wohl, dass es sich um eine Haupt- und nicht bloß einen Nebenpflicht handeln muss.[1310] Die Rechtsprechung legt dies jedoch sehr weit

---

[1305] *BGH*, Urt. v. 09.06.1994 – IX ZR 125/93, NJW 1994, 3295, 3298; so auch M. Vollkommer/Greger/J. Heinemann/*Greger*, 5. Aufl. (2021), § 25 Beweislast und Beweiserleichterungen, Rn. 5.

[1306] Dazu ausführlich *Mäsch*, Chance und Schaden, 2004, S. 106 f.

[1307] Dazu schon oben, B. III. 2. c) dd) bbb).

[1308] Dies sei eine notwendige Voraussetzung für die Übertragbarkeit der Rechtsprechung auf andere Berufspflichten, vgl. *BGH*, Urt. v. 11.05.2017 – III ZR 92/16, NJW 2017, 2108, 2110 f.; Urt. v. 23.11.2017 – III ZR 60/16, NJW 2018, 301, 303; *OLG Köln*, Urt. v. 18.11.1969 – 15 U 129/69, OLGZ 1970, 311, 317; *BGH*, Urt. v. 04.04.2019 – III ZR 35/18, SpuRt 2019, 174, 175 f.; Urt. v. 01.10.1987 – IX ZR 117/86, NJW 1988, 200, 203; kritisch dazu *Giesen*, JZ, 1988, 660.

[1309] „Vornehmste Berufspflicht", vgl. *BGH*, Urt. v. 13.03.1962 – VI ZR 142/61, NJW 1962, 959, 960; nur Anwendbarkeit auf „Kernpflichten", vgl. Urt. v. 04.04.2019 – III ZR 35/18, SpuRt 2019, 174, 176; „Berufs- oder Organisationspflichten", vgl. Urt. v. 23.11.2017 – III ZR 60/16, NJW 2018, 301, 303.

[1310] Kritisch zu dieser Eingrenzung MüKo BGB/*B. Wagner*, 9. Aufl. (2024), § 823 BGB, Rn. 98–99.

aus, wenn sie auch bei einem Kioskbetreiber auf einer Kirmes meint, dass der Schutz von Körper, Leben und Gesundheit eine seiner Hauptpflichten sei.[1311] Die Aufgabe des Verfahrensbeistands ist es, eine kindeswohldienliche Entscheidung zu ermöglichen und damit das Kind zumindest mittelbar vor Beeinträchtigungen seines Lebens, Körpers oder Gesundheit zu schützen. Dies ließe sich auch als Schutzpflicht des Verfahrensbeistands auslegen. Die Notwendigkeit einer verletzten Berufspflicht wäre somit gewahrt.

(d) Wissens- und Informationsungleichgewicht

Um eine Beweiserleichterung nach diesen Maßstäben zu rechtfertigen, muss nach der Rechtsprechung des BGH zudem der volle Kausalitätsbeweis aufgrund der schweren Aufklärbarkeit des Sachverhalts nicht zumutbar sein. Die Beweiserleichterung beruht auf dem Grundsatz nach Treu und Glauben aus § 242 BGB.[1312] Es kommt also darauf an, dass aus der groben Pflichtverletzung auch die schwere Aufklärbarkeit des Sachverhalts folgt.[1313] Dies ist bei einer falschen Stellungnahme evident. Je weiter die Stellungnahme von der pflichtgemäßen Stellungnahme abweicht, desto größer wird auch der Spielraum der alternativen Handlungsmöglichkeiten der übrigen Beteiligten und damit der hypothetischen Kausalverläufe, die vom Kind zu beweisen wären.

Daneben kann zudem das Gebot der Waffengleichheit ins Feld geführt werden.[1314] Ähnlich wie im Arzthaftungsrecht besteht im Kindschaftsverfahren gleichermaßen ein Informations- und Wissensvorteil beim Verfahrensbeistand.[1315] Zwar fehlt beiden Parteien gleichermaßen das Wissen über das hypothetische Verhalten Dritter, das für den Beweis der Kausalität notwendig ist. Gleichwohl hat der Verfahrensbeistand durch die Kenntnis vom Verfahrenshergang sowie seiner beruflichen Qualifikation in Bezug auf die Darlegung der Gründe für den Kausalverlauf Vorteile, die mit der Stellung des Arztes vergleichbar sind. Es macht wertungsmäßig keinen Unterschied,

---

[1311] So *OLG Köln*, Urt. v. 18.11.1969 – 15 U 129/69, OLGZ 1970, 311, 317.

[1312] *BGH*, Urt. v. 10.05.2016 – VI ZR 247/15, NJW 2016, 2502, 2503; Urt. v. 11.05.2017 – III ZR 92/16, NJW 2017, 2108, 2110.

[1313] Dies herausarbeitend auch *Giesen*, JZ, 1988, 660, 661.

[1314] Dazu schon oben, B. III. 2. c) dd) aaa).

[1315] Dies ist eine maßgebliche Begründung des *BVerfG* für die Beweislastumkehr im Arzthaftungsrecht, vgl. *BVerfG*, Beschluss v. 25.07.1979 – 2 BvR 878/74, NJW 1979, 1925.

ob es sich um Entscheidungen und Verhaltensweisen Dritter handelt oder die Reaktion des Körpers auf eine hypothetische Behandlung.[1316]

(e) Begrenzung auf grobe Pflichtverletzungen

Heinemann kritisiert, dass eine Begrenzung nur auf grobe Pflichtverletzungen erfolgt, die willkürlich erscheine, da die Beweisschwierigkeiten unabhängig vom Verschulden gleichbleibend seien.[1317] Er verkennt dabei aber schon, dass die Begrenzung auf grobe Pflichtverletzungen nicht mit einer Begrenzung auf ein grobes Verschulden gleichzusetzen ist.[1318] Es betrifft vielmehr nur den Grad des Pflichtverstoßes, nicht der dahinterstehenden Motivation oder Sorgfalt. Ein grober Pflichtverstoß kann danach auch bei nur leichter Fahrlässigkeit auftreten. Gleichwohl ist dem zuzugestehen, dass letzteres eher die Ausnahme sein dürfte und eine grobe Pflichtverletzung danach in der Regel mit einem besonders unsorgfältigen Vorgehen, also einem grob fahrlässigen Verhalten einhergehen dürfte. Bei einer nur leichten Fahrlässigkeit kann jedoch auch die oben erläuterte Vermutung nicht in gleichem Maße tragen. Dies und auch die Notwendigkeit des Ausgleiches zwischen der Notwendigkeit einer Haftungssanktion und der Vermeidung einer zu weitgehenden Haftung lässt eine Begrenzung auf grobe Pflichtverletzungen hier sinnvoll erscheinen.[1319] Da eine Haftung aber sowieso nur bei grober Fahrlässigkeit in Betracht kommt,[1320] erscheint die Begrenzung auf grobe Pflichtverletzungen insofern konsequent.

(f) Zusammenfassung

Liegt also eine besonders grobe Verletzung der Pflicht zur Erstellung einer Stellungnahme vor, so wird danach vermutet werden, dass bei einer korrekten Stellungnahme eine andere Entscheidung ergangen wäre, die nicht zu einer Verletzung des Kindes geführt hätte. Damit hat in diesen Fällen durch das Kind nur noch der Kausalitätsbeweis zu erfolgen, dass der Beschluss auf der

---

1316 So auch die Argumentation *Heinemanns* in Bezug auf die Übertragbarkeit auf das Anwaltshaftungsrecht, vgl. *K. Heinemann*, NJW 1990, 2345, 2352.

1317 *K. Heinemann*, NJW 1990, 2345, 2352.

1318 Diese Gleichsetzung findet sich auch bei *Hanau*, NJW, 1968, 2293; *Mäsch*, Chance und Schaden, 2004, S. 106.

1319 Dem Ergebnis daher auch folgend auch *K. Heinemann*, NJW 1990, 2345, 2352.

1320 Zur Haftungsbegrenzung auf Vorsatz und grobe Fahrlässigkeit, B. III. 2. b) bb) bbb) (5).

Stellungnahme beruht. Der Beweis, dass ohne die Stellungnahme eine andere Entscheidung ergangen wäre, die keinen Schaden beim Kind verursacht hätte, hat dann der Verfahrensbeistand zu erbringen. Ihm wird in diesen Fällen also die wesentliche Beweislast übertragen. Dem Kind obliegt gleichwohl der Kausalitätsbeweis insoweit, als dass es beweisen muss, dass das Gericht seine Entscheidung auch auf die pflichtgemäße Entscheidung gestützt hätte.

(2) Vermutung beratungsgemäßen Verhaltens

Für diesen Teil der Beweiskette könnte allerdings eine andere Beweiserleichterung eingreifen, die unabhängig davon anzuwenden sein könnte, ob der Verfahrensbeistand seine Pflicht besonders grob verletzt hätte. Sie würde vielmehr in allen Fällen den Beweis erleichtern.

Im Bereich der Beraterhaftung greift für diesen Teil des Kausalitätsbeweises die Vermutung beratungsgerechten Verhaltens. Dort wird bei einem Beratungsfehler vermutet, dass der Mandant sich bei einer pflichtgemäßen Beratung auch beratungsgerecht verhalten hätte. Unabhängig davon, ob man dies als echte Vermutung einordnet, geht damit jedenfalls eine Beweiserleichterung für den Beweis des hypothetischen Kausalitätsverlaufs einher.[1321]

(a) Übertragung auf die Haftung des Verfahrensbeistands

Für die Übertragung dieses Gedankens auf die Haftung des Verfahrensbeistands sind zwei Ansatzpunkte denkbar.

Zum einen könnte man diese Vermutung auf das Verhältnis von Kind und Verfahrensbeistand übertragen. Eine „direkte" Übertragung auf das Kind als Mandanten hätte dabei gleichwohl kaum eine Wirkung, da eine Beratung des Kindes durch den Verfahrensbeistand in der Regel nicht stattfindet und das Verhalten des Kindes sich in der Regel im Rahmen des Kausalverlaufs nicht auswirkt.

Es ließe sich aber überlegen, diesen Gedanken auf die Kausalität zwischen der Pflichtverletzung des Verfahrensbeistands und der Entscheidung des Gerichts zu übertragen. Wenn die Entscheidung des Gerichts auf der Pflichtverletzung des Verfahrensbeistands beruht, so könnte danach vermutet werden, dass das Gericht auch bei einem pflichtgemäßen Verhalten des Verfahrensbeistands seine Entscheidung darauf gestützt hätte. Die Position

---

[1321] Zur Einordnung schon oben, B. II. 2. c) dd) ccc) (3).

des Gerichts wird also mit der Situation des Mandanten gleichgesetzt. Dabei muss man sich natürlich vor Augen führen, dass beide Positionen nicht vergleichbar sind und das Gericht seine Entscheidung unabhängig vom Handeln der Verfahrensbeistands fällt und dabei, anders als der Mandant gegenüber dem Berater, auch eine Vielzahl anderer Erkenntnisquellen hat. Dennoch soll dieser Gedanke nicht gleich verworfen werden, weil er jedenfalls die tatsächliche Relevanz des Verfahrensbeistands im Verfahren, bei der dem Verfahrensbeistand gerade durch das Gesetz eine besondere Sachkenntnis für die Interessen des Kindes zugesprochen wird, und auf die oben bereits mehrfach eingegangen wurde, berücksichtigt.[1322]

Dies dürfte wiederum vor allem bei der Stellungnahme eine praktische Relevanz haben. Abseits von groben Pflichtverletzungen in Bezug auf die Stellungnahmeverpflichtung würde dann in jedem Fall vermutet, dass das Gericht auch bei einer richtigen Stellungnahme seine Entscheidung darauf gestützt hätte und der darin geäußerten Empfehlung gefolgt wäre. Aber auch dann, wenn sich aus der Stellungnahme keine bestimmte Handlungsempfehlung ergibt, kann diese Vermutung jedenfalls insoweit helfen, dass danach vermutet wird, dass jedenfalls der Inhalt der Stellungnahme Grundlage der Überlegungen des Gerichts geworden wäre.

Damit wäre die hypothetische Entscheidung des Gerichts als Unsicherheitsfaktor beim Kausalitätsbeweis weitgehend ausgeschaltet.

Die Übertragung auf das Verhältnis Verfahrensbeistand – Gericht mag im ersten Moment fernliegend erscheinen. Auch ist das Verhältnis in rechtlicher Hinsicht, wie bereits ausgeführt, nicht zu vergleichen. Gleichwohl ist die Ausgangslage nicht so weit entfernt, wie sie scheint. In Bezug auf die Interessen des Kindes ist es gerade die Hauptaufgabe des Verfahrensbeistands, seine Interessen im Verfahren einzubringen und dabei eben auch die Entscheidung des Gerichts in diese Richtung zu beeinflussen. Das Gericht muss zwar eigene Untersuchungen anstellen und ist von den Feststellungen des Verfahrensbeistands unabhängig, es stützt sich tatsächlich jedoch in der Praxis in der Regel auch stark auf die Vorschläge und Feststellungen, die der Verfahrensbeistand ihm unterbreitet.[1323] Die hinter der Beweislast stehenden

---

[1322] Dazu schon oben, B. II. 5. a) bb).

[1323] Nach den empirischen Erhebungen hat die Stellungnahme einen großen Einfluss auf die Entscheidungsfindung des Gerichts, dazu schon oben, B. II. 5. a) bb).

Wertungen sind also ähnlich. Es lohnt sich daher, diesen Gedanken hier trotz der strukturell unterschiedlichen Ausgangslage weiter zu verfolgen.

Zu prüfen ist daher zunächst, ob die Begründung, die die Vermutung im Bereich der Anwalts- und Anlageberaterhaftung trägt, auf die Haftung des Verfahrensbeistands übertragbar ist. Begründet wird die Annahme dieser Vermutung mit dem besonderen Vertrauensverhältnis, das in der Regel zwischen Mandanten und Rechtsanwalt/Berater besteht.[1324] Nach Ansicht des BGH ist diese Beziehung insbesondere davon geprägt, dass der Mandant aufgrund der besonderen Sachkunde des Anwalts in der Regel bereit sei, die erhaltenen Hinweise zu beachten. Daneben spielt auch die Aufgabenbeschreibung eine besondere Rolle. Es gehöre „gerade zu den typischen Aufgaben des rechtlichen Beraters, durch eine Empfehlung oder eine sachliche Information die notwendige Grundlage für eine persönliche Entscheidung seines Auftraggebers zu liefern."[1325]

Dabei findet sich ein ähnliches Verhältnis jedoch auch in Bezug auf das Gericht, wenn es um Stellungnahmen des Verfahrensbeistands geht. Der maßgebliche Unterschied besteht jedoch darin, dass die Stellungnahme nicht die einzige Quelle ist, aus der das Gericht sich bedient, um die Interessen des Kindes zu ermitteln. Daneben sind beispielsweise auch Aussagen des Jugendamtes und der Eltern für die Entscheidung von Bedeutung. Daneben ist auch zu beachten, dass das Gericht zudem in seiner Entscheidungsfindung frei ist, während der Anwalt/Berater an die Weisungen seines Mandanten gebunden ist. Die Vermutung kann daher nur soweit reichen, wie sich das Gericht tatsächlich erkennbar hauptsächlich auf die Stellungnahme des Verfahrensbeistands bezieht.

Voraussetzung ist jedenfalls im Bereich der Anwaltshaftung, dass sich für den vernünftig handelnden Mandanten daraus nur eine Handlungsoption ergibt. Ob dies bei der Entscheidung des Gerichts überhaupt der Fall sein kann, erscheint zunächst zweifelhaft. Gerade in Kindschaftsfällen besteht eine Bandbreite von Handlungsmöglichkeiten, so kann ein Kind entweder aus einer Familie genommen werden, oder es können verschiedene Hilfen installiert werden. Entscheidend muss allerdings nicht sein, dass die genaue

---

[1324] *BGH*, Urt. v. 30.09.1993 – IX ZR 73/93, NJW 1993, 3259, 3260.
[1325] *BGH*, Urt. v. 30.09.1993 – IX ZR 73/93, NJW 1993, 3259, 3260.

Handlungsmöglichkeit vorgegeben ist, sondern vielmehr, dass nur Handlungsmöglichkeiten bestehen, die den Schaden entfallen lassen würden.

Diese Unterscheidung erscheint darüber hinaus aber auch in seiner Grundausrichtung fragwürdig. Im Bereich der Anlageberaterhaftung findet sie daher keine Anwendung.[1326] Zwar kann auch nach der Rechtsprechung des BGH nicht damit argumentiert werden, dass ein bestimmtes Verhalten vermutet werden könne. Die Beweislastumkehr sei aber gleichwohl zur Wahrung der Schutzpflicht geboten.[1327] Es sei gerade die Aufgabe des Beraters, bei verschiedenen Handlungsoptionen zu beraten. Der Zweck dieser Aufklärungspflicht sei es, dem Kunden eine sachgerechte und informierte Entscheidung zu ermöglichen. Diese Pflicht werde daher nur dann erreicht, wenn Unklarheiten auch zulasten des Beraters gingen, weil der Berater sich sonst darauf zurückziehen könnte, dass der Beweis, dass der Kunde sich bei einer anderen Beratung anders verhalten hätte, ohnehin nie gelingen würde.[1328]

Unabhängig von der Frage, ob sich daraus eine Übertragung dieser Rechtsprechung auf die Anwaltshaftung ergeben sollte, kann diese Begründung jedenfalls auch für den Verfahrensbeistand allgemeine Gültigkeit beanspruchen. Die Stellungnahmepflicht dient gerade der Information des Gerichts über die Interessen des Kindes. Damit soll dem Gericht eine sachgerechte und an den Interessen des Kindes ausgerichtete Entscheidung ermöglicht werden. Dabei ist es Wesen des Kindschaftsverfahrens, dass sich daraus nicht nur eine eindeutige Handlungsoption ergibt, sondern eine Vielzahl von verschiedenen Beschlüssen möglich sind. Die Pflicht, dem Gericht diese an den Interessen des Kindes ausgerichtete Entscheidung zu ermöglichen,[1329] kann aber nur erreicht werden, wenn aus der Nichterfüllung auch eine effektive und durchsetzbare Haftung folgt. Das Kind ist dabei sogar noch weiter als der Kunde in der Beratung dem Beweisdilemma ausgesetzt, weil es die Reaktion eines Dritten – des Gerichts – beweisen müsste. Gerade hier erscheint es danach zur Erfüllung der Beratungspflicht gegenüber dem Gericht, also nicht zuletzt

[1326] *BGH*, Urt. v. 08.05.2012 – XI ZR 262/10, NJW 2012, 2427, 2430; Urt. v. 15.07.2016 – V ZR 168/15, NZG 2017, 542; dazu schon oben, B. III. 2. c). dd) ccc) (3).

[1327] *BGH*, Urt. v. 08.05.2012 – XI ZR 262/10, NJW 2012, 2427, 2430.

[1328] *BGH*, Urt. v. 05.07.1973 – VII ZR 12/73, NJW 1973, 1688, 1689; Urt. v. 08.05.2012 – XI ZR 262/10, NJW 2012, 2427, 2430.

[1329] Zur Funktion des Stellungnahmeverpflichtung schon oben, B. II. 5. a) bb).

auch zur Erfüllung der Schutzpflicht des Staates für das Kind geboten, den Beweis für das Kind durch Beweiserleichterungen zu ermöglichen.[1330]

Das Kind muss danach beweisen, dass das Gericht sich bei seiner Entscheidung auf die Stellungnahme des Verfahrensbeistands gestützt hat. Dann greift die Vermutung beratungsgemäßen Verhaltens, sodass danach vermutet wird, dass auch bei einer pflichtgemäßen Stellungnahme das Gericht diese zur Grundlage seiner Entscheidung gemacht hätte. Dies muss daher nicht vom Kind bewiesen werden.

(b) Reichweite der Beweiserleichterung

Schließlich ist zu entscheiden, ob die nach den obigen Ausführungen notwendige Beweiserleichterung der Annahme einer Vermutung beratungsgerechten Verhaltens als echte Vermutung im Sinne des § 292 ZPO ausgestaltet sein sollte oder ob es sich dabei bloß um einen Anscheinsbeweis handelt. Gegen die Annahme eines Anscheinsbeweises spricht hier, dass jedenfalls bei mehreren Handlungsoptionen die Notwendigkeit einer Beweiserleichterung nicht auf eine überwiegende Wahrscheinlichkeit eines bestimmten Erfolges gestützt werden kann, sondern sich vielmehr aus der Schutzpflicht der Stellungnahme ergründet.[1331]

Dagegen wird die Annahme eines Anscheinsbeweises immer damit begründet, dass ein bestimmtes Verhalten nach der Lebenserfahrung üblicherweise zu einem bestimmten Ergebnis führt.[1332] Diese Folgerung kann bei mehreren Handlungsoptionen jedoch nicht aufrechterhalten werden. Würde man also dogmatisch einen Anscheinsbeweis annehmen wollen, so müsste man dessen Anwendbarkeit meist ablehnen, weil in der Regel mehrere Handlungsoptionen bestehen.

Aus der oben genannten Begründung zur Notwendigkeit einer Beweiserleichterung auch bei mehreren Handlungsoptionen folgt daher auch, dass es sich insoweit um eine echte Vermutung im Sinne des § 292 ZPO handeln muss.

[1330] Zur Schutzpflicht des Staates gegenüber dem Kind schon oben, B. I. 2.

[1331] So ist auch die Begründung bei der Beraterhaftung, vgl. dazu schon oben, B. III. 2. c) dd) ccc) (3) (b).

[1332] BeckOK ZPO/*Bacher*, 56. Edition (2025), § 284 ZPO, Rn. 94; Anders/Gehle/*Nober*, 83. Aufl. (2025), § 286 ZPO, Rn. 76; zu den Voraussetzungen des Anscheinsbeweises schon oben, B. III. 2. c) cc) ddd).

Verletzt der Verfahrensbeistand seine Pflicht zur Erstellung einer korrekten Stellungnahme und hat das Gericht erkennbar diese Stellungnahme zur Grundlage seiner Entscheidung gemacht, folgt daraus die Vermutung, dass auch bei einer korrekten Stellungnahme das Gericht dessen Inhalt zur Grundlage seiner Entscheidung gemacht hätte.

Damit ist nicht bewiesen, dass dann auch eine wesentlich andere Entscheidung ergangen wäre. Dies hängt vielmehr vom Inhalt der hypothetisch gedachten Stellungnahme ab und muss auch unter der Geltung dieser Beweisregel vom Kind erbracht werden.

(3) Ergebnis

Liegt die Pflichtverletzung in der Erstellung einer fehlerhaften Stellungnahme, kommen dem Kind damit zwei Beweiserleichterungen zugute. Ist die Stellungnahme *grob* falsch, so wird im Sinne einer echten Beweislastumkehr vermutet, dass bei einer korrekten Stellungnahme eine andere Entscheidung ergangen wäre, die nicht zur Verletzung des Kindes geführt hätte. Ist die Stellungnahme unzutreffend, aber auch nicht grob falsch, so wird jedenfalls vermutet, dass das Gericht sich bei einer richtigen Stellungnahme auf diese gestützt hätte.

Danach verbleibt noch immer die wesentliche Beweislast beim Kind, es erhält aber eine Hilfe, die den Haftungsanspruch im Verfahren praktisch durchsetzbar erscheinen lässt.

d) Ergebnis

Bei der Ausgestaltung einer Haftung des Verfahrensbeistands ist an vielen Stellen die besondere Beziehung zwischen Verfahrensbeistand und Kind zu berücksichtigen. So darf die Haftung tatbestandsseitig nicht zu weit ausgestaltet sein, muss aber gleichzeitig auf prozessualer Seite durchsetzbar sein. Der Verfahrensbeistand haftet danach sowohl aus § 823 Abs. 1 BGB als auch aus § 823 Abs. 2 i.V.m. § 158b FamFG für Pflichtverletzungen, die er in Ausübung seines Amtes begeht. Dies allerdings nur, soweit ihm in analoger Anwendung von § 839a BGB grobe Fahrlässigkeit oder Vorsatz vorzuwerfen ist.

Der Haftung stehen jedoch vor allem Schwierigkeiten in ihrer prozessualen Geltendmachung entgegen. Diese betreffen vor allem Beweisfragen und dabei insbesondere den Beweis der Kausalität bei der Verletzung der Stellungnahmeverpflichtung des Verfahrensbeistands. Um ein ausgewogenes

Haftungsverhältnis zwischen Verfahrensbeistand und Kind zu gewährleisten, können daher nur vorsichtig Beweiserleichterungen vorgenommen werden. Hier kann sich bei bereits ergangener Rechtsprechung zur Arzt- und Anwaltshaftung bedient werden. Dies führt dazu, dass bei besonders groben Pflichtverletzungen in Bezug auf die Pflicht zur Erstellung einer Stellungnahme die Kausalität zwischen Pflichtverletzung und Schaden vermutet wird. Im Übrigen wird in Anlehnung an die Vermutung beratungsgemäßen Verhaltens zumindest die Kausalität zwischen Pflichtverletzung und der Entscheidung des Gerichts vermutet. So bleibt die wesentliche Beweislast beim Kind, was insbesondere das Vertrauensverhältnis zwischen Verfahrensbeistand und Kind schützt. Eine Haftung ist aber auf der anderen Seite auch nicht so unwahrscheinlich, dass es die verhaltenssteuernde Wirkung der Haftung aufheben würde.

3. Fazit

Das Verhältnis von Verfahrensbeistand und Kind ist aus zivilrechtlicher Perspektive vor allem ein deliktisches. Eine vertragliche oder quasivertragliche Beziehung besteht nicht. In zivilrechtlicher Sicht werden daher vor allem deliktische Haftungsfragen zwischen Verfahrensbeistand und Kind relevant. Dabei beeinflusst die grundrechtliche und verfahrensrechtliche Beziehung sowohl die Frage, ob der Verfahrensbeistand gegenüber dem Kind haften sollte, als auch die Voraussetzungen, unter denen eine solche Haftung erfolgen kann. Eine Haftung stellt dabei einen bedeutenden Puzzlestein zur Verwirklichung einer effektiven Interessenvertretung des Kindes dar, bei dessen prozessualer Ausgestaltung es aber einiger Beweiserleichterungen auf Seiten des Kindes bedarf, um der Haftung auch tatsächlich zur Geltung zu verhelfen.

C. Zusammenfassende Betrachtung

Die Bestellung des Verfahrensbeistands verbessert zum einen die Stellung des Kindes im Verfahren, stellt zum anderen aber auch einen Eingriff in die Rechte des Kindes dar und muss daher auch als solcher verstanden und behandelt werden. Dies führt dazu, dass der Beteiligung des Kindes bei der Bestellung sowie bei der Aufgabenwahrnehmung und schließlich bei der Frage der Aufhebung der Bestellung mit wachsender Selbstbestimmungsfähigkeit eine erhöhte Bedeutung zukommt. Dem wird die Ausgestaltung der Verfahrensbeistandschaft auch nach der Neuregelung nicht durchgehend gerecht.

So konnte gezeigt werden, dass sowohl in der Nichtbestellung als auch in der Bestellung des Verfahrensbeistands ein Eingriff in die Rechte des Kindes liegt (B. I.). Diese Grundrechtseingriffe kommen jedoch aus unterschiedlichen Richtungen.

So liegt in der Nichtbestellung des Verfahrensbeistands ein Eingriff in die staatliche Schutzpflicht des Kindes aus Art. 6 Abs. 2 Satz 2, Art. 2 Abs. 1 i.V.m. Art. 103 Abs. 1 GG. Diese wird auch dann verletzt, wenn das Gericht bei einer Untätigkeit des Verfahrensbeistands nicht eingreift, mithin den Verfahrensbeistand nicht abbestellt. Diese Schutzpflicht verletzte der Staat bisher schließlich auch durch die mangelnde finanzielle Ausstattung des Verfahrensbeistands, die es ihm nicht ermöglichte, seinen Pflichten und Aufgaben in ausreichender Weise nachzukommen.

Gleichzeitig stellen sowohl die Bestellung als solche als auch die Aufgaben des Verfahrensbeistands Eingriffe in die Rechte des Kindes dar. Das staatliche Wächteramt kann diesen Eingriff rechtfertigen, solange das Kind nicht selbst grundrechtswahrnehmungsfähig und -berechtigt ist. Dabei stellt weder § 9 FamFG noch § 60 FamFG eine solche Grundrechtswahrnehmungsberechtigung dar. Sie führen gleichwohl zu einem generellen Vorrang der Eigenwahrnehmung durch das verfahrens- bzw. beschwerdefähige Kind. Dem muss daher auch auf verfahrensrechtlicher Ebene bei der Ausgestaltung der Aufgaben des Kindes gerecht werden.

Die wachsende Selbstbestimmungsfähigkeit des Kindes kommt auf verfahrensrechtlicher Ebene vor allem bei der Aufgabenwahrnehmung des Verfahrensbeistands zum Tragen (B. II.). Es führt insbesondere bei der Auslegung des Interesses, dass für die Aufgaben des Verfahrensbeistands an verschiedenen Stellen relevant wird, dazu, dass bei der Gewichtung von Wohl und Wille letzterem mit wachsender Selbstbestimmungsfähigkeit des Kindes ein immer höherer Stellenwert zuzuerkennen ist.

Dennoch ändert sich durch die Verfahrensfähigkeit des Kindes nichts an der Rechtsstellung des Verfahrensbeistands (B. II. 2.). Die Regelung der Verfahrensfähigkeit führt dabei dazu, dass in einer Vielzahl von Fällen, in denen regelhaft eine Bestellung des Verfahrensbeistands erfolgt, daneben das Kind selbst verfahrensfähig ist. Verfahrensbeistand und Kind sind auf verfahrensrechtlicher Ebene gleichwohl als eigenständige Beteiligte zu behandeln, wobei der Verfahrensbeistand bei der Wahrnehmung seiner Kompetenzen über das Merkmal des Interesses einseitig an das Kind gebunden ist. Er kann daher als rechtlicher Interessenvertreter beschrieben werden.

Die wachsende Selbstbestimmungsfähigkeit wurde bei der Neuordnung der Bestellungsfälle nicht durchgängig berücksichtigt (B. II. 3.). Dort konnte gezeigt werden, dass sich diese Neuregelung entgegen dem gesetzgeberischen Willen nicht stringent anhand der Grundrechtsrelevanz für das Kind ausrichtet und überdies inkonsistent ist. Durch die Einführung von Pflichtbestellungen kann zudem die eben erwähnte Ausrichtung am Interesse des Kindes bei der Bestellung nicht gewahrt werden. Dabei konnte gezeigt werden, dass eine Anhörung des Kindes in Fällen des § 158 Abs. 3 FamFG zwingend zu erfolgen hat, in Fällen des § 158 Abs. 2 FamFG dagegen der Zweck der Anhörung von vornherein nicht erreicht werden kann, sodass eine Anhörung in diesen Fällen trotz der aufgezeigten positiven Effekte für die Aufgabenwahrnehmung des Kindes nicht zwingend ist. Dies führt dazu, dass in den vermeintlich besonders grundrechtsrelevanten Fällen zu einer geringeren Beteiligung des Kindes als Verfahrensbeteiligtem kommt.

Bei der Auswahl des Verfahrensbeistands ist insbesondere das bestehende Abhängigkeitsverhältnis zum Gericht für die Interessenvertretung des Kindes problematisch (B. II. 4.). Zur Steigerung der Unabhängigkeit des Verfahrensbeistands wären daher sowohl eine Zertifizierung der Aus- und Fortbildungskurse des Verfahrensbeistands wünschenswert als auch die Schaffung eines zentralen Registers für die Auswahl geeigneter Verfahrensbeistände.

Daneben stellen bei der Aufgabenwahrnehmung vor allem divergierende Verfahrenshandlungen von verfahrensfähigem Kind und Verfahrensbeistand ein besonderes Risiko für die sachgerechte Interessenwahrnehmung des Kindes dar (B. II. 5.). Solche sind insbesondere bei der Frage der Einlegung von Rechtsmitteln möglich. Dort bietet es sich an, durch ein abgestuftes Konzept die Bindung der Beschwerdefähigkeit des Verfahrensbeistands an die Interessen des Kindes zu ermöglichen. Danach wird das Vorliegen des Interesses grundsätzlich vermutet. Diese Vermutung wird jedoch dann erschüttert, wenn das verfahrensfähige Kind sich durch den Rechtsmittelverzicht aktiv gegen die Einlegung des Rechtsmittels durch den Verfahrensbeistand ausspricht. Dann muss im Rahmen der Zulässigkeit des Rechtsmittels geprüft werden, ob die Einlegung des Rechtsmittels trotz des erklärten Willen des verfahrensfähigen Kindes tatsächlich im Interesse desselben liegt.

Bei verfahrensfähigen Kindern ist zudem eine Anhörung des Kindes nur dann in Anwesenheit des Verfahrensbeistands vorzunehmen, wenn dies dem Willen des Kindes entspricht. Dabei besteht für den Verfahrensbeistand eine einseitige Anwesenheitspflicht, aber kein Anwesenheitsrecht.

Schließlich muss der Wille des Kindes auch bei der Aufhebung der Bestellung berücksichtigt werden (B. II. 6.). Hier stellt die Ablehnung des Kindes einen Aufhebungsgrund nach § 158 Abs. 4 S. 2 Nr. 2 FamFG dar. Lehnt das verfahrensfähige Kind also den Verfahrensbeistand ab, so gefährdet die Fortführung des Amtes die Interessen des Kindes, sodass ein Aufhebungsgrund nach § 158 Abs. 4 S. 2 Nr. 2 FamFG vorliegt. Bei jüngeren Kindern müssen dagegen weitere Anhaltspunkte zur Annahme der Interessensgefährdung hinzutreten.

Aus zivilrechtlicher Perspektive ist aufgrund der Schutzpflicht des Staates auch eine Haftung des Verfahrensbeistands geboten (B. III.). Dabei ist ein Gleichgewicht zwischen der notwendigen Vertrauensstellung und Unabhängigkeit des Verfahrensbeistands und dem Schutz des Kindes zu wahren. Dies führt dazu, dass der Verfahrensbeistand bei Verstößen gegen § 158b

Abs. 1 S. 2 oder § 158 Abs. 3 S. 1 FamFG dem Kind für entstehende Schäden sowohl nach § 823 Abs. 1 BGB als auch nach § 823 Abs. 2 BGB haften kann. Seine Haftung ist in analoger Anwendung des § 839a Abs. 1 BGB jedoch auf Vorsatz und grobe Fahrlässigkeit zu beschränken. Grenzen dieser Haftung stellen sich dabei vor allem bei der Frage der prozessualen Durchsetzbarkeit. Dabei liegt ein besonderes Problem im Beweis der Kausalität. Daher sind hier vorsichtige Beweiserleichterungen vorzunehmen. Danach wird bei besonders groben Pflichtverletzungen in Bezug auf die Pflicht zur Erstellung einer Stellungnahme die Kausalität zwischen Pflichtverletzung und Schaden vermutet. Im Übrigen besteht eine Vermutung für die Kausalität zwischen der Pflichtverletzung und der Entscheidung des Gerichts.

Literaturverzeichnis

Adam, Roman F., Arzt und Anwaltshaftung im Vergleich, VersR, 2010, 44.
Ahlert, Helen, Der Verfahrensbeistand nach § 158 FamFG, Eine vergleichende Studie zum Interessenvertreter nach altem und neuem Recht unter besonderer Berücksichtigung der verfassungsrechtlichen Rahmenbedingungen, Zugl.: Münster (Westf.), Univ., Diss., 2010, Münster 2010 (zit. als *Ahlert*, Der Verfahrensbeistand nach § 158 FamFG).
Althammer, Christoph, „Brennpunkte" des familiengerichtlichen Verfahrens in Kindschaftssachen, in: Dagmar Coester-Waltjen, Barbara Veit, Eva Schumann et al. (Hrsg.), Alles zum Wohle des Kindes?, Aktuelle Probleme des Kindschaftsrechts 2. Familienrechtliches Forum Göttingen, Göttingen 2012, S. 207–219 (zit. als *Althammer*, in: *Coester-Waltjen/Veit/Schumann et al.* (Hrsg.), Alles zum Wohle des Kindes?).
Altrogge, Alexandra, C. Umgang, in: Walter Rahm, Bernd Künkel, Rainer Kemper (Hrsg.), Handbuch Familien und Familienverfahrensrecht, 85. EL, Köln 03.2025 (zit. als *Altrogge*, in: *Rahm/Künkel/Kemper* (Hrsg.), Handbuch Familien und Familienverfahrensrecht).
Anders, Monika/Gehle, Burkhard (Hrsg.) Zivilprozessordnung, 83. Aufl., München 2025 (zit. als Anders/Gehle/*Bearbeiter*).
Anwalt des Kindes – München e.V., Stellungnahme des AdK.-München e.V. zum Referentenentwurf des BMJV-Entwurf eines Gesetzes zur Bekämpfung sexualisierter Gewalt gegen Kinder.
Arens, Peter, Dogmatik und Praxis der Schadensschätzung, ZZP 88 (1975), 1–48.
Arnold, Katja, Die grundrechtliche Schutzbereichsbegrenzung, Zugl.: Passau, Univ., Diss., 2011, Studien und Materialien zum

öffentlichen Recht 40, Frankfurt am Main 2011 (zit. als *K. Arnold*, Die grundrechtliche Schutzbereichsbegrenzung).

AWO Bundesverband e.V., Stellungnahme des AWO Bundesverbands e. V. zum Referentenentwurf des Bundesministeriums für Justiz vom 24.07.2024, Entwurf eines Gesetzes zur Verbesserung des Schutzes von gewaltbetroffenen Personen im familiengerichtlichen Verfahren, zur Stärkung des Verfahrensbeistands und zur Anpassung sonstiger Verfahrensvorschriften, 4.9.2024.

Balloff, Rainer, Kinder vor dem Familiengericht, Praxishandbuch zum Schutz des Kindeswohls unter rechtlichen, psychologischen und pädagogischen Aspekten, 4. Aufl., Baden-Baden 2022 (zit. als *Balloff*, Kinder vor dem Familiengericht).

Balloff, Rainer, Kindeswohl, Kindeswohlgefährdung, Kindeswille in der familiengerichtspsychologischen Begutachtung, ZKJ, 2021, 11.

Balloff, Rainer, Stellungnahme „Was will das Kind?“, ZKJ, 2022, 140.

Bartels, Florian, Abänderung und Überprüfung von gerichtlichen Entscheidungen und gerichtlich gebilligten Vergleichen im Kindschaftsrecht, FuR, 2019, 77–83.

Bauer, Axel, Die Verfahrensbeistandschaft gemäß § 158 FamFG, in: Ludwig Salgo, Katrin Lack (Hrsg.), Verfahrensbeistandschaft, Ein Handbuch für die Praxis, 4. Aufl., Köln 2020, S. 112 (zit. als *A. Bauer*, in: *Salgo/Lack*, Verfahrensbeistandschaft).

Baur, Fritz, Hypothetische Inzidentprozesse, in: Gotthard Paulus, Uwe Diederichsen, Claus-Wilhelm Canaris (Hrsg.), Festschrift für Karl Larenz zum 70. Geburtstag, München 1973, S. 1063 (zit. als *Baur*, FS Larenz).

Beck'scher Online-Kommentar: BGB, 74. Aufl., hrsg. von Wolfgang Hau, Roman Poseck, München 2024 (zit. als BeckOK BGB/*Bearbeiter*).

Beck'scher Online-Kommentar: FamFG, 54. Aufl., hrsg. von Meo-Micaela Hahne, Jürgen Schlögel, Rolf Schlünder, München (zit. als BeckOK FamFG/*Bearbeiter*).

Beck'scher Online-Kommentar: Grundgesetz, 61. Aufl., hrsg. von Volker Epping, Christian Hillgruber, München 2025 (zit. als BeckOK GG/*Bearbeiter*).

Beck'scher Online-Kommentar: ZPO, 56. Aufl., hrsg. von Volker Vorwerk, Christian Wolf, München 2023 (zit. als BeckOK ZPO/*Bearbeiter*).

beck-online.GROSSKOMMENTAR, BGB, hrsg. von Beate Gsell, Wolfgang Krüger, Stephan Lorenz u.a., München 2025 (zit. als BeckOGK BGB/*Bearbeiter*).

beck-online.GROSSKOMMENTAR, SGB VIII, hrsg. von Rolf Jox, Marina Wellenhofer, München 2024 (zit. als BeckOGK SGB VIII/*Bearbeiter*).

Bergmann, Margarethe/Gutdeutsch, Werner, Zur Anordnung der Kindesanhörung im Scheidungsverfahren ohne Sorgerechtsantrag, FamRZ, 1999, 422.

Berkemann, Jörg, Haftung des Sachverständigen nach § 839a BGB, Rechtsprechung im Überblick (BGH/OLG), jM, 2021, 65.

Berufsverband der Verfahrensbeistände – BVEB, Stellungnahme des BVEB zum Referentenentwurf des BMJV – Entwurf eines Gesetzes zur Bekämpfung sexualisierter Gewalt gegen Kinder.

bff: Bundesverband Frauenberatungsstellen und Frauennotrufe, Stellungnahme zu dem Referentenentwurf des Bundesministeriums der Justiz, Entwurf eines Gesetzes zur Verbesserung des Schutzes von gewaltbetroffenen Personen im familiengerichtlichen Verfahren, zur Stärkung des Verfahrensbeistands und zur Anpassung sonstiger Verfahrensvorschriften, 4.9.2024.

Bahrenfuss/Dirk (Hrsg.), *FamFG*, Gesetz über das Verfahren in Familiensachen und in den Angelegenheiten der freiwilligen Gerichtsbarkeit, 3. Aufl., Berlin 2017 (zit. als Bahrenfuss/*Bearbeiter*).

Bode, Lutz, Cui bono?, Gedanken zur Verfassungsmäßigkeit der Vergütungsregelung für Verfahrensbeistände nach dem FamFG, ZKJ, 2009, 410.

Bonner Kommentar zum Grundgesetz, hrsg. von Wolfgang Kahl, Christian Waldhoff, Christian Walter, Heidelberg 229. EL 2025 (zit. als BK/*Bearbeiter*).

Borgmann, Brigitte/Jungk, Antje/Schwaiger, Michael, Anwaltshaftung, Systematische Darstellung der Rechtsgrundlagen für die anwaltliche Berufstätigkeit, 6. Aufl., München 2020 (zit. als Borgmann/Jungk/Schwaiger/*Bearbeiter*).

Bork, Reinhard/Jacoby, Florian/Schwab, Dieter (Hrsg.), FamFG, Kommentar zum Gesetz über das Verfahren in Familiensachen und in den Angelegenheiten der freiwilligen Gerichtsbarkeit, 3. Aufl., Bielefeld 2018 (zit. als Bork/Jacoby/D. Schwab/*Bearbeiter*).

Bost, Jan-Patrick, Effiziente Verhaltenssteuerung durch den Ersatz von Nichtvermögensschäden, Eine ökonomische Analyse des Schmerzensgeld und des Geldentschädigungsrechts anhand des deutschen Haftungsrechts, Zugl.: München, Univ., Diss., Schriften zum Bürgerlichen Recht 386, Berlin 2009 (zit. als *Bost*, Effiziente Verhaltenssteuerung durch den Ersatz von Nichtvermögensschäden).

Braun, Johann, Zur schadensrechtlichen Problematik des hypothetischen Inzidentprozesses bei Regreßklagen gegen den Anwalt, ZZP 96 (1983), 89–112.

Brost, Lucas, Das Persönlichkeitsrecht von Minderjährigen, Zugl.: Berlin, Univ., Diss., 2015, Schriften zum Persönlichkeitsrecht Band 14, 2016 (zit. als *Brost*, Das Persönlichkeitsrecht von Minderjährigen).

Brüser, Meinolf, Die Bedeutung der Grundrechte im Kindesalter für das „Elternrecht", Zugl.: Köln, Univ., Diss., 2009, Europäische Hochschulschriften Reihe 2, Rechtswissenschaft 5018, Frankfurt am Main u.a. 2010 (zit. als *Brüser*, Die Bedeutung der Grundrechte im Kindesalter für das „Elternrecht").

Bublath, Katharina/Kannegießer, Anja/Salzgeber, Joseph, Hinweise für das Gespräch mit dem Kind im familiengerichtlichen Verfahren, NZFam, 2021, 477–486.

Büchner, Birgit, Rechte und Pflichten des Verfahrensbeistands aus der Sicht der Rechtsprechung, NZFam, 2020, 234–237.

Bumiller, Ursula/Harders, Dirk/Schwamb, Werner (Hrsg.), FamFG, Gesetz über das Verfahren in Familiensachen und in den Angelegenheiten der freiwilligen Gerichtsbarkeit, 12. Aufl., München 2019 (zit. als Bumiller/Harders/Schwamb/*Bearbeiter*).

Bumiller, Ursula/Harders, Dirk/Schwamb, Werner (Hrsg.), FamFG, Gesetz über das Verfahren in Familiensachen und in den Angelegenheiten der freiwilligen Gerichtsbarkeit, 13. Aufl., München 2022 (zit. als Bumiller/Harders/Schwamb/*Bearbeiter*).

Bundesarbeitsgemeinschaft der Freien Wohlfahrtspflege, Stellungnahme der Bundesarbeitsgemeinschaft der Freien Wohlfahrtspflege (BAGFW) zum Referentenentwurf des Bundesministeriums für Justiz und Verbraucherschutz für ein Gesetz zur Bekämpfung sexualisierter Gewalt gegen Kinder, 14.9.2020.

Bundesforum Männer – Interessenverband für Jungen, Männer und Väter e.V., Stellungnahme, Stellungnahme Referentenentwurf eines Gesetzes zur Verbesserung des Schutzes von gewaltbetroffenen Personen im familiengerichtlichen Verfahren, zur Stärkung des Verfahrensbeistands und zur Anpassung sonstiger Verfahrensvorschriften, 7.8.2024.

Bundesinitiative Großeltern/Eltern für Kinder im Revier e.V./Forum Inklusion e.V./Papa Mama Auch e.V./Väteraufbruch für Kinder e.V./Väter-Netzwerk e.V., Stellungnahme zum Referentenentwurf des BMJ vom 18. Juli 2024, Entwurf eines Gesetzes zur Verbesserung des Schutzes von gewaltbetroffenen Personen im familiengerichtlichen Verfahren, zur Stärkung des Verfahrensbeistands und zur Anpassung sonstiger Verfahrensvorschriften, 28.8.2024.

Bundeskoordinierung Spezialisierter Fachberatung gegen sexualisierte Gewalt in Kindheit und Jugend, Stellungnahme der Bundeskoordinierung

Spezialisierter Fachberatung gegen sexualisierte Gewalt in Kindheit und Jugend (BKSF) zum „Entwurf eines Gesetzes zur Verbesserung des Schutzes von gewaltbetroffenen Personen im familiengerichtlichen Verfahren, zur Stärkung des Verfahrensbeistands und zur Anpassung sonstiger Verfahrensvorschriften“, 6.9.2024.

Bundeskoordinierung Spezialisierter Fachberatung gegen sexualisierte Gewalt in Kindheit und Jugend, Stellungnahme zum Referentenentwurf des Bundeministerium der Justiz und für Verbraucherschutz, „Entwurf eines Gesetzes zur Bekämpfung sexualisierter Gewalt gegen Kinder“, 14.9.2020.

Bundeskoordinierung Spezialisierter Fachberatung gegen sexualisierte Gewalt in Kindheit und Jugend, Schriftliche Stellungnahme im Rahmen der Öffentlichen Anhörung des Ausschusses für Recht und Verbraucherschutz zum „Entwurf eines Gesetzes zur Bekämpfung sexualisierter Gewalt gegen Kinder“, 2.12.2020.

Bundesrechtsanwaltskammer, Stellungnahme Nr. 53/2020 zu dem Referentenentwurf eines Gesetzes zur Bekämpfung sexualisierter Gewalt gegen Kinder, September 2020.

Bundesrechtsanwaltskammer, Stellungnahme Nr. 64 zu dem Entwurf eines Gesetzes zur Verbesserung des Schutzes von gewaltbetroffenen Personen im familiengerichtlichen Verfahren, zur Stärkung des Verfahrensbeistands und zur Anpassung sonstiger Verfahrensvorschriften, August 2024.

Burghart, Axel, Anm. zu BVerfG, Beschl. v. 18.3.2019 – 1 BvQ 90/19, FamRZ, 2019, 995.

Burghart, Axel, Die Verfahrensfähigkeit Jugendlicher, FamRZ, 2019, 1029–1035.

Burschel, Hans-Otto, Wie weit geht die Pflicht zur Förderung des Umgangs?, NZFam, 2015, 623.

Bydlinski, Franz, Juristische Methodenlehre und Rechtsbegriff, 2. Aufl., Wien 2011 (zit. als *Bydlinski*, Juristische Methodenlehre und Rechtsbegriff).

Canaris, Claus-Wilhelm, Die Vermutung „aufklärungsrichtigen Verhaltens“ und ihre Grundlagen, in: Franz Häuser (Hrsg.), Festschrift für Walther Hadding zum 70. Geburtstag am 8. Mai 2004, Berlin 2004, S. 3 (zit. als *Canaris*, FS Hadding).

Carl, Eberhard, Rechtliche Grundlagen und praktische Fragen, in: : Eberhard Carl, Marianne Clauß, Michael Karle (Hrsg.), Kindesanhörung im Familienrecht, Rechtliche und psychologische Grundlagen sowie praktische Durchführung, München 2015,

S. 13 – 84 (zit. als *Carl*, in: *Carl/Clauß/Karle* (Hrsg.), Kindesanhörung im Familienrecht).
Carl, Eberhard/Eschweiler, Peter, Kindesanhörung – Chancen und Risiken, NJW, 2005, 1681.
Carl, Eberhard/Karle, Michael, Der äußere Rahmen der Kindesanhörung, in: Eberhard Carl, Marianne Clauß, Michael Karle (Hrsg.), Kindesanhörung im Familienrecht, Rechtliche und psychologische Grundlagen sowie praktische Durchführung, München 2015, S. 116 – 148 (zit. als *Carl/Karle*, in: *Carl/Clauß/Karle* (Hrsg.), Kindesanhörung im Familienrecht).
CDU/CSU/SPD, Koalitionsvertrag zwischen CDU, CSU und SPD 19. Legislaturperiode, Ein neuer Aufbruch für Europa Eine neue Dynamik für Deutschland Ein neuer zusammenhalt für unser Land.
Cirullies, Michael, Elterliche Obstruktion bei Anordnungen in Kindschaftssachen, – wie hilflos ist das Gericht?, FamRZ, 2023, 489.
Cirullies, Michael, Neue Gesetzesregelungen zum Kinderschutz und in Gewaltschutzsachen, Teil 2, FamRB, 2021, 389–396.
Coester, Michael, Das Kindeswohl als Rechtsbegriff, Die richterliche Entscheidung über die elterliche Sorge beim Zerfall der Familiengemeinschaft, Zugl.: Augsburg, Univ., Habil-Schr.: 1981/82, Arbeiten zur Rechtsvergleichung 114, Frankfurt am Main 1983 (zit. als *Coester*, Das Kindeswohl als Rechtsbegriff).
Coester, Michael, Die Rechtsposition des Kindes im Verfassungsrecht, in: Stefan Heilmann, Katrin Lack (Hrsg.), Die Rechte des Kindes, Festschrift für Ludwig Salgo zum 70. Geburtstag, Köln 2017 (zit. als *Coester*, FS Salgo).
Coester, Michael, Kinderrechte in der Rechtspraxis, in: Anne Röthel, Bettina Heiderhoff (Hrsg.), Mehr Kinderrechte?, Nutzen und Nachteil, Schriften zum deutschen und ausländischen Familien und Erbrecht Band 25, Frankfurt am Main 2018, S. 29–46 (zit. als *Coester*, in: *Röthel/Heiderhoff* (Hrsg.), Mehr Kinderrechte?).
Coester-Waltjen, Dagmar, Einige Aspekte der verfahrensrechtlichen Stellung von Kindern in Kindesschutzverfahren, in: Anatol Dutta, Hartmut Guhling, Frank Klinkhammer (Hrsg.), Das Familienrecht in seiner großen Vielfalt, Festschrift für Hans-Joachim Dose zum Ausscheiden aus dem Richterdienst, Bielefeld 2022, S. 65–75 (zit. als *Coester-Waltjen*, FS Dose).
Coester-Waltjen, Dagmar, Entführung, Rückentführung und Kindeswohl, JZ 54 (1999), 459–464.
Committee on the Rights of the Child, General Comment No. 12, The right of the child to be heard, Geneva, 25.5–12.6.2009 (CRC/G/GC/12).

Danwerth, Christopher, Analogie und teleologische Reduktion, – zum Verhältnis zweier scheinbar ungleicher Schwestern, ZfPW, 2017, 230.

Dauner-Lieb, Barbara/Langen, Werner (Hrsg.), Bürgerliches Gesetzbuch, Band 2/3: Schuldrecht §§ 662 – 853, 4. Aufl., Berlin 2021 (zit. als NK-BGB/*Bearbeiter*).

Dautert, Ilse, Arzthaftungsrecht, in: Frank Pardey, Rüdiger Balke, Jochen Link et al. (Hrsg.), StichwortKommentar Schadenrecht, Baden-Baden 2023 (zit. als *Dautert*, in: *Pardey/Balke/Link et al.* (Hrsg.), Schadenrecht).

Dettenborn, Harry, Kindeswohl und Kindeswille, Psychologische und rechtliche Aspekte, 6. Aufl., München, Basel 2021 (zit. als *Dettenborn*, Kindeswohl und Kindeswille).

Dettenborn, Harry/Walter, Eginhard, Familienrechtspsychologie, 3. Aufl., UTB Psychologie, Rechtswissenschaften 8232, München, Basel 2016 (zit. als *Dettenborn/E. Walter*, Familienrechtspsychologie).

Deutsch, Erwin, Allgemeines Haftungsrecht, 2. Aufl., Köln u.a. 1996 (zit. als *Deutsch*, Allgemeines Haftungsrecht).

Deutscher AnwaltVerein, Stellungnahme des Deutschen Anwaltvereins vorbereitet durch den Ausschuss Familienrecht, zum BMJ-Referentenentwurf eines Gesetzes zur Verbesserung des Schutzes von gewaltbetroffenen Personen im familiengerichtlichen Verfahren, zur Stärkung des Verfahrensbeistands und zur Anpassung sonstiger Verfahrensvorschriften, September 2024.

Deutscher Familiengerichtstag e.V., Stellungnahme zum Referentenentwurf eines Gesetzes zur Bekämpfung sexualisierter Gewalt gegen Kinder, 13.9.2020.

Deutscher Familiengerichtstag e.V., 22. Deutscher Familiengerichtstag, Empfehlungen des Vorstands, 2017.

Deutscher Familiengerichtstag e.V., AK 24: Beteiligung von Kindern im Verfahren, in: Deutscher Familiengerichtstag e.V., Isabell Götz, Heinrich Schürmann (Hrsg.), Brühler Schriften zum Familienrecht, Band 21, Bielefeld 2020, S. 146–150 (zit. als *Deutscher Familiengerichtstag e.V.*, in: Brühler Schriften zum Familienrecht).

Deutscher Familiengerichtstag e.V. (Hrsg.), Empfehlungen des Vorstands, in: Deutscher Familiengerichtstag e.V., Isabell Götz, Heinrich Schürmann (Hrsg.), Brühler Schriften zum Familienrecht, Band 21, Bielefeld 2020, S. 151–159 (zit. als *Deutscher Familiengerichtstag e.V.*, in: Brühler Schriften zum Familienrecht).

Deutscher Familiengerichtstag e.V. (Hrsg.), AK 1: Qualifikationsanforderungen und Fortbildung in den familienrechtlichen Professionen, Wunsch und Wirklichkeit, in: Deutscher Familiengerichtstag e.V. (Hrsg.), Brühler Schriften zum Familienrecht, Band 23, Bielefeld 2024 (zit. als *Deutscher Familiengerichtstag e.V.*, in: Brühler Schriften zum Familienrecht).

Deutscher Juristinnenbund e.V., Stellungnahme zum Entwurf eines Gesetzes zur Verbesserung des Schutzes von gewaltbetroffenen Personen im familiengerichtlichen Verfahren, zur Stärkung des Verfahrensbeistands und zur Anpassung sonstiger Verfahrensvorschriften, 6.9.2024.

Deutscher Richterbund, Stellungnahme des Deutschen Richterbundes zum Referentenentwurf des BMJ für ein Gesetz zur Verbesserung des Schutzes von gewaltbetroffenen Personen im familiengerichtlichen Verfahren, zur Stärkung des Verfahrensbeistands und zur Anpassung sonstiger Verfahrensvorschriften, Nr. 16/24, September 2024.

Deutscher Verein für öffentliche und private Fürsorge e.V., Stellungnahme zum Referentenentwurf des Bundesministeriums der Justiz, „Entwurf eines Gesetzes zur Verbesserung des Schutzes von gewaltbetroffenen Personen im familiengerichtlichen Verfahren, zur Stärkung des Verfahrensbeistands und zur Anpassung sonstiger Verfahrensvorschriften“ vom 24. Juli 2024, 3.9.2024.

Deutsches Insitut für Jugendhilfe und Familienrecht e.V., Stellungnahme des Deutschen Instituts für Jugendhilfe und Familienrecht e. V. (DIJuF) vom 5.9.2024, Entwurf eines Gesetzes zur Verbesserung des Schutzes von gewaltbetroffenen Personen im familiengerichtlichen Verfahren, zur Stärkung des Verfahrensbeistands und zur Anpassung sonstiger Verfahrensvorschriften, 5.9.2024.

Deutsches Kinderhilfswerk e.V., Stellungnahme zum Referentenentwurf eines Gesetzes zur Bekämpfung sexualisierter Gewalt gegen Kinder, 14.9.2020.

Dietrich, Peter S./Paul, Stephanie, Hoch strittige Elternsysteme im Kontext Trennung und Scheidung, Differentielle Merkmale und Erklärungsansätze, in: Matthias Weber, Herbert Schilling (Hrsg.), Eskalierte Elternkonflikte, Beratungsarbeit im Interesse des Kindes bei hoch strittigen Trennungen, 2. Aufl., Veröffentlichungen der Bundeskonferenz für Erziehungsberatung, Weinheim 2012 (zit. als *Dietrich/Paul*, in: *Weber/Schilling* (Hrsg.), Eskalierte Elternkonflikte).

Dreier, Horst/Brosius-Gersdorf, Frauke (Hrsg.), Grundgesetz-Kommentar, Band I: Präambel, Artikel 1–19, 4. Aufl., Tübingen 2023 (zit. als Dreier/*Bearbeiter*).

Dreier, Horst/Hartmut, Bauer (Hrsg.), Grundgesetz-Kommentar, Band II: Artikel 20–82, 3. Aufl., München, Tübingen 2015 (zit. als Dreier/*Bearbeiter*).

Dürbeck, Werner, Anm. zu OLG München, Beschl. v. 5.7.2019 – 26 UF 285/10, Verfahrensfähigkeit und Beschwerderecht einer 14-jährigen Jugendlichen, ZKJ, 2020, 69–70.

Dürbeck, Werner, Die anwaltliche Vertretung des Kindes in Kindschaftssachen, in: Anatol Dutta, Hartmut Guhling, Frank Klinkhammer (Hrsg.), Das Familienrecht in seiner großen Vielfalt, Festschrift für Hans-Joachim Dose zum Ausscheiden aus dem Richterdienst, Bielefeld 2022, S. 87–97 (zit. als *Dürbeck*, FS Dose).

Dürbeck, Werner, Die Einlegung der Rechtsbeschwerde beim BGH durch den Verfahrensbeistand, Zugleich eine Anmerkung zu den Beschlüssen des BGH v. 27.3.2019 – XII ZB 66/19 und XII ZB 71/19, ZKJ, 2019, 262.

Dürig, Günter/Herzog, Roman/Scholz, Rupert (Hrsg.), Grundgesetz Kommentar, Band I: Art. 1–5 GG, 106. Aufl., München Oktober 2024 (zit. als Dürig/Herzog/Scholz/*Bearbeiter*).

Dürig, Günter/Herzog, Roman/Scholz, Rupert (Hrsg.), Grundgesetz Kommentar, Band II: Art. 6–16a GG, 106. Aufl., München Oktober 2024 (zit. als Dürig/Herzog/Scholz/*Bearbeiter*).

Dürig, Günter/Herzog, Roman/Scholz, Rupert (Hrsg.), Grundgesetz Kommentar, Band VI: Art. 87a-106b GG, 106. Aufl., Oktober 2024 (zit. als Dürig/Herzog/Scholz/*Bearbeiter*).

Dutta, Anatol/Guhling, Hartmut/Klinkhammer, Frank (Hrsg.), Das Familienrecht in seiner großen Vielfalt, Festschrift für Hans-Joachim Dose zum Ausscheiden aus dem Richterdienst, Bielefeld 2022.

Dutta, Anatol/Jacoby, Florian/Schwab, Dieter (Hrsg.), FamFG, Kommentar zum Gesetz über das Verfahren in Familiensachen und in den Angelegenheiten der freiwilligen Gerichtsbarkeit, 4. Aufl., Bielefeld 2021 (zit. als Dutta/Jacoby/D. Schwab/*Bearbeiter*).

Ehlers, Wolfram, Der Geldersatz für immaterielle Schäden bei deliktischer Verletzung des allgemeinen Persönlichkeitsrechts, 2020. Aufl., UFITA Schriftenreihe 51, Berlin 1976 (zit. als *Ehlers*, Der Geldersatz für immaterielle Schäden bei deliktischer Verletzung des allgemeinen Persönlichkeitsrechts).

Ekert, Stefan/Heiderhoff, Bettina, Die Evaluierung der FGG-Reform, Abschlussbericht zum Forschungsvorhaben, Mönchengladbach 2018 (zit. als *Ekert/Heiderhoff*, Die Evaluierung der FGG-Reform).

Engels, Stefan, Kinder und Jugendschutz in der Verfassung, Verankerung, Funktion und Verhältnis zum Elternrecht, AöR 122 (1997), 212–247.

Erfurter Kommentar zum Arbeitsrecht, 25. Aufl., hrsg. von Rudi Müller-Glöge, Ulrich Preis, Ingrid Schmidt u.a., München 2025 (zit. als Erfurter Kommentar zum Arbeitsrecht/*Bearbeiter*).

Erman, Walter (Begr.), BGB Kommentar mit Nebengesetzen, 17. Aufl., hrsg. von Harm Peter Westermann, Barbara Grunewald, Georg Maier-Reimer, Köln 2023 (zit. als Erman/*Bearbeiter*).

Ernst, Rüdiger, Jugendamt, Verfahrensbeistand und Sachverständiger – Heimliche und eigentliche Entscheider im Kindschaftsverfahren, FF, 2020, 195–203.

Ernst, Rüdiger, Standards für Kindesanhörungen im internationalen Familienrecht, in: Christine Budzikiewicz, Bettina Heiderhoff, Frank Klinkhammer et al. (Hrsg.), Standards und Abgrenzungen im internationalen Familienrecht, Dialog internationales Familienrecht, Baden-Baden 2019, S. 9–38 (zit. *Ernst*, in: *Budzikiewicz/Heiderhoff/Klinkhammer et al.* (Hrsg.), Standards und Abgrenzung im internationalen Familienrecht).

Eva Schumann, Kindgerechte Verfahren – Wo stehen wir?, in: Dagmar Coester-Waltjen, Volker Lipp, Philipp M. Reuß et al. (Hrsg.), Kindgerechte Verfahren – Anspruch und Wirklichkeit in Kindschaftssachen, 18. Göttinger Workshop zum Familienrecht 2021, Göttingen 2022, 1 (zit. als *Schumann*, in: *Coester-Waltjen/Lipp/Reuß et al.* (Hrsg.), Kindgerechte Verfahren – Anspruch und Wirklichkeit in Kindschaftssachen).

evangelische arbeitsgemeinschaft familie, Stellungnahme zum Referentenentwurf eines Gesetzes zum Gewaltschutz im Familienverfahrensrecht, 5.9.2024.

Fakultät Soziale Arbeit und Gesundheit Hildesheim (Hrsg.), Die „Geeignetheit“ von Verfahrensbeiständen gemäß § 158 FamFG, Ergebnisse der Forschungsprojekts, In Kooperation mit dem Berufsverband der Verfahrensbeistände, Ergänzungspfleger und Berufsvormünder für Kinder und Jugendliche – BVEB e.V., Hildesheim 2017.

Fehling, Michael/Kastner, Berthold/Störmer, Rainer (Hrsg.), Verwaltungsrecht Handkommentar, 5. Aufl., Baden-Baden 2021 (zit. als Fehling/Kastner/Störmer/*Bearbeiter*).

Fichtner, Jörg/Dietrich, Peter S./Halatcheva, Maya/Sandner, Eva/Hermann, Ute, Kinderschutz bei hochstrittiger Elternschaft, Wissenschaftlicher Abschlussbericht, Wissenschaftliche Texte, München 2010 (zit. als *Fichtner* et al., Kinderschutz bei hochstrittiger Elternschaft).

Fischer, Detlev, Die neue Rechtsprechung des Bundesgerichtshofs zur zivilrechtlichen Haftung der Rechtsanwälte und steuerlichen Berater, WM-Beilage, 2014, 1.

Frauenhaus Koordinierung e.V., Stellungnahme von Frauenhauskoordinierung zum Referentenentwurf des Bundesministeriums der Justiz und für Verbraucherschutz – Entwurf eines Gesetzes zur Bekämpfung sexualisierter Gewalt gegen Kinder, 14.9.2020.

Freitag, Freia/Jokisch, Beate, Die Neuregelungen zur Verfahrensbeistandschaft aufgrund des Gesetzes zur Bekämpfung sexualisierter Gewalt gegen Kinder, eine erste Bestandsaufnahme, FuR, 2022, 556–564.

Friedrich, Kilian, Das Gebot der zivilprozessualen Waffengleichheit, Grundrechtsgleiches Recht, Prozessmaxime, Allzweckwaffe?, Zugl.: Hamburg, Univ. Diss., Schriften zum Prozess und Verfahrensrecht 8, 2021 (zit. als *Friedrich*, Das Gebot der zivilprozessualen Waffengleichheit).

Furthmann, Miriam, Der Schutz der Kinderseele vor Verletzungen, Eine (unlösbare) Aufgabe für das Familienrecht?, Zugl.: Jena, Univ. Diss., Schriften zum Familien und Erbrecht 14, 2015 (zit. als *Furthmann*, Der Schutz der Kinderseele vor Verletzungen).

Ganter, Hans Gerhard, Der Einwand rechtmäßigen Alternativverhaltens im Haftungsrecht, WM, 2024, 281.

Giers, Michael, Änderungen des FamFG durch das Kosten und Betreuervergütungsrechtsänderungsgesetz 2025, FamRZ 2025, 916.

Giesen, Dieter, Anm. zu BGH, Urt. v. 1.10.1987 – IX ZR 117/86, JZ, 1988, 660–661.

Götz, Isabell, Das Kind im Zentrum des Verfahrens, in: Dagmar Coester-Waltjen, Volker Lipp, Philipp M. Reuß et al. (Hrsg.), Kindgerechte Verfahren – Anspruch und Wirklichkeit in Kindschaftssachen, 18. Göttinger Workshop zum Familienrecht 2021, Göttingen 2022, S. 53–89 (zit. als *I. Götz*, in: *Coester-Waltjen/Lipp/Reuß et al.* (Hrsg.), Kindgerechte Verfahren – Anspruch und Wirklichkeit in Kindschaftssachen).

Graßhof, Karin, § 133 Rechtliches Gehör, in: Detlef Merten, Hans-Jürgen Papier, Heinz Schäffer et al. (Hrsg.), Handbuch der Grundrechte in Deutschland und Europa, Band V: Grundrechte in Deutschland – Einzelgrundrechte II, Heidelberg u.a. 2013 (zit. als *Graßhof*, in: *Merten/Papier/Schäffer et al.* (Hrsg.), Handbuch der Grundrechte in Deutschland und Europa).

Greiner, Hans-Peter, B. Haftung aus Behandlungsfehler, in: Karlmann Geiß, Hans-Peter Greiner (Hrsg.), Arzthaftpflichtrecht, 8. Aufl., Aktuelles Recht für die Praxis, München 2022 (zit. als *Greiner*, in: *Geiß/Greiner* (Hrsg.), Arzthaftpflichtrecht).

Greiner, Hans-Peter, E. Prozessuale Grundsätze, in: Karlmann Geiß, Hans-Peter Greiner (Hrsg.), Arzthaftpflichtrecht, 8. Aufl., Aktuelles Recht für die Praxis, München 2022 (zit. als *Greiner*, in: *Geiß/Greiner* (Hrsg.), Arzthaftpflichtrecht).

Grüneberg, Bürgerliches Gesetzbuch mit Nebengesetzen, 84. Aufl., hrsg. von Christian Grüneberg, München 2025 (zit. als Grüneberg/*Bearbeiter*).

Güssow, Rebecca, Die Beteiligung und Vertretung des Kindes in Kindschaftssachen, Dissertation, Nomos eLibrary Bürgerliches Recht Band 33, 2022 (zit. als *Güssow*, Die Beteiligung und Vertretung des Kindes in Kindschaftssachen).

Hacks, Susanne/Wellner, Wolfgang/Häcker, Frank/Klein, Oliver, Schmerzensgeld-Beträge 2025, 43. Aufl., juris Zusatzmodul Zivil und Zivilprozessrecht, Bonn 2025 (zit. als *Hacks* et al., Schmerzensgeld-Beträge 2024).

Hager, Johannes, T. Das Recht der unerlaubten Handlungen, in: Dagmar Kaiser, Carsten Herresthal, Markus Stoffels (Hrsg.), Eckpfeiler des Zivilrechts, 9. Aufl., Juris Spectrum Bund, Berlin 2024 (zit. als *Hager*, in: *Kaiser/Herresthal/Stoffels* (Hrsg.), Eckpfeiler des Zivilrechts).

Hammer, Stephan, Anhörung des Kindes durch das Beschwerdegericht in Verfahren betreffend die Aufhebung kindeschutzrechtlicher Maßnahmen gemäß § 1696 Abs. 2 und 3, Zugleich Besprechung von BVerfG, Beschluss v. 13.7.2022 – 1 BvR 580/22 -, FamRZ 2022, 1616 -, FamRZ, 2022, 1581.

Hammer, Stephan, Anm. zu OLG Hamm, Beschl. v. 14.4.2023 – 6 WF 15/23, FamRZ, 2023, 1144–1146.

Hammer, Wolfgang, Familienrecht in Deutschland, Eine Bestandsaufnahme, 2022 (zit. als *W. Hammer*, Familienrecht in Deutschland).

Hanau, Peter, Anm. zu BGH, Urt. v. 11.6.1968 – VI ZR 116/67, NJW, 1968, 2293.

Hanau, Peter, Die Kausalität der Pflichtwidrigkeit, Eine Studie zum Problem des pflichtmäßigen Alternativverhaltens im bürgerlichen Recht, Zugl.: Göttingen, Univ., Habil.-Schr., 1968, Göttinger rechtswissenschaftliche Studien 84, Göttingen 1971 (zit. als *Hanau*, Die Kausalität der Pflichtwidrigkeit).

Handbuch des Staatsrechts der Bundesrepublik Deutschland, Band VII Freiheitsrechte, hrsg. von Josef Isensee, Paul Kirchhof, 3. Aufl., Heidelberg 2009 (zit. als HStR VII/*Bearbeiter*).

Hannemann, Anika/Stötzel, Manuela, Die Verfahrenspflegschaft im deutschen Rechtssystem, ZKJ, 2009, 58–67.

Haußleiter, Martin, FamFG, Gesetz über das Verfahren in Familiensachen und in den Angelegenheiten der freiwilligen Gerichtsbarkeit : Kommentar, 2. Aufl., hrsg. von Sarah Eickelmann, Christian Gomille, Martin Heidebach u.a., München 2017 (zit. als Haußleiter/*Bearbeiter*).

Heidelberger Kommentar zum Betreuungs und Unterbringungsrecht, hrsg. von Axel Bauer, Kai Lütgens, Anna Schwedler, Heidelberg 154. EL 6.2025 (zit. als HK-BUR/*Bearbeiter*).

Heilmann, Stefan, Das Verfahren der Familiengerichte in Kindschaftssachen, in: Ludwig Salgo, Katrin Lack (Hrsg.), Verfahrensbeistandschaft, 4. Aufl., Köln 2020, S. 539–595 (zit. als *Heilmann*, in: *Salgo/Lack* (Hrsg.), Verfahrensbeistandschaft).

Heilmann, Stefan, Die Aufarbeitung des Missbrauchsfalles von Staufen, Ein Beitrag zur Fehlerkultur in der Familiengerichtsbarkeit, FamRZ, 2018, 1797–1803.

Heilmann, Stefan (Hrsg.), Praxiskommentar Kindschaftsrecht, 2. Aufl., [Köln], Saarbrücken 2020 (zit. als Heilmann/*Bearbeiter*).

Heinemann, Klaus, Baustein anwaltlicher Berufshaftung: die Beweislast, NJW 1990, 2345.

Heiter, Norbert, Verfahrensfähigkeit des Kindes in personenbezogenen Verfahren nach dem FamFG, FamRZ, 2009, 85–89.

Herdegen, Matthias, Völkerrecht, 23. Aufl., Grundrisse des Rechts, München 2024 (zit. als *Herdegen*, Völkerrecht).

Hoffmann, Helena/Kubilay, Yalcin, Kindgerechte Justiz, Rechtliche Anforderungen und deutsche Rechtswirklichkeit im Vergleich, Schriftenreihe des Deutschen Kinderhilfswerks e.V., 2019, 1.

Hohmann-Dennhardt, Christine, Grundgedanken zu einer eigenständigen Vertretung von Kindern und Jugendlichen im familiengerichtlichen Verfahren, ZfJ 88 (2001), 77.

Hohmann-Dennhardt, Christine, Kindeswohl und Elternrecht, – Rechtsverhältnis von Eltern und Kindern, FPR, 2008, 476–477.

Hölbling, Pamela, Wie viel Staat vertragen Eltern?, Systematische Entfaltung eines gestuften Maßnahmenkonzepts vor dem Hintergrund des Elterngrundrechts, Zugl.: Bochum, Univ., Diss., 2009/10, Schriften zum Öffentlichen Recht 1160, Berlin 2010 (zit. als *Hölbling*, Wie viel Staat vertragen Eltern?).

Holzer, Johannes (Hrsg.), FamFG, Kommentar zu dem Gesetz über das Verfahren in Familiensachen und in den Angelegenheiten der freiwilligen Gerichtsbarkeit, Köln 2011 (zit. als Holzer/*Bearbeiter*).

Höynck, Theresia/Haug, Monika, Kindeswohlgefährdung, Rechtliche Konturen eines schillernden Begriffs, in: Thomas Marthaler, Pascal Bastian, Ingo Bode et al. (Hrsg.), Rationalitäten des Kinderschutzes, Kindeswohl und soziale Interventionen aus pluraler Perspektive, Wiesbaden 2012, S. 19–45 (zit. als *Höynck/Haug*, in: *Marthaler/Bastian/Bode et al.* (Hrsg.), Rationalitäten des Kinderschutzes).

Huber, Peter M./Voßkuhle, Andreas (Hrsg.), Grundgesetz, Band 1: Präambel, Artikel 1–19, 8. Aufl., München 2024 (zit. als P. M. Huber/Voßkuhle/*Bearbeiter*).

Ivanits, Natalie, Die Stellung des Kindes in auf Einvernehmen zielenden gerichtlichen und aussergerichtlichen Verfahren in Kindschaftssachen, EBL-Schweitzer, Frankfurt 2013 (zit. als *Ivanits*, Die Stellung des Kindes in auf Einvernehmen zielenden gerichtlichen und aussergerichtlichen Verfahren in Kindschaftssachen).

Ivanits, Natalie, Rolle des Verfahrensbeistands und Beteiligung des Kindes bei Einvernehmen, in: Ludwig Salgo, Katrin Lack (Hrsg.), Verfahrensbeistandschaft, Ein Handbuch für die Praxis, 4. Aufl., Köln 2020, S. 474–503 (zit. als *Ivanits*, in: *Salgo/Lack* (Hrsg.), Verfahrensbeistandschaft).

Jahani, Mira Parvin, Die Rechtsstellung minderjähriger Kinder im familiengerichtlichen Verfahren zwischen Beteiligung und Repräsentation, Eine rechtsvergleichende Untersuchung zwischen Deutschland und der Schweiz insbesondere anhand der Verfahrensfähigkeit, Zugl.: München, Univ., Diss., 2024, Studien zum vergleichenden Privatrecht – Studies in Comparative Private Law, volume 21, 2023 (zit. als *Jahani*, Die Rechtsstellung minderjähriger Kinder im familiengerichtlichen Verfahren zwischen Beteiligung und Repräsentation).

Jarass, Hans D./Pieroth, Bodo (Hrsg.), Grundgesetz für die Bundesrepublik Deutschland, Kommentar, 18. Aufl., München 2024 (zit. als Jarass/Pieroth/*Bearbeiter*).

Jansen, Nils, Die Struktur des Haftungsrechts, Geschichte, Theorie und Dogmatik außervertraglicher Ansprüche auf Schadensersatz, Jus Privatum 76, Tübingen 2020 (zit. als *N. Jansen*, Die Struktur des Haftungsrechts).

Jansen, Paul/Schuckmann, Hans-Joachim von/Sonnenfeld, Susanne, FGG, Gesetz über die Angelegenheiten der freiwilligen Gerichtsbarkeit,

3. Aufl., hrsg. von Lothar Briesemeister, Paul Jansen, Hans-Joachim von Schuckmann, Berlin 2005 (zit. als P. Jansen/Schuckmann/Sonnenfeld/*Bearbeiter*).

Jauernig, Othmar (Begr.), Bürgerliches Gesetzbuch, Kommentar, 19. Aufl., hrsg. von Rolf Stürner, München 2023 (zit. als Jauernig/*Bearbeiter*).

Jestaedt, Matthias, Elternpflicht als Kindesrecht?, Jugendhilferecht am verfassungsrechtlichen Scheideweg, ZKJ Sonderheft (2010), 32.

Jestaedt, Matthias, Kindeswohl und Kindeswohlgefährdung im Spannungsverhältnis zwischen elterlicher Verantwortung und staatlichem Schutz, in: Dagmar Coester-Waltjen, Volker Lipp, Philipp M. Reuß et al. (Hrsg.), Kindgerechte Verfahren – Anspruch und Wirklichkeit in Kindschaftssachen, 18. Göttinger Workshop zum Familienrecht 2021, Göttingen 2022, S. 15–36 (zit. als *Jestaedt*, in: *Coester-Waltjen/Lipp/Reuß et al.* (Hrsg.), Kindgerechte Verfahren – Anspruch und Wirklichkeit).

Johannsen, Kurt H./Henrich, Dieter/Althammer, Christoph (Hrsg.), Familienrecht, Scheidung, Unterhalt, Verfahren, 7. Aufl., München 2020 (zit. als Johannsen/Henrich/Althammer/*Bearbeiter*).

Jokisch, Beate, Das Gesetz zur Bekämpfung sexualisierter Gewalt gegen Kinder, Änderungen des FamFG, FuR, 2021, 471–479.

Jordan, Andreas, Anwesenheitsrecht oder Anwesenheitspflicht?, Die Bedeutung des Verfahrensbeistands bei der Anhörung eines Kindes in familiengerichtlichen Verfahren, JAmt, 2022, 130.

Jung, Thomas, Der Grundsatz der Waffengleichheit im Zivilprozeß, Zugl. Univ., Diss., 1990, Erlangen-Nürnberg, Friedrich-Alexander-Universität Erlangen-Nürnberg, 1990.

Jungk, Antje, Die Rechtsprechung des BGH zum Anwaltshaftungsrecht, NJW, 2023, 3621.

juris PraxisKommentar, BGB Band 1 – Allgemeiner Teil, 10. Aufl., hrsg. von Klaus Vieweg, Saarbrücken 2023 (zit. als jurisPK BGB/*Bearbeiter*).

juris PraxisKommentar, BGB Band 2 – Schuldrecht, 10. Aufl., hrsg. von Markus Junker, Helmut Rüßmann, Roland Michael Beckmann, Saarbrücken 2023 (zit. als jurisPK BGB/*Bearbeiter*).

juris PraxisKommentar, BGB Band 4 – Familienrecht, 9. Aufl., hrsg. von Wolfram Viefhues, Maximilian Herberger, Michael Martinek et al., Saarbrücken 2020 (zit. als jurisPK BGB/*Bearbeiter*).

juris PraxisKommentar, BGB Band 4 – Familienrecht, 10. Aufl., hrsg. von Wolfram Viefhues, Saarbrücken 2023 (zit. als jurisPK BGB/*Bearbeiter*).

juris Praxiskommentar, BGB Band 6 – Internationales Privatrecht und UN-Kaufrecht, 10. Aufl., hrsg. von Markus Würdinger, Saarbrücken 2023 (zit. als jurisPK BGB/*Bearbeiter*).

Kannegießer, Anja, Das familiengerichtliche Verfahren kindgerecht gestalten, FamRZ, 2023, 175.

Karle, Michael/Carl, Eberhard/Clauß, Marianne, Kindesanhörung aus psychologischer Sicht, NZFam, 2014, 875.

Karle, Michael/Gathmann, Sandra/Klosinski, Gunther, Rechtstatsächliche Untersuchung zur Praxis der Kindesanhörung nach § 50b FGG, Rechtstatsachenforschung Jg. 62, Nr. 138a, Bonn 2010 (zit. als *Karle/Gathmann/Klosinski*, Rechtstatsächliche Untersuchung zur Praxis der Kindesanhörung nach § 50b FGG).

Katzenmeier, Christian, Haftung des gerichtlichen Sachverständigen nach neuem Recht, Zweifelsfragen und Streitstände zu § 839 a BGB, in: Klaus Peter Berger, Georg Borges, Harald Herrmann et al. (Hrsg.), Zivil und Wirtschaftsrecht im Europäischen und Globalen Kontext, Festschrift für Norbert Horn zum 70. Geburtstag, Berlin 2006, S. 67–81 (zit. als *Katzenmeier*, FS Horn).

Katzenmeier, Christian, Substanziierungslast im Regressprozess gegen den medizinischen Gerichts-Sachverständigen, NJW, 2020, 1856.

Kemper, Rainer/Schreiber, Klaus, Familienverfahrensrecht, Handkommentar, 3. Aufl., bearb. von Monika Clausius, Baden-Baden 2015 (zit. als Kemper/K. Schreiber/*Bearbeiter*).

Keuter, Wolfgang, Zur Neuregelung der Vergütung des Verfahrensbeistands, NZFam, 2025, 484.

Keuter, Wolfgang, Die geplante Neuregelung der Verfahrensbeistandschaft, ZKJ, 2021, 131.

Keuter, Wolfgang, Gebührenrechtliche Stolpersteine für den Verfahrensbeistand, FamRZ, 2018, 14–17.

Keuter, Wolfgang, Vertretung Minderjähriger in Kindschaftssachen des FamFG, NJW, 2010, 1851.

Keuter, Wolfgang, „Zahlen bitte!“, – Haftet der Verfahrensbeistand für Dolmetscherkosten?, FamRZ, 2014, 1971–1974.

Kinderkommission des Deutschen Bundestages, Kommissionsdrucksache 19/04, Stellungnahme der Kinderkommission des Deutschen Bundestages zum Thema „Qualitätssicherung in Kindschaftsverfahren“, 9.11.2018.

Kindler, Heinz, Kommunikation mit Kindern im Verfahren, in: Rüdiger Ernst, Katharina Lohse (Hrsg.), Praxishandbuch Familiengerichtlicher Kinderschutz, Materielles Recht, Verfahrensrecht, Datenschutz, psychologisches und pädagogisches Wissen, Köln 2022, S. 370–379 (zit. als *Kindler*, in: *Ernst/Lohse* (Hrsg.), Praxishandbuch Familiengerichtlicher Kinderschutz).

Kindler, Heinz, Perspektivklärung und Vermeidung von Abbrüchen von Pflegeverhältnissen, in: Heinz Kindler, Elisabeth Helming, Thomas Meysen et al. (Hrsg.), Handbuch Pflegekinderhilfe, München 2010, S. 344–366 (zit. als *Kindler*, in: *Kindler/Helmig/Meysen et al.* (Hrsg.), Handbuch Pflegekinderhilfe).

Kindler, Heinz/Küfner, Marion/Thrum, Kathrin/Gabler, Sandra, Rückführung und Verselbstständigung, in: Heinz Kindler, Elisabeth Helming, Thomas Meysen et al. (Hrsg.), Handbuch Pflegekinderhilfe, München 2010, S. 614–667 (zit. als *Kindler* et al., in: *Kindler/Helmig/Meysen et al.* (Hrsg.), Handbuch Pflegekinderhilfe).

Klein, Joachim, Beteiligungsrechte von Kindern und Jugendlichen im familiengerichtlichen Verfahren, Reformbedarf, in: Kirsten Scheiwe, Wolfgang Schröer, Friederike Wapler et al. (Hrsg.), Rechtsdurchsetzung, Implementationsdefizite und Rechtsverwirklichung in der Kinder und Jugendhilfe, 2022, S. 133–154 (zit. als *J. Klein*, in: *Scheiwe/Schröer/Wapler et al.* (Hrsg.), Rechtsdurchsetzung, Implementationsdefizite und Rechtsverwirklichung in der Kinder- und Jugendhilfe).

Kloepfer, Michael, Verfassungsrecht, Band I, München 2011 (zit. als *Kloepfer*, Verfassungsrecht).

Kluck, Marie-Luise, Die Angst des Richters vor der Anhörung des Kindes bei streitigen Verfahren zum Umgangsrecht – und wie er sie überwinden kann, FPR, 1995, 90.

Klumpp, Steffen, Die Privatstrafe – eine Untersuchung privater Strafzwecke, Zivilrechtlicher Schutz vor Zwangskommerzialisierung, Zugl.: Mannheim, Univ., Diss., 2001, Schriften zum Bürgerlichen Recht 266, Berlin 2002 (zit. als *S. Klumpp*, Die Privatstrafe – eine Untersuchung privater Strafzwecke).

Knödler, Christoph, Ausgewählte Probleme aus dem FamFG für die Praxis der Sozialen Arbeit in Kindschaftssachen, ZKJ, 2010, 135.

Koechel, Roland, Kindeswohl im gerichtlichen Verfahren, Schriftenreihe Familie und Recht 11, Neuwied, Kriftel, Berlin 1995 (zit. als *Koechel*, Kindeswohl im gerichtlichen Verfahren).

Köhler, Iven, Jugendliche ab 14 Jahren in Kindschaftssachen, Hinweise für die Praxis, ZKJ, 2018, 50.

Koritz, Nikola Anna, Zur Frage der Haftung des Verfahrensbeistands, FPR, 2012, 568.

Krekeler, Michael, Der Verfahrensbeistand, FuR, 2021, 20–25.
Krumm, Carsten, Die persönliche Kindesanhörung (§ 159 FamFG) als Problem der Praxis, NJ, 2021, 341.
Kunz, Wolfgang, Zur verfahrensrechtlichen Stellung des Minderjährigen in Familiensachen der freiwilligen Gerichtsbarkeit, Zentralblatt für Jugendrecht und Jugendwohlfahrt, 1980, 630.
Küsgens, Michael, Die Vergütungsregelungen nach den Entwürfen zu einem Betreuungsrechtsänderungsgesetz (BtÄndG) vom 7.2. und 4.10.1996 unter besonderer Berücksichtigung der Situation des Verfahrenspflegers, Zugl.: Bonn, Univ., Diss., 1997, Aachen 1998 (zit. als *Küsgens*, Die Vergütungsregelungen nach den Entwürfen zu einem Betreuungsrechtsänderungsgesetz (BtÄndG) vom 7.2. und 4.10.1996 unter besonderer Berücksichtigung der Situation des Verfahrenspflegers).
Lack, Katrin, Anm. zu BGH, Beschl. v. 12.5.2021 – XII ZB 34/21, Keine Verfahrensfähigkeit des Kindes im Verfahren wegen Kindeswohlgefährdung, NJW, 2021, 2738.
Lack, Katrin, Die Entwicklung der Verfahrensbeistandschaft seit Inkrafttreten des Gesetzes zur Bekämpfung sexualisierter Gewalt gegen Kinder, FamRZ, 2023, 1249.
Lack, Katrin/Salgo, Ludwig, Entwicklung der Verfahrensbeistandschaft seit Inkrafttreten des FamFG, Empirische Grundlagen, Rechte und Pflichten des Verfahrensbeistands, FPR, 2012, 353.
Lange, Frank-Holger, Die Beweislast im Anwaltshaftungsprozeß, Zugl.: Hannover, Univ., Diss., 2001, Fundamenta juridica 41, Baden-Baden 2002 (zit. als *F.-H. Lange*, Die Beweislast im Anwaltshaftungsprozeß).
Lange, Hermann/Schiemann, Gottfried, Schadensersatz, 3. Aufl., Handbuch des Schuldrechts Bd. 1, Tübingen 2003 (zit. als *H. Lange/Schiemann*, Schadensersatz).
Lange, Knut Werner, Schutz des allgemeinen Persönlichkeitsrechts durch zivilrechtliche Prävention?, VersR, 1999, 274.
Langer, Pascal, Das Recht der Verfahrensbeistandschaft – Teil 1, ZKJ, 2023, 406.
Langer, Pascal, Das Recht der Verfahrensbeistandschaft – Teil 2, ZKJ, 2023, 445.
Larenz, Karl/Canaris, Claus-Wilhelm, Methodenlehre der Rechtswissenschaft, 3. Aufl., Springer-Lehrbuch, Berlin, Heidelberg, New York 1995 (zit. als *Larenz/Canaris*, Methodenlehre der Rechtswissenschaft).
Laumen, Hans-Willi, Beweisführungs und Beweislastprobleme bei der zivilrechtlichen Haftung von Steuerberatern (Teil I), DStR, 2015, 2514.

Laumen, Hans-Willi, Beweisführungs und Beweislastprobleme bei der zivilrechtlichen Haftung von Steuerberatern (Teil II), DStR, 2015, 2570.
Laumen, Hans-Willi, Die sog. tatsächliche Vermutung, MDR, 2015, 1–6.
Leeb, Christina-Maria, Der Verfahrensbeistand – „Anwalt des Kindes", ZKJ, 2010, 391.
Leeb, Christina-Maria, Der Verfahrensbeistand in Verfahren vor dem Rechtspfleger, Rechtspfleger Studienhefte 39 (2015), 1–4.
Lempp, Reinhart, Gerichtliche Kinder und Jugendpsychiatrie, Ein Lehrbuch für Ärzte, Psychologen und Juristen, Bern, Stuttgart 1983 (zit. als *Lempp*, Gerichtliche Kinder und Jugendpsychiatrie).
Lempp, Reinhart/Braunbehrens, Vera von/Eichner, Ernst/Röcker, Doris, Die Anhörung des Kindes gemäß § 50b FGG, Rechtstatsachenforschung, Köln 1987 (zit. als *Lempp* et al., Die Anhörung des Kindes gemäß § 50b FGG).
Lies-Benachib, Gudrun, Ein Paukenschlag im Kindschaftsverfahren?, Zu den familienverfahrensrechtlichen Regelungen des Gesetzes zur Bekämpfung sexualisierter Gewalt an Kindern, FF, 2021, 430.
Lorenz, Egon, Immaterieller Schaden und „billige Entschädigung in Geld", Schriften zum Bürgerlichen Recht 65, Berlin 1981 (zit. als *E. Lorenz*, Immaterieller Schaden und „billige Entschädigung in Geld").
Maassen, Bernhard M., Beweismaßprobleme im Schadensersatzprozeß, Eine rechtsvergleichende Untersuchung zum Problem des Beweismaßes im deutschen und anglo-amerikanischen Prozeßrecht unter besonderer Berücksichtigung des Schadensersatzprozesses, Zugl.: Bonn, Univ., Diss., 1973, Prozeßrechtliche Abhandlungen 39, Köln 1975 (zit. als *Maassen*, Beweismaßprobleme im Schadensersatzprozeß).
Marquardt, Claudia, Anm. zu OLG Naumburg, Beschl. v. 12.7.2000 – 8 UF 106/00, Unanfechtbare Bestellung eines Verfahrenspflegers im Sorgerechtsverfahren, MDR, 2000, 1322–1324.
Mäsch, Gerald, Anwaltshaftung wegen Verlusts eines Prozesses, JuS, 2013, 558.
Mäsch, Gerald, Chance und Schaden, Zur Dienstleisterhaftung bei unaufklärbaren Kausalverläufen, Zugl.: München, Univ., Habil-Schr.: 2003, Jus Privatum 92, Tübingen 2004 (zit. als *Mäsch*, Chance und Schaden).
Mäsch, Gerald, Der Fußballtrainer und die Anwaltshaftung, oder: Meine objektive Meinung, Zugleich Anmerkung zu OLG Karlsruhe, Urt. v. 15.7.2008, 17 U 345/08, AnwBl, 2009, 855–858.
Mäsch, Gerald, Die Vermutung beratungsrichtigen Verhaltens im Arzthaftungsrecht, MedR 40 (2022), 717–723.

Mäsch, Gerald, Eine Wende in der Rechtsprechung des BGH zur Anwaltshaftung, NJW, 2001, 1547.
Mayer, Simone, Die Bestellung eines Verfahrensbeistands, jM, 2016, 272–275.
Mayer, Simone, Die rechtliche Stellung sowie Aufgaben des Verfahrensbeistands, jM, 2017, 140–146.
Maywald, Jörg, Die Beteiligung des Kindes an der Einigung der Eltern, FPR, 2010, 460.
Maywald, Jörg, Zum Begriff des Kindeswohls, Impulse aus der UN-Kinderrechtskonvention, IzKK-Nachrichten, 2009, 16.
McIntosh, Jennifer E./Long, Caroline M., Children Beyond Dispute, A Prospective Study of Outcomes from Child Focused and Child Inclusive Post-Separation Family Dispute Resolution, Family TransitionPty Ltd/ LaTrobe University, Oktober 2006.
McIntosh, Jennifer E./Wells, Yvonne D./Smyth, Bruce M./Long, Caroline M., Child Focused and Child-Inclusive Divorce Mediation: Comparative Outcomes from a Prospective Study of Postseparation Adjustment, Family Court Review 46 (2008), 105–124.
Melton, Gary B./Limber, Susan P., What Children's Rights Mean to Children: Children's Own Views, in: Michael Freeman, Philip E. Veerman (Hrsg.), The Ideologies of Children's Rights, 1992, S. 167–187 (zit. als *Melton/Limber*, in: *Freeman/Veerman* (Hrsg.), The Ideologies of Children's Rights).
Menne, Martin, Anm. zu BGH, Beschl. v. 27.6.2018 – XII ZB 46/18, Vertretung des Kindes durch Verfahrensbeistand und Rechtsanwalt, FamRZ, 2018, 1514.
Menne, Martin, Anm. zu OLG Braunschweig, Beschl. v. 14.7.2021 – 1 WF 106/21, Absehen von der Kostenerhebung bei fehlender Erforderlichkeit der Verfahrensbeistandsbestellung, FamRB, 2021, 491–493.
Menne, Martin, Anm. zu OLG Bremen, Beschl. v. 10.4.2024 – 5 UF 14/24, Absehen von Erhebung der Auslagen für Verfahrensbeistand, FamRB, 2024, 276–278.
Menne, Martin, Anm. zu OLG Frankfurt, Beschl. v. 22.1.2021 – 4 WF 199/20, Absehen von Kostenerhebung bei Nichtgewähr rechtlichen Gehörs vor Verfahrensbeistandsbestellung, FamRB, 2021, 241–243.
Menne, Martin, Anm. zu OLG Frankfurt, Beschl. v. 29.6.2016 – 2 UF 154/16, Rechtliches Gehör vor Bestellung des Verfahrensbeistands, FamRB, 2016, 388–390.
Menne, Martin, Anm. zu OLG Frankfurt, Beschl. v. 30.7.2020 – 8 WF 108/20, Konkludente Bestellung eines Verfahrensbeistands, FGPrax, 2020, 224–227.

Menne, Martin, Anm. zu OLG Frankfurt, Beschl. v. 8.6.2021 – 6 UF 79/21, Aufhebung und Zurückverweisung bei unterlassener Verfahrensbeistandsbestellung auch ohne Antrag, FamRB, 2022, 182–184.

Menne, Martin, Anm. zu OLG Jena, Beschl. v. 26.2.2019 – 3 WF 37/19, Kostentragung bei angeblich mangelhafter Aufgabenwahrnehmung des Verfahrensbeistands, FamRB, 2021, 146–147.

Menne, Martin, Anm. zu OLG Karlsruhe, Beschl. v. 5.4.2018 – 16 WF 2/18, Rechtliches Gehör und Anfangsermittlungen zur Erforderlichkeit vor Bestellung eines Verfahrensbeistands, FamRB, 2019, 105–106.

Menne, Martin, Anm. zu OLG München, Beschl. v. 18.10.2023 – 11 WF 892/23 e, Konkludente Bestellung des Verfahrensbeistands im erweiterten Aufgabenkreis, FamRB, 2024, 53–55.

Menne, Martin, Anm. zu OLG München, Beschl. v. 19.8.2015 – 11 WF 1028/15, Keine rückwirkende Bestellung eines Verfahrensbeistands, FamRB, 2015, 458–459.

Menne, Martin, Anm. zu OLG München, Beschl. v. 19.8.2015 – 11 WF 1028/15, Keine rückwirkende Bestellung eines Verfahrensbeistands, FamRZ, 2016, 160.

Menne, Martin, Anm. zu OLG Naumburg, Beschl. v. 21.8.2014 – 3 WF 97/14, Vergütung des Verfahrensbeistands im Beschwerdeverfahren, FamRB, 2015, 212–213.

Menne, Martin, Anm. zu OLG Saarbrücken Beschl. v. 28.06.2021 – 6 UF 58/21, Aufhebung und Zurückverweisung bei unterlassener Verfahrensbeistandsbestellung, FamRB, 2022, 59–61.

Menne, Martin, Der Verfahrensbeistand im neuen FamFG, ZKJ, 2009, 68–75.

Menne, Martin, Die Entpflichtung des Verfahrenspflegers, ZKJ, 2008, 111–113.

Menne, Martin, Neues Recht für die Verfahrensbeistandschaft, Zur Reform des §158 FamFG durch den Regierungsentwurf eines Gesetzes zur Bekämpfung sexualisierter Gewalt gegen Kinder, NZFam, 2020, 1033–1048.

Menne, Martin, Verfahrensbeistand international: Die Verfahrensbeistandschaft nach §§ 159 ff. FamFG im Rechtsvergleich mit dem Kinderbeistand des österreichischen Rechts, ZKJ, 2023, 357.

Menne, Martin, Wie bekomme ich den Verfahrensbeistand wieder los?, – Zur Entpflichtung eines Verfahrensbeistands, FF, 2020, 276–285.

Mincke, Wolfgang, Der Ersatz des immateriellen Schadens bei Persönlichkeitsrechtsverletzungen, JZ, 1980, 86.

Moelle, Britta, Die (anwaltliche) Vertretung Minderjähriger in Kindschaftssachen, Zugleich eine Besprechung des Beschlusses des KG Berlin vom 17.5.2019 – 18 UF 32/19, ZKJ, 2020, 7.

Möller, Reinhard, Das Präventionsprinzip des Schadensrechts, Zugl.: Tübingen, Univ., Diss., 2004, Schriften zum Bürgerlichen Recht 336, Berlin 2006 (zit. als *Möller*, Das Präventionsprinzip des Schadensrechts).

Möllers, Thomas M. J., Juristische Methodenlehre, 5. Aufl., München 2023 (zit. als *Möllers*, Juristische Methodenlehre).

Mommsen, Friedrich, Zur Lehre vom Interesse, Beiträge zum Obligationenrecht 2, Braunschweig 1855 (zit. als *Mommsen*, Zur Lehre vom Interesse).

Münch, Ingo von, Grundrechtsschutz gegen sich selbst?, in: Rolf Stödter, Werner Thieme (Hrsg.), Hamburg, Deutschland, Europa, Beiträge zum deutschen und europäischen Verfassungs, Verwaltungs und Wirtschaftsrecht; Festschrift für Hans Peter Ipsen zum siebzigsten Geburtstag, Tübingen 1977, S. 113 (zit. als *Münch*, FS Ipsen).

Münch, Ingo von/Kunig, Philip (Hrsg.), Grundgesetz-Kommentar Band 1: Präambel bis Art. 69, Kommentar, 8. Aufl., München 2025 (zit. als Münch/Kunig/*Bearbeiter*).

Münch, Ingo von/Kunig, Philip (Hrsg.), Grundgesetz-Kommentar Band 2: Art. 70 bis 146, 8. Aufl., München 2025 (zit. als Münch/Kunig/*Bearbeiter*).

Münchener Kommentar zum Bürgerlichen Gesetzbuch, Band 2, Schuldrecht – Allgemeiner Teil I (§§ 241 – 310), 9. Aufl., hrsg. von Wolfgang Krüger, Franz Jürgen Säcker, München 2022 (zit. als MüKo BGB/*Bearbeiter*).

Münchener Kommentar zum Bürgerlichen Gesetzbuch, Band 7, Schuldrecht Besonderer Teil IV (§§ 705 – 853 BGB), 9. Aufl., hrsg. von Mathias Habersack, München 2024 (zit. als MüKo BGB/*Bearbeiter*).

Münchener Kommentar zum Bürgerlichen Gesetzbuch, Band 10, Familienrecht II (§§ 1589 – 1921, SGB VIII), 9. Aufl., hrsg. von Franz Jürgen Säcker, Roland Rixecker, Hartmut Oetker u.a., München 2024 (zit. als MüKo BGB/*Bearbeiter*).

Münchener Kommentar zum FamFG, Band 1, §§ 1 – 270, 3. Aufl., hrsg. von Thomas Rauscher, München 2018 (zit. als MüKo FamFG/*Bearbeiter*).

Münchener Kommentar zum FamFG, Band 1, §§ 1 – 270, 4. Aufl., hrsg. von Thomas Rauscher, München 2025 (zit. als MüKo FamFG/*Bearbeiter*).

Münchener Kommentar zum FamFG, Band 2, §§ 271–493, IZVR, EuZVR, 3. Aufl., hrsg. von Thomas Rauscher, München 2019 (zit. als MüKo FamFG/*Bearbeiter*).

Münchener Kommentar zur Zivilprozessordnung, mit Gerichtsverfassungsgesetz und Nebengesetzen, Band 4: FamFG, 3. Aufl., hrsg. von Thomas Rauscher, München 2010 (zit. als MüKo ZPO/*Bearbeiter*).

Münchener Kommentar zur Zivilprozessordnung, mit Gerichtsverfassungsgesetz und Nebengesetzen, Band 1: §§ 1–354, 7. Aufl., hrsg. von Wolfgang Krüger, Thomas Rauscher, München 2025 (zit. als MüKo ZPO/*Bearbeiter*).

Münchener Kommentar zur Zivilprozessordnung, mit Gerichtsverfassungsgesetz und Nebengesetzen, Band 2: §§ 355–945b, 7. Aufl., hrsg. von Wolfgang Krüger, Thomas Rauscher, München 2025 (zit. als MüKo ZPO/*Bearbeiter*).

Musielak, Hans-Joachim/Borth, Helmut (Hrsg.), Familiengerichtliches Verfahren, 1. und 2. Buch, 6. Aufl., München 2018 (zit. als Musielak/Borth/*Bearbeiter*).

Musielak, Hans-Joachim/Borth, Helmut/Frank, Rainer (Hrsg.), Familiengerichtliches Verfahren, 1. und 2. Buch, 7. Aufl., München 2022 (zit. als Musielak/Borth/Frank/*Bearbeiter*).

Musielak, Hans-Joachim/Voit, Wolfgang (Hrsg.) Zivilprozessordnung, 22. Aufl., München 2025 (zit. als Musielak/Voit/*Bearbeiter*).

Neuner, Robert, Interesse und Vermögensschaden, AcP 133 (1931), 277–314.

Nieper, Franz J., „Schmerzensgeld" bei Empfindungsunfähigkeit: Entschädigung für objektiven immateriellen Schaden, European Review of Private Law 4 (1996), 223.

Oldenburger, Marko, Kindeswohl im Recht, Begründung, Ausgestaltung und Verlust der elterlichen Sorge, Beiträge zu Grundfragen des Rechts Band 29, Göttingen 2018 (zit. als *Oldenburger*, Kindeswohl im Recht).

Pfündl, Bodo, Gleichlauf von Beweislastverteilung und Informationsnähe?, MedR 41 (2023), 462–467.

Pheiler-Cox, Petra, Der Umgang mit dem Kindeswohl, eine Herausforderung für Juristen, jM, 2016, 310.

Profitlich, Gregor/Zivier, Ezra, Verfahrenspflegschaft aus Sicht des Familienrichters, FPR, 2006, 29–32.

Prütting, Hanns/ Gehrlein, Markus (Hrsg.) Zivilprozessordnung, 16. Aufl., Köln, Hürth 2024 (zit. als Prütting/Gehrlein/*Bearbeiter*).

Prütting, Hanns, Anm. zu BGH, Beschl. v. 12.5.2021 – XII ZB 34/21, Keine Verfahrensfähigkeit von über 14-jährigen Minderjährigen bei Entzug der elterlichen Sorge, JR, 2022, 412–418.

Prütting, Hanns/Helms, Tobias (Hrsg.), FamFG, Gesetz über das Verfahren in Familiensachen und in den Angelegenheiten der freiwilligen Gerichtsbarkeit, 5. Aufl., Köln 2020 (zit. als Prütting/Helms/*Bearbeiter*).

Prütting, Hanns/Helms, Tobias (Hrsg.), FamFG, Gesetz über das Verfahren in Familiensachen und in den Angelegenheiten der freiwilligen Gerichtsbarkeit, 6. Aufl., Köln 2022 (zit. als Prütting/Helms/*Bearbeiter*).

Quas, Jodi A./Cooper, Alexia/Wandrey, Lindsay, Child Victims in Dependency Court, in: Bette L. Bottoms, Cynthia J. Najdowski, Gail S. Goodman (Hrsg.), Children as victims, witnesses, and offenders, Psychological science and the law, New York 2009, S. 128–149 (zit. als *Quas/Cooper/Wandrey*, in: *Bottoms/Najdowski/Goodman* (Hrsg.), Children as victims, witnesses, and offenders).

Rackl, Rainer, Das Rechtsmittelrecht nach dem FamFG, Band 2, Zugl.: Regensburg, Univ., Diss. 2010, Schriften zum deutschen und ausländischen Familien und Erbrecht Band 2, Frankfurt am Main 2011 (zit. als *Rackl*, Das Rechtsmittelrecht nach dem FamFG).

Rake, Ulrich, Anm. zu OLG Hamburg, Beschl. v. 29.12.2017 – 12 WF 111/17, FamRZ, 2018, 844.

Rassek, Ernst Jan, Begriff und Bestimmung des Kindeswohls als Maßstab bei der Sorgerechtsregelung nach §§ 1671, 1672 BGB, Probleme und Lösungsmöglichkeiten, Zugl.: Mannheim, Univ., Diss.: 1982, Europäische Hochschulschriften Reihe 2, Frankfurt am Main 1983 (zit. als *Rassek*, Begriff und Bestimmung des Kindeswohls als Maßstab bei der Sorgerechtsregelung nach §§ 1671, 1672 BGB).

Rixe, Georg, Die Haftung des Sachverständigen in familien und betreuungsgerichtlichen Verfahren, FPR, 2012, 534.

Rohmann, Josef A., Anhörung des Kindes und der Eltern sowie die Bekanntgabe der Entscheidung an das Kind als kommunikativer Prozess, FPR, 2013, 464.

Rösler, Katja, Die Verfahrensbeistandschaft, Verfahrensrechtliche Umsetzung des verfassungsmäßigen Gebotes einer Interessenvertretung für Minderjährige, Zugl.: Potsdam, Univ., Diss., 2013, Schriften zum Prozessrecht 231, Potsdam 2014 (zit. als *Rösler*, Die Verfahrensbeistandschaft).

Roth, Wolfgang, Die Grundrechte Minderjähriger im Spannungsfeld selbständiger Grundrechtsausübung, elterlichen Erziehungsrechts und staatlicher Grundrechtsbindung, Teilw. Zugl.: Mannheim, Univ., Habil.-Schr., 2000 u.d.T.: Roth, Wolfgang: Grundrechtsmündigkeit, Schriften zum Öffentlichen Recht 908, Berlin 2003 (zit. als *W. Roth*, Die Grundrechte Minderjähriger im Spannungsfeld selbständiger Grundrechtsausübung, elterlichen Erziehungsrechts und staatlicher Grundrechtsbindung).

Röthel, Anne, Das Recht des Kindes auf Eigenzuständigkeit, Zum dogmatischen Potential der Verdeutlichung von Kinderrechten, in: Anne Röthel, Bettina Heiderhoff (Hrsg.), Mehr Kinderrechte?, Nutzen und Nachteil, Schriften zum deutschen und ausländischen Familien und Erbrecht Band 25, Frankfurt am Main 2018, S. 89–117 (zit. als *Röthel*, in: *Röthel/Heiderhoff* (Hrsg.), Mehr Kinderrechte?).

Sachs (Hrsg.), Grundgesetz, Kommentar, 10. Aufl., München 2024 (zit. als Sachs/*Bearbeiter*).

Sachsen Gessaphe, Karl August, Der Betreuer als gesetzlicher Vertreter für eingeschränkt Selbstbestimmungsfähige, Modell einer mehrstufigen Eingangsschwelle der Betreuung und des Einwilligungsvorbehalts, Jus Privatum 39, Tübingen 1999 (zit. als *Sachsen Gessaphe*, Der Betreuer als gesetzlicher Vertreter für eingeschränkt Selbstbestimmungsfähige).

Saenger, Ingo (Hrsg.), Zivilprozessordnung, 10. Aufl., Baden-Baden 2023 (zit. als Saenger/*Bearbeiter*).

Salgo, Ludwig, 10 Jahre Verfahrenspflegschaft – eine Bilanz, ZKJ, 2009, 49–57.

Salgo, Ludwig, Die Verfahrenspflegschaft in Deutschland, in: Stefan Blum, Michelle Cottier, Daniela Migliazza (Hrsg.), Anwalt des Kindes, Ein europäischer Vergleich zum Recht des Kindes auf eigene Vertretung in behördlichen und gerichtlichen Verfahren; Referate der Internationalen Fachtagung „Anwalt des Kindes" vom 15. November 2007 in Zürich, Schriftenreihe zum Familienrecht Bd. 9, Bern 2008, S. 59–83 (zit. als *Salgo*, in: *Blum/Coettier/Migliazza* (Hrsg.), Anwalt des Kindes).

Salgo, Ludwig, Neue Perspektiven bei der Verfahrenspflegschaft für Kinder und Jugendliche, § 166 FamFG-E, FPR, 2006, 12.

Salgo, Ludwig, Zur Entstehung und Entwicklung eigenständiger Interessenvertretung Minderjähriger, in: Ludwig Salgo, Katrin Lack (Hrsg.), Verfahrensbeistandschaft, Ein Handbuch für die Praxis, 4. Aufl., Köln 2020 (zit. als *Salgo*, Zur Entstehung und Entwicklung eigenständiger Interessenvertretung Minderjähriger).

Sauer-Kramer, Anne/Klein, Andreas, Konfliktentschärfung im Rahmen psychologischer Begutachtung, ZKM, 2020, 17.

Schäder, Birgit, Kindeswille und Umgangsvereitelung, Die Bedeutung des Kindeswillens für umgangsrechtliche Maßnahmen bei Umgangsvereitelung durch den betreuenden Elternteil, FamRZ, 2019, 1120–1125.

Schael, Wolfgang, Minderjährige und ihre formelle Beteiligung im Verfahren über Kindschaftssachen nach dem FamFG, FamRZ, 2009, 265.

Schäfer, Christoph, „Mehr Zukunft wagen" – Auch im Familienrecht?, BerlAnwBl, 2022, 65–66.

Schauberger, Carmen, Die Partizipation Minderjähriger im Verfahren der freiwilligen Gerichtsbarkeit, Eine Analyse der Beteiligung und der Verfahrensfähigkeit in Familien und Erbrechtsverfahren, Zugl.: Konstanz, Univ., Diss., 2015, Schriften zum Verfahrensrecht 52, Frankfurt a.M. 2015 (zit. als *Schauberger*, Die Partizipation Minderjähriger im Verfahren der freiwilligen Gerichtsbarkeit).

Schindler, Gila, Die Haftung des Jugendamtes bei Verletzung fachlicher Standards, FPR, 2012, 539.

Schlegel, Rainer/Voelzke, Thomas, juris PraxisKommentar SGB VIII, Sozialgesetzbuch Achtes Buch (SGB VIII) Kinder- und Jugendhilfe, 3. Aufl., hrsg. von Ernst-Wilhelm Luthe, Gabriele Nellissen, Saarbrücken 2022 (zit. als Schlegel/Voelzke/*Bearbeiter*).

Schleicher, Klaus, Rechtliches Gehör und (persönlich)mündliche Anhörung in familienrechtlichen Angelegenheiten und im Freiheitsentziehungsverfahren der freiwilligen Gerichtsbarkeit, Zugl.: Würzburg, Univ., Diss., 1987, Schriften zum deutschen und europäischen Zivil, Handels und Prozeßrecht 120, Bielefeld 1988 (zit. als *Schleicher*, Rechtliches Gehör und (persönlich)mündliche Anhörung in familienrechtlichen Angelegenheiten und im Freiheitsentziehungsverfahren der freiwilligen Gerichtsbarkeit).

Schmahl, Stefanie, Kinderrechtskonvention, Handkommentar, 2. Aufl., Baden-Baden u.a. 2017 (zit. als Schmahl/*Bearbeiter*).

Schmidt, Axel/Westhoff, Karl, Kindeswohl interdisziplinär, Empirische Ergebnisse für die juristische Praxis bei Trennung der Eltern, Baden-Baden 2020 (zit. als *A. Schmidt/Westhoff*, Kindeswohl interdisziplinär).

Schön, Wolfgang, Beraterhaftung und hypothetischer Inzidentprozess, in: Caroline Meller-Hannich (Hrsg.), Rechtslage, Rechtserkenntnis, Rechtsdurchsetzung, Festschrift für Eberhard Schilken zum 70. Geburtstag, München 2015, 119 (zit. als *Schön*, FS Schilken).

Schone, Reinhold, Zur Definition des Begriffs Kindeswohlgefährdung, in: Johannes Münder (Hrsg.), Kindeswohl zwischen Jugendhilfe

und Justiz, Zur Entwicklung von Entscheidungsgrundlagen und Verfahren zur Sicherung des Kindeswohls zwischen Jugendämtern und Familiengerichten, Weinheim 2017, S. 16–38 (zit. als *Schone*, in: *Münder* (Hrsg.), Kindeswohl zwischen Jugendhilfe und Justiz).
Schreiber, Klaus, Die Haftung des Vormundes im Spannungsfeld von öffentlichem Recht und Privatrecht, AcP 178 (1978), 533–550.
Schreiber, Klaus, Die zivilrechtliche Haftung von Prozeßbeteiligten, ZZP, 1992, 129–144.
Schubert, Claudia, Die Wiedergutmachung immaterieller Schäden im Privatrecht, Jus Privatum – Band 171, Tübingen 2013 (zit. als *Schubert*, Die Wiedergutmachung immaterieller Schäden im Privatrecht).
Schulte-Bunert, Kai/Weinreich, Gerd (hrsg.), Kommentar des FamFG, Mit FamGKG, 7. Aufl., Hürth 2023 (zit. als Schulte-Bunert/Weinreich/*Bearbeiter*).
Schulze, Reiner/Dörner, Heinrich/Ebert, Ina et al. (Hrsg.), Bürgerliches Gesetzbuch, 12. Aufl., Baden-Baden 2024 (zit. als HK-BGB/*Bearbeiter*).
Schürmann, Heinrich, Rollenverteilung und Rechtsstellung von Kindern in familiengerichtlichen Verfahren, in: Dagmar Coester-Waltjen, Barbara Veit, Eva Schumann et al. (Hrsg.), Alles zum Wohle des Kindes?, Aktuelle Probleme des Kindschaftsrechts 2. Familienrechtliches Forum Göttingen, Göttingen 2012, S. 231–249 (zit. als *Schürmann*, in: *Coester-Waltjen/Veit/Schumann et al.* (Hrsg.), Alles zum Wohle des Kindes?).
Schürmann, Heinrich, Stellung der Kinder im familiengerichtlichen Verfahren, FamFR, 2009, 153.
Schwarz, Maximilian Fritz/Hurm, Nora, Abbrüche in der Heimerziehung und das Kontinuitätsbedürfnis von Kindern und Jugendlichen, ZKJ, 2022, 336.
Schweighauser, Jonas/Schreiner, Joachim, Die Kindesanhörung im Schweizerischen Familienrecht, in: Eberhard Carl, Marianne Clauß, Michael Karle (Hrsg.), Kindesanhörung im Familienrecht, Rechtliche und psychologische Grundlagen sowie praktische Durchführung, München 2015 (zit. als *Schweighauser/Schreiner*, in: *Carl/Clauß/Karle* (Hrsg.), Kindesanhörung im Familienrecht).
Schweppe, Katja, Verfahren in Kindschaftssachen zwischen Beschleunigungsgebot, Praktikabilitätserwägungen und Verfahrensgarantien, FamRZ, 2024, 333.
Seidenstücker, Barbara/Weymann, Markus, Quantitative Aspekte des Kindeswohls zwischen Jugendhilfe und Justiz, in: Johannes Münder (Hrsg.), Kindeswohl zwischen Jugendhilfe und Justiz, Zur Entwicklung von Entscheidungsgrundlagen und Verfahren zur Sicherung des

Kindeswohls zwischen Jugendämtern und Familiengerichten, Weinheim 2017, S. 108–122 (zit. als *Seidenstücker/Weymann*, in: Münder (Hrsg.), Kindeswohl zwischen Jugendhilfe und Justiz).

Simon, Anna, Wenn der Richter nicht richtig zuhört, – die Gehörsrüge nach § 44 FamFG, FamFR, 2012, 340.

Slizyk, Andreas, Schmerzensgeld 2025, Handbuch und Tabellen: Basisdaten von mehr als 4.700 Schmerzensgeld-Entscheidungen mit Handbuch zum Schmerzensgeldrecht, 20. Aufl., Beck-Online Bücher, München 2025 (zit. als *Slizyk*, Schmerzensgeld 2025).

Sodan, Helge (Hrsg.), Grundgesetz, 4. Aufl., München 2018 (zit. als Sodan/*Bearbeiter*).

Soergel, Theodor (Hrsg.), Bürgerliches Gesetzbuch, mit Einführungsgesetz und Nebengesetzen, Band 12 Schuldrecht 10 §§ 823- 853 ProdHG UmweltHG, 13. Aufl., Stuttgart 2005 (zit. als Soergel/*Bearbeiter*).

Sommer, Anja, Die Rechtsstellung des Kindes im familiengerichtlichen Verfahren, FPR, 2012.

Spickhoff, Andreas, Die neue Sachverständigenhaftung und die Ermittlung ausländischen Rechts, in: Stephan Lorenz (Hrsg.), Festschrift für Andreas Heldrich zum 70. Geburtstag, München 2005, S. 419–437 (zit. als *Spickhoff*, FS Heldrich).

Spickhoff, Andreas (Hrsg.), Medizinrecht, 4. Aufl., München 2022 (zit. als Spickhoff/*Bearbeiter*).

Splitt, Alexander, Anm. zu BVerfG, Beschl. v. 8.8.2021 – 2 BvR 2000/20, FamRZ, 2021, 1728.

Splitt, Alexander, Anm. zu OLG Bamberg, Beschl. v. 13.9.2022 – 7 UF 84/22, FamRZ, 2023, 376.

Splitt, Alexander, Die Aufhebung der Bestellung zum Verfahrensbeistand, FamRB, 2020, 331–336.

Statistisches Bundesamt, Familiengerichte – Fachserie 10 Reihe 2.2 – 2010, Wiesbaden 2011, https://www.statistischebibliothek.de/mir/servlets/MCRFileNodeServlet/DEHeft_derivate_00006734/2100220107004.pdf (zugegriffen am 11.05.2026).

Statistisches Bundesamt, Familiengerichte – Fachserie 10 Reihe 2.2 – 2021, 2022, https://www.destatis.de/DE/Themen/Staat/Justiz-Rechtspflege/Publikationen/Downloads-Gerichte/familiengerichte-2100220217004.pdf?__blob=publicationFile (zugegriffen am 11.05.2026).

Staudinger, Julius von (Begr.), Kommentar zum Bürgerlichen Gesetzbuch, Buch 1: Allgemeiner Teil: §§ 90–124; §§130–133, Berlin 2021 (zit. als Staudinger/*Bearbeiter*).

Staudinger, Julius von (Begr.), Kommentar zum Bürgerlichen Gesetzbuch, Buch 2: Recht der Schuldverhältnisse, §§ 249–254 (Schadensersatzrecht), Berlin 2021 (zit. als Staudinger/*Bearbeiter*).

Staudinger, Julius von (Begr.), Kommentar zum Bürgerlichen Gesetzbuch, Buch 2: Recht der Schuldverhältnisse: §§ 839, 839a (Amtshaftungsrecht), Berlin 2020 (zit. als Staudinger/*Bearbeiter*).

Staudinger, Julius von (Begr.), Kommentar zum Bürgerlichen Gesetzbuch, Buch 4: Familienrecht: §§ 1626–1633; RKEG (Elterliche Sorge 1), (Elterliche Sorge 1- Inhaberschaft und Inhalt), Berlin 2020 (zit. als Staudinger/*Bearbeiter*).

Staudinger, Julius von (Begr.), Kommentar zum Bürgerlichen Gesetzbuch, Buch 4: Familienrecht: §§ 1684–1717, (Elterliche Sorge 3 – Umgangsrecht), Berlin 2023 (zit. als Staudinger/*Bearbeiter*).

Staudinger, Julius von (Begr.), Kommentar zum Bürgerlichen Gesetzbuch, Buch 4: Familienrecht: §§ 1773–1895, Berlin 2020 (zit. als Staudinger/*Bearbeiter*).

Staudinger, Julius von (Begr.), Kommentar zum Bürgerlichen Gesetzbuch, Buch 4: Familienrecht: §§ 1896 –1921, (Rechtliche Betreuung und Pflegschaft), Berlin 2017 (zit. als Staudinger/*Bearbeiter*).

Stein, Friedrich/Jonas, Martin (Hrsg.), Kommentar zur Zivilprozessordnung, Band 1: Einleitung, §§ 1–77, 24. Aufl., Tübingen 2024 (zit. als Stein/Jonas/*Bearbeiter*).

Stein, Friedrich/Jonas, Martin (Hrsg.), Kommentar zur Zivilprozessordnung, Band 4: §§ 271–327 ZPO, 23. Aufl., Tübingen 2018 (zit. als Stein/Jonas/*Bearbeiter*).

Sternal, Werner (Hrsg.), FamFG, Gesetz über das Verfahren in Familiensachen und in den Angelegenheiten der freiwilligen Gerichtsbarkeit, 21. Aufl., München 2023 (zit. als Sternal/*Bearbeiter*).

Stockmann, Roland, Verfahrensbeistand, § 158 ff. FamFG, in: Walter Rahm, Bernd Künkel, Rainer Kemper (Hrsg.), Handbuch Familien und Familienverfahrensrecht, 83. EL, Köln 11.2022 (zit. als *Stockmann*, in: *Rahm/Künkel/Kemper* (Hrsg.), Handbuch Familien und Familienverfahrensrecht).

Stößer, Eberhard, Anm. zu BGH, Beschl. v. 9.10.2013 – XII ZB 667/12, FamRZ, 2013, 1967–1969.

Strube, Julie, Das Vorrang und Beschleunigungsgebot im Kindschaftsrecht, NJW, 2022, 3486.

Thole, Christoph, Anm. zu BGH, Beschl. v. 30.1.2020, III ZR 91/19, MedR 38 (2020), 841–842.

Thole, Christoph, Die Haftung des gerichtlichen Sachverständigen nach § 839a BGB, Der Haftungstatbestand und seine Folgen, Zugl.: Bonn, Univ., Diss., 2003, Prozeßrechtliche Abhandlungen 114, Köln, Berlin, München 2004 (zit. als *Thole*, Die Haftung des gerichtlichen Sachverständigen nach § 839a BGB).

Thomas, Heinz/Putzo, Hans (Begr.), Zivilprozessordnung, 46. Aufl., München 2025 (zit. als Thomas/Putzo/*Bearbeiter*).

Trenczek, Thomas, Der Verfahrensbeistand im FamFG, ZKJ, 2009, 196.

van Graf-Kesteren, Annemarie, Kindgerechte Justiz, Wie der Zugang zum Recht für Kinder und Jugendliche verbessert werden kann, Policy paper/Deutsches Institut für Menschenrechte, German Institut for Human Rights Nr. 34, Berlin 2015 (zit. als *van Graf-Kesteren*, Kindgerechte Justiz).

Väteraufbruch für Kinder e.V., Stellungnahme des Väteraufbruch für Kinder e.V. zum Referentenentwurf eines Gesetzes zur Bekämpfung sexualisierter Gewalt gegen Kinder, 14.9.2020.

Verband binationaler Familien und Partnerschaften, iaf e.V., Stellungnahme des Verbandes binationaler Familien und Partnerschaften, iaf e.V. zum Referentenentwurf eines Gesetzes zur Verbesserung des Schutzes von gewaltbetroffenen Personen im familiengerichtlichen Verfahren, zur Stärkung des Verfahrensbeistands und zur Anpassung sonstiger Verfahrensvorschriften vom 24.07.2024, 4.9.2024.

Viefhues, Wolfram, Anm. zu OLG Frankfurt, Beschl. v. 22.1.2021 – 4 WF 199/20, FuR, 2021, 498–499.

Vogel, Harald, Der Verfahrensbeistand, FPR, 2010, 43.

Vogel, Harald, Der Verfahrensbeistand gemäß §§ 158 ff. FamFG, FF, 2022, 143.

Vogel, Harald, Die Änderungen der Verfahrensbeistandsbestimmungen nach §§ 158–158c FamFG, FamRB, 2022, 200.

Vollkommer, Max, Der Grundsatz der Waffengleichheit im Zivilprozeß, eine neue Prozeßmaxime?, in: Peter Gottwald (Hrsg.), Festschrift für Karl Heinz Schwab zum 70. Geburtstag, München 1990, S. 503–520 (zit. als *Vollkommer*, FS Neumayr).

Vollkommer, Max/Greger, Reinhard/Heinemann, Jörn, Anwaltshaftungsrecht, 5. Aufl., München 2021 (zit. als M. Vollkommer/Greger/J. Heinemann/*Bearbeiter*).

Wache, Daniel, Die Entwicklung des Rechts der elterlichen Sorge seit Anfang 2019, Teil II von II (Fortsetzung von NZFam 2020, 1084), NZFam, 2021, 53.

Wagner, Gerhard, Das Zweite Schadensersatzrechtsänderungsgesetz, NJW, 2002, 2049.

Wapler, Friederike, Kinderrechte und Kindeswohl, Eine Untersuchung zum Status des Kindes im Öffentlichen Recht, Jus Publicum 240, Tübingen 2015 (zit. als *Wapler*, Kinderrechte und Kindeswohl).

Weber, Helmut, Der Kausalitätsbeweis im Zivilprozeß, Kausalität, Beweiswürdigung und Beweismaß, Beweiserleichterungen; vornehmlich im Blick auf den Schadensersatzprozeß wegen unerlaubter Handlungen, Zugl.: Tübingen, Univ., Habil.-Schr., 1991, Tübinger rechtswissenschaftliche Abhandlungen 83, Tübingen 1997 (zit. als *H. Weber*, Der Kausalitätsbeweis im Zivilprozeß).

Weinreich, Gerd/Klein, Michael (Hrsg.), Familienrecht Kommentar, 7. Aufl., Hürth 2022 (zit. als Weinreich/Klein/*Bearbeiter*).

Wellenhofer, Marina, Haftung im Familienrecht, FPR, 2012, 529.

Wendl-Kempmann, Gertrud/Wendl, Philipp, Partnerkrisen und Scheidung, Ursachen, Auswirkungen und Verarbeitung aus psychoanalytischer und richterlicher Sicht, München 1986 (zit. als *Wendl-Kempmann/Wendl*, Partnerkrisen und Scheidung).

Wierse, Kerstin, Änderungen für das Verfahren in Kindschaftssachen durch das Gesetz zur Bekämpfung sexualisierter Gewalt gegen Kinder, Teil I, JAmt, 2022, 126.

Windthorst, Jan Erik, Schadensersatz wegen fahrlässiger Falschaussage?, VersR, 2005, 1634.

Wissenschaftliche Vereinigung für Familienrecht, Stellungnahme der Wissenschaftlichen Vereinigung für Familienrecht zu dem Referentenentwurf eines Gesetzes zur Bekämpfung sexualisierter Gewalt gegen Kinder, 14.9.2020.

Witt, Alexander, Änderungen im familiengerichtlichen Beschwerdeverfahren durch das Gesetz zur Bekämpfung sexualisierter Gewalt gegen Kinder, FamRZ, 2021, 1510–1518.

Witzleb, Normann, Geldansprüche bei Persönlichkeitverletzungen durch Medien, Studien zum ausländischen und internationalen Privatrecht v.94, Tübingen 2002 (zit. als *Witzleb*, Geldansprüche bei Persönlichkeitverletzungen durch Medien).

Zimmermann, Janin/Bovenschen, Ina/Kindler, Heinz, Berücksichtigung des Kindeswillens aus psychologischer Perspektive, JAmt, 2021, 367.

Zimmermann, Michael, Die Novelle zur Verfahrensbeistandschaft, NZFam, 2020, 1001–1005.

Zitelmann, Ernst, Die juristische Willenserklärung, Jherings Jahrbücher für die Dogmatik des bürgerlichen Rechts 16 (1878), 358.

Zitelmann, Maud, Kindeswille und Kindeswohl, in: Ludwig Salgo, Katrin Lack (Hrsg.), Verfahrensbeistandschaft, Ein Handbuch für die Praxis, 4. Aufl., Köln 2020 (zit. als *M. Zitelmann*, in: *Salgo/Lack* (Hrsg.), Verfahrensbeistandschaft).

Zitelmann, Maud, Kindeswohl und Kindeswille im Spannungsfeld von Recht und Pädagogik, Zugl.: Frankfurt a. M., Univ., Diss., Münster 2001 (zit. als *M. Zitelmann*, Kindeswohl und Kindeswille im Spannungsfeld von Recht und Pädagogik).

Zöller, Richard (Begr.), Zivilprozessordnung, 34. Aufl., Köln 2022 (zit. als Zöller/*Bearbeiter*).

Zöller, Richard (Begr.), Zivilprozessordnung, 35. Aufl., Köln 2024 (zit. als Zöller/*Bearbeiter*).

Zorn, Dagmar, Anm. zu BGH, Beschl. v. 12.5.2021 – XII ZB 34/21, FamRZ, 2021, 1405–1406.

Register

Studien zum deutschen und internationalen Familien- und Erbrecht

Band 1 Jessica Kriewald: Statusrelevante Erklärungen des Familienrechts. 2009.

Band 2 Martin Gilbert: Unmoralische Angebote, Grundrechtskitsch und die kalte Hand des Erblassers. 2009.

Band 3 Anja Vellmer: Religiöse Kindererziehung und religiös begründete Konflikte in der Familie. Eine rechtsübergreifende Darstellung familiärer religiöser Konflikte und der staatlichen Instrumentarien zu ihrer Lösung. 2010.

Band 4 Uta Heidenreich: Auskunfts- und Wertermittlungsansprüche des Pflichtteilsberechtigten. 2010.

Band 5 Ulla Möhn: Vertrauensschutz im intertemporalen Scheidungsunterhaltsrecht. Zugleich eine Analyse des § 36 Nr. 1 EGZPO. 2010.

Band 6 Gabriele Metternich: Verfügungsverhalten von Erblassern. Eine empirische Untersuchung als Beitrag zur Rechtstatsachenforschung und Reformdiskussion auf dem Gebiet des Erbrechts. 2010.

Band 7 Patrick Schroer: Europäischer Erbschein. Mit rechtsvergleichender Darstellung. 2010.

Band 8 Isabella Toscano: Ehescheidungen mit grenzüberschreitendem Bezug. Von divergierenden nationalen Scheidungsvoraussetzungen zu einem einheitlichen europäischen Scheidungsrecht? 2011.

Band 9 Ulrich Kühle: Die gerichtliche Überprüfung von Erb- und Pflichtteilsverzichtsverträgen im Spiegel ehevertraglicher Inhaltskontrolle. 2011.

Band 10 Gregor Blüm: Härtefälle im Recht des Versorgungsausgleichs. Eine legitimationszentrierte Untersuchung der Rechtsprechung zur Generalklausel des § 1587c Nr. 1 BGB a. F. unter Berücksichtigung der Neuerungen in der Härtefallregelung des § 27 VersAusglG. 2011.

Band 11 Linda Schlegel: Die Bedeutung des vorehelichen Zusammenlebens im Scheidungsfolgenrecht. 2011.

Band 12 Tobias Breitling: Rechtsfolgen von sittenwidrigen Bedingungen in Verfügungen von Todes wegen. Erblasserwille und objektives Recht. 2012.

Band 13 Anja Sommer: Das Verhältnis von Familiengericht und Jugendamt. Kooperation zum Wohle des Kindes? 2012.

Band 14 Pia Maria Schulze: Das deutsche Kindschafts- und Abstammungsrecht und die Recht- sprechung des EGMR. 2012.

Band 15 Sebastian Schaufert: Das Verbot der Doppelverwertung von Vermögenspositionen bei Unterhalt und Zugewinn. 2012.

Band 16 Natalie Ivanits: Die Stellung des Kindes in auf Einvernehmen zielenden gerichtlichen und außergerichtlichen Verfahren in Kindschaftssachen. 2012.

Band 17 Robert Bauer: Die Neuerungen im ehelichen Güterrecht. Eine kritische Untersuchung der Rechtslage nach der Reform von 2009. 2013.

Band 18 Birthe Schekahn: Tatsächliche Unterhaltsleistungen faktischer Lebensgefährten im Todesfall. Ein Vorschlag für eine Reform des § 844 Abs. 2 BGB und zugleich eine Definition der faktischen Lebensgemeinschaft. 2013.

Band 19 Michelle Favier: Die gemeinsame rechtliche Elternschaft von eingetragenen Lebenspartnern durch die Annahme eines Kindes. 2014.

Band 20 Holke-Leonie Doench: Mediation als kindgerechtes Verfahren. 2014.

Band 21 Katharina Frank: Eheverträge als effektives Gestaltungsinstrument. Die Grenzen der Privatautonomie im englischen und deutschen Sachrecht sowie im europäischen Zivilverfahrens- und Kollisionsrecht. 2015.

Band 22 Renata von Pückler: Der Ausgleich konkurrierender Ehegattenunterhaltsansprüche. 2015.

Band 23 Sandra Schröder: Wer hat das Recht zur rechtlichen Vaterschaft? Vorschlag zur Neugestaltung der rechtlichen Stellung des biologischen Vaters im Abstammungsrecht bei Bestehen einer sozial-familiären Beziehung zwischen Kind und rechtlichem Vater. Unter Berücksichtigung interdisziplinärer und historischer Aspekte. 2015.

Band 24 Kerstin Aust. Das Kuckuckskind und seine drei Eltern. Eine kritische Würdigung der bestehenden Rechtslage mit Vorschlägen für interessengerechte Regelungen unter rechtsvergleichenden Aspekten aus dem EMRK-Raum. 2015.

Band 25 Marc Alexander Voigt: Abstammungsrecht 2.0. Ein rechtsvergleichender Reformvorschlag vor dem Hintergrund der Methoden der künstlichen Befruchtung. 2015.

Band 26 Carola Berneiser: Die verfahrensrechtliche Neuregelung der Erörterung der Kindeswohl- gefährdung in § 157 FamFG. Möglichkeiten und Grenzen der Umsetzung in der familien- gerichtlichen Praxis. 2015.

Band 27 Hüsniye Saygin: Geschlechtergerechtigkeit unter dem Deckmantel der Leitbildneutralität. Trennungs- und Scheidungsfolgen im Spiegel der Ehe- und Familienförderung. 2016.

Band 28 Dragana Damljanovic: Das Wechselmodell. Geltendes Recht und Reformbedarf. 2016.

Band 29 Bianca Reichert: Die erbrechtliche Ausgleichung von Unterhaltsleistungen an behinderte Abkömmlinge. 2017.

Band 30 Meike Löwer: Familienpsychologische Sachverständigengutachten in Sorge-, Umgangs- und Kindeswohlgefährdungsverfahren. Zur effektiven Einbeziehung von psychologischen Sachver- ständigen in kindschaftsrechtlichen Verfahren zum Wohle des Kindes. 2017.

Band 31 Johanna Antonia Hirth: Internationale *Relocation*. Eine rechtsvergleichende Untersuchung über den grenzüberschreitenden Wohnortwechsel eines Elternteils mit dem Kind gegen den Willen des anderen Elternteils. 2018.

Band 32 Britta Hartmann: Von der Mutterschaft zur Elternschaft. Zum Reformbedarf des geltenden Abstammungsrechts. 2020.

Band 33 Charlotte Baecker: Die Honorierung von Pflegeleistungen durch das Erbrecht. 2022.

Band 34 Leonie Dietrich: Das deutsche und schwedische Namensrecht im Vergleich. Überlegungen zu einer Reform des deutschen Namensrechts anhand der schwedischen Namensrechtsreform 2016. 2022.

Band 35 Tina Lena Semling: Heimtiere im Familien- und Erbrecht. Problemfelder und Lösungsansätze. 2024.

Band 36 Lisa Wietkamp: Das Kind und sein Verfahrensbeistand. Eine Untersuchung des Rechtsverhältnisses zwischen Kind und Verfahrensbeistand im kindschaftsrechtlichen Verfahren aus einer verfassungs-, verfahrens- und zivilrechtlichen Perspektive. 2026.

www.peterlang.com